U0000073

後漢書

百衲本二十四史

上海涵芬樓景印宋

紹興本原闕五卷半

借北平圖書館藏本

配補焉書板高營造

尺七寸寬五寸七分

列傳卷第五十八　范曄　後漢書六十八

唐章懷太子賢注

郭太
許劭

郭太　符融

郭太字林宗（范曄父名泰故改為此　郭公業之名亦同焉　風俗通延廷也）太原界休
人也（介休縣今汾州縣延）家世貧賤早孤母欲使給事縣
廷（言縣延邵延朝廷取中也言取中均正直也）宗曰大丈夫焉能處斗筲之役乎遂辭就
成皋屈伯彥學三年業畢博通墳籍善談
論美音制乃游於洛陽始見河南尹李膺
大奇之遂相友善於是名震京師後歸
鄉里衣冠諸儒送至河上車數千兩林宗
唯與李膺同舟而濟衆賓望之以為神仙
焉司徒黃瓊辟太常趙典舉有道或勸林
宗仕進者對曰吾夜觀乾象晝察人事天
之所廢不可支也（左傳晉波叔寬持也）遂並不應
性明知人好獎訓士類身長八尺容貌魁
偉裒衣博帶周遊郡國嘗於陳梁間行遇

兩巾一角墊（音丁念反周遷輿服雜事曰巾以萬人所服魏武造帢其巾乃廢今音口治反本居士野人所服）時人乃故折巾一
角以為林宗其見慕皆如此（泰別傳曰名顯士爭歸）
國子學生服焉以白紗爲之
或問汝南范滂曰郭林宗何如人滂
曰隱不違親（介之推）貞不絕俗柳下惠天子不
得臣諸侯不得友吾不知其它（禮記有禮記曰擬記）（謝承書曰遭母憂歷血發病歷母憂乃孫敷猶寶也故官）
林宗雖善人倫而不為危言覈論（人必於其倫鄭立注曰倫猶類也論語孔子曰歐血發病）（後漢列傳五十八）
故時人雖危言行邦無道危言行言孫敷猶寶也
官擅政而不能傷也及黨事起知名之士
多被其害唯林宗及汝南袁閎得免焉遂
閉門教授弟子以千數建寧元年太傅陳
蕃大將軍竇武為閹人所害林宗哭之於
野慟既而歎曰人之云亡邦國殄瘁（詩大雅也言人之去亡邦國殄瘁）
瞻烏爰止不知于誰之屋耳（詩小雅也言不知所歸）
明年春卒于家時年四十二四方之士千
餘人皆來會葬（謝承書曰泰以建寧二年正月弘農函谷關以西河內湯）
陰以此二千里負笈擔彌路以西河內湯
柴車葦裝塞塗蓋有萬數來赴同志者乃共刻

石立碑蔡邕為其文既而謂涿郡盧植曰
吾為碑銘多矣皆有慙德唯郭有道無愧
色耳其獎拔士人皆如所鑒

先言後驗衆皆服之故適陳留則友符偉明遊太學
則師仇季智之陳國則親魏德公入汝南則交黃叔
度初太始至南州過袁奉高不宿而去從袁閬則奉高
之器汪汪若千頃之陂澄之不清擾之不濁叔度之器
不濁度之不可量也已果然太以是名聞天下後之

好事或附益張故章效於事者著之篇末
相之書今錄其章章昭昭也
左原者陳留人也為郡學生犯法見

斤林宗嘗遇諸路為設酒肴以慰之謂曰
昔顏涿聚梁甫之巨盜段干木晉國之大
駔卒為齊之忠臣魏之名賢

吕氏春秋曰顏涿聚梁父大盜也顏涿聚齊人也
涿聚梁父之子屬晉也段干木晉國之大駔
師丘黎丘隱也顏庚齊大夫顏庚齊師興
左傳曰晉伐齊戰于象丘隱丘黎丘隱丘
請救於齊齊師興陳成子屬孤段干命
之多難未汝怡也今君之國人皆喜相與誦而
丈庶過前勞呂氏春秋曰段干木晉國之
子隰之役以國為邑也而父死焉以國為召顏
又曰晉荀瑤伐鄭請救於齊齊師興五邑為召顏
禽顏庚杜預注曰黎丘隱丘隱也顏庚齊
也學於孔子左傳曰晉代齊戰于象丘

琊顏回尚不能無過況其餘平
論語曰蘧伯玉使人於孔子
玉使人於孔子
子問之曰夫子何為對曰夫子欲寡其
過而未能也又曰顏回好學不貳過
論語孔子之言也鄭玄注云
以風化之若疾之以甚益使為亂

責躬而已原納其言而去或有譏林宗不
絕惡人者對曰人而不仁疾之以甚亂也
野時與等輩避雨樹下衆皆夷踞相對
焉茅容字季偉陳留人也年四十餘耕於

更懷忿結客欲報諸生其日林宗在學原
愧負前言遂罷後事露衆咸謝服

其異人者遂與共言因請寓宿旦日容殺雞為
饌林宗謂為已設既而以供其母自以草
蔬與客同飯 草蘆
林宗起拜之曰卿賢乎
哉因勸令學卒以成德孟敏字叔達鉅鹿
揚氏人也 十三州志曰揚氏縣在今魏郡此也
客居太原荷甑
墯地不顧而去林宗見而問其意對曰甑
以破矣視之何益林宗以此異之因勸令
遊學十年知名三公俱辟並不屈去庚乘

字世遊潁川鄢陵人也少給事縣廷為門士即辛林宗見而拔之勸遊學官遂為諸生偏後能講論自以甲第每處下坐為貴博士皆就讎問由是學中以下坐為貴後徵辟並不起號曰徵君宋果字仲乙書乙謝承丈扶風人也性輕悍憙與人報讎為郡縣所疾林宗乃訓之義方懼以禍敗果感悔叩頭謝負遂改節自勅後以烈氣聞鄉公府侍御史并州刺史所在能化賈淑字子厚林宗鄉人也雖世有冠冕而性險害邑里患之謝承書曰淑為舅宋瑌報讎於縣中為吏所捕繫獄當死泰與淑惻愴流涕語淑縣令應操陳其報怨路義之士乃得原林宗遭母憂淑母憂淑來修弔既而鉅鹿孫威直亦至威直以林宗賢而受惡人弔心怪之不進而去林宗追而謝之曰賈子厚誠實凶德然洗心向善仲尼不逆互鄉故吾許其進也互鄉鄉名互鄉難與言童子見門人惑孔子曰人潔已以進與其進不保其往終成善士鄉里有憂患者淑輒傾身營救

為州閭所稱史叔賓者陳留人也少有盛名林宗見而告人曰牆高基下雖得必失後果以論議阿枉敗名云黃允字子艾濟陰人也以儁才知名林宗見而謂曰卿有絕人之才足成偉器然恐守道不篤將失之矣後司徒袁隗欲為從女求姻見允而歎曰得壻如是足矣允聞而黜遣其妻夏氏婦謂姑曰今當見弃方與黃氏長辭乞一會親屬以展離訣之情於是大集賓客三百餘人婦中坐攘袂數允隱匿穢惡十五事言畢登車而去允以此廢於時謝甄字子微汝南召陵人也與陳留邊讓並善談論俱有盛名每共候林宗未嘗不連日達夜林宗謂門人曰二子英才有餘而並不入道惜乎甄後不拘細行為時所毀讓以輕侮曹操操殺之王柔字叔優弟澤字季道林宗同郡晉陽縣人也兄弟總角共候林宗以訪才行所宜林宗曰叔優當

以仕進願奉道當以經術通然違方改務
亦不能至也後果如所言柔為護匈中
郎將澤為代郡太守又識張孝仲翺牧之
中知范特祖郵置之役〔說文曰郵境上傳書舍也廣雅曰郵驛也置亦
驛也風俗通曰漢改郵為置者度其遠近之閒置之也〕召公子許偉康並
出屠酤司馬子威拔自卒伍及同郡郭長
信王長文韓文布雲李子政曹子元定襄周〔謝承書曰太原郭長信王長文弟子師韓文布雲李子政者
康子西河王季然雲中丘季智郝禮真等〔長文李子智名靈壽 季廟〕
六十人並以成名〔謝承書五九〕 七
論曰莊周有言人情險於山川以其動靜
情貌〔鑒明也沈深也〕則哲之鑒惟帝所難〔帝謂堯也書曰知人則哲〕
可識而沈阻難徵故深厚之性詭於
而林宗雅俗無所失將其明性特有
主平然而遜言危行終耳時晦也〔亭通也〕
善道可使士慕成名雖墨孟之徒不能絕也
符融字偉明陳留浚儀人也少為都官吏

〔靈壽孟軻也絕過也〕

恥之委去〔續漢志曰都官從事察舉百官犯法者融而為其吏而去〕 後遊
太學師事少府李膺膺風性高簡每見融
輒絕它賓客聽其言論融幅巾奮褭談辭
如雲〔袖中者以一幅為之也褭古鳳字用如雲袖字如雲者奮踊而出也〕
息郭林宗始入京師時人莫識融一見嗟
服因以介於李膺由是知名〔古人相見必因介紹介紹子路也〕
梁國黃子艾並特其才智炫曜上京臥託
養疾無所通接洛中士大夫好事者承其
聲名坐門問疾猶不得見〔謝承書曰文繞名遠近〕
三公所辟召者輒以詢訪之〔隨所藏否〕
以為與奪融察其非真乃到太學并見李
膺曰二子行業無聞以豪桀自置遂使公
卿問疾王臣坐門融恐其小道破義空譽
達寔特宜察焉膺然之二人自是名論漸
襄賓徒稍省旬日之閒憩歎逃去後果為

輕薄子並以罪廢弃融益以知名州郡禮
請舉孝廉公府連辟皆不應太守馮岱有
名稱到官請融相見融一往薦范冉韓卓孔昱等三人
仲音胃謝承書曰馮岱宇德山性忱慨有文武才
卓爲功曹韓爲主簿孔昱爲上計吏表山松書曰卓字子助臘日奴竊食祭其先卓義其心即日免之
因辭病自絕會有黨事亦遭禁
錮妻亡貧無殯斂鄉人欲爲具棺服融不
肯受曰古之亡者弃之中野
易繫詞曰古之葬者厚衣以薪
中野唯妻子可以行志但即土埋藏而已
融同郡田

〈後漢列傳五十八〉九 毛仙

盛字仲嚮與郅林宗同好亦名知人優遊
不仕並以壽終

許劭字子將汝南平輿人也
輿音預 少峻名
好人倫多所賞識若樊子昭和陽士者
節
並顯名於世
觀志曰和洽字陽士汝南西平人也初察孝廉大將軍辟不就魏國建爲
侍中故天下言拔士者咸稱許郭初爲郡功
曹太守徐璆甚敬之
璆音求又 巨秋反
府中聞子將

爲吏莫不改飾行同郡表紹公族豪俠
去濮陽令歸車徒甚盛將入郡界乃謝遣
賓客曰吾輿服豈可使許子將見遂以單
車歸家劭嘗到潁川多長者之遊唯不候
陳寔又陳蕃喪妻還葬鄉人必至而劭獨
不往或問其故劭曰太丘道廣廣則難周
仲舉性峻峻則少通故不造也其多所裁
量若此曹操微時常卑辭厚禮求爲己目
劭鄙其人而不肯對操乃伺隙脅劭
今品藻爲題目
劭不得已曰君清平之姦賊亂世之英雄
吳佐
操大悅而去劭從祖敬敬子訓訓子相並
爲三公相以能詔事官官故自致台司封
族數遣請劭劭惡其薄行終不候之劭邑
人李逵壯直有高氣劭初善之而後爲隙
又與從兄靖不睦
蜀志曰許靖字文休少與從弟劭俱知名並有人倫臧否之稱而私情不協劭爲郡功曹排擯靖不得齒敍以馬磨自給
時議以此少之
初劭與靖俱有高名好共覈論鄉黨人物
每月輒更其品題故汝南俗有月旦評焉

〈後漢列傳五十八〉十 吳佐

司空揚彪辟舉方正敦樸徵皆不就或勸

劭仕對曰方今小人道長王室將亂吾欲

避地淮海以全老幼乃南到廣陵徐州刺

史陶謙禮之甚厚劭不自安告其徒曰陶

恭祖外慕聲名內非具正待吾雖厚其埶

必薄不如去之遂復投揚州刺史劉繇於（寓寄）

曲阿縣（縣字正體）其後陶謙果捕諸寓士

孫策平吳劭與縣南奔豫章而卒時年四（及）

十六兄虔亦知名汝南人稱平輿淵有二（士）

《後漢列傳五十八（平輿故城今豫州汝陽縣）

龍焉（東北有二龍鄉月旦里）（甄明也藻猶飾也）

贊曰林宗懷寶識深甄藻（明發發夕至明也呂氏）

周流永言時道（春秋曰孔子周流天下）符融

鑒真子將人倫守節好耻並亦逶巡（逶巡自退也）

不仕也

竇武

何進

竇武字游平扶風平陵人安豐戴侯融之
玄孫也父奉定襄太守武少以經行著稱
常教授於大澤中不交時事名顯關西延
熹八年長女選入掖庭桓帝以為貴人拜
武郎中其冬貴人立為皇后武遷越騎校
尉封槐里侯五千戶明年冬拜城門校尉〔宣英〕
在位多辟名士清身疾惡禮賂不通妻子
衣食裁充足而已是時羌蠻寇難歲儉民
飢武得兩宮賞賜悉散與太學諸生及載
肴糧於路匄施貧民兄子紹為虎賁中郎
將性疎簡奢侈武每數切厲相戒猶不覺
悟乃上書求退紹位又自責不能訓導當
先受罪由是紹更違卻大小莫敢違犯時
國政多失內官專寵李膺杜密等為黨事
考逮永康元年上疏諫曰臣聞明主不諱

▲後漢列傳五十九

議刺之言以探幽暗之實忠臣不邮諫爭
之患以暢萬端之事是以君臣並熙名奮
百世也〔熙盛〕臣幸得遭盛明之世逢文武之
化豈敢懷祿逃罪不竭其誠陛下初從藩
國爰登聖祚天下逸豫謂當中興自即位
以來未聞善政梁孫寇鄧雖或誅滅〔梁冀孫壽寇榮〕
而常侍黃門續為禍虐欺罔陛下〔鄧紀相也〕
競行譎詐自造制度妄爵非人朝政日衰
姦臣曰彊伏尋西京放恣王氏伺臣執政〔劉向〕
軌臣恐二世之難必將復及〔二世即胡亥趙高之〕
憂不朝則夕〔趙高使女婿閻樂弑胡亥於望夷宮〕
終喪天下今不慮前事之失復循覆車之
脩造設黨議遂收前司隷校尉李膺太僕
杜密御史中丞陳翔太尉掾范滂等遠考
連及數百人曠年拘錄事無效驗陛下惟膺
等建忠抗節志經王室此誠陛下之所宜稷卨伊
呂之佐而虛為姦賊子之所誣枉天下
寒心海內失望惟陛下留神澄省時見理

▲後漢列傳五十九　二

出時期中也

以厭人鬼喝喝之心臣聞古之明

君必須賢佐以成政道今臺閣近臣尚書

令陳蕃僕射胡廣尚書朱㝢荀緄〔音古本反〕劉

祐魏朗劉矩尹勳等皆國之貞士朝之良

佐尚書郎張陵嬀皓苑康楊喬邊韶戴恢

等文質彬彬明達國典

列而陛下委任近習專樹饕餮外典州郡

內幹心膂宜以次瞻黜察罪糾罰抑奪官

官欺國之封案其無狀誣罔之罪信任忠

良平沈藏否使邪正毀譽各得其所寶愛

天官唯善是授如此咎徵可消天應可待

閒者有嘉禾芝草黃龍之見夫瑞生必於

嘉士善人也〔福至實由善人在德為瑞無德〕

為以病上還城門校尉槐里侯印綬〔上音時上反〕

因以災眚下所行不合天意不宜稱慶書奏

帝不許有詔原李膺杜密等自黃門北寺〔都內主藏官名〕

若盧都內諸獄繫囚罪輕者皆出之〔都內令丞屬大司農也〕

上書有都內令令其冬帝崩無嗣武召侍御史

毛俏

河間劉儵參問其國中王子侯之賢者儵

稱解瀆亭侯宏武入白太后遂徵立之是

為靈帝拜武為大將軍常居禁中帝既立

論定策功更封武為聞喜侯武子機渭陽侯

拜侍中兄子紹弟靖

西鄉侯紹遷步兵校尉

常有誅翦宦官之意太傅陳蕃亦素有謀

時共會朝堂蕃私謂武曰中常侍曹節王

甫等自先帝時操弄國權濁亂海內百姓

匈匈歸咎於此今不誅節等後必難圖武

深然之蕃大喜以手推席而起武於是引

同志尹勳為尚書令劉瑜為侍中馮述為

屯騎校尉又徵天下名士廢黜者前司隸

李膺宗正劉猛太僕杜密盧江太守朱㝢

等列於朝廷請前越巂太守荀昱為從事

中郎辟潁川陳寔為屬共定計策於是天

下雄俊知其風旨莫不延頸企踵思奮其

智力〔續漢志曰桓帝初京都童謠曰游平賣印自有評不避賢豪及大姓竇武字游平輿陳蕃〕

周清

合策勁力，唯德是建，咸得其人，豪賢大姓皆絕望矣。

武曰：昔蕭望之困一石顯（蕭望之令也），近者李、杜諸公禍及妻子，況今石顯（元帝時閹人石顯爲中書令，譖御史大夫自殺也）數十輩乎！蕃以八十之年，欲爲將軍除害。今可且因日食，斥罷宦官，以塞天變。又趙夫人及女尚書（女尚書內官也，夫人即趙饒）旦夕亂太后，故事黃門常侍但當給事省內，典門戶，主近署財物耳。今乃使與政事而任權重，子第布列，專爲貪暴，天下匈匈，正以此故，宜悉誅廢以清朝廷。太后曰：漢來故事，世有宦官，但當誅其有罪，豈可盡廢邪。時中常侍管霸頗有才略，專制省內。武先白誅霸及中常侍蘇康等，竟死。武復數白誅曹節等，太后尤豫未忍（尤音饒，尤不定也）。故事久不發，至八月，太白出西方，劉瑜素善天官，惡之，上書皇太后曰：太白犯房左驂，上將星入太微，其占宮門當開，將相不利，姦人在主傍，願急

防之。又與武書，以星辰錯繆，不利大臣，宜速斷大計。武、蕃得書將發，是以朱寓爲司隸校尉，劉祐爲河南尹，虞祁爲洛陽令。武乃奏免黃門令魏彪，以所親小黃門山冰代之，使冰奏素狷尤無狀者長樂尚書鄭颯（颯音立），送北寺獄。蕃謂武曰：此曹子便當收殺，何復考爲。武不從，令冰與尹勳、侍御史祝瑨雜考颯，辭連及曹節、王甫。勳、冰即奏收颯等，使劉瑜內奏。時武出宿歸府，典中書者先以告長樂五官史朱瑀。瑀盜發武奏，罵曰：中官放縱者自可誅耳，我曹何罪，而當盡見族滅。因大呼曰：陳蕃、竇武奏白太后廢帝，爲大逆。乃夜召素所親壯健者長樂從官史共普、張亮等十七人，喢血共盟誅武等。曹節聞之，驚起白帝曰：外間切切，請出御德陽前殿。令帝拔劍踊躍，使乳母趙嬈等擁衞左右，取棨信，閉諸禁門（棨有衣戟也。漢官儀曰：凡居官中皆施籍於被門，宗姓名當入者，本官爲封棨傳，審印信）。

然後召尚書官屬脅以白刃使作詔板拜王甫為黃門令持節至北寺獄收尹勳山冰冰疑不受詔挌殺之遂害勳出鄭颯還共劫太后奪璽書令中謁者守南宮閉門絕複道（複音福）使鄭颯等持節及侍御史謁者捕收武等不受詔馳入步兵營典

後漢列傳五十九　七

紹共射殺使者召會比軍五校士數千人屯都亭下令軍七日黃門常侍反盡力者封矦重賞詔以少府周靖行車騎將軍加節與護匈奴中郎將張奐率五營士討武夜漏盡王甫虎賁羽林廄騶都矦劍戟士合千餘人出屯朱雀掖門與奐等合明旦悉軍闕下與武對陳甫兵漸盛使其士大呼武軍曰竇武反汝皆禁兵當宿衞宮省何故隨反者乎先降有賞營府素畏服中官於是武軍稍稍歸甫自旦至食時兵降略盡武紹走諸軍追圍之皆自殺梟首洛陽都亭（續漢志曰桓帝末京師童謠曰茅田一方纖纖不可整嚼復嚼今）

收捕宗親賓客姻屬悉誅之及劉瑜馮述皆夷其族徙武家屬日南遷太后於雲臺當是時凶豎得志士大夫皆喪其氣矢武府掾桂陽胡騰少師事武獨殯斂行喪坐以禁錮武孫輔時年二歲逃竄得全事覺節等捕之急胡騰及令史南陽張敞

後漢列傳五十九　八　李樹

共逃輔於零陵界詐云已死騰以為已子而使聘娶焉後奉桂陽孝廉至建安中荊州牧劉表聞而辟焉以為從事使還竇姓以事列上會卒曹操定荊州輔與宗人之林中後母卒及葬未變有大蛇自榛草中死矢中傷也（初武母產武而并產一蛇送飛矢曰流矢中傷也）之林中後母卒及葬未變有大蛇自榛草徙居蒹鄰辟廷丞相府從征馬超為流矢所而出蒹生雅曰蒹徑至喪所以頭擊柩涕血皆流俯仰蜿屈（蜿音丘反）若哀泣之容有頃而去

時人知為竇氏之祥者騰字（祥吉凶之先見者尚書曰亳有祥）

子外初相帝巡狩南陽以騰為護駕從事

公卿貴戚車騎萬計徵求費役不可勝極

騰上言天子無外乘輿所幸即為京師臣

請以荊州刺史比司隸校尉（南陽屬荊州故請以刺史比司隸漢官儀曰都官）

臣自同都官從事帝從之（從事主洛陽百）

之弟也（漢官儀曰溫字伯慎穰人也封立鄉庚太史奏言有大臣誅死董卓販溫笞殺於市林仁）

此顯名黨錮解官至尚書張敞以

府掾同

自是肅然莫敢妄有干欲者太尉溫以

以厭

之

何進字遂高南陽宛人也異母女弟選入

掖庭為貴人有寵於靈帝拜進郎中再遷

虎賁中郎將出為潁川太守光和二年貴

人立為皇后徵進入拜侍中將作大匠河

南尹中平元年黃巾賊張角等起以進為

大將軍率左右羽林五營士屯都亭修理

器械以鎮京師張角別黨馬元義謀起洛

陽進發其姦以功封慎侯（慎縣屬汝南郡）四年榮陽

賊數千人羣起攻燒郡縣殺中牟縣令詔

使進弟苗河南尹苗出擊之苗攻破羣賊平

定而還詔遣使者迎於成皋拜苗為車騎

將軍封濟陽矦五年天下滋亂望氣者以

為京師當有大兵兩宮流血大將軍司馬

許涼假司馬伍宕說進曰太公六韜有天

子將兵事（太公六韜篇第一霸典文論第二文師第三龍韜五豹韜校尉第六犬韜司馬龍韜王將第四虎韜偏裨第三軍之眾親其將如父母聞金聲而憙聞鼓音而嘉何）

可以威厭四方進以為然入言之於

帝於是乃詔進大發四方兵講武於平樂

觀下起大壇上建十二重五采華蓋高十

丈壇東北為小壇復建九重華蓋高九丈

列步兵騎士數萬人結營為陳天子親出

臨軍駐大華蓋下進駐小華蓋下禮畢帝

躬擐甲介馬（擐音宦宜擐貫甲也介亦甲也）稱無上將軍行陳

三匝而還詔使進悉領兵屯於觀下是時

置西園八校尉以小黃門蹇碩為上軍校

尉虎賁中郎將袁紹為中軍校尉屯騎都

尉鮑鴻為下軍校尉議郎曹操為典軍校
尉趙融為助軍校尉淳于瓊為佐軍校尉
又有左右校尉帝以蹇碩壯健而有武略
特親任之以為元帥督司隸校尉以下雖
大將軍亦領屬為碩雖擅兵於中而猶畏
忌於進乃與諸常侍共說帝遣進西擊邊
章韓遂帝從之賜兵車百乘虎賁斧鉞進
陰知其謀乃上遣袁紹東擊徐兗二州兵
須紹還即戎事以稽行期初何皇后生皇

子辯王貴人生皇子協羣臣請立太子帝
以辯輕佻（字書曰偄輕也）無威儀不可為人主然皇
后有寵且進又居重權故久不決六年帝
疾篤屬協於蹇碩碩既受遺詔且素輕忌
於進兄弟及帝崩碩時在內欲先誅進而
立協及進從外入碩司馬潘隱與進早舊
迎而目之進驚馳從儳道歸營引兵入屯
百郡邸（廣雅曰儳疾也音仕鑒反）因稱疾不入
皇子辯乃即位何太后臨朝進與太傅袁

隗輔政錄尚書事進素知中官天下所疾
兼忿蹇碩圖己又秉朝政陰規誅之表紹
亦素有謀因進親客張津勸之曰黃門常
侍權重日久又與長樂太后專通姦利帝
（母董太后也子成五官中郎將成生紹故云累代寵貴）
居長樂官將軍宜更清選賢良整齊天下為
國家除患進然其言又以表氏累世寵貴
海內所歸（袁安為司徒司空孫湯為司徒太尉楊）而紹素善養士能得豪傑用其從弟虎
賁中郎將術亦尚氣俠故並厚待之因復

博徵智謀之士逢紀何顒荀攸等與同腹
心蹇碩疑不自安與中常侍趙忠等書曰
大將軍兄弟秉國專朝今與天下黨人謀
誅先帝左右掃滅我曹但以碩典禁兵故
且沈吟今宜共閉上閤急捕誅之中常侍
郭勝進同郡人也太后及進之貴幸勝有
力焉故勝親信何氏遂共趙忠等議不從
碩計而以其書示進進乃使黃門令收碩
誅之因領其屯兵表紹復說進曰前竇武

陳壽

欲誅內寵而反為所害者以其言語漏泄
而五營百官服畏中人故也今將軍既有
元舅之重而兄弟並領勁兵部曲將吏皆
英俊名士樂盡力命事在掌握此天贊之
時也將軍宜一為天下除患名垂後世雖
周之申伯何足道哉〔申伯周申后父也詩大雅〕
今大行在前殿〔人主崩未有諡故稱大行大行者不反之辭也前〕
將軍宜受詔領禁兵不宜輕出入送山陵遂
甚然之乃稱疾不入陪喪又不送山陵〔▲後漢列傳五十九 十三〕
與紹定籌策而以其計白太后太后不聽
曰中官統領禁省自古及今漢家故事不
可廢也且先帝新棄天下我奈何楚楚與〔楚詞曰楚楚鮮明貌 進難達〕
士人對共事乎
太后意且欲誅其放縱者紹以為中官親〔也〕
近至尊出入號令今不悉廢後必為患而
太后母舞陽君及苗數受諸官官賂遺知
進欲誅之數白太后為其障蔽又言大將
軍專殺左右擅權以弱社稷太后疑以為

然中官在省闈者或數十年封侯貴寵膠
固內外進退新當重任素敬憚之雖外收大
名而內不能斷事久不決紹等又為畫
策多召四方猛將及諸豪傑使並引兵向
京城以脅太后紹然之主簿陳琳入諫曰
易稱即鹿無虞〔易屯卦六三爻辭世虞掌山澤之官即鹿猶微獸也無虞言不得〕
志況國之大事其可以詐立乎今將軍總
皇威握兵要龍驤虎步高下在心此猶鼓〔▲後漢列傳五十九 十四〕
洪爐燎毛髮耳夫遽經合道天人所順而
反委釋利器更徵外助大兵聚會彊者為
雄所謂倒持干戈授人以柄〔前書梅福上書倒持太阿授〕
功必不成祇為亂階進不聽遂西召〔柄把也〕
前將軍董卓屯關中上林苑又使府掾太
山王匡東發其郡強弩并召東郡太守橋
瑁屯城皋使武猛都尉丁原燒孟津火照〔武猛謂有武藝而勇猛者皆以名官也〕
城中〔取其嘉名因以名官〕
言太后猶不從苗謂進曰始共從南陽來

俱以貧賤依省內以致貴富國家之事亦
何容易覆水不可收宜深思之且與省內
和也進意更狐疑紹懼進變計乃脅之曰
交搆已成形執已露事留變生將軍復欲
何待而不早決之乎進於是以紹為司隸
校尉假節專命擊斷從事中郎王允為河
南尹紹使洛陽方略武吏司察官者而促
董卓等使馳驛上欲進兵平樂觀太后乃
恐悉罷中常侍小黃門使還里舍唯留進

素所私人以守省中諸常侍小黃門皆詣
進謝罪唯所措置進謂曰天下匈匈正患
諸君耳今董卓垂至諸君何不早各就國
表紹勸進便於此決之至于再三進不許
紹又為書告諸州郡詐宣進意使捕案中
官親屬進謀積日頗泄中官懼而思變張
讓子婦太后之妹也讓向子婦叩頭曰老
臣得罪當與新婦俱歸私門惟受恩累世
惟思念也今當遠離宮殿情懷戀戀願復一入

直得暫奉望太后嗤下顏色然後退就溝
壑死不恨矣子婦言於舞陽君入白太后
乃詔諸常侍皆復入直八月進入長樂白
太后請盡誅諸常侍以下選三署郎入守
官官廬諸宦官相謂曰大將軍稱疾不臨
喪不送葬今欻入省此意何為竇氏
事竟復起邪又張讓等使人潛聽具聞其
語乃率常侍段珪畢嵐等數十人持兵竊
自側闥入伏省中及進出因詐以太后詔
召進入坐省闥讓等詰進曰天下憒憒亦
非獨我曹罪也說文曰憒亂也先帝嘗與太后不
快幾至成敗陳留王協毋王美人何后媢殺之帝怒欲廢后官固請得止我
曹涕泣救解各出家財千萬為禮和悅上
意但欲託卿門戶耳今乃欲滅我曹種族
不亦大甚乎卿言省內穢濁公卿以下忠
清者為誰於是尚方監渠穆拔劍斬進於
嘉德殿前讓珪等為詔以故太尉樊陵為
司隸校尉少府許相為河南尹尚書得詔

板疑之曰請大將軍出共議中黃門以進
頭擲與尚書曰何進謀反巳伏誅矣進部
曲將吳匡張璋素所親幸在外聞進被害
欲將兵入宮宮閤閉表術與匡共斫攻之
中黃門持兵守閤會日暮術因燒南宮九
龍門及東西宮欲以脅出讓等讓等入白
太后言大將軍兵反燒宮攻省內官屬因將
太后及陳留王又劫省尚書闥從複
道走北宮　福　複音

下仰數段珪段珪等懼乃釋太后太后投
閣得免表紹與叔父隗矯詔召樊陵許相
斬之苗紹刀引兵屯朱雀闕下捕得趙忠
等斬之吳匡等素怨苗不與進同心而又
疑其與宦官同謀乃令軍中曰殺大將軍
者即車騎也士吏能為報讎平進素有仁
恩士卒皆流涕曰願致死匡遂引兵與董
卓弟奉車都尉旻攻殺苗弃其屍於苑中
紹遂開北宮門勒兵捕宦者無少長皆殺

之或有無須而誤死者至自發露然後得
免者二千餘人紹因進兵排宮或上端門
屋以攻省內張讓段珪等困迫遂將帝與
陳留王數十人步出穀門奔小平津城此當
　中門公卿並出平樂觀無得從者唯尚書
盧植夜馳河上王允遣河南中部掾閔貢
隨植後貢至手劍斬數人餘皆投河而死
明日公卿百官乃奉迎天子還宮以貢為
郎中封都亭侯董卓遂廢帝又迫殺太后
殺舞陽君何氏遂亡漢室亦自此敗亂

論曰竇武何進藉元舅之資據輔政之權
內倚太后臨朝之威外迎羣英乘風之勢
卒而事敗閹豎身死功敗為世所悲豈智
不足而權有餘乎　言智非不足權蓋天敗也權亦
之廢商父矣君將興之斯宋襄公所以敗
於泓也　左傳曰楚伐宋宋公將戰子魚諫曰天之弃商父矣公不從遂與楚戰大敗泓泓水也
贊曰武生蛇祥進自屠羊　家本屠也惟女惟

弟來儀紫房上愒下斁人靈動怨將紲邪
慝以合人願道之屈委代離凶困_{代也更}

鄭太
荀彧
孔融

唐章懷太子賢注

鄭太字公業河南開封人司農衆之曾孫也〔開封縣故城在今汴州南〕少有才略靈帝末知天下將亂陰交結豪桀家富於財有田四百頃而食常不足名聞山東初舉孝廉三府辟公車徵皆不就及大將軍何進輔政徵用名士以公業爲尚書侍郎〔續漢志曰尚書凡六曹一曹有六人主作文書起草侍郎三十六人四百石〕遷侍御史進將誅閹官欲召并州牧董卓爲助公業謂進曰董卓彊忍寡義志欲無猒〔音慴〕若借之〔音借〕朝政授以大事子夜將恣凶慾必危朝廷明公以親德之反重據阿衡之權秉意獨斷誅除有罪誠不宜假卓以爲資援也且事留變生殆不可速又爲陳時務之所急數事進不能用乃弃官去謂潁川人荀攸曰何公未易輔也

〔後漢列傳六十〕一　卷十

進尋見害言卓東作亂公業等與侍中伍瓊卓長史何顒共說卓以袁紹爲勃海太守以發山東之謀及義兵起卓乃會公卿議大發卒討之羣僚莫敢忤言公業恐其衆多益橫凶彊難制獨曰夫政在德不在衆也卓不悅曰如卿此言兵爲無用邪公業懼乃詭詞對曰〔詭猶非謂無用以爲山東不足加大兵耳如有不信試爲明公略陳其要今山東合謀州郡連結人庶相動

〔後漢列傳六十〕二　陳仲

非不彊盛然光武以來中國無警百姓優逸忘戰日久仲尼有言不教人戰是謂弃之其衆雖多不能爲害一也明公出自西州少爲國將閑習軍事數踐戰場名振當世人懷懾服二也袁本初公子弟生處京師張孟卓東平長者〔名邈〕坐不闚堂不妄視也孔公緒偽清談高論噓枯吹生之使枯枯者噓之使生言論有所抑揚也並無軍旅之才執銳之幹臨鋒決敵非公之儔三也山東之士素乏之

精悍也悍勇

未有孟賁之勇慶忌之捷

貢水行不避蛟龍陸行不避兕虎发怒叱吒聲響轨動（注淮南子曰孟賁衛人也吕氏春秋曰孟賁故過於河先其伍船人怒以楫撞蛟故也中河孟賁瞋目視船人鬚植目裂舟入河慶忌吳王僚子也射之矢满把不能中四馬逐之不能及）

聊城之守（史記云燕田单攻之歲餘不下）

良平之謀可任以偏師責（恃止也以觀）

以成功四也就有其人而尊甲無序王爵

不加若恃眾怙（怙亦恃也）

成敗不肯同心共膽與齊進退五也閩西

諸郡頗習兵事自頃以來數與羌戰婦女

猶蒙戟操子挾弓負矢（挾持三）況其壯勇之（李章）

士以當安戰之人乎其勝可必六也且天

下彊勇百姓所畏者有并涼之人及匈奴

屠各湟中義從西羌八種（義從八種並見西羌傳）

公擁之以為爪牙譬驅虎兕以赴犬羊七

也又明公將帥皆中表腹心周旋日久恩

信淳著可任智謀可恃以膠固之眾（膠亦固也）

固也誠當解合之勢猶以烈風掃彼枯葉八

也夫戰有三亡以亂攻理者亡以邪攻正

《後漢列傳六十》

者亡以逆攻順者亡今明公秉國平正討

滅官豎忠義克立以此三德待彼三亡奉

辭伐罪誰敢御之九也東州鄭玄學該古

今（玄北海人北海邴原清高直亮魏志原字根矩北海朱虛人也興寧寧帝二年反）故云東州

若詢其計畫足知彊弱且燕趙齊梁非不

盛也終滅於秦吳楚七國非不眾也卒敗

榮陽（前書吳王濞楚王戊趙王遂淄川王賢濟南王辟光膠西王卬膠東王雄渠景帝二年反大將軍條侯周亞夫將軍兵破之榮陽）

况今德政赫赫股肱惟良彼

人也故興寧皆儒生所仰羣士楷式彼諸將

惠役之民相聚為非弃德特眾自庸威重

其所陳少有可採無事衒兵以驚天下使

東或說卓曰鄭公業為將軍使統諸軍計擊關

卓乃悅以公業為將軍使統諸軍計擊關

卓乃收還其兵留拜議郎卓既遷都長安

宣讚成其謀造亂長寇栽其不然十也若

寇全資之士馬就其黨與竊為明公懼之

天下飢亂日引賓客高會倡樂所贍救者甚

有餘資日引賓客高會倡樂所贍救者甚

《後漢列傳六十》（陳瑗）

衆乃與何顒荀攸共謀殺卓事洩顒等被
執公業脫身自武關走東歸表術術上以
爲揚州刺史未至官道卒時季四十一

孔融字文舉魯國人孔子二十世孫也七
世祖霸爲元帝時尉位至侍中〔前書霸字次孺元帝師解見中人爲太尉與此傳不同也〕父宙太山都尉融幼有異才〔六幼有自然之性年四歲時每與諸兄共食梨融輒引小者大人問其故荅曰我小兒法當取小者〕

年十歳隨父詣京師時河南尹李膺
以簡重自居不妄接士賓客勑外自非當
世名人及與通家皆不得白融欲觀其人
故造膺門語門者曰我是李君通家子弟
門者言之膺請融問曰高明祖父嘗與僕
有恩舊乎融曰然先君孔子與君先人李
老君同德比義而相師友則融與君累
世通家衆坐莫不歎息〔家語曰孔子謂南宮敬叔曰吾聞老聃博古而達今通禮樂之源明道德之歸即吾師也今將往矣遂至周問禮於老聃爲則融與〕大中大夫陳
煒後至〔煒音于鬼反〕坐中以告煒煒曰夫人小

而聰了大未必奇融應聲曰觀君所言將
不早惠乎膺大笑曰高明必爲偉器年十
三喪父哀悴過毀扶而後起州里歸其孝
性好學博涉多該覽山陽張儉爲中常侍
矦覽所怨儉爲刋章下州郡以名捕儉〔刋削也謂削去告人姓名也〕
儉與融兄褒有舊亡抵於褒不遇〔抵歸也融家傳褒字文禮也〕
時融年十六儉少之而不告
融見其有窘色〔窘迫也〕謂曰兄雖在外吾獨
不能爲君主邪因留舍之〔舍止也後事泄國〕
相以下密就掩捕儉得脫走遂并收褒融
送獄二人未知所坐融曰保納舍藏者融
也當坐之褒曰彼來求我非弟之過請甘
其罪吏問其母母曰家事任長妾當其辜
一門爭死郡縣疑不能決乃上讞之〔讞議也〕
〔讞音宜傑反詔書〕竟坐褒焉融由是顯名與平原
陶丘洪邊讓齊名州郡禮命皆不
就辟司徒楊賜府時隱覈官僚之貪濁者
將加㸃黜融多舉中官親族尚書畏迫內

寵召掾屬詰責之融陳對罪惡言無阿撓
河南尹何進當遷爲大將軍楊賜[刀鐶曲也音孝反]
遣融奉謁賀進不時通融即奪謁還府投
劾而去河南官屬恥之私遣劍客欲追殺
融客有言於進曰孔文舉有重名[融家傳曰之有此辰百救之有黍稷天下莫不屬目也]將軍
若造怨此人則四方之士引領而去矣不
如因而禮之可以示廣於天下[然之旣]
拜而辟融舉高第爲侍御史與中丞趙舍

【後漢列傳六十】 七 [章英]

不同託病歸家後辟司空掾拜中軍候在
職三日遷虎賁中郎將會董卓廢立融每
因對苔輒有匡正之言以忤卓旨轉爲議
郎時黃巾寇數州而北海最爲賊衝卓乃
諷三府同舉融爲北海相融到郡收合士
民起兵講武馳檄飛翰引謀州郡逆擊爲
等羣輩二十萬衆從冀州還融逆擊爲饒
所敗乃收散兵保朱虛縣稍復鳩集吏民
爲黃巾所誤者男女四萬餘人更置城邑

立學校表顯儒術薦舉賢良鄭玄彭璆邴
原等[璆音巨秋反又音求]郡人甄子然臨孝存知名早
卒融恨不及之乃命配食縣社其餘雖一
介之善莫不加禮焉郡人無後及四方游
士有死亡者皆爲棺具而斂葬之時黃巾
復來侵暴融乃出屯都昌[都昌縣屬北海郡故城在今青州臨朐縣]爲賊管亥所圍融
慈求救於平原相劉備[吳志慈字子義東萊……海相孔融聞而奇之數遣人訊問其母并致餉遺時融爲管亥所圍慈從遼東還母謂之曰汝與孔北海]

【後漢列傳六十】 八 [周情]

備驚曰孔北海乃復知天下有劉備
邪即遣兵三千救之賊乃散走時表曹方
盛而融無所協附左丞祖者稱有意謀勸
融有所結納融知紹操終圖漢室不欲與
同故怒而殺之融負其高氣志在靖難而
才疎意廣迄無成功[也近竟在郡六年劉備]
表領青州刺史建安元年爲表譚所攻自
春至夏戰士所餘裁數百人流矢雨集戈

矛內接融隱几讀書（隱憑也莊子曰南郭子綦隱几而坐談笑）
自若城夜陷乃奔東山妻子為譚所虜及
獻帝都許徵融為將作大匠遷少府每朝
會訪對融輒引正定議公卿大夫皆隸名
而已（隸附著）初大傅馬日磾奉使山東及至
淮南數有意於表術術輕侮之遂奪取其
節求去又不聽因欲逼為軍帥日磾深自
恨遂嘔血而斃（三輔決錄曰日磾字翁叔馬融之族子少傅融業以才學進與楊彪俱登台輔獻帝春秋曰術從日磾借節觀之因奪不還）

▲後漢列傳六十

及喪還朝廷議欲加禮融乃獨議以
曰日磾以上公之尊秉髦節之使街命直
指（直指無屈撓也前書有繡衣直指）寧輯東夏（輯和也）而曲媚
姦臣為所牽率章表署用輒使首名（前書日附下罔上者刑 女姦以事君）
補昔國佐當晉軍而不撓羊（公）
（左傳齊師大敗齊侯使國佐如師晉師邵克曰必以蕭同叔子為質而使齊之封內盡東其畝對曰蕭同叔子者齊君之母也）
使反魯衛之侵請諸使同叔子為質則吾舍子國佐曰與我紀侯之甗以蕭反則土齊也

▲後漢列傳六十 十一

蕭同叔子者齊君之母也（齊君之子也母也何）
可請戰母也齊國（戰不勝則齊國盡而乞盟不可得也乃歸以蕭同叔子為質而使齊之封內盡東其畝對曰蕭同叔子者齊君之母也）
宜僚臨白刃而（宜僚臨白刃而不動事見左傳王）
正色
室大臣豈得以見脅為辭又表術僭逆非
一朝一夕日磾隨從周旋歷歲漢律與罪
人交關三日巳上皆應知情春秋魯叔孫（羊公）
得臣卒以不發揚襄仲之罪既不書日（傳曰叔孫得臣卒何休注曰不日不書日者知公子遂即襄仲弒君而為人臣知賊而不言明當誅也公子遂即襄仲）
也鄭人討幽公之亂斷子家之棺（家卒何鄭人討幽公之亂斷子家之棺）聖上（林俊）

時論者多欲復肉刑融乃建議曰古者敦
哀矜舊臣未忍追案不宜加禮朝廷從之
庞善否不別（吏端刑清）
端直政無過失百姓有罪皆自取之末世
上失其道民散久矣而欲繩之以古刑投
陵遲風化壞亂政撓其俗法害其人故曰
之以殘弃（殘弃而弃廢之）非所謂與時消息者也

易曰天地盭

虛與時消息紂斬朝涉之脛天下謂爲無道

尚書曰紂斬朝涉之脛孔安國注曰冬

日見朝涉水者謂其脛耐寒斬而視之

地千八百君　國以九州之人養千八百君也若各

刑一人是下常有千八百紂也求俗休和　夫九牧之

弗可得已且被刑之人慮不念生志在思

死類多趣惡莫復歸正凤沙亂齊　公廢太子

而立之是爲莊公以凤沙衛易已　左傳曰靈光

伊戾禍宋諸野享之公使往晉戾請從知

則欲用牲加書設之則信有焉公囚太子　太子縊

客盟矣公使視之則信　死知

徐聞其無　罪趙高英布爲世大患　史記胡亥誅

乃享伊戾　官人也遂專信任之後救李斯劫殺胡亥辛亡秦也屬

適足絕人還爲善耳雖忠如鬻拳　左傳初

諫楚子弗聽罪莫大焉遂自刖楚人以爲大閽君子曰鬻拳可以謂兵

前書英布坐法黥論輸驪山之江中爲羣盜及屬

漢爲九江王謀反誅之　不能止人遂爲非也

項羽常爲先鋒陷陣後歸

刑猶不忘納君於善　信如下和

受君矣諫以自刖於　韓子得璞玉於楚

爲譏已刖其左足及文王即位以和

山之中獻之武王使王人相之曰石也王以

爲誑而刖其右足文王薨成王即位以血抱其

而哭於楚山之下三夜泣盡而繼以血王使

刑足離分兮去封　人攻璞而得寶乃抱璞王封

不就而去乃作怨歌曰進寶得刑足離分兮去封

〈後漢列傳六十〉十一

信守休去方斷　者　智如孫臏　史記孫臏與龐涓學

不續宣不冤分　兵法消與惠王爲

尚書太后驚下室宮　作詩以剌幽王也　冤如巷伯　毛萇注詩云巷伯内小臣也

刑後乃著史記　漢遂被下蠶室宮　十如史遷　明陵當必立功而報矣

與尚方鑄作事費甚多方不驗刀下吏當死上奇一

其并得踰冬減論斑固云向博物洽聞通達古今一

秦穆使孟明等伐鄭襄公敗諸

年復歸於亳思庸白乙等代公曰穆公之霸秦

尚書太后既立不聞伊尹放太甲諫不從晉襄公復諸

刀鋸没世不齒　國語中刑也夫子何罪也韓非詩傳

離刀鋸没世不齒　是太甲之思庸

其井得踰冬　南畦之骨立衞武之初筵

戎使爲政遂霸西　酒悔過也言賓客初就建之時爲

主之秩然俱蘤　制發諸國兵斬郅支西域副校尉

惡陳湯之都賴　文帝時尚爲雲中守馮唐爲郎爲差

术魏尚之守邊　六級下吏削爵趙人馮唐爲首房爲

上陳湯之都賴

〈後漢列傳六十〉十二

言文帝祿尚復爲雲中守也

無所復施也漢開政惡之路

凡爲此也故明德之君遠度深惟弃短就

長不苟革其政者也朝廷善之卒不改焉

是時荊州牧劉表不供職貢多行僭偽爲

乃郊祀天地擬斤乘輿也所指詔書班下其

事融上疏曰竊聞領荊州牧劉表禁逆故

恣所爲不軌至乃郊祭天地擬儀社稷雖

昏僭惡極罪不容誅至於國體宜且諱之

之體謂國家之大體也

何者萬乘至重天王至尊身爲聖

躬國爲神器 器老子曰天下神器不可爲也

陞級縣遠祿位

限絕 賈誼曰人主之尊譬如堂羣臣如陛衆庶如地故陞乃九級上廉遠地則峻

圖之若形之四方非所以杜塞邪萌 仲尼如日月無得而踰焉 彩見

天之不可階日月之不可踰也 猶天之不可階而升也又曰每有一豎臣輒云 論語曰夫子之不可及也

愚謂雖有重庆必宜隱忍賈誼所謂擲鼠 前書賈誼曰里諺去欲投鼠而忌器此善諭也鼠近於器尚憚不投

已惡器蓋謂此也 器傳

恐傷其器況乎 齊柜代楚責以苞茅 是以齊兵次楚唯責包茅貴臣之近主乎 不入王祭不供無以縮酒 注曰包裹束也菁茅也束茅而灌之以酒爲縮酒

也 王師敗績不書晉人 公羊傳成公元年秋王師敗績于貿戎敗之

蓋晉敗之屬爲不言晉敗者之王者無敵莫敢當也

前以露表關高岸天險 復下劉表之事是使跛牂欲關高岸天險

可得而登也 上夫樓季而難五丈之限 史記李斯曰太山之高百仞而跛牂牧其宜故城高五丈而輕犯也彭城高五十丈而羊牝曰群易曰地險山川丘陵也異也尔雅曰天險不可昇哉

自營衞藩專爲羣逆主莘淵藪 盜貢薦 郷玄注儀禮曰籩竹器如豆盜藪澤也逃主莘淵藪孔注曰天下罪人逃亡道爲天下通者也書曰天下罪人逃亡道爲天下通

案表跋扈擅誅列侯遏絕詔命斷 鼎所作也丘陵也

覩其爲 左傳取郜大鼎于宋戊申納于太廟臧哀伯諫曰君人者昭德塞違以臨照百官軌爲寫爲部國所作也官於是乎戒懼部大鼎在廟

見夫詩曰桑之落矣 桑落瓦解其軌可失其黃而隕

臣愚以爲宜隱郊祀之事以

崇國防五年南陽王馮東海王祗薨並帝傷其早薨欲爲脩四時之祭以訪於融

融對曰聖恩敦睦感時增思悼二王之靈發哀愍之詔稽度前典以正禮制竊觀故

事前梁懷王臨江愍王齊哀王臨淮懷王

並薨無後同產昆弟即景武昭明四帝是

也梁懷王揖景帝弟也立十年薨臨江閔王榮武帝
兄也爲皇太子四歲廢爲王坐侵廟壖地自殺齊
懷王閎武帝子昭帝異母兄立坐侵廟壖哀齊
王悼閎武帝之子高帝之孫非昭帝弟建武十五年
哀者誤也臨淮公衡明帝之子當爲王未及進
爵爲王而薨融家傳及本傳皆作公此爲王者亦誤
也未聞前朝修立祭祀若臨時所施則不
列傳紀呂愚以爲諸在沖齔聖慈哀悼禮
同成人加以號諡者宜稱上恩諡音尺證反祭祀
禮畢而後絕之至於一歲之限不合禮意
又違先帝已然之法所未敢處安也初曹
操攻屠鄴城表氏婦子多見侵略而操子
丕私納袁熙妻甄氏氏中山無極人漢太保
乃與操書稱武王伐紂
以妲已賜周公氏女也紂用其言毒虐東燕武王
祖聞其意頗爲迎取之由此女也出列女傳也操不悟後問出
何經典對曰以今度之想當然耳後操討
烏桓建安十又嘲之曰大將軍遠征蕭條海
外昔肅慎不貢楛矢丁零盜蘇武牛羊可并
夫餘國北東濱大海魏略曰挹婁一名蕭慎氏其地在
楛矢石砮其長尺有咫蕭慎國記曰挹婁一名蕭慎氏說文

曰楛木也今遠左有楛
木狀如荊葉如榆也
案也山海經曰北海之內有丁零之國前書蘇武
也使匈奴單于徙此海上丁零盜武牛羊武遂
窮厄時年飢兵興操表制酒禁之融與操書云酒之爲德久矣古
之多侮慢之辭先哲王類帝堯和神定人以
酒成德不千鍾無以建太平孔列酒以
頌之多侮慢之辭非酒無以成其歡趙之廝養欲無其力以
之斯養非酒無以激其氣高祖非醉斬蛇無以揚其靈景帝非
醉幸唐姬無以開中興漢非酒無以決其災故酈生以高陽酒徒
著績於漢景帝非醉幸唐姬無以開中興
如來祖非醉斬蛇無以奮其勇徐偃王行仁義而亡亦由是觀之酒
何負於政
既見操雄詐漸著數不能
堪故發辭偏宕多致乖忤又嘗奏
宜準古王畿之制千里寰內不以封建諸
侯同禮方千里曰國畿其外五百里侯其外五
耳非以亡王爲戒也王爲戒也
而潛忌正議慮鯁大業山陽郗慮字鴻豫山
陽高平人少受學於鄭玄虞浦江表傳曰獻帝嘗時
與慮漸益憚之然以融名重天下外相容忍
適道未可與權慮舉笏曰融肯宰北海政散人流
安在遂與融互相長短以至不稅曹操以書和解

之慮從光採勳

遷御史大夫

承望風旨以微法奏免融官

因顯明讎怨操故書激厲融曰蓋聞唐虞

之朝有克讓之臣

為君

故麟鳳來而頌聲作

必餞一餐之惠必報

及至其瞰睚眥之怨

錯念國進禍於袁盎

屈平

悼楚受讒於椒蘭

彭寵傾亂起自朱浮

威損失於宗馮

因可不慎與　昔廉藺小國之臣猶能相

下　趙惠文王與秦昭王會澠池

之相與為頸之友事見史記　寇賈倉卒武夫

屈節崇好光武不問伯升之怨齊侯不疑

射鉤之虜

大操者豈累細故哉往聞二君有執法之

平以為小介　當收舊好而

怨毒漸積志相危害聞之憮然中夜而起

相副綜達經學出於鄭玄又明司馬法

馬法其法論古者及兵之法也　鴻豫亦稱文舉奇

逸博聞誠怪今者與始相違孤豈與文舉

非舊好又於鴻豫亦無恩紀然願人之相

美不樂人之相傷是以區區思協歡好又

知二君羣小所構孤為人臣進不能風化

海內退不能建德和人然撫養戰士殺身

為國破浮華交會之徒計有餘矣融報曰

狠惠書教也

比郡郡相鄰

以厚於見私信於為國不求其覆過掩惡

有罪望不坐也前者黜退懍然受之昔趙

【上欄】

宣子朝登韓厥夕被其戮喜而求賀
面如吾豈敢謂子
或稱魏者欲以取勝為榮不

諡也國語曰宣子使韓厥於靈公以司馬河曲
之役趙宣子使乘車干行韓厥執而戮之衆咸
曰韓厥必不沒其身朝戮其車其譖我衆矣
今吾樂厥於罪中吾乃可以賀我矣安
之宣子召而禮之謂諸大夫曰二三子可賀我矣
今知免於罪矣

之平哉忠非三間　即屈原也掌王族三姓故
曰昭屈景故曰三間　智非

況無彼人之功而敢枉當官

龜錯竊位為過免罪為幸乃使餘論遠間
所以慙懼也朱彭寇賈為世壯士愛惡相
政能為國憂至於輕弱劣猶昆蟲之相
嚙適足還害其身　夏小正云昆衆也
蜎子曰昆蟲亦有知誠無

所至也晉疾嘉其臣所爭者大而師曠以
為不如心競　左傳秦伯之弟鍼如晉修成叔向
　云叔向不應召行人子員行人
　子朱曰朱也當御叔向曰秦晉
　不和久矣今日之事幸而集晉
　國賴之子員導三軍暴骨子員導
　易之茲其庶乎吾臣所能禦平常
　公曰晉其庶乎吾臣之所爭者大
　礦曰公室懼卑臣不心競而力爭也
　韓信貧賤淮陰少年
　侮之令信出跨下　不知聚

人無傷雖出勝下之負
次之辱　史記荊軻嘗游榆次與盖聶論劍
盖聶怒而目之荊軻出去
毀之於已猶蚊虻之一過也　左傳曰人心不同其如面
未以為害子產謂人心不相似也　蚊音文虻音盲
言子產謂子皮人心不同其如面

【下欄】

念宋人待四海之客大鑪不欲令酒酸也
鑪暴土為之以居酒笠四邊隆起一面高如鑪故
名鑪字或作壚韓子曰宋人有沽酒者斗槩甚平過
之以居酒甚謹為酒甚美而酒不售所以知其
問長者楊倩二人曰汝狗猛耶曰狗猛則酒何故
而不售曰人畏焉或令孺子懷錢挈壺甕往沽
而狗迎齕之此酒所以酸而不售
它者奉道嚴教

至於屈穀巨瓠
　韓子曰齊有居士
　田仲宋人屈穀見仲
　者曰穀聞先生之義不恃仰人而食今穀有樹
　瓠之道堅如石厚而無竅願獻先生田仲曰
　夫瓠所貴者謂其可以盛物也今堅如石則
　可以盛物也而厚無竅則不可以剖而斟吾無以
　此瓠為也穀曰然穀將弃之今仲不恃仰人
　而食亦無益人國亦有堅瓠之類也

堅而無竅當以無用罪之耳　田仲齊有居士

不敢失墜郤為故吏融所推進趙襄之拔
　左傳晉文公謀元帥趙衰曰郤縠可乃使郤縠將中軍　不輕公叔之
郤縠
外曰也　公叔文子衛大夫其家臣名僎為大夫僎音士免反

知同其愛訓誨發中　言曹公與己同德
　故發於中心而愛斯訓誨

雖懿伯之忌猶不得念　禮記檀弓引縢成公之
　喪使子叔敬叔弔子服惠伯為介及郊為懿伯
　之忌不入惠伯曰政也不可以叔父之私不將公事遂入
　鄭玄注曰懿伯惠叔父也不可以叔父之私喪廢叔父之命
　忌怨也　叔父謂惠伯也

況特舊交而欲自外於賢吏哉
也　輒布腹心脩好如初苦言至意終身誦
之歲餘復拜太中大夫性寬容少忌好士

喜誘益後進及退閒職 太中大夫職在言謀故云閒職在賓客
賓客日盈其門常歎曰坐上客恒滿尊中酒不
空吾無憂矣與蔡邕素善邕卒後有虎賁
士貌類於邕 漢官典職儀曰虎賁中郎將主武賁千五百人融每酒酣
引與同坐曰雖無老成人且有典刑 詩大雅曰雖無老成人尚有典刑也融聞人之善若已有可
達賢士多所獎進知而未言以為己過故
操必演而成之面告其短而退稱所長薦
海內英俊皆信服之曹操既積嫌忌而郗

慮復搆成其罪遂令丞相軍謀祭酒路粹 典略曰粹字文蔚陳留人少學於蔡邕建安初以高第拜尚書郎後為軍謀祭酒與陳琳阮瑀等典記室融誅之後人觀粹所作枉狀奏融無不嘉其才而忌其筆也
枉狀奏融曰少府孔
融昔在北海見王室不靜而招合徒眾欲
規不軌云我大聖之後而見滅於宋 史記曰孔子六代祖孔父嘉為宋華督所殺其後亡奔於魯故孔子為魯人也孔子之後滅於宋有宋者商湯也
有天下者何必卯金刀及與孫權使
語謗訕朝廷 訕所諫反謗毀又融為九列不遵朝儀秃巾微行加憤唐突宮掖又
列不遵朝儀秃巾微行 謂不加憤唐突宮掖又

前與白衣禰衡跌蕩放言 跌蕩無儀撿也放縱也 云父
之於子當有何親論其本意實為情欲發
耳子之於母亦復奚為譬如寄物缻中
出則離矣既而與衡更相贊
揚衡謂融曰仲尼不死融答曰顏回復生
大逆不道宜極重誅書奏下獄弃市時年
五十六妻子皆被誅初女年七歲男年九
歲以其幼弱得全寄它舍二子方弈棊融
被收而不動左右曰父執而不起何也荅
曰安有巢毀而卵不破乎主人有遺肉汁
男渴而飲之女曰今日之禍豈得久活何
頼知肉味乎兄號泣而止或言於曹操遂
盡殺之及收至謂兄曰若死者有知得見
父母豈非至願乃延頸就刑顏色不變莫
不傷之初京兆人脂習元升與融相善每 魏略曰曹操為司空威德日盛融故以
戒融剛直 意書疏倨傲習常貴融改節融故不從
之及被害許下莫敢收者習往撫尸曰文
舉舍我死吾何用生為操聞大怒將收習

殺之後得赦出魏文帝深好融文辭每歎
曰楊班儔也慕天下有上融文章者輒賞
以金帛所著詩頌碑文論議六言策文表
檄教令書記凡二十五篇文帝以習有駮
布之節加中散大夫〔前書曰酈布梁人也為梁
奏事越頭下桐而哭之　王彭越大夫使於齊末反
漢誅越梟首雒陽下布選〕

論曰昔諫大夫鄭昌有言山有猛獸者藜
藿為之不採〔罪鄭昌愍傷寬饒以直言得
不當意而為文吏所　誅鄭昌愍傷寬饒忠直憂國以言事
誣挫故上書訟之〕是以孔父正色不容弑虐
〔以孔父正色而立於朝則人莫敢過
而致難於其君者孔父可謂義形於色也〕
子曰田成子一旦殺齊君〔左傳曰齊國
於路寢公數曰美哉室其誰有此乎晏子對曰唯禮可以已之君
若何對曰唯禮可以已之〕若夫文舉之高志直
情其足以動義慨然而致難於仵雄心也忤逆
鼎之迹事關於人存〔移鼎謂遷漢之鼎也人存
謂曹操身在不得篡位止〕故使移
平仲立朝有綽盜齊之望

之謀而致難於其君者孔父可謂義形於色
折而已豈其貪園委屈可以每其生哉〔即園〕
後也〔代終謂代漢祚於周末後謂曹丕受禪也〕夫嚴氣正性覆
鼎之迹事關於人存

衡女〔典略曰衡欲以女妻郁或以少有才
名故得免於譏議南陽何顒名知人見或
而異之曰王佐才也〕也中平六年舉孝廉再
相〔紃畏憚官官乃為或娶中常侍唐
緄畏憚官官乃為或娶中常侍唐衡女〕本名緄音古老反
荀或字文若〔或表作郁漢紀
淑之孫也〔朗陵縣屬汝南郡故城在
今豫州即山縣西南〕父緄為濟南
相〔緄音古老反〕
可也〔懷懷言勤烈如秋霜也〕
潁川潁陰人即陵令
庶每生懷懷焉嶠嶠焉其與琨玉秋霜比質
〔祉字音議曰祉圓無稜角也每
貪也言寧正直以傾覆不能委曲以貪生也賈
祉音五九反前書音議曰祉圓謂正直以傾
覆折不能委曲以貪生也〕嶠嶠焉其與琨玉秋霜比質

遷亢父令〔亢父屬梁國故城在今兗州
任城縣南亢音剛父音甫〕
亂弃官歸鄉里同郡韓融時將宗親千餘
家避亂密西山中〔密縣西
四戰之地也〔通也天下有變常為兵衝密雖
小固不足以扞大難宜亟避之〔亟音紀力反〕
多懷土不能去會冀州牧同郡韓馥遣騎
迎之或乃獨將宗族從馥留者後多為董
卓將李傕所殺略焉或比至冀州而表紹
已奪馥位紹待或以上賓之禮或明有意

數計　數數也　見漢室崩亂每懷匡佐之義時曹操在東郡或聞操有雄略而度紹終不能定大業初平二年乃去紹從操操與語大悅曰吾子房也　比之張良　以為奮武司馬興平元年二十九明年又為操鎮東司馬興平元年操東擊陶謙使或守甄城　縣名屬濟陰郡今濮州縣也甄今作鄄音　任以留事會張邈陳宮以兗州反操而潛迎呂布布既至諸城悉應之邈乃使人譎或　譎詐也譎詐　諝或

李業

曰呂將軍來助曹使君擊陶謙宜亟供軍實或知邈有變即勒兵設備故邈計不行豫州刺史郭貢率兵數萬來到城下求見或或將往東郡太守夏侯惇等止之　魏志曰惇　見之今君為一州之鎮往必危也或曰貢字元譚沛國人　沛國譙人　曰何知貢不與呂布同謀而輕欲

往也貢既見或無懼意知城不可攻遂引而去或乃使程昱說范東阿　東魏志昱字仲德東郡東阿人范　使固其守故卒全三城　縣屬東郡今濮陽縣也東阿縣屬東郡今東阿也　以待操焉　范東三城謂范甄阿也　二年陶謙死操欲遂取徐州還定呂布或諫曰昔高祖保關中高祖　距項羽常留蕭何守關中光武據河內皆深根固本以制　天下進可以勝敵退足以堅守故雖有困敗而終濟大業將軍本以兗州首事故能平定山東　操初從東郡守鮑信等迎領兗州遂進兵破黃巾等故能平定山東也

郭傅

此實天下之要地而將軍之關河也若不先定之根本將軍何寄乎宜急分討陳宮使虜不得西顧乘其間而收熟麥約食稸穀以資一舉則呂布不足破也今舍之而東未見其便多留兵則力不勝敵少留兵則後不足固布乘虛寇暴震動人心縱數城或全其餘非復已有則將軍尚安歸乎且前討徐州威罰實行其子弟念父兄之恥必人自為守就能破之尚不可保彼若懼

就也　其猶豫宜時說之縱不為用可使中立及若先懷疑嫌彼將恐而成謀不如

03-1039

而相結共為表裏堅壁清野以待將軍將
軍攻之不拔掠之無獲不出一旬則十萬
之衆未戰而自困矣夫事固有弃此
以權一時之執願將軍慮焉操於是大收
軹麥復與布戰布敗走因分定諸縣兗州
遂平建安元年獻帝自河東還洛陽操議
欲奉迎車駕徙都於許衆多以山東未定
韓暹楊奉負功恣睢　恣睢肆怒貌睢音火季反　又火佳反史記盜跖曰殺
不辜暴未可卒制或乃勸操曰昔晉文公　左傳言於晉侯曰

納周襄王而諸侯景從　求諸侯莫如勤王諸侯
信之且大義也晉侯逆王　入于王城取大叔於溫殺之於關城遂定霸業天下服從也　漢
高祖為義帝縞素而天下歸心　於郴羽敕使告諸侯項羽殺義帝為
義帝發喪高祖大哭發使告諸侯此而之今項羽放殺義帝大逆無道實
兵皆　於外蒙不問
縞素　子蒙塵於外敢文仲曰天
守將軍首唱義兵徒以山東擾亂未遑遠
赴雖儔難於外乃心無不在王室　尚書曰爾身在外
乃心無不在王室乃波也　王室乃波也注周禮曰樛木也　彰與後樛木也
撩燕義士有存本之思兆人懷感舊之哀　今鑾駕旋軫　東京

誠因此時奉主上以從人望大順也秉至
公以服天下大略也扶弘義以致英俊大
德也四方雖有逆節其何能為韓暹楊奉
安足恤哉若不時定使豪桀生心後雖為
慮亦無及矣操從之及帝都許以或為侍
中守尚書令操每征伐在外軍國之事
皆與或籌焉或又進計謀之士從子攸　魏志荀彧字文達太祖素聞彧名與語大悅謂曰使孤成大業者必此
縣郭嘉　魏志嘉字奉孝潁川人也太祖甚器之與彧書曰　及鍾
司馬懿戲志才等　即晉宣帝懿字仲達皆稱其舉唯
陳羣杜襲　三輔決錄曰豪字長文潁川人也
嚴象為揚州　博有膽智為揚州刺史後為孫策廬
　江太守李傕所殺　韋康為涼州　韋康字元將京兆人少
表紹既兼河朔之地有驕氣而操敗於張　端從涼州牧邯郡太僕康代為涼州刺史時殺與京兆
繡　魏志張繡在南陽降而復叛與戰軍敗為流矢所中　紹與操書甚
陳琳為紹作檄書曰操祖父騰　擁養護操贊閣遺醜並偽慢之詞也操大　侶

怒欲先攻之而患力不敵以謀於或或量
紹雖強終爲操所制乃說先取呂布然後
圖紹操從之三年遂擒呂布定徐州五年
表紹率大衆以攻許操與相距紹甲兵甚
盛議者咸懷惶懼少府孔融謂或曰表紹
地廣兵彊田豐許收智計之士爲其謀賢
臣任其事　審配逢紀盡忠之
行狀豐字元皓鉅鹿人天姿……顏良文
醜匹夫之勇可一戰而擒也後皆如或之
正審配專而無謀逢紀果而自用顏良文
多而法不整田豐剛而犯上許收貪而不
勇冠三軍統其兵殆難克平或曰紹兵雖

籌事在表操傳操保官度也……

醜匹夫之勇可一戰而擒也後皆如或之

榮陽成皋間也是時劉項莫肯先退者以

爲先退則執屈也
高祖與項羽於滎陽成皋間
西爲漢而退高祖遂乘
羽敗之坑下追殺之
公以十分居一之衆
畫地而守之
喉而不得進已半年矣
竭必將有變此用奇之時不可失也操從
之乃堅壁持之遂以奇兵破紹紹退走封
未能爲患但欲留兵守之自欲南征劉表
以計問或或對曰紹既新敗衆懼人擾今
不因而定之而欲遠兵江漢若紹收離紛

散絪合乘虛以出則公之事去矣操乃止
九年操拔鄴自領冀州牧有說操宜復置
九州者以冀部所統既廣則天下易服
操將從之或言曰今若依古制是爲冀州
所統悉有河東馮翊扶風西河幽并之地
也公前屠鄴城海內震駭各懼不得保其
土宇守其兵衆今若一處被侵必謂以次
見奪人心易動若一旦生變天下未可圖

03-1041

也願公先定河北然後脩復舊京南臨楚
郢貴王貢之不入天下咸知公意則人人
自安須海內大定乃議古制此社稷長久
之利也操報曰微足下之相難所失多矣
遂寢九州議十二年操上書表或曰昔表
紹作逆連兵官度時衆實糧單圖欲還許
尚書令荀彧深建宜住之便遠恢進討之
略也〔徽避也音〕起發臣心革易愚慮堅營固守徼
其軍實遂撲撲大寇濟危以安
〔古竟反〕三十一 陳忡

紹既破敗臣糧亦盡將合河北之規改就
荆南之策或復備陳得失用移臣議故得
反施異土〔左傳南轅反施社預曰軍門前大旗也〕克平四州〔謂冀青幽并也〕
向使臣退軍官度紹必鼓行而前〔鼓行謂鳴鼓行軍〕
無所敵人懷利以自百〔名規利人百其勇也〕臣衆怯沮
〔沮止也〕以喪氣沮止有必敗之形無一捷之執也〔沮揣勝〕
復若南征劉表委弃兗豫飢軍深入踰越
江沔〔沔即漢水也孔安利既難要將失本據而〕國曰漢上為沔沔
或建二策以亡為存以禍為福謀殊功異

臣所不及是故先帝貴指縱之功薄搏獲
之賞〔搏擊也高祖既殺項羽論功行封以蕭何為〕
〔最功曰多不服高祖曰諸君知獵乎夫獵追〕
〔殺獸者狗也而發蹤指示獸者人也至如蕭何發蹤指示功人也縱或作蹤兩通〕
通古人尚惟帷幄之規下攻拔之力〔有戰鬭功〕
〔高帝曰運籌帷幄中決勝千里外〔前書曰復〕〕
〔子房功也自擇齊三萬戶以封之原其績效足亨〕〔張良當〕
高爵而海內未喻其狀所受不侔其功〔等待時〕
也臣誠惜之气重平議增疇〔尸邑〕〔其後代疇〕
使其後常與先人等也或深辭讓操辟言之曰昔
〔其爵邑音義曰疇等也〕
介子推有言竊人之財猶謂之盗〔左傳晉介子〕〔推晉文公〕
〔後漢列傳六十〕三十二 李秀
臣況君奇謨拔出興亡所係可專有之邪〔史記曰通欲〕
雖慕魯連沖高之迹〔尊素為帝魯〕
操不專功欲分之於或也〔連止之於平原君乃欲封魯連連笑曰所貴於天下之〕
〔士為人排患釋難解紛而無取也即有取者是商賈〕
於是增封千戶并前二千戶又欲授以〔之士也而連將為聖人達節之義平〕
節〔達節次守〕〔不忍為也〕
正司〔或先守尚書令或欲正除以〕
于十數乃止操將伐劉表問或所策或曰
今華夏以平荆漢知亡矣可聲出宛葉而
間行輕進以掩其不意操從之會表病死

子琮以州迎降

共進操爵國公九錫備物〈禮含文嘉曰九錫一曰車馬二曰衣服三曰樂器四曰朱戶五曰納陛六曰虎賁七曰斧鉞八曰弓矢九曰秬鬯與典策以九錫錫之〉十七年董昭等〈昭字公仁濟陰人也〉欲密以訪或曰曹公本興義兵以匡振漢朝雖勳庸崇著猶秉忠貞之節君子愛人以德〈禮記曰君子愛人以德細人之愛人也以姑息〉不宜如此事遂寢

操心不能平會南征孫權表請或勞軍于譙因表留或曰臣聞古之遣將上設監督之重〈史記齊景公以田穰苴為將軍扞燕晉之師卒未附百姓不信百姓素卑賤許景公……〉下建副貳之任所以尊嚴國命謀而鮮過者也〈左傳曰謀而鮮過而不倦〉臣今當濟江奉辭伐罪宜有大使肅將王命文武並用自古有之使持節侍中守尚書令萬歲亭侯或國之望臣德洽華夏既停軍所次便宜與臣俱進宣示國命威懷醜虜軍禮尚速不及先請臣輒留或依以為重書奏帝從之遂以或

〈三十三　東坡〉

為侍中光祿大夫持節參丞相軍事至濡須〈濡須水名也在今和州歷陽縣西南吳錄曰孫權沿濡須水築塢以拒曹公每月以相拒月餘乃退〉或病留壽春〈壽春縣屬淮南郡也郡令壽州郡也〉操饋之食發視乃空器也於是飲藥而卒時年五十〈獻帝……太祖……后……太祖……乃空器也於是飲藥而卒……太祖……〉

帝哀惜之祖日為之廢樂〈神之日謂祭祖神之日因為祖……春秋也風俗通曰共工氏子曰脩好遠遊祀以為祖神漢以午日祖〉謚曰敬侯〈謚法曰……為敬〉

年操遂稱魏公云

論曰　自遷帝西京山東騰沸〈騰沸言如水之騰湧沸溢也〉天下之〈詩曰百川沸騰〉命倒縣矣〈孟子曰……倒縣也〉君乃越河冀間〈趙岐注孟子曰困苦也〉關以從曹氏展轉也察其定舉措立言策置〈……察其定舉措立言策置……〉崇明王略以急國艱豈云因亂假義以就違正之謀乎〈言或本心不肯漢也〉誠仁為己任期紓〈紓緩也音舒〉民於倉卒也及阻董昭之議以致非

〈三十四〉

03-1043

命豈數也夫世言荀君者通塞或過矣常
以為中賢以下道無求備智算有所研踈
原始未必要末斯理之不可全詰者也夫
以衛賜之賢一說而斃兩國〔兩國謂齊與吳也端木賜字子貢衛人也田常欲伐魯仲尼令出使勸田常伐吳又至吳請夫差代齊又說句踐將兵助吳又之晉說以兵待吳代齊旣勝齊與晉爭彊果敗吳越襲其後遂殺夫差越霸破吳彊晉亂齊存魯一出存魯〕
彼非薄於仁而欲之蓋有全必有〔子貢不欲違仁義而致晉但其事不〕
喪也斯又功之不兼者也而〔彊晉霸越〕
兼濟也言或豈顧彊曹氏今代漢哉事不得已也
方時運之屯邅〔屯邅音易如林澤〕
遹如遹音〔竹連反〕
非雄才無以濟其溺功高執彊則〔謂魏太祖功業大〕
皇器自移矣〔謂神器自歸也〕此又時之不可
並也蓋取其歸正而已亦殺身以成仁之
義也

三十五

贊曰公業稱豪駿聲升騰權詭時偪〔謂以詭辭〕
對卓揮金僚朋〔揮散〕北海天逸音情頓挫〔縱逸也頓挫猶抑揚也〕
越俗易驚孤音少和直戀安歸高
謀誰佐〔直戀直道也言其道無所或之有弼誠歸謀議之高欲誰佐也〕
感國疾功申運改迹疑心〔一心如一也迹若可疑〕

後漢書列傳卷第六十

三十六

皇甫嵩　朱儁

皇甫嵩字義真安定朝那人度遼將軍規
之兄子也父節鴈門太守嵩少有文武志
介好詩書習弓馬初舉孝廉茂才〔續漢書曰
郎中遷霸陵臨汾令以父喪遂去官〕太尉陳蕃大將軍竇武連辟
並不到靈帝公車徵為議郎遷北地太守

初鉅鹿張角自稱大賢良師〔良或作
郎奉事黃
老道畜養弟子跪拜首過〔首音式
又反〕符水呪
說以療病病者頗愈百姓信向之角因遣
弟子八人使於四方以善道教化天下轉
相誑惑十餘年間眾徒數十萬連結郡國
自青徐幽冀荊楊兗豫八州之人莫不畢
應遂置三十六方〔方猶將軍號也大方萬餘
人小方六七千各立渠帥訛言蒼天已
死黃天當立歲在甲子天下大吉以白土
書京城寺門及州郡官府皆作甲子字中

平元年大方馬元義等先收荊楊數萬人
期會發於鄴元義數往來京師以中常侍
封諝徐奉等為內應約以三月五日內外
俱起未及作亂而張角弟子濟南唐周上
書告之於是車裂元義於洛陽靈帝以周
章下三公司隸使鉤盾令周斌將三府掾
屬案驗宮省直衛及百姓有事角道者誅
殺千餘人推考冀州逐捕角等知事
巳露晨夜馳勑諸方一時俱起皆著黃巾
為摽幟〔幟音尺志反又音試幟字也〕時人謂之黃巾亦名為蛾
賊〔蛾音魚綺反又即蟻字也故以為名〕殺人以祠天〔角弟梁稱人
公將軍角弟寶稱地公將軍寶弟梁稱人
公將軍所在燔燒官府劫略聚邑州郡失
據長吏多逃亡旬日之閒天下嚮應京師
震動詔勑州郡修理攻守簡練器械自函
谷大谷廣城伊闕轘轅〔大谷轘轅在洛陽東召羣臣
諸關並置都尉〔南旋門在汜水之西〕盜出中藏錢西園
會議嵩以為宜解黨禁益出中藏錢西園

廄馬以班軍士帝從之於是發天下精兵博選將帥以嵩為左中郎將持節與右中郎將朱儁共發五校三河騎士及募精勇合四萬餘人嵩儁各統一軍共討潁川黃巾儁前與賊波才戰戰敗嵩因進保長社波才引大衆圍城嵩兵少軍中皆恐乃召軍吏謂曰兵有奇變不在衆寡（孫子兵法曰凡戰者以正合以奇勝者也故善出奇無窮如天地無竭如江海戰勢不過奇正奇正之變不可勝窮也）今賊依草結營易為風火若因夜縱燒必大驚亂吾出兵擊之四面俱合田單之功可成也（田單為齊將守即墨城燕師攻城田單取牛千餘衣以五采束兵刃於其角繫火炬其尾穿城而出城上大譟燕師大敗事見史記）其夕遂大風嵩乃約勑軍士皆束苣乘城（苣音巨說文云束葦燒之）使銳士閒出圍外縱火大呼城上舉燎應之嵩因鼓而奔其陳賊驚亂奔走會帝遣騎都尉曹操將兵適至嵩操與朱儁合兵更戰大破之斬首數萬級封嵩都鄉侯嵩儁乘勝進討汝南陳國黃巾追波才於陽翟擊彭脫於西華

並破之（西華縣屬汝南）屬賊降散三郡悉平又進擊東郡黃巾卜已於倉亭生禽卜已斬首七千餘級時北中郎將盧植及東中郎將董卓討張角並無功而還乃詔嵩進兵討之嵩與角弟梁戰於廣宗（宗城今貝州宗城縣）梁衆精勇嵩不能剋明日乃開營休士以觀其變知賊意稍懈乃潛夜勒兵雞鳴馳赴其陳戰至晡時大破之斬梁獲首三萬級赴河死者五萬許人焚燒車重三萬餘兩悉虜其婦子繫獲甚衆角先已病死乃剖棺戮屍傳首京師嵩復與鉅鹿太守馮翊郭典攻角弟寶於下曲陽又斬之首獲十餘萬人築京觀於城南（杜元凱注左傳曰積尸封土其上謂之京觀）即拜嵩為左車騎將軍領冀州牧（封土於其上）封槐里侯（槐里屬扶風並）美陽兩縣（扶風屬）合八千戶以黃巾既平故改年為中平嵩奏請冀州一年田租以贍飢民帝從之百姓歌曰天下大亂兮市為墟母不保子兮妻失夫賴得皇甫兮復安

居嵩溫邸士卒甚得衆情每軍行頓止須
營幔修立然後就舍帳軍士皆食爾乃嘗
飯吏有因事受略者嵩既破黃巾威震天下而
懷悪或至自殺嵩更以錢物賜之吏

朝政日亂海內虛困故令漢陽閻忠
干說嵩曰　難得而易失者時也時至
不旋踵者幾也故聖人順時以動智者因
幾以發今將軍遭難得之運蹈易駭之機

而踐運不撫臨機不發將何以保大名乎
嵩曰何謂也忠曰天道無親百姓與能今

〈後漢列傳六十一〉李膺　五

將軍受鉞於春收功於末冬無
將軍受鉞於春收功於末冬無
人易曰人謀鬼謀百姓與能淮南子曰無
命將主親授鉞曰從此上至天將軍制之　兵動若

神謀不再計摧強易於折枯消堅甚於湯
雪旬月之閒神兵電埽封尸刻石南向以
報威德震本朝風聲馳海外雖湯武之舉

未有高將軍者也今身建不賞之功體兼
高人之德而北面庸主何以求安乎嵩曰不然
夙夜在公心不忘忠何故不安忠曰不然

昔韓信不忍一餐之遇而弃三分之業利
劍已揣其喉方發悔之歎者以機失而謀

乖也　前書項羽使武涉說韓信曰漢王解衣
衣我推食食我背之不祥又蒯通說信背
漢參分天下鼎足而立信曰漢王遇我厚豈可背
哉後信謀反為呂后所執信歎曰吾不用蒯
通計為女
子所詐豈
非天哉　今主上勢弱於劉項將軍權重於

淮陰拊攱足以振風雲叱咤可以興雷電
攓則庵字古通　赫然奮發因危抵積抵音紙
用叱咤怒聲也　抵擊也　崇

恩以綏先附振武以臨後服徵異方之士
動七州之衆羽檄先馳於前大軍響振於

〈後漢列傳六十一〉李膺　六

後蹈流漳河飲馬孟津誅闇宦之罪除羣
凶之積難僥見可使奮拳以致力女子可
使褰裳以用命況廣熊羆之卒因迎風之

軔哉功業已就天下已順然後請呼上帝
示以天命混齊六合南面稱制移寶器於
寶器猶神器
也謂天位也　推亡漢於已墜實神機之難

至會風發之良時也夫飲而不飲衰世難
佐若欲輔難佐之朝雕朽敗之木是猶逆
坂走九迎風縱棹豈云易哉且今賢宦羣

居同惡如市　左氏傳韓宣子曰同惡相求如市賈焉

歸近習昏主之下難以久居　史記范蠡曰大名之下難以久居　上命不行權

不賞之功　史記范蠡曰

及嵩懼曰非常之謀不施於有常之執創

圖大功豈庸才所致黃巾細孽敵非秦項

新結易散難以濟業且人未忘主天不祐

逆若虛造不冀之功以速朝夕之禍孰與

委忠本朝守其臣節雖去多謗不過放廢

猶有令名死且不朽　一句皆在傅之辭　反常之論所

後漢列傳六十一　十七　郭傅

不敢聞忠知計不用因亡去　英雄記曰梁州賊王國等起兵

車騎將軍忠慨發病死　會邊章韓遂作亂隴

右明年春詔嵩迴鎮長安以衞園陵章等

遂復入寇三輔嵩因討之初嵩討張角

路由鄴見中常侍趙忠舍宅踰制乃奏沒

入之又中常侍張讓私求錢五千萬嵩不

與二人由此為憾奏嵩連戰無功所費者

多其秋徵還收左車騎將軍印綬削戶六

千更封都鄉侯二千戶五年梁州賊王國

圍陳倉復拜嵩為左將軍督前將軍董卓

各率二萬人拒之卓欲速進赴陳倉嵩不

聽卓曰智者不後時勇者不留決速救則

城全不救則城滅全滅之執在於此也嵩

曰不然百戰百勝不如不戰而屈人之兵

是以先為不可勝以待敵之可勝不可勝

在我可勝在彼彼守不足我攻有餘　孫子文

有餘者動於九天之上不足者陷於九地　孫子兵法曰善守者藏於九地

之下　動於九天之上　王家語

倉雖小城守固備非九地之陷也王國雖　天地之寶九天九地之下六癸酉也子能順之萬全可保　今陳

強而攻我我之所不救非九地之陷也夫執　子也九地之下八

非九天攻者受害陷非九地守者不拔國

今已陷受害之地而陳倉保不拔之城我

可不煩兵動眾而取全勝之功將何救焉

遂不聽王國圍陳倉自冬迄春八十餘日

城堅守固竟不能拔賊眾疲敝果自解去

嵩進兵擊之卓曰不可兵法窮寇勿迫歸

眾勿追[司馬兵法之言]今我追國是追歸眾追窮寇

也困獸猶鬪蜂蠆有毒[皆左氏傳文]況大眾乎

嵩曰不然前吾不擊避其銳也今而擊之

待其衰也所擊疲師非歸眾也國眾且走

爲并州牧詔使以兵委嵩而上書

莫有鬪志以整擊亂非窮寇也遂獨進擊

之使卓爲後拒連戰大破之斬首萬餘級

國走而死卓大慙恨由是忌嵩明年卓拜

鄭[歷音]時在軍中說嵩曰本朝失政天下

倒懸能安危定傾者唯大人與董卓耳今

怨隙已結埶不俱存卓被詔委兵而上書

自請此逆命也又以京師昏亂踰踬不進

此懷姦也且其凶戾無親將士不附大人

今爲元帥杖國威以討之上顯忠義下除

凶害此桓文之事也嵩曰專命雖罪專誅

亦有責也[春秋左氏傳曰稟命則不威專命則不孝]則不可顯奏其事

使朝廷裁之於是上書以聞帝讓卓卓文

增怨於嵩及後東卓初平元年乃徵嵩爲

[後漢列傳六十一　九　康熙]

城門校尉因欲殺之嵩將行長史梁衍說

曰漢室微弱閹豎亂朝董卓雖誅之而不

能盡忠於國遂復寇掠京邑廢立從意今

將軍大則危禍小則困辱今卓在洛陽

天子來西以將軍之眾精兵三萬迎接至

尊奉令討逆發命海內徵兵羣帥響通

其東將軍迫其西此成禽也嵩不從遂

徵有司承百奏嵩下吏將誅之嵩子堅

壽與卓素善自長安亡走洛陽歸投於卓

卓方置酒歡會壽直前質讓責以大義[質正也]

正叩頭流涕坐者感動皆離席請之卓

乃起牽與共坐使免嵩囚復拜嵩議郎遷

御史中丞及卓還長安公卿百官迎謁道

次卓風令御史中丞已下皆拜以屈嵩[風音諷]

既而抵手言曰義眞犕未乎[犕音服]

嵩笑而謝之卓乃解

釋

曰安知明公之至於此也嵩曰昔與明公

自不知耳嵩曰昔與明公俱爲鴻鵠但明公今日變

[後漢列傳六十一　十　吳佐]

及卓被誅以嵩為征西將軍又遷車
騎將軍其年秋拜太尉冬以流星策免漢續
有重珥免<small>漢續</small>復拜光祿大夫遷太常尋坐李催作
亂嵩亦病卒贈驃騎將軍印綬拜家一人
為郎嵩為人愛慎盡勤前後上表陳諫有
補益者五百餘事皆手書毀草不宣於外
又折節下士門無留客<small>言汲引時人皆稱而之速</small>
之堅壽亦顯名後為侍中辭不拜病卒

後漢列傳六十一（十一）　劉仲

朱儁字公偉會稽上虞人也少孤母嘗販
繒為業儁以孝養致名為縣門下書佐好
義輕財鄉閭歙之時同郡周規辟公府當
行假郡庫錢百萬以為行費而後倉卒
督責規家貧無以備儁乃竊母繒帛為規
解對<small>規被錄占對儁為母既失產業深惠責</small>
之儁曰小損當大益初貧後富必然理也
本縣長山陽度尚見而奇之薦於太守韋
毅稍歷郡職後太守尹端以儁為主簿嘉
平二年端坐討賊許昭失利為州所奏罪

應之而儁乃飄服間行輕齎數百金到京
師略主章吏遂得刊定州奏故端得輸作
左校端喜於降免而不知其由儁亦終無
所言後太守徐珪舉儁孝廉再遷除蘭陵
令政有異能為東海相所表會交阯部羣
賊並起牧守頓弱不能禁又交阯賊梁龍
等萬餘人與南海太守孔芝反叛攻破郡
縣光和元年即拜儁交阯刺史令過本郡

後漢列傳六十一（十二）　王仲
<small>家兵僮僕之屬　合五千人　調謂調發之</small>

簡募家兵及所調合五千人
分從兩道而入既到州界按甲不前先遣
使詣郡觀賊虛實宣揚威德以震動其心
既而與七郡兵俱進逼之遂斬梁龍降者
數萬人旬月盡定以功封都亭侯千五百
戶賜黃金五十斤徵拜為諫議大夫及黃巾
起公卿多薦儁有才略拜為右中郎將持
節與左中郎將皇甫嵩潁川汝南陳國
諸賊悉破平之嵩乃上言其狀而以功歸
儁於是進封西鄉侯遷鎮賊中郎將時南

陽黃巾張曼成起兵稱神上使衆數萬殺
郡守褚貢屯宛下百餘日後太守秦頡擊
殺曼成賊更以趙弘爲帥衆浸盛遂十餘
萬據宛城儁與荊州刺史徐璆及秦頡合
兵萬八千人圍弘自六月至八月不拔有
司奏欲徵儁司空張溫上疏曰昔秦用白
起燕任樂毅皆曠年歷載乃能克敵白
下齊七十餘城儁討潁川以有功效引師南指方略
已設臨軍易將兵家所忌宜假日月責其
成功靈帝乃止儁因急擊弘斬之賊餘
韓忠復據宛拒儁儁兵少不敵乃張圍結
壘起土山以臨城内因鳴鼓攻其西南賊
悉衆赴之儁自將精卒五千掩其東北乘
城而入忠乃退保小城惶懼乞降司馬張
超及徐璆秦頡皆欲聽之儁曰兵有形同
而勢異者昔秦項之際民無定主故賞附

《後漢列傳六十一》 十三

起邯人也五年攻趙拔光狼城後七年攻楚拔鄢鄧五城明年攻鄢郢燒夷陵遂東至竟陵樂毅趙人也賢而好兵燕昭王以爲亞卿後爲上將軍代齊入臨淄徇齊五歲

以勸來耳今海内一統唯黃巾造寇納降
無以勸善討之足以懲惡今若受之更開
逆意賊利則進戰鈍則乞降縱敵長寇非
良計也因急攻連戰不剋儁登土山望之
顧謂張超曰吾知之矣賊今外圍周固內
營逼急乞降不受欲出不得所以死戰也
萬人一心猶不可當況十萬乎其害甚矣
不如徹圍并兵入城忠見圍解必自出
出則意散易破之道也既而解圍忠果出
儁因擊大破之乘勝逐北數十里斬首
萬餘級忠等遂降而秦頡積忿忠遂殺之
餘衆懼不自安復走以孫夏爲帥屯宛中
儁急攻之夏走追至西鄂精山又破之
復斬萬餘級賊遂解散明
年春遣使者持節拜儁右車騎將軍振旅
還京師以爲光祿大夫增邑五千更封錢
塘疾

《後漢列傳六十一》 十四 毛仙

故城在今鄧州向城縣南精山在其南

錢塘今杭州縣也錢塘記云昔郡議曹華信義立此塘以防海水始開募有能致土石一斛與錢一千旬日之間來者雲集塘未成而去塘以之成也而加位

特進以母喪去官起家復爲將作大匠轉
少府太僕自黃巾賊後復有黑山黃龍白
波左校郭大賢于氐根青牛角張白騎劉
石左髭丈八平漢大計司隸掾哉（九州春秋大計作大洪作緣城哉）
雷公浮雲飛燕白雀楊鳳于毒五鹿
李大目白繞畦固苦喑之徒（九州春秋喑音於金反）
騎白馬者爲張白騎輕便者言飛燕多聲
者號于氐根者爲（杜氏音才由反）
眼者爲大目如此稱號各有所因大者二
三萬小者六七千賊帥常山人張燕輕勇
趫捷故軍中號曰飛燕善得士卒心乃與 大
中山常山趙郡上黨河內諸山谷寇賊更
相交通衆至百萬號曰黑山賊河北諸郡
縣並被其害朝廷不能討燕乃遣使至京
師奏書乞降遂拜燕平難中郎將使領河
比諸山谷事歲得舉孝廉計吏燕後漸寇
河內逼近京師於是出儁爲河內太守將

家兵擊卻之其後諸賊多爲袁紹所定事
在紹傳復拜儁爲光祿大夫轉屯騎尋拜
城門校尉河南尹時董卓擅政以儁宿將
外甚親納而心實忌之及關東兵盛卓懼
數請公卿會議徙都長安儁輒止之卓雖
惡儁異已然貪其名重乃表遷太僕以爲
己副使者拜儁辭不肯受因曰國家西遷
必孤天下之望以成山東之釁臣不見其
可也使者詰曰召君受拜而君拒之不問 共
其徙而君陳之其故何也儁曰副相國非 章懷
臣所堪也遷都計非事所急辭所不堪
言所非急臣之宜也使者曰遷都之事不
聞其計就有未露何所承受儁曰相國董
卓具爲臣說所以知耳人不能屈由是
止不爲卓所用後入關留守洛陽而儁與
山東諸將通謀爲內應既而懼爲卓所襲
乃棄官奔荊州卓以弘農楊懿爲河南尹
守洛陽儁聞復進兵還洛懿走儁以河南

殘破無所資乃東屯中牟移書州郡請師
討卓徐州刺史陶謙遣精兵三千餘州郡
稍有所給謙乃上儁行車騎將軍董卓聞
之使其將李傕郭汜等數萬人屯河南拒
儁儁逆擊為傕汜所破儁自知不敵留關
下不敢復前及董卓被誅傕汜作亂儁時
猶在中牟陶謙以儁名臣數有戰功可委
以大事乃與諸豪桀共推儁為太師因移
檄牧伯同討李傕等奉迎天子乃奏記於

儁曰徐州刺史陶謙前楊州刺史周乾琅
邪相陰德東海相劉馗（馗音巨眉反）彭城相汲
廉北海相孔融沛相袁忠太山太守應劭
汝南太守徐璆前九江太守服虔博士鄭
玄等敢言之行車騎將軍河南尹莫府（賢恭）
絕不知吉凶是以臨官尹人搢紳有識莫
催郭汜之禍幼主劫執忠良殘敵長安隔
不憂懼以為自非明哲雄霸之士曷能剋

典職儀曰諸州刺史上郡并列卿府言敬言之國家既遭董卓重以李

濟禍亂自起兵已來于茲三年州郡轉相
顧望未有奮擊之功而互爭私競更相疑
惑既文且武應運而出凡百君子靡不顒
顒故謙相率廣選精悍堪能深入直指咸
陽多持資糧足支半歲謹同心腹委之元
帥會用太尉周忠尚書賈詡策儁
入朝軍吏皆憚入關欲應陶謙等儁曰以
君召臣義不俟駕（論語曰君命召不俟駕行矣候待也）況天子
詔乎且傕汜小豎樊稠庸兒無他遠略又
執力相敵勢難必作吾乘其閒大事可濟
遂辭謙議而就徵復為太僕謙等遂罷
初平四年代周忠為太尉錄尚書事明年
秋以日食免復行驃騎將軍事持節鎮關
東未發會李傕殺樊稠而郭汜又自疑與
傕相攻長安中亂故儁止不出留拜大司
農獻帝詔儁與太尉楊彪等十餘人辭郭
汜令與李傕和汜不肯遂留儁所儁等素

剛即日發病卒子皓亦有才行官至豫章
太守

論曰皇甫嵩朱儁並以上將之略受脤倉
卒之時　嘉秋左氏傳曰國之大事在祀與戎祀有
執膰戎有受脤脤宜社之肉盛以蜃器脤器
大事勤大衆必有專　及其功成師剋威聲滿
於社然後出謂之宜
強之兼公子率衆以誅白公而反
天下值弱主蒙塵擄賊放命斯誠葉公投
袂之幾翟義鞠旅之日　令尹司馬欲立王子闐天下
　新序曰楚白公勝朗殺　王子闐不肯劫之以刃不爲諸疾者
蒦王於園投袂奮秋業言其恕也　左氏傳曰楚子聞
之授袂而起翟義方進之子舉兵將誅王恭事見前
書詩注曰陳師鞠旅　鄭玄注云翰告也
故梁衍獻規山東連盟而
合格天之大業踰匹夫之小諒卒狼俱虎
口爲智士笑　山東連盟謂上云　拜伊尹格于皇天論語曰豈若匹夫
四攜之爲諒也莊子云孔子
見盜跖退曰吾幾虎口免
何智勇之不終甚乎前史晉平原華嶠稱
其父光祿大夫表　華嶠譜叙曰表字偉容歈之
言其祖魏太尉歈　魏志曰歈年二十餘爲散騎常侍每
嶠之不伐波豫之戰歸功朱儁張角之捷
蒿之不伐波豫之戰歸功朱儁張角之捷　稱時人說皇甫

本之於盧植收名斂策而已不亦有焉　斂策不
　　　　　　　　　　　　　　　　　論其功
蓋功名者世之所甚重也誠能不爭天下
之所甚重則怨禍不深矣如皇甫公之赴
履危亂而能終以歸全者其致不亦貴乎
故顏子願不伐善爲先斯亦行身之要與
　論語曰顏回曰願
　無伐善無施勞

贊曰黃妖衝發昊乃奮鈇鉞是振旅不居
不伐　老子曰功成而不居也　成而不居儁捷陳潁亦弭于越
　謂平許昭　履猶歷也于語辭
儁之類矣　僷云句吳之　言肅蕭王命並遘屯歷

後漢書列傳卷第六十一

　　董卓

董卓字仲穎隴西臨洮人也性麤猛有謀少嘗遊羌中盡與豪帥相結後歸耕於野諸豪帥有來從之者卓為殺耕牛與共宴樂豪帥感其意歸相斂得雜畜千餘頭以遺之由是以健俠知名為州兵馬掾常徼守塞下

（卓別傳曰卓父君雅為潁川輪氏尉卓及弟旻故卓字仲穎旻字叔穎　說文曰徼巡也前書曰中尉巡徼京師音義曰所謂遊徼備盜賊）

卓膂力過人雙帶兩鞬左右馳射

（方言曰所以藏箭謂之服藏引說文曰箙謂之鞬左氏傳云右屬櫜鞬吳佐曰韔引）

為羌胡所畏桓帝末以六郡良家子為羽林郎從中郎將張奐為軍司馬共擊漢陽叛羌破之拜郎中賜縑九千匹卓曰為者則己有者則士共有者乃悉分與吏兵無所留稍遷西域戊己校尉坐事免後為并州刺史河東太守中平元年拜東中郎將持節代盧植擊張角於下曲陽軍敗抵罪

其冬北地先零羌及枹罕河關羣盜反叛遂共立湟中義從胡北宮伯玉李文侯為將軍殺護羌校尉泠徵

（金城人邊章韓遂等）

伯玉等乃劫致金城人邊章韓遂等共殺金城太守陳懿攻燒州郡明年春將數萬騎入寇三輔

侵逼園陵託誅宦官為名詔以卓為中郎將副左車騎將軍皇甫嵩征之嵩以無功免歸而邊章韓遂等大盛朝廷復以司空張溫為車騎將軍假節執金吾袁滂為副

（袁宏漢紀曰滂字公熙純素寡欲然不言人短當權寵之盛或以同異致禍滂獨中立於朝故愛憎不及焉）

拜卓破虜將軍與盪寇將軍周慎並統於溫并諸郡兵步騎合十餘萬屯美陽以衛園陵章遂亦進兵美陽溫

（美陽故城在今雍州武功縣北）

卓與戰輒不利十一月夜有流星如火光長十餘丈照章遂營中驢馬盡鳴賊以為

不祥欲歸金城卓聞之喜明日乃與右扶
風鮑鴻等并兵俱攻大破之斬首數千級
章遂敗走揄中〔揄中縣屬金城郡故城在今蘭州金城縣中〕溫乃遣
周慎將三萬人追討之溫參軍事孫堅〔堅字文臺吳郡富春人即孫權之父也見吳志〕說慎曰賊
城中無穀當外轉糧食堅願得萬人斷其運道將軍以大
兵繼後賊必困乏而不敢戰若走入羌中
并力討之則涼州可定也慎不從引軍圍
榆中城而章遂分屯葵園狹反斷慎運道
慎懼乃弃車重而退溫時亦使卓將兵三
萬討先零羌卓於望垣北〔望垣縣屬天水郡〕為羌胡
所圍糧食乏絕進退逼急乃於所度水中
偽立隄以為捕魚而潛從隄下過軍〔續漢書隄字作堰則同但異體耳〕比賊追之決水已深不得度
時眾軍敗退唯卓全師而還屯於扶風封
斄鄉侯邑千戶〔斄縣故城在今雍州武功縣字或作邰音台〕三年春
遣使者持節就長安拜張溫為太尉三公
在外始之於溫其冬徵溫還京師韓遂乃

殺邊章及伯玉文俟擁兵十餘萬進圍隴
西太守李相如反與遂連和共殺涼州刺
史耿鄙而鄙司馬扶風馬騰〔馬騰字壽成扶風茂陵人援後也長八尺餘身體洪大面鼻雄異而性賢厚人多敬之〕亦擁兵反叛又
漢陽王國自號合眾將軍皆與韓遂合共
推王國為主悉令領其眾寇掠三輔五年
圍陳倉乃拜卓前將軍與左將軍皇甫嵩
擊破之韓遂等復共廢王國而劫故信都
令漢陽閻忠〔英雄記曰王國等起兵劫忠為主統三十六部號車騎將軍〕使
督統諸部忠恥為眾所脅感恚病死遂等
稍爭權利更相殺害其諸部曲並各分乖
六年徵卓為少府不肯就上書言所將湟
中義從及秦胡兵皆詣臣曰牢直不畢稟〔前書音義曰牢廩食也古者名廩為牢〕
賜斷絕〔稟音筆錦反〕妻子飢凍牽挽
臣車使不得行羌胡敝腸狗態〔言羌胡心敝惡情如狗也續漢書敝作憋憋音方言反憋惡性也郭璞音芳滅反憋急也〕
臣不能禁止輒將順安慰增異復上〔志當復聞上〕
朝廷不能制頗以為慮及靈帝寢疾璽書

拜卓為并州牧令以兵屬皇甫嵩卓復上
書言曰臣既無老謀又無壯事天恩誤加
掌戎十年士卒大小相狎彌久戀臣畜養
之恩為臣奮一旦之命乞將之北州效力
邊垂於是駐兵河東以觀時變及帝崩大
將軍何進司隸校尉袁紹謀誅閹官而太
后不許乃私呼卓將兵入朝以脅太后張
讓等竊倖承寵濁亂海內臣聞揚湯止沸
得召即時就道並上書

莫若去薪（前漢枚乘上書曰欲湯之滄一人揚之無益也不如絕薪止火而已）
滄音測亮潰癰雖痛勝於內食普趙軼興晉
陽之甲以逐君側之惡人（公羊傳曰晉趙軼取晉陽之甲此逐君側之惡人也今臣輒）
荀寅與士吉射者為君側之惡人也取晉陽之甲以逐
逐君側之惡人曷為以叛言之無君命也論語曰小
鳴鍾鼓如洛陽（鳴鍾鼓者聲其罪也論語曰小子鳴鼓而攻之典略載卓表曰）
張讓等悷慢天常擅操王命父子兄弟並據州郡一
書出閤下金千萬青腴美田皆屬讓等使
進敗虎賁中郎將袁術乃燒南宮欲討官
官而中常侍段珪等（山陽公載記 段宇作殷）劫少帝及

陳留王夜走小平津卓遠見火起引兵急
進未明到城西聞少帝在北芒因往奉迎
帝見卓將兵卒至恐怖涕泣（典略曰帝望見卓涕泣羣公謂卓曰卓涕泣正正卓與）
卓有詔卻卓卓曰公諸人為國大臣不能匡正王室至使國家播蕩何卻兵之有遂俱入城
言不能辭對與陳留王語遂及禍亂之事
卓以王為賢且為董太后所養卓自以與
太后同族有廢立意初卓之入也步騎不
過三千自嫌兵少恐不為遠近所服率四
五日輒夜潛出軍近營明旦乃大陳旌鼓
而還以為西兵復至洛中無知者尋而又使
進及弟苗先所領部曲皆歸於卓卓又使
呂布殺執金吾丁原而并其眾（魏志曰以父不辭英雄記曰原字建陽為人
麤略有勇善射受使不辭）廷策免司空劉弘而自代之（魏志曰以父
曰弘字子高安衆人）因集議廢立百僚大會卓乃奮首
而言曰大者天地其次君臣所以為政皇
帝闇弱不可以奉宗廟為天下主今欲依
伊尹霍光故事更立陳留王何如公卿以

下莫敢對卓又抗言曰昔霍光定策

延年案劍有敢沮大議皆以軍法從之坐者震動

尚書盧植獨曰昔太甲既立不明

邑罪過千餘故有廢立之事

殿遂脅太后策廢少帝皇帝在喪無人

事十七今上富於春秋行無失德非前事之比

也卓大怒罷坐明日復集羣僚於崇德前

殿遂脅太后策廢少帝曰皇帝在喪無人

子之心威儀不類人君今廢帝為弘農王乃

立陳留王是為獻帝又議太后躙迫

永樂太后至令憂死逆婦姑之

禮無孝順之節

安宮遂以弑崩卓遷太尉領前將軍事加

節傳斧鉞虎賁更封郿侯

與司徒黃琬司空楊彪俱帶鈇鑕詣闕上

書追理陳蕃竇武及諸黨人以從人望於

是悉復蕃等爵位擢用子孫尋進卓為相

國入朝不趨劍履上殿封母為池陽君置

丞令是時洛中貴戚室第相望金帛財產

家家殷積卓縱放兵士突其廬舍淫略婦

女剽虜資物謂之搜牢

開文陵卓悉取藏中珍物又姦亂公

主妻略宮人虐刑濫罰睚眦必死羣僚於

外莫能自固卓嘗遣軍至陽城時人會於

社下悉令就斬之駕其車重載其婦女以

頭繫車轅歌呼而還又壞五銖錢更鑄小

錢悉取洛陽及長安銅人鍾虛飛廉銅馬

之屬以充鑄焉

石數萬又錢無輪郭文章不便人用

時人以為秦始皇見長人

於臨洮乃鑄銅人

卓臨洮人也而今毀之雖成毀不
同凶暴相類爲卓素聞天下同疾閹官誅
殺忠良及其在事雖行無道而猶忍性矯
情權用羣士乃任吏部尚書漢陽周珌侍（珌字仲遠武威姑臧人珌音祕　尚書鄭）
中汝南伍瓊（英雄記瓊作佚字仲遠威人瓊字德瑜）長史何顒等以處
公業南陽伍瓊（英雄記公業名泰餘人皆書名泰避父名泰諱耳）士荀爽爲司空其汰黨錮者陳紀韓融之
徒皆爲列卿幽滯之士多所顯拔以尚書

▲後漢列傳六十二　九

韓馥爲冀州刺史（英雄記馥字文節潁川人）侍中劉岱爲
兖州刺史（吳志曰劉岱字公山東萊車平人）陳留孔伷爲豫
州刺史（九州春秋伷作胄）潁川張咨爲南陽
太守（獻帝春秋咨作資爲孫堅所殺）卓所親愛並不處顯
職但將校而已初平元年馥等到官與袁
紹之徒十餘人各興義兵同盟討卓而伍
瓊周珌陰爲內主初靈帝末黃巾餘黨郭
太等復起西河白波谷轉寇太原遂破河
東百姓流轉三輔號爲白波賊衆十餘萬

卓遣中郎將牛輔擊之不能却及聞東方
兵起懼乃鴆殺弘農王欲徙都長安會公
卿議太尉黃琬司徒楊彪廷爭不能得而
伍瓊周珌又固諫之卓因大怒曰卓初入
朝二子勸用善士故卓相從而諸君到官（十二）
舉兵相圖此二君賣卓卓何用相負遂斬
瓊珌珌恐懼詣卓謝曰小人戀舊非欲
沮國事也請以不及爲罪卓旣殺瓊珌
亦悔之故表彪琬爲光祿大夫於是遷天

▲後漢列傳六十二　十

子西都初長安遭赤眉之亂宮室營寺焚
滅無餘是時唯有高廟京兆府舍遂便時
幸焉（便時謂時便）後移未央宮於是盡徙洛陽
人數百萬口於長安步騎驅蹙更相蹈藉
飢餓寇掠積尸盈路卓自屯留畢圭苑中
悉燒宮廟官府居家二百里內無復孑遺
又使呂布發諸帝陵及公卿已下冢墓收
其珍寶時長沙太守孫堅亦率豫州諸郡
兵討卓卓先遣將徐榮李蒙四出虜掠榮

遇堅於梁故城在今波州梁縣西南與戰破堅生禽潁川

太守李旻肴之卓所得義兵士卒皆以布

纏裹倒立於地熱膏灌殺之時河內太守

王匡英雄記曰匡字公節泰山人輕財好施以任俠聞屯兵河陽津將

以圖卓卓遣疑兵挑戰而潛使銳卒從小

平津過津北破之死者略盡明年孫堅收

合散卒進屯梁縣之陽人梁縣屬河南郡今波州縣也陽人聚故城在梁縣西

能軍中自驚恐士卒散亂九州春秋曰卓以東郡太守胡軫為大督

卓遣將胡軫呂布攻之布與軫不相十一李傕一青

堅追擊之軫布敗走卓遣將李傕詣堅走奔

求和堅拒絕不受進軍大谷距洛九十里殷乃整齊耳布等惡之宣言相驚去賊至軍衆大亂

屯黽池聚兵於陜堅進洛陽宣陽城門大谷口在故萬陽西北三十五里此出對洛陽故城陽洛

卓自出與堅戰於諸陵墓間卓敗走卻張衡東京賦云盟津達其後大谷通其前是也距至

塢除宗廟平寒諸陵分兵出函谷關至新記洛陽城南面有四門從東第三門更擊呂布布復破走堅乃

安黽池間以截卓後卓謂長史劉艾曰關也

東諸將數敗矣無能為也唯孫堅小戇說文

日戇愚也諸將軍宜慎之乃使東中郎將董

越屯黽池中郎將段煨屯華陰典略曰煨在華陰特修農事不虜一人也煨音壹回反志曰武威人也煨音壹回反

安邑其餘中郎將校尉布在諸縣以禦山東中郎將牛輔屯

東卓諷朝廷使光祿勳宣璠璠音煩又音頒持節

拜卓為太師位在諸侯王上乃引還長安

百官迎路拜揖卓遂僭擬車服乘金華青

蓋爪畫兩轓時人號竿摩車言其服飾近十三林芝遠

天子也金華以金為華飾車也爪畫弓頭為爪形也轓音甫袁反車箱也又云皇太子青蓋金華蚤畫轓竿摩謂相逼近今俗以事千人者謂之竿摩

侍中中軍校尉皆典兵事於是宗族內外

並居列位其子孫雖在髫齔男皆封侯女

為邑君數與百官置酒宴會淫樂縱恣乃

結壘於長安城東以自居又築塢於郿高

厚七丈號曰萬歲塢今寨塢舊基高一丈積穀周迴一里一百步

為三十年儲自云事成雄據天下不成守

此足以畢老當至郡行塢公卿已下祖道
於橫門外（橫音光）卓施帳幔飲設誘降此地
反者數百人於坐中殺之先斷其舌次斬
手足次鑿其眼目以鑊煮之未及得死偃
轉柸案間會者戰慄亡失匕箸而卓飲食
自若諸將有言語蹉跌便戮於前又稍誅
關中舊族陷以叛逆時太史望氣言當有
大臣戮死者卓乃使人誣衞尉張溫與袁
術交通遂笞溫於市殺之以塞天變前溫

出屯美陽令卓與邊章等戰無功溫召又
不時應命既到而辭對不遜時孫堅爲溫
參軍勸溫陳兵斬之溫曰卓有威名方倚
以西行堅曰明公親帥王師威振天下何
恃於卓而賴之乎堅聞古之名將狀鉞臨
眾未有不斷斬以示威武者也故穰苴斬
莊賈（史記齊景公時晉伐阿鄄而燕侵河上以司馬穰苴爲將使寵臣莊賈監軍賈後至穰苴斬以徇三軍穰苴音紹魏絳戮楊干弟會諸侯於曲梁楊干亂行魏絳戮其僕事在左傳）
今若縱之自虧威重後悔何

及溫不能從而卓猶懷忌恨故及於難溫
字伯慎（漢官儀曰少有名譽累登公卿亦陰）溫穰人
與司徒王允共謀誅卓事未及發而見害
越騎校尉汝南伍孚（謝承書曰孚字德瑜汝南）義力能忿卓凶毒志手刃之乃朝服懷佩刀
（吳房人質性剛毅勇壯好）
以見卓因出刀刺之不中卓起送至閤以手撫
其背孚因語畢辭去卓起奮得免急
呼左右執殺之而大詬（詬罵也音）
耶孚大言曰恨不得磔裂姦賊於都市（磔）
裂之也（音丁格反）以謝天地言未畢而斃時（三輔決錄）
獻帝春秋磔作車（瑞字君）
王允與呂布及僕射士孫瑞謀誅卓
曰瑞字君榮扶風人博達無不通天子都許追論瑞作封子萌津亭族萌字文始有才學與王粲善粲作
有人書呂字於布上負而行於市歌
萌（詩贈）
曰布乎有告卓者卓不悟
示卓卓不知（其爲呂布也）
三年四月帝疾新愈大會未央
殿卓朝服升車既而馬驚僵泥還入更衣
其少妻止之卓不從遂行乃陳兵夾道自
壘及宮左步右騎屯衞周帀令呂布等扞

衞前後王允乃與士孫瑞密表其事使瑞
自書詔以授布令騎都尉李肅
也與布同心勇士十餘人僞著衞士服於
比掖門內以待卓卓將至馬驚不行怪懼
欲還呂布勸令進遂入門肅以戟刺之卓
衷甲不入傷臂墮車顧大呼曰呂布何在
布曰有詔討賊臣卓大罵曰庸狗敢如是
邪布應聲持矛刺卓趣兵斬之
明黑等以長戟俠車
使秦誼陳衞李黑等為作宮門
及卓
主簿田儀
倉頭前赴其尸布又殺之馳齋赦書以令
宮陛內外士卒皆稱萬歲百姓歌舞於道
長安中士女賣其珠玉衣裝市酒肉相慶
者填滿街肆使皇甫嵩攻卓弟旻於郿塢
殺其母妻男女盡滅其族
乞脫我死即時斬首乃尸卓於市天時始熱卓素充肥
脂流於地守尸吏然火置卓臍中光明達
曙如是積日諸袁門生又聚董氏之尸焚

灰揚之於路塢中珍藏有金二三萬斤銀
八九萬斤錦綺繢縠紈素奇玩積如丘山
初卓以牛輔子壻素所親信使以兵屯陝
輔分遣其校尉李傕郭汜張濟
齋金寶踰城走左右利其貨斬輔送首長
安
誅殺之其後牛輔營中無故大驚輔懼乃
陝討輔等輔等逆與肅戰肅敗走弘農布
所過無復遺類呂布乃使李肅以詔命至
儁於中牟因掠陳留潁川諸縣殺略男女
并州人并州人其在軍者男女數百人皆
誅殺之牛輔既敗衆無所依欲各散去傕
等恐乃先遣使詣長安求乞赦免王允以
為一歲不可再赦不許之傕等益懷憂懼
不知所為武威人賈詡時在傕軍說之

曰卓之入洛陽詔以太尉攝為平津尉遷討虜曰

按尉牛輔尅陝詔在輔軍輔飢死故詔在催軍

聞長安中議欲盡誅涼州人諸君若棄軍

單行則一亭長能束君矣不如相率而西

以攻長安為董公報仇事濟奉國家以正

天下若其不合我我當以死決之若攻長

安尅則得天下矣不尅則鈔三輔婦女財

謂曰京師不赦我我不尅則鈔三輔婦女財

物西歸鄉里尚可延命眾以為然於是共

結盟率軍數千晨夜西行王允聞之乃遣

《後漢列傳六十二》 十七

卓故將胡軫徐榮擊之於新豐 九州春秋曰胡文才李催之叛東乃

岐不可攻守之八日呂布軍有叟兵內反 漢代謂蜀兵為叟引催眾得入城潰放兵虜掠

曲樊稠等合 表宏記曰蒙催所殺 圍長安城

隨道收兵比至長安已十餘萬與卓故部 於是二人往寶召兵而還榮戰死軫以眾降催

死者萬餘人殺衞尉种拂等呂布戰敗出

奔王允奉天子保宣平城門樓上 三輔黃圖曰長安城

於是大赦天下李催郭汜樊稠

東面北頭門
號宜平門

等皆為將軍 袁山松書曰允謂催等曰臣無作威作福威
應自拜署催為揚武將軍汜為揚
烈將軍樊稠皆為中郎將也 遂圍門樓共

氏所焚尸之灰合斂一棺而葬之葬日大 獻帝起居

風雨霆震卓墓流水入藏漂其棺木 催又遷車騎將軍開

下後數日見殺催等葬董卓於郿并收董

表請司徒王允出問太師何罪允窮感乃

注曰家戶開大風暴雨水土流入之棺向入
復風雨水溢郭戶如此者三四家中水半所棺者
下棺天大風雨益暴甚遂開大風雨破其家

《後漢列傳六十二》 十八

府領司隸校尉假節後將軍催汜稠右將軍

張濟為鎮東將軍並封列侯催汜稠共秉

朝政濟出屯弘農以賈詡為左馮翊欲族

之詔曰此救命之計何功之有固辭乃止

更以為尚書典選明年夏大雨晝夜二十

餘日漂没人庶又風如冬時帝使御史裴

茂訊詔獄原繫者二百餘人其中有為催

所枉繫者催恐茂赦之乃表奏茂擅出囚

徒疑有姦故請收之詔曰炎異屢降陰雨

為害使者銜命宣布恩澤原解輕微庶合
天心欲釋寬結而復罪之乎一切勿問初
卓之入關要韓遂馬騰共謀山東
與羌雜居家貧無妻遂取羌女生騰
方亂亦欲倚卓起兵興平元年馬騰從隴
右來朝進屯霸橋騰私有求於傕不獲
而怒遂與侍中馬宇右中郎將劉範
前涼州刺史种邵中郎將杜稟

後漢列傳六十二　十九

兵攻傕連日不決韓遂聞之乃率眾來欲
和騰傕既而復與騰合傕使兄子利共郭
氾樊稠與騰等戰於長平觀下
遂騰敗斬首萬餘級种
邵劉範等皆死遂騰走還涼州稠等又追之
韓遂使人語稠曰天下反覆未可知相與
州里今雖小違要當大同欲共一言乃騑
馬交辭相加也
曰樊韓騑馬笑語不知其辭而意愛甚

於是傕稠始相猜疑猶加稠及郭氾開府
與三公合為六府皆參選舉
乃參分城內各備其界猶不能制而其子
弟縱橫侵暴百姓是時穀一斛五十萬豆
麥二十萬人相食啖
穢滿路帝使侍御史侯汶問出太倉米豆
為飢人作糜經日而死者無降帝疑賦卹
乃親於御前自加臨檢既知
有虛
不實使侍中劉艾出讓有司於是尚書令
以下皆詣省閣謝奏收汶汶考實詔曰未
忍致汶于理可杖五十自是後多得全濟
明年春傕因會刺殺樊稠於坐
異傕氾遂復理兵相攻
由是諸將各相疑

後漢列傳六十二　二十　吳任

安西將軍楊定者故卓部曲將也

於是遂相
備禦也

懼傕忍害乃與汜合謀迎天子幸其營傕
知其計即使兄子暹將數千人圍宮以
車三乘迎天子皇后太尉楊彪謂暹曰古
今帝王無在人臣家者諸君舉事當上順
天心柰何如是暹曰將軍計決矣帝於是
遂幸傕營彪等皆從乱兵入殿掠宮人
什物傕又徙御府金帛乘輿器服而放火
燒宮殿官府居人悉盡帝使楊彪與司空

〈後漢列傳六十二〉 二十一

張喜等十餘人和傕汜汜不從遂質留公
卿彪謂汜曰將軍達人閒事柰何君臣分
爭一人劫天子一人質公卿此可行邪汜
怒欲手刃彪（汜乃止）遂引兵攻傕矢及
生邪左右多諫汜乃止尚不奉國家吾豈求
帝前（獻帝紀曰汜與傕將張苞張龍謀誅傕汜將）兵夜攻傕門候開門内汜兵苞等燒屋火不
然汜兵引弩並發矢（及天子樓帷簾中）又貫傕耳傕將楊奉本白
波賊帥乃將兵救傕於是汜衆乃退是日
傕復移帝幸其壘塢唯皇后宋貴人俱
（猗氏也）

使校尉監門隔絕内外關（獻帝紀曰傕令門設反閉校尉中察盛夏炎暑
以穀水自飲渴流離上前殺官人及侍臣不得出市困乏使就傕索
不能得冷水飢渴離上以前殺官人及侍臣不得出市困乏使傕索）
復欲徙帝於池陽黃白城（池陽縣故城在涇陽縣西北
梗米五斛牛骨五具欲與米取久牛肉牛骨皆臭不可噉食
與米取久牛骨給皆已臭蟲不可噉食）君
命又詔傕酈不聽曰郭多盜馬虜耳何敢
欲與我同邪必誅之君觀我方略士衆足
辦郭多不多又劫質公卿所為如是而君（王榮）
者僕射皇甫酈和傕汜酈先辟汜即從（尋）
臣惶懼司徒趙溫深解辟之乃止詔遣譴

〈後漢列傳六十二〉 二十二

苟欲左右之邪（左右助也又 汜一名多）酈曰今
汜質公卿而將軍脅主誰輕重平傕恕呵
遣酈因令虎賁王昌追殺之昌偽不及酈（獻帝起居注曰…）
得以免傕乃自為大司馬（獻帝起居注曰傕性喜鬼怪左道
之術常有道人及女巫歌謳擊鼓下神祭六丁符劾
勝之具無所不為又於朝廷省門外為董卓作神坐
數以牛羊祠之天子使左中郎將李固
大司馬在三公之右傕自以為得鬼神之助厚賜）
與郭汜相攻連月死者以萬數（諸巫
與郭汜相攻連月死者以萬數）
陝來和解二人仍欲遷帝權幸弘農帝亦
思舊京因遣使敦請傕求東歸十反乃許

袁宏紀曰漸使太官令孫
徽校尉張或宣諭十反

車駕即日發邁

獻帝起居

李傕出屯曹陽以張濟為驃騎

注曰初天子出到宣平門當度橋氾兵數百人皆持大戟在乘輿車前侍中劉艾大呼士衆何敢迫近至尊郭氾等兵乃卻既而麴士諸言兵退乃去是天子也是使侍中楊琦高

將軍復還屯弘農郭汜為車騎

將軍楊定為後將軍楊奉興義將軍

蜀志曰承獻帝舅也裴松之　氾

承為安集將軍董

注曰承靈帝母太后之姪

承並侍送乘輿氾遂復欲脅帝幸郿定奉

氾不聽氾恐變生乃弃軍還就李傕車駕

寧輯將軍段煨乃具服御及公卿以下

翰見卿所行請先殺我以章卿惡氾得溥言切意乃少

廬人賊夫為國上將今天子有命何須留之吾不忍

資儲請帝幸其營楊定與煨有隙遂誣

言曰段煨欲反上馬迎何謂反對曰迎不至乃陰遂

煨欲反乃攻其營十餘日不下

袁宏記曰煨素與楊定有隙煨

煨欲反乃攻其營十餘日不下

與楊定有隙

進至華陰

帝王紀曰帝以尚書郎郭溥喻氾以

屯部未定乞須留之溥因罵氾卿以

御膳棄菜贍百官終無二意李傕郭氾既悔

之氾今且將七十騎來來煨營董承楊定等言曰郭

反拜曰臣等不敢以死保車駕可幸其營承楊定言曰郭

界此言界言楊欲反氾屬來迎何謂反

煨欲反乃攻其營十餘日不下

之遂靈次於道南奉承定等以

今天子東乃來救段煨因欲劫帝而西楊

定為氾所遮亡奔荊州而張濟與楊奉董

承不相平乃反合傕氾共追乘輿大戰於

弘農東澗承奉軍敗百官士卒死者不可

勝數皆弃其婦女輜重御物符策典籍略

無所遺

獻帝傳曰掠婦女衣被奪之有美髮者斷取凍死及嬰兒隨流而

浮者

射聲校尉沮儁被創墜馬

剽之有美髮者斷取凍死遺不府解所

塞水

天子亂臣賊子未有如汝等凶逆遍迫

右曰尚可活不傕之曰汝等凶逆逼迫左

天子遂露次曹陽承

松書曰儁字二十五其督

戰告寶負其屍而瘞之

奉乃譎傕等與連和而密遣間使至河東

招故白波帥李樂韓暹胡才及南匈奴右

賢王去卑並率其眾數千騎來與承奉共

擊傕等大破之斬首數千級乘輿乃得進

董承李樂擁衛左右胡才楊奉韓暹去卑

為後距傕等復來戰奉等大敗死者甚於

東澗自東澗兵相連綴四十里中方得至

陝乃結營自守時殘破之餘虎賁羽林不

滿百人皆有離心。承奉等夜乃潛議過河，**使李樂先度具舟舡舉火爲**應。帝步出營，臨河欲濟，岸高十餘丈，乃以縑緤而下〔縋音直類反〕，餘人或匍匐岸側，或從上自投，死亡傷殘，不復相知。爭赴舡者不可禁制，董承以戈擊披之，斷手指於舡中者可捆（掬）。同濟唯皇后、宋貴人〔宋貴人名都，常山太守泓之女〕〔康仲〕之女，及楊彪、董承及后父執金吾伏完等〔也見獻帝紀起居注〕數十人。其宮女皆爲催兵所掠奪，凍溺死者甚衆。旣到大陽，止於人家〔大陽縣屬河東郡，前書音義曰，大陽，縣名，即今陝州河北縣是也。即自此以東有三十難記曰傳載，在其界今住宄尚存〕。然後幸李樂營。百官飢餓，河內太守張楊〔魏志曰楊字稚叔，雲中人〕使數千人負米貢餉，帝乃御牛車，因都安邑。河東太守王邑奉獻綿帛，悉賦公卿以下，封邑爲列矦〔邑字文都，北地涇陽人〕。拜胡才征東將軍，張楊爲安國將軍，皆假節開府。

其壘壁羣豎競求拜職，刻印不給，至乃以錐畫之，或齎酒肉就天子燕飲〔魏志曰乘輿時居棘籬中，門戶無關閉，天子與羣臣會，兵士伏籬上觀，互相鎮壓以爲笑。諸將或遣婢詣省問或齎酒送天子侍中不通喧呼〕。又遣太僕韓融至弘農與催汜等連和，催乃放遣公卿百官，顧歸宮人婦女及乘輿器服。初帝入關，三輔戶口尚數十萬，自催汜相攻，天子東歸後，長安城空四十餘日，強者四散，臝者相食，二三年間，關中無復人跡。建安元年春，諸將爭權，韓暹遂攻董承，承奔張楊，楊乃使承先繕修洛宮。七月帝還至洛陽，幸楊安殿，張楊以爲己功，故因以楊名殿〔獻帝起居注曰舊時宮殿悉壞，卒之際拾臨故丌材木工匠無法度制，所作並無足觀也〕。乃謂諸將曰，天子當與天下共之，朝廷自有公卿大臣，楊當出扞外難，何事京師，遂還野王，楊奉亦出屯梁，乃以張楊爲大司馬，楊奉爲車騎將軍，韓暹爲大將軍領司隸校尉，皆假節鉞。暹與董承並留宿衛〔遷矜功恣睢　睢自任用之兒，貌睢音火季反，又千〕

【上欄】

覽政事董承患之潛召宛州牧曹操操乃
詔貢獻稟公卿以下因奏韓暹張楊之
罪暹懼誅單騎奔楊帝以暹楊有翼車
駕之功詔一切勿問於是封衞將軍楊
輔國將軍伏完等十餘人為列矦贈
射聲校尉沮雋為弘農太守
楊衆議郎羅邵伏德趙蕤相劉艾為胡
簿御將軍伏宇伴中丁沖崇討有罪也封
國典辰太守

以洛陽殘荒遂移帝幸許楊奉韓暹欲要
遮車駕不及曹操擊之

《後漢列傳六十二》 二十七 李賢

獻帝春秋曰車駕出
洛陽自轘轅而東楊

奉暹奔袁術遂
縱暴楊徐聞明年左將軍劉備誘斬之
九州春秋曰暹
失奉孤特與千
遲懼走還并州道為人所殺
餘騎欲歸并州
胡才李樂留河東才為怨家
為張宜所殺
所害樂自病死張濟飢餓出至南陽攻穰
戰死邦氾為其將伍習所殺三年使謁者
僕射裴茂詔關中諸將段煨等討李傕夷
三族
典略曰傕頭至
有詔高縣之

以段煨為安南將軍封

【下欄】

閻鄉矦
閻鄉矦今鄧州縣也說文
四年張楊為其
將楊醜所殺
魏志曰楊素與呂布善曹公之圍布
楊以應曹公
以董承為車騎將軍開府自
楊醜其將楊醜殺
以董承為車騎將軍開府自

都許之後權歸曹氏天子忌操專偏詔董承使結天下
而已帝忌操專偏詔董承使結天下
義士共誅之承遂與劉備同謀未發會備
出征承更與偏將軍王服長水校尉种輯
議郎吳碩結謀事洩承服辜皆為操所
誅韓遂與馬騰自還涼州更相戰爭乃下

《後漢列傳六十三》 二十八 李賢

隴據關中操方征河北慮其乘間為亂七
年乃拜騰征南將軍遂征西將軍並開府
後徵段煨為大鴻臚病卒復徵馬騰為衞
尉封槐里矦騰乃應召而留子超領其部
曲十六年超與韓遂舉關中背曹操操擊
破之遂敗走超與韓遂舉關中背曹操操擊
剌史韋康
太僕端之子也弟韋康以為列駕馬超
魏志曰阜字義山天水冀
人也韋康以為列駕馬超
復據隴右十九
年天水人楊阜破超

率萬餘人攻冀城阜率國士大夫及宗族子弟勝兵
者千餘人使弟撫挾城上作偃月營與超接戰自正

月至八月拒守而救兵不至超入拘岳於其殺剝史
太守内有報超之志而未得其便外兄姜叙屯歷
城超少長詣叙家見叙母毋說前在冀時事
之卓起自以視息於襄敢得叙容敢以面罵之曰若背父之逆
殺君起自將出襄歷上宣父敢以面罵之曰若背父之逆子
面目以視息尚存敢從毋勸從罵曰若背父之逆子
甚叙自何為爾家見叙母時事超在冀何時事
下漢中震怖璋即稽首

魯超奔漢中降劉備　蜀志曰超字孟起既奔漢南奔張
書請降備遣迎超將兵徑到　中聞備圍劉璋於成都密

稱河首平漢王　故稱河首也　署置百官三　二十九　周清
十許年曹操因遣夏侯淵擊建斬之　涼州
為其帳下所殺初隴西人宗建在枹罕自

韓遂走金城羌中

論曰董卓初以虓闞為情　詩大雅曰闞如虓虎怒
悉平　魏志曰泉妙于沛國人也為征西
因遭崩剝之埶　利天實剝亂也左傳曰剝亂
故得蹈藉
彝倫毀裂斁服　彝常也倫理也斁敗也書曰斁敗
夫以刳肝斷趾之性　刳剖也刳剖其心斷截其趾
則羣生不足以厭其快然猶折
意縉紳遲疑陵奪　莊子曰跖之徒問於跖曰盜亦
此干之心　斮九服也　則羣生不足以厭其快然猶折
朝涉之脛
意緒　紂斮朝涉之脛
有盜竊之道焉　有道也知可否智也分均仁也五者不備而能成大盜者天下未之有也
尚

及殘寇乘之　倒山傾海　崔汜等謂崑岡之火
自茲而焚　書曰火炎崑
蕩蕩之篇於焉而極
版蕩之篇　崗玉石俱焚　詩大雅曰上帝版版下民卒癉
也言板板反先王之道下人盡病也又蕩之什
曰蕩蕩上帝下民之辟疾威慝其命多辟鄭玄注云蕩蕩法度廢壞之貌
生也難矣　老子曰天地不仁
其有傳曰人生實難不獲死乎
矣　以萬物為芻狗

贊曰百六有會　前書音義曰四千五百歲為一
元一元之中有九戹陽戹五
過剝成災
六戹有陽戹故曰百六之會　易過大過戹四陽戹為旱陰
董卓滔天干逆三才　高誘
棟撓本末弱也剝上小人長也　漫汩

皇京烟埃無禮雖及餘燼遂廣
襲汩天下
矢延王輅兵纜魏象
又自周禮巾車氏掌王之五輅纜造也魏象闕
區服傾回人神波蕩

後漢書列傳卷第六十二

03-1069

列傳卷第六十三　范曄　後漢書七十三

唐章懷太子賢注

劉虞

公孫瓚

陶謙

劉虞字伯安東海郯人也　謝承書曰虞父舒丹陽太守虞通五經東海王祖父嘉光祿勳虞初舉孝廉稍遷幽州刺史民夷感其德化自鮮卑烏桓夫餘穢貊之輩皆隨時朝貢無敢擾邊者百姓歌悅之　公事去官中平初黃巾作亂攻《後漢列傳六十三》王仲破冀州諸郡拜虞甘陵相綏撫荒餘以疏儉率下遷宗正後車騎將軍張溫討賊邊章等發幽州烏桓三千突騎而牟稟通懸　前書音義曰牟貪直也稟食必言軍慣不續也皆畔還本國張純私謂前太山太守張舉曰今烏桓既　前中山相畔皆願為亂涼州賊起朝廷不能禁文洛陽人妻生子兩頭此漢祚衰盡天下有兩主之徵也子若與吾共舉烏桓之眾以起兵庶幾可定大業舉因然之四年純等遂

與烏桓大人共連盟攻劉下燔燒城郭虞略百姓殺護烏桓校尉箕稠右北平太守劉政遼東太守陽終等眾至十餘萬屯肥　肥如縣屬遼西郡故城在今平州如軍安定王移書州郡雲當代漢告天子　峭音避位勑公卿奉迎純又使烏桓峭王等　反十笑步騎五萬入青冀二州攻破清河平原殺害吏民朝廷以虞威信素著恩積北方明年復拜幽州牧虞到薊罷省屯兵務廣恩信遣使告峭王等以朝恩寬弘開許善路又設賞購告峭王政純走出塞餘皆降散純為其客王政所殺送首詣虞靈帝遣使者就拜太尉封容丘侯　容丘縣屬東海郡東政遣使者授虞大司馬進封襄賁侯初　東海郡平元年復徵虞舊幽部應接荒外資費甚廣命音不得達舊代未隤為大傳道路隔塞王歲常割青冀賦調二億有餘以給足之時虞虞斷絕委輸不至而虞務存寬政勸督《後漢列傳六十三》二周庸

03-1070

農植開上谷胡市之利通漁陽鹽鐵之饒
民悅年登穀石三十青徐士庶避黃巾之
難歸虞者百餘萬口皆收視溫恤為安立
生業流民皆忘其遷徙虞雖為上公天性
節約敝衣繩履食無兼肉遠近豪俊夙僭
奢者莫不改操而歸心焉（風猶舊也）初詔令公
孫瓚討烏桓受虞節度瓚但務會徒衆以
自強大而縱任部曲頗侵擾百姓而虞為
政仁愛念利民物由是與瓚漸不相平二
年冀州刺史韓馥勃海太守袁紹及山東
諸將議以朝廷幼沖逼於董卓（時獻帝年十歲）遠
隔關塞不知存否以虞宗室長者欲立為
主乃遣故樂浪太守張岐等齎議上虞尊
號虞見岐等厲色叱之曰今天下崩亂
主上蒙塵（左傳曰周襄王出奔于鄭魯曰天子蒙塵于外）諸君各據州郡宜共勠力
未能清雪國恥（說文曰勠力并力也左傳曰勠力同心音力周反又音六）盡心王室而反造
逆謀以相垢誤邪固拒之馥等又請虞領

尚書事承制封拜復不聽遂收斬使人於
是選掾右北平田疇從事鮮于銀（魏志曰疇字子春右）
北平無終人好讀書善擊劍虞署為從事
去柳城二百餘里虞乃
龍塞上疏自陳太祖今夏
賞祿哉以易侯
歸見瓚等大悅時虞子和為侍中因此遣
和潛從武關出告虞將兵來迎道由南陽
後將軍袁術聞其狀遂質和奉使報虞遣兵
俱西虞乃使數千騎就和奉迎天子而術
育不遣之初公孫瓚知術詐固止虞遣兵
虞不從瓚乃陰勸術執和使奪其兵自是
與瓚仇怨益深和尋得逃術還北復為袁
紹所留瓚既累為紹所敗而猶攻之不已
虞患其黷武（顒猶慢也數也尚書曰黷于祭祀也）尚
可復制固不許行而稍節其禀假瓚怒屢
違節度又復侵犯百姓虞所賚賞典當胡
夷（當音丁浪反）瓚輒抄奪之積不能禁乃遣驛使
奉（音陳）陳其暴掠之罪瓚亦上虞禀糧不周

二奏交馳互相非毀朝廷依違而已瓚乃
築京於薊城以備虞以京高丘也言高築丘壘
數請瓚輒稱病不應虞乃密謀討之以告
東曹掾右北平魏攸攸曰今天下引領以
公為歸謀臣爪牙不可無也瓚文武才力
足恃雖有小惡固宜容忍頃之虞乃止頃之攸
卒而積忿不已四年冬遂自率諸屯兵眾
合十萬人以攻瓚將行從事代郡程緒
冑而前曰公孫瓚雖有過惡而罪名未正

明公不先告曉使得改行而兵起蕭牆非
國之利加勝敗難保不如駐兵以武臨之
瓚必悔禍謝罪所謂不戰而服人者也虞
以緒臨事沮議遂斬之以徇戒軍士曰無
傷餘人殺一伯珪而已時州從事公孫紀
者瓚以同姓厚待遇之紀知虞謀而夜告
瓚瓚時部曲放散在外倉卒自懼不免乃
掘東城欲走虞兵不冒戰又愛人廬舍勑
不聽焚燒急攻圍不下瓚乃簡募銳士數

百人因風縱火直衝突之虞遂大敗與官
屬北奔居庸縣居庸縣屬上谷郡有關
城陷遂執虞并妻子還薊猶使領州文書
會天子遣使者段訓增虞封邑督六州事
拜瓚前將軍封易侯假節督幽并司異瓚
乃誣虞前與袁紹等欲稱尊號脅訓斬虞
於薊市先坐而咒曰若虞應為天子者天
當風雨以相救時旱熱炎盛遂斬焉傳首
京師故吏尾敦於路劫虞首歸葬之尾敦姓名孫濤

瓚乃上訓為幽州刺史虞以恩厚得眾懷
被比州百姓流舊莫不痛惜焉初虞以儉
素為操冠敝不改乃就補其穿及遇害時人
兵搜其內而妻妾服羅紈盛綺飾時人以
此疑之和後從袁紹報瓚去
公孫瓚字伯珪遼西令支人也 令音力定反 支音巨移反
家世二千石瓚以母賤遂為郡小吏為人
美姿貌大音聲言事辯慧 典略曰瓚性辯慧每白事常兼數曹
無有忘誤 太守奇其才以女妻之 魏志曰侯太守妻之以女後

從涿郡盧植學於緱氏山中略見書傳舉
上計吏太守劉君坐事檻車徵官法不聽
吏下親近瓚乃改容服詐稱侍卒身執徒
養御車到洛陽太守當徙日南瓚具豚酒
於北芒上祭辭先人酹觴祝曰昔為人子
今為人臣當詣日南日南多瘴氣恐或不
還便當長辭墳塋慷慨悲泣再拜而去觀
者莫不歎息旣行於道得赦瓚還郡舉孝

廉除遼東屬國長史嘗從數十騎出行塞
下卒逢鮮卑數百騎瓚乃退入空亭約其
從者曰今不奔之則死盡矣乃自持兩刃
矛馳出衝賊殺傷數十人瓚左右亦亡其
半遂得免中平中以瓚督烏桓突騎車騎
將軍張溫討涼州賊（賊即邊章等）會烏桓反畔
與賊張純等攻擊薊中瓚率所領追討純
等有功遷騎都尉張純復與畔胡丘力居
等寇漁陽河間勃海入平原多所殺略瓚
追擊戰於屬國石門（石門山名在今營州柳城縣西南）虜遂

大敗棄妻子踰塞走悉得所略男女瓚深
入無繼反為丘力居等所圍於遼西管子
城二百餘日糧盡食馬馬盡煮弩楯力戰
不敵乃與士卒辭訣各分散還時多雨雪
隊阬死者十五六虜困亦饑復走柳城詔
拜瓚降虜校尉封都亭侯復領屬國長

史職統降虜馬連接邊寇每聞有警瓚輒
色憤怒如赴讎敵望塵奔逐或繼之以夜
戰虜識瓚聲憚其勇莫敢抗犯瓚常與善
射之士數十人皆乘白馬以為左右翼自
號白馬義從烏桓更相告語避白馬長史
乃畫作瓚形馳騎射之中者咸稱萬歲虜
自此之後遂遠竄塞外瓚志埽滅烏桓而
劉虞欲以恩信招降由是與虞相忤初平
二年青徐黃巾三十萬衆入勃海界欲與
黑山合瓚率步騎二萬人逆擊於東光南
大破之（東光今滄州縣）斬首三萬餘級賊棄其車
重數萬兩奔走度河瓚因其半濟薄之賊

復大破死者數萬流血丹水收得生口七萬餘人車甲財物不可勝筭威名大震拜雋為將軍封鄚侯瑱既諫劉虞遣兵就表術而懼術知怨之乃使從弟越將千餘騎詣術自結術遣越隨其堅(枯河在今滄州樂陵縣東南)軍屯槃河將(殷即國雅九河鉤槃之河也其枯河在今滄州樂陵)乃上疏曰臣聞皇羲巳來君臣道著張禮以導人設刑以禁暴今車騎將軍

紹託承先軌爵任崇厚而性本淫亂情行浮薄昔為司隸值國多難太后承攝何氏輔朝(進何也)紹不能舉直措枉而專為邪媚招來不軌疑誤社稷至令丁原焚燒孟津(續漢書曰何進欲誅中常侍趙忠等進乃諫令武猛都尉丁原放兵數千人為賊於河內稱黑山伯上事)董卓造為亂始紹罪一也卓既無禮帝主見質紹不能開設權謀以濟君父而弃置節傳(傳音丁戀反…進寬逃…慇反)亡忝辱爵命肯違人主紹罪二也紹為勃

海當攻董卓而默選戎馬不告父兄至使大傅(新…左傳曰兩釋累囚以成其好杜預曰累繫也前書音義曰諸以罪死繫路也董卓恨紹起兵山東乃誅紹叔父太傅隗及宗族在京師者盡誅滅之)一門累然同斃不仁不孝紹罪三也紹既興兵涉歷二載不恤國難廣自封植乃多引資糧專為不急刻(剝)無方考責百姓其為痛怨莫不咨嗟紹罪四也逼迫韓馥竊奪其州矯刻金玉以為印璽每有所下輒𡘭囊施檢文稱詔書(漢官儀曰凡章表皆啟封其言密事得皁囊說文檢書署也今俗謂之排其字從木)

紹罪五也紹令星工伺望祥妖星者(星工善略遺財貨與共飲食剋會期日亂階梯也詩曰新僭侈漸以即真王莽新室觀紹所擬將必階)攻鈔郡縣此豈大臣所當施為紹罪六也紹與故虎牙都尉劉勳首共造兵勳降服張楊累有功効而以小忿枉加酷害信用讒邪濟其無道紹罪七也故上谷太守高焉為故甘陵相姚貢以貪(懍音力稔反…橫責)其錢錢不備畢二人并命紹罪八也春秋

李賢

之義子以母貴公羊傳曰桓公幼而貴隱公長而甲子以母賤故以子貴也

紹母親為傳婢地實微賤據職高重享福

豐隆有苟進之志無虛退之心紹罪九也

又長沙太守孫堅前領豫州刺史遂能驅

走董卓埽除陵廟忠勤王室其功莫大紹

遣小將盜居其位斷絕堅糧不得深入使

董卓久不服誅紹罪十也昔姬周政弱王

道陵遲天子遷徙諸侯背畔故齊桓立柯

會之盟相公之信著于天下自柯之盟始也晉文

為踐土之會踐土晉文公重耳為踐土之會率諸侯朝周也菁茅左傳周襄王出居於鄭晉文公以重耳為踐土之會也以致菁茅菁茅左傳曰僖四年齊侯伐楚以供祭祀包茅不入王祭不供無以縮酒寡人是徵也

誅曹背衛以章無臣左傳僖二十八年晉侯使曹假道于衛衛人不許還自河南濟侵曹伐衛假道衛開關茸名音麤闊狗背道人勇反劣也臣

雖闕茸名非先賢吐盡反吐音犬勇反名

禮不許還自河南濟侵曹伐衛假道

蒙被朝恩負荷重任職在鈇鉞奉辭伐罪輒與諸將州郡共討紹等若鈇音方于反鍼斧刃也鍼斧也

大車克捷罪人斯得尚書周公東征三年罪人斯得庶績咸熙

文忠誠之劾遂舉兵政紹於是冀州諸城

悉畔從瓚紹懼乃以所佩勃海太守印綬

授瓚從弟範遣之郡欲以相結而範遂背

紹領勃海兵以助瓚瓚乃自署其將帥為

青冀兗三州刺史又悉置郡縣守令與紹

大戰於界橋橋名解見獻帝紀

崔巨業將兵數萬攻圍故安不下退軍南

還瓚將步騎三萬人追擊於巨馬水水在幽州歸義縣界自易州界流入

南攻下郡縣遂至平原乃遣其青州刺史

田揩據有齊地紹復遣兵與戰敗退還是歲瓚破二年糧食並盡士卒疲困互相掠野無左傳齊侯伐魯語展喜曰室如縣罄野無青草何恃而不恐

青草

譚為青州刺史揩與戰敗退還是歲瓚破

禽劉虞盡有幽州之地猛志益盛前此有

童謠曰燕南垂趙北際中央不合大如礪

唯有此中可避世瓚自以為易地當之遂

徙鎮焉前書易縣屬涿郡續漢志曰屬河間瓚所居易京故城在今幽州歸義縣南十八里

乃盛修營壘樓觀數十臨易河通遼海劉

虞從事軍漁陽鮮于輔等合率州兵欲共報
瓚輔以燕國閻柔素有恩信推為烏桓司
馬柔招誘胡漢數萬人與瓚所置漁陽太
守鄒丹戰于潞北斬丹等四千餘級烏桓
峭王感虞恩德率種人及鮮卑七千餘騎
共輔南迎虞子和與袁紹將麴義合兵十
萬共攻瓚興平二年破瓚於鮑丘〔鮑丘水名也又名路〕斬首二萬餘級瓚遂保易京開置
屯田稍得自支相持歲餘麴義軍糧盡士〔水在今幽州漁陽縣〕
卒飢困餘衆數千人退走瓚徼破之盡得
其軍重是時旱蝗穀貴民相食瓚恃其才
力不恤百姓記過忘善睚眥必報州里善
士名在其右者必以法害之常言衣冠皆
自以職分富貴不謝人惠故所寵愛類多
商販庸兒所在侵暴百姓怨之於是代郡
廣陽上谷右北平各殺瓚所置長吏復與
輔和兵合瓚慮有非常乃居於高京以鐵
為門斥去左右男人七歲以上不得入易

門專侍姬妾其文簿書記皆汲而上之令
婦人習為大言聲使聞數百步以傳宣教
令疎遠賓客無所親信故謀臣猛將稍有
乖散自此之後希復攻戰或問其故瓚曰
我昔驅畔胡於塞表掃黃巾於孟津當此〔九州春秋曰瓚曰始天下兵起我謂唾掌而決下兵起我謂唾掌而波〕
之時謂天下指麾可定
至於今日兵革方始觀此非我所決不如
休兵力耕以救凶年兵法百樓不攻今吾
諸營樓櫓千里〔櫓即橹字見說文釋名曰櫓露也上無覆屋〕積穀三
百萬斛食此足以待天下之變建安三年
表紹復大攻瓚瓚遣子續請救於黑山諸
帥而欲自將突騎直出傍西山以斷紹後
長史關靖諫曰今將軍將士莫不懷瓦解
之心所以猶能相守者顧戀其老小而恃
將軍為王故耳堅守曠日或可使紹自退
若舍之而出後無鎮重易京之危可立待
也瓚乃止紹漸相攻逼瓚衆日蹙乃築
三重營以自固四年春黑山賊帥張燕與

續率兵十萬三道來救瓚未及至瓚乃密
使行人齎書告續曰昔周末喪亂僵屍蔽
地以意而推猶為否也不圖今日親當其
鋒袁氏之攻狀若鬼神梯衝舞吾樓上鼓
角鳴於地中日窮月急不遑啟處鳥歸
人滴水陵高（滴水丑六　反喻急也）汝當碎首於張燕馳
驟以告急父子天性不言而動（感也相且厲）
五千鐵騎於北隰之中（下隰　起火為應吾）
當自內出奮揚威武決命於斯不然吾云
之後天下雖廣不容汝足矣紹候得其書
使陳琳易其詞即此書（獻帝春秋候者得書紹）如期舉火瓚以為救至
遂便出戰紹設伏瓚遂大敗復還保中小
城自計必無全乃悉縊其姊妹妻子然後
引火自焚紹兵趣登臺斬之關靖見瓚敗
歎恨曰前若不止將軍自行未必不濟吾
聞君子陷人於危必同其難豈可以獨生
乎乃策馬赴紹軍而死續為屠各所殺（各屠）
號田楷與袁紹戰死鮮于輔將其眾歸曹

操操以輔為遠將軍封都亭侯聞柔將
部曲從曹操擊烏桓拜護烏桓校尉封關
內侯張燕既為紹所敗人眾稍散曹操將
定冀州乃率眾詣鄴降拜平北將軍封安
國亭侯

論曰自帝室王公之冑皆生長脂腴不知
稼穡其能屬行飭身卓然不羣者或未聞
焉（前書班固曰夫唯大雅卓爾不羣　河間獻王之謂與故論引焉）
慕名以忠厚自牧（甲以自牧易曰　牧養也）美哉乎季漢（劉虞守道）
之名宗子也若虞瓚無間同情共力剋（剗收人）
宁聚稿保燕薊之饒（也繕兵昭武　左傳曰）
兵甲（前書班固曰夫唯大雅卓爾不羣）以臨羣雄之隙（天運猶天命也易曰　觀乎人文）
則古之休烈何遠之有（人事也易曰　觀乎人文）
以化成天下

陶謙字恭祖丹陽人也（丹陽郡丹陽縣人也吳書曰陶謙父故餘姚長）
謙少孤始以不羈聞於縣中年十四猶綴
竹馬而戲邑中兒童皆隨之故蒼梧太守同縣甘公
出遇之見其容貌異而呼與語甚悅之與語甚悅以女妻之
夫人怒曰陶家兒遨戲無度於何以女許之甘公曰
彼有奇表長必成遂與之少為諸生仕州郡（吳書曰陶謙察孝廉拜尚書郎）
大成

陳訳令郡太守發檄門郡先輩與謙父友謙恥爲之圉營舞屬儌之刃舞又不輝磬之不當轉邪曰不□□則勝人可輝轉則勝人

西討邊章會徐州黃巾起以謙爲徐州刺史擊黃巾大破走之境內晏然時董卓雖誅而李催郭汜作亂關中是時四方斷絕謙每遣使閒行奉貢西京詔遷爲徐州牧加安東將軍封溧陽侯方百姓殷盛穀實甚豐流民多歸之而謙信用非所刑政不理別駕從事趙昱知名

士也而以忠直見疎出爲廣陵太守謙泰昱茂才曹宏等讒愬小人謙甚親任之遷爲太守良善多被其害由斯漸亂下邳闕宣自稱天子謙始與合從後遂殺之而并其衆初曹操父嵩避難琅邪時謙別將守陰平屬東海國故城在士卒利嵩財寶遂襲殺之初平四年曹操擊謙破彭城傅陽秋時傅陽也楚宜王滅宋改曰傅陽故城在今沂州承縣南不能克乃還過拔取慮睢陵夏丘皆屠之謙退保剡操攻之

《後漢列傳六十三》　十七

取慮音秋閭縣名屬下邳故城在今泗州下邳縣西南雎陵縣在下邳縣東南夏丘縣屬沛郡故城今泗州虹縣是

凡殺男女數十萬人雞犬無餘泗水爲之不流自是五縣城保無復行迹初三輔遭李催亂百姓流移依附者皆殪傳曰戰門爲殪興平元年曹操復擊謙略定琅邪東海諸縣謙懼不免欲走歸丹陽會張邈迎呂布據兖州操還擊布是歲謙病死初郡人笮融使督廣陵下邳彭城運糧遂斷三郡委輸郡人笮融大起浮屠寺樓又堂閣周回可容三千許人作黃金塗像衣以錦綵每浴佛輒多設飲飯布席於路其有就食及觀者且萬餘人五里費以巨萬及曹操擊謙徐方不安融乃將男女萬口馬三千四走廣陵廣陵太守趙昱待以賓禮融利廣陵資貨遂乘酒酣殺昱放兵大掠因以過江南奔豫章殺郡守朱皓入據其城後爲楊州刺史劉繇所破走入

《後漢列傳六十三》　十八

山中爲人所殺昱字元達琅邪人清已疾
惡潛志好學雖親友希得見之爲人耳不
邪聽目不妄視太僕种拂舉爲方正
贊曰襄貢勵德維城燕北〔勵勉也〕仁能洽下
忠以衞國伯珪疎獷武才趫猛〔趫音去〕虞〔驪反〕
好無終紹執難並徐方殲耗實貢諜爲梗

袁紹　子譚

唐章懷太子賢注

劉表

袁紹字本初汝南汝陽人司徒湯之孫父

成五官中郎將〔袁山松書曰紹司空逢之孽子出後伯父成魏書亦同英雄記成字文開與采異結好言無不諧問支辭從京師謀曰事不諧問支辭〕

紹壯健好交結

大將軍梁冀以下莫不善之紹少為郎除

濮陽長遭母憂去官三年禮竟追感幼孤

又行父服〔闋在家廬六年〕徙居洛陽紹有〔英雄記曰紹不妄通賓客非海內知名不得相見〕

姿貌威容愛士養名既累世台司賓

客所歸加傾心折節莫不爭赴其庭士無

貴賤與之抗禮輜軿柴轂填接街陌〔車衣車也鄭玄注周禮曰輧猶屏蔽也〕內官皆惡之中

常侍趙忠言於省內曰袁本初坐作聲價

好養死士不知此兒欲何作叔父太傅

隗聞而呼紹以忠言責之紹終不改後辟

大將軍何進揔爲侍御史虎賁中郎將中

平五年初置西園八校尉以紹爲佐軍校

尉〔樂資山陽公載記曰小黃門蹇碩爲上軍校尉虎賁中郎將袁紹爲中軍校尉屯騎校尉鮑鴻爲下軍校尉議郎曹操爲典軍校尉趙融爲助軍左校尉淳于瓊爲右校尉凡八人謂之西園大夫夏牟爲左校尉〕

何進徵董卓等衆軍脅大后誅諸宦官轉

紹司隸校尉語已見何進傳及卓將兵至

騎都尉太山鮑信說紹曰董卓擁制強兵有異〔魏書曰信太山平陽人也少有大節寬厚愛人沈毅有謀說紹紹不從乃引軍還鄉里〕

志今不早圖必爲所制及其新至疲勞襲

之可禽也紹畏卓不敢發頃之卓將有異

今人憤毒〔毒恨也〕似可令董

立謂紹曰天下之主豈得賢明每念靈帝

遵禮任情廢嫡立庶恐衆議未安卓案劍

叱紹曰豎子敢然天下之事豈不在我我

欲爲之誰敢不從紹詭對曰此國之大事

請出與太傅議之卓復言劉氏種不足復

遺紹

紹勃然曰天下健者豈惟董公橫刀長
揖徑出〔英雄記曰紹揖卓去坐中驚愕〕懸節於
上東門〔洛陽城東北頭門也山陽公載記曰卓以袁紹棄節改第一條為赤茂記〕而奔
冀州董卓購募求紹時侍中周珌城門校
尉伍瓊為卓所信待瓊等陰說卓曰
夫廢立大事非常人所及紹不達大體
恐懼出奔非有它志今急購之勢必為變
豪傑以聚徒眾英雄因之而起則山東非
袁氏樹恩四世門生故吏徧於天下若收

公之有也不如赦之拜一郡守紹喜於免
罪必無患矣〔前書潁川有周承休矦國元帝置元始二年更名鄭音口浪反〕遂以勃海起兵
守封邟鄉矦〔…〕猶稱兼司隸初平元年紹
以從弟後將軍術冀州牧韓馥〔馥字文節潁川人也豫〕
州刺史孔伷兗州刺史劉岱〔岱字公緒…代陳留太守張〕
邈廣陵太守張超河內太守王匡山陽太
守袁遺東郡太守橋瑁〔瑁字元瑋橋玄族子先為兗州刺史甚有威〕
〔英雄記曰孔伷字公緒陳留人也王匡字公節泰山人也橋瑁字元瑋橋玄族子先為兗州刺史甚有威人也〕

惠繩氏春秋云…濟北相鮑信等同時俱起眾
劉岱惡而殺之〔…〕各數萬以討卓為名紹與王匡屯河內伷
屯潁川馥屯鄴餘軍咸屯酸棗約盟遞推
紹為盟主紹自號車騎將軍領司隸校尉
董卓聞紹起山東乃誅紹叔父隗及宗族
在京師者盡滅之〔獻帝春秋曰太傅袁隗太僕袁基術之母兄卓使司隸宣璠盡收隗基及其家尺口以上五十餘人下獄死〕
卓別傳曰悉理青城門外故東都門內而加書焉恐死者有盜取匿藏之〔…〕
屍送鄴藏之〔…〕
循執金吾胡母班將作大匠吳循越騎校
尉王瓌辟解紹等諸軍紹使王匡殺班瓌
吳循等〔海內先賢傳曰韓融字元長潁川人也楚國末名士錄曰王匡字季友泰山人也漢末王匡受袁紹書收班欲以僕謝殺僕之後矣欲以釁鼓故何悖此一體今日著矣一臨僕僕與董卓何親今疾惡我也…班天婚姻之家班婦者王匡之妹夫在所害若其酷烈當如舅若矣慎臨之以靈當訴之今日若死人後為謝僕於我二女皆不令辱幼弱何其辜急遷怒及人之班以書報班僕曰足下親隸僕於獄欲以釁鼓此何酷哉死者有靈當訴足下於天慎勿令二女辱於獄禁班屍為暴無道〔…〕班虎狼之毒豈有道之甚者也張暴天下人之所難然恥班屍僕與董卓何親之子哭骸臣得書抱班屍尸哭骸臣得書抱班二子尸哭送死於獄〕
表術亦執殺陰循惟韓融
以名德免是時豪傑既多附紹且感其家
禍人思為報州郡蜂起莫不以袁氏為名

韓馥見人情歸紹，忌方得衆，恐將圖己，常遣從事守紹門，不聽發兵。橋瑁乃詐作三公移書，傳驛州郡，說董卓罪惡，天子危逼，企望義兵，以釋國難。馥於是方聽紹舉兵。乃謀於衆曰：「助董氏乎？助袁氏乎？」治中劉惠勃然曰：「興兵為國，安問表、董！」

〔英雄記曰：惠，中山人。兗州刺史劉岱與其謀，道無道天下所共攻，死在曰暮，不足為憂。但卓死在兵，何凶逆，寧得蜜從，當復回師討文節，擁強兵。惠欲斬之，別駕耿武等排間伏子惠上，願并見。此大懼歸咎于惠，上願并見，斬得不死，作徒被髪，鉗衣墦除官門外。〕

馥意猶深疑，於紹每貶節軍糧，欲使離散。明年，馥將麴義反畔，馥與戰失利。紹既恨馥，乃與義相結。紹客逢紀謂紹曰：〔逢音龐。夫衆，大事非據一州，無以自立。今冀部強實，而韓馥庸才，可密要公孫瓚將兵南下，馥聞必駭懼，并遣辯士為陳禍福，馥迫於倉卒，必可因據其位。〕紹然之，益親紀。

〔英雄記曰：紀字元圖。初紹去董卓與許攸及紀俱詣冀州，以紀聰達有計策，甚親信之。〕

即以書與瓚，瓚遂引兵而至，外託董卓而陰謀襲馥。紹乃使外甥陳留高幹及潁川

〔後漢列傳六十四上　五　陳蕃〕

荀諶等〔魏志云諶，荀彧之弟。〕說馥曰：「公孫瓚乘勝來南，而諸郡應之。表車騎引軍東向，其意未可量也，竊為將軍危之。」馥懼曰：「然則為之柰何？」諶曰：「君自料寬仁容衆，為天下所附，孰與袁氏？」馥曰：「不如也。」「臨危決智，勇邁於人，又孰與袁氏？」馥曰：「不如也。」「世布恩德，天下家受其惠，又孰與袁氏？」馥曰：「不如也。」諶曰：「勃海雖郡，其實州也。〔言土廣也。〕今將軍資三不如之勢，處其上。表氏一時之傑，必不

〔後漢列傳六十四上　六　陳宗〕

為將軍下也。且公孫提燕代之卒，其鋒不可當。夫冀州，天下之重資，若兩軍并力，兵交城下，危亡可立而待也。夫表氏將軍之舊，且為同盟，當今之計，莫若舉冀州以讓表氏。表氏必厚德將軍，公孫瓚不能復與之爭矣。是將軍有讓賢之名，而身安於太山也。願勿有疑。」馥素性怯，因然其計。馥長史耿武、別駕閔純、騎都尉沮授聞而諫曰

〔沮授廣平人，少有大志，多謀略。英雄記曰：耿武字文威，閔純字伯典。後表紹至，馥從事十人棄馥去。〕

唯恐在後獨武純杖刀拒兵不
能禁紹後令田豐殺此二人

百萬穀支十年表紹孤客窮軍仰我鼻息
辟如嬰兒在股掌之上絕其哺乳立可餓
殺柰何欲以州與之馥曰吾表氏故吏且
才不如本初度德而讓古人所貴諸君獨
何病焉先是馥從事趙浮程渙將強督萬
人屯孟津聞之率兵馳還請以拒紹馥又
不聽

〈英雄記曰紹在朝歌清水口浮等從後來
之浮等到謂馥曰表紹軍無斗糧各欲離散雖
之關必土崩瓦解明將軍但閉戶高枕何憂何懼
〈後漢列傳六十四上　七　　中央〉

乃避位出居中常侍趙忠故舍遣子送印
綬以讓紹遂領冀州牧承制以馥為奮
威將軍而無所將御引沮授為別駕因謂
授曰令賊臣作亂朝廷遷移吾歷世受寵
志竭力命興復漢室然齊桓非夷吾不能
成霸句踐非范蠡無以存國今欲與卿戮
力同心共安社稷將何以匡濟之授進
曰將軍弱冠登朝播名海內值廢立之際
忠義奮發單騎出奔董卓懷懼濟河而北

勃海稽服啟（稽音擁）擁一郡之卒撮異州之衆
廣雅曰威陵河朔名重天下若舉軍東向則
撮持也

黃巾可埽還討黑山則張燕可滅衞州在今衞縣

西北九州春秋燕本姓黃巾賊起燕
羣盜博陵張牛角亦起與燕合聚少年
癭陶牛角為飛矢所中被創且死大會燕
以燕為帥中號曰飛燕其後燕浸廣常山
人故軍中號曰黑山軍河內諸山谷皆相通號曰黑山也

北首則公孫必禽震脅戎狄則匈奴立定
橫大河之北合四州之地（四州見下）
士擁百萬之衆迎大駕於長安復宗廟於
洛邑號令天下以此爭鋒誰能
御之比及數年其功不難紹喜曰此吾心
也（左傳秦伯曰吾心是也）即表授為奮武將軍使監護
諸將魏郡審配鉅鹿田豐（先賢行狀曰正南少忠烈慷慨）
有不可犯之節紹領冀州委腹心之任
妥璩侯權略多奇紹軍之敗也土崩奔走徒衆略盡
軍將皆撫膺啼泣向也豐泣曰向不至於是是吾心也

馥自懷猜懼辭紹索去
馥紹乃以豐為別駕配為治中甚見器任

先時為馥所不禮內懷忿恨且欲微迎紹意擅發城
郭兵圍守馥第抽刃登屋馥走上樓收得馥大見

折兩廂紹亦立收漢殺之慚懼故報紹索去

往依張遼後紹遣使

詣遼無何如廁自殺

圖謀無所計議因共耳語馥時在坐謂見

公孫瓚大破黃巾還屯槃河河道在今德州平原縣界入滄州樂陵縣今名枯蟆河

城無不望風響應紹乃自擊之瓚兵三萬威震河北冀州諸

列為方陳突騎萬四翼軍左右其鋒甚

銳紹先令麴義領精兵八百強弩千張以為前登瓚輕其兵少縱騎騰之義兵伏楯九州

下一時同發瓚軍大敗斬其所置冀州刺林波

史嚴綱獲甲首千餘級麴義追至界橋春秋日還屯廣示界橋今貝州宗城縣東有古界城此城近枯漳水則界橋蓋當在此之側也瓚州

斂兵還戰義復破之遂到瓚營拔其牙門餘眾皆走紹在後十數里聞瓚已

破發饗息馬唯衛帳下強弩數十張大戰

士百許人瓚散兵二千餘騎卒至圍紹數

重射矢雨下田豐扶紹使卻入空垣紹脫

▶後漢列傳六十四上 九

塊鑿抵地曰大丈夫當前鬬死而反逃垣

牆閒邪促使諸弩競發多傷瓚騎眾不知

是紹頗稍引卻會麴義來迎紹乃散退三

年瓚又遣兵至龍湊挑戰紹復擊破之瓚遂還幽州不敢復出四年初天子遣太僕

趙岐和解關東使各罷兵瓚因此以書譬紹曰趙太僕以周邵之德銜命來征宣揚

朝恩示以和睦曠若開雲見日何喜如之昔賈復寇恂爭相危害見世祖解紛遂同

輿並出嘗難釋時人美之自惟邊鄙得與將軍共同斯好此誠將軍之羞而

願也紹於是引軍南還三月上巳大會賓

徒於薄落津除災也韓詩曰溱與洧方渙渙兮歷法三月建辰己卯退除可以祓

黑山賊于毒等數萬人共覆鄴城殺郡守經注曰漳水經鄴鹿故城西謂之聞魏郡兵反與

管中牟鄴以檄諸縣坐中客家在鄴者皆憂怖

失色或起而啼泣紹容貌自若不改常

▶後漢列傳六十四上 十

03-1084

獻帝春秋曰紹勸督引
滿投轟言笑容貌自若故
英雄記曰內黃小吏

賊有陶升者自號平漢
將軍　獨反諸賊將部眾踰西
城入鄴府門具車重　載紹家及諸衣
冠在州內者身自捍衛送到斥丘
以陶升為建義中郎將六月紹乃出軍入
朝歌鹿腸山蒼巖谷口討于毒
山討于毒圍攻五日破之斬毒及其眾萬
餘級紹遂尋山北行進擊諸賊左髭丈八
等皆斬之又擊劉石青牛角黃龍左校郭
大賢李大目于氐根等復斬數萬級皆屠
其屯壁遂與黑山賊張燕及四營屠各鴈
門烏桓相攻於常山燕精兵數萬騎數千四
連戰十餘日燕兵死傷雖多紹軍亦疲遂
各退麴義自恃有功驕縱不軌紹召殺之
而并其眾興平二年拜紹右將軍車
駕為李傕等所追於曹陽沮授說紹曰將
軍累葉台輔世濟忠義今朝廷播越宗廟

殘毀觀諸州郡雖外託義兵內實相圖未
有憂存社稷卹人之意且今州城粗定兵
強士附西迎大駕即宮鄴都挾天子而令
諸侯蓄士馬以討不庭誰能禦之
眾動有萬計所謂秦失其鹿先得者王
不亦難乎且英雄並起各據州郡連徒聚
漢室陵遲為日久矣今欲興之
紹將從其計潁川郭圖淳于瓊
從之則權輕違之則拒命非計之善者也
授曰今迎朝廷於義為得於時為宜若不
早定必有先之者焉夫權不失幾功不猒
速願其圖之既非紹意竟不能從紹
有三子譚字顯思熙字顯雍尚字顯甫譚
長而惠尚少而美紹後妻劉有寵而偏愛
尚數稱於紹亦奇其姿容欲使傳嗣乃
以譚繼兄後出為青州刺史沮授諫曰世

稱萬人逐兔一人獲之貪者悉止分定故
也慎子曰兔走於街百人追之
兔者分也兔為未定分也積兔滿市過非不欲
兔也分定則諸子各據
迎天子都許乃下詔書於紹責以地廣兵
史外甥高幹為并州刺史建安元年曹操
一州以視其能於是以中子熙為幽州刺
其不改禍始此矣紹曰吾欲令諸子各據
惟先代成則之誠下思逐兔分定之義若
則上古之制也左傳曰王后無嫡則擇立以卜
且年均以賢德均
願上

多而專自樹黨不聞勤王之師而但擅相
討伐紹上書曰臣聞昔有哀歎而霜隕城者
子曰鄒衍事燕惠王盡忠左右譖之王繫之
其莊公攻莒五乘之賓歃降霜
笑生而有義死而有名則五乘之賓歃不食
沒生而有義死而有名雖非五乘孰不
與莒戰敗遂關殺二十七人而
臨見說苑每讀其書謂為信然於今況之
乃知妄作何者臣出身為國破家立事至
乃懷忠獲罪畫夜長吟剖肝泣
血曾無崩坊陰霜之應故鄒衍杞婦何能

南淮

章郡

感徹臣以負薪之資
負薪朝賤人也禮記曰
問士之子長幼曰能
負薪矣幼曰未能負薪
拔於陪隸之中
臣陪隸也臣公臣卿卿
大夫士士臣皂皂臣輿
輿臣隸隸臣僚僚臣
僕僕臣臺又臣無陪臺
也陪隸猶陪臺
奉職
憲臺擢授戎校常侍張讓等淆亂天常侵
奪朝威賊害忠德扇動姦黨淆亂
進忠國疾亂義心赫怒以臣頗有一介之
節可責以鷹犬之功故授臣以督司諸臣
以方略臣不敢畏憚強禦避禍求福與進
合圖事無違異忠策未盡而元帥受敗帥
謂何太后被質宮室焚燒陛下聖德幼沖
親遭虎困時進既被害師徒喪沮臣獨將
家兵百餘人抽戈承明竦釰翼室
虎叱羣司奮擊凶醜曾不浹辰罪人
斯殄
一驗也會董卓乘虛所圖不軌臣父兄親
從並當大位
苟惟寧國之義故遂解節出奔創謀河外

陳氏

元帥

山陽公
漢記曰公
紹與王臣等并力於承
明堂上格殺中常侍
高望等二人尚書曰延
入翌室孔安國注翌明也室
謂路寢之東

開杜預曰浹辰十二
日也左傳曰浹辰
之間而楚克其二
日十二日也

謂叔隗為太傅
從兄基為太僕
不憚一室之禍

時卓力貪，結外援，招悅英豪，故即臣
勃海，申以軍號。（即謂就拜也。山陽公載記曰：董卓以紹為前將軍，封鄉矦。紹受矦，不受前將軍。）
則臣之與卓，未有纖芥之嫌，若使
苟欲滑泥揚波，偷榮求利，（滑，混也。楚詞曰：滑其泥，揚其波。）則
進可以竊奪禄位，退無門戶之患。然臣愚
所守，志無傾奪，故遂引會英雄，興師百萬，
飲馬孟津，歃血漳河。
（盟曰：賊臣董卓……　後漢列傳六十上　十五）
故冀州牧韓馥懷挾逆謀，欲專權執絶臣
軍糧，不得踰係，至使猾虜肆毒，害及
尊卑，大小同日并戮。鳥獸之情，猶知號呼；
士奮發，雲興霧合，咸欲奉辭伐罪，躬行天誅。
所憑悼兆人泣血，無所控告。仁賢之士，痛心疾
（也，隱憂。）誠以忠孝之節，道不兩立，顧私懷已
臣所以湯然忘家，貌無隱戚者。

不能全功，斯亦愚臣破家徇國之二驗也。
又黃巾十萬，焚燒青兗，黑山張楊，跱藉其
臣乃旋師奉辭伐畔，金鼓未震，殄敵知（會公孫）
域。故韓馥懷懼，謝咎歸土，張揚黑山，同時
亡。故韓馥懷懼……
乞降。臣時輒承制，竊以議郎曹操
權領兗州牧，
瓚師旅南馳，陸掠北境。瓚
瓚交鋒接天之威，每戰輒
弟生長京輦，頗聞俎豆，不習干戈，加自乃
祖先臣以來，世作輔弼，咸以文德盡忠得
免罪庶。臣非與瓚角戎馬之執，爭戰陣之
功者也，誠以賊臣不誅，春秋所貶（苟利國專之，不疑）
弑君殺父……（趙盾……）
故冒踐霜雪，不憚劬勤，實庶一捷之福，以
立終身之功。社稷未定，臣誠恥之。大僕趙
政銜命來征，宣明陛下合弘之施，蠲除細
故，與下更新。奉詔之日，引師南轅。
（尹南轅反。左傳曰：令……　後漢列傳六十四上　十六）

是臣畏怖天威不敢怠慢之三驗

也又臣所上將校率皆清英宿德今名顯

達登鋒履刃死者過半勤恪之功不見書

列而州郡牧守競盜聲名懷持二端優游

顧望皆列土錫圭跨州連郡是以遠近狐

疑議論紛錯者也臣聞守文之世德高者

位尊倉卒之時功多者賞厚陛下播越非

所洛邑之祀海內傷心志士憤悵是以忠

臣肝腦塗地肌膚橫分而無悔心者義之

〈後漢列傳六十四上〉　十七

所感故也今賞加無勞以攜有德也〈攜擧〉

黜忠功以疑眾望豈腹心之遠圖將乃　杜郵

讒慝之邪說使之然也臣爵為通侯位二

千石殊恩厚德既叨之豈敢關覬重禮〈左氏傳曰王命尹氏策〉

以希彤弓旅矢之命哉一誠傷偏裨所以悲〈晉文公為踐伯賜之大〉

號於邊獄使者即以屬吏繫於陽周〈路之服戎路之服彤弓〉

〈史記曰胡亥遣使者殺蒙恬恬然太息〉〈矢百旅弓十旅矢千〉

曰恬罪當死矣起臨洮屬之遼東城萬餘里此〈中不能無絕地脉此乃恬之罪也遂吞藥自殺〉

見紀盡忠為國讒成重徵斯蒙恬所以悲

形矢〈白〉

起獄欹欹於杜郵也〈史記曰秦王免白起為士伍〉
〈遷之陰密白起既行出咸陽〉
〈西門十里至杜郵秦王〉
〈乃使使者賜之劍自裁〉

配東征而耗亂王命〈三輔決錄注曰馬少傳融〉
〈字叔馬融之族子少傳融〉

大傅曰碑位為師保任〈翁叔決錄注曰馬少傳〉
〈業以才學進躐位九卿遂登台輔獻帝秋日碑〉
〈假節東征備撫州衎在壽春日少〉
〈借節觀既因奮屈壽辱憂恚而死〉
〈衎不遺從衎求去而〉

寵任非所凡

所舉用皆眾所捐并而容納其策以為謀

主今臣骨肉兄弟還為讎敵交鋒接刃捐

難滋迭臣雖欲釋甲投戈事不得已誠恐

陛下日月之明有所不照四聰之聽有所

〈後漢列傳六十四上〉　大

不聞乞下臣章咨之羣賢使三槐九棘議　楊賜

臣罪戾〈周官曰三槐三公四為左九棘孤卿大夫〉
〈位焉右九棘公侯伯子男位焉卿立注曰〉
〈槐之言懷也懷來人於此欲與謀也樹棘以〉
〈為位者取其赤心而外刺象以赤心有刺也〉

為賢則趙盾可無書弒之貶矣若

以臣今行權為實則相文當有誅絕之刑

志守一介若使得申明本心不愧先帝則

伏首歐刀塞衣就鑊臣之願也惟陛下垂

尸鳩之平〈毛萇注曰尸〉
〈鳩鵠也詩國風曰尸鳩在桑其子〉
〈七兮叔人君子其儀一兮〉

鳩之養其子且從上暮從下上平均如一言善人君子執義亦如此

絕邪謟之論

無令愚臣結恨三泉

三者數之小終也小綱三泉深於是

以紹為太尉封鄴侯

獻帝春秋曰使將作大匠孔融持節之鄴拜太尉紹不

時曹操自為大將軍紹恥為之下偽表辭不受操大懼乃讓位於紹二年使將作大匠孔融持節拜紹大將軍錫弓矢節鉞虎賁百人

禮含文嘉曰一曰車馬 二曰衣服 三曰樂器 四曰朱戶 五曰納陛 六曰虎賁 七曰弓矢 八曰斧鉞 九曰秬鬯 春秋元命苞曰虎賁得專誅也

兼督冀青幽并四州

操自近使說操以許下坏溼洛陽宮室殘破宜徙都甄城以就全實操拒之田豐說紹曰徒都鄴之計既不便於己乃欲移天子動託詔令以向號海內此算之上者不爾終為人所禽雖悔無益也紹不從

四年春擊公孫瓚遂定幽土事在瓚傳

紹既并四州之地衆數十萬而驕心轉盛

貢御稀簡主簿耿包密白紹曰赤德衰盡袁為黃胤宜順天意

獻帝春秋曰袁舜後黃故也有此言

從民心紹以包白事示軍府僚屬議者以包妖妄宜誅紹知衆情未同不得已乃殺包以弭其迹

於是簡精兵十萬騎萬匹欲出攻許紹以審配逢紀統軍事田豐荀諶及

南陽許攸為謀主顏良文醜為將帥沮授

進說曰近討公孫師出歷年百姓疲敝倉

庫無積賦役方殷此國之深憂也宜先遣

使獻捷天子務農逸人若不得通乃表曹

操隔我王路然後進屯黎陽漸營河南益

作舟舩繕修器械分遣精騎抄其邊鄙令

彼不得安我取其逸如此可坐定也郭圖

審配曰兵書之法十圍五攻敵則能戰今

以明公之神武連河朔之強衆

則圍之五今以明公之

以代曹操兵執辟若覆手

前書陸賈謂南越王曰越殺王陕漢如反手耳

今不時取後難圖也授曰蓋救亂誅

李賢

暴謂之義兵恃眾憑強謂之驕兵義者無
敵驕者先滅 前書魏相上書曰救亂誅暴謂之義兵兵義者王敵加於己不得已而起者謂之應兵兵應者勝爭恨小故不忍憤怒者謂之忿兵兵忿者敗利人土地貨財者謂之貪兵兵貪者破恃國家之大矜人眾欲見威於敵者謂之驕兵兵驕者滅此非但人事乃天道也
操奉迎天子建宮許都今舉師南向於義
則違且廟勝之策不在彊弱於廟堂之中決
勝乎千里之外曹操法令既行士卒精練非公孫
瓚坐受圍者也今一舉萬安之術而興無名
之師 前書曰新城三老說高祖曰順德者昌逆德者亡兵出無名事故不成音義曰有名伐有罪者 《後漢列傳六十四上·二十一》 李慈
也竊為公懼之 圖等曰武王伐紂不為不 史記范蠡謂句踐曰天與不取反受其咎
義況兵加曹操而云無名且公師徒精勇
將士思奮而不及時早定大業所謂天與
不取反受其咎也此越之所以霸吳之所
而非見時知幾之變也紹納圖言圖等因
是譖沮授曰授監統內外威震三軍若其
浸盛何以制之夫主與臣同者亡主與臣同者權在於主也主與臣同者
之所忌也 日與主同者權在於主也黃石者即張良於下邳坯上

所得者三略也 且御眾於外不宜和內 之反 淮南子曰國不
可從內以御外軍不可從中御
及郭圖淳于瓊各典一軍未及行五年左
將軍劉備殺徐州刺史車冑據沛以背曹
操懼乃自將征備田豐說紹曰與公爭
天下者曹操也今舉軍東擊劉備連兵未可
卒解今舉軍而襲其後可一往而定兵以
幾動斯其時也紹辭以子疾未得行豐舉
杖擊地曰嗟乎事去矣夫遭難遇之幾而 《後漢列傳六十四上·二十二》 李慈
以嬰兒病失其會惜哉紹聞而怒之從此
遂疏焉見曹操過河乃急擊備遂破之
備奔紹紹於是進軍攻許田豐以既失前
幾不宜便行諫紹曰曹操既破劉備則許
下非復空虛且操善用兵變化無方眾雖
少未可輕也今不如久持之將軍據山河
之固擁四州之眾外結英雄內修農戰然
後簡其精銳分為奇兵 孫子兵法曰凡戰者以正合以奇勝也注云正 乘虛迭出以擾河南救右則擊
者當敵奇者 乘虛迭出以擾河南救右則擊
其左救左則擊

其左救左則擊其右使敵疲於奔命人不
得安業我未勞而彼已困不及三年可坐
剋也今釋廟勝之策而決成敗於一戰若
不如志悔無及也紹不從豐強諫忤紹若
以為沮眾遂械繫之乃先宣撤曰蓋聞明
主圖危以制變忠臣慮難以立權曩者強
秦弱主趙高執柄專制朝命威福由己終
有望夷之禍汙辱至今

（始皇崩胡亥立趙高為丞相胡亥夢白虎齧其左驂馬殺之心不樂問占夢卜曰涇水為祟胡亥乃齋望夷宮欲祠涇遂於望夷宮殺胡亥事見史記）

及臻呂后祿
產專政擅斷萬機決事禁省下陵上替海
內寒心於是絳矦朱虛興威奮怒誅夷逆
暴尊立太宗故能道化興隆光明融顯此
則大臣立權之明表也

（呂后專制以兄子呂祿呂產為上將軍相國各領南北軍呂后崩欲為亂絳矦周勃朱虛矦劉章等共誅之立文帝廟號太宗左傳閔子馬曰下陵上替能無亂乎）

司空曹操祖父騰故中常侍與左
悺徐璜並作妖孽饕餮放橫傷化虐人

（貪財為饕貪食為餮放縱也）

父嵩乞匄攜養

（巨高靈帝時貨　悺音烏版反）

後漢列傳六十四上　卄二　李賢

（官當以貨得拜大司農大鴻臚代崔烈為太尉魏志曰嵩靈帝時貨賂中官及輸西園錢一億萬故位至太尉嵩養子莫能審其生出本末曹瞞傳及郭頒世語並云嵩夏侯氏子夏侯惇之叔父操於惇為從父兄弟也魏太祖一名吉利小字阿瞞也）

因藏買位輿
金輦寶璧輸貨權門竊盜鼎司傾覆重器

女姝閹遺醜本無令德標狡鋒俠好亂樂禍

（方言曰標輕也魏志曰操少機警有權數而任俠放蕩不治行業…）

幕府董統鷹揚埽夷凶逆

（謂紹闈人…）

續遇董卓侵官暴國
剗斷之無少長於是提
劍揮鼓發命東夏廣羅英雄弃瑕錄用故
遂與操參咨策略謂其鷹犬之才爪牙可

任至乃愚佻短慮輕進易退傷夷折衄數

（字書曰佻輕也魏志曰操引兵西…）

喪師徒

（幕府輒復…）

分兵命銳修完補輯表行東郡太守兗州
刺史被以虎文

（續漢志曰虎賁將冠鶡冠虎文衣…）

授以偏師獎就威柄冀獲秦師一克之報

（洪以馬與操得夜遁又為呂布所敗…）

而遂乘資跋扈肆行酷烈

（秦穆公使孟明視西乞術白乙丙伐鄭晉襄公敗諸…）

割剝元元殘賢害善

（太公金匱曰天道無親常與善人今海內陸沈…）

後漢列傳六十四上　卄三　卄四

故九江太守邊讓英才儁逸
以直言正色論不阿諂身被梟懸之戮妻
孥受灰滅之咎自是士林憤痛人怨天怒
一夫奮臂舉州同聲故躬破於徐方地奪
於呂布

魏志曰陶謙為徐州牧操初征之下十餘城後復征謙收五城遂略地至東海還過郯謙將曹豹與劉備屯郯東邀操操擊破之遂攻拔襄賁所過多所殘戮

府惟強幹弱枝之義且不登畔人之黨幹
弱枝解見班固傳左傳宋大夫魚石等以宋彭城畔
屬楚經書宋彭城傳曰非宋地追書也且不登畔人

復其方伯之任是則幕府無德於兖土而
震布眾破壞沮

左傳使呂拒絕秦曰秦師克還無害則是我有大造於西也杜預注曰環賈賁也害則我也左傳日局部也杜預

有大造於操成也

會後盜驚東反羣虜亂政時冀州方
志曰操驃騎定閩未拔會至雲徹席卷後薛蘭李封地鉅野操攻定陶布復與陳宮將萬餘人乘戰操時兵少設伏縱奇兵擊大破之布夜走東奔劉備

有北鄙之警匪遑離局

北鄙之鄙紹攻之也左傳曰謂公孫瓚攻地日造

故使從事中郎徐勳就發遣操

部曲為離局

—後漢列傳六十四上 二十五 王沈
彷徨東裔蹈據無所幕

拯其死亡之患

故復援旌擐甲席卷赴征金鼓響

使繕修郊廟翼衛幼主而便放志專行威
劫省禁甲侮王僚敗法亂紀坐召三臺專
制朝政

晉書曰漢官尚書為中臺御史為憲臺謁者為外臺是謂三臺

心刑戮在口所愛光五宗所怨滅三族

羣談者受顯誅腹議者

漢書賈誼曰大臣特以簿書不報期會之故而王虜得衞幼主而

蒙隱戮

客言者道以言而國人告難非前書收下獄令不便者反屠湯與張湯有隙人告異與張湯謀反屠湯

道路以目百辟鉗口

國語曰周厲王虐國人謗王邵公告王曰民不堪命矣王怒得衞巫使監謗者以告則殺之國人莫敢言道路以目書曰鉗小人歡舌何休注公羊曰鉗口以木銜其口也鉗或作拑音渠廉友

記期會公卿充員品而已

—後漢列傳六十四上 二十六 王沈

故太尉楊彪歷典二司元綱極位

續漢書曰彪代董卓為司空又代黃琬為司徒表以獻帝春秋曰彪與術婚姻操誣以圖廢置奏收下獄欲以大逆論以勃衍續漢書操誣以非罪收下獄

操因睚眦皆被以非罪斃楚并兼五毒

俱至 獄考實遂以策罷

又議郎趙彥忠諫直言議有可納故聖朝
含聽改容加錫操欲迷奪時明杜絕言路
擅收立殺不俟報聞又梁孝王先帝母弟
墳陵尊顯松栢桑梓猶宜恭肅操率將吏

尚書 宗五 王沈

士親臨發掘破棺裸尸掠取金寶至令聖
朝流涕士民傷懷
罘發丘中郎將摸金校尉所過之毀突無骸又
不露身處三公之官而行桀虜之態汙國
虐民毒施人鬼加其細政苛慘科防互設
繒繳充蹊阱塞路舉手挂網羅動足路
機埳是以兗豫有無聊之人帝都有呼嗟
之怨

贄子曰天下無道人在
爵位者皆不可聊生

歷觀古今書籍所
載貪殘虐列無道之臣於操為甚莫斯方

詰外莍未及整訓加意含覆異可彌縫
日彌縫敝邑杜預
生日彌縫猶補合
左傳日楚司馬子越椒令尹子文必殺之
是子也熊虎之狀而豺狼之聲弗殺必滅若敖氏矣
日狼子野心乃
周易棟橈之凶
不可以鞱也

而操豺狼野心潛包禍謀
乃欲橈折棟梁孤弱漢室

鼓北征討公孫瓚強禦桀逆拒圍一年操
因其未破陰交書命欲託助王師以見掩
襲故引兵造河方舟北濟會行人發露瓚
亦梟夷故使鋒芒挫縮欷圖不果屯據敖

倉阻河為固

獻帝春秋曰操引軍造河記言助
紹實圖襲鄴以為讚授會讚破滅
紹亦覺之以軍
退屯于敖倉

乃欲運螳螂之斧御隆車之
隧

韓詩外傳曰齊莊公獵有螳螂舉
足將搏其輪問其御曰此何蟲也
御曰此螳螂也此蟲知進而不知退
不量其力而輕就敵曰此為人也
必為天下勇士矣莊公曰螳螂愁
勇故云輕就敵也
史記范雎說秦昭王曰烏獲任鄙之力慶忌夏育之
勇士皆盡而就戮高誘曰賁孟賁也
又莊子曰螳螂怒其
臂以當車轍不知其
不勝任也螳螂拒轍
史記曰蘇秦說韓王曰天下之
強弓勁弩皆從韓出之

莫府奉漢威靈折衝宇
宙長戟百萬胡騎千群奮中黃育獲之士
騁良弓勁弩之勢

執并州越太行

并州刺史故事越

青州涉濟漯

紹長子譚為青州刺史濟
漯二水名在今齊州界濟
音他計反漯他合反

而來助

大軍汎黃河以角其前荊州下宛葉而
犄其後

賈逵注國語曰從後牽曰掎
左也晉人角之諸戎掎之是也荊州謂劉
表也與紹交故令下宛葉

雷震虎步並集虜廷若舉炎火
以焫飛蓬

楚詞曰離憂患而乃菀
若兮焫若涉火於秋蓬
音如悅反焫音而悅反

覆滄海而注熛
炭

黃石公三略曰夫以義討不義若決江河而沈熒火其
尅必矣熛必遙反

有何不消滅者
哉當今漢道陵遲綱弛網絕操以精兵七
百圍守宮闕外稱陪衞內以拘質懼兵逆
之禍因斯而作乃忠臣肝腦塗地之秋烈

士立功之會也可不勗哉〔撲陳琳集此檄。陳琳字孔璋，廣陵人，避難冀州，表紹使典文章。紹敗歸太祖，太祖謂曰：卿昔為本初移書，但可罪狀孤而已，惡惡止其身，何乃上及父祖邪。琳謝罪，太祖愛其才而不咎。流俗本此下有陳琳之辭者，非也。〕乃先遣顏良攻曹操別將劉延於白馬。〔白馬縣屬東郡，今滑州縣也。故城在今縣東。〕紹自引兵至黎陽。沮授臨〔之歎曰〕行，會其宗族，資財以與之，曰：勢存則威無不加，執亡則不保一身，哀哉。其弟宗曰：曹操士馬不敵，君何懼焉。授曰：以曹兗州之明略，又挾天子以為資，我雖剋伯珪，眾實疲敝，而主驕將忲，軍之破敗，在此舉矣。楊雄有言，六國蚩蚩，為嬴弱姬，今之謂乎。〔法言之文也。嬴秦姓也，姬周室也。蜀志曰，曹公使張遼及關羽為先鋒，羽望見良麾蓋，策馬刺良，萬眾之中斬其首。〕救劉延，擊顏良，斬之。紹乃度河，壁延津。〔諸將莫能當者，還諸將莫能解白馬圍。辛塞之武帝作陳延津。杜預注左傳謂之延津，酸棗縣北有延津，又東北。〕曹操遂……〔沮授臨舡歎曰：上盈其志，下務其功，悠悠黃河，吾其濟乎。遂以疾退。紹不許而意恨之，復省其所部并屬郭〕

圖紹使劉備文醜挑戰，曹操又擊破之，斬文醜。再戰而禽二將，紹軍中大震。操還屯官渡。〔官渡在今鄭州中牟縣北。魏志曰，渠水東經曹公壘古城北，有高臺，謂之官渡臺，在中牟。沙堆東西數十里為屯。〕曹操與紹相拒。〔操亦分營，復還堅壁。〕北兵雖眾，而勁果不及南軍；南軍穀少，而資儲不如北。南軍幸於急戰，北利在緩師，宜徐持久，曠以日月。紹不從，連營稍前，漸逼官渡，遂合戰，操軍不利。操亦分營，復還堅壁。紹為高櫓，起土山，射營中，〔釋名曰：樓，言牖上無覆屋也。今官渡臺是也。楊雄舊營遺基並存焉。〕營中皆蒙楯而行。〔釋名曰，楯，遮也。獻帝春秋曰，紹令軍中……三尺繩楯負羽。〕操乃發石車，擊紹樓，皆破，紹軍中呼曰霹靂車。〔霹靂，震烈呼為霹靂，楊雄賦曰……音普反，拋車也，今之拋車即其遺象。〕紹為地道，欲襲操，操輒於內為長塹以拒之。又遣奇兵襲紹運車，大破之，盡焚其穀。〔誠會但……其穀應紹運淳于瓊，相持百餘日。河南人疲困，多畔應紹。〕紹遣淳于瓊等將兵萬餘人，北迎運糧。沮授說紹，可遣蔣奇別為支軍於表，以絕曹操之鈔。〔鈔為支軍等〕

義紹不從許攸進曰曹操兵少而悉師拒
我許下餘守執必空弱若分遣輕軍星行
掩襲許則操為成禽如其未潰可令首
尾奔命破之必也紹又不能用會攸家犯
法審配收繫之攸不得志遂奔曹操而說
使襲取淳于瓊等時宿在烏巢〔烏巢地名〕
〔在濮州東〕紹去紹軍四十里操自將步騎五千
人夜往攻破瓊等悉斬之〔曹瞞傳曰公聞攸
來跣出迎之撫掌笑曰子遠卿來吾事濟矣
旣入坐謂公曰袁氏軍盛何以待之今有幾
糧乎……陳仲〕
勅公裴瓊瑰等公大喜乃選精銳步騎
敦寶貨斬瞽將睢元進等割得將軍犀
士辛千餘人皆取鼻牛馬割脣舌以示紹軍將士肯
初紹聞操擊破瓊謂長子譚曰就操破瓊
五拔其營彼固無所歸矣乃使高覽張郃
等攻操營不下〔也郃說紹曰曹公精兵往必破
瓊等則軍去矣郭圖曰郃計非也不如攻其
本營必破若攻吾禽吾屬為虜矣郃曰曹公
營固攻之不拔若瓊等見禽吾屬盡為虜矣
遂與高覽攻太祖營不能下太祖果破瓊
等紹軍潰懼又諸部快軍敗歸怒又更
矣紹但遣輕騎救瓊而以重兵攻太祖營不能下太
祖果破瓊等紹軍潰懼〕
二將聞瓊等敗遂奔操於是紹軍驚擾
大潰紹與譚等幅巾乘馬與八百騎度河

至黎陽北岸入其將軍蔣義渠營至帳下
把其手曰孤以首領相付矣義渠避衆而
處之使宣令焉於是稍復集餘衆偽
降曹操盡阬之前後所殺八萬人沮授為
操軍所執乃大呼曰授不降也為所執耳
操見授謂曰分野殊異遂用此絕不圖今
日乃相得也授對曰冀州失策自取奔北
授知力俱困且其見禽操不圖此
相用計今喪亂過紀國家未定日紀方當〔方當〕
與君圖之授曰叔父母弟懸命袁氏若蒙
公靈速死為福操歎曰孤早相得天下不
足慮也遂赦而厚遇焉授尋謀歸表氏乃
誅之紹外寬雅有局度憂喜不形於色而
性矜愎自高〔愎音平逼反〕短於從善故至於敗及
軍還或謂田豐曰君必見重豐曰公貌寬
而內忌不亮吾忠而吾數以至言迕之若
勝而喜必能赦我戰敗而怨內忌將發若
軍出有利當蒙全耳今旣敗矣吾不望生

紹遣曰吾不用田豐言果為所笑遂殺之
先賢行狀曰紹謂逢紀曰冀州人聞吾軍敗皆當念
吾唯田別駕前諫止吾與衆不同吾亦慙之紀復曰
豐聞將軍之退拍手大笑喜其言之中也
害豐之意初太祖聞豐不從戎言曰紹必敗矣及紹
奔遁復曰向使紹用其
別駕計尚未可知也

官度之敗審配二子為
曹操所禽英雄記曰代與配有隙因蔣奇言於紹
曰配在位專政族大兵強且二子在南必
懷反畔郭圖辛評亦為然然紹遂以代為監
軍代配守鄴護軍逢紀與配不睦審配任用
之邪紀先所爭者私情今所陳者國事
紹曰善乃不廢配配由是更惋箕州城邑
多畔紹復擊定之自軍敗後發病七年夏
天性烈直每所言行慕古人之節不以二
子在南為不義也公勿疑之紹曰君不惡

魏志曰紹自軍破後發病歐血死獻帝春秋曰
紹為人政寬典論曰袁紹寬厚河北士莫不傷怨市
巷揮淚如或喪親論曰袁紹妻劉氏性酷妒紹死
僵尸未殯妾五人盡殺之為死者有知當復見紹
於地下乃髠頭墨面以毀其形尚又為盡殺死者之家
配宿以驕侈為譚所病辛評郭圖逢紀審
未及定嗣辛評郭圖皆比於

譚而與配紀有隙衆以譚長欲立之配等
恐譚立而評等為害遂矯紹遺命奉尚為
嗣

後漢書列傳卷第六十四上

袁紹　子譚
劉表

譚自稱車騎將軍出軍黎陽尚少與其兵
而使逢紀隨之譚求益兵審配等又議不
與譚怒殺逢紀曹操度河攻譚譚告急於
尚尚乃留審配守鄴自將助譚與操相拒
於黎陽自九月至明年二月大戰城下

【後漢列傳六十四下】生述征記曰黎陽城西豪譚城城南又有一城是曹公攻譚之所集　譚尚敗退操　操逆擊破操　陳仲弓錄郭

將圍之乃夜遁還鄴操進軍尚逆擊破操
操軍還許譚謂尚曰我鎧甲不精故前為
曹操所敗今操軍退人懷歸志及其未濟
出兵掩之可也令大潰此策不可失也尚疑
而不許既不益兵又不易甲譚大怒郭圖
辛評因此謂譚曰使先公出將軍為兄後
者皆是審配之所搆也譚然之遂引兵攻
尚戰於外門之內譚敗乃引兵還南皮

今滄州縣也章武有北皮亭故也曰南皮

別駕王脩率吏人自青州往救譚譚還欲更攻尚問脩曰計將安出脩曰兄弟者左右手也辟人將鬭而斷其右手曰我必勝若如是者可乎夫弃兄弟而不親天下其誰親之屬有讒人交鬭其間以求一朝之利願塞耳勿聽也若斬佞臣數人復相親睦以御四方可橫行於天下譚不從尚復自將攻譚譚戰大敗嬰城固守

【後漢列傳六十四下】音義曰嬰謂以城自繞也

譚奔平原而遣潁川辛毗詣曹操請救志

譚使毗詣太祖求和毗見太祖致譚意太祖悅謂毗曰譚必可信毗對曰明公無問信與詐也直當論其勢耳

劉表以書諫譚曰天降災害禍難殷流初交殊族卒成同盟使王室震蕩夷異倫收戮

相忍也然孤與太公志同願等言太公者尊

雖楚魏絕邈山河迥遠戮力乃心

共舜王室〔左傳曰同好惡舜王〕〔室杜預曰弊助也〕使非族不干吾
盟異類不絕吾好此孤與太公無貳之所
致也功績未卒太公殂隕賢肩承統以繼
洪業宣平世之德履丕顯之祚〔弈重也國語曰齊代戴德〕
摧嚴敵於鄴都揚休烈於朝土顧定疆宇
虎視河外兄我同盟莫不景附何悟青蠅
飛於竿旌無已游於二壘〔詩小雅曰營營青蠅止于樊讒人罔極王欲誅太子宜臼亡奔宋左傳作無極竿不相能也日夜譖太子於王欲誅太子建〕

使股肱分成二體匈賢
絕為異身初聞此問尚謂不然定聞信來
乃知關伯實沈之忿已成弃親即離之計
巳決〔左傳子產曰高辛氏有二子伯曰關伯季曰實沈居於曠林不相能也日尋干戈以相征〕
蓏蓏交於中原暴尸累於城下聞之哽
咽若存若亡昔三王五伯下及戰國君臣
相弒父子相殺兄弟相殘親戚相滅蓋時
有之然或欲以成王業〔若周公誅管蔡之類〕或欲以
定霸功〔若齊桓公殺子糾也〕皆所謂逆取順守而徼
富強於一世也未有弃親即異兀其根本

而能全於長世者也昔齊襄公報九世之
讎〔公羊傳曰紀侯大去其國大去者何滅之也曷為不言齊滅之為襄公諱也何賢乎襄公復讎也何讎爾遠祖也哀公烹於周紀侯譖之也〕
滅紀者齊滅之也曷為不言齊滅之為襄公諱也九世猶可以復讎乎雖百世可也胡侯譖齊哀公於周夷王烹之其後九代美史記曰哀公之弟靜立是為胡公胡公弟山弒胡公而自立是為獻公獻公子武公立武公子属公立属公弟文公立文公子成公立成公子莊公立莊公子釐公立釐公子襄公八年紀遷去其邑是為九代也
事是故春秋美其義君子稱其信夫伯游
之恨於齊未若太公之忿於曹也宣子之
臣承業未若仁君之繼統也〔荀偃晉大夫也樂盈燕燕惠王書曰聞古之君子交絕不出惡聲〕
子違難不適讎國交絕不出惡聲〔左傳晉大夫樂山不狃曰君子違難不適讎國也史記樂毅燕奔趙亡也〕且君
子達難不適讎國交絕不出惡聲〔左傳〕

〔後漢列傳六十四下
四〕

況忘先人之讎弃親戚之好而為萬世之
戒遺同盟之恥哉蠻夷戎狄將有詞譚之
言況我族類而不痛心邪夫欲立竹帛於
當時全宗祀於一世當宜同生分謗爭校
得失乎若異州有不弟之懡弟〔左傳曰段不弟故不言弟無弟〕
懃順之節仁君當降志辱身以濟事為務

事定之後使天下平其曲直不亦為高義

邪今仁君見憎於夫人未若鄭莊之於姜

氏昆弟之嫌未若重華之於象敖然莊公

卒崇大隧之樂象敖終受有鼻之封顧捐

弃百柯追攝舊義復為母子昆弟如初

鄭武公娶於申曰武姜生莊公及叔段莊公寤生驚姜氏故名曰寤生遂惡之愛叔段欲立之亟請於武公公弗許及莊公即位為之請京使居之謂之京城大叔祭仲曰都城過百雉國之害也先王之制大都不過參國之一中五之一小九之一今京不度非制也君將不堪公曰姜氏欲之焉辟害對曰姜氏何厭之有不如早為之所無使滋蔓蔓難圖也蔓草猶不可除況君之寵弟乎公曰多行不義必自斃子姑待之左傳史記曰舜名重華舜父瞽叟頑母嚚弟象傲皆欲殺舜舜順事父及後母與弟日以篤謹後封象於有鼻今猶謂之鼻亭鼻國在永州營道縣北今

士馬瞻望鵠立又與尚書諫之並不從

今整勤之哽咽所以雖滅親而能為國家煩除殘害何者大抵小剛急柔相濟洪業負

春秋戴表遺讖書曰歲起辛卯禍結同氣尋干戈僵尸流血閼伯之爭襄周公之喜

之師也皆前軌雖進唯人用尤有青以天性相成歲不先公所恨有餘事定之後將禮當振有諸藩驅之共言況王

之忩也後刻得其和能為人用何有誅兄弟以退今大苞小峭然恨有餘事定之後復禮當胡夷

室亦善乎曹操若迷而不返逮而無欵已則胡夷將旅諸藩驅之共言況王

魏氏

還救譚十月至黎陽尚聞操度河乃釋平原遂

原還鄴尚將軍知譚詐乃以子整婭譚女以安之二十三年封鄴侯爵諡曰而引軍還九月尚使審配守鄴公

刻將軍印以假曠翔操高翔畔歸曹氏譚復陰魏志曰建安二十二年封鄴侯黃初二年進襲鄭夫人

復攻譚於平原配獻書於譚曰配聞良藥孔子家語

苦口而利於病忠言逆耳而便於行

春秋之義國君死社稷忠臣死君命左傳曰天王狩君為社稷妃則死之為社稷亡則亡之又晏嬰晏

日忠言進耳利於病忠言逆耳而行李業

願將軍緩心抑怒終省愚辭蓋

以同公垂涕以戮管蔡之獄

圖危宗廟剝亂國家親疏一也左傳曰周公殺管蔡叔牙之誅羊舌是實剝亂國也

以同公垂涕以戮管蔡之獄

不愛王室故也季友獻欷而行叔牙之誅羊舌公

歃日病叔牙卒何以不辭弟殺也為社稷亡則亡之又解

日夫何敢是將為亂和藥而欲之曰公父從吾言存於魯國誅不避

公傳曰叔牙曰一生一及君以知之慶父材曰公子牙卒何以不辭弟殺也為

之兄弟君臣也

何則義重人輕事不獲已故也昔

先公廢嫡將軍以纘賢兄立我將軍以為
嫡嗣聞上告祖靈下書譜牒海内遠近誰不
備聞何意凶臣郭圖宣畫蛇足〔戰國策曰楚有祠者賜其舍人巵酒舍人相謂曰數人飲之不足一人飲之有餘請畫地為蛇先成者飲酒一人蛇先成引酒且飲乃左手持酒右手畫蛇曰吾能為之足未成一人蛇成奪其巵曰蛇固無足子安能為之足遂飲其酒為蛇足者終亡其酒〕
其酒曲辭諂媚交亂懿親至今將軍忘孝
友之仁襲關之亂懿親至今將軍忘孝
冤鬼痛於幽冥創痍被於草棘又乃圖獲
放兵鈔突屠城殺吏之迹
鄴城許賞賜秦胡其財物婦女豫有分數

《後漢列傳六十四下》 七

又云孤雖有老母趣使身體宇具而巳聞
此言者莫不悼心揮涕使太夫人憂哀憤
隔我州君臣監寐悲歎誠拱默以聽執事
之圖則懼違春秋死命之節詣太夫人不
測之患損先公不世之業我將軍辭不獲
命以及館陶之役〔詔遺也不世猶言非常也獻帝春秋曰軍于鄴尚設奇伏大破譚軍僵屍流血譚走還平原伏惟將軍至孝〕
相征討譚軍不利保于平原譚乃尚走保險追攻之尚設奇伏大破譚軍僵屍流血譚走還平原伏惟將軍至孝烝烝發於岐嶷
友于之性生於自然章之以聰明行之以

敏達覽古今之舉措觀興敗之徵符輕榮
財於糞土貴名高於丘岳何意奮然迷沈
隨賢哲之〔墮音許規反〕操積怨肆忿取破家之
禍翹企延頸待望讎敵委慈親於虎狼之
牙以遑一朝之志豈不痛哉若乃天啓尊
心革圖易慮則我將軍匍匐布體以聽斧鉞
股掌之上配等亦當敕躬熟詳吉凶以
之刑如又不悛禍將及之願熟詳吉凶以
賜環玦〔孫臏子曰絶人以玦反人以環〕以玦反人以環譚不納曹操因此進

《後漢列傳六十四下》 八 王侔

攻鄴審配將馮札為内應開突門内操兵
〔墨子備突篇曰城百步一突門突門用〕
三百餘人〔車兩轀以木束之塗其上維置突門旁為窯灶〕
覺之從城上以大石擊門門閉入者皆死
操乃鑿塹圍城周回四十里初令淺示若
可越配望見笑而不出爭利操一夜潛之
廣深二丈引漳水以灌之自五月至八月
城中餓死者過半尚聞鄴急將軍萬餘人
還救城操逆擊破之尚走依曲漳為營〔水〕

曲操復圍之未合尚懼遣陰夔陳琳求降不聽尚還走藍口（相州安陽縣界有藍嵯山與鄴相近蓋藍山之口）復進急圍之尚將延等臨陣降眾大潰操尚奔中山盡收其輜重得尚印綬節鉞及衣物以示城中城中崩沮審配令士卒曰（幾音祈中　音竹仲反）堅守死戰操軍疲矣幽州方至何憂無主操出行圍配伏弩射之幾中兄子榮為東門校尉榮夜開門內操兵配拒戰城中生獲配操謂配曰吾近行圍弩何多也配曰猶恨其少操曰卿忠於袁氏亦自不得不爾意欲活之配意氣壯烈終無撓辭見者莫不歎息遂斬之（先賢行狀曰將詣帳下辛毗等逆以馬鞭擊其頭罵之曰奴才汝由汝曹破冀州恨不得殺汝太祖既有意活配無撓辭辛毗等號哭不已乃殺之）財寶高幹以并州降復為刺史曹操之圍鄴也譚復背之因略取甘陵安平勃海河間攻尚於中山尚敗走故安從熙而譚悉收其眾還屯龍湊十二月曹操討譚軍其

門譚夜遁奔南皮臨清河而屯明年正月急攻之譚欲出戰軍未合而破譚被髮驅馳（趨音促）追者意非恒人趨奔之（譚憤馬顧）曰咄見過我我能富貴汝言未絕口頭已斷地見於是斬郭圖等殺其妻子熙尚為其將焦觸張南所攻奔遼西烏桓自號幽州刺史驅率諸郡太守令長遠者斬兵數萬殺白馬盟令曰違者斬眾莫敢仰視各以次歃至別駕代郡韓珩（珩音行　曰吾）受袁公父子厚恩今其破亡智不能救勇不能死於義闕矣若乃北面曹氏所不能為也一坐為珩失色觸曰夫舉大事當立大義事之濟否不待一人可卒珩志以厲事君（先賢行狀曰珩字子佩代郡人清粹有雅量少喪父母奉養兄姊宗族稱悌也）操聞執節甚高之屢辟不至卒於家高幹復叛執上黨太守舉兵守壺口關（潞州上黨縣有壺山間因其險而置關焉）十一年曹操自征幹幹乃留其將守城自詣匈奴求救不得獨與數騎亡欲

以功封焉其妻哭於室以為
琰富貴將更娶妾媵故也

典論曰上洛都尉王琰獲高幹

十二年曹操征遼
西擊烏桓尚熙與烏桓相
與親兵數千人奔公孫康於遼東尚有勇
力先與熙謀曰今到遼東康必見我我獨
為兄手擊之且掠其郡猶可以自廣也康
亦心規取尚以為功乃先置精勇於廏中
然後請尚熙熙疑不欲進尚之遂與俱
入未及坐康叱伏兵禽之坐於凍地尚謂
康曰未死之間寒不可忍可相與席康曰
卿頭顱方行萬里何席之為遂斬首送之
康遼東人父度初避吏為玄菟小吏稍仕
中平元年還為本郡守在職敢殺伐郡中
名豪與已忤無恩者遂誅滅百餘家因東
擊高句驪西攻烏桓威行海畔時王室方
亂度恃其地遠陰懷幸會襄平社生大
石丈餘下有三小石為足度以為己瑞

〔後漢列傳六六下〕 十一 王永從

縣屬遼東郡故城在今平州盧龍縣西南魏志曰時平
襄平延里社生大石或謂度曰此漢宣帝冠石祥也

里名與先君同社主土地明當有土地也有三公輔也度益喜

初平元年乃分
遼東為遼東中遼郡並置太守越海收東
萊諸縣為營州刺史置也猶自立為遼東侯
平州牧追封父延為建義侯立漢二祖廟
承制設壇墠於襄平城南郊祀天地藉田
理兵乘夏輦九旒旄頭羽騎建安九年司
空曹操表為奮威將軍封永寧鄉侯度死
康嗣故遂據遼土焉

劉表字景升山陽高平人魯恭王之後也

恭王景帝子名餘

〔後漢列傳六四下〕 十二 王申

表亡走得免黨禁解辟大將軍何進掾初
平元年長沙太守孫堅殺荊州刺史王叡
俊等俱被訕議號為八顧詔書捕案黨人

王氏譜曰叡字通曜晉太保祥之伯父也吳錄曰叡
見靈帝紀曰表何罪堅曰坐無所知欲窮迫刮金欲

詔書以表為荊州刺史時江南宗賊大
盛宗黨共 又袁術阻兵屯魯陽表不能得至
乃單馬入宜城 惠帝三年改名宜城宜城縣屬南郡本鄢
蒯越襄陽人蔡瑁與共謀畫 傅子曰越字異度荊州與

表謂越曰宗賊雖盛而衆不附若袁術因之禍必至矣吾欲徵兵恐不能集其策焉出對曰理平者先仁義理亂者先權謀兵不在多貴乎得人袁術驕而無謀宗賊率多貪暴越有所素養者使人示之以利必持衆來使君誅其無道施其才用威德既行祸省衆而至矣兵集衆附南據江陵北守襄陽荊州八郡〔漢官儀曰荊州管長沙零陵桂陽南陽江陵武陵南郡章陵等是也〕可傳檄而定公路雖至無〔郭得〕

〔後漢列傳六十四下〕十三

能為也表乃使越遣人誘宗賊帥至者十五人皆斬之而襲取其衆唯江夏賊張虎陳坐擁兵據襄陽城表使越與龐季往辟之乃降江南悉平諸守令聞表威名多解印綬去表遂理兵襄陽以觀時變袁術與其從兄紹有隙而紹與表相結故術共孫堅合從襲表表敗堅遂圍襄陽會表將黃祖救至堅為流箭所中死餘衆退走〔典略曰劉表夜遣將黃祖潛出兵逆與戰祖敗走竄峴山中堅乘勝夜追祖祖部兵從竹木間射堅殺〕

李傕等入長安冬表遣使奉貢催以表為鎮南將軍荊州牧封成武侯假節以為己援建安元年驃騎將軍張濟自關中走南陽因攻穰城中飛矢而死荊州官屬皆賀表曰濟以窮來主人無禮至於交鋒此非牧意牧受弔不受賀也使人納其衆衆聞之喜遂皆服從〔獻帝春秋曰濟引衆入荊州貴以為己無實主禮遣使招收衆而退劉表禮之〕

〔後漢列傳六十四下〕十四

藩三年長沙太守張羨率零陵桂陽三郡畔表表遣兵攻圍破羨平之〔英雄記曰張羨南陽人先作零陵桂陽長甚得江湘間心然性屈彊不順表表薄其為人不甚禮也羨由是懷恨遂畔表〕於是開土遂廣南接五領〔裴氏廣州記云大庾一也桂陽騎田二也九真都龐三也臨賀萌渚四也始安越城五也〕〔北鄧德明南康記曰大庾一也桂陽揭陽是謂五領〕據漢川地方數千里帶甲十餘萬初荊州人情好擾加四方駭震寇賊相扇處處麇沸表招誘有方威懷兼洽其姦猾宿賊更為效用萬里肅清大小咸悅而服之關西

▲後漢列傳六十四下 十五 林仁

▲後漢列傳六十四下 十六 曹奐

宛後學士歸者蓋有千數表安慰賑贍皆
得資全遂起立學校博求儒術綦母闓宋
忠等闓音開撰立五經章句謂之後定愛民
養士從容自保及曹操與表紹相持於官
度紹遣人求助表許之不至亦不援曹操

天下之重在於將軍若欲有為起乘其敝
可也如其不然固將擇所宜從豈可擁甲
十萬坐觀成敗求援而不能助見賢而不
肯歸此兩怨必集於將軍恐不得中立矣
曹操善用兵且賢俊多歸之其勢必舉表
紹然後移兵以向江漢恐將軍不能禦也
今之勝計莫若舉荊州以附曹操操必重
德將軍長享福祚垂之後嗣此萬全之策
也嶲越亦勸之表狐疑不斷乃遣嶲詣操
觀望虛實謂嶲曰今天下未知所定而曹

別駕劉先論表 先賢零陵先賢傳曰先字
始宗博學強記尤好黃老明習漢家典故

操擁天子都許君為我觀其釁嶲對曰嶲
觀曹公之明必得志於天下將軍若欲歸
之使嶲可也如其猶豫則嶲至京師天子假
嶲一職不獲辭命則成天子之臣將軍之
故吏耳在君為君不復為將軍死也惟加
重思表以為懼使強之至許果拜嶲侍中
零陵太守及還盛稱朝廷曹操之德勸表
子入侍表大怒以為懷貳陳兵詰嶲將斬
之詰馬嶲不為動容徐陳臨行之言表妻
蔡氏知嶲賢諫止之表猶怒乃考殺從行
者知無它意但囚嶲而已

自將征表未至八月表疽發背卒代語曰表
州表厚相待結而不能用也十三年曹操
家無餘積二子琦琮娶其後妻蔡氏之姪
甚愛之後為琮娶其後妻蔡氏
遂愛琮而惡琦毀譽之言日聞於表表寵

耽後妻每信受焉，又妻弟蔡瑁及外甥張允並得幸於表，又睦於琮，而琦不自寧。會與琅邪人諸葛亮謀自安之術，亮初不對，後乃共升高樓，因令去梯，謂亮曰：今日上不至天，下不至地，言出子口而入吾耳，可以言未。亮曰：君不見申生在內而危，重耳居外而安乎。（申生晉獻公之太子，為驪姬所譖自殺死，重耳入是為文公，遂為霸主，見左氏傳）琦意感悟，陰規出計。（朱明）

會表將江夏太守黃祖為孫權所殺，琦遂求代其任。及表病甚，琦歸省疾，素慈孝，琮等恐其見表而父子相感，更有託後之意，乃謂琦曰：將軍命君撫臨江夏，其任至重，今釋衆擅來，必見譴怒，傷親之歡，重增其疾，非孝敬之道也。遂拒於戶外，使不得見。琦流涕而去，人衆聞而傷焉，遂以琮為嗣。琮以侯印授琦，琦怒，投之地，將因奔喪作難。會曹操軍至新野，琦走江南。蒯越、韓嵩及東曹掾傅巽等說琮歸降。（傅子曰：巽字公悌，瓌瑋博達，有知人鑒）

識。琮曰：今與諸君據全楚之地，守先君之業，以觀天下，何為不可。巽曰：逆順有大體，強弱有定執，以人臣而拒人主，逆道也；以新造之楚而禦中國，必危也；以劉備而敵曹公，不當也。三者皆短，欲以抗王師之鋒，必亡之道也。將軍自料何與劉備。琮曰：不若也。巽曰：誠以劉備不足禦曹公，則雖全楚不能以自存也；誠以劉備足禦曹公，則備不為將軍下也。願將軍勿疑。及操軍到襄陽，琮舉州請降。劉備奔夏口。（夏口城在夏汭……楚沈尹戌奔命於夏汭，杜預注曰漢水入口今夏口也）

操以琮為青州刺史，封列侯，蒯越等侯者十五人。乃釋嵩之囚，以其名重，甚加禮待，使條品州人優劣，皆擢而用之。以嵩為大鴻臚，以交友禮待之；蒯越光祿勳，劉先尚書令。初表之結袁紹也，侍中從事鄧義諫不聽，義以疾退，終表世不仕，操以為侍中。其餘多至大官。操後敗於赤壁，（赤壁今鄂州蒲圻縣……）劉備表琦為

荊州刺史明年卒

論曰袁紹初以豪俠得眾遂懷雄霸之圖
天下勝兵舉旗者莫不假以爲名及臨場
決敵則悍夫爭命也〔悍勇也〕深籌高議則智士
傾心盛哉乎其所資也韓非曰很剛而不
和愎過而好勝嫡子輕而庶子重斯之謂
也〔很剛謂很戾剛強愎剥而好勝不和愎諫而好勝
龍一音義曰愎寄也偶龍形於木偶〕前書有木偶〔十九〕陳仲言其言
收天運擬蹤三分其猶木偶之於人也〔言
劉表道不相越而欲臥〕
贊曰紹姿弘雅表亦長者稱雄河外擅強
南夏魚儷漢岫雲屯冀馬〔左傳曰奉公爲魚
龍之陳前書音義曰偶儷猶相次此也〕後持柁
既云天工亦資人矜疆少成坐

天類社〔問王孫滿鼎輕重也蔡之問圖謂若劉歆圖書改名秀訊鼎謂卷子精意以享謂〕
之裡爾雅類曰是類是禡師故祭之又
也社者官也亮也信也尚書曰天工亮天工
談笑〔九州春秋曰遠征萬許諾將日今深入征烏桓諸將日及郭嘉相悔無及也〕
亮奚望〔曰割表坐談客耳自非將材不足以御備重任若委任之則恐〕
不能制輕之則備不爲用雖遠國遠征無憂矣公遂

後漢書列傳卷第六十四下

征之回皇冢壁身積業喪〔冢嫡也嬰愛也〕

《後漢列傳六十四下》　二十

李用

唐章懷太子賢注

劉焉　表術
呂布

劉焉字君郎江夏竟陵人也〔竟陵縣今復州縣魯恭〕
王後也〔恭王景帝子名餘〕肅宗時徙竟陵焉少任州
郡以宗室拜郎中去官居陽城山精學教
授舉賢良方正稍遷南陽太守宗正太常
時靈帝政化衰缺四方兵寇焉以為刺史
威輕既不能禁且用非其人輒增暴亂乃
建議改置牧伯鎮安方夏請選重臣以居
其任焉乃陰求交阯以避時難議未即〔後漢列傳六十五 一　周清〕
行會益州刺史郤儉在政煩擾謠言遠聞
而并州刺史張懿涼州刺史耿鄙並為寇
賊所害故焉議得用出焉為監軍使者領
益州牧〔前書任安為益州牧監此軍使者〕
正劉虞為幽州牧皆以本秩居職焉亦自
重自此而始是時益州賊馬相亦自號黃

巾合聚疲役之民數千人先殺綿竹令〔綿竹〕
故城在今益州綿竹縣東〕進攻雒縣〔雒縣今益
州綿竹縣屬廣〕殺郤儉又擊蜀
郡殺〔焉為郡〕為旬月之間破壞三郡〔漢郡并蜀郡犍廣
為馬相自稱天子眾至十餘萬人遣兵數
巴郡殺郡守趙部〕州從事賈龍先領兵數
百人在犍為糾合吏人攻相破之龍乃
選吏卒迎焉焉到以龍為校尉徙居綿竹
龍撫納離叛務行寬惠而陰圖異計沛人
張魯母有姿色兼挾鬼道往來焉家遂任〔卓受〕
魯以為督義司馬遂與別部司馬張脩將〔後漢列傳六十五 二〕
兵掩殺漢中太守蘇固斷絕斜谷殺使者
魯既得漢中遂復殺張脩而并其眾焉欲
立威刑以自尊大乃託以佗事殺州中豪
彊十餘人〔蜀志曰殺王咸李權等〕士民皆怨初平二年
犍為太守任岐及賈龍並反攻焉焉擊破
皆殺之自此意氣漸盛遂造作乘輿車重
千餘乘〔重輜也〕馬四子範為左中郎將誕治
書御史璋奉車都尉〔蜀志曰璋字季玉〕並從獻帝在

長安唯別部司馬鞫隨焉在益州朝廷使
璋曉譬焉焉留璋不復遣與平元年征西
將軍馬騰與範謀誅李傕焉遣叟兵五千
助之戰敗〔漢世謂蜀為叟孔安國注尚書云蜀叟也〕範及誕並見殺
焉既痛二子又遇天火燒其城府車重延
及民家館邑無餘於是徙居成都遂發背
疽卒〔疽又癰〕州大吏趙韙等貪璋温仁立為
刺史詔書因以璋為監軍使者領益州
以韙為征東中郎將先是荊州牧劉表表
焉僭擬乘輿器服騧以此遂屯兵朐忍備
表〔朐音蠢忍音如尹反屬巴郡故城在今夔州雲安縣西也〕初南陽三輔
數萬戶流入益州焉悉收以為衆名曰東
州兵璋性柔寬無威略東州人侵暴為民
患不能禁制舊士頗有離怨趙韙之在巴
中甚得衆心璋委之以權韙因人情不輯
〔輯和也〕乃陰結州中大姓建安五年還擊
璋蜀郡廣漢犍為皆反應東州人畏見誅
滅乃同心并力為璋死戰遂破反者進攻

韙於江州斬之〔江州縣名屬巴郡今渝州巴縣〕張魯以璋闇
懦不復承順璋怒殺魯母及弟而遣其將
龐義等攻魯數為所破魯部曲多在巴土
故以義為巴郡太守魯因襲取之遂雄於
巴漢十三年曹操自將征荊州璋乃遣使
致敬操操加璋振威將軍兄瑁平寇將軍
因遣別駕從事張松詣操操不相接禮
松懷恨而還勸璋絕曹氏而結好劉備璋
從之十六年璋聞曹操當遣兵向漢中討
張魯內懷恐懼松復說璋迎劉備以拒操〔蜀志曰法正字孝直扶〕
璋即遣法正將兵迎備〔風郿人也蜀志曰劉璋中人也先〕
父取益州諸縣望風附權閻城堅守須璋稽服乃
李衍字叔字璋主簿巴西黃權諫曰〔衡閻中人也蜀志曰權字公〕
王取益州諸縣望風附權閻城堅守
歡領圍降于魏敗績先主引退而道隔權不
權不負孤也以待之如初魏文帝謂權曰君舍逆效順
還欲追蹤陳韓邪權對曰臣過受劉氏厚遇對曰臣
蜀無路是以歸命且敗軍之將免死為幸何古人不可
劉備有梟名〔梟即驍也〕今以部曲遇之則
不滿其心以賓客待之則一國不容二主

此非自安之道從事廣漢王累自倒縣於

州門以諫璋一無所納備自江陵馳至涪

城 今涪城故城 璋率步騎數萬與備會 歲建安十蜀志曰是

六年 張松勸備於會襲璋備不忍明年出屯

葭萌松兄廣漢太守肅懼禍及已乃以松 益郡耆舊傳曰張肅有威儀容貌甚偉劉璋遣詣曹公公以所撰兵書示松飲宴之間一省

謀白璋收松斬之 不持節操然識理精果有幹劉璋遣詣曹公公不甚禮楊脩深器之白公辟松不納俏以公所撰兵書

示松飲宴之間一省即便闇誦以此異之 勑諸關戍勿復通備大怒

還兵擊璋所在戰剋十九年進圍成都數

十日城中有精兵三萬人穀支一年吏民

咸欲拒戰璋言父子在州二十餘歲無恩

德以加百姓而攻戰三載肌膏草野者以

璋故也何心能安遂開城出降羣下莫不

流涕備遷璋於公安 公安今荊州縣 歸其財寶以

病卒 蜀志曰先主還璋于公安南猶振威將軍印綬孫權破關羽取荊州以璋為益州牧留 歸

明年曹操破張魯定漢中魯字公旗

初祖父陵順帝時客於蜀學道鶴鳴山中 住秭

造作符書以惑百姓受其道者 山在今益州晉原縣西

輒出米五斗故謂之米賊陵傳子衡衡傳

於魯魯遂自號師君其來學者初名為鬼

卒後號祭酒各領部眾眾多者名曰 魏志曰是

理頭皆祭酒以誠信不聽欺妄有病但名首 諸祭酒各起義

舍於路同之亭傳 魏志曰大抵與黃巾相似首音式殺反 縣置米肉以給

行旅食者量腹取足過多則鬼能病之犯

法者先加三原 原免 然後行刑不置長吏

以祭酒為理民夷信向 典略曰初漢末中有張脩為太平道張角為五斗米道太平道師持九節杖為符祝

教病人叩頭思過因以符水飲之病或自愈者則云信道其或不愈則云不信道

施人室使病者處其中思過又使人為姦令祭酒主以老子五千文使都習號為姦令

使病者家出米五斗以為常故號五斗米師道

天病之實無益於療病但為淫妄然小人昏愚競共事之後角被誅脩亦亡及

魯自在漢中因其人信行脩業遂增飾之教使自隱有小過者當治道百步則罪除又依月令春夏禁殺又禁酒流移

敢在其地也

朝廷不能討遂就拜魯鎮夷中

郎將領漢寧太守 袁山松書建安三十年置漢寧郡 通其貢獻

韓遂馬超之亂關西民奔魯者數萬家時

人有地中得玉印者羣下欲尊魯為漢寧
王魯功曹閻圃諫曰漢川之民戶出十萬
四面險固財富土沃上匡天子則為桓文
次方竇融不失富貴今承制署置執足斬
斷遽稱王號必為禍先魯從之魯自在漢
川垂三十年聞曹操征之至陽平〔今梁州襄城縣西北也　周地圖記陽平曰襄谷西〕欲舉漢中降其弟衞不
〔魏志曰太祖征至陽平關衞拒關堅守〕
聽率眾數萬拒關固守
操破衞斬之魯聞陽平已陷將稽顙歸降〔陳震〕
閻圃說曰今以急往其功為輕不如且依
巴中然後委質功必多也於是乃奔南山
左右欲悉焚寶貨倉庫魯曰本欲歸命國
家其意未遂今日之走以避鋒銳非有惡
意遂封藏而去操入南鄭甚嘉之又以魯
本有善意遣人慰安之魯即與家屬出逆
拜鎮南將軍封閬中侯邑萬戶〔閬中屬巴郡今隆州縣〕
將還中國待以客禮封魯五子及閻圃等
皆為列侯魯卒諡曰原侯子富嗣

論曰劉焉闚覦神器方與先求後亡之所〔袁紹傳曰〕
公孫瓚黑肱有疾歸邑于公曰吾聞之〔鄭〕
茲亂代貴而能貧人無求可以後亡
而作易曰君子見幾者動之微吉之先見曰
驕算之心生財衍則僭奢之情用也〔衍饒〕
亦恒人必至之期也璋能闇隘養力守寨
先圖尚可與歲時推移而遽輸利器靜受
流斤〔揚子法言言羊質虎皮〕
恐吁哉〔見草而悅見豺而戰〕
袁術字公路汝南汝陽人司空逢之子也
少以俠氣聞數與諸公子飛鷹走狗後頗〔章懷〕
折節舉孝廉累遷至河南尹虎賁中郎將
時董卓出奔南陽會長沙太守孫堅殺南陽
之禍出奔南陽廢立以術為後將軍術畏卓
太守張咨〔英雄記曰咨字子議潁川人吳唇曰孫〕
進兵恐為後害乃詐得急疾率軍
把山川遣所親人說咨言病困欲
心利其兵即令將卒步六百人入營看堅堅
與相見無何卒起案紛罵咨遂執斬之　引兵
從術劉表上術為南陽太守術又表堅領
豫州刺史使率荊豫之卒擊破董卓於陽

人術從兄紹因堅討卓未反遠遣其將會
稽周昕奪堅豫州術怒擊昕走之紹議欲
立劉虞為帝術好放縱憚立長君託以公
義不肯同積此釁隙遂成乃各外交黨援
以相圖謀術結公孫瓚而紹連劉表豪桀
多附於紹術怒曰羣豎不吾從而從吾家
奴乎又與公孫瓚書云紹非袁氏子紹聞
大怒初平三年術遣孫堅擊劉表於襄陽
堅戰死公孫瓚使劉備與術合謀共逼紹
紹與曹操會擊皆破之四年術引軍入陳
留屯封丘黑山餘賊及匈奴於扶羅等佐
術與曹操戰於匡亭大敗術退保雍丘又
將其餘衆奔九江殺楊州刺史陳溫而自
領之又兼稱徐州伯李傕入長安欲結術
為援乃授以左將軍假節封楊翟矦初術
在南陽戶口尚數十百萬而不修法度以
鈔掠為資奢恣無猒百姓患之又少見讖
書言代漢者當塗高自云名字應之(當塗高者

魏也然術自以術及(路皆是塗故云應以)
黃代赤德運之次(陳大夫轅濤塗袁氏之後也)(五行火生土故云以黃代赤)
遂有僭逆之謀又聞孫堅得傳國璽(吳書曰漢室大亂天子北詣河上六璽投井中孫堅北討董卓軍城南甄官署有井每旦有五色氣從井中出使人浚井得漢傳國璽其文曰受命于天旣壽永昌遂拘堅妻奪)
家四世公輔(表安為司空子敞及京京子湯湯子逢並為司空)百姓所
歸欲應天順民於諸君何如衆莫敢對主
簿閻象進曰昔周自后稷至于文王積德
累功參分天下猶服事殷(國語曰后稷勤周十五代而王毛詩語孔子曰三分天下有二猶服事殷)明公雖奕
世克昌(弈代猶重也詩云不顯弈弈又曰克昌弈後)未若有周之盛
漢室雖微未至殷紂之敝也術嘿然使召
張範範辭疾遣弟承往應之術問曰昔周
室陵遲則有桓文之霸(王肅注家語曰言桓文之霸若丘陵之漸遲秦)
失其政漢接而用之今孤以土地之廣士
人之衆欲徼福於齊桓擬迹於高祖可乎

承對曰在德不在衆苟能用德以同天下
之欲雖去四夫霸王可也若陵僭無度干
時而動衆之所弃誰能興之
親志曰範宇公先河
歈之孫也術不說自孫堅死子策復領其部
曲術遣擊揚州刺史劉繇破之策因據江
東策聞術將欲僭號與書諫曰董卓無道
陵虐王室禍加太后暴及弘農天子播越
宮廟焚毀是
以豪桀發憤乃使王人奉命宣明朝恩
沛然自恣縱臾兒元惡
沛音片害反
既覽幼主東顧乃使王人奉命宣明朝恩
偃武修文與之更始然而河北異謀於黑
山　與黑山賊相連
謂袁紹為冀州牧相連
玄德爭盟也　劉備
劉縣　是以未獲從命橐弓
僭亂於南荊公孫瓚叛逆於朔北正禮阻兵
也
戢戈當謂使君與國同規而舍是弗恤宇
然有自取之志　懼非海內企望之
得已
意也成湯討桀稱有夏多罪
尚書湯誓曰有夏多罪天命殛
之武王伐紂曰殷有重罰
史記曰武王徧告諸侯曰紂有重罰

不代此二王者雖有聖德假使時無失道之
迤無由逼而取也今主上非有惡於天下
徒以幼小脅於彊臣異於湯武之時也又
湯生湯逢逢
生行凡五代
聞幼主明智聰敏有鳳成之風早天下
安生京
為漢宰輔榮寵之盛莫與為
顛之美率土所望也使君五世相承
雖未被其恩咸歸心焉若輔而興之則旦
比宜効忠守節以報王室時人多惑圖緯
之言安肯非類之文苟以悅主為美不顧
章畝
成敗之計古今所慎可不執慮忠言逆耳
駮議致憎　言駮雜世議不同也前書張良曰忠言
逆耳利於行良藥苦口利於病
益於尊明無所敢辭術不納策遂絕之建
安二年因河內張炯符命遂果僭號自稱
仲家　作仲或以九江太守為淮南尹置公卿
百官郊祀天地乃遣使以竊號告呂布并
為子娉布女布執術使送許　在許時獻帝
遣其將張勳橋蕤攻布大敗而還術又率
兵擊陳國誘殺其王寵及相駱俊曹操乃

自征之術聞大駭即走度淮留張勳橋蕤
於蘄陽〔水經曰蘄水出江夏蘄春縣北山闖元注西南流經蘄山又南對蘄陽謂之蘄陽口注于大江亦即蘄山也〕以拒操擊破斬蕤而勳退走
兵弱大將死衆情離叛加天旱歲荒士民
凍餒江淮閒相食殆盡時舒仲應爲術沛
相術以米十萬斛與爲軍糧仲應悉散以
給飢民術聞怒陳兵將斬之仲應曰知當
必死故死爲之耳寧可以一人之命救百姓
於塗炭術下馬牽之曰仲應足下獨欲享
〔大後漢列傳六十五　十三〕〔毛仙〕
天下重名不與吾共之邪術雖矜名尚奇
而天性驕肆尊己陵物及竊僞號淫侈滋
甚勝御數百無不兼羅紈厭粱肉曰〔九州春秋隸爲〕
方女國色也避亂揚州表術登城見而悅
甚愛幸諸婦害其寵紿之曰將軍貴人有志節當
時沸衍衒果以有心志益衰之諸婦因是共絞殺之諸
而廚粱肉厚加殽膳爲
是資實空盡不能自立四年夏乃燒宮室
奔其部曲陳簡雷薄於灊山〔今壽州霍山縣〕復爲簡等所拒遂大困窮土卒散走
〔也音潛〕

憂懣不知所爲遂歸帝號於紹曰祿去漢
室久矣天下提挈政在家門豪雄角逐分
割疆宇此與周末七國無異唯彊者兼之
耳袁氏受命當王符瑞炳然今君擁有四
州〔青異〕人戶百萬以彊則莫與爭大以位
則無所比高曹操雖欲扶衰獎微安能續
絕運起已滅平謹歸大命君其興之紹陰
然其計術因欲此至青州從袁譚曹操使
劉備徼之不得過復走還壽春六月至江
〔大後漢列傳六十五　十四　林〕
亭坐簀牀而歎曰袁術乃至是乎〔魏志曰無茵席也謂〕
因憤慨結病歐血死妻子依故吏廬江太
守劉勳〔魏志曰勳字子臺琅邪人與太祖有舊爲〕
女入孫權宮子曜仕吳爲郎中〔孫策破術後自歸太祖封列侯勳〕
論曰天命符驗可得而見未可得而言也
然大致受大福者歸於信順平易曰天之
〔之所助者信也順之所助者信也順也人〕
夫事不以順雖彊力廣謀
不能得也謀不可得之事曰失忠信藥詐
〔信思順自天祐之〕

03-1113

安生矣況復苟肆行之其以欺天乎雖假
符僭稱歸將安所容哉

呂布字奉先五原九原人也以弓馬驍武
給并州刺史丁原為騎都尉原屯河內以
布為主簿甚見親待靈帝崩原受何進召
將兵詣洛陽為執金吾會進敗董卓誘布
殺原而并其兵以布為騎都尉誓為父
子甚愛信之稍遷至中郎將封都亭侯卓
自知凶恣每懷倀畏行止常以布自衛嘗
小失卓意卓拔手戟擲之布拳捷得免而
改容顧謝卓意亦解布由是陰怨於卓卓
又使布守中閤而私與傅婢情通益不自
安因往見司徒王允自陳卓幾見殺之狀
時允與尚書僕射士孫瑞密謀誅卓〈幾音祈〉
因以告布使為內應布曰如父子何謂父
自姓呂本非骨肉今憂死不暇何謂子
擲戟之時豈有父子情也布遂許之乃於
門刺殺卓事已見卓傳允以布為奮威將

覆假節儀同三司封溫侯允齔不赦涼州
人由是卓將李傕等遂相結攻長安布
與傕戰敗乃將數百騎以卓頭繫馬鞌走
出武關奔南陽表術待之甚厚布自恃殺
卓有德表氏遂恣兵鈔掠術患之布不安
復去從張楊於河內時李傕等購募求布
急楊下諸將皆欲圖之布懼謂楊曰與卿
同州里今見殺其功未必多不如生賣布可
大得傕等爵寵楊以為然有頃布得走投
袁紹紹與布擊張燕於常山燕精兵萬餘
騎數千匹布常御良馬號曰赤菟能馳城〈曹瞞傳曰時人語曰人中有呂布馬中有赤菟〉
飛塹
魏越等數十騎馳突燕陣一日或至三四
皆斬首而出連戰十餘日遂破燕軍布既
恃其功更請兵於紹紹不許而將士多暴
橫紹患之布自不安因求還洛陽紹聽之
承制使領司隸校尉遣壯士送布而陰使
殺之布疑其圖己乃使人鼓箏於帳中潛

自逃出夜中兵起而布已亡紹聞懼為患
募遣追之皆莫敢逼遂歸張楊道經陳留
太守張邈遣使迎之相待甚厚臨別把臂
言誓邈字孟卓東平人少以俠聞初辟公
府稍遷陳留太守董卓之亂邈與曹操共舉
義兵及紹為盟主有驕色邈正義責之
紹既怨邈且聞與布厚乃令曹操殺邈操
不聽然邈心不自安興平元年曹操擊
陶謙令其將武陽人陳宮屯東郡〔陳宮字〕〔典略曰〕

宮因說邈曰今天下分崩雄桀並起
君擁十萬之眾當四戰之地〔戰地也〕〔陳留地平四面受敵故謂之四戰〕
撫劍顧眄亦足以為人豪而反受制
不以鄙乎今州軍東征其處空虛呂布壯
士善戰無前迎之共據兗州觀天下形勢
俟時事變通此亦從橫一時也邈從之遂
與弟超及宮等迎布為兗州牧據濮陽郡
縣皆應之曹操聞而引軍擊布累戰相持

百餘日是時旱蝗少穀百姓相食布移屯
山陽二年間操復盡收諸城破布於鉅野
布東奔劉備邈詣袁術求救留超將家屬
屯雍丘操圍數月屠之滅其三族邈未
至壽春為其兵所害時劉備領徐州居下
邳與袁術相拒於淮上術欲引布擊備乃
與布書曰術舉兵討董卓將〔董卓殺颺兄〕
軍誅卓為術報恥功一也〔基等男女二十餘〕
人昔金元休南至封丘為曹操所敗〔典略曰元〕

〔休名尚京兆人同郡韋休甫第五文休俱著名號為〕
〔三休尚獻帝初為兗州刺史東之郡而太祖已臨兗未〕

將軍伐之令術復明目於遐邇功二也術
生年以來不聞天下有劉備備乃舉兵與
術對戰憑將軍威靈得以破備功三也將
軍有三大功在術術雖不敏奉以死生將
軍連年攻戰軍糧苦少今送米二十萬斛
非唯此止當駱驛復致凡所短長亦唯命
布得書大悅即勒兵龑下邳獲備妻子備
〔諷之術亦不敢強也建安初尚逃還為術所害也〕

〔李昇〕

敗走海西〔海西縣屬廣陵郡故屬東海〕飢困請降於布布
又患術運糧不復至乃具車馬迎備以為
豫州刺史遣屯小沛〔高祖本泗水郡沛縣人及得天下改泗水為沛郡小〕〔沛即沛縣〕布自號徐州牧術懼布為己害為子求
婚布復許之術遣將紀靈等步騎三萬以
攻備備求救於布諸將謂布曰將軍常欲
殺劉備今可假手於術布曰不然術若破
備則北連太山吾為在術圍中不得不救
也便率步騎千餘馳往赴之靈等聞布至
皆斂兵而止布屯沛城外遣人招備并請
靈等與共饗飲布謂靈曰玄德布弟也為
諸君所困故來求救之布性不喜合鬥但喜
解鬥耳乃令軍候植戟於營門布彎弓顧
曰諸君觀布射小支〔周禮考工記曰為戟博二寸内倍之胡參之援四之〕〔鄭注云楗直刃胡其子也小支謂胡也即今之戟傍曲支〕中者當各解兵不
中可留決鬥布即一發正中戟支靈等皆
驚言將軍天威也明日復歡會然後各罷
術遣韓胤以僭號事告布因求迎婦布遣

女隨之沛相陳珪恐術布成姻則徐楊合
從為難未已於是往說布曰曹公奉迎天
子輔贊國政與協同策謀共存大
計今與袁術結姻必受不義之名將有累
卵之危矣〔左說苑曰晉靈公造九層之臺費用千億謂左右曰敢有諫者斬荀息聞之請見靈公公加九雞子於其上荀息正顏色定志公曰危哉危哉荀息曰此殆危之九層之臺三年不成男不得耕女不得織國用空虛戶口減少鄰國謀議將興兵乃壞臺〕布亦素怨術而女已在塗乃
追還絕婚執胤送許曹操殺之陳珪欲使
子登詣曹操布固不許會使至拜布為左
將軍布大喜即聽登行并令奉章謝恩登
見曹操因陳布勇而無謀輕於去就宜早
圖之操曰布狼子野心誠難久養〔左傳曰伯石之生也子野心狼子野心〕非卿莫究其情偽即
增珪秩中二千石拜登廣陵太守臨別操執
登手曰東方之事便以相付令陰合部眾
以為內應始布因登求徐州牧不得登還

布怒拔戟斫机曰卿父勸吾協同曹操絕
婚公路今吾所求無獲而卿父子並顯重
但為卿所賣耳登不為動容徐對之曰登
見曹公言養將軍譬如養虎當飽其肉不
飽則將噬人公曰不如卿言譬如養鷹飢
即為用飽則颺去其言如此布意乃解表
術怒布殺韓暹遣其大將張勳橋蕤等與
韓暹楊奉連執步騎數萬七道攻布時
兵有三千馬四百匹懼其不敵謂陳珪曰

今致術軍卿之由也為之奈何珪曰暹奉
與術卒合之師耳（卒音千反）謀無素定也（素舊）
能相維子登策之比於連雞執不俱棲
於樓上立可離也布用珪策與暹奉書曰二
（箋曰戰國策蘇惠王謂寒泉子曰蘇秦欲連諸侯以一人之智反覆山東之君夫諸侯不可一猶連雞之不能俱棲於樓上　國語）
將軍親按大駕而布手殺董卓俱立功名
當垂竹帛今束術造逆宜共誅討柰何與
賊建功天下此時不可失也又許破術兵

悉以軍資與之暹奉大喜遂共擊勳等於
下邳大破之生禽橋蕤餘眾潰走其所殺
傷墮水死者殆盡時太山臧霸等攻破莒
城許貯財幣以相結而未及送布乃自往
求之其督將高順諫止
（英雄記曰順所將眾七百餘兵號為千人名陷陣營……疏順奪順所將兵亦無恨意也……不飲酒不受鎮所將七）
曰將軍威名宣
播遠近所畏何求不得而自行求略萬一
不剋豈不損邪布不從既至莒霸等不測
往意固守拒之無獲而還順為人清白有
威嚴少言辭將眾整齊每戰必剋布性決
易所為無常輒言誤事誤事豈可數乎布
思忽有失動輒言誤事誤事豈可數乎布
知其忠而不能從建安二年布遂復從表
術遣順攻劉備於沛破之曹操遣夏侯惇
救備
（魏志曰夏侯惇字元讓沛國譙人也年十四就師學人有辱其師者惇殺之……復領陳留濟陰太守加建武將軍……為流矢傷左目……常同與藏特見親重出入臥內諸將莫之比也）
順所敗操乃自將擊布至下邳城下遺布
書為陳禍福布欲降而陳宮等自以負罪

於操深沮其計而謂布曰曹公遠來勢不
能久將軍若以步騎出屯於外曹將餘衆
閉守於內若向將軍宮引兵而攻其背若
但攻城則將軍救於外不過旬月軍食畢
盡擊之（可破也）布然之布妻曰昔曹氏待
公臺如赤子猶舍而歸我今將軍厚公臺
不過於赤子猶欲委妻孥全城而出城待
出乎若一旦有虧妾豈得為將軍妻哉布
乃止而潛遣人求救於袁術〔目將千餘騎

■後漢列傳六十五　二十三　陳壽

出戰敗走還保城不敢出術亦不能救曹
操漸圍之壅沂泗以灌其城三月上下離
心其將侯成等以將軍威靈得所亡
肉先入詣布而言曰蒙將軍威靈得所亡
叛成追客得馬諸將合禮以賀成分以
馬諸將齊賀未敢嘗也故先以奉貢因酒
曰布禁酒而卿等醞釀為欲因酒共謀我
邪成忿懼乃與諸將共執陳宮高順率其
衆降布與麾下登白門樓〔宋武北征記曰下
邳城有三重大城

官於此

兵圍之急今左右取其首詣操左右
不忍乃下降布見操曰操曰今日已往天下定
矣操曰何以言之布曰明公之所患不過
於布今已服矣今布將騎明公將步天下
不足定也顧謂劉備曰玄德卿為坐上客
我為降虜縛縛我急獨不一言邪操笑
曰縛虎不得不急乃命緩布縛劉備不
可明公不見呂布事丁建陽董太師乎操

■後漢列傳六十五　二十四　陳彥

領之　杜預注左傳曰領
　　　搖頭也音五感反
巨信　蜀志曰備顧
　　　自見其耳

布目備曰大耳兒最
謂陳宮曰公臺平生自
謂智有餘今意何如
宮言以至於此若見從未可量也操又曰
奈卿老母何宮曰老母在公不在宮也操
以孝理天下者不害人之親操復曰奈卿
妻子何宮曰宮聞霸王之主不絕人之祀
公存三亡國固請就刑遂出不顧操為之
泣布及宮順皆縊殺之傳首許市

左傳曰齊相
公存三亡國

贊曰焉作庸牧以希後福 王莽改益州曰庸部昌去貢
荷地墮身逐術既叨貪布亦麤覆

唐章懷太子賢注

衛颯　任延　王景
秦彭　王渙　許荊
孟嘗　弟五訪　劉矩
劉寵　仇香　童恢

後漢列傳六十六　一　李業

初光武長於民間頗達情偽見稼穡艱難百姓病害至天下
已定務用安靜解王莽之繁密還漢世之
輕法

其頸愁苦死者十七八輕法謂車女子步鐵鑕瑣鑣
沒入為官奴婢男子於市家鑄錢保伍人
高祖約法三章孝文除肉刑也

綠耳不聽鄭衛之音手不持珠玉之玩官
房無私愛左右無偏恩建武十三年異國
有獻名馬者日行千里又進寶劍賈百
金詔以馬駕鼓車劍賜騎士損上林池籞
之官廐騼望弋獵之事其以手迹賜方國
者皆一札十行細書成文

行千上下數引公卿郎將列于禁坐

身衣大練色無重

左傳晉子曰
庚在外十九年

札牒也　勤約之風　禁坐猶禁坐也

廣求民瘼觀納風謠故能內外匪懈百姓
寬息自臨宰邦邑者競能其官若杜詩守
南陽號為杜母任延錫光移變邊俗斯其
績用之最章章者也

章章明也前書班固曰章章尤著也

五倫宋均之徒亦足有可稱談然建武永
平之間吏事刻深亟以謠言單辭轉易守
長故朱浮數上諫書箴切峻政鍾離意等
亦規諷殷勤以長者為言而不能得也

帝性褊察好以耳目隱發為明又引狀檻郎朝延峻
慓爭為苛刻唯意獨敢諫爭數封還詔書見傳也

時明

所以中興之美蓋未盡焉自章和以後其
有善績者往往不絕如魯恭吳祐劉寬及
潁川四長

謂荀淑為當塗長韓韶為嬴長陳寔為
太丘長鍾皓為林慮長等皆潁川人

並以仁信篤誠使人不欺王堂陳寵委
任賢良而職事自理

王堂任陳蕃應嗣陳
寵任王渙譚顯也

後漢列傳六十六　二　林業

可以感物而行化也邊鳳延篤先後為京
兆尹時人以輩前世趙張

輩類也趙謂趙廣
又王渙任峻之為洛陽令明發姦伏吏

禁止然導德齊禮有所未充亦一時之良

能也今綴集殊聞顯迹以爲循吏篇云

衛颯字子產〔颯音立〕河內脩武人也家貧好學問隨師無糧常傭以自給王莽時仕郡歷州宰建武二年辟大司徒鄧禹府舉能案劇除陳侍御史襄城令政有名迹遷桂陽太守郡與交州接境頗染其俗不知禮則颯下車修庠序之教設婚姻之禮其年間邦俗從化先是含洭湞陽曲江三縣越之故地〔陽含洭縣在今廣州含洭縣也湞陽曲江韶州縣也武帝平林燮之〕內屬桂陽民居深山濱溪谷習其風土〔後漢列傳六十六 三〕不出田租去郡遠者或且千里吏事往來輒發民乘舩名曰傳役每一吏出徭及數家百姓苦之颯乃鑿山通道五百餘里列亭傳置郵驛於是役省勞息姦吏杜絕流民稍還漸成聚邑使輸租賦同之平民又耒陽縣山鐵石〔續漢志耒陽縣有鐵官也〕佗郡民庶常依因聚會私爲冶鑄遂招來亡命多致姦盜颯乃上起鐵官罷斥私鑄歲所增入五百

餘萬颯理郵民事居官如家其所施政莫不合於物宜視事十年郡內清理二十五年徵還光武欲以爲少府會颯被疾不能拜起〔東觀記曰颯到即引見賜食於前〕勑以桂陽太守歸家須後〔東觀記曰颯字河宛人也初子河宛人也〕居二歲載病詣闕自陳困篤乃收印綬賜錢十萬後卒于家南陽茨充代颯爲桂陽〔東觀記曰充字河也〕馬遂相迎鄉里號之曰一馬兩車茨子河也〔禮記曰禁〕舉孝廉之京師同侶馬死充善其政教民種殖桑柘麻紵之屬〔人無伐桑〕勸令養蠶織屨民得利益焉〔觀東〕柘鄭玄注云〔愛蠶食也〕記曰元和中荊州刺史上言曰行部入長沙界觀者皆徒跣臣問御佐曰人無履亦苦之否御佐對曰二月盛寒時並多剖裂血出然火燎之春溫或膿潰至今建武中桂陽太守茨充教人種桑蠶人得其利至今江南頗知桑蠶織履皆充之化也

任延字長孫南陽宛人也年十二爲諸生學於長安明詩易春秋顯名太學學中號爲任聖童值倉卒避兵之隴西時隗囂已據四郡遣使請延不應更始元年以延爲大司馬屬拜會稽都尉時年十九迎官

驚其壯也（壯少）及到靜泊無為唯先道饋禮

祠延陵李子（季子吳王壽夢之少子札也封於延陵也）時天下新定

道路未通避亂江南者皆未還中土會稽

頗稱多士延到皆聘請高行如董子儀嚴

子陵等敬待以師友之禮採貧者輒分

奉祿以賑給之當諸卒令耕公田以周窮（音）

急每時行縣輒使慰勉孝子就餐飯之（音符晚反）

吳有龍丘萇者隱居太末（太末縣屬會稽郡今婺州有龍丘山在東一嚴宗）

志不降辱王莽時四輔三公連（任古南）（五）

辟不到（司馬彪續漢記云太末有龍丘山）

史白請召之延曰龍丘先生躬德履義有（都尉埽洒其門猶）

原憲伯夷之節（原憲孔子弟子魯人也子貢結駟連騎排藜藿過謝原憲闞敝）

懼辱焉召之不可遣功曹奉謁修書記致（石林可寢處）

醫藥吏使相望於道積一歲萇乃乘輦詣

府門願得先死備錄（請編名錄）延辭讓再三

遂署議曹祭酒萇尋病卒延自臨殯不朝

三日是以郡中賢士大夫爭往官焉建武

初延上書願乞骸骨歸拜玉庭詔徵為九

真太守光武引見賜馬雜繒令妻子留洛（東觀漢記曰九真俗）

陽九真俗以射獵為業不知牛耕民常告糴（交阯每歲致困燒草種田前書曰搜粟都尉趙過教人牛耕也）

乏延乃令鑄作田器教之懇闢田疇歲歲

開廣百姓充給又駱越之民無嫁娶禮法（駱越之民無嫁娶禮法）

夫婦之道延乃移書屬縣各使男年二十（適音丁歷反不識父子之性）

各因淫好無適對（歷音丁歷反）

至五十女年十五至四十皆以年齒相配（六）

其貧無禮娉令長吏以下各省奉祿以賑

助之同時相娶者二千餘人是歲風雨順

節穀稼豐衍其產子者始知種姓咸曰使

我有是子也多子者皆名子為任君於是徵

外蠻夷郎等慕義保塞延遂止罷偵候

成卒（偵同伺也音丑政反）初平帝時漢中錫光為交阯

太守教導民夷漸以禮義化聲侔於延

王莽末閉境拒守建武初遣使貢獻封

也

鹽水羌領南華風始於二守焉延視事四
年徵詣洛陽以病稽留左轉睢陽令九真
吏人生爲立祠拜武威太守帝親見戒之
曰善事上官無失名譽延對曰臣聞忠臣
不私私臣不忠履正奉公臣子之節上下
雷同非陛下之福善事上官臣不敢奉詔
帝歎息曰卿言是也既之武威時將兵長
史田紺郡之大姓其子弟賓客爲人暴害
延收紺繫之父子實客伏法者五六人紺
少子尚乃聚會輕薄數百人自號將軍夜
來改郡延即發兵破之自是威行境內吏
民累息（累息）郡北當匈奴南接種羌民畏
寇抄多廢田業延到選集武略之士千人
明其賞罰令將雜種胡騎休屠黃石屯據
要害（擁護也 黄石雜）其有警急逆擊追討虜多殘
傷遂絕不敢出河西舊少兩澤乃爲置水
官吏修理溝渠皆蒙其利又造立校官（校學）
也自掾吏子孫皆令詣學受業復其徭役

方明曰

章句旣通乃顯拔榮進之郡遂有儒雅之
士後坐誅羌不先上左轉召陵令顯宗
即位拜潁川太守永平二年徵會辟雍因
以爲河內太守視事九年病卒少子愷官
至太常

王景字仲通樂浪䛊邯人也（䛊音諾甘反邯/音下甘反縣名）
八世祖仲本琅邪不其人好道術明天文
諸呂作亂齊哀王襄謀發兵而數問於仲
及濟北王興居反欲委兵師仲（襄及興居並/高祖孫膏蒲）

惠王肥/之子也 仲懼禍及乃浮海東奔樂浪山中因
而家焉父閎爲郡三老更始敗土人王調
殺郡守劉憲自稱大將軍樂浪太守建武
六年光武遣太守王遵將兵擊之至遼東
閎與郡決曹史楊邑等共殺調迎遵皆封
爲列侯閎獨讓爵帝奇而徵之道病卒景
少學易遂廣闚衆書又好天文術數之事
沈深多伎藝辟司空伏恭府時有薦景能
理水者顯宗詔與將作謁者王吳共修作

浚儀渠吳用景墹流法水乃不復為害初

平帝時河汴決壞未及得修建武十年陽

武令張汜上言河決積久日月侵毀濟渠

所漂數十許縣〔濟水出今洛州濟源縣西北東入滑曹鄆濟青等州入海即此渠也王恭未旱因枯涸但入河而已〕

費其功不難宜改脩堤防以安百姓書奏〔脩理之〕

光武即為發卒方營河功而浚儀令樂俊

復上言昔元光之間〔武帝年〕人庶熾盛緣隄

懇殖而瓠子河決尚二十餘年不即擁塞〔瓠子堤在今滑州白馬縣武帝元光中河決其瓠子東南注鉅野通於淮泗至元封二年塞之也〕

居家稀少田地饒廣雖未脩理其患猶可

且新被兵革方興役力勞怨旣多民不堪

命宜須平靜更議其事光武得此遂止後

中竟豫平百姓怨歎以為縣官恆興佗役不

沐渠東侵日月弥廣而水門故處皆在河

先民急永平十二年議修沐渠乃引見景

問以理水形便景陳其利害應對敏給帝

善之又以嘗脩浚儀功業有成乃賜景山

〔後漢列傳六十六 九〕 〔華定 今〕

海經河渠書〔山海經禹所作河渠禹貢圖及錢帛書太史公史記也〕

帛衣物夏遂發卒數十萬遣景與王吳脩

渠築隄自滎陽東至千乘海口千餘里景

乃商度地執鑿山阜破砥績

直截溝澗防過衝要疎

決壅積十里立一水門令更相洄注

然猶以百億計〔十萬曰億也〕明年夏渠成帝親自

巡行詔濱河郡國置河堤員吏如西京舊〔卓茂〕

制十三州志曰成帝時河堤大壞況濫青徐兗豫

績拜河堤謁者賜車馬錢建初七年遷

史十五年從駕東巡狩至無鹽帝美其功

諸從事掾史皆增秩一等景三遷為侍御

者中或名其官為護都水使

徐州刺史先是杜陵杜篤奏上論都欲令

車駕遷還長安耆老聞者皆動懷土之心

莫不眷然佇立西望景以宮廟已立恐人

情疑惑會時有神雀諸瑞〔章帝時有神雀鳳皇白鹿白烏等瑞〕

〔後漢列傳六十六 十〕 〔卓茂〕

也

乃作金人論頌洛邑之美天人之符文
有可採明年遷廬江太守先是百姓不知
牛耕致地力有餘而食常不足郡界有楚
相孫叔敖所起芍陂稻田陂在今壽州安豐縣東陂徑百里灌田萬頃
景乃驅率吏民修起蕪廢教用犂耕
由是墾闢倍多境內豐給遂銘石刻哲令音鵠
民知常禁又訓令蠶織為作法制皆為六
鄉亭廬江傳其文辭卒於官初景以為六
經所載皆有卜筮作事舉止質於蓍龜而

眾書錯糅吉凶相反乃參紀眾家數術文
書家宅禁忌葬送造宅之法若黃帝青烏十四卷許慎云堪天
屬道也輿地道也易曰相之法也　前書藝文志堪輿金匱十四卷許慎云堪天道也輿地道也易曰相之法也　適
於事用者集為大衍玄基云五十其用四十
秦彭字伯平扶風茂陵人也自漢興之後
世位相承六世祖襲為潁川太守與群從
同時為二千石者五人故三輔號曰萬石
秦氏彭同產女弟顯宗時入掖庭為貴人

有寵永平七年以彭貴人兄隨四姓小侯
擢為開陽城門候續漢志城門候一人六百石城南面東頭第一門也漢官儀云開陽門始成未有名夜有一柱來止樓上琅邪開陽縣上言南門一柱飛去因以名門也十五
年拜騎都尉副駙馬都尉耿秉比征匈奴
建初元年遷山陽太守以禮訓人不任刑
罰崇好儒雅敦明庠序每春秋饗射輒修
升降揖讓之儀乃為人設四誡以定六親
長幼之禮六親謂父子兄弟夫婦也有導奉教化者擢為
鄉三老常以八月致酒肉以勸勉之吏有

過咎罷遣而已不加恥辱百姓懷愛莫有
欺犯興起稻田數千頃每於農月親度頃
畝分別肥塉差為三品各立文簿藏之鄉
縣於是姦吏跼蹐無所容詐彭乃上言宜
令天下齊同其制詔書以其所立條式班
令三府並下州郡在職六年轉潁川太守
仍有鳳皇麒麟嘉禾甘露之瑞集其郡境
肅宗巡行再幸潁川輒賞賜錢穀恩寵甚
異章和二年卒彭弟悖襲並為射聲校尉

王渙字稚子，廣漢郪人也。（郪縣故城在今梓州郪縣西南也）父順，安定太守。渙少好俠，尚氣力，數通剽輕少年。（剽劫）晚而改節，敦儒學，習尚書，讀律令，略舉大義。為太守陳寵功曹，當職割斷，不避豪右。寵風聲大行，入為大司農。和帝問曰：在郡何以為理？寵頓首謝曰：臣任功曹王渙以簡賢選能，主簿鐔顯拾遺補闕，臣奉宣詔書而已。帝大悅，渙由此顯名。州舉茂才，除溫令。縣多姦猾，積為人患。渙以方略討擊，悉誅之。境內清夷，商人露宿於道。其有放牛者，輒云以屬稚子，終無侵犯。（繩直）在溫三年，遷兗州刺史，繩正部郡，（也）風威大行。後坐考妖言不實論，歲餘徵拜侍御史。永元十五年，從駕南巡，還為洛陽令。以平正居身，得寬猛之宜。其冤嫌久訟，屢政所不斷，法理所難平者，莫不曲盡情詐，壓塞群疑，又能以譎數發擿姦伏。（數術）京師稱歎，以為渙有神筭。（智筭若數也　神也）元興元

年病卒。百姓市道莫不咨嗟，男女老壯皆（渙）相與賦斂，致奠醊以千數。（醊音張芮反說文曰祭酹也）喪西歸，道經弘農，民庶皆設槃案於路。問其故，咸言平常持米到洛，為卒司所鈔，（鈔掠）恒亡其半；自王君在事，不見侵枉，故來報。渙因其政化懷物如此，民思其德，為立祠安陽亭西，每食輒弦歌而薦之。（古樂府歌曰孝和帝……不遂早就奄昏為君作祠安陽亭西欲令後代莫不稱傳也　陳仁）

永初二年，鄧太后詔曰：夫忠良之吏，國家所以為理也，求之甚勤。故孔子曰：才難不其然乎。平昔大司農朱邑（前書曰邑字仲卿廬江舒人……拜東海太守以理行第一入為大司農性公正不可交以私天子器之朝延敬焉神爵元年卒宣帝制詔曰……右扶風尹翁歸……廉平鄉正早天不遂朕甚憐之其賜翁歸……祀右扶風元康四年卒宣帝制詔曰……斤以奉祀）右扶風尹翁歸，政跡茂異，今名顯聞，孝宣皇帝嘉歎愍惜，而以黃金百斤策賜其子。故洛陽令

王渙東清脩之節羞羊之義韓詩羞羊曰
絲五絰薛君章句曰小者曰羞大者曰羊羞豢白
絲贄屈采絰數名也詩人賢仕爲大夫者言其德能
稱有縈白之性屈采有度數也　盡心奉公務在惠民功
業未遂不幸早世百姓追思爲之立祠自
非忘愛之至孰能若斯者乎今以渙子石
爲郎中以勸勞延熹中桓帝事黃老道
悉毀諸房祀唯特詔密縣存故太傅卓茂
廟洛陽留王渙祠焉鐘顯後亦知名安帝
時爲豫州刺史時天下飢荒競爲盜賊州
界收捕且萬餘人顯愍其困窮自陷刑辟
輒擅赦之因自劾奏有詔勿理後位至長
樂衛尉自渙卒後連詔三公特選洛陽令
皆不稱職永和中以劇令勃海任峻補之
峻擢用文武吏皆盡其能糾剔姦
劇縣名屬北海郡也
盜不得旋踵
左傳天王策命晉文侯曰糾逖王慝杜預注云逖遠也剔與逖通
歲斷獄不過數十威風猛於渙而文理不
及之峻字叔高終於太山太守
許荆字少張
謝承書荆字少張家貧爲吏無祇車休假常躬步荷擔上下
會

稽陽羨人也
陽羨故城在今常州義興縣也
祖父武太守第
五倫舉爲孝廉武以二弟晏未顯欲令
成名乃請之曰禮有分異之義家有別居
之道
儀禮曰父子一體也夫婦一體也昆弟一體也
昆弟之義無分也故父子手足也夫婦判合也昆弟四體也
其父則不成爲子而有分者則離子之私也子不私
異居而同財有餘則歸之宗
之宗不足則資之宗於是共割財產以爲三
分武自取肥田廣宅奴婢強者二弟所得
並皆羸少乃此並得選舉武乃會宗親泣曰吾
晏等以此遂得選舉武乃會宗親泣曰吾
爲兄不肖盜聲竊位二弟年長未豫榮祿
所以求得分財自取大譏今理產所增三
倍於前悉以推二弟一無所留於是郡中
翕然遠近稱之位至長樂少府荆少爲郡
吏兄子世嘗報讎殺人怨者操兵攻之荆
聞乃出門逆怨者曰世前無狀相
犯如令死者傷其滅絕顧殺身代之怨家
嗣荆起曰許掾郡中稱賢吾何敢相侵因
扶荆

〔上欄〕

遂委去荆名譽益著太守黃兢舉孝廉和
帝時稍遷桂陽太守濱南州風俗脆薄〔脆薄猶輕薄也〕
知禮禁嘗行春到耒陽縣人有蔣均者兄
弟爭財互相言訟荆對之歎曰吾荷國重
任而教化不行各在太守乃顧使吏上書
陳狀乞詣廷尉均兄弟感悔各求受罪〔承誼〕
〔謝承書曰郴人謝弘等不養父母兄弟分析因此皆還供養者千有餘人也〕
在事十二年
父老稱歌以病自上徵拜諫議大夫卒於
官桂陽人爲立廟樹碑荆孫毅靈帝時爲
太尉
孟嘗字伯周會稽上虞人也其先三世爲
郡吏並伏節死難嘗少脩操行仕郡爲戶
曹史上虞有寡婦至孝養姑姑年老壽終
夫女弟先懷嫌忌乃誣婦厭苦供養加鴆
其母列訟縣庭嘗不加尋察遂結竟其罪
嘗先知枉狀備言之於太守太守不爲理
嘗哀泣外門因謝病去婦竟冤死自是郡

〈後漢列傳六十六〉 十七　陳茂

〔下欄〕

中連旱二年禱請無所獲後太守殷丹到
官訪問其故嘗詣府具陳寡婦冤誣之事
因曰昔東海孝婦感天致旱于公一言甘〔解見霍諝傳也〕
澤時降宜戮訟者以謝冤魂庶幽
枉獲申時雨可期丹從之即刑訟女而祭
婦墓天應澍雨穀稼以登嘗後策孝廉舉
茂才拜徐令州郡表其能遷合浦太守郡
不產穀實而海出珠寶與交阯比境常通
商販貿糴糧食〔貿易〕
先時宰守並多貪穢〔萬姓〕
詭人採求不知紀極〔恑責也〕珠遂漸徙於交
阯郡界於是行旅不至人物無資貧者死
餓於道嘗到官革易前敝求民病利〔人所病苦及利益之其也〕
曾未踰歲去珠復還百姓皆反其業
商貨流通稱爲神明以病自上被徵當還
吏民攀車請之嘗既不得進乃載鄉民船
夜遁去隱處窮澤身自耕傭鄉縣士民慕
其德就居止者百餘家桓帝時尚書同郡
楊喬上書薦嘗曰〔謝承書曰喬字聖達烏傷人也前後數上書陳政事也〕

大二六八四十　〈後漢列傳六十六〉 十八

臣前後七表言故合浦太守孟嘗而身輕
言微終不蒙察區區破心徒然而已嘗安
仁弘義眈樂道德清行出俗能幹絕羣前
更守宰後風改政易去珠復還飢民蒙活且
南海多珍財產易積掌握之內價盈兼金
而嘗單身謝病躬耕龍次匿京藏采不揚
華藻實羽翮之美用非徒腹背之毛也〔苑說
曰趙簡子游於西河而樂之歎曰安得賢士而與處
焉舟人古桑曰此是吾君之所不好之也簡子曰門左
右客千人朝食不足暮收市征暮食不足朝收市征吾
可謂之好士古桑曰鴻鵠高飛遠翔其所恃者
六翮也背上之毛腹下之毛無尺寸之數加之滿把
飛不能爲之益高不知門左右客千人者六翮之
用乎將盡毛氄也新序同〕

云晉平公〔新序餘並同也〕
且年歲有訧桑榆行盡〔謂日將夕在桑榆〕
藏器〔訓弘整宛璆在西序大王夷王天球河圖在東序同
器禮大宗伯曰天府掌祖廟之守藏大寶器〕
吾與爾廩之
飛我有好爵〔易曰我有好爵顧命〕
廊廟之寶弃於溝渠〔尚書顧命曰赤刀大〕
而忠貞之節永謝聖時臣誠傷心私用流
涕夫物以遠王爲珍〔若珠翠之屬也〕士以稀見爲貴
梁木朽株以萬乘用者在右爲之容耳〔書
鄉陽曰蟠木根柢輪囷離奇而爲之先容耳
爲萬乘器者左右爲之先容耳〕王者取士宜拔衆

之所貴臣以斗筲之姿邅走日月之側〔曰
喻人君也易曰縣象著明莫大乎日月崇高莫大乎富貴思立微節不敢苟〕
私鄉曲竊感禽息亡身進賢〔禽息秦大夫薦
納繆公出當車以頭擊關腦乃播出曰臣生無補於
國不如死也繆公感寤而用百里奚秦以大化見韓
詩外傳也〕
嘗竟不見用年七十卒于家
第五訪字仲謀京兆長陵人也〔司空倫之族
孫也少孤貧常傭耕以養兄嫂有閒眼則
以學文〔文謂道也〕仕郡爲功曹察孝廉補新都
令〔新都縣屬蜀郡故城在今益州新都縣東〕政平化行三年之間鄰
縣歸之戶口十倍遷張掖太守歲飢粟石
數千訪乃開倉賑給以救其敝更懼譴責〔譴
上音責〕
時掌反〔太守樂以一身救百姓遂出穀賦人
須待也〕爭欲上言訪曰君上須報是弃民也
順帝璽書嘉之由是一郡得全歲餘官民
並豐界無姦盜遷南陽太守去官拜護羌
校尉邊境服其威信卒於官
劉矩字叔方沛國蕭人也叔父光順帝時
爲司徒矩少有高節以叔父遼未得仕進

遂絕州郡之命太尉朱寵太傅桓焉嘉其
志義故叔遼以此為諸公所辟拜議郎矩
乃舉孝廉稍遷雍丘令以禮讓化之其無
孝義者皆感悟自革民有爭訟矩常引之
於前提耳訓告之〔毛詩曰匪面命之言提其耳〕以為忿憝可
忍縣官不可入使歸更尋思者感之輒
各罷去其有路得遺者皆推尋其主在縣
四年以母憂去官後太尉胡廣舉矩賢良
方正四遷為尚書令矩性亮直不能諧附

貴執以是失大將軍梁冀意出為常山相
以疾去官時冀妻兄孫祉為沛相矩懼為
所害不敢鄉里乃投彭城友人家歲餘
冀意少悟乃止補從事中郎復為尚書令
遷宗正太常延熹四年代黃瓊為太尉瓊
復為司空矩與瓊及司徒种暠同心輔政
號為賢相時連有災異〔尚書湯誥曰余一人有罪〕
公尚書朱穆上疏稱矩等良輔及言郃湯三
高宗不罪臣下之義〔無以令萬方萬方有罪在〕

反叛免後復拜太中大夫靈帝初代周景
為太尉矩再為上公所辟召皆名儒宿德
不與州郡交通順辭默諫諫不顯揚也多〔諫辭不忤旨默揚也〕
見省用復以日食免因乞骸骨卒於家
劉寵字祖榮東萊牟平人齊悼惠王之後〔悼惠王肥高祖子也〕
也〔悼惠王子將間悼惠王之子〕封牟平侯子孫家焉父丕博學號為通儒
寵少受父業以明經舉孝廉除東平陵令〔東平陵縣名屬濟南郡也〕

寵以仁惠為吏民所愛民有言當於井田
去百姓將送車不得進乃輕服逃歸
後四遷為豫章太守又三遷拜會稽太守
山民愿朴乃有白首不入市井者〔願謹也 風俗通〕
寵簡除煩苛禁察非法郡中大化徵為將

作大匠。山陰縣有五六老叟，龐眉皓髮，齎百錢以送寵。寵勞之曰：「父老何自苦？」對曰：「山谷鄙生，未嘗識郡朝。他時吏發求民，至夜不絕，或狗吠竟夕，民不得安。自明府下車以來，狗不夜吠，民不見吏。年老遭值聖明，今聞當見棄去，故自扶奉送。」寵曰：「吾政何能及公言邪！勤苦父老。」為人選一大錢受之。轉為宗正、大鴻臚。延熹四年，代黃瓊為司空，以陰霧懲陽免。頃之，拜將作大匠。復為宗正。建寧元年，代王暢為司空，頻遷司徒、太尉。二年，以日食策免。歸鄉里。寵前後歷宰二郡，累登卿相，而清約省素。家無貨積，嘗出京師，欲息亭舍，亭吏止之曰：「整頓灑掃以待劉公，不可得也。」寵無言而去。時人稱其長者。以老病卒于家。寵弟方，官至山陽太守。方有二子：岱字公山，繇字正禮，兄弟齊名稱。

董卓入洛陽，岱從……為兗州刺史，虛己愛物，為士人所附。初平三年，青州黃巾賊入兗州，殺任城相鄭遂，轉入東平。……擊之戰死。……時袁術據淮南，繇乃移居曲阿，值中國喪亂，士友多南奔繇，攜接收養，與同優劇，甚得名稱。袁術遣孫策攻破繇，因奔豫章，病卒。

仇覽字季智，一名香，陳留考城人也。少為書生，淳默鄉里，無知者。年四十，縣召補吏，選為蒲亭長。勸人生業，為制科令。至於果菜為限，雞豕有數。農事既畢，乃令子弟群居，還就黌學。其剽輕游恣者，皆役以田桑，嚴設科罰。躬助喪事，賑卹窮寡。期年稱大化。覽初到亭，人有陳元者，獨與母居，而母詣覽告元不孝。覽驚曰：「吾近日過舍廬落整頓……」

耕耘以時此非惡人當是教化未及至
耳母守寡養孤苦身投老奈何肆忿於一
朝欲致子以不義乎母聞感悔涕泣而去
覽乃親到元家與其母子欲因為陳人倫
孝行譬以禍福之言元卒成孝子　謝承書曰　覽為縣陽
化我鳲梟所生　鳲梟即　鳴梟也　時孝城令河內　王永也
王渙政尚嚴猛聞覽以德化人署為主簿
謂覽曰主簿聞陳元之過不罪而化之得
無少鷹鸇之志邪　左傳季孫行父曰見無禮於　君者誅之如鷹鸇之逐鳥雀
覽曰以為鷹鸇不若鸞鳳　鸞鳳喻
非鸞鳳所棲百里豈大賢之路　時渙為縣令　故自稱百里　也
今日太學曳長裾飛名譽皆主簿浮耳　卒　終　覽入太學
以一月奉為資勉卒景行　也
時諸生同郡符融有高名與覽比宇寶客
盈室覽常自守不與融言融觀其容止心

《後漢列傳六十六》　　二十五

獨奇之乃謂曰與先生同郡壞隣房備今
京師英雄四集志士交結之秋雖務經學
守之何固覽乃正色曰天子脩設太學豈
但使人游談其中高揖而去不復與言後
融以告郭林宗林宗因與融齋剌就房謁
之遂請留宿林宗嗟歎下狀為拜覽學畢
歸鄉里州郡並請皆以疾辭雖在宴居　安　宴
責妻子庭謝候覽冠乃敢外堂家人莫見　論語曰　子之宴居　也
喜怒聲色之異後徵方正遇疾而卒三子　周戎
皆有文史才少子玄最知名

《後漢列傳六十六》　　二十六

童恢字漢宗　謝承書童作　恢澤作仲也　琅邪姑幕人也　姑幕　縣東北也　故城在今密州
父仲王遭世凶荒傾家賑邮
九族鄉里賴全者以百數仲王早卒恢少
仕州郡為吏司徒楊賜聞其執法廉平乃
辟之及賜被劾當免掾悉投剌去恢獨
詣闕爭之及得理掾屬悉歸府恢杖策而
逝由是論者歸美復辟公府除不其令吏

人有犯違禁法軋隨方曉示若吏稱其職
人行善事者皆賜以酒肴之禮以勸勵之
耕織種收皆有條章一境清靜牢獄連年
無囚比縣流人歸化徙居二萬餘戶民嘗
爲虎所害乃設檻捕之生獲二虎恢聞而
出呪虎曰天生萬物唯人爲貴虎狼當食
六畜〔杜預法左傳云六畜馬牛羊豕犬雞也〕而殘暴於人王法殺
人者死傷人則論法汝若是殺人者當垂
頭服罪自知非者當號呼稱寃一虎低頭
閉目狀如震懼即時殺之其一視恢鳴吼
踊躍自奮遂令放釋吏人爲之歌頌青州
舉尤異遷〔丹陽〕太守先辟之胡暘字漢不肯仕
文名高於恢宰府先辟之胡暘弟胡字漢
〔官疾也不及恢被命乃就孝廉除須昌長化有
能言也〕異政吏人生爲立碑聞舉將喪弃官歸後
舉茂才不就卒於家

〔蔣詡外傳曰水濁則魚喁令苛
則人亂理國者譬若張琴然大絃
急則小絃絕矣故〕理善其鮮者若耳小鮮也
贊曰政畏張急〔理大國者老子曰理大國若耳小鮮也〕
弦急則小絃絕矣故轡銜者非千里之御也

推忠以及衆獲自蠲〔則衆病自除以及於人一夫得〕
情千室鳴弦〔一夫謂守長也千室謂黎庶言上得其
情則千室之情則其下也〕沈約宋書曰戴暴與其娣及
懷我風愛永載遺賢〔拐書論撰書之意曰吾觀古今
史書恆覺其不可解既造後漢轉得統緒詳觀
著述及評論殆少可得意者班氏最有高名既任
無例不可甲乙博贍可不及之奇功至於情志所
託箴筆勒放言深旨寔天下之奇作其中合者往
往不減過秦篇嘗比方班氏非但不愧之而已欲
因事就卷內發論以正一代得失意復未果贊自是吾文之傑思殆
無一字空設奇意甚多不可得檢失意者故作勢
大略耳諸細意甚多自古體大而思精未有此也
恐世人不能盡之多貴古賤今所以稱情狂言耳〕

董宣　樊曄

李章　周紆

黃昌　陽球

王吉

漢承戰國餘烈，多豪猾之民，其并兼者則陵橫邦邑，桀健者則雄張閭里，【橫音胡孟反。張音知亮反。】且宰守曠遠，戶口殷大，【前書曰，成帝戶千一百二十三萬三千六百一十二，口五千九百五十九萬四千九百七十八。漢極盛矣。】故臨民之職，專事威斷，族滅姦軌，先行後聞，【先行刑而後聞奏。成，濟南都尉。】肆情剛烈，成其不撓之威。【撓，屈也。前書嚴延年為河南太守，陵都出其上，都素聞其聲，善過之，與結驩往。直刺步入府，因吏謁守如縣令，其畏都如此。及都為濟南，始數都射入。】違眾用己，表其難測之智。【衆人所謂當生者詭殺之，所謂當死者一朝出。人莫能測其用意深淺也。】至於重文橫入，為窮怒之所遷及者，亦何可勝言。【枉法窮極也。橫音胡孟反。】故乃積骸滿阱，漂血十里，【重僨深也。阱，穽也。前尹賞為長安令，修理長安獄，穿地方深各數丈，名為虎穴。乃部戶曹掾史，舉長安中輕薄少年惡子，無市籍商販作務而鮮衣凶服者，得數百人。盡以次內穴中，覆以大石。肯相挾藉死者又千人。】

屠伯之名，豈虛也哉。【日屠伯言若屠人之殺六畜也。】王溫舒為中尉，窮寨姦猾，盡其殘摩爛獄中。其爪牙吏虎冠而冠者也。音義云王溫舒為河內太守，捕郡中豪猾，連坐千餘里，河南溫舒有虎冠之吏，致溫舒有虎冠之吏。豪猾論報流血十餘里也。】若其揣挫彊豪，勒克公卿，碎【前書濟南瞯氏宗人，三百餘家豪猾，二千石莫能制，都為濟南守，至則誅瞯氏首惡，又趙廣漢為京兆尹，侵犯貴戚大臣，相府召其入，丞相蕭望相勉相府召其入，丞相蕭望之劾奏廣漢摧辱大臣。】裂頭腦而不顧，亦為壯也。【人三百餘家豪猾氏宗，傷化不道，坐斬斬又斬斬破碎，頭腦言不避誅戮也。】自中興以後，科網稍密，【二】貴辭辯以析言，【二千石莫能制郡中為濟南守，至則誅瞯氏，又後章坐斬，又趙廣漢為京兆尹，侵犯貴戚大臣下，受辭辯以析言以殺辟事，司直蕭望相勉相府召其入，丞相蕭望相劾辱大臣。】之屍，張儉剖曹節之墓，若此之類，雖厭快【爾雅曰兩婿相謂曰婭。】姪侵虐天下，至使陽球磔王甫之屍，張儉剖曹節之墓。眾憤亦云酷矣，知名故附黨人篇。【見劉陶傳。李賢。】

董宣字少平，陳留圉人也。初為司徒侯霸所辟，舉高第，累遷北海相。到官，以大姓公孫丹為五官掾。丹新造居宅，而卜工以為當有死者。丹乃令其子殺道行人，置屍舍

內以塞其咎宣知即收丹父子殺之丹宗族親黨三十餘人操兵詣府稱寃叫號宣以丹前附王莽慮交通海賊乃悉收繫劇獄劇縣使門下書佐水丘岑盡殺之姓水丘青州以其多濫奏宣考岑宣坐徵詣廷尉在獄晨夜諷誦無憂色及當出刑官屬具饌送之宣乃厲色曰董宣生平未曾食人之食況死乎升車而去時同刑九人次應及宣光武馳使騎特原宣刑且令還獄遣使者詰宣宜多殺無辜宣具以狀對言水丘岑受臣言罪不由之願殺臣活岑使者以聞有詔左轉宣懷令今青州勿案岑罪本官至司隸校尉後江夏有劇賊夏喜等寇亂郡境以宣爲江夏太守到界移書曰朝廷以太守能禽姦賊故辱斯任今勒兵界首檄到幸思自安之宜喜等聞懼即時降散外戚陰氏爲郡都尉宣輕慢之坐免後特徵爲洛陽令時湖陽公主蒼頭白

日殺人因匿主家吏不能得及主出行而以奴驂乘宣於夏門亭候之乃駐車叩馬以刀畫地大言數主之失叱奴下車因格殺之主即還宮訴帝帝大怒召宣欲箠殺之宣叩頭曰願乞一言而死帝曰欲箠何言宣曰陛下聖德中興而縱奴殺良人將何以理天下乎臣不須箠請得自殺即以頭擊楹流血被面帝令小黃門持之使宣叩頭謝主宣不從彊使頓之宣兩手據地終不肯俯主曰文叔爲白衣時藏亡匿死吏不敢至門今爲天子威不能行一令乎帝笑曰天子不與白衣同因勑彊項令出（書曰勑令詣太官賜食宣受詔出飯盡覆棄食視上不敢遺力太官以狀聞上問宣實對曰臣食不敢遺餘如華嶠）賜錢三十萬宣悉以班諸吏由是搏擊豪彊莫不震慄京師號爲臥虎歌之曰枹鼓不鳴董少平（枹擊鼓枚也音浮其字從木也）在縣五年年七十四卒於官詔遣使者臨視唯見布被覆屍妻子對哭有大麥數斛敝車一乘

謝承書曰有白馬一匹乘輿與一乘也

帝傷之曰董宣廉絜死乃
知之以宣嘗爲二千石賜艾綬葬以大夫
禮拜子並爲郎中後官至齊相說蔡茂事二
案茂角有傳也
十五字亦有無者

樊曄字仲華南陽新野人也與光武少游
舊建武初徵曄爲侍御史遷河東都尉引見
雲臺初光武微時嘗以事拘於新野曄爲
市吏餽餌一筒 蒼頡篇曰餽饟也說文曰饟餉也筒竹器也
不忘仍賜曄御食及乘輿服物因戲之曰 帝德之
一筒餌得都尉何如曄頓首辭謝及至郡
誅討大姓馬適匡等 馬適姓也前書有馬適建俗本匡上有王字者誤也
盜賊清吏人畏之數年遷揚州牧教民耕
田種樹理家之術視事十餘年坐法左轉
軹長 軹縣屬河南郡故城在今洛州濟源縣東南也
安乃拜曄爲天水太守政嚴猛好申韓法
今不害韓 申不害韓非之法也 善惡立斷人有犯其禁者率不生
出獄吏人及羌胡畏之道不拾遺行旅至
夜聚衣裝道傍曰以付樊公涼州爲之歌

後漢列傳六十七
五

曰游子常苦貧力子天所富 之子寧見乳 勤力
虎穴 乳產也猛獸產乳護其子別搏噬過諸本宂字藏作宂誤也 不入
冀府寺 冀天水大笑期必死怨怒或見置嗟 我樊府君安可再遭值視事十四年卒官
後人莫之及詔賜曄家錢百萬子融有俊才
好黃老不肯爲吏

李章字弟公河內懷人也五世二千石章
習嚴氏春秋 宣帝時博士嚴彭祖也 經明教授歷州郡
吏光武爲大司馬平定河北召章置東曹
屬數從征伐光武即位拜陽平令 陽平縣屬今魏州莘縣也 時趙魏豪右往往屯聚清河大姓趙
綱遂於縣界起塢壁繕甲兵爲在所害章
到乃設饗會而延謁綱綱帶文劍被羽衣
緹鳥羽以爲衣也前書藥大爲五利將軍服羽衣也 從士百餘人來到章
與對讌飲有頃手鋼斬綱伏兵亦悉殺其
從者因馳詣塢壁掩擊破之吏人遂安遷
千乘太守坐誅斬盜賊過濫徵下獄免歲

後漢列傳六十七
六 陳耆

中拜侍御史出為琅邪太守時北海安丘
大姓夏長思等及遂囚太守處興史記趙風俗通曰
辯士處子故有處姓也有處姓也
兵千人馳往擊之掾吏上章曰二千石行前書杜欽奏記王鳳曰二千石守千里之地任
不得出界兵不得擅發章聞即發兵馬之重不宜去郡也
守此何可忍若坐討賊而死吾不恨也遂章按劍怒曰逆虜無狀四劫郡
引兵安丘城下募勇敢燒城門與長思戰
斬之獲三百餘級得牛馬五百餘頭而還後漢列傳六十七七
興歸郡以狀上帝悉以所得班勞吏士後何夌
坐度人田不實徵以章有功但司寇論月
餘免刑歸復徵會病卒
周紆字文通下邳徐人也為人刻削少恩
好韓非之術少為廷尉史永平中補南行
唐長到官曉吏人曰朝廷不以長不肖使
牧黎民而性雒猾吏志除豪賊且勿相試
遂殺縣中尤無狀者數十人吏人大震遷
博平令博平縣故城在今博州博平縣東也收考姦藏無出獄

者以威名遷齊相亦頗嚴酷專任刑法而
善為辭案條教案牘也猶令為州內所則後坐
殺無辜復到郡輒隱開不出先遣使屬縣為勃海太
守每赦令到郡輒召陵廷掾免歸紆左轉博平令建初中
廉累無資常築擊以自給徵詣廷尉紆盡決刑罪乃出詔書坐徵繫以自肅宗聞而憐之
復以為郎再遷召陵侯相續漢志每郡有五官掾縣為廷掾也
手足立寺門紆聞便往至死人邊若與死
人共語狀陰察視口眼有稻芒乃密問守惡猶視也
門人曰柰誰載喪入城者悉擔門者對唯有
廷掾耳又問鈴下漢官儀曰鈴下侍閤辟車此皆以名自定者也
有疑掾考問具服不殺人取道邊死人後
人莫敢欺者徵拜洛陽令下車先問大姓
主名吏數閭里豪彊以對紆廦聲怒曰本
問貴戚若馬竇等輩岂能知此賣菜傭乎
於是部吏望風百爭以激切為事貴戚跼

靖京師肅清皇后弟黃門郎竇篤從官中
歸夜至止姦其亭長霍延遮止篤篤蒼頭
與爭延遂拔劍擬劍篤而肆罵恣口篤以表
聞詔召司隸校尉河南尹詣尚書譴問遣（督部刺史內領侍御史）
劍戟士收劍送廷尉詔獄姦不軍貴戚然苛慘（貫瀆音慘）
市夜帝知劍奉法姦不車貴戚然苛慘
失中（慘虐）數為有司所奏八年遂免官後
爲御史中丞和帝即位大傅鄧彪奏劍在
任過酷不宜典司京輦（漢官儀曰御史中丞外督部刺史內領侍御史）
秉權睚眦宿怨無不僵仆（僵仆什踣也）後竇氏貴盛篤兄弟
去典司京輦免歸田里（紀察百司故）
全乃柴門自守以待其禍然永元五年復徵公
正而怨隙有素遂不敢害永元五年復徵
爲御史中丞諸實雖誅而夏陽猴猶尚
在朝紀疾之乃上疏曰臣聞臧文仲之事
君也見有禮於君者誅之如鷹鸇之逐鳥雀
母見無禮於君者誅之如孝子之養父（左氏傳季孫行父稱臧文仲敎行父事君之辭也）
案夏陽猴瓌本出輕

薄志在邪僻學無經術而妄　講舍外招
儒徒實會姦築輕忽天威侮慢王室又造
作巡狩封禪之書惑衆不道當伏誅戮而
主者營私不爲國計夫消流雖云成江
河爛火雖微卒能燎野（莊子曰月出矣而火不息其於光也不亦難乎）
履霜有漸可不懲革（易曰履霜堅冰至其所由來者漸矣）
惟王恭墓逆之禍上安社稷（計下解萬）
呂產專竊之亂（呂產呂太后之兄子封爲梁王太后崩與弟祿作亂也）
夫之惑會環歸國紀遷司隸校尉六年夏（永尋）
旱車駕自幸洛陽錄囚徒二人被掠生蟲
坐左轉騎都尉七年遷將作大匠九年卒
於官

黃昌字聖真會稽餘姚人也（餘姚縣今越州縣也）本出
孤微居近學官數見諸生修庠序之禮因
好之遂就經學官又曉習文法仕郡爲決曹（續漢志曰決曹王罪法事）
刺史行部見昌甚奇之辟從事
後拜宛令政尚嚴猛好發姦伏人有盜其
車蓋者昌初無所言後乃密遣親客至門

下賊曹家掩取得之〈續漢志曰賊主盜賊事〉悉收其家
一時殺戮大姓戰懼皆稱神明朝廷舉能
遷蜀郡太守先太守李根年老多悖政能〈悖亂〉
也百姓侵冤及昌到吏人訟者七百餘人
悉為斷理莫不得所密捕盜帥一人脅使
條諸縣彊暴之人名居處乃分遣掩討
無有遺脱惡大姓皆奔走亡境初昌疑
州書佐其婦歸寧於家遇賊被獲遂掩轉
入蜀為人妻其子犯事乃詣昌自訟昌疑
毎不類蜀人因問所由對曰妾本會稽餘
姚戴次公女州書佐黃昌妻也妾嘗歸家
為賊所略遂至於此昌乃出足示之〈黑子者二千石〉
當為二千石〈相書曰足心有黑子昌乃出足示之〉
識黃昌邪對曰昌左足心有黑子常自言
因相持悲泣還為夫婦視事四年徵再遷
陳相縣人彭氏舊豪縱造起大舍高樓臨
道昌每出行縣彭氏婦人輒升樓而觀昌
不喜遂勑收付獄案殺之又遷為河內太

〈後漢列傳六十七〉
十一
王石

守又冊遷潁川太守永和五年徵拜將作
大匠漢安元年進補大司農左轉太中大
夫卒於官
陽球字方正漁陽泉州人也〈泉州故城在今
幽州雍奴縣南也〉家世大姓冠蓋球能擊劍習弓馬性嚴
屬好申韓之學郡吏有辱其母者球結少
年數十人殺吏滅其家由是知名初舉孝
廉補尚書侍郎閑達故事其章奏議苛
也常為臺閣所崇信出為高唐令以嚴
過理郡守收舉〈收繫舉劾之也〉會赦見原辟司徒劉
寵府舉高第九江山賊起連月不解三府
上球有理姦才拜九江太守球到設方略
凶賊殄破收郡中姦吏盡殺之遷平原相
出敎曰前仔伯高唐志婦姦鄙遂為貴郡
所見枉舉昔桓公釋管仲射鉤之讎高祖
赦季布逃亡之罪雖以不德敢忘前義況
君臣分定而可懷宿昔哉今一蠲往愆期
諸來效若受敎之後而不改姦狀者不得

〈後漢列傳六十七〉
十二
〈狀卷七十三〉
芦玉

復有所容矣。郡中咸畏服焉。時天下大旱，
司空張顥條奏長吏苛酷貪汙者，皆罷免
之，球坐嚴苦，徵詣廷尉，當免官。靈帝以球
九江時有功，拜議郎。遷將作大匠，坐事論

詔敕中尚方爲鴻都文學樂松、江覽等三
十二人圖象立贊，以勸學者。臣聞傳曰：君
舉必書，書而不法，後嗣何觀（左傳曹劌諫魯莊公之辭也）。案松、
覽等皆出於微蔑，斗筲小人，依憑世

球又奏罷鴻都文學，曰：伏承有

戚附託權豪，俛眉承睫，徼進明時，或獻賦
一篇，或鳥篆盈簡（八體書有鳥篆象形以爲字也），而位升郎
中，形圖丹青，亦有筆不點牘，辭不辯心，假
手請字，妖僞百品，莫不被蒙殊恩，蟬蛻
（說文曰蛻蟬蛇所解皮也蛻音式銳反楚詞曰濟江海兮蟬蛻或音它外反）
濁穢。是以有識掩口，天下嗟歎。臣聞圖象之設，以昭勸
戒，欲令人君動鑒得失，未聞豎子小人詐
作文頌而可妄竊天官垂象圖素者也。今
太學東觀足以宣明聖化，願罷鴻都之選，

以消天下之謗。書奏不省。時中常侍王甫、
曹節等姦虐弄權，扇動外內，球嘗拊髀發
憤曰：若陽球作司隸，此曹子安得容平。光
和二年，遷爲司隸校尉。王甫休沐里舍，球
詣闕謝恩，奏收甫及中常侍淳于登、袁赦、
封昜（昜音吐）、中黃門劉毅、小黃門龐訓、朱禹、
齊盛等，及子弟爲守令者，姦猾縱恣，罪合
滅族。太尉段熲諂附佞倖，宜並誅戮。於是
悉收甫、熲等送洛陽獄，及甫子永樂少府
萌、沛相吉。球自臨考甫等，五毒備極。萌謂
球曰：父子既當伏誅，少以楚毒假借老父。
球曰：若子罪惡無狀（若汝也），死不滅責，乃欲求
假借邪。萌乃罵曰：爾前奉事吾父子，如奴
奴敢反汝主乎。今日困吾，行自及也。球使
以土窒萌口，箠朴交至，父子悉死杖下。甫
亦自殺。乃僵磔甫屍於夏城門，大署榜曰：
賊臣王甫。盡沒入財產，妻子皆徙比景。球
既誅甫，復欲以次表曹節等，乃訽中都官

從事曰且先去大猾當次案豪右權門聞
之莫不屏氣諸奢飾之物皆各緘縢不敢
陳設 說文曰緘束篋也孔安國注尚書曰縢緘也 京師畏震時順帝
虞貴人葬百官會喪還曹節見磔甫屍道
次慨然枝淚曰 亡粉反 扶拭也音 我曹自可相食何
宜使犬舐其汁平語諸常侍今且俱入勿
過里舍也節直入少省白帝曰陽球故酷暴
吏前三府奏當免官以九江微功復見擢
用愨過之人好為妄作不宜使在司隸以 劉仲
驄毒虐帝乃徙球為衛尉時球出詣陵節
勑尚書令召拜不得稽留尺一球被召急
因求見帝叩頭曰臣無清高之行橫蒙鷹
犬之任前雖紏誅王甫段熲蓋簡落狐狸
未足宣示天下願假臣一月必令梟鴟
梟各服其辜叩頭流血殿上呵叱曰衛尉
扞詔邪至於再三乃受拜其冬司徒劉郃
與球議收案張讓曹節等知之共諂白
郃等語巳見陳球傳遂收球送洛陽獄誅

死妻子徙邊

王吉者陳留浚儀人中常侍甫之養子也
甫在官者傳吉少好誦讀書傳喜名聲而
性殘忍以父秉權寵年二十餘為沛相曉
達政事能舉姦疑獄發起姦伏多出眾議
課使郡內各舉姦諸常侍有微過酒
肉為藏者雖數十年猶加貶斥棄其名籍
專選剽悍吏擊斷非法若有生子不養即
斬其父母合土棘埋之凡殺人皆磔屍車
裂其罪目宣示屬縣 罪目罪名也 夏月腐爛則
以緪連其骨周徧一郡乃止見者駭懼視
事五年凡殺萬餘人其餘慘毒刺刻不可
勝數郡中憚恐 憚懼也音 莫敢自保及陽球
奏甫乃就收執死於洛陽獄
論曰古者敦庬善惡易分 左傳申叔時曰人生 敦庬和同以聽祖徳
至於畫衣冠異服色而莫之犯 白武 以墨蒙其衣服象五刑也犯墨者蒙巾犯劓者以墨蒙其顙犯宮者
通曰畫象者其衣服象五刑也
厚大也
叔世偷薄 左傳曰叔向曰三辟之興皆叔代也叔代也 之興皆叔代也

本或作也偷苟且也。上下相蒙（左傳介之推曰……藏其罪上賞其姦，處矢蒙也），德義不足以相洽，化道尊不能以徵違遂，乃嚴刑痛殺隨而繩之，致刻深之吏以暴理姦，倚邪之公直濟忍奇之虐情。漢世所謂酷能者，蓋有聞也，皆以敢捍精敏巧附文理，風行霜烈，威譽赫與。

夫斷斷守道之吏，何工否之殊乎？（有一介臣　尚書曰如……詔曰）故嚴君蚩黃霸之術（嚴延年為河南太守，嚴峻專一之臣也；斷狷狷，孔安國注古斷書），稱揚其行，加金爵之賞（延年素輕霸為人，及比郡為守襄賞反，已前心內不服，河南界中又有蝗，府丞　吳佑）。狐義出行蝗，遠見延年（密人笑卓茂之政，傳茂曰：初茂到縣有所……年亦平蝗，豈鳳皇食邪），以寬恕為化……

廢置吏人笑之。猛餳窮矣而猶或未勝然（前書曰朱邑以愛利……）。朱邑不以笞辱之（明然未曾以藏罪鞠人也），未嘗鞠人藏罪（安傳曰……為河南尹，政號嚴）。惡邑之行興（辟法也，音）。苟免之行興（信也……左傳曰小信未孚……）。情著（左傳曰小信未孚，杜預注云大信於人）。陷則姦起，感被者人亡而思存（若子產卒，仲尼聞之曰古……）。

愛之遺，由一邦必言天下，則刑訟繁措可得而求乎？

贊曰：大道既往，刑禮為薄（老子曰大道廢有……論語曾子曰上失其道……）。斯人散矣，機詐萌作（論語人為……）。去殺由仁濟，寬非虐（失其情則……春秋繁露曰酷暴為政……）。末暴雖勝，崇本或略。

後漢書列傳卷第六十七

十八　王業

范曄 後漢書七十八

唐章懷太子賢注

鄭衆　　蔡倫

孫程　　曹騰

單超　　侯覽

曹節　　呂強

張讓

易曰天垂象聖人則之[之文也]宦者四星在皇位之側故周禮置官亦備其數閽者守中門之禁[注云中門於外內為內外門即閽者]寺人掌女宮之戒[周禮曰寺人掌王宮之內人及女宮之戒令也]又云王之正內者五人[周禮曰寺人掌王之正內也五人周禮注云寺人掌正內路寢也]月令仲冬命閽尹審門閭謹房室[鄭玄注云奄尹主領詩之小雅]亦有巷伯刺讒之篇[毛詩巷伯之官也於周禮則為內小臣王之內政官令誠出入閽之內屬也毛詩序曰巷伯傷於讒而作是詩也]亦有巷伯刺讒之[毛萇注云巷伯內之小臣也]然官人之在王朝者其來舊矣將以役養乎[關涉也中人人內人也]然而後世因之才任

稍廣其能者則勃貂管蘇有功於楚晉[貂勃即寺人披一名勃鞮字伯楚以趙左傳曰楚人因楚公殺左人以難告遂報即新以序曰楚有疾王告諸大夫曰管蘇犯我以義違我以序吾內之不安不見不思然而有得焉吾死之後商君曰入爵我以義遠我以禮恭敬爵]景監繆賢著庸於秦趙[秦因孝公之寵君曰商君史記曰商君因孝公之寵臣景監以求見趙史記曰趙宦者令繆賢曰臣舍人藺相如可使趙奢曰臣舍人藺相如可使]及其敝也則豎刁亂齊伊戾禍[宋[漢]左傳曰齊桓公使豎刁無虧伊戾為太子之官子知之靖郭君享客以豎刁請從之至則坎用牲加書埋之而告公曰太子將為亂公使視之有如伊戾之言公怒殺太子太子無罪乃亨伊戾]

典仍襲秦制置中常侍官然亦引用士人以參其選皆銀璫左貂給事殿省及高后稱制乃以張卿為大謁者出入臥內受宣詔命[前書曰齊人田生求事呂后所幸大謁者張釋卿音義曰奄人也仲長統曰官豎言其宦豎也]近習房卧之內交[錯婦人之間]見親倖至於孝武亦愛李延年[時前書曰孝文談北宮伯子孝武帝時官者則趙時官者李延年也]故請奏機事多以官人主之至元帝之世史游為黃門令勤心納忠有所補益[前書曰急]

就一篇元帝黃門令史游作董巴與服志
曰禁門曰黃閤中人主之故曰黃門也 其後弘
恭石顯以佞險自進卒有蕭周之禍損稷
帝德焉
悉用閹人不復雜調它士至永平中始置 中興之初官官
專謀禁中終除大憝
由親接所與居者唯閹宦而已故鄭眾得
幼弱而竇憲兄弟專總權威內外臣僚莫
貞數中常侍四人小黃門十人和帝即祚
土之封超登宮卿之位
而其貞稍增中常侍至有十人小黃門二
十人改以金璫右貂兼領卿署之職鄧后
始盛焉自明帝以後迄乎延平委用漸大
以女主臨政而萬機殷遠朝臣國議無由
參斷帷幄稱制下令不出房闥之間
不得不委用刑人寄之國命手握
王爵口含天憲非復掖廷永巷之職閨牖之閒
房闥之任也
其後孫程

定立順之功曹騰參建相之策續以五侯
合謀梁冀受鉞迹因公正恩固主心故中
外服從上下屏氣或稱伊霍之勳雖時有
往載或竟見排斥 謂皇甫嵩蔡雍舉動回山
忠公而竟見排斥
海呼吸愛霜露阿旨曲求則光寵三族
紆朱懷金者布滿宮闥 茝茅分虎
漢之綱紀大亂矣若夫高冠長劍
宗五服內
母族妻 直情忤意則參夷五宗
南面臣人者蓋以十數
也府署第館基列於都鄙
子弟支附過半於州國南金和寶冰紈霧
穀之積盈仍珍藏 詩頌曰大路南金鄭玄注云
嬪媛侍兒歌童舞女之玩充備綺室
飾雕文土木被緹繡 前書東方朔曰

【後漢列傳六八】

皆剝割萌黎，競恣奢欲，構害明賢，專樹黨類。其有更相援引，希附權彊者，皆腐身熏子，以自衒達〔前書曰：史遷膂以刑韋。昭曰：古者腐刑必熏合之〕，同敝相濟。故其徒有繁，國蠹政之事，不可單書。單盡，所以海內嗟毒，志士窮棲，寇劇緣間〔雖忠良懷憤，時或奮〕，發而言出，禍從旋見〔鉤黨謂李等〕，凡稱善士莫不離被災毒。摇亂區夏〔竇盜劇賊緣而起也〕，轉相誣染〔膚杜密〕。

毒實武何進，位崇戚近，乘九服之顒怨，協〔九服已見上。羣英謂劉〕羣英之執力。〔李壽〕雖表紹冀〔尚書曰〕，不斷至於殄敗，斯亦運之極乎！雖表紹冀，行芟夷，無餘。然以暴易亂，亦何云及〔尚書曰：冀行天〕，立昏弱〔帝也。謂立相魏，因之遂龜鼎〔匾鼎國之守器〕，〔罰左傳曰：寧王遺我〕，所謂君以此始必〔自曹騰說梁冀〕〔以論帝位也。尚書曰〕〔大寶龜。左傳曰：鼎遷于商也〕，用官，其後終為官官所〔此謂官官也。言漢家初寵〕。以此終，信乎其然矣〔臧左傳楚屈蕩曰：君〕〔始此始必以此終也〕。

鄭眾字季產，南陽犨人也。為人謹敏，有

【後漢列傳六八】

永平中，初給事太子家。蕭宗即位，拜小黃門，遷中常侍。和帝初加位鉤盾令。時竇太后秉政，后兄大將軍憲等並竊威權，朝臣上下莫不附之，而衆獨一心王室，不事豪黨。帝親信焉。及憲兄弟圖作不軌，衆遂首謀誅之。以功遷大長秋，策勳班賞，每辭多受少。由是常與議事〔中官用權自〕，衆始焉〔十四年帝念衆功美，封為鄭鄉侯〕。食邑千五百戶〔鄭音士交反。說文曰〕〔南郡棘陽縣有鄭鄉〕。永初元年，〔李壽〕和熹皇后益封三百戶〔元初元年卒，養子〕。閭嗣〔閭卒子安嗣，後國絕〕。桓帝延熹二年，紹封衆曾孫石餻為關內侯。

蔡倫字敬仲，桂陽人也。以永平末始給事宮掖。建初中，為小黃門。及和帝即位，轉中常侍，豫參帷幄。倫有才學，盡心敦慎，數犯嚴顏，匡弼得失。每至休沐，輒閉門絕賓，暴體田野。後加位尚方令。永元九年，監作秘劍及諸器械，莫不精工堅密，為後世法。自〔後漢列傳六八〕六 陳從

古書契多編以竹簡其用縑帛者謂之為
紙縑貴而簡重並不便於人倫乃造意用
樹膚麻頭及敝布魚網以為紙元興元年
奏上之帝善其能自是莫不從用焉故天
下咸稱蔡侯紙倫
〔湘州記曰耒陽縣北有漢黃門蔡倫宅宅西有一石臼云是倫舂紙就縣東明月池在其側〕
元初元年鄧太后以倫久宿衞封為龍
亭侯邑三百戶後為
長樂太僕四年帝以經傳之文多不正定
乃選通儒謁者劉珍及博士良史詣東觀
各讎校漢家法令令倫監典其事倫初受竇
后諷旨誣陷安帝祖母宋貴人及竇太后崩
安帝始親萬機敕使自致廷尉倫恥受辱
乃沐浴整衣冠飲藥而死國除
孫程字稚卿涿郡新城人也
〔東觀記曰北新城人與程同功者皆敕其所承本系盖當時史官懼程等威權故曲為飾文〕
安帝時為中黃門給事長樂宮時鄧太
后臨朝安帝不親政事小黃門李閏與帝乳
母王聖常共譖太后兄執金吾悝等言欲

廢帝立平原王德帝每忿懼及太后崩遂
誅鄧氏而廢平原王封閏雝鄉侯又小黃
門江京以譖諂進初迎帝於邸以功封都
鄉侯食邑各三百戶閏京並遷中常侍劉安
京兼大長秋與中常侍樊豐王聖聖女伯
榮扇動內外
鉤盾令陳達及王聖聖女伯榮與中常侍
競為侈虐又帝舅大將軍耿寶皇后兄大
鴻臚閻顯更相阿黨遂枉殺太尉楊震廢
皇太子為濟陰王明年帝崩立北鄉侯為
天子顯等遂專朝爭權乃諷有司奏誅豐
豐廢耿寶王聖及黨與皆見死徙十月北
鄉疾病篤程謂濟陰王謁者長興渠曰北
〔姓興名渠〕
王以嫡統本無失德先帝用讒遂至廢
黜若北鄉疾不起共斷江京閻顯事乃可
成渠等然之又中黃門南陽王康先為太
子府史自太子之廢常懷歎憤又長樂太
官丞京兆王國並附同於程至二十七日
北鄉疾薨閻顯白太后徵諸王子簡為帝

嗣未及至十一月二日程遂與王康等十
八人聚謀於西鍾下皆截單衣為誓四日
夜程等共會崇德殿上因入章臺門時與
京劉安及李閏陳達等俱坐省門下程與
王康共就斬京安達以李閏權執積為省
內所服欲引為主因舉刃脅閏曰今當立
濟陰王無得搖動閏曰諾於是扶閏起俱
於西鍾下迎濟陰王立之是為順帝
書令僕射以下從輦幸南宮雲臺程等留
守省門遮扞內外閏顯時在禁中憂迫不
知所為小黃門樊登勸顯發兵以太后詔
召越騎校尉馮詩虎賁中郎將閏崇屯朔
平門以禦程等誘詩入省太后使授之印
曰能得濟陰王者封萬戶侯得李閏者五
千戶侯顯以詩所將眾少使與登迎吏士
于左掖門外詩因格殺登歸營屯守顯弟
衛尉傳召諸尚書使收景尚書郭鎮時臥病

聞之即率直宿羽林出南止車門逢景從
吏士拔白刃呼曰無干兵鎮即下車持節
詔之景曰何等詔因詔不中鎮引劍擊
景墮車左右以戟義其胸遂禽之送廷尉
獄即夜死旦日令侍御史收顯等送微於
是遂定下詔曰夫表功錄善古今之通義
也故中常侍長樂太僕江京黃門令劉安
鉤盾令陳達與故車騎將軍閏顯兄弟謀
議惡逆傾亂天下中黃門孫程王康長樂
太官丞王國中黃門黃龍彭愷孟叔李建
王成張賢史汎馬國王道李元楊佗
陳子趙封李剛魏猛苗光等

懷忠憤發勁力協謀遂埽滅元惡以定王
室詩不云乎無言不讎無德不報詩大

爲謀首康國協同其封程爲浮陽侯食邑
萬戶康爲華容侯國爲酈侯各九千戶黃
龍爲湘南侯五千戶彭愷爲西平昌侯（西平）
（昌諸縣屬平原郡）孟叔爲中廬侯（中廬縣屬南陽郡也）
侯各四十二百戶王成爲廣宗侯張賢爲
祝阿侯史況爲臨沮侯（臨沮縣屬南郡）馬國爲廣平
侯王道爲范縣侯李元爲襄信侯（下雋縣屬長沙雋音似）楊佗爲
山都侯（襄信山都並屬南陽郡也）
趙封爲枋縣侯李剛爲枝江侯各四千
戶魏猛爲夷陵侯二千戶苗光爲東阿侯
千戶是爲十九侯加賜車馬金銀錢帛各
有差李閏以先不豫謀故不封遂擢拜程
騎都尉永建元年程與張賢與馬叔馬國等
爲司隸校尉虞詡訟罪懷表上殿呵叱左
右帝怒遂免程官程因悉遣十九侯就國後
從封程爲宜城侯程既到國怨恨恚懟
（怨恨恚懟刻亡李反 封還印綬 也音直）（續漢書曰程到宜城怨恨恚懟刻亡李反爲印封還印綬）往來山中詔書追求復故爵

土賜車馬衣物遣還國三年帝念程等功
勳采徵還京師程與王道李元皆拜騎都
尉餘悉奉朝請陽嘉元年程病甚即拜奉
車都尉位特進及卒使五官郎將追贈車
騎將軍印綬賜諡剛侯侍御史持節監護
喪事乘輿幸北部尉傳（北部尉之傳舍也傳音陟戀反）瞻望
車騎程臨終遺言上書以國傳弟美帝許
之而分程半封程養子壽爲浮陽侯後詔
書錄微功封與渠爲高望亭侯四年詔曰（橋）
官養子桼聽得爲後襲封爵定著乎令王
康王國彭愷王成趙封魏猛六人皆早卒
黃龍楊佗孟叔李建張賢史況王道李元
李剛九人與阿母山陽君宋娥更相貨賂
求高官增邑又諷中常侍曹騰孟賁等
永和二年發覺並遣就國減租四分之一
宋娥奪爵歸田舍唯馬國陳子苗光保全
封邑初帝見廢監太子家小黃門籍建傳
高梵長秋長趙熹永良賀藥長夏珍皆以

無過獲罪建等坐徒朔方及帝即位並權
爲中常侍枕坐臧罪減死一等建後封東
鄉族三百戶賀清儉退厚（謙退也而位至大長）
秋陽嘉中詔九卿舉武猛賀獨無所薦帝
引問其故對曰且目生自草茅長於宮掖旣（厚重也）
無知人之明又未嘗交知士類昔衛鞅因（史記趙良謂商君曰君之見秦王也因嬖）
景監以見有識知其不終　今得且舉者匪榮伊（景監非所以爲名也商）
原固辭之及卒帝思賀忠封其養子爲都（君音爲秦惠所車裂也）
鄉族三百戶

曹騰字季興沛國譙人也安帝時除黃門
從官順帝在東宮鄧太后以騰年少謹厚
使侍皇太子書特見親愛及帝即位騰爲
小黃門遷中常侍相帝得立騰與長樂太
僕州輔等七人以定策功皆封亭族騰爲
費亭族遷大長秋加位特進騰用事省闥
三十餘年奉事四帝未嘗有過其所進達
皆海內名人陳留虞放邊詔南陽延固張

溫弘農張奐潁川堂谿典等時蜀郡太守
因計吏賂遺於騰益州刺史种暠於斜谷
開搜得其書上奏太守并以劾騰請下廷
尉案罪帝曰書自外來非騰之過遂寢暠
奏騰不爲纖介常稱暠爲能吏時人嗟美
之騰卒養子嵩嗣种暠後爲司徒靈帝時
曰今身爲公乃曹常侍力焉嵩靈帝時貨
賂中官及輸西園錢一億萬故位至太尉（嵩具表及子操起兵不肯相隨乃與少子疾）

紹傳

避亂琅邪爲徐州刺史陶謙所殺
單超河南人徐璜下邳良城人具瑗魏郡（璜音黃）
元城人左悺河南平陰人（悺音工奥反又音館）唐衡潁
川郾人也相帝初梁冀兩妹爲順相二帝皇
后冀代父商爲大將軍册世權威益甚皇
下冀自誅太尉李固杜喬等驕橫威振天
后乘執忌恣多所鴆毒上下鉗口（周書曰賀智鉗口謂）
不言也柑典鉗古（音其炎反）莫有言者帝過畏久悒懷

不平恐言泄不敢謀之延熹二年皇后崩
帝因如廁獨呼衡問左右與外舍不相得
者皆誰平<外舍謂皇后家也>衡對曰單超左悺前誚
河南尹不疑禮敬小簡不疑收其兄弟送
洛陽獄二人詣門謝乃得解徐璜具瑗常
私忿疾外舍放橫口不敢道於是帝呼超
悺入室謂曰梁將軍兄弟專固國朝迫脅
外内公卿以下從其風旨今欲誅之於常
侍意何如超等對曰誠國姦賊當誅日久

臣等弱劣未知聖意何如耳帝曰審然者
常侍密圖之<中音丁帝與臣脅國當伏其罪河>
中狐疑<仲反>帝曰姦臣脅國當伏其罪何
疑乎於是更召璜瑗等五人遂定其議帝
齰超齧臂出血為盟於是詔收冀及宗親黨
與悉誅之悺遷中常侍封超新豐侯二
萬戶璜武原侯瑗東武陽侯各萬五千戶
賜錢各十五百萬悺上蔡侯衡汝陽侯各
萬三千戶賜錢各千三百萬五人同日封

故世謂之五侯又封小黃門劉普趙忠等
八人為鄉侯自是權歸宦官朝廷日亂矣
超病帝遣使者就拜車騎將軍明年薨賜
東園祕器棺中玉具贈侯將軍印綬使者
理喪及葬發五營騎士將軍侍御史護喪
將作大匠起冢塋其後四侯轉橫天下為
之語曰左回天具獨坐<獨坐言驕無偶也令人謂持>
兩悺<端而任意為兩悺諸本兩或作兩也> 徐卧虎唐
起弟宅樓觀壯麗窮極伎巧金銀罽靴施
於大馬<耗以毛羽為飾音如志反>多取良人美女以為姬
妾皆珍飾華侈擬則宮人其僕從皆乘牛
車而從列騎又養其疏屬或乞嗣異姓或
買蒼頭為子並以傳國襲封兄弟姻戚皆
宰州臨郡辜較百姓與盜賊無異
為河東太守弟子斤為濟陰太守璜弟盛
為河内太守悺弟敏為陳留太守瑗弟恭
為沛相皆為所在蠱害璜兄子宣為下邳
令暴虐尤甚先是求故汝南太守下邳李

嚻女不能得及到縣遂將吏卒至嚻家載
其女歸戲射殺之埋著寺內時下邳縣屬
東海汝南黃浮為東海相有告言宣者浮
乃收宣家屬無少長悉考之掾史以下固
諫爭浮曰徐宣國賊今日殺之明日坐死
足以瞑目矣即案宣罪棄市暴其尸以示
百姓郡中震慄瑨於是訴怨於帝帝大怒
浮坐髡鉗輸作右校五侯宗族賓客虐徧
天下民不堪命起為寇賊七年衡卒亦贈
塋地明年司隸校尉韓演因奏悺罪惡及
車騎將軍如超故事卒賻贈錢布賜家
其兄太僕南鄉侯稱請託州郡聚斂為姦
賓客放縱侵犯吏民悺稱自殺演又奏
援兄沛相恭臧罪徵詣廷尉瑨詣獄謝上
還東武侯印綬詔貶為都鄉侯卒於家超
及瑨衡襲封者並降為鄉侯租入歲皆三
百萬子弟分封者悉奉爵土劉普等皆貶為

關內侯

陳仲

侯覽者山陽防東人桓帝初為中常侍以
佞猾進倚埶貪放受納貨遺以巨萬計延
熹中連歲征伐府帑空虛乃假百官奉祿
王侯租稅覽亦上縑五千四賜爵關內侯
又豫議誅梁冀功進並立封高鄉侯小黃
門段珪家在濟陰與覽並立田業近濟北
界僕從賓客侵犯百姓劫掠行旅濟此相
滕延一切收捕延殺數十人陳尸路衢覽珪
大怨以事訴延坐多殺無辜徵詣廷尉
免延字伯行北海人後為京兆尹有理名
世稱為長者覽等得此愈放縱兄參為益
州刺史民有豐富者輒誣以大逆皆誅
滅之沒入財物前後累億計太尉楊秉奏
參檻車徵於道自殺京兆尹袁逢於旅舍
閱參車三百餘兩皆金銀錦帛珍玩不可
數覽坐免旋復復官 復上房又反 房又反建寧二年
喪母還家大起塋冢 塚督郵張儉因舉奏覽
貪侈奢縱前後請奪人宅三百八十一所

田百二十八頃起立第宅十有六區皆有
高樓池苑堂閣相望飾以綺畫丹漆之屬
制度重深僭類宮省又豫作壽冢生而自為壽冢家為壽冢
右持雙闕高廁百尺周屋廊下破人居室發掘
墳墓虜奪良人妻略婦子及諸罪釁請誅
之而覽伺候遮截章奏不上儉遂破家御也
宅藉沒資賕財具言罪狀又奏覽御進誣
通竇客干亂郡國復不得御也覽遂誣
儉為鉤黨覽及故長樂少府李膺太僕杜密
等皆夷滅之遂代曹節領長樂太僕熹平
元年有司舉奏覽專權驕奢策收印綬自
世吏二千石順帝初以西園騎遷小黃門
曹節字漢豐南陽新野人也其本魏郡人
桓帝時遷中常侍奉車都尉建寧元年持
節將中黃門虎賁羽林千人北迎靈帝陪
乘入宮及即位以定策封長安鄉侯六百
戶時竇大后臨朝后父大將軍武與太傅

陳蕃謀誅中官節與長樂五官史朱瑀從
官史共普張亮等音共中黃門王尊長樂謁
者膳是等十七人共矯詔以長樂食監王
甫為黃門令將兵誅武蕃等事已具蕃武
傳節遷長樂衛尉封育陽侯增邑三千戶
甫遷中常侍黃門令如故瑀封都鄉侯千
五百戶普亮等五人各三百戶餘十一人
皆為關內侯歲食租二千斛先是瑀等陰
於明堂中禱皇天曰竇氏無道請皇天輔
詔令太官給塞具塞報祠也音蘇代反字當為賽通也賜瑀錢
皇帝誅之令太官禱皇天得寧既誅武等
五千萬餘各有差後更封華容侯二年節
病困詔拜瑀為車騎將軍有頃疾瘳上印綬
罷復為中常侍位特進秩中二千石尋轉
大長秋熹平元年竇大后崩有何人書朱
雀闕何人也不知言天下大亂曹節王甫幽殺
太后常侍侯覽多殺黨人公卿皆尸祿無
有忠言者於是詔司隸校尉劉猛逐捕十

日一會猛以誹書言直不肯急捕月餘主

名不立（不得書猛名關主名）

中丞段頴代猛乃四出逐捕及太學游生

繫者千餘人節等怨猛不已使頴以亡事

奏猛抵罪輸左校朝臣多以為言乃免刑

復公車徵之節遂與王甫等誣奏桓帝弟

勃海王悝謀反誅之以功封

封冠軍侯節亦增邑四千六百戶并前七

千六百戶父兄子弟皆為公卿列校牧守（二十一）

令長布滿天下節弟弟破石為越騎校尉越

騎營五百妻有美色（韋昭辯釋名曰五百字本為伍伯當也伯道使之）

破石從求之五百（導引當道陌中以驅除也今俗呼行杖人為五百也）

不敢違妻執意不肯行遂自殺其淫暴無

道多此類也光和二年司隸校尉陽球奏

誅王甫及子長樂少府萌沛相吉皆死獄

中時連有災異郎中梁人審忠以為朱瑀

等罪惡所感乃上書曰臣聞理國得賢則

安失賢則危故舜有臣五人而天下理曰（五）

謂禹稷契各

陶伯益也（論語也）陛下

湯舉伊尹不仁者遠（論語也）陛下

即位之初未能萬機皇太后念在撫育權

時攝政故中常侍蘇康管霸應時誅

殄竇后傳誅（竇后思竇后實思）

太傅陳蕃大將軍竇武考其黨

與志清朝政華容侯朱瑀知事覺露禍及

其身遂與造逆謀作亂王室撞踘省闥（音撞）

骨肉母子之恩遂迫脅陛下聚會群臣離間（直江反 執奪璽綬迫脅陛下）

割裂城社自相封賞父子兄弟被蒙尊榮

素所親厚布在州郡或登九列或據三司

不惟祿重位尊之貴而苟營私門多畜財

貨繕修第舍連里竟巷盜取御水以作魚

釣為窨（水入宮苑御水）

車馬服玩擬於天家群公卿士

杜口吞聲莫敢有言州牧郡守承順風旨

辟召選舉釋賢取愚故蟲蝗為之生夷寇

為之起天意憤盈積十餘年故頻歲日食

於上地震於下所以譴戒人主欲令覺悟

誅鉏無狀昔高宗以雉雊之變故獲中興

上半

之功

高宗祭有雄外鼎耳而維高
宗修德殷以中興見尚書也

悟陛下發赫斯之怒故王甫父子應時誅
戮鄭玄注云謂所殺者之左耳
詩魯頌曰在泮獻誠音古獲反

近者神祇啓

不稱善若除父母之讎誠怪陛下復忍尊
路人士女莫

巨之類不悉殄滅曹節等也昔秦信趙高以
獲悖焉以為闇

危其國吳使刑人身遺其禍
左傳曰吳伐越

逐乾侯以不用宮之奇子家駒以至滅辱
虞公抱寶牽馬魯昭見　陳至抱

遂死焉
公羊傳曰晉大夫苟息曰
假道於虞以伐虢宮之奇諫不聽俟晉滅虞虞抱

今以不忍之恩赦夷族之罪姦謀一

成悔亦何及目為郎十五年皆耳目聞見

塙之所為誠皇天所不復赦願陛下留漏

刻之聽裁省竄醜類以荅天怒與

瑀考驗有不如言願受湯鑊之誅妻子并

從以絕妄言之路章寢不報節遂領尚書

令四年卒贈車騎將軍後瑀亦病卒皆養

【後漢列傳六十八】二十三

下半

子傳國襲忠字公誠官官誅後辟公府

呂強字漢盛河南成皐人也少以宦者為
小黃門再遷中常侍為人清忠奉公靈帝

時例封官者以強為都鄉侯強辭讓懇惻
固不敢當帝乃聽之因上疏陳事曰臣聞

諸侯上象四七下裂王土高祖重約非功
臣不宜當帝明勸戒申中常

侍曹節王甫張讓等及侍中許相並為列
侯節等官宮祐薄品皆人賤讒諂媚主佞

之明成私樹之黨而陛下不悟妄授茅土
未被輦裂之誅胡亥輦裂以車裂也掩朝廷

邪徵寵放毒人物疾妒忠良有趙高之禍
趙高指鹿為馬而殺之也

開國承家小人是用易曰開國承
人重金兼紫　金印紫綬重也　又并及家

重恩不念爾祖述脩厥德　詩大雅云無念爾
祖聿脩厥德　相繼為藩輔受國

也而交結邪黨下比羣佞陛下或其瑣才
小特蒙恩澤又授位乖越賢十不外素

餐私倖必加榮擢陰陽乖剌稼穡荒蕪
鄭玄

【後漢列傳六十八】二十四　林俊

注周禮云蕘有實者草有實者

人用不康固不由茲臣誠知封事已行言之無逮所以冒死干觸陳愚忠者實願陛下損政既謬從此一止臣又聞後宮綵女數千餘人衣食之費日數百金此穀雖賤而戶有飢色寨法當貴而全更賊者由賦發繁數以解縣官故賤難穀以供後宮女無用填積後庭天下雖復盡力耕桑猶不能供

【後漢列傳六十八　二十五】

普楚女悲愁則西宮政災羊之寒不敢衣飢不敢食民有斯厄而莫之悲愁怨曠所生也況終年積聚豈無憂乎夫天生蒸民立君以牧之君道得則民戴之如父母仰之猶日月雖使司牧之勿使失其性也母仰之猶日月蓋之如天容之如地人奉其君愛之如父母仰之猶日月

時有征稅猶望其仁恩之惠易曰悅以使民民忘其勞悅以犯難民忘其死易曰聖人南面而聽明而化社君副主宜諷誦斯言南面當國宜履行其事 預注左傳曰當國執政也

又承詔書當於

河間故國起解瀆之館陛下龍飛即位雖從藩國然既處九天之高豈宜有顧戀之意 【楚辭曰圓則九重軌 營度之圓謂天也】絕而當勞民單力未見其便又令外戚四姓貴倖之家及中官公族無功德者造起館舍凡有萬數樓閣連接丹青素堊雕刻之飾不可單言喪葬踰制

【後漢列傳六十八　二十六】

奢麗過禮競相放效莫肯矯拂制君如杅民如水杅方則水方杅圓則水圓穀梁傳曰計盡則怨力盡則對尸子曰猶風之靡草令上無去奢之儉下有繼欲之敝至使禽獸食民之甘木土衣民之帛昔師曠諫晉平公曰梁柱衣繡民無褐衣池有弃酒士有渴死廄馬秣粟民有飢色近臣不敢諫遠臣不得暢此之謂也又聞前召議郎蔡邕對問於金商門

而令中常侍曹節王甫等以詔書喻旨豈
不敢懷道迷國而切言極對毀刺貴目譏
呵賢官陛下不密其言至令宣露羣邪項
領膏脣拭舌 毛詩曰駕彼四牡四牡項領四牡者人所駕養大 其領不肯為用輸大目自恣王不能使也膏脣拭舌謂欲讒毀故也競欲咀嚼造作
飛條 飛僚飛條書也 陛下回受誹謗致邑刑罪室
家徒放老幼流離豈不負忠目哉今羣目
皆以邑為戒上畏不測之難下懼剱客之
害 謂蔡邕徙朔方時謂球使刺客追邕也 臣知朝廷不復得聞忠
言矣故太尉段頒武勇冠世習於邊事垂
髮服戎功成皓首 垂髫謂童子也 歷事二主 謂桓帝靈帝也
勳烈獨昭陛下既巳式序位登台司而妻
子遠播天下惆悵功臣失望宜徵邑更授
司隸校尉陽球所見誣脅一身既斃而妻
任反頻家屬則忠貞路開衆怨以弭矣天
知其忠而不能用時帝多稱私臧收天下
之珍每郡國貢獻先輸中署名為道行貴 中署內署也導引也貢獻外別 有所入以為所獻希之導引也
強上疏諫曰天

下之財莫不生之陰陽歸之陛下豈 萬物稟陰陽而生
歸之陛下豈有公私而今中尚方斂諸郡
之寶中御府積天下之繒西園引司農之
藏中廄聚太僕之馬而所輸之府輒有導
行之財調廣民困費多獻少姦吏因其利
百姓受其敝又阿媚之臣好獻其私容之
姑息自此而進舊典選舉委任三府三府
有選參議掾屬咨其行狀度其器能 咨謀也
受試任用責以成功若無可察然後付之
尚書 司書舉劾請下廷尉覆案虛實行其 誅罰今但任尚書或復勅用如是三公得 免選舉之負尚書亦復不坐責賞無歸豈 肯空自苦勞乎夫立言無顯過之咎明鏡 無見玭之尤如惡立言以記過則不學 也不欲明鏡之見玭則不照也韓子曰古 人之目短 於自見故以鏡觀面智短於自規故以道正已鏡無 見疵之罪道無明過之惡目失鏡則無以正鬚眉身 失道則無以知迷惑班典疵同也
見玭為責書奏不省中平元年黃巾賊起

帝問強所宜施行強欲先誅左右貪濁者
大赦黨人料簡刺史二千石能否帝納之
乃先赦黨人於是諸常侍人人求退又各
自徵還宗親子弟在州郡者中常侍趙忠
夏惲等遂共攜強云與黨人共議朝廷數
讀霍光傳〔言其欲謀廢立也〕強兄弟所在並皆貪穢
帝不悅使中黃門持兵召強強聞帝召怒
曰吾死矣丈夫欲盡忠國家豈能對
獄吏乎遂自殺忠惲復譖曰強見召未知
所問而就外草自屏有姦明審〔外草自屏謂在外野章中〕
自殺遂收捕宗親没入財產焉時官者濟
也
陰丁蕭下邳徐衍南陽郭耽汝陽李巡北
海趙祐等五人稱為清忠皆在里巷不爭
威權巡以為諸博士試甲乙科爭弟高下
更相告言至有行賂定蘭臺漆書經字以
合其私文者乃白帝與諸儒共刻五經文
於石於是詔蔡邕等正其文字自後五經
一定爭者用息趙祐博學多覽著作校書

諸儒稱之又小黃門甘陵吳伉善為風角
博達有奉公稱知不得用常託病還寺舍
從容養志云
張讓者潁川人趙忠者安平人也少皆給〔預與　音延〕
事省中桓帝時為小黃門忠以與誅梁冀
功封都鄉矦〔預　音延熹八年黜為關中矦〕
食本縣租千斛靈帝時讓忠並遷中常侍
封列矦與曹節王甫等相為表裏節死後
忠領大長秋讓有監奴典家事交通貨
賂威形諠赫共風人孟佗〔佗音駝　三輔決錄注曰佗字伯郎〕資產饒贍
與奴朋結傾竭饋問無所遺愛奴咸德之
問佗曰君何所欲力能辦也曰吾望汝曹
為我一拜耳時詣讓後至不得進監奴乃率諸
倉頭迎拜於路遂共舉車入門賓客咸驚
謂佗善於讓皆爭以珍玩賂之佗分以遺
讓讓大喜遂以佗為涼州刺史
以蒲陶酒一斗遺讓讓〔遺讓　即拜佗為涼州刺史〕
是時讓忠及夏惲郭勝

孫璋畢嵐栗嵩段珪高望張恭韓悝宋典
十二人皆為中常侍封侯貴寵父兄子弟
布列州郡所在貪殘為人蠹害宮黃巾既作
盜賊糜沸郎中中山張鈞上書曰竊惟張
角所以能興兵作亂萬人所以樂附之者
其源皆由十常侍多放父兄子弟婚親賓
客典據州郡辜榷財利侵掠百姓百姓之
冤無所告故謀議不軌聚為盜賊宜斬
十常侍縣頭南郊以謝百姓又遣使者布
告天下可不須師旅而大寇自消天子以

後漢列傳六十八　三十一　本帝

鈞章示讓等皆免冠徒跣頓首乞自致洛
陽詔獄並出家財以助軍費有詔皆冠履
視事如故帝怒鈞曰此真狂子也十常侍
固當有一人善者不鈞復重上猶如前章
輒寢不報詔使廷尉侍御史考治張角為
者御史承讓等旨遂誣奏鈞學黃巾道
掠死獄中而讓等實多與張角交通後中
常侍封諝徐奉事獨發覺坐誅帝因怒詰

讓等曰汝曹常言黨人欲為不軌皆令禁
錮或有伏誅今黨人更為國用汝曹反與
張角通為可斬未皆叩頭云故中常侍王
甫侯覽所為帝乃止明年南宮災讓忠等
說帝斂天下田畝稅十錢以修宮室發
太原河東狄道諸郡材木及文石每州郡
部送至京師黃門常侍輒令譴呵不中者
因強折賤買十分雇一（雇謂酬其本價也）因復貨之於
官官復不為即受材木遂至腐積宮室連
年不成刺史太守復增私調百姓呼嗟凡

後漢列傳六十八　三十二　徐璆祖

詔所徵求皆令西園騶密約勑（騶養馬者號曰馬人）
中使恐動州郡多受賕賂刺史二千石及
茂才孝廉遷除皆責助軍修宮錢大郡至
二三千萬餘各有差當之官者皆先至西
園諧價然後得去（定其價也論賣有錢不畢者或）
至自殺其守清者乞不之官皆迫遣之時
鉅鹿太守河內司馬直新除以有清名減
責三百萬直被詔悵然曰為民父母而反

割剝百姓以稱時求吾不忍也辭疾不聽

行至孟津上書極陳當世之失古今禍敗

之戒即吞藥自殺奏帝為暫絕修宮錢

又造萬金堂於西園引司農金錢繒帛仞

積其中也又還河間買田宅起第宅帝

本族家宿貪每歎桓帝不能作家居故賣

為私藏復藏寄小黃門常侍錢各數千萬

常云張常侍是我公趙常侍是我母官官常

得志無所憚畏並起第宅擬則宮室帝常

使中大人尚但諫曰天子不當登高

登永安候臺官官恐其望見居處乃

登高則百姓虛散自是不敢復升臺榭

四鐘皆受二千斛縣於玉堂及雲臺殿前

鑄銅人四列於倉龍玄武闕又鑄

人令宋典繕修南宮玉堂又使掖庭令畢嵐

又鑄天祿蝦墓吐水於平門外橋東轉水

入宮又作翻車渴烏

施於橋西用灑南北郊路以省百姓灑道

之費又鑄四出文錢錢皆四道識者竊言

俊虐已其刑象兆見此錢成必四道而去

及京師大亂錢果流布四海復以忠為車

騎將軍百餘日罷六年帝崩中軍校尉表

紹說大將軍何進進入省遂共殺而紹勒兵

斬忠讓捕官官無少長悉斬之讓等數十人

劫質天子走河上追急讓等悲哭辭曰臣

等殄滅天下亂矣惟陛下自愛皆投河而

死

論曰自古喪大業絕宗禋者其所漸有由

矣三世以嬖色取禍

奢虐致災西京自外戚失柞東都緣

閹尹傾國成敗之來先史商之久矣

至於釁起官夫其略猶可言何者刑餘

之醜理謝全生聲榮無暉於門閥肌膚莫

傳於來體推情未鑒其敝即事易以取信

加漸涤朝事頗識典物故少王憑謹舊之

庸女君資出內之命顧訪無猜憚之心恩

狎有可悦之色亦有忠厚平端懷術糾邪

謂呂 或敏才給對飾巧亂實 若良貪對順 或
強也

借譽卓良先時薦譽 曹騰進邊詔 非真苟恣
延固等也 帝不舉人也 或

凶德止於暴橫而已然真邪並行情貌相

越德止於 故能回惑昏幼迷瞽徒
忠而情實姦邪 詐利既滋朋徒

日廣直臣抗議必漏先言之閒 謂蔡邕對詔
音技 王甫曹節竊

觀之乃宣布於
外而邕下獄也 至戚發憤方啓車奪之際 謂

漸矣由辯之不早辯也易曰履霜堅冰至蓋言順
之故其所由來者 易曰非一朝一夕

也言初履霜而堅冰至者以喻物漸而至大也

斯忠賢所以智屈社稷故其 實

為墟易曰履霜堅冰至云所從來久矣今

迹其所以亦當一朝一夕哉

贊曰任失無小過用則違況乃巷職違參
武諫誅官者反
為官者所殺也

天機毛詩曰寺人巷伯作爲此
漸矣寺人之職也

威凶家害國夫豈異歸
尚書曰臣無作威
臣有作威作福其害

而家凶于而國又曰
福其害于

爲惡不同同歸於亂

子

唐章懷太子賢注

後漢列傳六十九上　楊城

劉昆	洼丹
任安	楊政
張興	戴憑
孫期	歐陽歙
牟長	宋登
張馴	尹敏
周防	孔僖
楊倫	

昔王莽更始之際，天下散亂，禮樂分崩，典文殘落。及光武中興，愛好經術，未及下車，而先訪儒雅，採求闕文，補綴漏逸。*禮記曰：武王克殷反商，未及下車於商。* 先是四方學士多懷協圖書，遁逃林藪。自是莫不抱負墳策，雲會京師。范升、陳元、鄭興、杜林、衛宏、劉昆、桓榮之徒，繼踵而集。於是立五經博士，各以家法教授，有施、孟、梁丘、京氏尚書歐陽大小

夏侯詩齊魯韓，禮大小戴，春秋嚴、顏，凡十四博士，太常差次總領焉。建武五年，乃修起太學，稽式古典，*邊豆禮器也。竹謂之邊，木謂之豆也。戚鉞也，舞者所執。方領者，所著服也中。* 邊豆千戚之容備之於列，服方領習矩步者，委佗乎其中。*委音於危反。佗音以支反。* 子始冠通天，*徐廣輿服雜注曰：天子朝服通天冠。高九寸，黑介幘，金薄山述，備山冠也。制度曰：胡廣漢衣日月，*續漢志曰：星辰，服制度曰：天子雲日月星辰也。* 元元年初建三雍，明帝即位，親行其禮。*三雍明堂、辟雍、靈臺也。* 天備法物之駕，*續漢輿服注曰：天子朝則公卿奉引，大將軍驂乘太僕御屬車八十一乘，備千乘萬騎法駕公卿奉引，大駕則公卿奉引，大將軍驂乘太僕御屬車三十六乘，小駕大駕法星辰也。* 盛清道之儀，*蔡邕獨斷曰：天子出有大駕法駕小駕。法駕公卿不在鹵簿，唯河南尹執金吾洛陽令奉引，侍御史整車騎出乘輿金根，奉引屬車三十六乘以蕫頭為前驅，以靜室令還持斧。車耳御屬車三十六乘，漢官曰清道也。* 坐明堂而朝群后。*在鹵簿唯河南尹執金吾洛陽令奉引侍中驂乘太僕御屬車八十一乘。李賢* 袒割辟雍，*者門外皆有橋觀者水外其門外有水以節觀者。橋門上李賢。* 輦后登靈臺以望雲物，*見明帝紀。* 袒割辟雍，*橋門也。四門外皆有橋故古圓橋門也圜遠也。* 之上尊養三老五更，饗射禮畢，帝正坐自講，諸儒執經問難於前，冠帶縉紳之人，圜橋門而觀聽者，蓋億萬計。其後復為功臣子孫、四姓末屬別立校舍，搜選高能以受其業，自期門羽林之士，悉令通孝經章句，匈奴

亦遣子入學濟濟乎洋洋乎盛於永平矣

建初中大會諸儒於白虎觀考詳同異連

月乃罷肅宗親臨稱制如石渠故事（石渠見章）

紀顧命史臣著為通義（即白虎通義是又詔高才）

生受古文尚書毛詩穀梁左氏春秋雖不

立學官然皆擢高第為講郎給事近署所

以網羅遺逸博存眾家孝和亦數幸東觀

覽閱書林及鄧后稱制學者頗懈時樊準

徐防並陳敦學之宜又言儒職多非其人

於是制詔公卿妙簡其選三署郎能通經

術者皆得察舉自安帝覽政薄於藝文博

士倚席不講（席席間函丈注云謂講間三席又曰若非歙食之客則布

　　客也倚席言不施講生也）朋徒相視怠散學舍

積敝鞠為園疏（詩小雅曰鞫為茂草注云鞫窮也）牧兒蕘豎

至於新刈其下順帝感翟酺之言乃更修

黌宇（說文曰黌學也賣與橫同）凡所造構二百四十房千

八百五十室試明經下第補弟子增甲乙

之科員各十人除郡國耆儒皆補郎舍人

本初元年梁太后詔曰大將軍下至六百

石悉遣子就學每歲輒於鄉射月一饗會（漢官儀曰春三月秋九月晉使皆使太學學生）

之以此為常（鄉射禮）

遊學增盛至三萬餘生然章句漸疏而多

以浮華相尚儒者之風蓋衰矣黨人既誅

其高名善士多坐流廢後遂至忿爭更相

言告亦有私行金貨定蘭臺漆書經字以

合其私文熹平四年靈帝乃詔諸儒正定

五經刊於石碑為古文篆隸三體書法以（古文謂孔子壁中書篆書秦篆書也謝承書曰蔡邕立石碑於南河南郡設使石經文都似碑高一丈許廣四尺駢羅相接）使天

下咸取則焉初光武遷還洛陽其經牒祕

書載之二千餘兩自此以後參倍於前及

董卓移都之際吏民擾亂自辟雍東觀蘭

臺石室宣明鴻都諸藏典策文章競共剖

散其縑帛圖書大則連為帷蓋小乃制為

滕囊（滕亦勝也音徒恆切及王允所收而西者

裁七十餘人乘道路艱遠復弃其半矣後長

安之亂一時焚蕩莫不泯盡焉東京學者

猥衆難以詳載今但錄其能通經名家者

以為儒林篇其自有列傳者則不兼書若

師資所承者乃著之云　老子曰善人者不善人之師也不善人者善人之資也故因曰師資

標名為證者乃著之云　宜

梁丘賀　前書鄉賀字長翁 字長翁

由是易有施孟梁

前書云田何傳易授丁寬　丁寬字子襄授

田王孫王孫授沛人施讎東海孟喜琅邪

之學又東郡京房受易於梁國焦延壽

傳易授琅邪王橫為費氏學費氏　前書直 李莽

古字號古文易又沛人高相傳易授子康

及蘭陵母將永為高氏學　母將姓也母讀曰無

丘京氏四家皆立博士費高二家未得立

施孟梁　本以

劉昆字桓公陳留東昏人　東昏屬陳留郡東 緍屬山陽郡讖本

梁孝王之胤也少習容禮　容儀也譬徐生善為

者誤作 為禮官大夫 平帝時受施氏易於沛人戴

賓能彈雅琴知清角之操　劉向別錄曰雅琴

教授弟子恒五百餘人每春秋饗射常備

王莽世

列典儀以素木瓟葉為俎豆桑弧蒿矢以

射菟首

屬而觀之王莽以昆多聚徒衆私行大禮

林俊

有僭上心乃繫昆及家屬於外黃獄尋莽

敗得免既而天下大亂昆避難河南負犢

山中　郡國志河南有負犢山

逃教授於江陵光武聞之即除為江陵令

時縣連年火災昆輒向火叩頭多能降雨

止風徵拜議郎稍遷侍中弘農太守先是

崤黽驛道多虎災行旅不通昆為政三年

仁化大行虎皆負子度河帝聞而異之二

十二年徵代杜林為光祿勳詔問昆曰前

在江陵反風滅火後守弘農虎北度河行
何德政而致是事昆對曰偶然耳左右皆
笑其質訥帝歡曰此乃長者之言也顧命
書諸策乃今八授皇太子及諸王小庆五
十餘人二十七年拜騎都尉三十年以老
乞骸骨詔賜洛陽第舍以千石祿終其身
中元二年卒子軼字文傳昆業門徒亦
盛永平中斋太子中庶子建初中稍遷宗
正卒官遂世堂宗正焉

洼丹字子玉【風俗通
注音圭】南陽育陽人也世傳孟
氏易王莽時常避世教授專志不仕徒衆
數百人建武初為博士稍遷十一年為大
鴻臚作易通論七篇世號洼君通丹學義
研深易家宗之稱為大儒十七年卒於官
年七十時中山艀陽鴻字孟孫也艀音胡兀
反其字從角字或作 亦以孟氏易教授有名稱
鮮從魚者音胡佳反

永平中為少府

任安字定祖廣漢綿竹人也少遊太學受
孟氏易兼通數經又從同郡楊厚學圖讖
究極其術時人稱曰欲知仲桓問任安又
日居今行古任定祖學終運家教授諸生
自遠而至初仕州郡後太尉再辟除博士
公車徵皆稱疾不就州牧劉焉表薦之時
王塗關塞詔命竟不至年七十九建安七
年卒于家

楊政字子行京兆人也少好學從代郡范
升受梁丘易善說經書京師為之語曰說
經鏗鏗楊子行教授數百人范升嘗為出
婦所告坐繫獄政乃肉袒以箭貫耳抱升
子潛伏道傍候車駕而持章叩頭大言曰
范升三娶唯有一子今適三歲孤之可哀
武騎虎賁懼驚乘輿舉弓射之猶不肯去
旄頭又以戟叉政傷政猶不退哀泣辭
請有感帝心詔曰乞楊生師乞讀日氣即尺一
出升政由是顯名為人嗜酒不拘小節果
敢自矜然篤於義時帝壻梁松皇后弟陰

就皆慕其聲名而請與交友政每共言論
常切瑳懇至不爲屈撓嘗詣楊虛侯馬武
武難見政稱疾不爲起政入戶徑升牀排
武把臂責之曰卿蒙國恩備位藩輔不思
求賢以報殊寵而驕天下英俊此非養身
之道也今日動者刀入脅武諸子及左右
皆大驚以爲見劫操兵滿側政顏色自若
會陰就責數武令爲交友其剛果任情
皆如此也建初中官至左中郎將

二百十

張興字君上穎川鄢陵人也習梁丘易以
教授建武中舉孝廉爲郎謝病去復歸聚
徒後辟司徒馮勤府勤舉爲孝廉稍遷博
士永平初遷侍中祭酒十年拜太子少傅
顯宗數訪問經術既而聲稱著聞弟子自
遠至者著錄且萬人爲梁丘家宗　籍錄十
四年卒於官子魴傳興業位至張袚屬國
都尉

戴憑字次仲汝南平輿人也習京氏易年

十六郡舉明經徵試博士拜郎中時詔公
卿大會羣臣皆就席憑獨立光武問其意
憑對曰博士說經皆不如臣臣上
是以不得就席帝即召上殿令與諸儒難
說憑多所解釋帝善之拜爲侍中數進見
問得失帝謂憑曰侍中當匡補國政勿有
隱情憑對曰陛下嚴何用嚴憑曰
伏見前太尉西曹掾蔣遵清亮忠孝學通
古今陛下納膚受之訴遂致禁錮　論語孔
受之訴注云謂受人之訴辭　世以是爲嚴帝怒
曰汝南子欲復黨乎憑出自繫廷尉有詔
勑出後復引見憑謝曰臣無謇諤之節而
有狂瞽之言不能以尸伏諫
且死謂其子曰我數知蘧伯玉之賢　韓詩外傳曰昔
生苟活誠慚聖朝帝即勑尚書解遵禁錮
拜憑虎賁中郎將以侍中兼領之正旦朝
賀百僚畢會帝令羣臣能說經者更相難

詰義有不通輒奪其席以益通者馮遂重
坐五十餘席故京師為之語曰解經不窮
戴侍中在職十八年卒於官詔賜東園梓
器錢二十萬時南陽魏滿字叔牙亦習京
氏易教授永平中至弘農太守

孫期字仲彧濟陰成武人也少為諸生習
京氏易古文尚書家貧事母至孝牧豕於
大澤中以奉養焉遠人從其學者皆執經
壟畔以追之里落化其仁謙黃巾賊起過
期里陌相約不犯孫先生舍郡舉方正遣
吏齎羊酒請期期驅豕入草不顧司徒黃
琬特辟不行終於家建武中范升傳孟氏
易以授楊政而陳元鄭眾皆傳費氏易其
後馬融亦為其傳融授鄭玄玄作易注荀
爽又作易傳自是費氏興而京氏遂衰

前書云濟南伏生（名勝字子賤）傳尚書授濟南張生
及千乘歐陽生（名和伯）歐陽生授同郡兒
寬寬授歐陽生之子世世相傳至曾孫歐

陽高字高陽為尚書歐陽氏學張生授夏侯
都尉（名都尉）都尉授族子始昌始昌傳族子
勝為大夏侯氏學勝傳從兄子建別為
小夏侯氏學三家皆立博士又魯人孔安
國傳古文尚書授都尉朝（姓都尉名朝）朝授膠
東庸譚為尚書古文學未得立

歐陽歙字正思樂安千乘人也自歐陽生
傳伏生尚書至歙八世皆為博士歙既傳
業而恭謙好禮讓王莽時為長社宰（長社今許
州縣也）更始立為原武令世祖平河北到原
武見歙在縣脩政遷河南都尉後行太守
事世祖即位始為河南尹封被陽侯（被陽縣名
苑縣西南）建武五年坐事免官明年拜揚
州牧遷汝南太守推用賢俊政稱異迹九
年更封夜侯（夜縣今萊州掖縣）歙在郡教授數百人
視事九歲徵為大司徒坐在汝南臧罪千
餘萬發覺下獄諸生守闕為歙求哀者千
餘人至有自髡剔者平原禮震年十七聞

獄嘗斷馳之京師行到河內獲嘉縣自繫
上書求代歆死曰伏見臣師大司徒歐陽
歆學為儒宗八世博士而以藏各當伏重
辜歆門單子幼未能傳學身死之後當永為
廢絕上令陛下使學者
師資之益乞殺臣身以代歆命書奏而歆
已死獄中
〔震郎中後以公事左遷淮陽王廐長〕
歆揉陳元上書追訟之言甚切至帝乃賜
棺木贈印綬賻縑三千四千子復嗣復卒無
〔謝承書曰震字仲威武嘉其仁義拜〕
子國除濟陰
〔陳從〕

曹曾字伯山從歆受尚書門徒三千人位
至諫議大夫子祉河南尹傳父業教授又
〔續漢書曰曾字伯山尚書教授躬自〕
陳留陳弇字叔明亦受歐陽尚書於司徒
〔耕種常有黃雀飛來隨令朝夕〕
丁鴻仕為蘄長
牟長字君高樂安臨濟人也其先封牟年
〔宋弘〕
秋之末國滅因氏焉長少習歐陽尚書不
〔也 宋弘特辟〕
仕王莽世建武二年大司空弘坐墾田不實免長
拜博士稍遷河內太守

自為博士及在河內諸生講學者常有千
餘人著錄前後萬人著尚書章句皆本之
歐陽氏俗號為牟氏章句復為中散大
夫賜告一歲卒於家子紆又以隱居教授
〔在路死也案魏臺訪問物故之義高堂隆合〕
〔曰聞之先師物故者無也故事也言死者無復所〕
〔能於〕
〔事也〕
門生千人肅宗聞而徵之欲以為博士道
物故
宋登字叔陽京兆長安人也父由為太尉
登少傳歐陽尚書教授數千人為汝陰令
政為明能號稱神父遷趙相入為尚書僕
射順帝以登明識禮樂使持節臨太學奏
定典律轉拜侍中數上封事抑退權臣由
是出為潁川太守市無二價道不拾遺病
免卒于家汝陰人配社祠之
張馴字子儁濟陰定陶人也少遊太學能
誦春秋左氏傳以大夏侯尚書教授辟公
府舉高第拜議郎與蔡邕共奏定六經文
子權拜侍中典領祕書近署甚見納異多

因便宜陳政得失朝廷嘉之遷丹陽太守

化有惠政光和七年徵拜尚書遷大司農

初平中卒於官

尹敏字幼季南陽堵陽人也〔堵音者〕為諸

生初習歐陽尚書後受古文兼善毛詩穀

梁左氏春秋建武二年上疏陳洪範消災

之術時世祖方草創天下未遑其事命敏

待詔公車拜郎中辟大司空府以敏博

通經記令校圖讖使蠲去崔發所為王莽

著錄次比〔前書王莽居攝三年廣饒矦劉京車騎將軍千人扈雲言巴郡石牛鴻臚奏符命京師言齊郡新井雲言臨淄縣雍石牛雍石文告帝符命迎到未央宮之前殿臣與太保安陽矦舜等視天告符命文曰天帝行璽風止得銅匭圖於石前文曰天告帝符獻者封矦承命用神說騎都尉崔發等視說其後崔發封說等視說其後恭封發為說符矦〕

敏對曰讖書

非聖人所作其中多近鄙別字頗類世俗

之辭恐疑誤後生帝不納敏因其闕文增

之曰君無口為漢輔帝見而怪之召敏問

其故敏對曰臣見前人增損圖書敢不自

量竊幸萬一帝深非之雖竟不罪而亦以

此沈滯與班彪親善每相遇輒日旰忘食

夜分不寐〔旰晚也〕自以為鍾期伯牙莊周惠

施之相得也〔說苑曰伯牙鼓琴鍾子期聽之方鼓琴志在於山水子期曰善哉巍巍乎若泰山湯湯乎若流水子期死伯牙破琴絕絃終身不復鼓琴以為世無足為鼓琴者莊子曰莊子送葬過惠子之墓顧謂從者曰郢人堊慢其鼻端若蠅翼使匠石斲之匠石運斤成風聽而斲之盡堊而鼻不傷郢人立不失容宋元君聞之召匠石曰嘗試為寡人為之匠石曰臣則嘗能斲之雖然臣之質死久矣自夫子之死吾無以為質矣吾無與言之也至反蠅翼薄音之〕

後三遷長陵令永平五年

詔書捕繫免官及出歎曰瘖聾之徒真世之

敏坐繫捕男子周慮慮素有名稱而善於敏

有道者也何謂察察而遇斯斯惠乎十一

除郎中遷諫議大夫卒於家

周防字偉公汝南汝陽人也父揚少孤微

常脩旅逆旅〔逆旅客舍也〕以供過客而不受

其報防年十六仕郡小吏世祖巡狩汝南

召掾史試經防尤能誦讀拜為守丞防以

未冠謁去〔禮男子二十而冠自以年未成人故請去謁請也〕

刺史蓋豫受古文尚書經明舉孝廉拜郎

中撰尚書雜記三十二篇四十萬言太尉

張禹薦補博士稍遷陳留太守坐法免年七十八卒於家子舉自有傳

孔僖字仲和魯國魯人也自安國以下世傳古文尚書毛詩曾祖父子建少遊長安與崔篆友善及篆仕王莽爲建新大尹（莽改千乘國曰建信又改曰建新郡守曰大尹）嘗勸子建仕對曰吾有布衣之心子有袞冕之志各從所好不亦善乎道既乖矣請從此辭遂歸終於家僖與崔篆孫駰復相友善同遊太學習春秋因

讀吳王夫差時事僖廢書歎曰若是所謂畫龍不成反爲狗者（夫差伐越敗之越王句踐乃以甲兵五千人棲於會稽使大夫種因吳太宰嚭而行成吳王將許之伍子胥諫曰今不滅後必悔之吳王不聽後句踐滅吳吳王曰吾悔不用子胥之言遂自剄死）駰曰然昔孝武皇帝始爲天子年方十八崇信聖道師則先王五六年間號勝文景（前書武帝年十七即位即位一年議立明堂安車蒲輪徵魯申公六年舉賢良班固贊曰以武帝之雄才大略不改文景之恭儉以濟斯人雖詩書所稱何以加茲也）及後恣己忘其前之爲善（謂武帝末年好神仙祭祀之事征伐四夷連兵三十餘年又信巫蠱天下戶口減半人相食筭及舟車官賣鹽鐵也）僖曰書傳若此多矣鄰房生梁郁儳和之曰（儳謂不與之言而傍對也禮記曰無儳言儳音仕鑒反）如此武帝亦是狗邪僖駰默然不對郁怒恨之陰上書告駰僖誹謗先帝刺譏當世事下有司駰詣吏受訊僖以吏捕方至恐誅乃上書肅宗自訟曰臣之愚意以爲凡言誹謗者謂實無此事而虛加誣之也至如孝武皇帝政之美惡顯在漢史坦如日月是爲直說書傳實事非虛謗也夫帝者爲善則天下之善咸歸焉

其不善則天下之惡亦萃焉斯皆有以致之故不可以誅於人也（誅責也）且陛下即位以來政教未過而德澤有加（言政教未有過失也）天下所具也臣等獨何譏刺哉假使所非實是則固應悛改儻其不當亦宜含容又何罪焉陛下不推原大數深自爲計徒肆私忿以快其意臣等受戮死即死耳顧天下之人必回視易慮以此事闚陛下心自今以後苟見不可之事終莫復言者矣臣之所

以不愛其死猶敢極言者誠為陛下深惜

此大業陛下若不自惜則臣何賴焉齊桓

公親揚其先君之惡以唱管仲

下乃欲以十世之武帝遠譚實事豈不與

然後羣臣得盡其心令陛

御名公異哉臣恐有司卒然見横銜恨蒙枉

不得自叙使後世論者擅以陛下有所方

比寧可復使子孫追掩之乎謹詣闕伏待

重誅帝始亦無罪僖等意及書奏立詔勿

問拜僖蘭臺令史元和二年春帝東巡狩

還過魯幸闕里以太牢祠孔子及七十二

弟子作六代之樂大會孔氏男子二十以上者

六十三人命儒者講論僖因自陳謝帝曰

今日之會寧於卿宗有光榮乎對曰臣聞

明王聖主莫不尊師貴道今陛下親屈萬

乘辱臨敝里此乃崇禮先師增輝聖德至

於光榮非所敢承帝大笑曰非聖者子孫

焉有斯言乎遂拜僖郎中賜襃成侯損及

孔氏男女錢帛詔僖從還京師使校書東

觀冬拜臨晉令崔駰以家林篆之易林也

謂為不吉止僖曰學不

人仕不擇官凶吉由己而由卜乎在縣三

年卒官遺令即葬二子長彥季彥並十餘

歲蒲坂令許然勸令反魯對曰今載柩

而歸則達父之命舍墓而去心所不忍遂留

華陰長彥好章句學季彥守其家業門徒

數百人延光元年河西大雨雹大者如斗

安帝詔有道術之士極陳變異乃召季彥

見於德陽殿帝親問其故對曰此皆陰乘

陽之徵也今貴臣擅權母后黨盛陛下宜

脩聖德慮此二者帝默然左右皆惡之舉

孝廉不就三年年四十七終於家初平帝

時王恭秉政乃封孔子後孔均為襃成矦
追諡孔子為襃成宣尼及恭敗失國建武
十三年世祖復封均子志為襃亭矦損卒
子損嗣永元四年徙封襃亭矦損卒子曜
嗣曜卒子完嗣世世相傳至獻帝初國絕

（臣賢案獻帝後至魏封孔子二十一葉孫晉封二十三葉震為襃聖矦後葉孫乗為崇聖矦比齊親祠封三孔十一葉孫珍為崇聖矦魯親祠封十一帝仍舊封鄒國公隋文帝改封鄒國隋煬帝改封紹聖矦貞觀十一年封夫子裔孫孔德倫為襃聖矦倫今見存）

揚倫字仲理陳留東昏人也少為諸生師
事司徒丁鴻習古文尚書為郡文學掾更
歷數將志乖於時以不能人間事遂去職
不復應州郡命講授於大澤中弟子至千
餘人元初中郡禮請三府並辟公車徵皆
辭疾不就後特徵博士為清河王傅是歲
安帝崩倫輒弃官奔喪號泣闕下不絕聲
閻太后以其專擅去職坐抵罪順帝即位
詔免倫刑遂留行喪于恭陵服闋徵拜侍

中是時邵陵令任嘉在職貪穢因遷武威
太守後有司奏嘉臧罪千萬徵考廷尉其
所牽染將相大臣百有餘人倫乃上書曰
臣聞春秋誅惡及本本誅則惡消振裘持
領領正則毛理令任嘉所坐狼藉未受辜
以禁絕姦萌使後湖陸令張騰蕭令駟賢
襲猥以垢身改典大郡自非案坐舉者無
徐州刺史劉福等皆䝱穢伏其誅而
狂狼之吏至令不絕者豈非本舉之主不

加之罪乎昔齊威之霸殺姦臣五人并及
舉者以弭謗讟當斷不斷黃石所戒（黃石公三略曰當斷反受其亂）夫聖王所以聽僮夫
匹婦之言者猶塵埃加嵩岱霧集淮海雖未有益不為
損也惟陛下留神省察奏御有司以倫言
切直辭不遜順下之尚書奏倫探知密事
激以求直坐不敬結鬼薪（取薪以給宗廟三歲刑也）
詔書以倫數進忠言特原之免歸田
里陽嘉二年徵拜太中大夫大將軍梁商

以爲長史諫諍不合出補常山王傳病不
之官詔書勑司隸催促發遣倫乃留河內
朝歌以疾自上曰有留死一尺無北行一
寸列頸不易於三軍（論語曰三軍可奪帥匹夫不可奪志　裂死也楚詞曰雖九死其猶未悔也）
夫所執彊於二軍帥匹夫不可奪志固敢有辭
帝乃下詔曰倫出幽升高龍以匹
藩傅稽留王命擅止道路託疾自從苟肆
狷志（狷在狷也音絹）遂銜詣廷尉有詔原罪倫前
後三徵皆以直諫不合既歸閉門講授自
絕人事公車復徵遂遯逃（遯逃也）不行卒於家
中興北海牟融習大夏侯尚書東海王良
習小夏侯尚書沛國桓榮習歐陽尚書榮
世習相傳授東京最盛扶風杜林傳古文
尚書林同郡賈逵爲之作訓馬融作傳鄭
玄注解由是古文尚書遂顯于世

後漢書列傳卷第六十九上

高詡　　包咸　　伏恭
魏應　　　　　景鸞
任末　　　　　杜撫
薛漢　　　　　楊仁
召馴　　　　　衛宏
趙曅
董鈞　丁恭〔一〕

【後漢列傳六十九下】　單政

周澤　　鍾興
甄宇　　樓望
程曾　　張玄
李育　　何休
服虔　　穎容
謝該　　許愼
蔡玄

前書魯人申公受詩於浮丘伯為作詁訓
是為魯詩齊人轅固生亦傳詩是為齊詩

燕人韓嬰亦傳詩是為韓詩三家皆立博
士趙人毛萇傳詩是為毛詩未得立
高詡字季回平原般人也〔般音卜滿反〕曾祖父嘉
以魯詩授元帝仕至上谷太守父容少傳
中世傳魯詩以信行清操知名王莽篡位
父子稱盲逃不仕莽世光武即位大司空
宋弘薦詡徵為郎除符離長〔符離縣故城在今徐州符離縣〕
去官後徵為博士建武十一年拜大司
農在朝以方正稱十三年卒官賜錢及家
〔東也〕

【後漢列傳六十九下】　二　李傳

田

包咸字子良會稽曲阿人也〔曲阿今潤州縣〕少為諸
生受業長安師事博士右師細君〔師右姓也習〕
魯詩論語王莽末去歸鄉里於東海界為
赤眉賊所得遂見拘執十餘日咸晨夜誦
經自若賊異而遣之因住東海立精舍講
授光武即位乃歸鄉里太守黃讜署戶曹
史欲召咸入授其子咸曰禮有來學而無

往教禮記曰觀聞來諷遂遣子師之舉孝廉
除郎中建武中入授皇太子論語又爲其
章句拜諫議大夫侍中右中郎將永平五
年遷大鴻臚每進見錫以几杖入屏不趨
賛事不名經傳有疑輒遣小黃門就舍即
問顯宗以咸有師傅恩而素清苦常特賞
賜珍玩束帛奉祿增於諸卿咸皆散與諸
生之貧者病篤帝親輦駕臨視八年年七
十二卒於官子福拜郎中亦以論語入授

和帝

魏應字君伯任城人也少好學建武初詣
博士受業習魯詩閉門誦習不交僚黨京
師稱之後歸爲郡吏舉明經除濟陰王文
學以疾免官教授山澤中徒衆常數百人
永平初爲博士再遷侍中十三年遷大鴻
臚十八年拜光祿大夫建初四年拜五官
中郎將詔入授千乘王伉應經明行修弟
子自遠方至著錄數千人肅宗甚重之數

進見論難於前特受賞賜時會京師諸儒
於白虎觀講論五經同異使應專掌難問
侍中淳于恭奏之帝親臨稱制如石渠故
事明年出爲上黨太守徵拜騎都尉卒於
官

伏恭字叔齊琅邪東武人司徒湛之兄子
也湛弟顯字稚文以明齊詩改定章句作
解說九篇位至光祿勳無子以恭爲後恭
性孝事所繼母甚謹少傳黯學以任爲郎
建武四年除劇令視事十三年以惠政公
廉聞青州舉爲尤異太常試經第一拜博
士遷常山太守敦修學校教授不輟由是
北州多爲伏氏學永平二年代梁松爲太
僕四年帝臨辟雍於行禮中拜恭爲司空
儒者以爲榮初父黯章句繁多乃省減
浮辭定爲二十萬言在位九年以病乞骸
骨罷詔賜千石奉以終其身十五年行幸
琅邪引遇如三公儀建初二年冬肅宗行

襲禮以恭為三老年九十元和元年卒賜
葬顯節陵下子壽官至東郡太守

任末字叔本蜀郡繁人也（繁縣故城在今益州新繁縣北此少）習齊詩遊京師教授十餘年友人董奉德
於洛陽病亡末乃躬推鹿車載奉德喪致
其墓所由是知名為郡功曹辭以病免後
奔師喪於道物故臨命勅兄子造曰必致
我尸於師門使死而有知魂靈不慙如其
無知得土而已造從之

景鸞字漢伯廣漢梓潼人也少隨師學經
涉七州之地能理齊詩施氏易兼受河洛
圖緯作易說及詩解文句兼取河洛以類
相從名為交集又撰禮內外記號曰禮略
又抄風角雜書列其占驗作興道一篇及
作月令章句凡所著述五十餘萬言數上
書陳救災變之術州郡辟命不就以壽終

薛漢字公子淮陽人也世習韓詩父子以
章句著名漢少傳父業尤善說災異讖緯

教授常數百人建武初為博士受詔校定
圖讖當世言詩者推漢為長永平中為千
乘太守政有異迹後坐楚事辭相連下獄
死弟子鍵為杜撫會稽澹臺敬伯鉅鹿韓
伯高最知名

杜撫字叔和鍵為武陽人也少有高才受
業於薛漢定韓詩章句後歸鄉里教授沈
靜樂道舉動必以禮弟子千餘人後為驃
騎將軍東平王蒼所辟及蒼就國掾史悉

補王官屬未滿歲皆自勉歸時撫為大夫
不忍去蒼聞賜車馬財物遣之辟太尉府
建初中為公車令數月卒官其所作詩題
約義通學者傳之曰杜君法云

召馴字伯春九江壽春人也曾祖信臣元
帝時為少府（前書信臣字翁卿南陽人親受號曰召父建武）中為卷令（卷縣屬滎陽郡卷音丘員反）
少習韓詩博通書傳以志義聞鄉里號之
曰德行恂恂召伯春累仕州郡辟司徒府

建初元年稍遷騎都尉侍講肅宗拜左中
郎將入授諸王帝嘉其義學恩寵甚崇出
拜陳留太守賜刀鋼錢物元和二年入為
河南尹章和二年代任隗為光祿勳卒於
官賜家塋陪園陵孫休位至青州刺史
揚仁字文義巴郡閬中人也建武中詣師
學習韓詩數年歸靜居教授仕郡為功曹（上音時掌　反下同）
與孝廉除郎太常上仁經中博士（上音時　日博士）
仁自以年未五十不應舊科（漢官儀限年五十以上）
上府讓選顯宗特詔補北宮衛士令（漢官儀曰北宮衛士令）
仁引見問當世政迹仁對以寬和
任賢抑黜驕戚為先又上便宜十二事皆
當世急務帝嘉之賜以縑錢及帝崩時諸
馬貴盛各爭欲入宮仁被甲持戟嚴勒門
衛莫敢輕進者肅宗既立諸馬共譖仁刻
峻帝知其忠善之拜什邡令（今益州什邡縣也音十方）
寬惠為政勸課掾史弟子悉令就學其有
通明經術者顯之右署（右署上司或貢之朝由）

是後義學大興墾田千餘頃行兄喪去官後
辟司徒桐虛府掾有宋章者貪奢不法仁
終不與交言同席時人畏其節後為關中
令卒於官
趙曄字長君會稽山陰人也少嘗為縣吏（資州資陽縣名今　資中縣名今）
奉檄迎督郵曄恥於斯役遂弃車馬去到
犍為資中詣杜撫受韓詩究竟
其術積二十年絕問不還家為發喪制服
曄卒業乃歸州召補從事不就舉有道卒
於家著吳越春秋詩細歷神淵蔡邕至
會稽讀詩細而歎息以為長於論衡邕還
京師傳之學者咸誦習焉時山陽張匡字
文通亦習韓詩作章句後舉有道博士
不就卒於家
衛宏字敬仲東海人也少與河南鄭興俱
好古學初九江謝曼卿善毛詩乃為其訓
宏從曼卿受學因作毛詩序善得風雅之
旨于今傳於世後從大司空杜林更受古

文尚書爲作訓旨時濟南徐巡師事宏後
從林受學亦以儒顯由是古學大興光武
以爲議郎宏作漢舊儀四篇以載西京雜
車又著賦頌誄七首皆傳於世中興後鄭
衆賈逵傳毛詩後馬融作毛詩傳鄭玄作
毛詩箋（箋薦也薦成毛義也張華博物志曰鄭注毛詩曰箋不解此意或云毛公嘗爲北海相左是郡人故以爲勤云）
前書魯高堂生漢興傳禮十七篇後瑕丘
蕭奮以授同郡后蒼蒼授梁人戴德及德

大戴禮聖爲小戴禮普爲慶氏禮三家皆（德字近君聖字次君普字孝公於是德爲）
立博士孔安國所獻禮古經五十六篇及
周官經六篇前世傳其書未有名家中興
已後亦有大小戴博士雖相傳不絕然未
兄子聖沛人慶普
有顯於儒林者建武中曹充習慶氏學傳
其子襃遂撰漢禮事在襃傳
董鈞字文伯犍爲資中人也習慶氏禮事
大鴻臚王臨元始中舉明經遷廬犧令（書前）

平帝元始五年舉明經漢官（續漢志曰永平中以禮儀）
儀曰廩犧令一人秩六百石病去官建武中舉
孝廉辟司徒府鈞博通古今數言政事及宗廟
平初爲博士時草創五郊祭祀（議及月令有五郊迎氣因採元和中故事北五郊于洛陽四方中兆在未壇皆三尺平中以禮儀）
禮樂威儀章服輒令鈞參議多見從用當
世稱爲通儒累遷五官中郎將常教授
生百餘人後坐事左轉騎都尉年七十餘
卒於家中興鄭衆傳周官經後馬融作周
官傳授鄭玄玄本習小戴禮
後以古經校之取其義長者故爲鄭氏學
玄又注小戴所傳禮記四十九篇通爲三
禮焉

前書齊胡母子都傳公羊春秋授東平嬴
公嬴公授東海孟卿孟卿授魯人眭孟眭（翰孫安樂即眭孟姊子也）
孟授東海嚴彭祖魯人顏安樂彭祖爲春（前書彭祖字公子安樂字）
秋嚴氏學安樂爲春秋顏氏學（公子安樂字）
又瑕丘江公傳穀梁春秋三家
皆立博士梁太傅賈誼爲春秋左氏傳訓

下恭字子然山陽東緡人也〔東緡今宛州金鄉縣也〕習公

羊嚴氏春秋恭學義精明教授常數百人

州郡請召不應建武初為諫議大夫博士

封關內矦十一年遷少府諸生自遠方至

者著錄數千人當世稱為大儒太常樓望

侍中承宮長水校尉樊鯈等皆受業於恭

二十年拜侍中祭酒騎都尉與侍中劉昆

俱在光武左右每事諮訪焉卒於官

〔後漢傳六十九下〕 十一 辛九

周澤字穉都北海安丘人也少習公羊嚴

氏春秋隱居教授門徒常數百人建武末

辟大司馬府署議曹祭酒數月徵試博士

中元元年遷黽池令奉公剋己矜恤孤羸

吏人歸愛之永平五年遷右中郎將十年

拜太常澤果敢直言數有據爭後北地太

守廖信〔廖音力及反〕坐貪穢下獄没入財產顯

宗以信藏物班諸廉吏唯澤及光祿勳孫

堪大司農常沖特蒙賜焉是時京師翕然

在位者咸自勉勵堪字子穉河南緱氏人

也明經學有志操清白貞正愛士大夫然

一毫未嘗取於人以節介為行王莽

末兵革並起宗族老弱在營保間堪常力

戰陷敵無所回避數被創刃宗族賴之郡

中咸服其義勇建武中仕郡縣公正廉絜

奉祿不及妻子皆以供賓客及為長吏所

在有迹為吏人所敬仰喜分明去就嘗為

縣令謁府趨步遲緩門亭長譴堪御吏堪

〔後漢列傳六十九下〕 十二 庚午

便解印綬去不之官後復仕為左馮翊坐

遇下促急司隷校尉舉奏免官數月徵為

侍御史再遷尚書令永平十一年拜光祿

勳堪清廉東於從政數有直言多見納用

十八年以病乞身為侍中騎都尉卒於官

堪行類於澤故京師號曰二稺十二年以

澤行司徒事如真澤性簡忽威儀頗失宰

相之望數月復為太常清絜循行盡敬宗

廟常臥疾齋宮其妻哀澤老病問所苦

澤大怒以妻干犯齋禁遂收送詔獄謝罪當世疑其詭激時人為之語曰生世不諧作太常妻〈漢官儀此下云〉一歲三百六十日三百五十九日齋〈曰不齋醉如泥〉十八年拜侍中騎都尉後數為三老五更建初中致仕卒於家

鍾興字次文汝南汝陽人也少從少府丁恭受嚴氏春秋恭薦興與學行高明光武召見問以經義應對甚明帝善之拜郎中稍遷左中郎將詔令定春秋章句去其復重〈復音複重〉以授皇太子又使宗室諸矦從興受章句封關內矦興自以無功不敢受爵帝曰生教訓太子及諸王矦非大功邪興曰臣師丁恭於是復封恭而興遂固辭不受爵卒於官

甄宇字長文北海安丘人也清靜少欲習嚴氏春秋教授常數百人建武中為州從事徵拜博士〈東觀記曰建武中每臘詔書賜博士羊人一羊羊有大小肥瘦時博士祭酒議欲殺羊分肉又欲投鈎宇恥之宇復自取其最瘦者由是不復有爭訟後召會問諸華博士所在京〉

〈後漢列傳六十九下〉 〈十三〉 〈王仲〉

號因以稍遷太子少傅卒於官傳業子普普傳子承承尤篤學未嘗視家事講授常數百人諸儒以承三世傳學莫不歸服之建初中舉孝廉卒於梁相子孫傳學不絕

樓望字次子陳留雍丘人也少習嚴氏春秋操節清白有稱鄉里建武中趙節王栩〈光武叔父趙王良之子論曰節聞其高名遣使齎玉帛請以為師望不受後仕郡功曹永平初大司農〉越騎校尉入講省內十六年遷大司農十二年卒於官門生會葬者數千人儒家以為榮

八年代澤為太常建初五年坐事左轉太中大夫後為左中郎將教授不倦世稱儒宗諸生著錄九千餘人年八十永元十二年卒於官

程曾字秀升豫章南昌人也受業長安習嚴氏春秋積十餘年還家講授會稽顧奉等數百人常居門下著書百餘篇皆五經通難又作孟子章句建初三年舉孝廉遷

〈後漢列傳六十九下〉 〈十四〉 〈西〉 〈陳從〉

海西令卒於官

張玄字君夏河內河陽人也少習春秋顏氏兼通數家法建武初舉明經補弘農文學遷陳倉縣丞清淨無欲專心經書方其講問乃不食終日及有難者輒爲張數家之說令擇從所安諸儒皆伏其多通著錄千餘人玄初爲縣丞嘗以職事對府不知官曹處吏白門下責之時右扶風琅邪徐業亦大儒也聞玄諸生試引見之與語大驚曰今日相遭真解矇矣〔後漢列傳六十九下　十五〕遂請上堂難問極日後玄去官舉孝廉除爲郎會顏氏博士缺玄試策第一拜爲博士居數月諸生上言玄兼說嚴氏宣氏不宜專爲顏氏博士光武且令還署未及遷而卒

李育字元春扶風漆人也〔漆縣令屬　少習公〕羊春秋沈思專精博覽書傳知名太學深爲同郡班固所重固奏記薦育於驃騎將軍東平王蒼由是京師貴戚爭往交之州

郡請召育到觀醉病去常避地教授門徒數百頗涉獵古學嘗讀左氏傳雖樂文采然謂不得聖人深意以爲前世陳元范升之徒更相非折〔折難也音　之吉反〕而多引圖讖不據理體於是作難左氏義四十一事建初元年衛尉馬廖舉育方正爲議郎後拜博士四年詔與諸儒論五經於白虎觀育以公羊義難賈逵往返皆有理證最爲通儒〔後漢列傳六十九下　十六〕遷尚書令及馬氏廢育坐爲所舉免歸歲餘復徵再遷侍中卒於官

何休字邵公任城樊人也〔樊縣故城在今兗州瑕丘縣西南　父〕豹少府休爲人質朴訥口而雅有心思精研六經世儒無及者以列卿子詔拜郎中非其好也辭疾而去不仕州郡進退必以禮太傅陳蕃辟之與參政事蕃敗休坐廢錮乃作春秋公羊解詁〔博物志曰何休注公羊　去　何氏學有不解者咸〕此義不出於已此言爲九也　覃思不闚門十有

典謨不與守文同說又以春秋駁漢事六
百餘條妙得公羊本意休善歷算與其師
博士羊弼追述李育意以難二傳作公羊

墨守　如墨翟之守城也

言公羊之義不可攻也
左氏膏肓月穀梁廢疾

黨禁解又辟司徒袁公表休道術深明宜
侍帷幄倖臣不悅之乃拜議郎屢陳忠言
再遷諫議大夫年五十四光和五年卒
服虔字子慎初名重又名祇後改為虔河

【後漢列傳六十九下】　十七　河南

南滎陽人也少以清苦建志入太學受業
有雅才善著文論作春秋左氏傳解行之
至今又以左傳駁何休之所駁漢事六十
條舉孝廉稍遷中平末拜九江太守免遭
亂行客病卒所著賦碑誄書記連珠九憤
凡十餘篇
穎容字子嚴陳國長平人也　長平縣故城在　今陳州西北
博學多通善春秋左氏師事太尉楊賜郡
舉孝廉州辟公車徵皆不就初平中避亂

荊州聚徒千餘人劉表以為武陵太守不
肯起著春秋左氏條例五萬餘言建安中
卒
謝該字文儀南陽章陵人也善明春秋左
氏為世名儒門徒數百千人建安中河東
人樂詳條左氏疑滯數十事以問該皆為
通解之名為謝氏釋行於世

該善左氏傳乃從南陽步涉詣許從該問
左氏問七十二事詳所撰也社徵為太守署
祭酒中微拜博士中黃初中徵難諸要
詳五業並授其才質難不解無愠色以狀

志　裹食也

【後漢列傳六十九下】　十八

去官欲歸鄉里會荊州道斷不得去少府
孔融上書薦之曰臣聞高祖創業韓彭之

祖未嘗不稱叔孫通
中大夫時時前說稱詩書著書十二篇每奏一篇高
祖制禮儀並見前書

將征討暴亂陸賈叔孫通進說詩書
光武中興吳耿佐命范升衛宏惇述舊業
故能文武並用成長久之計陛下聖德欽
明同符二祖勞謙亹運三年乃讙宗廟

三年不言言乃讙特靈帝崩
後漢帝居諒闇初傳服也

今尚父鷹揚方叔

翰飛尚父太公也毛詩曰惟師尚父時惟鷹揚又曰方叔涖止其車三千鴥彼飛隼翰飛戾天注云方叔卿士命爲將也涖臨也鴥急疾之貌也飛乃至天喻士卒至勇能深入攻敵王師電驚羣凶破殄始有櫜弓臥鼓之次毛詩曰載櫜弓矢櫜所以盛弓言今太平櫜弓臥鼓不用征伐故須賢人也宜得名儒典綜禮紀竊見故公車司馬令謝該體曾史之淑性曾參史魚兼商偃之文學卜商言偃也論語曰文學則子游子夏博通羣蓺周覽古今物來有應事至不惑清白異行敦悅道訓求之遠近少有疇匹若乃巨骨出吴史記曰吴伐越墮會稽得骨節專車吴使使問仲尼

骨何者最大仲尼曰禹致羣神於會稽山防風氏後至禹殺而僇之其節專車此爲大也隼集陳庭史記曰有隼集于陳庭而死楛矢貫之石砮矢長尺有咫陳湣公使問仲尼仲尼曰隼來遠矣此肅愼之矢也昔武王克商通道九夷百蠻使各以其方賄來貢於是肅愼貢楛矢石砮長尺有咫先王以分大姬配虞胡公而封諸陳試求之故府果得之黃能入寢左傳曰鄭子產聘于晉晉侯有疾韓宣子曰寡君寢疾於今三月矣今夢黃能入於寢門其何厲鬼邪對曰昔堯殛鯀于羽山其神化爲黃能以入羽泉實爲夏郊三代祀之晉爲盟主其或者未之祀也韓子祀夏郊晉侯有閒亥有二首左傳晉悼夫人食輿人之城杞者絳縣人或年長矣無子而往與於食有與疑年使之年曰臣小人也不知紀年臣生之歲正月甲子朔四百有四十五甲子矣其季於今三之一也吏走門諸朝師曠曰魯叔仲惠伯會郤成子于承匡之歲也七十三年矣史趙曰亥有二首六身下二如身是其

日數也士文伯曰然則二萬六千六百有六旬也杜注去亥字二畫在上併三六爲身如筭之六也夫洽聞者莫識其端也雋不疑定北闕之前前書昭帝時有男子成方遂詣北闕自稱衛太子丞相御史二千石至者立莫敢發言京兆尹雋不疑後到叱從吏收縛或曰是非未可知不疑曰諸君何患於衛太子昔蒯聵違命出奔輒距而不納春秋是之衛太子得罪先帝亡不即死今來自詣此罪人也遂送下詔獄天子與大將軍霍光聞而嘉之曰公卿大臣當用經術明於大義也夏侯勝辯常陰之驗然後朝士益重儒術前書曰昌邑王嗣立數出勝當乘輿車前諫曰天久陰不雨臣下有謀上者陛下欲何之王怒謂勝爲妖言縛以屬吏吏白霍光是時光與張子孺謀欲廢王光讓子孺以爲泄子孺實不泄召問勝對言在洪範光子孺以此益重儒術士今該實卓然

比跡前列閒以父母老疾弃官欲歸道路險塞無由自致猥使良才抱樸而逃踰越山河沈淪荆楚所謂往而不反者也韓詩外傳曰山林之士爲名故往而不能反也朝廷之士爲祿故入而不能出後日當更饋樂以釣由余剋像以求傳說豈不煩哉史記曰由余其先晉人也亡入戎能晉言聞繆公賢故使由余觀秦秦繆公示以宮室積聚由余曰使鬼爲之則勞神矣使人爲之亦苦人矣繆公退而問內史廖曰孤聞隣國有聖人敵國之憂也今由余寡人之害將奈何廖曰戎王處僻未聞中國之聲君試遺以女樂以奪其志爲由余請以疏其閒留而莫遺以失其期戎王怪之必疑由余君臣有閒乃可慮也乃令內史廖以女樂二八遺戎王戎王受而說之由余數諫

召該令還楚人止孫卿之去國

不聽繆公又數使人閒泰
要由余由余遂去降泰
臣愚以為可推錄所在

漢朝追斥衡於平原

惜失賢也尚書奏詔即徵還拜議郎以壽終

建武中鄭興陳元傳春秋左氏學時尚書
令韓歆上疏欲為左氏立博士范升與歆
爭之未決陳元上書訟左氏遂以魏郡李
封為左氏博士後羣儒蔽固者數廷爭之
及封卒光武博士遂衆議而因不復補

許慎字叔重汝南召陵人也性淳篤少博
學經籍馬融常推敬之時人為之語曰五
經無雙許叔重為郡功曹舉孝廉再遷除
洨長卒于家

初慎以五經傳說臧

否不同於是撰為五經異義又作說文解
字十四篇皆傳於世

蔡玄字叔陵汝南南頓人也學通五經門
徒常千人其著錄者萬六千人徵辟並不
就順帝特詔徵拜議郎講論五經異同甚
合帝意遷侍中出為弘農太守卒官

論曰自光武中年以後干戈稍戢專事經
學自是其風世篤焉其服儒衣稱先王
遊庠序聚橫
塾者蓋布之於邦域矣若乃經生所處不
遠萬里之路
建嬴糧動有千百
開門受徒者編牒不下萬人皆專相傳祖
莫或訛雜至有分爭王庭樹朋私里繁其
章條穿求崖穴以合一家之說故楊雄曰
今之學者非獨為之華藻又從而繡其鞶
悅或楊雄法言之文也
夫書理無二義歸有宗而碩學之徒莫

之或徒一也　故通人鄙其固焉又雄所謂

讀讀之學各習其師也（讀誕言之文也讀音義教反）　且

觀成名高弟終能遠至者蓋亦寡焉而迂

泄若是矣然所談者仁義所傳者聖法也　而迂

故人識君臣父子之綱家知達邪歸正之　朝

路自（淵聖閒）靈之閒君道舛僻（翰政化之惡也以）

綱日（御名也）陵國隙屢啓（遲也）豪俊之夫屈於鄙生之

審其崩離而權彊之臣息其覬盜之謀（閒）

忠勤皇甫嵩（令推之漢）　而自立嵩不從其言

議者（謂董卓欲大起兵鄭　人誦先王言也下）（泰止之卓欲其言）　李業

畏逆順執也

如張溫皇甫嵩之徒功定天下之半聲躬

昏主之下狼狽折札之命散成兵就繩約（昏主謂獻帝也繩約猶拘制也謂溫及嵩並）

而無悔心（勞重命也繩約猶拘制也折簡而召言不）

暫平剝撓自極人神數盡（易大過）（拘制也）

被徇凶撓折也言漢祚自　然後墓聖英秉其運（終人神之數盡撓音女教反）

世德終其祚（祚謂曹丕即位廢獻帝為山陽公）（羣英謂袁術曹操之屬代德終其）

自慶至卷十　跡衰敝之所由致而能多歷年
四年以壽終

所者斯豈非學之效乎（跡猶尋也言由有徵跡故先）

師垂典文襄勵學者之功篤矣切矣不循（傳學故能長久也）

春秋至乃比於叔兄將有意乎（論語曰天之將喪）

父而不通春秋之義者必蒙首惡之名為人臣
子不通春秋之義者必陷篡弒誅死之罪（史記曰為人臣）

贊曰斯文未乃（斯文也言斯文未喪）各有承
陵遲故學者分門各
自承襲其家業也

殊會通閣相徵千載不作淵原誰澂（說經）
非若千載一聖不復作則泉原混濁誰能澂之

後漢書列傳卷第六十九下

列傳卷第七十　文苑上　范曄　後漢書八十

唐章懷太子賢注

杜篤
夏恭　　傅毅
黃香　　劉毅
李尤　　蘇順
劉珍　　葛龔
王逸　　崔琦
邊韶

【後漢列傳七十上】

杜篤字季雅京兆杜陵人也高祖延年宣帝時為御史大夫　前書延年字幼公周之子也為御史大夫延年居父官府不敢當舊位卧簿其處也　篤少博學不修小節不為鄉人所禮居美陽與美陽令遊數從請託不諧頌相恨令怒收篤送京師會大司馬吳漢薨光武詔諸儒誄之篤於獄中為誄辭最高帝美之賜帛免刑篤以關中表襄山最高帝舊京不宜改營洛邑乃上奏都河先帝舊知而復知是為重知　知者知其所賦曰臣聞知而不復知是為重知　韓詩外傳曰

知乃為臣所欲言陛下已知故略其梗概　梗概猶相略也　不敢具陳昔殷庚去奢行儉於亳　帝王紀曰般庚以耿在河北迫近山川周公曰不可夫五行之山周公曰不可夫五行之山周武王克殷固矣塞也高誘注云明周公特德不特險也　成周之隆乃即中洛　尚書曰周成王就土中都洛陽也　時制都不常厥邑　邑于今五遷二　蓋有優劣霸王之姿明知相絕守國之執同歸異術或弃去阻院務處平易　淮南子曰武王克殷欲築宮於五行之山周公曰不可夫五行之山固而險阻之地也使我德能覆之則天下納其貢職者固矣使我有暴亂之行則天下之伐我難矣高誘注云明周公特德不特險也　或據山帶河　李芳　并吞六國　謂秦也　掩空擊虛自蜀漢出　韓生勸項羽都關中羽曰富貴不歸故鄉如衣錦夜行乃歸都彭城而高祖即日車駕策由一卒　或知而不從父都境　埆　謂光武都洛陽也埆薄四面受敵境音苦交反埆音苦角反　臣不敢有所據竊見司馬相如楊子雲作辭賦以諷主上臣誠慕之伏作書一篇名曰論都謹并封奏如左皇帝以建武十八年二月甲辰外與洛邑巡于西岳　光武紀曰

推天時順斗極
建及北極之星運轉而行也
排閶闔入函谷 閶闔天門也閶闔闕天門也閶闔天門也谷故關在今洛州新安縣也
觀阨於崤黽圖險於隴蜀
三月丁酉行至長安經營宮室傷愍舊京 其
即詔京兆廼命扶風齋肅致敬告觀園陵
悽然有懷祖之思 懷思也
遂天旋雲遊造舟于渭北航涇流 謂平以思諸夏之方航字相屬奧帨字相觀者誤也
隆聲 謂千乘方轂萬騎駢羅行陳
於岐梁東橫平大河 行布也橫經流度也大江芳楊鈴也
右土 土埋也謂埋牲幣也雅曰祭在今蒲州汾陰縣北也 其歲四月反于洛都明年 禮郊座
有詔復函谷關作大駕宮 大駕見儒林傳大駕宮即天子行車
六王邸高車廏於長安脩理東都城門
朝涉西望昆明北登長平 長平坂名也在長平阪名也
龍首撫未央覩平樂儀建章 龍首山名也何於其上作未央宮撫亦撫其字從木觀視也音奏平樂觀名建章宮名並在城西謂北武規模而修理

卍
是時山東翕然狐疑聖朝之西都懼
關門之反拒也 恐西都置關所以拒外山東也
彼坰井之潢汙固不容夫吞舟 坰小井也揚雄甘泉賦曰彼坰潢小致
潛喎足以居平萬乘哉 水之瀦者曰潛陽瀦小致
咸陽守國利器不可久虛以 老子曰國之利器不可以示人
因為述大漢之崇 崇盛也崇未暇之故以喻客意
今國家未暇之故以喻客意 暁曰昔在
卒以并兼桀虐作亂 衍饒也音以
強秦受初開畔 畔疆界也
命有聖託之大漢大漢開基高祖有勳斬
白蛇屯黑雲 前書高祖斬大蛇有一老姬夜哭曰吾子白帝子今赤帝子斬之故哭
呵暴秦 日白蛇又呂后曰所居上常有雲氣 聚五星於東井提干將而
海跨崑崙 昆崙此言跨踰速大也 奮彗埽
項軍 彗星新也故以除舊
沂 項羽都彭城地也蕩滌謂誅之也 遂濟人難蕩滌于泗

長安 解見班固傳 太宗承流守之以文也太宗文帝之繼體之君以支德守之躬履節儉側身行仁食不二味衣無異采賑人以農桑率下以約己曼麗之容之臣不列於朝巧偽之物不鬻於市不悦於目鄭衛之聲不過於耳也曼美俊邪故能理外平而刑幾措富衍於孝景功傳於後嗣前書景帝時太倉之粟紅腐而不可食都內之錢貫朽而不可校也是時孝武因其餘財府帑之蓄始有鈞深圖遠之意

探冒頓之罪 前書冒頓教其父頭曼使遺高后匈奴傳云單生於沮澤之中長於犬馬之域數至邊境願遊中國陛下獨立孤債兩主不樂無以自娛願以所有易其所無髙祖遂報之也

校平城之讎 前書報單于圍髙祖於平城七日故報之也

命票騎 票騎將軍霍去病也

鷹揚軍如流星 毛詩曰維師尚父時維鷹揚

深之匈奴割裂王庭 匈奴傳曰遂匈奴中山如奔星

漢北叩勒祁連 漢沙漠也祁連山名也叩擊也勒謂勒石紀功也

單于屠裂百蠻 百蠻夷狄之總稱也

燔康居灰珍奇 康居西域國也居音渠

氏號也單于妻 單于妻曰閼

鈺 前書曰冒頓作鳴鏑今之髐箭也

馳阬岸復昆彌 昆彌西域國王前書諸侯人也

蠶谷 蠶食也

西羌 玉門關也

方 以敦煌一郡領西方也

據守敦煌 四郡謂酒泉武威張掖敦煌也

拓地萬里威震八荒肇置四郡 井域屬國一郡領東

驅騾驢駝馬 出汗血國名馬也

擁烏桓踩躪貊 字書擁亦踩跧也

西羌蘗竈狼邛笮 捶擊也蘗狼猶擊擾也西南夷號也

氏 氏樊邛笮並西南夷言也

南兼有黃支 犀象東南都尉即都盧國

南羈鉤町水鉤強越 羈係也鉤町音勾挺也水鉤謂

越人被髮文身海波沫血 越人鉤町音勾挺也水鉤謂

戈船將軍下水誅夷朱古字通茂陵書曰南海蒼梧鬱林合浦交阯九眞日南珠崖儋耳九郡漂槃謂摩近之也前書音義日南漂槃音審

平南越以為南海蒼梧鬱林合浦交阯九眞日南珠崖儋耳

郡僑耳此作珠崖都尉也珠崖郡也

崖若儋耳暘去長安七千三百里瞻音審

殘夷文身海波沫血 郡縣日南漂槃朱朱崖武帝元鼎六年

攅 行可二月餘有黃支稽東部都尉即儋耳也下垂國俗與珠崖相類也楊雄

國俗與珠崖相類也王逸注楚詞曰雕畫也

以記曰南方曰鹽雕題交阯鄭玄注曰雕鏤其身也題領也

連綬耳瑣雕題 綬耳即儋耳也瑣雕題即雕題也

天督即天竺國也 牽象犀椎蛳蛤碎瑠璃甲瑇

瑁瑇璹謂取其甲也戕殘也瑇瑁形似龜出南海甲

之屬脊音子期反之屬脊音子期反 於是同穴裹禍之域

裹禍音規反 於川皇飲之國

父子同川而浴也越之俗也以

狄失氣恐家言其恐懼如奴虜之伏也

也 共川皇飲之國

飲也宋玉高唐賦曰虎豹伏

莫不祖跣稽顙失氣虜伏

也前書貫誼曰歸義之俗

之盛世藉廱土之饒得御外理內之術靮

能致功若斯故創業於高祖嗣傳於孝惠

德隆於太宗財衍於孝景威盛於聖武政

行於宣元侈極於成哀祚缺於孝平傳世

十一歷載三百 高祖至平帝十一代歷涉也合

二百年涉德表而復盈道微而復章而文帝立

三百年也涉德表而復盈道微而復章謂呂氏亂

昌邑廢而宣中興也 皆莫能遷於廱州而背於咸陽

帝中興也 宮室寢廟山陵相望高顯弘麗可思可榮

義農巳來無茲著明夫廱州本帝皇所以

育業 周始祖后稷封邰公劉居廱大王居岐

王居鄷郡武王居鎬並在關中故曰育業也

王所以行功戰士角難之場也 衍廣也泰

貢所載厥田惟上 尚書廱州 霸

厥田上上 沃野千里原隰

禹

彌望保殖五穀桑麻條暢濱濱據南山帶以

涇渭號曰陸海蠶生萬類

濱近也前書曰涇渭東方

朝曰漢都涇渭之

涇渭號曰陸海蠶生萬類

水泉灌溉漸澤成川粳

梗柚檀柘橘蔬果成實畎澮

稻陶灌遂

薛君注韓詩曰遂生也水中泆草也顧野

既有蓄積阺塞四臨西被隴蜀南通

種之而布也 火耕流種功淺得深

林木火燒所伐株引水漑

如錡鑷株林

鑷鑷去林木

一金 賣其價東方

稻陶灌遂 厥土之膏畝價

田田相

水泉灌溉漸澤成川粳 厥土之膏畝價

漢中北據谷口東阻崟巖

道窮函谷關

叔送其子而戒之曰必死於崤

之巖崟之下崟巖謂崟崎音吟

關函守崤山東

絕津朔方無從

拒守褒斜嶺南不通杜口

黃河之津

于河大舩萬艘轉漕相過東綜滄海西綱

流沙朔南暨聲諸夏是和 尚書曰朔南暨

城池百尺阨塞要害關梁之險多所矜帶

矜帶衣服之

要故以喻也 一卒舉礌千夫沈滯

礌石也前書

匈奴乘隅下

礛音
力對反

一人奮戰，三軍沮敗。淮南子曰：狹路津關，大山石塞，龍蛇蟠篿，居羊腸道，魚笱之門，一人守險，千人弗敢過也。地執便利，介冑劃，疾故也。

悍，可與守近利以攻遠。士卒易保，人不肉袒。肇十有二，是為贍腴。剋急疾也，悍勇也，所據雍州田地第一，用霸。

士卒易保，人不肉袒。肇十有二，是為贍腴。青兗冀幽并營也，雍州田有二州謂關中。奮勵可為功也。

修文則財衍，行武則士要。衍若德政武則財產富也。則兼并先據則功殊。六國并泰并，先據則功殊，故難誅固。

進攻則百剋，退守則有餘。斯固帝王之
〈後漢列傳七十上〉
九

淵圍而守國之利器也，遲及亡新時，漢之衰偷忍，淵圍纂器慢違。偷忍猶盜竊也，淵圍謂泰中也，徒以

執便莫能卒厄，天界更始不能引維，假之十八年。卒音會，假之十八年，卒音忽反。

師公寔號攝篡位十八年，始斬之也。便莫能卒厄，慢藏招寇復致赤眉滅微，慢藏易曰慢藏誨盜。

海內雲擾，諸夏滅微。四夷雲擾龍戰于野，謂龍戰于野。

君茻龍並戰，未知是非。于時聖帝赫然申威荷。起敗後劉永張步等為準也。

言海盜又始，持其網維故始，敗致寇至破敗所破也。起始未知受命者為準也。

不柔　楊子雲長楊賦曰退讓萌為之不安謂遠人也　未遑於論

都而遺思麗州也　遺猶方躬勞聖思以　東

率海內廳撫名將略地疆外信威於征伐　李椲

王椎結左衽鑢鍇之君　若夫文身鼻飲緩耳之

南殊俗不羈之國西北絕域難制之鄰靡

不重譯納貢請為藩臣上猶謙讓而不伐

勤猶謙讓而未俞也　意以為獲無用之虜

不如安有益之民略荒裔之地不如保殖

五穀之淵　今國家紹弘道德

近而存存也　遠救於已亡不若

吐惠含仁湛恩沾洽時風顯宣

於持平守實務在愛育元元苟有便於王　徒垂意

政者聖主納馬何則物困抱而不損道無

隆而不移陽盛則運陰滿則虧

客以利器不可久虛而國家亦不忘乎西

譚危雖有仁義猶設城池也

都何必去洛邑之漳灣與篤後仕郡文學

緣以目疾二十餘年不闚京師之外高　卓爻

祖破羌將軍辛武賢以武略稱

以勇武稱左將軍慶忌之父　篤常歎曰杜氏文明善政而篤

不任為吏　辛氏秉義經武而

篤又怯於事外內五世至篤家矣女弟適

扶風馬氏建初三年車騎將軍馬防擊西

羌請篤為從事中郎戰沒於射姑山所著

賦誄弔書讚七言女誡及雜文凡十八篇

又著明世論十五篇子碩豪俠以貨殖聞

王隆字文山馮翊雲陽人也王莽時以父
任為郎後避難河西為竇融左護軍建武
中為新汲令（新汲縣屬潁川郡故城在今許州扶溝縣西也）能文章所
著詩賦銘書凡二十六篇初王莽末沛國
史岑子孝亦以文章顯恭以為謁者著（岑一字孝山 著出師頌）
誄復神說疾凡四篇
夏恭字敬公梁國蒙人也習韓詩孟氏易
講授門徒常千餘人王莽末盜賊從橫攻
没郡縣恭以恩信為眾所附擁兵固守獨
安全光武即位嘉其忠果召拜郎中再遷
太山都尉和集百姓甚得其歡心恭善為
文著賦頌詩勵學凡二十篇年四十九卒
官諸儒共謚曰宣明君子牙少習家業著
賦頌讚誄凡四十篇舉孝廉早卒鄉人號
曰文德先生
傅毅字武仲扶風茂陵人也少博學永平
中於平陵習章句因作迪志詩曰咨爾庶
士迨時斯勗（勗迫及也 勗勉也）日月逾邁豈去旋復

尚書曰月逾邁（逾過也）言日月之過往不可復還也哀我經營旅力罷
及（道德記曰年二十旅記之歲無所庶成立也）在茲弱冠於赫我祖
庶立弱寇顯于殷國（說命謂之也）二迹阿衡克光其則（阿倚
也言依倚之以取平也謂伊尹也高宗命說曰二迹弱寇言伊尹而能光阿衡專美有商故曰二迹弱寇言成立也）
武丁興商伊宗皇士（高宗也武丁殷王也思皇多士皇美也言武丁爰作股
肱膂萬邦是紀弈世戴德迄我顯考（惟宗詩曰思皇多士惟宗尊皇美之士謂傳說也戴戴德也我顯考易曰載德積）
保艾淑懿纘脩其道（繼 漢之中葉俊乂
式序秩彼朊宗光此勳緒（秩序也言宣帝漢代興中葉謂宣帝中興也
朊介子以軍功封義陽侯傳介子以軍功封義陽侯傳商書曰論讓正直義為大司馬
封高武族武中傳俊為昆陽侯也）伊余小子穢陋
靡逮懼我世烈忌自茲以墜誰能華濁清我
灌溉（毛詩曰誰能執熱不以濯此言誰能灌此言誰能灌我之濁而以清泉洗濯我也）誰能昭
闇啓我童昧先人有訓我訊我誥訓我嘉
務誨我博學愛率朋友尋此舊則契闊鳳
夜庶不懈忒（詩云與子契闊契闊謂勤苦也懈惰也忒差也）秩秩大猷
紀綱庶式匪勤匪昭匪壹匪測（詩大雅曰秩秩大猷聖人）

後漢書列傳七十上

護之秩秩美也獸道也庶衆也式法也　一則道可以綱紀衆法若不勤勵則不能昭明其道不專

農夫不急越有黍稷　尚書稽乃有秋田力穡乃亦有服　秋惰農自安乃其岡力穡乃亦有

誰能云作之居息　二十考之居息誰能有所成者言必須勤暇可能成而居息者言必須勤暇

二志靡成聿勞我心如彼兼　二事敗業多疾我力謂事不專則多害其力也事不專一也

聽則潰於音　勞於我心兼聽衆聲則音亂也　於

行邁屢　行邁之人屢稅駕停止何能有　王莽

秔胡能有迄　所至也言當自旦不可中庸也　密

勿朝夕聿同始卒　毛詩曰密勿從事也卒終也言朝夕勉勉　勉終始

戲君子無恆自逸徂年如流鮮茲暇日　十五

七激以顯宗求賢不篤士多隱處故作

激以毅為蘭臺令史拜郎中與班固賈逵共

典校書毅追美孝明皇帝功德最盛而廟　清廟

頌未立乃依清廟作顯宗頌十篇奏之

由是文雅顯於朝廷　詩周頌篇名序　文王之德也

軍馬防外戚尊重請毅為軍司馬待以師

──

友之禮及馬氏敗免官歸永元元年車騎
將軍實憲復請毅為主記室崔駰為主簿
及憲遷大將軍復以毅為司馬班固為中
護軍憲府文章之盛冠於當世毅早卒著
詩賦誄頌祝文七激連珠凡二十八篇
黃香字文彊江夏安陸人也年九歲失母
思慕惟顇殆不免喪　免喪終喪　鄉人稱其至孝
年十二太守劉護聞而召之署門下孝子
甚見愛敬遂博學經典究精道術能文章京
師號曰天下無雙江夏黃童初除郎中元
和元年肅宗詔香詣東觀讀所未嘗見書
香後告休及歸京師時千乘貞王冠　千乘貞王帝子也冠謂二十加冠也冠謂
王曰此天下無雙江夏黃童者也左謂諸
不改觀後召詣安福殿言政事拜尚書郎
數陳得失賞賚增加常獨止宿臺上晝夜
不離省闥帝聞善之永元四年拜左丞功

後漢列傳七十上　李賢　十六

滿當遷和帝留增秩六年累遷尚書令後
以為東郡太守香上疏讓曰臣江淮孤賤
愚矇小生經學行能無可算錄遭值大平
先人餘福謝承書香代為冠族葉令況之子也得以弱冠特蒙
徵用連偕累任遂極臺閣記無纖介稱報
恩效死誠不意悟卒被非望顯拜近郡尊
位千里臣聞量能授官則職無廢事因勞
施爵則賢愚得宜誠恐矇頓孤忝聖恩又
郡從政固非所堪至為尊要三七 謂尚書令復非臣香所
惟機密端首十七 書驚惶不知所裁臣香年在方

〔後漢列傳七十上〕 周防

當父奉承詔
剛適可驅使論語曰及其壯也血氣方剛言少壯也 願乞餘恩留
備宂官以督責小職任之宮臺煩事以
畢臣香螻蟻小志誠眄目至願土灰極榮
帝亦惜香幹用久習舊事復留為尚書令
增秩二千石賜錢三十萬是後遂管樞機
甚見親重而香亦祗勤物務憂公如家十
二年東平清河奏訞言鄉仲遼等所連及

且千人香科別據奏全活甚眾每郡國疑
罪輒求輕科愛惜人命每存憂濟又曉
習邊事務均量軍政皆得事宜帝知其精勤
數加恩賞疾病存問賜醫藥在位多所薦
達寵遇甚盛議者譏其過倖延平元年遷
魏郡太守郡舊有內外園田常與人分種
收穀歲數千斛香曰田令商者不農王制
仕者不耕視上農夫禄足以代耕也 伐冰食
禄之人不與百姓爭利代冰解見上農夫禄馬行傳 乃悉以賦

〔後漢列傳七十上〕 高翊

人課令耕種時被水年飢乃分奉禄及所
得賞賜官廩貸貧者於是豐富之家各出義
穀助官稟賑荒民獲全後坐水潦事免數
月卒於家所著賦牋奏書令凡五篇子瓊
自有傳

劉毅北海敬王子也平望侯北海郡平望縣屬 初封平望矦
永元中坐事奪爵毅少有文辯稱元初
年上漢德論并憲論十二篇時劉珍鄧耽
尹兌馬融共上書稱其美安帝嘉之賜錢

李尤字伯仁廣漢雒人也少以文章顯和
帝時侍中賈逵薦尤有相如楊雄之風召
詣東觀受詔作賦拜蘭臺令史稍遷安帝
時爲諫議大夫受詔與謁者僕射劉珍等
俱撰漢記後帝廢太子爲濟陰王尤上書
諫爭順帝立遷樂安相年八十三卒所著
詩賦銘誄頌七歎哀典凡二十八篇尤同
郡李勝亦有文才爲東觀郎著賦誄頌論
數十篇

蘇順字孝山京兆霸陵人也和安間以才
學見稱好養生術隱處求道晚乃仕拜郎
中卒於官所著賦論誄哀辭雜文凡十六
篇時三輔多士扶風曹衆伯師亦有才學
著誄書論四篇 三輔決錄注曰衆與鄉里蘇孺文
秘孫義相扶而作秋者多也
又有曹朝不知何許人作漢頌四篇
于壽終
劉珍字秋孫 諸本時有秘孫義 與秘義相扶而作秋者其人名珍 一名
寶南陽蔡陽人也少好學永初中爲謁者

後漢列傳七十上 十九

僕射鄧太后詔使與校書劉騊駼馬融及
五經博士定東觀五經諸子傳記百家
藝術整齊脫誤是正文字永寧元年太后
又詔珍與騊駼作建武已來名臣傳遷侍
中越騎校尉延光四年拜宗正明年轉衛
尉卒官著誄頌連珠凡七篇又撰釋名三
十篇以辯萬物之稱號云

葛龔字元甫梁國寧陵人也和帝時以善
龔善爲文奏或有請龔奏以千人者龔
爲作之其人寫之忘自載其名因并寫
文記知名

力過人安帝永初中舉孝廉爲太官永上
蕩陰縣名今相州縣也蕩音湯
便宜四事拜蕩陰令
府病不就州舉茂才爲臨汾令居二縣皆
有稱績著文賦碑誄書記凡十二篇
性慷慨壯烈勇
王逸字叔師南郡宜城人也元初中舉上
計吏爲校書郎順帝時爲侍中著楚辭章
句行於世其賦誄書論及雜文凡二十一
篇又作漢詩百二十三篇子延壽字文考

後漢列傳七十上 二十 朱明

有儁才少遊魯國作靈光殿賦後蔡邕亦
造此賦未成及見延壽所為甚奇之遂輟
翰而已曾有異夢意惡之乃作夢賦以自
厲後溺水死時年二十餘　張華博物志曰王
泰山從鮑子真受算到兖賦靈光殿　子子山也
蟒寝湘水溺死又考
崔琦字子瑋涿郡安平人濟北相瑗之宗
也少遊學京師以文章博通稱初舉孝廉
為郎河南尹梁冀聞其才請與交冀行多
不軌　軌法　琦數引古今成敗以戒之冀不

《後漢列傳七十上》　　二十一

能受乃作外戚箴其辭曰赫赫外戚華寵
煌煌昔在帝舜德隆英皇

脫簪　列女傳曰周宣王姜后脫簪珥待罪於永巷使
　其傅母通言王曰妾之淫心見矣至使君王失禮而
　正後宮燕朝而晏起姜后乃脫簪珥待罪於永巷
　而明伊尹致王道內理文王理於內而生子明文王
　勤勞王事舜於畎畝之中事瞽瞍盡婦道也周興三母
仁事舜於畎畝之中事瞽瞍盡婦道也　宣王晏起姜后
　敕賢而有色生太伯仲雍王季化導三妃大王有事必諮謀焉

有莘崇湯　有莘氏女安靜德高

齊桓好樂衛姬不音　列女傳曰齊桓
中興鄭衛不聽鄭衛樂　公好淫樂衛姬
　之音皆輔主以禮扶君以仁達才進善以
義濟身美暨末葉漸已積虧貫魚不叙九
御差池　易曰貫魚以宮人寵謂王者之御宮人
自下始之法以象月之初生漸進至盛也陰道卑
　也御之法次第不偕寵愛褻也夫人女御八十一人為九
　進御之儀從後夫人已下如九九御則九九而御則九女御八十一人為
　世婦二十七人為三夕九嬪為一夕后為一夕也
惟家之索牝雞之晨　尚書曰牝雞無晨牝雞之晨
則家盡索婦奪夫政則國亡也　雞雄鳴化為雌孔化
安國注云索盡也雌代雄鳴惟家之索專權擅愛顯己蔽
故曰十四夕后當　晉國之難禍起於麗
十五夕也　　獻公　獻公
也　法世嬪二十七人為　專權擅愛顯己蔽

人陵長閒舊妃剝至親　左傳曰少陵長新閒舊
徒為官司徒　也並后匹嫡舊言其亂政也妃殿閒聞
黨之為司徒也乘毛詩曰辛伯諗周桓公　淫女媯陳
至也毛詩曰辛伯聖作都于向皇父幽王　媯之子嬖通於孔寧儀行父
為皇也徒向黨是司徒及皇父也德不大也　通於靈公夏
上番為司徒　易曰負且乘致寇至淫色
姬通於孔寧儀行父又通於靈公　不尚賢德之人
荷爵負乘采食名都　易曰負且乘采食名都
也者易曰小人而乘君子之器必　其親黨也而以
　詩人是刺德用不燬　暴辛惑婦拒諫
　用其刺番為司徒及皇父　暴虐也附字受德名
　為皇父親黨是皇父不大也　已也討智足以拒諫祖伊諫討辛
　也乘者君子之器也以向皇父也　暴辛惑婦拒諫

自孤　戲婦也謂妲已也

紂不從自孤謂

蝙蛇其心縱毒夫不辜　字書蝙音福即蝙蝠也此當作蝮音芳福反此紂鬼蜮之類也　辜謂葅醢脯鬼侯之類也

諸父是殺子子

剔孕婦為周武王所伐甲子日紂衣其寶衣

是剔天怒地忿人謀鬼圖甲子昧爽身首

王子比干紂之諸父也紂殺之尚書曰紂衣　赴火而死武王乃斬以輕呂之鉞也

分離

初為天子後為人蝸

非但耽色毋后尤然

斬以杜預注云蜩山神曰蝸　左傳曰蝸

獸形故以比紂之惡以

魅魍形故以比紂之惡也

不相率以禮而競弊以權先笑後號卒以

毋后不能循用禮法爭競相勸以擅權柄也而

笑後競弊以權禍

辱殘　易曰旅人先笑而後號咷也

家國泯絕宗廟燒燔末嬉喪夏

末喜桀妃有施氏女美於色薄於德女行文夫心

梁嘗置末喜於膝上聽用其言昏亂失道湯伐之遂

死於南巢為大戎所殺也

見列女傳　褒姒斃周　幽王褒姒似

襄姒斃周

姐已亡殷

趙靈沙丘　愛武靈王以長子章為太子後得吳娃

其弟欲分趙立何為王娃死何愛弛主父憐章以

父立何為王吳娃死何愛弛章於代何計未決主父及王遊於沙丘

子章敗往走主父故圍主父宮即李兌自國起兵公

成兌謀曰以章故圍主父公子成與李兌

主父令宮人悉出不得出者夷矣乃遂圍

餘探雀鷇而食之三月

皇后　飢死沙丘宮見史記

陳后作巫蠱卒死於外　孝宣帝霍皇后以巫蠱廢

戚姬人彘呂宗以敗　見解

成姬人彘呂宗以敗

鳩子身乃羅廢　孝宣帝霍皇后欲謀毒太子被廢也

故曰

無謂我貴天將爾權無恃常好色有歇微

無怙常幸爰有陵遲無曰我能天人爾違

忠生不德福有慎機

患生不德福有慎機

無德而貴寵者患害之所生也左傳曰無德而祿殃

乃設書過之吏今將軍累世台輔任齊伊

日昔管仲相齊樂聞譏諫之言蕭何佐漢

去豈獨吾人之尤君何激刺之過乎琦對

之呼琦問曰百官外內各有司存天下去

杖執者危微臣戚敢告在斯琦以言不

從失意復作白鵠賦以為風諷

公伊尹

貞良以救禍敗反復欲鉗塞士口杜箴主

聽將使玄黃改色馬鹿易形平

除為臨濟長不敢之職解印綬去異遂令

刺客陰求殺之客見琦耕於陌上懷書一

卷息輒僵偃而詠之客哀其志以實告琦曰

將軍令吾要子令見君賢者情懷忍忍猶不忍忍也可丞自逃吾亦於此亡矣琦得脫走

冥後音捕殺之所著賦頌銘誄箴弔論九咨七言凡十五篇

邊詔字孝先陳留浚儀人也以文章知名

教授數百人詔口辯曾晝日假卧左傳趙盾坐而假寐弟子私謿之曰邊孝先腹便便杜注云不脫衣冠而睡也便音蒲堅反嬾讀書但欲眠詔聞之應時對曰邊孝先姓字腹便便五經笥但欲眠

思經事寐與周公通夢靜與孔子同意師而可謿出何典記謿者大慙詔之才捷皆此類也桓帝時為臨潁矦相徵拜太中大夫著作東觀再遷北地太守入拜尚書令後為陳相卒官著詩頌碑銘書策凡十五篇

唐章懷太子賢注

禰衡

高彪　張超

酈炎　侯瑾

劉梁　邊讓

張升　趙壹

張升字彥眞陳留尉氏人富平侯放之孫也〔放湯六代孫也〕升少好學多關覽而任情不羈〔後漢列傳七十下　也不羈謂超絕等倫不可羈束也鄰陽上書曰使不羈之士與牛驥同皁　其意好者雖則傾身交結不問窮賤如乖其志好者雖〔陳情步闊〕常歎曰死生有命富貴在天其有知我雖胡越可親苟不相識從物何益〔意合則胡越為兄弟〕王公大人終不屈從〔杜預注左傳曰大〕仕郡為綱紀以能出守外黃令更有受也仕郡為綱紀以能出守外黃令者即論殺之或譏升守領一時何足趨獄者即論殺之或譏升守領一時何足趨明威戮乎〔趙恕也〕讀曰促對曰昔仲尼暫相誅齊之侯儒手足異門而出故能威震強國反其

侵地齊侯儒短人能為俳優也穀梁傳曰魯定公以斲魯君孔子歷階而上不盡一等曰兩君合好夷狄之人何為來齊人使優施舞於魯君之幕下孔子曰匹夫熒侮諸侯者罪當死使司馬行法焉首足異門而出齊侯懼有慚德乃歸魯侵地以謝過也〔齊人罷會夷〕謹案陰陽之田龜主卜筮也君子之居其位當思死不為己身豈以久近而異其度哉

君子仕不為己職思其憂〔詩唐風曰無〕遇黨錮去官後竟見誅年四十九著賦誄

頌碑書几六十篇

趙壹字元叔漢陽西縣人也體貌魁梧〔魁梧〕壯大身長九尺美須豪眉望之甚偉而恃〔吳佐〕才倨傲為鄉黨所擯乃作解擯〔擯斥〕後屢抵罪幾至死友人救得免壹乃貽書謝恩曰昔原大夫贖桑下絕氣傳稱其仁〔夫謂大〕秦越人還虢太子結脈世著其神〔史記扁鵲姓秦越人過虢〕生之若太子病所謂尸厥也乃使弟子陽厲鍼砥石以取三陽五會有間太子蘇〔間太子蘇見史記〕之二人不遭仁遇神則結絕之氣竭矣然而糟脯出乎車輪輨〔說文輨間橫木鍼石運平手爪〕

古者以砥石為鍼凡鍼之法右手象天左手法地彈而怒之擽而下之此運手爪也砥音必廉反

所賴者非直車轅之糒脯手爪之鍼石也

乃收之於斗極還之於司命 禮記曰祭司命鄭玄注云文昌

星使乾皮復含血枯骨復被肉畏禁不敢道

仁遇神具所宜傳而著之余畏禁不敢道

班顯言 明顯竊為窮鳥賦一篇其辭曰有

見驅者繳彈張右而射者也 昇子蒼左

一窮鳥戢翼原野罩網加上機穽在下

激矢交集于我思飛不得欲鳴不可舉頭 飛九

畏觸搖足恐懼內獨怖急乍冰乍火幸賴 賴九

大賢我矜我憐昔濟我南令振我西 西嶠音

先烏也雖頑猶識密恩內以書心外用告

天天平祚賢歸賢永年且公且侯子子孫

孫又作剌世夾邪賦以舒其怨憤曰伊五 禮記曰五帝殊時不相沿禮樂

帝之不同禮三王亦又不同樂 禮記曰五帝異代時不相襲禮樂

變化非是故相反戮

德政不能救世澗亂賞罰豈足懲 粗則偏矣

時清濁春秋時禍敗之始戰國愈復增其

茶毒 尚書曰羅其凶害不忍茶毒孔注云茶毒苦也

越乃更加其怨酷寧計生民之命唯利己

而自足于茲迄今情僞萬方使詔曰熾剛 莊者曰宋有曹商者為宋王使秦秦王悅之益車百乘見莊子曰夫處窮閻阨巷困窘織屨槁項黃馘者商之所短也

克消亡舐痔結駟正色徒行 一悟萬乘之主而從車百乘者商之所長也秦王有病召醫破癰潰痤者得車一乘舐痔者得車五乘所治愈下得車愈多子豈治其痔邪何得車之多也子行矣

媚嫵名執撫拍豪強 媚嫵音眉武撫拍相親也

偃蹇反俗立致各殊 偃蹇驕慢也撫拍謂懷也

也

富月昌 捷慴逐物也慴惶懼也慴恐逐物則致富昌

涼邪夫顯進直士幽藏原斯瘼之收興寔

執權所好則鑽皮出其毛羽所惡則洗垢

求其瘢痕雖欲竭誠而盡忠路絕嶮而靡 楚辭曰宣不思夫君兮

緣九重既不可啓又羣吠之狺狺 楚辭曰猛犬狺狺以迎吠關梁閉而不通猛音銀

肆嗜欲於目前奚異涉海之失地積薪而 今君之門以九重猛犬狺以 安危之於旦夕

待燃 地可以正船也音徒我反前書賈誼曰措火 積薪之下而寢其上火未及燃而謂之安當

榮納由於閃榆，孰知辨其蚩妍。故法禁屈撓於勢族，恩澤不逮於單門。寧飢寒於堯舜之荒歲兮，不飽暖於當今之豐年。乘理雖死而非亡，違義雖生而匪存。有秦客者，乃為詩曰：

河清不可俟，人命不可延。（左傳曰俟河之清人壽幾何也。促河清也。）

順風激靡草，富貴者稱賢。

文籍雖滿腹，不如一囊錢。

伊優北堂上，抗髒倚門邊。（伊優屈曲俟媚之貌。抗髒高亢婞直之貌也。）

魯生聞此辭，繫而作歌曰：

勢家多所宜，欬唾自成珠。（勢家多所宜也。）

被褐懷金玉，蘭蕙化為芻。（被褐懷玉言處卑賤而懷德義也。蘭蕙變化而不芳荃蕙化而為芻也。）子

賢者雖獨悟，所困在群愚。

且各守爾分，勿復空馳驅。

哀哉復哀哉，此是命矣夫！

……上計到京師。是時司徒袁逢受計，計吏數百人皆拜伏庭中，莫敢仰視，壹獨長揖而已。逢望而異之，令左右往讓之曰：下郡計史而揖三公，何也？對曰：昔酈食其長揖漢

王。今揖三公，何遽怪哉？（前書酈食其初見高祖，高祖踞牀使兩女子洗足見酈生，酈生長揖不拜，因說高祖。高祖遽止洗足，起攝衣，延酈生上坐。）逢則斂衽下堂，執其手，延置上坐，因問西方事，大悅，顧謂坐中曰：此人漢陽趙元叔也，朝臣莫有過之者，吾請為諸君分坐。（分坐別坐也。坐者皆屬觀。）既出，往造河南尹羊陟，不得見。壹以公卿中非陟無足以託名者，乃日往，到門，（陟自強許通。）尚臥未起。壹徑入上堂，遂前臨之曰：竊伏西州，承高風舊矣。（通至門故自勉強許通。陟未許通以壹數通。）然（然猶如是也。）奈何命也，因舉聲哭，門下驚，皆奔入滿側，（陟知其非常人，乃起延與語，大奇之，謂曰：子出矣。陟明旦大從車騎奉謁造壹。奉謁通。時諸計吏多盛飾車馬帷幕，壹獨柴車草屏，（韓詩外傳曰周子高對齊景公曰食脫粟之飯，臣賴君之賜跡食惡肉可得而食，乘柴車弊惡之車也。）露宿其傍。延陟前坐於車下，左右莫不歎愕。陟遂與言談至熏夕，極歡而去，執其手曰：良璞不剖，必有泣血

以相明者矣

樂操曰卞和得玉璞以獻楚懷王使
玉人相之曰石也懷王以和為欺斬
其一足懷王死子平王立和復抱其
璞獻之平王復以為欺斬其一足平
王死和復獻之中晝夜不止涕盡繼
之以血

陟乃與袁逢共稱薦之
玉而哭荊山之中晝夜
不止涕盡繼之以血恐復見斷乃抱其

名動京師士大夫想望其風采及西還道
經弘農過候太守皇甫規門者不即通壹
遂遁去門吏懼以白之規聞壹名大驚乃
追書謝曰蹉跌不面企德懷風虛心委質
喬日久矣側聞仁者恕其區區冀承清誨
以釋遙悸仝旦外曰有一尉兩計吏不道

〔後漢列傳七十下〕　孫嵩

屈尊門下 之故號為尊 更啓乃知已去如印

草謂壹也敬

綏可投夜豈待旦惟君明歡平其夙心寧
當慢懶加於所天 平恕也尊敬壹 事在悖惑
不足具責儻可原察追偹嵠好則何福如
之謹遣主簿奉書下筆氣結汗流竟趾壹
報曰君學成師範縉紳歸慕仰高希驥歷
年滋多 詩曰高山仰止景行行止法言曰希顏之人亦顏之徒希驥也
旋轅兼道渴於言侍沐浴晨興昧且守門
實望仁兄昭其懸遲 懸心遲仰之 以貴下賤握

七

髮垂接 周公一沐三握髮以接天下之士 高可數
酖墳起發聖意下則抗論當世消彌時
炎豈悟君子自生忿失恓恓善誘之於
同亡國驕惰之志 論語曰夫子恂恂然善誘人恭順貌 蓋見
或歷說而不遇或思士而無從皆歸之於
退自引畏使君勞 詩曰大夫夙退無使君勞 昔人
機而作不俟終日 易曰君子見幾而作不俟終日 是以夙
天不尤於物 歷說謂孔丘也論語孔子不用於時而不怨天 君

〔後漢列傳七十下〕　張宗

馬融注云孔子不用於尤人也思士謂孟軻也孟軻欲見梁平公嬖
人也思士謂孟軻也孟軻欲見梁平公嬖蒼讒之
孟軻曰余之不遇魯侯天也臧氏
之子焉能令余不遇哉見孟子 今壹自謫而已
豈敢有猜仁君忽一匹夫於德何損而遠
辱手筆追尋誠足愧也壹之區區易
云量己其嗟可去謝也可食 易何也言區區
至君門禮記曰黔敖為食於路以待餓者有
蒙袂輯屨貿貿然來黔敖左奉食右執飲曰嗟來食揚其目而視之曰余唯不食嗟來之食以至於斯也從而謝焉終不食而死可食而
識其趣但關節痠動膝炙塊潰 十有四關十二節 請
侯宅曰乃奉其情輒誦來覿永以自慰遂
去不顧州郡爭致禮命十辟公府並不就

八

終於家初衰逢使善相者相壹云仕不過
郡吏竟如其言著賦頌箴誄書論及雜文
十六篇

劉梁字曼山一名岑東平寧陽人也〔寧陽縣故城在今兗州瑕丘縣南〕梁宗室子孫而少孤貧賣書於

市以自資常疾世多利交以邪曲相黨乃
著破羣論論時之覽者以為仲尼作春秋亂
臣知懼今此論之作俗士〔孟子曰孔子成春秋亂臣賊子懼也〕
豈不愧其文不存又著辯和同之論其
辭曰夫事有違而得道有順而失義有愛
而為害有惡而為美其故何乎蓋明智之
所得聞儔之所失也是以君子之於事也〔天下也　論語曰君子之於〕
無適無莫必考之以義焉〔適也　無適也無莫也義得由同興失由同起故以可濟否〕
之與此
謂之和好惡不殊謂之同春秋傳曰和如〔左傳剞作齊爾雅曰剞劂　剞音羈劂音厥〕
羹焉酸苦以劑其味〔齊也音子隨反今人相傳　蔚音酸反〕
君子食之以平其心同如〔劇反〕
水濟水誰能食之琴瑟之專一誰能聽之

左傳曼子對齊景公也
是以君子之行周而不比和而
不同〔忠信為周　阿黨為比　以救過為正　以匡惡為忠〕
經曰將順其美匡救其惡則上下和睦能
相親也昔楚恭王有疾召大夫曰不穀〔楚恭王名審左傳楚王曰生十〕
不德少主社稷〔年而喪先君故云少主社稷〕
失先君之緒覆楚國之師〔緒業也謂覆之戰為晉所敗不〕
穀之罪也若以宗廟之靈得保首領以歿
及其卒也子囊曰不然〔康王〕
請為靈若厲大夫許諸〔諡法亂而不損曰靈殺不辜曰厲　左傳楚王〕
夫擇焉莫對及五〔命刀許之諸之〕
國而君臨之撫正南海訓及諸夏其寵大〔寵榮也楚語之文〕
矣
大夫從之恭案此楚語改曰此違而得道者也〔諡法既過能改〕
有是寵也而知其過可不謂恭乎
及靈王驕淫暴虐無度芋尹申亥從王之
欲以殯於乾溪殉之二女此順而失義者〔國語楚靈王子圍為章華之臺伍舉對曰君為此〕
也〔臺國語楚靈王罷為射用盡為此　及靈王之役申亥日吾父〕
芋尹申亥申無宇之子也乾溪之役申亥〔王縊而葬之其二〕
女殉而葬之其二〔王使申亥　干尹申亥申王不　誅惠乾大焉乃求王遇諸棘聞之王縊〕
鄢陵之役晉楚對戰陽穀

獻酒子反以斃此愛而害之者也

淮南子曰楚恭王與
晉人戰於鄢陵戰酣恭王傷司馬子反渴而求飲
陽穀進毒酒而進之子反之豎子也嗜酒而甘之而不能
絕於口遂醉而臥恭王欲復戰使人召子反子反辭
以疾王駕而往之入幄中而聞酒臭恭王大怒斬子
反而戰

臧武仲曰孟孫之惡我藥石也季孫
之愛我美疢也疢毒滋厚石猶生我此惡
石能除已疾也

而為美者也
武仲臧孫紇也左傳孟孫死臧孫入
哭甚哀多涕出其御曰孟孫之惡子
也而哀如是季孫若死其若之何臧
孫曰季孫之愛我疾疢也孟孫之惡
我藥石也美疢不如惡石夫石猶生
我疢之美其毒滋多孟孫死吾亡無
日矣

孔子曰智之難也有臧
武仲之智而不容於魯國抑有由也作不

後漢列傳七十下
李膺
十一

順而施不恕也
武季子愛悼子無適子公彌長悼子少
夫酒臧紇為客飲我酒吾為子立之訪於申豐少
曰不可訪於臧紇為客既獻臧紇命北面重席新樽絜之召大
悼子辟逆立於其後公彌立於季氏以公彌為馬
正其後公彌逆公亦弗立
齊齊侯將與臧紇田孟孫惡臧孫
畏人故也似鼠晝伏夜動不穴於寢廟
如何乃不與今田氏以不欲受其邑故
以此鼠使怒左傳臧紇斂田蓋善其知義譏其違道也夫
而止也鼠見左傳
對齊侯曰臧氏有守廟之萯事伐晉

知而違之偏也蓋善其知義譏其違道也夫
而為其患一也患之所在非徒在智之不及
又在及而違之者矣故曰智及之仁不能

守之雖得之必失之也
論語
之文
夏書曰念茲

在茲庶事恕施忠智之謂矣
玆此也在此身也念此事

故君子之
行事當常念如在己身也庶眾也言眾
事恕己而施行斯可謂忠而有智矣

行動則思義不為利回不為義疢
礼行則思義不為利回不為義疢
病也杜預注云回邪也疢病也

是務苟失其道則兄弟不阿苟得其義雖
仇讎不廢故解狐蒙祁奚之薦二叔被周
公之害
進退周旋唯道

公之害
勃鞮寺人名披左傳獻公使寺人披伐
蒲重耳左傳晉侯求之披斬其袪及文
公歸國呂郤

為成
公子重耳
問寺人重耳左傳

後漢列傳七十下
十三

順厲為敗
大陵獲鄭厲公傅瑕曰苟舍我吾
請納子屬公與之盟而赦傅瑕
殺鄭子而納厲公遂殺傅瑕也

郤芮將焚公宮而殺文公寺人披以吕郤
之難告之言初晉文公之後呂郤所逼

傅瑕以
義違我以禮與處不安不見則思然未嘗
告諸大夫曰管蘇犯我以義違我以禮
見所欲行吾所樂與處必速遣之
則思然未嘗有得焉必速遣之

進申侯以愛從見退考之以義也恭王有疾
以義從見退考之以義也

而知其惡憎而知其善考義之謂也禮記曰愛
而知其善憎而知其惡道為貴禮記曰愛

故曰不在逆順

時舉孝廉除此新城長
此新城屬涿縣
告縣人曰昔

桑瓏隸風移碬碟

文翁在蜀道著巴漢

本志平乃更大作講舍延聚生徒數百人
朝夕自往勸誡身執經卷試策殿最儒化
大行此邑至後猶稱其教焉特召入拜尚
書郎累遷後爲野王令未行光和中病卒

孫楨亦以文才知名
徐幹陳琳阮瑀應瑒俱以文
章知名轉爲平原侯庶子
魏志楨字公幹爲司空軍謀祭酒五官郎將文學

文作章華賦雖多淫麗之辭而終之以正
邊讓字文禮陳留浚儀人也少辯博能屬
亦如相如之諷也

靈王既遊雲夢之澤息於荊臺之上前

淮之水左洞庭之波

之隩南眺巫山之阿

延目廣望騁觀終日顧謂左史倚相
曰盛哉斯樂可以遺老而忘死也巫山
縣東於是遂作章華之臺築乾谿之室
窮木土之技單珍府之實於是

舉國營之數年乃成
樂乾谿不能去

設長夜之淫宴作此里之新聲

伍舉知夫陳蔡之將生謀也
作斯賦以諷之胄高陽之苗胤兮承聖祖
之洪澤
建列藩於南楚兮等威靈於二伯

超有商之大彭兮越隆周之兩號
達皇佐之高勳兮馳仁聲於

之顯赫
以來

韋左傳曰號仲
叔王季之穆也

惠風春施神武電斷

華夏蕭清五服攸亂 謂靈王承先世仁惠之風／如春普施神武威稜如／電
雷之斷決也五服間旦垂精於萬機兮夕回輦 倭緩要荒也亂理也
於門館設長夜之歡飲兮展中情之嬿婉 嬿安也婉美也婉／嬿嬿音永願反
竭四海之妙珍兮盡生人 之秘玩爾乃攜窈窕從好仇 窈窕幽也／窈窕
肴山竦椒酒淵流 徑肉林登糟丘 蘭肴芳若蘭也楚詞曰蕙肴蒸兮蘭籍桂 池縣肉以為林酒置椒酒也史記紂作糟丘 李芳
激玄體於清池兮靡風而行舟登 瑤臺以回望兮異彌日而消憂 酒漿 彌終也楚醉也楚臺瑤臺而
於是招宓妃命湘娥 宓妃洛水之神女湘／娥堯之二女娥皇女英 十五
清宮兮展新聲而長歌 湘水之神也齊倡列鄭女羅 楚辭曰二八／娥容起鄭舞 揚激楚之
超於北里妙舞麗於陽阿 寒於北里妙舞麗於陽阿 楚辭曰激楚結風 繁手
平陽阿解金石類聚絲竹羣分被輕袿曳華 見馬融傳
文曰婦人上服謂之褘謂之袿 方言曰袿謂之裾釋名
綺綬也縱輕軀以迅赴若孤鵠之失羣振華 羅衣飄飄組綺繽紛
袂以逯迤若遊龍之登雲於是歡嬿旣洽 長夜向半琴瑟易調繁手改彈清聲發而

響激微音逝而流散振弱支而紆繞兮若 六孔
容忽兮神化音化韻協 爾乃長袖奮而生風清氣激而繞結 歌聲激發祭纏經結
如浮雲退如激波雖復柳惠能不咨嗟下 惠展季也柳下／惠之女國人不稱其亂言其貞不逆於是天河旣回 柳
淫樂未終清籥發鬱激楚揚風 六孔籥如
節而雙躍兮 比目魚一名鰈不比不行今江東平呼板魚韓詩外傳曰伯牙於
音聚發於絲竹兮飛響戟於雲中比目應 黃帝軒轅氏得固吸氣還 衛於玄女握固吸氣還
魚出聽淫 鼓琴沈 孤雌感聲而鳴雄 雌雄迷鳥宿焉則 羈雌迷鳥宿焉則羈
美繁手之輕妙兮嘉新聲之彌隆於 是眾藥已盡羣樂旣考成 成考也
廣夏兮脩黃軒之要道 術於玄女握固吸氣還
腕兮援毛嫱之素肘 嘗君曰廣遂房下羅帷來清風 西子西施也越王句踐得採薪二女西施越
鄭旦兮以歠吳王毛嫱媥姹人之美者 形便娟以嬋媛兮 莊子曰毛嫱麗姬人之美者
長夜向半琴瑟易調繁手改彈清聲發而 攜西子之弱

老流風之靡草操之姣麗兮忽遺生而忘老兩乃清夜展妙技單收尊俎徹鼓盤焉若醒撫翰而歎稼穡之艱難美呂尚之佐周善管仲之輔桐將超世而作理焉沈酒於此歡於是罷女樂隨瑤臺思夏禹之甲宮慕有虞之土階而舉英奇於吱陋拔髦秀於蓬萊君明哲以知人官隨

淮南子曰今舞者便娟若秋蘭被風萏自逆也美儀
張衡七盤賦曰歷七盤而縱躡也
醒酒也
慮理國之須才悟
蓬萊草菜之間也爾雅曰髦俊也

任而處能乃來反

〈後漢列傳七十下〉 十七

侯慕義不召同期繼高陽之絕軌崇成莊之洪基桐之一斤豈足方於大持元永歷世而太平大將軍何進閭譚才名思神盡蕭恭乎上京馳淳化於黎天下匡爾乃豈之以仁臨之以明致虔欲辟命之恐不至詭以軍事徵召既到署

能協韻音
尚書武王伐紂八百諸侯不期而至
史記楚成王布德施惠於諸侯罷使人國人大悅雖
穀梁傳曰為陽毅之曾一巨
言欲尊周室
正也

令史進以禮見之讓善占謝能辭對時實客滿堂莫不羨其風府掾孔融王朗並修刺候焉蔡邕深敬之以為謙宜處高任乃薦於何進曰並為元龜集西雍濟濟之在周庭無以或加進曰伏惟幕府初開博選清英華嶸舊德多士史王以寧竊見令史陳留邊讓天授逸才聰

續漢志曰大將軍下有令史史及御史屬三十一人
朗字景興有傳謹郎
伏惟幕府初開博選清英華嶸舊德
吉凶尚書元龜所以知
韓詩曰振振被西雍薛君章句曰驚繁白之鳥也西雍文王之雍學士皆繁白之人也又曰濟濟

〈後漢列傳七十下〉 十八

明賢智韜齒鳳孤不盡家訓就學廬便受大典初涉諸經見本知義授者不能對其間章句不能逮其意心通性達口辯辭長非禮不動非法不言若處孤疑之〈論定嫌審之分經典交至擷括參合衆夫寂焉莫之能奪也使讓生在唐虞則元凱之次運值仲尼則顏冉之亞豈徒俗之凡偶近器而已者哉階級名位亦宜超然若復隨輩而進非所以章瓌偉之高價

韶前殷之靈歈也

（上欄）

昭知人之絕明也傳曰函牛之鼎以亨雞

多汁則淡而不可食少汁則熬而不可熟 莊子曰函牛之鼎沸蟻不得措一足焉呂氏春秋曰白圭對魏王曰市丘之鼎以亨雞多洎之則淡而不可食少洎之則焦而不可熟也函容也洎汁也此言大器之於小用固有

所不宜也邑竊愊邑懷忿也怪此寶鼎未受

犧牛大羹之和久在煎熬鬻割之間願明

將軍回謀垂慮裁加少納貢之機密展之

力用也展陳若以年齒為嫌則顏回不得貫

德行之首子奇終無理阿之功 說苑曰子奇年十八為阿宰

有 善續 苟堪其事古今一也讓後以高才擢

進屢遷出為九江太守不以為能也初平

中王室大亂讓去官還家恃才氣不屈曹

操多輕侮之言建安中其鄉人有攜讓於

操操告郡就殺之文多遺失

酈炎字文勝范陽人酈食其之後也炎有

文才解音律言論給捷多服其能理 給敏也

靈帝時州郡辟命皆不就有志氣作詩二

篇曰大道夷且長窘路狹且促修翼無與

＜後漢列傳七十下＞ 十九 陳寔

（下欄）

栖遲趾不步局 窘迫 舒吾陵霄羽奮此千

里足超邁絕塵驅儵忽誰能逐賢愚宣常 通塞苟由

類稟性在清濁富貴有人籍無天錄 富貴者為人所載於典籍也貧賤者無見於圖書之謂若蕭曹見名於圖書者戴於天錄謂

已志士不相卜 言通塞苟由已則志士富貴吾自取之也故蔡澤謂唐舉曰富貴吾所自有也 終居天下宰食此萬鍾祿 斛大

四十鍾 陳平為里社宰里中曰陳平為宰分肉甚均父老曰善宰哉陳孺子為之也韓信釣河曲下亦見前書 德音流千載功名重山岳靈芝生河

洲動搖因洪波蘭榮一何晚嚴霜痒其柯

哀哉二芳草不植太山阿文質道所貴遭

時用有嘉絡灌臨衡宰謂誼崇浮華賢才 賈誼秩革漢文德政定律令絳侯周勃及灌嬰共毀之文學言語政事謂德行政事文學言語也

抑不用遠投荊南沙 賈誼謫為長沙太傅見前書 之文帝以誼為長

安得孔仲尼為世陳四科 謂德行政事文學言語也

炎後風病慌忽性至孝遭母憂病甚發動

妻始產而驚死妻家訟之收繫獄炎病不

能理對熹平六年遂死獄中時年二十八

＜後漢列傳七十下＞ 二十 林宗襄

尚書盧植爲之誄讚以昭其懿德
侯瑾字子瑜敦煌人也少孤貧依宗人居
性篤學恒傭作爲資暮還輒燃柴以讀書
然古字常以禮自牧（牧易牧攸養也）易曰以自濁虞一房如
對嚴實焉州郡累召公車有道徵並稱疾
不到作矯世論以譏切當時而徒入山中
覃思著述也（覃靜）以莫知於世故作應賓難
以自寄又案漢記撰中興以後行事爲皇
德傳三十篇行於世餘所作雜文數十篇
多亡失西河人苟其才而不敢名之皆稱
爲侯君云
高彪字義方吳郡無錫人也（無錫今常州縣家本單）
寒至彪爲諸生遊太學有雅才而訥於言
嘗從馬融欲訪大義融不獲見乃覆刺
遺融書曰承服風問從來有年（藏令閒風）問故不
待介者而謁大君子之門冀一見龍光以（毛詩曰飢見君子也　不圖遭疾幽閒）
叙腹心之願（爲龍爲光寵也）
莫啓昔周公旦父文兄武九命作伯以尹

華夏猶揮沐吐餐垂接白屋（白屋匹夫也）故周道
以隆天下歸德公今養疴傲士故其宜也（夫也）
融省書慙追謝還之彪逝而不顧後郡舉
孝廉試經第一除郎中校書東觀數奏賦
頌奇文因事諷諫靈帝異之時京兆第五
永爲督軍御史使督幽州百官大會祖餞
於長樂觀議郎蔡邕等皆賦詩彪乃獨作
箴曰文武將墜乃俾俊臣（俾使）整我皇綱
董此不虔（董正　古之君子即戎忘身　易曰不利即戎　沈定）
司馬穰苴曰將受命之日忘其家援抱鼓即
忘其身（左傳曰殺敵爲果致果爲毅尚桓桓武貌）
曰昂昂夫子尚桓桓相相武（貌）呂尚七十氣冠
三軍詩人作歌如鷹如鶡（太公年七十遇文王……揚鷹　毛詩曰惟師尚父時維鷹揚）
天有太一五將三門（太一式凡舉事皆欲發三門順五將發三）
地有九變丘陵山川（五門者開門休門生門……）

九變篇曰用兵者有散地有輕地有爭地有交地有衢地有重地有圮地有圍地有死地諸侯自戰其地者爲散地入人之地而不深者爲輕地我得則利彼得亦利者爲爭地我可以往彼可以來者爲交地諸侯之地三屬先至而得天下之衆者爲衢地入人之地深背城邑多者爲重地行山林阻澤難行之道者爲圮地所由入者隘所從歸者少彼寡可以擊吾衆者爲圍地疾戰則存不疾戰則亡爲死地通九變之利知用兵矣存人有

計策六奇五間

陳平凡六出奇策孫子曰用間有五有因間有內間有反間有死間有生間五間俱起莫知其道是謂神起人君之寶也因間者因其鄉人而用之也內間者因其官人而用之也反間者因其敵間而用之也死間者為誑事於外令吾間知之而得於敵間而告誑者也生間者反報也惣天地之事無曰已

惣茲三事謀則咨詢 [臣賢韓索 前書 周公]

能務在求賢淮陰之勇廣野是尊公大聖石碏純臣以威克愛以義滅親 [蔡石碏殺其子厚也 孫寶曰周公上聖邵公大賢尚書曰威克厥愛允濟左傳曰石碏純臣也大義滅親其是之謂乎 周公 石碏] 親其是之謂平謂勿謂時險不正其身勿謂無人莫識己真忘富遺貴福祿乃存枉道依 [郭傳] 合復無所觀者不見觀也以合時先公高節越可永遵佩藏斯戒以屬終身豈等甚美其文以爲莫尚也後遷內黃令帝勅同僚臨送祖於上東門 [洛陽城東面北頭門] 詔東觀畫彪像以勸學者彪到官有德政上書薦徒蠅等病卒於官文章多亡子岱亦知名

張超字子並河間鄚人也 [今瀛州鄚縣 鄭人之] 後也有文才靈帝時從車騎將軍朱儁征 [留侯良之]

黃巾爲別部司馬著賦頌碑文薦檄牋書謁文嘲凡十九篇超又善於草書妙絕府人世共傳之

禰衡字正平平原般人也 [般縣故城在今德州平昌縣東般音十蒲反] 少有才辯而尚氣剛傲好矯時慢物興平中避難荊州建安初來遊許下始達潁川乃陰懷一刺既而無所之適至於刺字漫滅是時許都新建賢士大夫四方來集或問衡曰盍從陳長文司馬伯達乎 [陳羣字長文司] 衡曰吾焉能從屠沽兒耶又問 [趙爲盪寇將軍見魏志] 荀文若趙稚長云何 [軍見魏志] 可借面弔喪 [但有貌耳故可弔喪趙有腹大便歌肉故可監廚也] 唯善孔融及弘 [典略曰衡見荀彧密] 農楊脩常稱曰大兒孔文舉小兒楊德祖餘子碌碌莫足數也融亦深愛其才衡始弱冠而融年四十遂與爲交友上疏薦之曰臣聞洪水橫流帝思俾乂 [孟子曰堯時洪水橫流氾濫于天下尚書帝曰咨湯湯洪水方割有能俾乂俾使也乂理也] 旁求四方以招賢

俊求天下　昔孝武繼統將弘祖業疇咨熙載羣士響臻

<small>尚書曰旁</small>

<small>尚書帝堯曰疇咨若時登庸又曰有事也</small>

陛下叡聖纂承基緒遭遇屯運勞謙曰

<small>易曰勞謙君子有終吉尚書叙文王德也</small>

昃自朝至于日中昃不遑食言不遑暇怠也

降神異人並出

<small>毛詩曰惟岳降神生甫及申</small>

<small>公孫弘傳贊曰異人並出</small>

見處士平原禰衡年二十四字正平淑質

<small>竊</small>

貞亮英才卓躒初涉藝文升堂覩奧目所

一見輒誦於口耳所暫聞不忘於心性與

道合思若有神

<small>淮南子曰張安世字子孺雒陽人也上行幸河東嘗亡書三篋詔問莫能知唯安世識之其後購求得書以相校無所遺失</small>

弘羊潛計

<small>沈定</small>

安世默識以衡準之誠不足怪

<small>前書曰桑弘子以心計年十三為侍中又曰張安世字子孺雒陽人也</small>

忠果正直志懷霜雪見善若驚疾惡若讎

<small>家語孔子曰見善如不及尹臺謂子西曰西河之子弟而以封君之子是以知君不肯君也是以不肯君也知君也</small>

任座抗行史魚厲節殆無以過也

<small>呂氏春秋尹臺謂子西曰...一善言若驚得之士若驚</small>

<small>國語蘧�伯玉戒慎文侯</small>

鷙鳥累百不如一鶚使衡立朝必有可觀飛辯

<small>鄒陽上書之言也鷙鳥累百不如一鶚也</small>

騁辭溢氣坌涌解疑釋結臨敵有餘昔賈

誼求試屬國詭係單于

<small>前書賈誼曰何不試以臣為屬國之官以主匈奴攺行匈奴必係單于之頸而制其命也終軍請必羈單于之頸而致之闕下也</small>

終軍欲以長纓牽致勁越

<small>前書終軍曰願受長纓必羈南越王而致之闕下也</small>

弱冠慷慨前世美之近日路粹嚴象亦用異才擢拜臺郎衡

宜與為比如得龍躍天衢振翼雲漢揚聲

紫微垂光虹蜺足以昭近署之多士增四

門之穆穆

<small>尚書曰賓於四門穆穆</small>

鈞天廣樂必有奇麗之觀

<small>史記曰趙簡子疾五日不知人大夫皆懼扁鵲曰血脈理也昔秦穆公嘗如此七日寤寤之日告公孫支曰我之帝所甚樂與百神遊於鈞天廣樂九奏萬舞三日必間間必有言也居二日果寤語大夫曰我之帝所甚樂今主君之疾與之同不出三日必間</small>

帝室皇居必蓄非常之寶若衡等輩不可多得激楚陽阿至妙

<small>後漢列傳七十下　二十六</small>

之容臺牧者之所貪

<small>諸本並作臺牧未詳其義融集作掌伎</small>

飛兔騕褭絕足奔放良樂之所急

<small>呂氏春秋曰飛兔騕褭古駿馬也王良伯樂善御人也</small>

<small>也周誘注曰日行萬里臣等區區敢不以聞融</small>

既愛衡才數稱述於曹操操欲見之而衡

素相輕疾自稱狂病不肯往而數有恣言

操懷忿而以其才名不欲殺之聞衡善擊

鼓乃召為鼓史因大會賓客閱試音節諸

史過者皆令脫其故衣更著岑牟單絞之服〔文士傳曰魏太祖欲辱衡乃令人錄用為鼓史後至八月朝會大閱試鼓節作三重閣列坐賓客以帛絹制作衣一本普一年一單絞又小褌通史志曰牟鼓角士冑也鄭玄注禮記曰絞又小褌著黃之〕次至衡衡方為漁陽參撾蹀躞而前〔漁陽參撾曲名也衡善擊鼓其法自衡始悲甚自衡始〕容態有異聲節悲壯聽者莫不慷慨衡進至操前而止吏訶之曰鼓史何不改裝而輕敢進乎衡曰諾於是先解衵衣〔衵衣近身衣也社頂注左傳曰衵近身衣也音女一反〕次釋餘服裸身而立徐取岑牟單絞而著之〔王僧孺詩云廣陵慶度曲音慶度二字相連而讀參撾七甘反〕畢復參撾而去顏色不怍〔怍著慚也〕操笑曰本欲辱衡衡反辱孤孔融退而數之曰正平大雅固當爾邪〔雅正也言大雅君子不言大雅爾〕因宣操區區之意衡許往融復見操說衡狂疾今求得自謝操喜勑門者有客便通待之極晏衡乃著布單衣疎巾手持三尺梲杖〔說文曰梲木杖也音祝〕

坐大營門以杖捶地大罵吏白外有一狂生坐於營門言語悖逆請收案罪操怒謂融曰禰衡豎子孤殺之猶雀鼠耳顧此人素有虛名遠近將謂孤不能容之今送與劉表視當何如於是遣人騎送之臨發眾人為之祖道先供設於城南乃更相戒曰禰衡勃虐無禮今因其後到咸當以不起折之也及衡至眾人莫肯興衡坐而大號眾問其故衡曰坐者為冢臥者為屍屍冢之間能不悲乎〔冢之間能不悲乎劉表及荊州士大夫先服其才名甚賓禮之文章言議非衡不定表嘗與諸文人共草章奏並極其才思時衡出還見之開省未周因毀以抵地〔抵擲也〕表憮然為駭〔憮然悵貌也音撫〕衡乃從求筆札須臾立成辭義可觀表大悅益重之後復侮慢於表表恥不能容以江夏太守黃祖性急故送衡與之祖亦善待焉衡為作書記輕重疎密各得體宜祖持其手曰處士此正

得祖意如祖腹中之所欲言也祖長子射

射音亦爲章陵太守尤善於衡甞與衡俱遊

共讀蔡邕所作碑文射愛其辭還恨不繕

寫衡曰吾雖一覽猶能誦之〔識志也〕唯其中

石缺二字爲不明耳因書出之射馳使寫

碑還校如衡所書莫不歎伏射時大會賓

客人有獻鸚鵡者射舉巵於衡曰願先生

賦之以娛嘉賓衡攬筆而作文無加點辭

采甚麗後黃祖在蒙衝舡上〔釋名曰外狹而長曰蒙衝以衝〕

二十九　王覽

舡〔突敏〕大會賓客而衡言不遜順祖慙乃訶

之衡更熟視曰死公云等道〔死公罵言也等道猶今言何勿〕

也祖大怒令五百將出〔五百猶今之問事欲加也解見本問事者〕

箠衡方大罵祖惠遂令殺之祖主簿素疾

衡即時殺焉射徒跣來救不及祖亦悔之

乃厚加棺斂衡時年二十六其文章多亡

贊曰情志既動篇辭爲貴〔毛詩序曰情發於志之所之故情志動而中而形於言詩者篇辭作斯文章之爲貴〕抽心呈貌非彫非蔚

云〔斷彫〕

也易曰君子豹變其文蔚　殊狀共體同聲異氣觀麗則

永監淫費〔揚雄曰詩人之賦麗以則辭人之賦麗以淫禮記曰不辭費〕

後漢書列傳卷第七十下

唐章懷太子賢注

孔子曰與其不得中庸必也狂狷乎[庸當也 中和可]狂者進
之人與之居必也須得狂狷之人
常行之道謂之中庸言若不得中庸又云狂狷者
之言而釋狂狷之人也
此是錄論語者因夫子
取狷者有所不為也此
蓋失於周全之道而取諸偏至之端者也

然則有所不為亦將有所必為者矣既云
進取亦將有所不取者矣如此性尚分流
為否異適矣[人之好尚不同或否或志剛金]
之夫能成名立方者蓋亦眾也或
石而剋扞於強禦[謂劉茂或意嚴冬霜而甘]
心於小諒[戴就陸續也]
通圓良其風軌有足懷者而情迹殊雜或
為條品片辭特趣不足區別措之則事或
有遺[措置也]載之則貫序無統以其名體雖
殊而操行俱絕故總為獨行篇焉庶備諸
闕文紀志漏脫云爾[徐泳 二]
譙玄字君黃巴郡閬中人也少好學能說
易春秋仕於州郡成帝永始二年有日食
之災乃詔舉玄詣公車對策高第拜議郎帝始作
州舉玄詣公車對策高第拜議郎帝始作
期門數為微行[前書武帝微行常與侍中常侍武騎及待詔北地良家子能騎射者期門故有期門之号自武帝微行亦然故言始自立趙飛燕為皇]

后后專寵忌皇太子多橫天玄上書諫
曰且聞王者承天繼宗統極保業延祚莫
急蕭嗣故易有幹蠱之義詩詠衆多之福
（易曰幹父之蠱注云蠱事也毛詩曰螽斯后妃之德也后妃不妒忌則子孫衆多也其詩曰螽斯羽詵詵兮宜爾子孫振振兮）今陛下嗣未立天下屬望而不
育（人皆生于趙昭儀皆令殺之）
惟社稷之計專念微行之事愛幸用於所
感曲意留於非正竊聞後宮皇子產而不
痛心傷剝竊懷憂國不忘須臾夫警衛不
臣聞之悒然
脩則患生非常忽有醉酒狂夫分爭道路
既無算嚴之儀宣識上下之別此爲胡狄
起於轂下而賊亂發於左右願陛下念
天下之至重愛金玉之身均九女之施（女九）
（解見崔時傳）異政輒陳其窳既不省故久稽郎官後
遷大常丞以弟服去職平帝元始元年日
食又詔公卿舉敦朴直言大鴻臚左咸舉
玄詣公車對策復拜議郎遷中散大夫

年選明達政事能班化風俗者八人時並
（前書御史大夫領繡衣直指出討姦猾理大獄武帝所制）
舉玄爲繡衣使者（不常置）
持節與太僕任惲等分行天下觀覽
風俗所至專行誅賞事未及終而王莽居
（攝玄於是縱使者車也載損易姓名間寬）
歸家（開私）因以隱遁後公孫述
連聘不詣述乃遣使者備禮徵之若玄不
肯起使陽以毒藥太守乃自齎璽書至玄
廬曰君高節已著朝廷垂意誠不宜復辭
自招四禍立仰天歎曰唐堯大聖許由恥
仕周武至德伯夷守餓彼獨何人我亦何
人保志全高死亦奚恨遂受毒藥玄乃
泣血叩頭於太守曰方今國家東有嚴敵
兵師四出國用軍資或不常充足願奉家
錢千萬以贖父死太守爲請述聽許之
遂隱藏田野終述之世時兵戈累年莫能
脩尚學業玄獨訓諸子勤習經書建武十
一年卒明年天下平定玄子慶以狀詣闕

自陳光武美之策詔本郡祠以中牢勅所
在遺女家錢時亦有犍爲費貽不肯仕述
乃漆身爲厲陽狂以避之退藏山藪十餘
年述破後仕至合浦太守瑛善說易以授
顯宗爲北宮衞士令　漢官儀曰北宮衞士令一人秩六百石
爲郎　帝年也

元始平

李業字巨游廣漢梓潼人也少有志操介
特習魯詩師博士許晃元始中舉明經除
爲郎會王莽居攝業以病去官杜門
不應州郡之命太守劉咸強召之業乃載
病詣門咸怒出教曰賢者不避害故欲辟除
有說咸曰趙殺鳴犢孔子臨河而逝　史記孔子
弩射市薄命者先死聞業名稱故欲與之
爲治而反託疾平令詣獄養病欲殺之客
有說咸曰趙簡子至於河而聞竇鳴犢
子既不得用於衞將西見趙簡子至于河而歎
曰美哉河水洋洋乎丘之不濟此命也夫子貢
進曰敢問何謂也孔子曰竇鳴犢
舜華晉國之賢大夫也趙簡子未得志之時須此
兩人而後從政及其已得志殺之乃臨河
人而漁則蛟龍不合陰陽覆巢毀卵則鳳凰不翔何則
君子諱傷其類夫鳥獸之於不義也尚知避之而況乎丘哉乃還
也尚知避之而況乎丘哉乃還
以牢獄者也咸乃出之因舉方正王莽以

未聞求賢而貿
以牢獄者也咸乃出之因舉方正王莽以

業爲酒士故置酒士也　王莽時官郎酒
　病不之官遂隱藏
山谷絕匿名迹終莽之世及公孫述僭號
素聞業賢徵之欲以爲博士業固疾不起
數年述羞不致之乃使大鴻臚尹融持毒
酒奉詔命以劫業若起則受公侯之位不
起賜之以藥融曰方今天下分崩
知是非而以區區之身試於不測之淵乎
朝廷貪慕名德曠官缺位于今七年四時
珍御不以忘君且上奉知已下爲子孫身
名俱全不亦優乎今數年不起猜疑寇心
凶禍立加非計之得者也業曰危邦不入
不入亂國不居　論語孔子曰危邦不入居亂邦不居天下有道則見無道則隱
親於其身爲不善者君子不　論語曰君子見危授命又曰君子見得思義
授命　又曰君子見危授命見得思義
誘以高位重餌哉融見業辭志不屈復曰
宜呼室家計之業曰丈夫斷之於心久矣
何妻子之爲遂飲毒而死述聞業死大驚
又恥有殺賢之名乃遣使弔祠贈賻百四

業子鸞逃辭不受蜀平光武下詔表其閭
益部紀載其高節圖畫形象初平帝時圖
郡王皓為美陽令王嘉為郎王莽簒位並
弃官西歸及公孫述稱帝遣使徵皓嘉恐
不至遂先繫其妻子使者謂嘉曰速裝妻
子可全對曰犬馬猶識主況於人乎王皓
先自刎以首付之嘉乃對使者誅遂家屬王
嘉聞而歎曰後之哉乃對使者伏劍而死
是時犍為任永君業同郡馮信並好學博

▲後漢列傳七上　陳孝　七

古公孫述連徵命待以高位皆託青盲以
避世難永妻淫於前匿情無言見子入井
忍而不救信侍婢亦對信姦通及聞述誅
皆盥洗更視日世適平目即清淫者自殺
光武聞而徵之並會病卒
劉茂字子衞太原晉陽人也少孤獨侍母
居家貧以筋力致養孝行著於鄉里及長
能習禮經教授常數百人哀帝時察孝廉
冉遷五原屬國俟遭母憂去官服音後為

沮陽令　沮陽縣屬上谷郡故城在今媯州東沮音阻　會王莽簒位茂
弃官避世弘農山中教授建武二年歸為
郡門下掾時赤眉二十餘萬衆攻郡縣殺
長吏及府掾史茂負太守孫福踰牆藏空
穴中得免其暮俱奔孟縣　孟縣今沇州金鄉縣也　晝則逃隱
夜求糧食積百餘日賊去乃得歸府命
詔書求天下義士福言茂曰臣前為赤眉
所攻吏民壞亂奔走趣山臣為賊所圍命
如絲髮賴茂負臣踰城出保孟縣茂與弟

▲後漢列傳十二　朱雲卿　八

觸冒兵刃緣山負食臣及妻子得度死命
節義尤高宜蒙表擢以厲義士詔書即徵
茂拜議郎遷宗正丞　續漢書宗正丞一人比千石也　後拜侍
中卒官元初中鮮卑數百餘騎寇漁陽太
守張顯率吏士追出塞遙望虜營烟火急
趣之兵馬掾嚴授慮有伏兵苦諫止不聽
顯躑令進授不獲已前戰伏兵發授身被
十創殁於陣拔刃追散兵不能制虜射
中顯主簿衞福功曹徐咸遽起之顯遂墮

馬福以身擁蔽虜并殺之朝廷愍授等節
詔書褒歎厚加賞賜各除子一人爲郎中
永初二年劇賊畢豪等入平原界縣令劉
雄將吏士乘船追之至厭次河（厭次縣屬平原也）與賊（也風俗通曰宋大夫華所事之後也漢有所忠爲諫大夫）
合戰雄敗執雄以矛刺之時小吏所輔（所姓也）
身代雄豪等縱雄而刺輔貫心洞背即死
東郡太守捕得豪等具以狀上詔書追傷
之賜錢二十萬除父奉爲郎中

溫序字次房太原祁人也仕州從事建武
二年騎都尉弓里戌（戌姓也理也）將兵平定北州
到太原歷訪英俊大人間以策謀戌見序
奇之上疏薦焉於是徵爲侍御史遷武陵
都尉病免官六年拜謁者遷護羌校尉序
行部至襄武爲隗囂別將苟宇所拘劫宇
謂序曰子若與我并威同力天下可圖也
序曰受國重任分當効死義不貪生苟背
恩德宇等復曉辟之序素有氣力大怒叱

宇等曰虜何敢迫脅漢將因以節檛殺數
人賊衆爭欲殺之宇止之曰此義士死節
可賜以劍衛遂於口顧左右曰旣
爲賊所迫殺無令辱土遂伏劍而死序
主簿韓遵從事王忠持屍歸斂光武聞而
憐之命以忠送喪到洛陽賜城傍爲家地賻
穀千斛縑五百四除三子爲郎中長子壽
服竟爲鄒平侯相夢序告之曰久客思鄉
里壽即弃官上書乞骸骨歸葬帝許之乃
反舊塋焉（序墓在今井州祁縣西北）

彭脩字子陽會稽毗陵人也（毗陵縣今常州晉陵縣也吳地記）
日本名延陵吳王諸樊封日季札漢改曰毗陵
年十五時父爲郡吏得（陵縣也吳地記）
休（休也假也）與脩俱歸道爲盜所劫脩困迫乃拔
佩刀前持盜帥曰父辱子死不顧死邪
盜相謂曰此童子義士也不宜逼之遂辭
謝而去鄉黨稱其名後仕郡爲功曹時西
部都尉宰晶行太守事（應劭漢官曰都尉學佐也本名郡尉）以微過收吳縣獄吏將
（太守典其武職秩比二千石孝景時更名都尉）

殺之主簿鍾離意爭諫其切晶怒便收縛

意欲案之之掾吏莫敢諫脩聞其過晶曰

庭明府發雷霆於主簿脩請聞其過晶曰

受教三日初不奉行寢命不忠豈非邪

脩因拜曰昔任座面折文侯 禰衡傳

擊毀欄檻 鉤斬張禹上欲殺之雲攀折殿世西京

賢君主簿為忠臣昌今慶明府為 朱雲

雜記云卷 自非賢君焉得忠臣

折玉檻

後州辟從事時賊張子林等數百人作亂 章笑

郡言州請脩守吳令脩與太守俱出討賊

賊望見車馬競交射之飛矢雨集脩障扞

太守而為流矢所中死太守得全賊素聞

其恩信即殺弩中脩者餘悉降散言曰自

為彭君故降不為太守服也

索盧放字君陽 索盧姓也 東郡人也以尚書教

授千餘人初署郡門下掾更始時使者督

行郡國太守有事當就斬刑放前言曰今

天下所以苦毒王氏歸心皇漢者實以聖

政覽仁故也而傳車所過未聞恩澤太守

受誅誠不敢言但恐天下惶懼各生疑變

夫使功者不如使過 若秦穆赦孟明以身代之霸西戎願以身

代太守之命遂前就斬使者義而赦之由

是顯名建武六年徵詣洛陽令政有能名

以病乞身徒諫議大夫數納忠言後以疾

去建武末復徵不起光武使人興之 見於

南宮雲臺賜穀二千斛遣歸除子為太子

中庶子卒於家 續漢書曰太子中庶子秩六百石

周嘉字惠文汝南安城人也高祖父燕宣 李丹

帝時為郡決曹掾太守欲枉殺人燕諫不

聽遂殺四而黜燕四家守闕稱冤詔遣覆

考燕見太守曰願謹定文書皆著燕名府

君但言時病而已出謂掾史曰諸君被問

悉當以罪推燕如有一言及於府君燕府

脩當下蠶室刀歎曰我平王之後正公玄

橈相刃使刀收燕繫系屢被掠楚辭無屈

孫謝承書曰燕字少卿其先出自周平王之後

後漢興紹嗣封為正公食采於汝豈可

以刀鋸之餘下見先君遂不食而死燕有
五子皆至刺史太守嘉仕郡為主簿玉荼
末羣賊入汝陽城嘉從太守何敞討賊敞
為流矢所中郡兵奔北賊圍繞數十重白
刃交集嘉乃擁敞以身扞之因呵羣賊曰
曹皆人隸也為賊既逆宣有還害其君者
邪嘉請以死贖君命因仰天號泣羣賊於
是兩兩相視曰此義士也給其車馬遣送
之後太守寇恂舉為孝廉拜尚書侍郎光
武引見問以遭難之事嘉對曰太守被傷
命懸寇手臣實駑怯不能死難帝曰此長
者也詔嘉尚公主嘉稱病篤不肯當還
零陵太守視事七年卒零陵頌其遺愛吏
民為立祠焉從弟暢字伯持性仁慈為
河南尹永初二年夏旱久禱無應時澍雨
葬洛城傍客死骸骨凡萬餘人應時澍雨
歲乃豐稔位至光祿勳
范式字巨卿山陽金鄉人也一名氾少遊

太學為諸生與汝南張劭為友劭字元伯
二人並告歸鄉里式謂元伯曰後二年當
還將過拜尊親見孺子焉（見其子也孺子稚子也）乃共
剋期日後期方至元伯具以白母請設饌
以候之母曰二年之別千里結言爾何相
信之審邪對曰巨卿信士必不乖違母曰
若然當為爾醖酒至其日巨卿果到外堂
拜飲盡歡而別式仕為郡功曹後元伯寢
疾篤同郡郅君章殷子徵晨夜省視之元
伯臨盡歎曰恨不見吾死友子徵曰吾與
君章盡心於子是非死友復欲誰求元伯
曰若二子者吾生友耳山陽范巨卿所謂
死友也尋而卒式忽夢見元伯立晃垂纓
展履而呼曰巨卿吾以某日死當以爾時
葬永歸黃泉子未我忘豈能相及式恍然
覺寤悲歎泣下具告太守請往奔喪太守
雖心不信而重違其情許之式便服朋友
之服（儀禮喪服記曰朋友在他國祖免歸則已注
云謂無親者為之主衰服又曰朋友麻注云）

朋友雖無親有同道之
恩相為服緦之經帶

投其葬日馳往赴之式
未及到而喪已發引既至壙將窆（壙下也）而
柩不肯進其母撫之曰元（止而望邪遂）
停柩移時乃見有素車白馬號哭而來其
母望之曰是必范巨卿也巨卿既至叩喪
言曰行矣元伯死生路異永從此辭會葬
者千人咸為揮涕式因執紼而引柩於是
乃前式遂留止冢次為修墳樹然後乃去
後到京師受業太學時諸生長沙陳平子

〔後漢列傳七十一〕　十五　陳蹇

亦同在學與式未相見而平子被病將亡
謂其妻曰吾聞山陽范巨卿烈士也可以
託死吾歿後但以屍埋巨卿戶前乃裂素
為書以遺巨卿既終妻從其言時式出行
適還省書見瘞愴然感之向墳揖哭以為
死友乃營護平子妻兒自送喪於臨湘
未至四五里乃委素書於柩上哭別而去
其兄弟聞之尋求不復見長沙上計掾史
到京師上書表式行狀三府並辟不應舉

州茂才四遷荊州刺史友人南陽孔嵩家
貧親老乃變名姓傭為新野縣阿里街卒
（阿里里
　名也）
式行部到新野而縣選嵩為導騎迎
（名也）
式見而識之呼嵩把臂謂曰子非
（式之騎引
式行部）
孔仲山邪對之歎息語曰昔與子
俱曳長裾遊集帝學吾蒙國恩致位牧伯
而子懷道隱身處於賤伍不亦惜乎嵩曰
侯嬴長守於賤業（史記曰侯嬴年七十家貧為大梁夷門卒魏公子聞之往
欲厚遺之不肯受曰臣脩身潔行數
十年終不以監門困故受公子財）
抱關賒傳也（解見
張子）子欲居九夷或曰陋如之何陋之有（論語曰
子欲
居九夷）
貧者士之宜豈為鄙（貧者士之宜）
哉式稱嵩縣代嵩以為先傭未竟不肯去（林廬）
嵩在阿里正身厲行街中子弟皆服其訓
化遂辟公府之京師道宿下亭盜共竊其
馬尋問知其嵩也乃相責讓曰孔仲山善
士豈宜侵盜乎於是送馬謝之嵩官至南
海太守式後遷廬江太守有威名卒於官
李善字次孫南陽淯陽人本同縣李元蒼

〔後漢列傳七十一〕　十六

頭也建武中疫疾元家相繼死沒唯孤兒
續始生數旬而貲財千萬諸奴婢私共計
議欲謀殺續分其財產善深傷李氏而力
不能制乃潛負續逃去隱山陽瑕丘界中
親自哺養乳為生渜 渜乳汁也 音竹用反 推燥居濕備
嘗勤勤續雖在孩抱奉之不異其長君有事
輒長跪請白然後行之間里感其行皆相
率脩義續年十歲善悉收殺之時鍾離意為瑕
告奴婢於長吏續歸本縣脩理舊業

〔後漢列傳七十一〕 十七 慶普

丘令上書薦善行狀光武詔拜善及續並
為太子舍人善顯宗時辟公府以能理劇
再遷日南太守從京師之官道經陽過
李元冢未至一里乃脫朝服持鉏及草及
拜墓哭泣甚悲身自炊爨鼎俎以脩祭
祀垂泣曰君夫人善在此盡哀數日乃去
到官以愛惠為政懷來異俗遷九江太守
未至道病卒續至河間相
王忳字少林 純音 廣漢新都人也忳嘗詣

京師於空舍中見一書生疾困愍而視之
書生謂忳曰我當到洛陽而被病命在須
臾下有金十斤願以相贈死後乞藏骸
骨未及問姓名而絕忳即鬻金一斤以營其
殯葬餘金悉置棺下人無知者後歸數年
縣署忳大度亭長初到之日有馬馳入亭
中而止其日大風飄一繡被復墮忳前忳
言之於縣縣以歸忳忳後乘馬到雒縣馬

〔後漢列傳七十二〕 十八 王惠

遂奔走牽忳入它舍主人見之喜曰今得
盜矣問忳所由得馬忳具說其狀并及繡
被主人悵然良久乃曰被隨旋風與馬俱
亡卿何陰德而致此二物忳自念有葬書
生事因說之并道書生形貌及埋金處主
人大驚號曰是我子也姓金名彥前往京
師不知所在何意卿乃葬之大恩久不報
天以此章卿德耳忳悉以被馬還之彥父
不取又厚遺忳忳辭讓而去時彥父為州
從事因告新都令假忳休自與俱迎彥喪

餘金俱存忳由是顯名仕郡功曹州治中
從事舉茂才除郿令到官至斄亭〔斄音台〕
長曰亭有鬼數殺過客不可宿也忳曰仁
勝凶邪德除不祥何鬼之避即入亭止宿
夜中聞有女子稱冤之聲忳呵曰有何枉
狀可前求理乎女子曰無衣不敢進忳便
投衣與之女子乃前訴曰妾夫為涪令之
官過宿此亭亭長無狀賊殺妾家十餘口
埋在樓下悉取財貨忳問亭長姓名女子
曰即今門下游徼者也忳曰汝何故數殺
過客對曰妾不得白日自訴每夜陳冤客
輒眠不見應不勝感恚故殺之忳曰當為
汝理此冤勿復殺良善也因解衣於地忽
然不見明旦召游徼詰問具服罪即收繫
及同謀十餘人悉伏辜遣吏送其喪歸鄉
里於是亭遂清安

張武者吳郡人也〔由奉縣故城在今蘇州嘉興縣南〕父業
郡門下掾送太守妻子還鄉里至〔何內亭〕

盜夜劫之業與賊戰死遂亡屍武時年幼
不及識父後之太學受業每節常持父遺
劍至亡處祭醊而還太守第五倫嘉其行
舉孝廉遭母喪過毀傷父魂靈不返因哀
慟絕命
陸續字智初會稽吳人也世為族姓祖父
閎字子春建武中為尚書令美姿貌喜著
越布單衣光武見而好之自是常勑會稽
郡獻越布續幼孤仕郡戶曹史時歲荒民〔王中〕
飢太守尹興使續於都亭賦民饘粥續悉
簡閱其民訊以名氏事畢興問所食幾何
續因口說六百餘人皆分別姓字無有差
謬興異之刺史行部見續辟為別駕從事
以病去還為郡門下掾是時楚王英謀反
陰疏天下善士及楚事覺顯宗得其錄有
尹興名乃徵興詣廷尉獄續與主簿梁宏
功曹史駟勳及掾史五百餘人詣洛陽詔
獄就考諸吏不堪痛楚死者大半唯續宏

勳掠考五毒肌肉消爛終無異辭續母遠

至京師覘候消息獄事特急無緣與續相

聞母但作餳食付門卒以進之續雖見考

苦毒而辭色慷慨未嘗易容對食悲泣考

不能自勝使者怪而問其故續曰母來不

得相見故泣耳使者大怒以為門卒通傳

意氣召將案之續曰因食餉美識母所自

調和故知來耳非人告也使者問何以知

母所作平續曰嘗截肉未嘗不方斷蔥

以寸為度是以知之使者問諸謁舍 萬舍
之食也 所謂

停住人 續母果來於是陰嘉之上書說續行

狀帝即赦興等事還鄉里禁錮終身續以

老病卒長子稠廣陵太守有理名中子逢

樂安太守少子襃力行好學不慕榮名連

徵不就襃子康已見前傳

戴封字平仲濟北剛人也 剛縣故城在今兗
州襲丘縣東北 年

十五詣太學師事鄦令東海申君申君卒

送喪到東海道當經其家父母以封當還

豫為娶妻封暫過拜親不宿而去還京師

卒業時同學石敬平溫病卒封斂

以所齎糧市小棺送喪到家家更斂見敬

平行時書物皆在棺中乃大異之封後遇

賊財物悉被略奪唯餘繡七匹賊不知處

封乃追以與之曰知諸君之故送遺賊

驚曰此賢人也盡還其器物後舉孝廉光

祿主事遭伯父喪去官詔書求賢良方正

直言之士有至行能消災伏異者公卿郡

守各舉一人郡及大司農俱舉封公車徵

陛見對策第一擢拜議郎遷西華令時汝

潁有蝗災獨不入西華界時督郵行縣蝗

忽大至督郵其日即去蝗亦頓除一境奇

之其年大旱封禱請無獲乃積薪坐其上

以自焚火起而大雨暴至於是遠近歎服

遷中山相時諸縣四百餘人辭狀已定

當行刑封哀之皆遣歸家剋期日皆無

違者詔書策美焉永元十二年徵拜太常

李充字大遜陳留人也家貧兄弟六人同
食遞衣妻竊謂充曰今貧居如此難以久
安妻有私財願思分異充僞酬之曰如欲
別居當醞酒具會請呼鄉里內外共議其
事婦從充置酒謔客請充於坐中前跪白母
曰此婦無狀而教充離閒母兄罪合遣斥
便呵叱其婦遂令出門婦銜涕而去坐中
驚蕭因遂罷散充後遭母喪行服墓次人

〈後漢列傳七十一 二十三 陳仲〉

有盜其墓樹者充手自殺之服闋立精舍
講授太守魯平請署功曹不就平怒乃援
充以拍溝中因讁署縣都亭長不得已起
親職役後和帝公車徵不行延平中詔公
卿中二千石各舉隱士大儒務取高行以
勸後進特徵充爲博士時魯平亦爲博士
每與集會常歎服焉充遷侍中大將軍鄧
騭貴戚傾時無所下借〔丁音假借 音子夜反〕以充高節
每車駕之嘗置酒請充賓客滿堂酒酣騭

跪曰幸託讔房位列上將幕府初開欲辟
天下奇偉以斥不逮惟諸君博求其器充
乃爲陳海內隱居懷道之士頗有不合鷹
欲絕其說以肉啖之充遂出徑去騭望汝南
猶甘於肉啖之遂出徑去騭望汝南
說士未究〔昨日也 一日猶昨日也〕充曰一日聞足下輿鄧將軍
之責非所以光祐子孫者也充曰大丈夫
張孟舉往譚充曰一日聞足下輿鄧將軍
激刺面折不由中和出言
居世貴行其意何能遠爲子孫計哉由是

〈後漢列傳七十一 二十四 王石〉

見非於貴戚遷左中郎將年八十八爲國
三老安帝常特進見賜以几杖卒於家

繆肜字豫公汝南召陵人也少孤兄弟四
人皆同財業及各娶妻諸婦遂求分異又
數有鬭爭之言肜深懷憤歎乃掩戶自撾
曰繆肜汝修身謹行學聖人之法將以齊
整風俗奈何不能正其家平弟及諸婦聞
之悉叩頭謝罪遂更爲敦睦之行仕縣爲
主簿時縣令被章見考吏皆畏懼自誣而

彤獨證據其事掠考苦毒至乃體生蟲蛆
因復傳換五獄踰四年令卒以自免太
守隴西梁湛召爲決曹史安帝初湛病卒
官彤送喪還隴西始葬會西羌反叛湛妻
子悉避亂它郡彤獨留不去爲起墳冢乃
潛穿井旁以爲窀窆晝則隱竄夜則負土
及賊平而墳已立其妻子意彤衣資彤不
大驚關西咸稱傳之共給車馬衣資彤已死還見
受而歸鄉里辟公府舉尤異遷中牟令縣

戚賓客者百有餘人威名遂行卒於官

陳重字景公豫章宜春人也〔宜春縣今袁州縣〕少與同郡張
郡雷義爲友俱學魯詩顏氏春秋通記
雲舉重孝廉重以讓義前後十餘通記
也雲不聽義明年舉孝廉重與俱在郎署
有同署郎負息錢數十萬責主日至詭求
無已〔詭責也說文曰詭責也〕重乃密以錢代還郎後覺知而
厚辭謝之重曰非我之爲將有同姓名者

終不言惠又同舍郎有告歸寧者誤持隣
舍縑以去主疑重所取重不自申說而
市縑以償之後寧喪者歸以縑還主其事
乃顯重後與義俱拜尚書郎義代同時人
受罪以此黜退重見義去亦以病免後舉
茂才除細陽令政有異化舉尤異當遷爲
會稽太守遭姊憂去官後爲司徒所辟拜
侍御史卒

雷義字仲公豫章鄱陽人也〔鄱陽縣城在今饒州鄱陽縣東〕
初爲郡功曹皆擢舉善人不伐其功義嘗
濟人死罪罪者後以金二斤謝之義不受
金主伺義不在默投金於承塵上後葺理
屋宇乃得之金主已死無所復還義乃以
付縣曹後舉孝廉尚書侍郎有同時郎
坐事當居刑作義默自表取其罪以此論
司寇同臺郎覺之委位自上乞贖義罪
帝詔皆除刑義歸舉茂才讓於陳重刺史
不聽義遂陽狂被髮走不應命鄉里爲之

語曰膠漆自謂堅不如雷與陳三府同時

俱辟二人義遂為守灌謁者〔漢官儀曰謁者三十五人以郎中秩滿歲稱給事未滿歲稱灌謁者胡廣云謁者帝服勤園陵謁者遂稱灌云馬融以為灌者所職也應奉云如胡公言則吉凶異制馬云灌者也字又非也高祖承秦灌嬰服事七年號大謁者後人掌之以姓灌置其官豈其然乎〕

令長坐者凡七十人旋拜其　使持節督國行風俗太守

小吏年十八奉檄迎督郵丹恥之乃遁去

范丹字史雲〔丹或作冉〕陳留外黃人也少為縣令卒官子授官至蒼梧太守

到南陽受業於樊英又遊三輔就馬融通

經歷年乃還丹好違時絕俗為激詭之行

常慕梁伯鸞閔仲叔之為人與漢中李固

河內王奐親善而鄙買偉節郭林宗焉〔謝承書曰奐字子昌河內武德人明五經負笈追業常賃灌園恥交勢利為考城令遷漢陽太守後拜議郎卒〕

奐後為考城令丹與奐協

不至及奐遷漢陽太守將行丹乃與弟請丹書

步齎麥酒於道側設壇以待之丹見奐車

徒駱驛遂不自聞惟與弟共辯論於路奐

識其聲即下車與相揖對奐曰行路倉卒

非陳寔之所可共到前亭宿息以敘分隔

丹曰子前在考城思欲相從以賤質自絕

蒙友耳今子遠適千里會面無期故輕行

相候以展訣別如其相追將有慕貴之譏

矣便起告違拂衣而去奐瞻望弗及丹長

逝不顧桓帝時以丹為萊蕪長〔萊蕪縣屬泰山郡故城在今淄川縣東南〕

急不能從俗常佩韋於朝〔史記曰西門豹性急不能從俗佩韋以自緩〕

遭母憂不到官後辟太尉府以狷

之間徒行敝服賣卜於市遭黨人禁錮遂

推鹿車載妻子郭拾自資〔袁山松書曰丹後知縣令并送六斛麥已難矣遂哲不敢受〕

息客廬或依宿樹蔭如此十餘年乃結草

室而居焉所止單陋有時糧粒盡窮居自

若言貌無改閭里歌之曰甑中生塵范史

雲釜中生魚范萊蕪黨錮解為三府所

辟乃應司空命是時西羌反叛黃巾作難

制諸府掾屬不得妄有去就 (制書也制 毋首自)
劾退詔書特原不理罪又辟太尉府以疾 (書也)
不行中平二年年七十四卒於家臨命遺
令勅其子曰吾生於昏闇之世值乎淫侈
之俗生不得斥世濟時死何忍自同乎世
氣絕便斂斂以時服足蔽形棺足周身 (干飯寒水飲 衣曰明衣)
斂畢便穿穿畢便埋其明堂之算 (器曰明器鄭玄注云明者神明之也 此言明堂亦神明之堂謂壙中也)
食之物勿有所下墳封高下令足自隱 (李樹 書前)
劉向曰延陵季子葬其高可隱 (音 知我心者李)
義云謂人立可隱肘也隱音於靳反
子堅王子炳也 (李子堅也) 今皆不在制之在兩
勿令鄉人宗親有所加也於是三府各遣
令史奔弔大將軍何進移書陳留太守累
行論諡僉曰宜為貞節先生 (諡法清白守節 曰貞好廉自剋)
曰節會葬者二千餘人刺史郡守各為立
碑表墓焉
也 戴就字景成會稽上虞人也仕郡倉曹掾
楊州刺史歐陽參奏太守成公浮臧罪遣

二十九　李巡

──

部從事薛安案倉庫簿領收就於錢唐縣 (獄)
獄幽囚考掠五毒參至就慷慨直辭色不 (書也)
變容又燒鋘斧使就挾於肘腋 (鋘 張揖字詁云 鋘從吳毛詩 不吳不敖 就語)
獄卒可熟燒斧勿令冷每上彭考之因 (何承天纂文曰 面今之鋘也 張揖字詁云彭 刃也鋘音華 案說文字林 三蒼並無鋘字 即彭也)
上飯食主者窮渴酷慘無復餘 (攝拾也 丁活反)
松下以馬通薰之 (通馬矢也 本草經曰馬矢) 一夜二日皆不
謂已死發船視之就方張眼大罵曰何不
益火而使滅絕又復燒地以大鍼刺指爪
中使以把土爪悉惶落主者以狀白安安
呼見就謂曰太守罪穢狼藉受命考實君
何故以骨肉拒扞邪就據地苦言太守剖
符大臣當以死報國卿雖衡命固宜申斷
寃毒柰何誣枉忠良強相掠理令臣謗其 (恨狀恍猶 言憒憒)
君子證其父薛安庸駑怖恍行無義 (音吾 楷反)
就考死之日當白之於天與羣鬼殺
汝於亭中如蒙生全當手刃相裂安深奇

三十　李充

其壯即即解械更與美談表其言辭解釋

郡事徵浮還京師免歸鄉里太守劉寵舉

就孝廉光祿主事病卒〔風俗通曰光祿舉為主事〕

趙苞字威豪甘陵東武城人〔今貝州武城縣　從兄〕

忠為中常侍苞深恥其門族有宦官名穢

不與忠交通　初仕州郡舉孝廉再遷廣陵

令視事三年政教清明郡表其狀遷遼西

太守抗厲威嚴名振邊俗以到官明年遣

使迎母及妻子垂當到郡道經柳城〔柳城縣屬遼西　郡故城在今營州南〕

值鮮卑萬餘人入塞寇鈔苞母及

妻子遂為所劫質載以擊郡苞率步騎二

萬與賊對陣賊出母以示苞苞悲號謂母

曰為子無狀欲以微祿奉養朝夕不圖為

母作禍昔為母子今為王臣義不得顧私

恩毀忠節唯當萬死無以塞罪母遙謂曰

威豪人各有命何得相顧以虧忠義昔王

陵母對漢使伏劍以固其志爾其勉之苞

即時進戰賊悉摧破其母妻皆為所害苞

殯斂母畢自上歸葬靈帝遣策弔慰封鄃〔鄃今貝州縣也音式榆反〕

難非忠也殺母以全義非孝也如是有何

面目立於天下遂歐血而死〔苞葬訖謂鄉人曰食祿而避〕

向栩字甫興河內朝歌人〔向長之後也　高士傳向長向栩如字說文綢繆也〕

少為書生性卓詭不倫恆讀老子狀

如學道又似狂生好被髮著絳綃頭〔從系肖聲音消窴此字當作綃音此消反其字從巾古詩云少年見羅敷脫巾著帩頭鄭玄注儀禮云如今著幧頭自項中而却繞髺也〕

常於竈北坐板牀上〔續〕

積久板乃有膝踝足指之處不好語言而

喜長嘯賓客從就輒伏而不視有弟子名

為顏淵子貢季路　或騎驢入市

乞丐於人或悉要諸乞兒俱歸止宿為設

酒食時人莫能測之郡禮請舉孝廉賢

良方正有道公府辟皆不到又與彭城姜

肱京兆韋著並徵栩不應後特徵到拜趙

相及之官時人謂其必當脫素從儉易

而栩更乘鮮車御良馬世疑其始偽及到

官略不視文書含中生蒿萊徵拜侍中每
朝廷大事倨然正色百官憚之會張角作
亂栩上便宜頗譏刺左右不欲國家興兵
但遣將於河上北向讀孝經賊自當消滅
中常侍張讓讒栩不欲令國家命將出師
疑與角同心欲為內應收送黃門北寺獄
殺之

諒輔字漢儒廣漢新都人也仕郡為五官
掾〔百官志曰每州皆置諸曹掾史有功曹史主選署功勞有五官掾署功曹及諸曹事〕時夏
大旱太守自出祈禱山川連日而無所降
輔乃自暴庭中慷慨呪曰輔為股肱不能
進諫納忠薦賢退惡和調陰陽承順天意
至令天地否隔萬物焦枯百姓喁喁無所
訴告谷盡在輔令郡太守改服責已為民
祈福精誠懇惻到未有感徹輔今敢自祈請
若至中不雨乞以身塞無狀於是積薪柴為
聚炎芽以自環焚〔草也〕乾措火其傍將自焚焉
末及日中時而天雲晦合須臾澍雨一郡

沽潤世以此稱其至誠

劉翊字子相潁川潁陰人也家世豐產常
能周施而不有其惠曾行於汝南界中有
陳國張季禮遠赴師喪遇寒冰車毀頓滯
道翊見而謂曰君慎終赴義行宜速達
即下車與之不告姓名自策馬而去季禮
門辭行不與相見常守志臥疾不屈聘命
河南种拂臨郡引為功曹翊以拂名公之
子拂為之乃為起焉拂以其擇時而仕甚敬
任之陽翟黃綱恃程夫人權力求占山澤
以自營植拂召翊問曰程氏貴盛在帝左
右不聽則恐見怨與之則奪民利為之柰
何翊曰名山大澤不以封〔禮記曰名山大澤不以封〕蓋為民也日名
山大澤明府聽之則被使倖之名矣若以此
獲禍貴子申甫則自以不孤也〔申甫拂從之子〕
翊言遂不與之乃舉翊為孝廉不就後黃
巾賊起郡縣飢荒翊救給乏絕資其食者

數百人鄉族貧者死亡則為具殯葬發擿
則助營妻娶〔寡婦為嫠無夫曰孀〕獻帝遷都西京翊舉
上計掾是時寇賊興起道路隔絶使驛稀
有達者翊夜行晝伏乃到長安詔書嘉其
忠勤特拜議郎遷陳留太守翊散所握珍
玩唯餘車馬自載東歸出關數百里見士
大夫病亡道次翊以馬易棺脫衣斂之又
逢知故病亡道次於路不忍委去因殺所駕牛
以救其乏衆人止之翊曰視没不救非士
士也遂俱餓死

王烈字彥方〔魏志烈考父字彥方〕太原人也少師事陳寔
以義行稱鄉里有盜牛者主得之盜請罪
曰刑戮是甘乞不使王彥方知也烈聞而
使人謝之遺布一端或問其故烈曰盜懼
吾聞其過是有恥惡之心既懷恥惡必能
改善故以此激之其後有老父遺劍於路行
道一人見而守之至暮老父還尋得劍怪
而問其姓名以事告烈烈使推求乃先盜

牛者也諸有爭訟曲直將質之於烈或至
塗而反或望廬而還其以德感人若此察
孝廉三府並辟皆不就遭黃巾董卓之亂
乃避地遼東夷人尊奉之太守公孫度接
以昆弟之禮〔玄菟太守公孫度字劭年十八早死度爲郡吏時名豹又與域子同年城見親愛之遺就學爲娶妻後有道除尚書郎見親幸〕訪酬政事郎年欲以爲長史烈乃爲
商賈自穢得免曹操聞烈高名遣徵不至
建安二十四年終於遼東年七十八

贊曰乘方不忒臨義罔惑〔忒差也言人秉履方正不差也〕
惟此剛絜果行育德〔易蒙卦象曰君子以果行育德也〕

後漢書列傳卷第七十一

唐章懷太子賢注

任文公	郭憲
許楊	高獲
王喬	謝夷吾
楊由	李南
李郃	段翳
廖扶	折像
樊英	

後漢列傳七十二上　林芳

仲尼稱易有君子之道四焉曰卜筮者尚
其占　易繫辭曰以言者尚其辭以動者尚其變以制器者尚其象以卜筮者尚其占也　神明而生蓍聖人作易也幽贊於神明
者先王所以定禍福決嫌疑幽贊於神明
遂知來物者也　若夫陰陽推步之學往往見於墳記
然神經怪
矣　於左傳曰簭端於始舉正於中歸餘於終尚書曰歷象日月星辰餘
壇之上者靡得而闚也至乃河洛之文龜
牒玉策金繩開局於明靈之府封縢於瑤
龍之圖　赤文朱字止尚書中候曰堯沈璧於洛玄龜負書背中赤文朱字止壇舜禮壇于河畔沈璧禮畢

至于下吳黃龍負圖出水壇畔　箕子說洪範五行陰陽之術也師曠
之書　鈐決之符　兵法有玉鈐篇及玄女六韜要決也太公對武王曰主將有陰符
緯候之部　占訣有師曠六篇今書七志有遁甲
其流又有風角遁甲七政元氣六日七分
　風角六日七
逢占日者挺專須臾孤虛之術
冥瞔案驗人區時有可聞者焉　皆所以探抽
氣推虺祥妖時亦有以效於事也
而斯道隱遠玄奧難原故聖
人不語怪神罕言性命　論語曰子不語怪力亂神又曰子罕言利與命與
或開末而抑其端　論語曰孔子罕言利與命與仁
與
仁

注云明素恭肅於鬼神且順子路之言也或曲辭以章其義 易曰探鉤深致遠定天下之言凶成天下之疊疊者莫善於蓍龜也 所謂民可使由之 不可使知之 論語孔子之言也鄭玄注云由從也本則愚者 言王者設教務使人從之若皆知其

武帝時李少翁樂大等並以方術見拜梁爲大司空 漢自武帝頗好方術天下懷慢軍藥大拜五利將軍貴震天下而海上燕齊之士莫不搤腕而自言有 後王莽矯用符命及光武禁方矢抵側擊也 道藝之士莫不負策抵掌順風而屆焉書

尤信讖言士之赴趣時宜者皆騁馳穿鑿爭談之也故王梁孫咸名應圖錄越登槐鼎之任 光武以赤伏符文拜梁爲大司空 鄭興賈逵以附同稱顯相譚尹敏以乖忤淪敗 以讖文拜孫咸爲大司馬見景丹傳

自是習爲內學尚奇文貴異數不乏 各見本傳忽其姦妄不經奏議慷慨以爲宜見藏擯 子長亦去觀陰陽之書使人拘而多忌蓋爲此也 史公論六家之要曰觀之流也譚張衡 司馬遷字子長其父太藏雖去大道其硋或同 夫物之所偏未能無陰陽之術太詳而衆忌見史記也 若乃詩之失 硋音五愛反

愚書之失誣然則數術之失至於詭俗平如今溫柔敦厚而不愚斯深於詩者也通知遠而不誣斯深於書者也 禮記曰其爲人也溫柔敦厚詩教也疏通知遠書教也詩敦厚近愚書教之失失誣鄭玄注詩敦厚近愚書教知遠近誣誣之失 極數易曰極數

之宗郎顗各徵最密餘亦班班名家焉 知變而不詭斯深於數術者也占又曰知變化之道者其知神之所爲乎 易繫辭知來之謂流宕過誕亦失也 意者多迷其統取遺頗偏甚有雖失中過稱虛誕者亦爲失也 之文也故曰苟非其人道不虛行偏頗也以爲甚者雖流宕 取遺謂信與不信也陰陽之謂失也信或不信各有所執故 中世張衡爲陰陽

能令蓋紏其推變尤長可以弘補時事因其徒亦有雅才偉德未必體極藝 合表之去也 表顯

任文公巴郡閬中人也 閬中今人也楷蔡邕揚 陵州縣天官風角祕要文公少修父衍州辟從事哀帝時有言越舊太守欲反刺史大懼遣文公等五從事檢行郡界潛伺虛實共止傳舍時暴風卒至文公遽趣白諸從事促

去當有逆變來害人者因起駕速驅諸從
事未能自發郡果使兵殺之文公獨得免
後為治中從事時天大旱白刺史曰五月
一日當有大水其變已至不可防救宜令
吏人豫為其備刺史不聽文公獨儲大舡
百姓或聞頗有為防者到其日旱烈文公
急命促載使白刺史笑之曰將中天
比雲起須臾大雨至晡時湔水涌起十餘
丈墨〔鄜元水經江云湔水出綿道王墨山在今雒州湔音子延反〕

〈後漢列傳七十二上〉 五

突壞盧舍所

平帝即位稱疾歸家王莽篡後文公推數
之數也知當大亂乃課家人負物百斤環舍
趨走日數十時人莫知其故後兵寇並起
其逃亡者少能自脫惟文公大小負糧捷
步也捷健悉得完免遂奔子公山十餘年不
被兵革公孫述時蜀擔石折〔武擔山在今益州成都縣〕
此百二十步楊雄蜀王本紀云武都丈夫化為女子顏色美絕蓋山精也蜀王納以為妃無幾物故蜀王於號曰武都郭中號曰武擔以石作鏡一枚表其墓華陽國志曰王哀念之遣五丁之武都

擔土為妃作冢蓋地數獻　高　文公曰噫西州智
七伎其石俗今名為石筍
士死我乃當之自是常會聚子孫設酒食
後三月果卒故益部為之語曰任文公智
無雙

郭憲字子橫汝南宋人也〔續漢志沒南郡有宋公國同名郭丘漢改為新郪章帝建初四年徙宋公於此〕少師事東海王仲子時王
恭為大司馬召仲子仲子欲往憲諫曰禮〔禮記曰禮聞來學不聞往教〕今君
有來學無有往教之義
賊道畏貴竊所不取仲子曰王公至重不
敢違之憲曰今正臨講業且當訖事仲子
從之曰晏乃往恭問君來何遲仲子具以
憲言對恭陰奇之及後篡位拜仲子郎中賜
以衣服憲受衣焚之逃于東海之濱恭深
怨憲討逐不知所在光武即位求天下有
道之人乃徵憲拜博士再遷建武七年代
張堪為光祿勳從駕南郊憲在位忽回向
東北含酒三潠〔埤蒼曰潠噴也音巽〕執法奏為不敬
官也　詔問其故憲對曰齊國失火故以此

〈後漢列傳七十二上〉 六

厭之後齊果上火災與郊同日八年車駕
西征隴罷憲諫曰天下初定車駕未可以
動憲乃當車拔佩刀以斷車鞅從遂上隴其後潁川兵起乃回駕而還帝
歎曰恨不用子橫之言時匈奴數犯塞帝
患之乃召百僚廷議憲以為天下疲敝不
宜動衆諫爭不合乃伏地稱眩瞀不復言帝令兩郎扶下殿憲亦不拜帝曰常
也
聞關東骯骯郭子橫音不虛也
憲遂以病辭退卒於家

《後漢列傳七十二上》　七

許楊字偉君汝南平輿人也少好術數
輔政召為郎稍遷酒泉都尉及莽篡位
楊乃變姓名為巫醫逃匿它界莽敗方還
鄉里汝南舊有鴻郤陂成帝時
丞相翟方進奏毀敗之建武中太守鄧晨
欲修復其功聞楊曉水脉召與議之楊曰
昔成帝用方進之言尋而自夢
上天天帝怒曰何故敗我濯龍淵是後民

失其利多致飢困時有謠歌曰敗我陂者
翟子威利我大豆耳我芋魁
飴天下明府今興立廢業富國安民童謠
之言將有徵於此誠願以死效力晨大悅
因署楊為都水掾使典其事楊因高下形
埶起塘四百餘里數年乃立百姓得
其便累歲大稔初豪右大姓因緣陂役競
欲辜較在所楊一無聽遂共譖楊受取賕

《後漢列傳七十二上》　八

賂晨遂收楊下獄而械輒自解獄吏恐遽
白晨晨驚曰果濫矣太守聞忠信可以威
靈今其效乎即夜出楊遣歸時天大陰晦
道中若有火光照之時人異焉後以病卒
晨於都官為楊起廟圖畫形像百姓思其
功績皆祭祀之

高獲字敤公汝南新息人也為人尼首
面少遊學京師與光武有
舊師事司徒歐陽歙歙下獄當斷獲冠鐵

冠帶鈇鑕詣闕請歙帝雖不赦而引見之
謂曰歙公朕欲用子為吏宜改常性獲對
曰臣受性於父母不可改之於陛下出便
辭去三公爭辟不應後太守鮑昱請獲既
至門令主簿就迎主簿曰使騎吏迎之
獲聞之即去昱遣追請獲顧曰府君自
為主簿素善天文曉遁甲能役使鬼神昱
往問何以致雨獲曰急罷三部督郵書曰 〔續漢書曰 湯蒨〕

【後漢列傳七十二上】九

〔監屬縣有三部每 部督郵書掾一人〕 明府當自北出到三十里
亭雨可致也昱從之果得大雨每行縣輒
〔載其質 軾所以禮之禮記〕 獲遂遠適江南卒
軾其閭 〔軾視馬尾也〕 石城人思之共為立祠
於石城者 〔石城在今蘇州西南〕
王喬者河東人也顯宗世為葉令喬有神
術每月朔望常自縣詣臺朝帝怪其來數
而不見車騎密令太史伺望之言其臨至
輒有雙鳧從東南飛來於是候鳧至舉羅
張之但得一隻舄焉乃詔尚方訰視 〔說文曰 訰亦視〕

也音真容反

則四年中所賜尚書官屬履也每當
朝時葉門下鼓不擊自鳴聞於京師後天
下王棺於堂前吏人推排終不搖動喬曰
天帝獨召我邪乃沐浴服飾寢其中蓋便
立覆宿昔葬於城東土自成墳其夕縣中
牛皆流汗喘乏而人無知者百姓乃為立
廟號葉君祠牧守每班錄皆先謁拜之 〔王喬〕
〔吏人祈禱無不如應若有違犯者 墓在今葉縣東〕
能為祟帝乃迎取其鼓置都亭下略無復

【後漢列傳七十二上】十

聲焉或去此即古仙人王子喬也 〔劉向列仙傳曰王子〕
〔喬周靈王太子晉也好吹笙作鳳鳴遊伊洛間道士 浮丘公接上嵩山三十餘年後來於山上告桓良曰
告我家七月七日待我於緱氏山頭果乘白
鶴駐山顛望之不得到舉手謝時人而去〕
謝夷吾字堯卿會稽山陰人也少為郡吏
學風角占候太守第五倫擢為督郵時烏
程長有臧釁倫使收案其罪夷吾到縣無
所驗但望閣伏哭而還一縣驚怪不知所
為及還白倫曰竊以占候知長當死近三
十日遠不過六十日遊塊假息非刑所加

故不收之倫聽其言至月餘果有駟馬齎
長綬上言暴卒倫以此益禮信之書曰
舉孝廉為壽張令
謝承書曰倫甚崇其道德轉署主簿使子從受秋夷吾行之如師弟子之禮時或遊戲不肯讀書便白倫行罰遊業甚崇其道德轉署主簿使子從受秋夷吾行之肯嫁留養孤弟二人教其學問各得通經表復兩門婆皆成善士夷吾為於州府使各選椽表復兩門永平十五年蝗發泰山流徙郡國三百餘里過壽張界東廟分惟隔中央夷吾廟面夷吾有詔物以勵羣臣

〈後漢列傳七十二上〉
十一

稍遷荊州刺史

遷鉅鹿

李昇

太守所在愛育人物有善績及倫作司徒
令班固為文薦夷吾曰臣聞堯登稷政
隆太平舜用皐陶政致雍熙殷周雖有高
宗昌發之君猶賴傳說呂望之策故能克
崇其業允協大中
孔安國注云皇大極中也
見鉅鹿太守會稽謝夷吾出才兼四科行
塗泥而英姿挺特奇偉秀出東州厥土
包九德
四科見文苑傳尚書咎繇謨曰寬而栗柔而立愿而恭亂而敬擾而毅直而溫簡而廉剛而塞
仁足濟時知周萬物加以少膺儒
強而義也

雅韜含六籍推考星度綜校圖錄探賾聖
祕觀變歷徵占天知地與神合契據其道
德以經王務昔為陪隸與臣從事奮忠毅
之操躬史魚之節董臣嚴綱卭臣懦弱
勵得以免戾寔賴厥勳及其應選作宰惠
也
敷百里降福彌異流化若神妥牧荊州威
行邦國奉法作政有周召之
紹公儀之操羲去織婦不與人爭利園
為外臺之表聽聲察實為九伯之冠
左傳曰五侯九

〈後漢列傳七十二〉
十二

蔡起

遷守鉅鹿政合時雍德量績謀
有伊呂管晏之任閭弘道與同史蘇京房
之倫
左傳史蘇晉太史善陰陽占候見前書
公而身出心隱不殉名以求譽不馳騖以
要寵念存遜遁演志箕山方之古賢實有
大漢之棟甍
尚書咎繇謨曰格人元龜罔敢知吉元大也甍亦棟也
倫序採之於今超為絕俗誠社稷之元龜
宜當拔擢
使登鼎司上令三辰順軌於歷象下使五
品咸訓于嘉時
五品五常之教也謂父義母慈兄友弟恭子孝也訓順也必

致休徵、克昌之慶，非徒循法奉職而已。臣以頑駑，器非其疇類〔疇類也〕，尸祿負乘，夕惕若屬〔易曰負且乘，致寇至。又曰夕惕若乾，至于夕猶休惕戒懼若厄厲也〕，顧乞骸骨，更授夷吾，上以光七曜之明，下以厭率土之望，庶令微臣塞咎免悔，後以行春，乘柴車從兩吏〔柴車賤也〕。箕州刺史上其儀序失中有損國典，左轉下邳令。豫以死日如期果卒。勑其子曰：漢末當亂，必有發掘露骸之禍，使懸棺下葬，墓不起墳〔墓謂塋域，墳謂聚土〕。時

博士勃海郭鳳亦好圖讖，善說災異吉凶，占應先自知死期，豫令弟子市棺斂具，至其日而終〔棺音古亂反〕。

楊由字哀侯，蜀郡成都人也。少習易并七政、元氣、風雲占候，為郡文學掾。時有大雀夜集於庫樓上，太守廉范以問由，由對曰：此占郡內當有小兵，然不為害。後二十餘日，廣柔縣蠻夷反，殺傷長吏〔故城在今茂州汶川縣西〕〔廣柔縣屬蜀郡〕。郡發庫兵擊之。又有風吹削哺〔哺當作持〕

音。羊歷反。顔氏家訓曰：削也者，史家假借為肝肺字，今俗或作為反哺之是也。〔哺，學士回去，是舜障也；非也；風揚塵削哺，是舜障，何由可轉曰〕太守以問由，由對曰：方當有薦末實者，其色黃赤。頃之，五官掾橋數包由嘗從人飲，勑御者曰：酒若三行，便〔宜嚴駕〕。既而趣去。後飲物〔者〕，請問何以知之。由對曰：向社中木上有鳩鬬，此兵賊之象也，其言多驗。著書十餘篇，名曰其平。終于家。

李南字孝山，丹陽句容人也〔句容今潤州縣名也。近句曲山有所容，因名焉〕。少篤學，明於風角。和帝永元中，太守馬棱坐盜賊事被徵，當詣廷尉，吏民不寧。南特通謁賀棱，意有恨，謂曰：太守不德，今當即罪，而君反相賀邪？南曰：旦有善風，明日中時應有吉問，故來稱慶。旦日，棱延望景晏，以為無徵。至晡乃有驛使齎詔書原停棱事。南問其遲留之狀，使者曰：向度宛陵浦里舡〔宛陵縣屬丹陽郡〕〔舡以舟濟水也〕，馬踠足，是以不得速〔踠，镞也〕。風棱乃服焉。後舉有道，辟公府，病不

不行，終於家。南女亦曉家術，為由拳縣人
妻。晨詣竈室，卒有暴風，婦便上堂，從姑求
歸，辭其二親。姑不許，乃跪而泣曰：家世傳
術，疾風卒起，先吹竈突及井，此禍為婦女
主。暴者妻將亡之應，因著其亡日，乃聽還
家，如期病卒。

李郃字孟節，漢中南鄭人也。父頡，以儒學
稱，官至博士。郃襲父業，遊太學，通五經，善
河洛風星，外質朴，人莫之識。縣召署幕門
候吏。和帝即位，分遣使者，皆微服單行，各
至州縣，觀采風謠。使者二人當到益部，投
郃候舍。時夏夕露坐，郃因仰觀，問曰：二君
發京師時，寧知朝廷遣二使邪？二人默然，
驚相視曰：不聞也。問何以知之，郃指星示
云：有二使星向益州分野，故知之耳。〔益州之分野也〕
後三年，其使者一人拜漢中太守，
郃猶為吏。太守奇其隱德，召署戶曹史。時
大將軍竇憲納妻，天下郡國皆有禮慶，郡

亦遣使。郃進諫曰：竇將軍椒房之親，不修
禮德，而專權驕恣，危亡之禍可翹足而待。
願明府一心王室，勿與交通。太守固遣之，
郃不能止，請求自行，許之。郃遂所在留遲，
以觀其變。行至扶風，而憲就國自殺，支黨
悉伏其誅。凡交通憲者，皆為免官，唯漢中
太守不豫焉。郃歲中舉孝廉五遷尚書令。
又拜太常。元初四年，代袁敞為司空，陳
得失，有忠臣節。在位四年，坐請託事免。
帝崩，北鄉侯立，復為司徒。及北鄉侯病，郃
陰與少府河南陶範、步兵校尉趙直謀立
順帝。會孫程等事先成，故郃功不顯。明年，
坐吏民疾病仍有災異，郃作大匠
翟酺上郃潛圖大計以安社稷，於是錄陰
謀之功，封郃涉都侯，辭讓不受。年八十餘
卒於家。門人上黨馮胄獨制服，心喪三年，
時人異之。〔家語曰：仲尼既葬，弟子皆家子墓行喪之禮，三年喪畢，或去或留也〕
字世威，奉世之後也。〔為前將軍見前書也〕常慕

周伯況閔仲叔之為人隱處山澤不應徵
辟郃子固已見前傳弟子歷字季子清白
有節博學善交父與鄭玄陳紀等相結為新

城長政貴無為亦好方術時天下旱縣界
特兩官至奉車都尉

段翳字元章廣漢新都人也習易經明風
角時有就其學者雖未至必豫知其言名
問翳舍處者幸為告之後竟如其言又有

一生來學積年自謂略究要術辭歸鄉里
翳為合膏藥并以簡書封於筒中告生曰
有急發視之生到葭萌與吏爭度津吏橫

破從者頭生開筒得書言到葭萌與吏闘
頭破者以此膏裹之生用卽愈
生歡服乃還卒業醫遂隱居寬跡終于家

廖扶字文起廖音力弔反又音力救廣漢平輿人也習韓
詩歐陽尚書教授常數百人父為比地太
守求初中坐羌沒郡下獄死扶感父以法

喪身憚為吏又服終而歎曰老子有言名
與身孰親吾豈為名乎遂絕志世外專精
經典尤明天文讖緯風角推步之術州郡
公府辟召皆不應就問災異亦無所對扶
親知歲荒乃聚穀數千斛悉用給宗族姻
人家側未曾入城市太守謁煥調姓先為

之禮又欲擇扶子弟臨郡不肯當時人因號
諸生從扶學後遭疫死亡不能自收者常居先

為比郭先生年八十終千家二子孟襄偉
舉並知名

折像字伯式廣漢雒人也其先張江者封
折族曾孫國為鬱林太守徙廣漢因封氏

焉國生像國有貲財二億家僮八百人像
幼有仁心不殺昆蟲不折萌牙能通京氏
易好黃老言及國卒感多藏厚亡之義乃

散金帛資產周施親踈或諫像
曰多藏必厚亡也
曰君三男兩女孫息盈前當增益產業何

爲坐自彈劾乞像曰昔闕子文有言我乃
逃禍非避富也〔國語曰楚成王每出子文之祿必
逃王止而後復人謂子文曰人生
求富而子逃之何也子文曰夫從政者以庇人也以
自封也死無日矣我逃
死富不〕老子曰持之不如其已金玉滿堂莫之能守
吾門戶殖財日久盈滿之咎道家所
忌已金玉滿堂莫之能守今世將衰予又不
〔左傳曰善人富謂之賞淫人富謂之殃〕
牆隙而高其必崩必疾也智者聞之咸服焉
于不仁而富謂之不幸幸
自知亡日召賓客九族飲食辭訣忽然而
終時年八十四家無餘貲諸子襄劣如其
言云

樊英字季齊南陽魯陽人也少受業三輔
習京氏易兼明五經又善風角星筭河洛
七緯推步災異〔七緯者易緯稽覽圖乾鑿度坤靈
圖通卦驗是類謀辨終備也書緯
璿機鈐考靈耀刑德放帝命驗運期授
災記歷摳含神務也樂緯動聲儀稽耀嘉
決也春秋緯演孔圖元命包文耀鉤運斗
樞感精符合誠圖考異郵保乾圖潛潭巴說題辭
助期握誠圖挺佑輔孝緯援神契鉤命
山在令鄧州新城縣北即張衡封大狐是也〕
衡山在令郡
州郡前後禮請不應公卿舉賢良方正有
受業者四方而至
隱於壺山之陽

道貨不行當有暴風從西方起英謂學者
曰成都市火甚盛因含水西向漱之乃令
記其日時客後有從蜀都來云是日大火
〔有黑雲卒從東起須臾大雨火遂得滅於〕
是天下稱其術藝
光和元年復詔公車賜策書徵英又同郡
〔安帝初徵爲博士至建〕
喬同〔謝承書曰喬字子松宛人也學古文尚書春秋
左傳常幽居典籍五歷年身不
出門鄉里莫得見之萬行如賓〕公
李邰〔謝承書曰邰字子然
鄧人也學不
美榮祿習魯詩京氏易除召陵令不行卒於
車殺不行卒於家也

北海郎宗〔易風角星筭推步吉凶常自筭實
謝承書曰宗字仲綏安丘人也少
卜給食齎閒行人莫得知安帝詔公車徵爲
郎宗李邰喬等前比徵命未肯降意恐主
禮意不備使難進退之人龍潛其身各致嘉
禮遺詣公車對策陳災異而爲諸儒之表上
除吳令一月辭縣印綬遯去諸儒
定火發時郎宗以占驗方术身各致
占事就術文書未到夜縣印綬置廳上遁去安
有子顗自有傳

陳留楊倫〔見儒林傳〕
東平王輔六人〔書曰謝承
以道自娛辟公府舉有道對策拜郎中陳災異甄吉凶
輔字公助平陸人也學公羊傳援神契常隱居野廬
子顗自有傳

英等四人並不至永建二年順帝策書備
帝公有驗拜議郎以病遂安
唯郎宗楊倫到洛陽

〔後漢列傳十二　二十　陳誠〕

禮玄纁徵之復固辭疾篤乃詔切責郡縣
駕載上道英不得已到京稱病不肯起乃
強輿入殿猶不以禮屈帝怒謂英曰朕能
生君能殺君能貴君能賤君能富君能貧
君君何以慢朕命英曰臣受命於天生盡
其命天也死不得其命亦天也陛下焉能
生臣焉能殺臣見暴君如見仇讎立其
朝猶不肯可得而貴乎陛下焉能貴臣

【後漢列傳七十二】　二上

環堵圖　一堵也莊子曰
原憲居環堵之中也
堵之中　晏然自得不易

萬乘之算又可得而賤乎陛下焉能貧臣
焉能賤臣臣非禮之祿雖萬鍾不受若申
其志雖簞食不厭也　簞笥也論語曰顏回在陋
巷之中一簞食一瓢飲
陛下焉能富臣焉能貧臣不能屈而敬
其名使出就太醫養疾月致羊酒至四年
三月天子乃為英設壇席令公車令導尚
書本引賜几杖待以師傅之禮延問得失
英不敢辭拜五官中郎將數月英稱疾篤
詔以為光祿大夫賜告歸今在所送穀千

斛常以八月致牛一頭酒三斛如有不幸
祠以中牢英辭位不受有詔辭官勿聽英
初被詔命僉以為必不降而後及應對又
無奇謀深策談者以為失望　謝承書曰南郡
王逸素與英善
因與其書多引古辭喻勸使　初河南張楷與英
就聘英順逸議談者失望也
俱徵既而謂英曰天下有二道出與處也
吾前以子之出能輔是君也濟斯人也而
子始以不訾之身怒萬乘之主及其享受
爵祿又不聞匡救之術進退無所據矣英

【後漢列傳七十二上】　二十二　毛仙

既善術朝廷每有災異詔輒下問變復之　變災異復
於常也
效所言多驗初英著易章句世名
樊氏學以圖緯教授潁川陳寔少從英學
嘗有疾妻遣婢拜問英下牀荅拜寔怪而
問之英曰妻齊也共奉祭祀禮無不荅　記
國君無不荅拜　曰兄非弔喪非見
家孫陵靈帝時以詔事官人為司徒陳郡
鄧巡學傳英業官至侍中
論曰漢世之所謂名士者其風流可知矣

雖弛張趣舍時有未純於刻情修容依倚
道藝以就其聲價非所能通物方弘時務
也易曰方以類聚物以羣分
明至賁無它異英名最高毀最甚李固朱
　　　及徵樊英揚厚朝廷若待神
穆等以為虙士純盜虛名無益於用故其
之以得衆原其無用亦所以為用則其有
所以然也然而後進希之以成名主禮
用或歸於無用矣何以言之夫煥乎文章
時或乘用本乎禮樂適末或疎　文章雖美時
禮樂誠貴及其陶搢紳藻心性使由之而不　敏則不用也　毛伋
知者當豆非道邇用表乘之數跡乎　言文章禮樂章
道邇遠出於常用之　而或者忽不踐之地豨無　代末則廢
用之功　表不可以數跡求也
莊子曰惠子謂莊子曰子言無用莊子曰知無用而始可與言用矣夫天地非不廣且大也人之所用容足耳然則側足而墊之致黃泉人尚有用乎無用之為用亦明矣
至乃詭譟遠術賊斤國華　禮樂國謂
逸華謂懷道隱　遠術謂
猶摭也　以為力詐可以救淪敝文律足
以致窒平智盡於猜察道足於法令雖濟
萬世其將與夷狄同也　前書大人賦曰雖濟
萬世不足以喜　孟軻

有言曰以夏變夷不聞變夷於夏況有未

濟者乎

後漢書列傳卷第七十二

唐檀字子產豫章南昌人也少遊太學習
京氏易韓詩顏氏春秋尤好災異星占後
還鄉里教授常百餘人元初七年郡界有
芝草生太守劉祗欲上言之以問檀檀對
曰方今外戚豪盛陽道微弱斯豈嘉瑞乎

祗乃止永寧元年南昌有婦人生四子祗
復問檀檀變異之應以為京師當有兵氣
其禍發於蕭牆

【論語孔子曰吾恐季孫之憂不
在顓臾而在蕭牆之內蕭肅也
謂屏牆也言人臣至屏無不肅敬揚皋也
揚兵殿省也】

等立濟陰王為天子果如所占永建五年
舉孝廉除郎中是時白虹貫日檀因上便
宜三事陳其咎徵書奏棄官去著書二十
八篇名為唐子卒於家

【後漢列傳七十二下】　二

公沙穆字文乂北海膠東人也家貧賤目
為兒童不好戲弄長冒韓詩公羊春秋尤
銳思河洛推步之術居建成山中依林阻
為室獨宿無侶時暴風震雷有聲於外呼
穆者三穆不與語有頃呼者自牖而入音
狀甚怪穆誦經自若終亦無它妖異時人
奇之後遂隱居東萊山學者自遠而至以
富人王仲致產千金謂穆曰方今之世以
貨自通吾奉百萬與子為資何如對曰來

李賢

意厚矣夫富貴在天得之有命以貨求位
吾不忍也於市語之言如售猪當告買者言病賤取
其直不可言無欺人取賈也賣猪者言病欲賣病猪
亦不言其病賈過賤怪之問其故病者言買半直追
售猪人告語言賣病者言賣病私約亦復辭錢乃遂
賣者言賣私約亦復辭錢終不受
法而後舉孝廉以高弟為主事遷繒相
屬琅邪郡故城在今
沂州承縣東北也
後也所為多不法廢嫡立庶傲很放恣穆
到官謁曰臣始除之日京師咸謂臣曰繒
有惡疾以弔小相明疾何因得此醜聲之
其也幸承先人之支體傳茅土之重不戰
戰兢兢而達越法度故朝廷使臣為輔願
改往修來自求多福乃上没敞所侵官民
田地廢其庶子還立嫡嗣其蒼頭見客犯
法皆收考之因苦辭諫敞敞涕泣為謝多
從其所規遷弘農令縣界有螟蟲食稼百
姓惶懼穆乃設壇謝曰百姓有過罪穆之
由請以身禱於是暴雨旣霽而螟蟲自銷
百姓稱曰神明永壽元年霖雨大水三輔

以東莫不澶没穆明曉占候乃豫告令百
姓徙居高地故弘農人獨得免害遷遼東
屬國都尉善得吏人歡心年六十六卒官
六子皆知名
許曼者汝南平輿人也祖父峻字季山善
卜占之術多有顯驗時人方之前世京房
自云少嘗篤病三年不愈乃謁太山請命
行遇道士張巨君授以方術
所著易林至今行於世曼少傳峻學桓帝
時龍西太守馮緄始拜郡開綬笥有兩赤
蛇分南北走緄令曼筮之卦成曼曰三歲
之後君當為邊將官有東名當東北行三
千里復五年更為大將軍南征延熹元年
緄出為遠東太守計鮮卑至五年復拜車
騎將軍擊武陵蠻賊皆如占其餘多此類
趙彥者琅邪人也少有術學延熹三年琅
邪賊勞丙與太山賊叔孫無忌殺都尉攻

沒琅邪屬縣殘害吏民朝廷以南陽宗資
為討寇中郎將杖鉞將兵督州郡合討無
已彥為陳孤虛之法以賊屯在甲乙者有五
陽之地謂城陽南武陽開陽
有陽謂山陽廣陽漢陽
南陽丹陽郡之類也
宜發五陽郡兵名
從孤擊虛以討之資具
以狀上詔書道五陽兵到彥推道甲乙以
時進兵一戰破賊燔燒屯塢徐兗二州一
時平夷

樊志張者漢中南鄭人也博學多通隱身
不仕嘗遊隴西時破羌將軍段熲出征西
羌請見志張其父熲軍為羌所圍數重因
留軍中三日不得去夜謂熲曰東南角無
復羌宜乘虛引出住百里還師攻之可以
全勝熲從之果以破賊於是以狀表聞又
說其人既有梓慎焦董之識
焦延壽
宜翼
聖朝咨詢奇異於是有詔特徵會病終
單颺字武宣山陽湖陸人也以孤特清苦
自立善明天官算術舉孝廉稍遷太史令

侍中出為漢中太守公事免後拜尚書卒
於官初熹平末黃龍見譙光祿大夫橋玄
問颺此何祥也颺曰其國當有王者興不
及五十年龍當復見此其應也魏郡人殷
登密記之至建安二十五年春黃龍復見
譙其夕卒顒受禪
韓說字叔儒會稽山陰人也博通五經尤
善圖緯之學舉孝廉與議郎蔡邕友善數
陳災眚及秦賦頌連珠稍遷侍中光和元
六
王莽
年十月說言於靈帝去其晦日必食乞百
官嚴裝帝從之果如所言至日南宮大火
又上封事剋期日南宮公事免年七十卒於家

遷說江夏太守
董扶字茂安廣漢綿竹人也少游太學與
鄉人任安齊名俱事同郡楊厚學圖讖還
家講授弟子自遠而至前後宰府十辟公
車三徵再舉賢良方正博士有道皆稱疾
不就靈帝時大將軍何進薦扶徵拜侍中

甚見器重扶私謂太常劉焉曰京師將亂
益州分野有天子氣焉信之遂求出為益
州牧扶亦為蜀郡屬國都尉相與入蜀去
後一歲帝崩天下大亂乃去官還家年八
十二卒後劉備稱天子於蜀皆如扶言蜀
丞相諸葛亮問廣漢秦宓董扶及任安所
長密曰董扶襃秋毫之善貶纖介之惡任
安記人之善忘人之過云〔蜀志曰密字子勑廣漢綿竹人也少
有才學州郡辟命稱疾不往或謂密曰足下欲自
比巢許四皓何故揚雲見瓏穎乎密荅曰僕文不能
盡言言不能盡意〕〈後漢列傳七十二下〉

郭玉者廣漢雒人也初有老父不知何出
常漁釣於涪水因號涪翁乞食人間見
疾者時下針石輒應時而效乃著針經診
脉法傳於世〔診候也音直忍反〕弟子程高尋求積年
翁乃授之 高亦隱跡不仕玉少師事高學
方診六微之技陰陽隱側之術和帝時為

太醫丞多有效應帝奇之仍試令嬖臣美
手腕者與女子雜處帷中使玉各診一手
問所疾苦玉曰左陽右陰脉有男女狀若
異人臣疑其故帝歎息稱善玉仁愛不矜
雖貧賤廝養必盡其心力而醫療貴人時
或不愈帝乃令貴人羸服變處〔勝理皮膚之間也〕一針即差
召玉詰問其狀對曰醫之為言意也〔縢理皮膚之間也韓子曰扁鵲
曰君有病在勝理也〕隨氣用巧
針石之間豪芒即乖神存於心手之際可
至微〈後漢列傳七十二下〉
得解而不可得言也夫貴者處尊高以臨
臣臣懷怖懾以承之其為療也有四難焉
自用意而不任臣一難也將身不謹二難
也骨節不彊不能使藥三難也好逸惡勞
四難也針有分寸時有破漏〔破漏分寸淺深之度破漏
也者〕重以恐懼之心加以裁慎之志臣意且
猶不盡何有於病哉此其所為不愈也帝
善其對年老卒官
華佗字元化〔佗音徒何反〕沛國譙人也一名旉〔音孚〕

遊學徐土，兼通數經，曉養性之術，年且百歲而猶有壯容，時人以為仙。沛相陳珪舉孝廉，太尉黃琬辟，皆不就。精於方藥，處齊（齊音才）不過數種，心識分銖，不假稱量。針灸不過數處。若疾發結於內，針藥所不能及者，乃令先以酒服麻沸散，既醉無所覺，因刳破腹背，抽割積聚，若在腸胃，則斷截湔洗，除去疾穢，既而縫合，傅以神膏，四五日創愈，一月之間皆平復。

佗別傳曰：人有見山陽太守廣陵劉景宗……

說歎見華佗見其療病，平脈之候，其驗若神……動為河內太守察孝廉，平幾二十，左脚膝裏上有創癢……而不創發，數十日愈之，當得稻穅色犬一頭，好馬二匹，迎以佗使視，佗曰易療之，令走馬牽犬行三里許，還佗令殺之……縄繫犬頸使走，犬極馬走，犬計向五十餘里，乃以藥……里女，女即安卧，創近女之須……歙女即便以膏散著創中……斷中……後視創中有若蛇……創中便牽出長三尺餘蛇……又逆鱗耳，以物橫貫蛇頭……史不動……蛇在皮中摇動，良久而頭……不得舉，而眼無童子……以膏摩，被經汗，世謂寒熱注……歸人長病……犬血盡赤，血出五色，又……令一二十數人以鈹刀決脉……欲死灌者懼，欲止，佗令滿數，至將八十，灌熱氣乃蒸戰……

出罯罯高二三尺，滿百灌，佗乃然火溫……汗洽出，著粉汗燥便愈，又有人病腹中半……啞吼……

佗嘗行道，隅有賣餅人，萍齏甚酸……語之曰：向來道隅有賣餅人，萍齏可取三升飲之，病自當去。即如佗言，立吐一蛇，乃懸於車而候佗。時佗小兒戲於門中，逆見，自相謂曰：逢我翁也。及客進，顧視壁北懸蛇以十數，乃知其奇。

魏志曰：故甘陵相夫人有身六月，腹痛不安，佗視脈曰胎已死，使人手摸知所在，在左則男，在右則女。云在左，於是為湯下之，果下男形，即愈。

小男……不利，佗……試作熱食，得汗即愈，不汗後三日死……紀即作熱食而不汗出，佗……

正同，佗言故府吏倪尋、李延共止，俱頭痛身熱，所苦正同……實故也，尋當下之，延當發汗……各……延內實，故療之宜殊也。即各與藥，明旦並起。

佗以為盛怒則差，乃多受其貨而不加功，無何弃去，又留書罵之。太守果大怒，令人追殺佗，不及，因瞋恚吐黑血數升而愈。

又有一郡守篤病久……

有疾者詣佗求療，佗曰：君病根深，應當剖……

破腹然君壽亦不過十年病不能相殺也

病者不堪其苦必欲除之佗遂下療應時

愈十年竟死廣陵太守陳登忽患匈中煩

懣面赤不食佗脈之曰府君胃中有蟲欲

成內疽腥物所為也即作湯二升再服須

臾吐出三升許蟲頭赤而動半身猶是生

魚膾所苦便愈佗曰此病後三朞當發遇

良醫可救登至期疾動時佗不在遂死曹

操聞而召佗常在左右操積苦頭風眩佗

〈後漢列傳七十三下〉 土 華佗

針隨手而差有李將軍者妻病呼佗視脈

佗曰傷身而胎不去將軍言聞實傷胎胎

已去矣佗曰案脈胎未去也將軍以為不

然妻稍差百餘日復動更呼佗佗曰脈理

如前是兩胎先生者去血多故後兒不得

出也胎既已死血脈不復歸必燥著母脊

乃為下針并令進湯婦因欲產而不通佗

曰死胎枯燥執不自生使人探之果得死

胎人形可識但其色已黑佗之絕技皆此

類也 佗別傳曰有人病腳躄不能行佗切脈便使

解衣點背數十處相去一寸或五寸從邪不
相當言灸此各七壯灸創愈即行也後灸愈
灸處夾脊一寸上下行端直均如引繩也 為人

性惡難得意且恥以醫見業又去家思歸

乃就操求還取方因託妻疾數期不反操

累書呼之又勅郡縣發遣佗恃能厭事猶

不肯至操大怒使人廉之 廉察 知妻詐疾

乃收付獄訊考驗首服荀彧請曰佗方術

實工人命所縣宜加全宥操曰不憂天下

佗臨死出一卷書與獄吏曰此可以活人

〈後漢列傳七十三下〉 十三 李彤

吏畏法不敢受佗不強與索火燒之

吏李成苦欬晝夜不寐佗以為腸癰與散

兩錢服之即吐二升膿血於此漸愈乃戒

之曰後十八歲疾當發動若不得此藥不

可差也後復分散與之後五六歲有里人如

成先病請藥甚急成愍而與之乃故往譙

更從佗求適值收見收意不忍言後十八年

成病發無藥而死廣陵吳普彭城樊阿皆

從佗學普依準佗療多所全濟佗語普曰

人體欲得勞動，但不當使極耳，動搖則穀氣得銷，血脉流通，病不得生，譬猶戶樞終不朽也。是以古之仙者為導引之事，熊經鴟顧（熊經若熊之攀枝自縣也。鴟顧，莊子曰：吐故納新，熊經鳥申，此導引之士養形之人也），引挽謇體，動諸關節，以求難老。吾有一術，名五禽之戲，一曰虎，二曰鹿，三曰熊，四曰猨，五曰鳥（佗别傳曰：吳普從佗學微，帝呼之使為禽戲得……今亦……），以除疾，兼利蹏足，以當導引，體有不快，起作一禽之戲，怡而汗出，因以著粉，身體輕便，而欲食。普施行之，年九十餘，耳目聰明，齒牙完堅。阿善針術，凡醫咸言背及匈藏之間不可安針，針之不可過四分，而阿針背入一二寸，巨闕匈藏乃五六寸，而病皆瘳。阿從佗求方可服食益於人者，佗授以漆葉青黏散（佗别傳曰：青黏生於……黃芝主理五藏，益精氣，本一名地節，一名黃芝……）。

《後漢列傳七十二下》 十三

漆葉屑一斗，青黏十四兩，以是為率，言人服去三蟲，利五藏，輕體，使人頭不白。阿從其言，壽百餘歲。漆葉處所而有，青黏生於豐沛彭城及朝歌間。漢世異術之士，其衆雖去不經而亦有不可誣，故簡其美者列（列仙傳曰：容成公者，能善補導之事……）。千傳末泠壽光唐虞魯女生三人者，皆與華佗同時。壽光年可百五六十歲，行容成公御婦人法，取精於玄牝，其要谷神不死，守生人之術，調固不瀉……常屈頸鶢息，須髮盡白而色理如三四十時，死於江陵。唐虞道赤眉張步家居里落若與相及，死於鄉里不其縣。魯女生數說顯宗時事，其明了，議者疑其時人也。董卓亂後莫知所在（漢武内傳曰：魯女生長樂人，初餌胡麻及术……）。謝其鄉里，觀故人也。

徐登者閩中人也〔閩中地今泉州也〕本女子化爲丈夫善爲巫術又趙炳字公阿東陽人能爲越方〔東陽今婺州永康縣義烏縣〕縋以大釘釘柱入尺許以氣吹之釘即躍出〔弩箭之發異兆太趙矦以盆盛水吹氣作禁魚龍立見越呪也〕傷溪水之上〔酈元注水經曰吳寧縣出烏傷謂之烏傷溪在今婺州義烏縣〕時遭兵亂疾疫大起二人遇於烏傷溪水之上遂結言約共以其術療病各相謂曰今既同志且可各試所能登乃禁溪水水爲不流炳復次禁枯樹樹即生荑〔荑者楊之秀也〕〔易曰枯楊生荑 黃王弼注古〕二人相視而笑共行其道焉登年長炳師事之貴尚清儉禮神唯以東流水爲酌削桑皮爲脯但行禁架所瘳皆除〔禁架即禁術也〕後登物故炳乃東入章安〔章安故城在今台州臨海縣東南〕〔縣名屬會稽郡本回浦光武改爲章安縣名〕百姓未之知也炳乃故升茅屋梧鼎而爨主人見之驚愕炳笑不應既而興執屋無損異又嘗臨水求度船人不和之炳乃張蓋坐其中長嘯呼風亂流而濟於是百姓神服從者〔作知者誤也俗本和猶許也〕

如歸章安令惡其惑衆收殺之人爲立祠室於永康至今蚊蚋不能入也〔炳故祠在今婺州永康縣 東俗呼爲趙矦祠至今蚊蚋不入祠 所江南猶傳趙矦禁法以療疾疬〕費長房者汝南人也曾爲市掾市中有老翁賣藥縣一壺於肆頭及市罷輒跳入壺中市人莫之見唯長房於樓上觀之異焉因往再拜奉酒脯翁知長房之意其神也謂之曰子明日可更來長房旦日復詣翁翁乃與俱入壺中唯見玉堂嚴麗旨酒甘肴盈衍其中共飲畢而出翁約不聽與人言之後乃就樓上候長房曰我神仙之人以過見責今事畢當去子寧能相隨乎樓下有少酒與卿爲別長房使人取之不能勝又令十人扛之猶不舉〔說文曰兩人對舉爲扛音江〕翁聞笑而下樓以一指提之而上視器如一升許而二人飲之終日不盡長房遂欲求道而顧家人爲憂〔顧念也〕翁乃斷一青竹度與長房身齊使懸之舍後家人見之即長

房形也以為縊死大小驚號遂殯葬之長
房立其傍而莫之見也於是遂隨從入深
山踐荊棘於羣虎之中留使獨處長房不
恐又臥於空室以朽索縣萬斤石於心上
衆蛇競來齧索且斷長房亦不移翁還撫
之曰子可教也復使食糞糞中有三蟲臭
穢特甚長房意惡之翁曰子幾得道恨於
此不成如何長房辭歸翁與一竹杖曰騎
此任所之則自至矣既至可以杖投葛陂
中也（陂在今豫州新蔡縣西北）又為作一符曰以此主地
上鬼神長房乘杖須臾來歸自謂去家適
經旬日而已十餘年矣即以杖投陂顧視
則龍也家人謂其久死不信之長房曰往
日所葬但竹杖耳乃發冢剖棺杖猶存焉
遂能醫療衆病鞭笞百鬼及驅使社公或
在它坐獨自恚怒人問其故曰吾責鬼魅
之犯法者耳汝南歲歲常有魅偽作太守
章服詣府門椎鼓者郡中患之時魅適來

而逢長房謁府君惶懼不得退便前解衣
冠叩頭乞活長房呵之曰便於中庭正汝
故形即成老鼈大如車輪頸長一丈長房
復令就太守服罪付其一札以勑葛陂君
魅叩頭流涕持札植於陂邊以頸繞之而
死後東海君來見葛陂君因遙其夫人於
是長房劾之繫於葛陂三年而東海大旱長房至
海上見其人請雨乃謂之曰東海君有罪
吾前繫於葛陂今方出之使作雨也於是
雨立注（章敗）長房曾與人共行見一書生黃巾
被裘無鞍騎馬下而叩頭長房曰還它馬
赦汝死罪人問其故長房曰此狸也盜社
公馬耳又嘗坐客而使至宛市鮓須臾還
乃飯或一日之間人見其在千里之外者
數處焉後失其符為衆鬼所殺
劙子訓者不知所由來也建安中客在濟（今曹州縣）
陰宛句（句音劬）有神異之道嘗抱鄰家嬰
兒故失手墮地而死**其父母驚號怨痛不**

可忍聞而子訓唯謝以過誤終無它說遂
埋藏之後月餘子訓乃抱兒歸焉父母大
恐曰死生異路雖思我兒乞不用復見也
兒識父母軒渠笑悅欲往就之母不覺攬
取乃實見也雖大喜慶心猶有疑乃竊發
視死兒但見衣被方乃信焉於是子訓流
名京師士大夫皆承風向慕之後乃駕驢
車與諸生俱詣許下道過滎陽止主人舍
而所駕之驢忽然卒僵蛆蟲流出主遽白
之子訓曰乃爾乎方安坐飯食畢徐出以
杖扣之驢應聲奮起行步如初即復進道
其追逐觀者常有千數既到京師公卿以
下候之者坐設酒脯終
日不覺後因遁去遂不知所止初去之日
唯見白雲騰起從旦至暮如是數十處時
有百歲翁自說童兒時見子訓賣藥於會
稽市顏色不異於今後人復於長安東霸
城見之與一老公共摩挲銅人曰（酈元水經注。軒轅黃）

初元年徙長安金狄重（史記秦始皇二十六年於咸陽鑄金人十二重各千斤至此四百二十餘年）
不可致因留霸城南
相謂曰適見鑄此已近
五百歲矣
顧視見人而去猶駕昔所乘驢車也見者（並猶且也音蒲勃反視）
呼之曰薊先生小住並行應之
若遲徐而走馬不及於是而絕
劉根者潁川人也隱居嵩山中諸好事者
妄乃收執詣郡數之曰汝有何術而誣惑
百姓若果有神可顯一驗事不爾立死矣
自遠而至就根學道太守史祈以根為妖
根曰實無它異能令人見鬼耳祈曰促
召之使太守目觀爾乃為明根於是左顧
而嘯有頃祈之亡父祖近親數十人皆反
縛在前向根叩頭曰小兒無狀分當萬坐
顧而叱曰汝為子孫不能有益先人而
反累辱亡靈可叩頭為吾陳謝祈驚懼悲
哀頓首流血請自甘罪坐根黑而不應忽
然俱去不知在所
左慈字元放廬江人也少有神道嘗在司

空曹操坐操從容顧衆賓曰今日高會珍

羞略備所少吳松江鱸魚耳〔松江在今蘇州東南首受太湖〕

好鱸魚味異它處〔神仙傳云松江出〕放於下坐應曰此可得也因

求銅盤貯水以竹竿餌釣於盤中須臾操引

一鱸魚出操大拊掌笑會者皆驚操曰一

魚不周坐席可更得乎放乃更得餌鉤沈之

須臾復引出皆長三尺餘生鮮可愛操使

目前鱠之周浹會者皆既已得魚操恐其

恨無蜀中生薑耳放曰亦可得也操恐其

近即所取因曰吾前遣人到蜀買錦可過

勅使者增市二端語頃即得薑還并獲操

使報命後操使怪之使尋蜀反驗問增錦之狀及時

日早晚若符契焉後操出近郊士大夫從

者百許人慈乃為齎酒一升脯一斤手自

斟酌百官莫不醉飽操怪之使尋其故行

視諸鱸悉亡其酒脯矣〔鱸酒肆也〕操懷不喜〔喜音許吏反〕

因坐上收欲殺之慈乃卻入壁中霍

然不知所在或見於市者又捕之而市人

皆變形與慈同莫知誰是後人逢慈於陽

城山頭復逐之遂入走羊羣操知不可

得乃令就羊中告之曰不復相殺本試君

術耳忽有一老羝屈前兩膝人立而言曰

遽如許〔許言何遽如許爲事〕即競往赴之而羣羊數百

皆變為羝並屈前膝人立云遽如許遂莫

知所取焉

有少容廬江左慈知補導之術〔觀文帝典論論郄儉等辟穀飰伏苓〕

計子勳者不知何郡縣人皆謂數百歲行

來於人間一旦忽言曰中當死主人與之

葛衣子勳服而正寢至日中果死

上成公者密縣人也其初行久而不還後

歸語其家云我已得仙因辭家而去家人

見其舉步稍高良久乃没去陳寔韓韶同

見其事

解奴辜張貂者亦不知是何郡國人也皆
能隱淪出入不由門戶奴辜能變易物形
以誑幻人又河南有麴聖卿善為丹書符
劾厭殺鬼神而使命之又有壽光侯者（闕姓名也　於姚吳大夫）
能劾百鬼衆魅令自縛見形初章帝時有壽光侯
其鄉人有婦為魅所病侯為劾之得大蛇
數丈死於門外又有神樹人止者輒死鳥
過者必墜侯復劾之樹盛夏枯落見大蛇
長七八丈懸死其間帝聞而徵之乃試問（林慮）
之吾殿下夜半後常有數人絳衣被髮持
火相隨豈能劾之乎侯曰此小怪易銷耳
帝偽使三人為之侯登時什地無
氣帝大驚曰非魅也朕相試耳解之而蘇
甘始東郭延年封君達三人者（封君達三人者漢武內傳曰延年字公游）
皆方士也率能行容成御婦人術或飲小
便或自倒懸愛嗇精氣不極視大言甘始
元放延年皆為操所錄問其術而行之（曹植）

君達號青牛師凡此數人
皆百餘歲及二百歲也
王真郝孟節者皆上黨人也王真年且百
歲視之面有光澤似未五十者自云周流
登五岳名山悉能行胎息胎食之方嗽舌
下泉咽之不絕房室
孟節能含棗核不食可至
五年十年又能結氣不息身不動搖狀若
死人可至百日半年亦有室家為人質謹

不妄言似士君子曹操使領諸方士焉
北海王和平性好道術自以當仙濟南孫
邕少事之從至京師會和平病歿邕因葬
之東陶有書百餘卷藥數囊悉以送之後
弟子夏榮言其尸解邕乃恨不取其寶書
仙藥焉 尸解者言將登仙假
託為尸以解化也

贊曰幽贖罕徵明數難校不探精遠曷感
靈效如或遷訛實班玄奧

易稱遯之時義大矣哉又曰不事王侯高
尚其事是以堯稱則天不屈潁陽之高
武盡美矣終全孤竹之絜（孤竹謂夷齊也）自茲
以降風流彌繁長往之軌未殊而感致之
數匪一或隱居以求其志或回避以全其
道（論語孔子曰隱居以求其志行義以達其道許巢謂巢父許由也長沮桀溺全道若薛方詭對王莽也）或去危以圖其安或
靜己以鎮其躁（謂達萌之類也）或去危以圖其安
四皓之類也
或垢俗以動其概（焦之流也）或疵物
以激其清（梁鴻嚴光之流然觀其甘心畎畝之中憔）
悴江海之上豈
必親魚鳥樂林草哉亦云性分所至而已
故蒙恥之賓屢黜不去其國（蹈海之節千乘）
莫移其情（史記）適使矯易去就則不能相為矣
於海上也　彼雖
硜硜有類沽名者（論語）然而蟬蛻囂埃之中自致
寰區之外異夫飾智巧以逐浮利者乎荀
卿有言曰志意脩則驕富貴道義重則輕
王公也（荀卿子之文也）漢室中微王莽篡位士之蘊
藉義憤甚矣是時裂冠毀冕相攜持而去
之者蓋不可勝數（左傳曰王使詹桓伯辭於晉毀冕拔本塞）

原毛詩序曰百姓莫不攜持而去之

何慕焉言其違患之遠也 楊雄曰鴻飛冥冥弋者

慕字諸本或為慕宋衷曰慕取也鴻高飛冥冥天雖有弋人何慕焉言遠害巧而取故人莫能慕取之也然今人謂以計數取物為慕又越語曰

雄帛蒲車之所徵貢相望於巖中矣

至〔前書薛方字子容〕

光武側席幽人求之若不及

王夫人去笄側席而坐韋昭注去側猶特也側席憂之如有所不安也前書武帝以蒲車徵魯申公也

若薛方逢萌聘而不肯

嚴光周黨王霸至而不能屈羣

方咸遂志士懷仁斯固所謂舉逸民天下

文也論語

歸心者乎

以成其節自後帝德稍衰邪孽當朝處子

耿介羞與卿相等列至乃抗憤而不顧多

失其中行焉蓋錄其絕塵不反

莊子曰顏回問於仲尼曰顏淵馳夫子亦馳夫子奔逸絕塵而回瞠若乎後矣司馬虎注云言不可及也韓詩外傳曰山林之士往而不能反論語曰賢者避世其次避地其次避色其次

同夫作者列之此篇

避言子曰作者七人矣

野王二老者不知何許人也初光武貳於

〔後漢列傳七十三〕三 奉昴

更始會關中擾亂遣前將軍鄧禹西征法

之於道既反因於野王獵路見二老者即

禽即就也易曰禽無虞也 即光武問曰禽何向並舉手

西拍言此中多虎臣每即禽虎亦即臣大

曰何大王之謬邪普湯即桀於有備虎於鳴條而

王勿往也光武曰苟有其備禽虎亦何惠父

城於亳帝王紀曰案孟子桀卒於鳴條乃在東事安國注尚書云亳在近邑西考三說之驗孔為近也 武王亦即紂於牧彼二

野而大城於郊郿也杜預注左傳曰今河南縣西有郊郿陌也

〔後漢列傳七十三〕四 地

王者其備非不深也是以即人者人亦即

之雖有其備庸可忽乎平光武悟其旨顧左

右曰此隱者也將用之辭而去莫知所在

向長字子平高士傳向作尚 河內朝歌人也隱居

不仕性尚中和好通老易貧無貲食好事

者更饋焉受之取足而反其餘王莽大司

空王邑辟之連年乃至欲薦之於莽固辭

乃止潛隱於家讀易至損益卦喟然歎曰

吾已知富不如貧貴不如賤但未知死何

如生耳易損卦曰二簋可用享損益盈虛與時偕行益卦曰損上益下人說無疆也

武中男女娶嫁既畢勑斷家事勿相關當借行益卦曰損上益下人說無疆也

如我死也於是遂肆意與同好北海禽慶

爲亭長時尉行過亭萌候迎拜謁既而擲前書慶字子夏俱遊五嶽名山竟不知所終

楯歎曰亭長主捕盜也大丈夫安能爲人役哉

逢萌字子康北海都昌人也家貧給事縣賊故執楯也

遂去之長安學通春秋經時王莽殺其子

宇前書莽隔絕平帝外家衞氏宇恐帝大後見怨以宇爲莽不可諫而好鬼神即夜持血灑莽第門覺之莽執宇送獄飲藥而死

子

覺之莽謂友人曰三綱絕矣謂君臣父子夫婦父

不去禍將及人即解冠挂東都城門官漢

客於遼東萌素明陰陽知莽將敗有頃乃

首戴瓦盆盆瓦盆也哭於市曰新乎新乎王莽爲新都侯

殷名東都門今名青門也前書音第一門因遂漦藏及光武即位乃之琅

勞山在今萊州即墨縣東南有大勞小勞山養志修道人皆化

其德北海太守素聞其高遣吏奉謁致禮

萌不荅太守懷恨而使捕之吏叩頭曰子

〈後漢列傳七十三〉五

林慮

康大賢天下共聞所在之處人敬如父往

必不獲祇自毀辱太守恕收之繫獄吏更發

它吏行至勞山人果相率以兵弩捍禦吏

被傷流血奔而還後詔書徵萌託以老耄

迷路東西語使者云朝廷所以徵我者以

其有益於政尚不起以壽終初萌與同

平即便駕歸不知方面所在安能濟時

郡徐房平原李子雲王君公相友善並曉

陰陽壞德穢行房與子雲養徒各千人君

公遭亂獨不去儈牛自隱儈謂平會兩家賣買之價也時

人謂之論曰避世牆東王君公儈家謂平會兩時猶康高士傳曰君公明易

通免歸誹註儈牛口無二價也爲郎數言事不用乃自汙與官婢通免歸詐佯狂

周黨字伯況太原廣武人也家產千金少

孤爲宗人所養而遇之不以理及長又不

還其財黨詣鄉縣訟主乃歸之既而散與

宗族悉免遣奴婢遂至長安遊學初鄉佐

嘗衆中辱黨黨久懷之續漢志鄉佐收賦稅者後讀春

秋聞復讎之義春秋經書紀族大去其國公羊傳曰大去者何滅也執滅之濟

〈後漢列傳七十三〉六

林慮

03-1258

滅之蔿為不言齊滅之蔿襄公譚也齊襄公九世祖

哀公亨於周紀譖之也故襄公雖於紀九世猶可

復讐乎雖百世可也便輟講而還與鄉佐相聞期剋

其義興歸養之數日方蘇旣悟而去自此

日旣交刃而黨為鄉佐所傷困頓鄉服

勒身脩志州里稱其高及王莽竊位託疾

杜門自後賊暴滅郡縣唯至廣武

過城不入建武中徵為議郎以病去職遂

將妻子居雁池復被徵不得已乃著短布

單衣穀皮綃頭待見尚書〔以榖樹皮為綃頭綃頭解見向相傳〕

顧守所志帝乃許焉博士范升奏毀黨曰

臣聞堯不須許由巢父而建號天下周不

待伯夷叔齊而王道以成伏見太原周黨

東海王良山陽王成等蒙受厚恩使者三

聘乃肯就車及陛見帝廷黨不以禮屈伏

而不謁偃蹇驕悍同時俱逝黨等文不能

演義武不能死君釣采華名庶幾三公之

位臣願與坐雲臺之下考試圖國之道不

〖後漢列傳七十三〗 七 毛仙

如臣言伏虛妄之罪而敢私竊虛名誇上

求高皆大不斸書奏天子以示公卿詔曰

自古明王聖主必有不賓之士伯夷叔齊

不食周粟太原周黨不受朕祿亦各有志

焉其賜帛四十匹黨遂隱居黽池著書上

下篇而終邑人賢而祠之初黨與同郡譚

賢伯升鷹門弸譚君長俱守節不仕王莽

世建武中徵並不到

王霸字儒仲太原廣武人也少有清節及

王莽簒位弃冠帶絕交宦建武中徵到尚

書拜稱名不稱臣有司問其故霸曰天子

有所不臣諸侯有所不友〔禮記曰儒有上不

臣天子下不事諸

俗黨儒仲頗有其風遂止〔皇甫謐高士傳曰故

司徒侯霸譚位於霸閭陽毀之曰太原

〔梁令閭陽也前

書曰太原多晉公族子孫以詐力相傾矜奓功名報

仇過直漢興號為難化常擇嚴猛將或任殺伐為威

父兄被誅子弟怨憤至告訐刺史二千石〕以病歸隱居守志茅屋蓬

戶連徵不至以壽終

嚴光字子陵一名遵會稽餘姚人也少有

〖後漢列傳七十三〗 八 陳彥

03-1259

高名與光武同遊學及光武即位乃變名姓隱身不見帝思其賢乃令以物色訪之後齊國上言有一男子披羊裘釣澤中帝疑其光乃備安車玄纁遣使聘之三反而後至舍於北軍給牀褥太官朝夕進膳司徒侯霸與光素舊遣使奉書

皇甫謐高士傳曰霸使西曹屬侯子道奉書光不起於牀上箕踞抱膝發書讀訖問子道曰君房素癡今為三公寧小差否子道曰位已鼎足不癡也光曰遣卿來何言不癡傳霸言光曰卿言非也天子徵我三乃來人主尚不見當見人臣乎子道求報光曰我手不能書乃口授

也使人因謂光曰公聞先生至區區欲即詣造迫於典司是以不獲願因日暮自屈語言光不荅乃投札與之口授曰君房足下位至鼎足甚善懷仁輔義天下悅阿諛順旨要領絕霸得書封奏之帝笑曰狂奴故態也車駕即日幸其館光卧不起帝即其卧所撫光腹曰咄咄子陵不可相助為理邪光又眠不應良久乃張目熟視曰昔唐堯著德巢父洗耳士故有志何至相迫

平帝曰子陵我竟不能下汝邪於是升輿歎息而去復引光入論道舊故相對累日帝從容問光曰朕何如昔時對曰陛下差增於往因共偃卧光以足加帝腹上明日太史奏客星犯御坐甚急帝笑曰朕故人嚴子陵共卧耳除為諫議大夫不屈乃耕於富春山

今杭州富陽縣也本漢富春縣避晉簡文帝鄭太后諱改富陽後人名其釣處為嚴陵瀨焉

顧野王輿地志曰七里瀨在東陽江下興有嚴子陵漁釣處

嚴陵瀨相接有嚴山桐廬縣南有嚴子陵山邊有石焉平可坐十人臨水名為嚴陵釣壇也

建武十七年復特徵不至年八十終於家帝傷惜之詔下郡縣賜錢百萬穀千斛

井丹字大春扶風郿人也少受業太學通五經善談論故京師為之語曰五經紛綸井大春

紛綸猶浩博也

末沛王輔等五王居北宮皆好賓客更始之謝等性清高末嘗脩刺候人建武請丹不能致信陽侯陰就光列皇后弟也以外戚貴盛乃詭說五王求錢千萬約能致丹而別使人要劫之丹不得已既至就

故為設麥飯葱葉之食丹推去之曰以君
疾能供甘百故來相過何其薄乎更置盛
饌乃食及就起左右進輦丹笑曰吾聞盛
駕人車豈此邪以人駕車坐中皆失色就
不得已而令去輦自是隱閉不闚人事以
壽終

梁鴻字伯鸞扶風平陵人也父讓王莽時
為城門校尉封脩遠伯使奉少昊後寓於
北地而卒帝王紀曰榮次黃帝者此地今寧州也　鴻　陳臾
前書莽政九吾為脩遠少昊金天氏之號
時尚幼以遭亂世因卷席而藉後受業太
學家貧而尚節介博覽無不通而不為章
句學畢乃牧豕於上林苑中曾誤遺火延
及它舍鴻乃尋訪燒者問所去失去亡也　悉
以豕償之其主猶以為少鴻曰無它財願
以身居作主人許之因為執勤不懈朝夕
鄰家耆老見鴻非恒人乃共責讓主人而
稱鴻長者於是始敬異焉悉還其豕鴻不
受而去歸鄉里執家慕其高節多欲女之

以女妻人曰妻人音尼慮反　鴻並絕不取同縣孟氏有女狀
女音尼慮反
肥醜而黑力舉石臼擇對不嫁至年三十
父母問其故女曰欲得賢如梁伯鸞者鴻
聞而娉之女求作布衣麻屨織作筐緝績
之具及嫁始以裝飾入門七日而鴻不答
妻乃跪牀下請曰竊聞夫子高義簡斥數
婦斥遠也　妾亦偃蹇數夫矣今而見擇敢不
請罪鴻曰吾欲裘褐之人可與俱隱深山
者爾今乃衣綺縞傅粉墨豈鴻所願哉妻
曰以觀夫子之志耳妾自有隱居之服乃
更為椎髻著布衣操作而前鴻大喜曰此
真梁鴻妻也能奉我矣字之曰德曜名孟光
居有頃妻曰常聞夫子欲隱居避患今何
為默默無乃欲低頭就之乎鴻曰諾乃共
入霸陵山中以耕織為業詠詩書彈琴以
自娛仰慕前世高士而為四皓以來二十
四人作頌因東出關過京師作五噫之歌
曰陟彼北芒兮噫顧覽帝京兮噫宮室崔

鬼兮噫人之劬勞兮噫遼遼未央兮噫肅

宗聞而非之求鴻不得乃易姓運期名燿

字侯光與妻子居齊魯之間有頃又適

吳將行作詩曰逝舊邦兮遐征將遙集兮

東南心惙惙兮傷悴志菲菲兮升降

疾吾心獨兮作謩競舉枉而咸先佞兮

靡頹兮俗獨建奧異州兮尚賢

聊逍遙兮趦趄纘仲尼兮周

流懷古兮我悅遂登會車兮即浮

過季札兮延陵求魯連兮海隅雖不察兮

光貌兮惟季春兮華皋麥兮方秀兮衆茂

靈奧之惟神靈兮與休光兮日臬

時兮逾邁惌芳香兮誰留

兮不獲長委結兮焉究

芳余訕嗟怵怵兮誰留

吳依大家皋伯通居廡下

廡　為人賃春每歸妻為具食不敢於鴻前

仰視舉案齊眉伯通察而異之曰彼傭能

使其妻敬之如此非凡人也乃方舍之於

家鴻潛閉著書十餘篇疾且困告主人曰

昔延陵季子葬子於嬴博之間不歸鄉里

慎勿令我子持喪歸去及卒伯通等為求

葬地於吳要離冢傍咸曰要離烈士而伯

鸞清高可令相近

鸞葬畢妻子歸扶風初鴻友人京兆高恢

少好老子隱於華陰山中及鴻東遊思恢

作詩曰鳥嚶嚶兮友之期

念高子兮僕懷思想念恢

兮爰集茲二人遂不復相見恢亦高抗

身不仕

高鳳字文通南陽葉人也少為書生家以

農畝為業而專精誦讀晝夜不息妻嘗之

田曝麥於庭令鳳護雞時天暴雨而鳳持

竿誦經不覺潦水流麥妻還怪問鳳方悟

之其後遂爲名儒乃教授業於西唐山中（山在今唐州湖陽縣西北　鄘元注／水經云即高鳳所隱之西唐山也）

持兵而鬥鳳往解之不巳乃脫巾叩頭固（鄘里有爭貯者）

請曰仁義遜讓奈何弃之於是爭者懷感

投兵謝罪鳳年老執志不倦名聲著聞太

守連召請恐不得免自言本巫家不應爲

吏又詐與寡嫂訟田遂不仕建初中將作

大匠任隗舉鳳直言到公車託病逃歸推

其財產悉與孤兄子隱身漁釣終於家

【後漢列傳七十一】　十五

論曰先大夫宣侯（沈約宋書曰范泰字伯倫祖／汪父寶宋高祖受命拜金紫／嘗以講道餘隙寓平逸士之篇至高／篇籍好爲文章愛獎後生玟玟無倦蓋諡宣庚即　王仲）

文通傳輯而有感以爲隱者也因著其行

事而論之曰古者隱逸其風尚矣潁陽洗

耳恥聞禪讓（先祿大夫加散騎常侍領國子祭酒多所陳諫泰憚／許由隱於潁陽聞堯欲禪乃臨潁洗耳　孤竹長飢）

蓄食周粟（伯夷叔齊孤竹君之子不食周粟／或高棲以違行）

或疾物以矯情雖軌迹異區其去就一也

若伊人者志陵青雲之上身晦泥汙之下

心名且猶不顯況怨累之爲哉與夫委體（沈也鳴弦撥日謂嵇康臨刑顧日景而／彈琴也論者以事迹相明故引康爲喻）

淵沙鳴弦撥日者不其遂乎（委體泉沙謂屈／原懷沙碟而自）

保終性命存神養和如明使君奉宣詔書

贊曰孝威居身如是甚苦如何佟曰佟幸得（病往謝威）

州辟不就刺史行部乃使從事致謁佟（嵇穴爲居採藥自業建初中）

安山（武安縣之山也）

臺佟字孝威（佟音大冬反）魏郡鄴人也隱於武

【後漢列傳七十三】　十六

夕惕庶事反不苦邪遂去隱逸終不見

韓康字伯休一名恬休京兆霸陵人家世（邪語餘聲也／音乃賀反）

著姓常采藥名山賣於長安市口不二價

三十餘年時有女子從康買藥康守價不

移女子怒曰公是韓伯休邪乃（乃）

不二價乎康歎曰我本欲避名今小女子

皆知有我何用藥爲乃遯入霸陵山中博

士公車連徵不至桓帝乃備玄纁之禮以

安車聘之使者奉詔造康康不得巳乃許

諾辭安車自乘柴車冒晨先使者發至亭
亭長以韓徵君當過發人牛脩道橋及
見康柴車幅巾以為田叟也使者奪其牛康
即釋駕與之有頃使者至奪牛翁乃徵君
世使者欲奏殺亭長康曰此自老子與之
亭長何罪乃止康因道逃遯以壽終

矯慎字仲彥 夫矯父之後也 風俗通曰晉大扶風茂陵人也
少好黃老隱遯山谷因穴為室仰慕松喬
導引之術與馬融蘇章鄉里並時融以才
傅顯名章以廉直稱然皆推先於慎汝南
吳蒼甚重之因遺書以觀其志曰仲彥足
下勤處隱約雖乘雲行泥棲宿不同每有
西風何嘗不歎 汶南在扶風之東 蓋聞黃老之言乘
虛入冥藏身遠遯亦有理國養人施於為
政 老子曰致虛極守靜篤又曰理大國若身小鮮又曰竊芳冥兮其中有精非所以愛人治國也
又如登山絕迹神不著其證人不覩其
至如登山絕迹神不著其證人不覩其驗
吾欲先生從其可者於意何如昔伊尹不
懷道以待堯舜之君 孟子曰湯使人以幣聘伊尹尹曰我何以湯之幣

為哉飯疏食而愀然改曰與我處畎畝之中由是以
樂堯舜之道吾豈若使是君為堯舜之君哉豈若使是
人為堯舜之人哉方今明明四海開關巢許無為箕
山夷齊悔入首陽足下審能騎龍弄鳳翔
嬉雲閒者 列僊傳曰蕭史秦繆公時善吹簫作鳳鳴公女弄玉好之以妻遂教弄玉作鳳鳴居數十年吹簫皇來止其屋公為作鳳臺夫婦止在上旦皆隨鳳皇飛去又曰陶安公六安冶師數行火一旦散上紫色衝天須臾赤雀止冶上曰安公安公冶與天通七月七日迎汝以赤龍至時安公騎之而去 亦非狐兔燕雀所敢謀也慎不荅年七
十餘竟不肯娶後忽歸家自言死日及期
果卒後人有見慎於敦煌者故前世異之
或云神僊正慎同郡馬瑤隱於汧山以兔
為事 置兔綱也毛詩序曰兔罝后妃之化行則莫不好德賢人眾多故慎以兔為事
子高平帝時為待御史王莽篡位稱病歸
鄉里家富好給施尚俠氣食客常三四百
人時人為之語曰關東大豪戴子高良少
誕節母憙驢鳴記音反 良常學之以娛樂焉
及母卒兄伯鸞居盧啜粥非禮不行良獨

食肉飲酒哀至乃哭而二人俱有毀容或
問良曰子之居喪禮乎良曰然禮所以制
情佚也情苟不佚何禮之論夫食旨不甘
故致毀容之實若味不存口食之可也論
者不能奪之良才既高達而論議尚奇多
駁流俗同郡謝季孝問曰子自視天下孰
可爲比良曰我若仲尼長東魯大禹出西
羌帝王紀曰夏禹生於石紐禹西夷人也 長於西羌西夷之人也
偶舉孝廉不就再辟司空府彌年不到州

郡迫之乃遯辭詔府也 避 悉將妻子既行
在道因逃入江夏山中優遊不仕以壽終
初良五女並賢每有求姻輒便許嫁踈裳
布被竹笥木屐以遣之五女能遵其訓皆
有隱者之風焉
法眞字高卿作喬 扶風郿人南郡太守雄
之子也好學而無常家博通內外圖典爲
關西大儒弟子自遠方至者陳留范冉等
數百人性恬靜寡欲不交人閒事太守請

見之眞乃幅巾詣謁太守曰昔魯哀公雖
爲不肖而仲尼稱臣太守虛薄欲以功曹
相屈光贊本朝何如眞曰明府見待有
禮故敢自同賓末若欲吏之眞將在北山
之北南山之南矣太守慊然不敢復言慊音
紀具辟公府舉賢良皆不就同郡田弱薦眞
曰處士法眞體兼四業謂詩書學究典奧幽
居恬泊樂以忘憂將蹈老氏之高蹤不爲
玄纁屈也臣願聖朝就加袞職有闕謂三公
必能唱清廟之歌致來儀之鳳矣詩清廟曰
於穆清廟蕭顒相濟濟多士秉文
之德尚書曰簫韶九成鳳皇來儀

弱又薦之帝虛心欲致前後四徵眞曰吾
既不能遯形遠世豈飲洗耳之水哉遂深
自隱絕終不降屈友人郭正稱之曰法眞
名可得聞身難得而見逃名而名我隨避
名而名我追可謂百世之師者矣乃共刊
石頌之號曰玄德先生年八十九中平五
年以壽終

漢陰老父者，不知何許人也。桓帝延熹中，幸竟陵，過雲夢，臨沔水，百姓莫不觀者，有老父獨耕不輟。尚書郎南陽張溫異之，使問曰：「人皆來觀，老父獨不輟，何也？」老父笑而不對。溫下道百步，自與言。老父曰：「我野人耳，不達斯語。請問天下亂而立天子邪？理而立天子邪？立天子以父天下邪？役天下以奉天子邪？昔聖王宰世，茅茨采椽〔韓子曰堯舜采椽不刮茅茨不剪也〕，而萬人以寧。今子之君勞人而自縱逸遊無已，吾為子羞之，子何忍欲人觀之乎！」溫大慙，問其姓名，不告而去。〔淵聖御名帝世嘗鋼〕

陳留老父者，不知何許人也。事起守外黃令陳留張升去官歸鄉里，道逢友人，共班草而言〔班布也〕……仲尼臨河而反，覆巢竭淵，龍鳳逝而不……今官……亂陷害忠良賢人君子〔左傳曰臧文仲聞六行傳〕……其去朝平夫，德之不建，人之無援……與葵滅曰卑陶廷堅不祀忽……諸德之不建，人之無援，衰哉！將性命之不免崇……

何因相抱而泣。老父趨而過之，植其杖大息，言曰：「吁！二大夫何泣之悲也？夫龍不隱鱗，鳳不藏羽，網羅高縣，去將安所？雖泣何〔毛詩曰嗟其泣矣何嗟及也〕及乎〔矢言雖泣而無所及也〕？」二人欲與之語，不顧而去，莫知所終。

龐公者，南郡襄陽人也，居峴山之南〔峴山在今襄州〕。未嘗入城府。夫妻相敬如賓。荊州刺史劉表數延請，不能屈，乃就候之，謂曰：「夫保全一身，孰若保全天下乎？」龐公笑曰：「鴻鵠巢於高林之上，暮而得所栖；黿鼉穴於深淵之下，夕而得所宿。夫趣舍行止，亦人之巢穴也。且各得其栖宿而已，天下非所保也。」因釋耕於壟上，而妻子耘於前。表指而問曰：「先生苦居畎畝而不肯官祿，後世何以遺子孫乎？」〔襄陽記曰德公子字山人亦有姊為魏黃門〕

吏部郎子渙晉太康中為胖柯太守

龐公曰世人皆遺之以危

今獨遺之以安雖所遺不同未為無所遺

也表歎息而去後遂攜其妻子登鹿門山

因采藥不反〔襄陽記曰鹿門山舊名蘇嶺山建武中襄陽侯習郁立神祠於山刻二石鹿夾神道口俗因謂之鹿門廟遂以廟名山也〕

蹟曰江海冥滅山林長往遠性風踈逸情

雲上道就虛全事達塵枉也〔達遠〕

後漢書列傳卷第七十三

唐章懷太子賢注

鮑宣妻　　　王霸妻
姜詩妻　　　周郁妻
曹世叔妻　　樂羊子妻
陳文矩妻　　孝女曹娥
許升妻　　　袁隗妻
龐淯母　　　劉長卿妻
皇甫規妻　　陰瑜妻
盛道妻　　　孝女叔先雄
董祀妻

《後漢列傳七十四》　一　橋康　李賢

詩書之言女德尚矣　詩謂關雎后妃之德也書稱釐降二女于媯汭嬪于虞也若夫賢妃助國君之政哲婦隆家人之道高士弘清淳之風貞女亮明白之節則其徽美未殊也而世典咸漏焉故自中興以後綜其成事述為列女篇如馬鄧梁后別見前紀梁嫟李姬各附家傳　嫟梁竦女李姬李固女也若斯之類並不兼書餘但撮次才行尤高

秀者不必專在一操而已

勃海鮑宣妻者桓氏之女也字少君宣嘗就少君父學父奇其清苦故以女妻之裝送資賄甚盛宣不悅謂妻曰少君生富驕習美飾而吾實貧賤不敢當禮妻曰大人以先生脩德守約故使賤妾侍執巾櫛既奉承君子唯命是從宣笑曰能如是是吾志也妻乃悉歸侍御服飾更著短布裳與宣共挽鹿車歸鄉里拜姑禮畢提甕出汲脩行婦道鄉邦稱之

《後漢列傳七十四》　二　李賢

校尉子永中興初為魯郡太守永子昱從容問少君曰太夫人寧復識挽鹿車時不對曰先姑有言存不忘亡安不忘危之言也易繫辭曰吾正焉敢忘乎　爾雅曰舅姑在則曰君舅君姑沒則曰先舅見前傳　先姑

太原王霸妻者不知何氏之女也霸少立高節光武時連徵不仕霸已見逸人傳妻亦美志行初霸與同郡令狐子伯為友後

子伯爲楚相而其子爲郡功曹子伯乃令
子奉書於霸車馬服從雍容如也霸子時
方耕於野聞賓至投耒而歸（鄭玄注禮記云手耕曲木也說文曰耒耜木也）
霸素不相若向見其子容服甚光舉措有
其故始不止吾妻請罪而後言曰吾與子
適而我見曹蓬瘲歷齒未知禮則也（曹壄）
霸目之有慚容客去而久卧不起妻怪問
伯素不肯吾妻怪問見令狐子迫性不能仰視（鄭玄注禮記云上曲禮者也沮喪也作慚也）
容而有慚色父子恩深不覺自失耳妻曰
李崇

君少修清節不顧榮祿今子伯之貴耿與
君之高奈何忘宿志而慚兒女子乎霸屈（屈音渠）
起而笑曰有是哉遂共終身隱遯（勿反）

廣漢姜詩妻者同郡龐盛之女也詩事母
至孝妻奉順尤篤母好飲江水水去舍六
七里妻常泝流而汲後值風不時得還母
渴詩責而遣之妻乃寄止鄰舍晝夜紡績
市珍羞使鄰母以意自遺其姑如是者久
之姑怪問鄰母鄰母具對姑感慚呼還恩

養愈謹其子後因遠汲溺死妻恐姑哀傷
不敢言而託以行學不在姑嗜魚鱠又不
能獨食夫婦常力作供鱠呼鄰母共之舍
側忽有涌泉味如江水每旦輒出雙鯉魚
常以供二母之膳（赤眉散賊經詩里弛兵）
而過曰驚大孝必觸鬼神時歲荒賊乃遺
（此近也落藩也）
詩米肉受而埋之比落蒙其安全　永
平三年察孝廉顯宗詔曰大孝入朝凡諸
舉者一聽平之由是皆拜郎中詩尋除江
陽令卒于官所居治鄉人爲立祀
陳從

沛郡周郁妻者同郡趙孝之女也字阿少
習儀訓閑於婦道而郁驕淫輕躁多行無
禮郁父偉謂阿曰新婦賢者女當以道匡
夫郁之不改新婦過也阿拜而受命退謂
左右曰我無樊衞二姬之行（列女傳曰楚莊姬不聽五音以諫王齊桓公好音樂衞姬不食鮮禽以諫公並解具文苑傳也）
故君必責
我我言而不用君必謂我不奉教令則罪
在我矣若言而不用是爲子違父而從婦

03-1269

則罪在彼矣生如此亦何聊哉乃自殺莫
不傷之

扶風曹世叔妻者同郡班彪之女也名昭
字惠班一名姬博學高才世叔早卒有節
行法度兄固著漢書其八表及天文志未
及竟而帝詔昭就東觀藏書閣踵而
成之〈踵繼也〉帝數召入宮令皇后諸貴人師
事焉號曰大家每有貢獻異物輒詔大家
作賦頌及鄧太后臨朝與聞政事以出入
之勤特封子成關內侯官至齊相時漢書
始出多未能通者同郡馬融伏於閣下從
昭受讀後又詔融兄續繼昭成之〈見馬援傳〉〈融兄名續〉
永初中太后大將軍鄧騭以母憂上書
乞身大后不欲許以問昭昭因上疏曰伏
惟皇太后陛下躬盛德之美隆唐虞之政
開四門而開四聰采在夫之聲言納錫蕘
之謀慮〈詩曰先人有言詢于芻蕘〉妾昭得以
愚朽身當盛明敢不披露肝膽以効萬一

妾聞謙讓之風德莫大焉故典墳述美神
祇降福〈易曰謙尊而光又曰鬼神害盈而
福謙左傳曰謙德之基也〉昔夷齊
去國天下服其廉高〈孟子曰聞伯夷之風者
頑夫廉懦夫有立志〉太
伯達邠孔子稱為三讓〈周大王居邠太伯欲
立季歷託採藥於吳時已〉
者也〈論語曰能以禮讓為國於從政乎何
有何有言若無有也〉所以光昭令德揚名于後
有〈論語曰〉由是言之推讓之誠其
致遠矣今四舅深執忠孝引身自退〈四舅謂
騭悝弘〉
也〈闕〉而以方垂未靜拒而不許如後有毫毛
加於今日〈謂有纖微之過則
推讓之美失也〉誠恐推讓之名不
可再得緣見逮及故敢昧死竭其愚情自
知言不足采以示蟲蛾之赤心竭其愚情自
許之〈於是〉里弟子為女誡七篇
有助內訓其辭曰鄙人愚暗受性不敏蒙
先君之餘寵賴母師之典訓〈母傅母也左傳曰師女
師也毛詩曰言告師氏言告言歸〉
氏〈前書呂公謂高祖曰臣有息女願為
箕箒妾言執箕箒主賤役以事男姑于今四〉年十有四執箕帚於曹
十餘載矣戰戰兢兢常懼黜辱以增父母

之著以益中外之累也〔中内〕夙夜劬心勤不
告勞而今而後乃知免耳吾性疏頑教道
無素〔素先也〕恒恐子穀負辱清朝〔三輔決錄曰子穀頴字長恒〕〔隨時俗注云曹成壽之子也司徒掾察孝廉拜長毋爲太后師微拜中散大夫子穀即成之字也〕
聖恩横加猥賜金紫〔漢官儀曰二千石金印紫綬也〕實非鄙
人庶幾所望也男能自謀矣吾不復以爲
憂也但傷諸女方當適人而不漸訓誨不
聞婦禮懼失容它門取恥宗族吾今疾在
沈滯性命無常念汝曹如此每用惆悵間
作女誡七章願諸女各寫一通庶有補益〔毛萇注云瓦紡塼也〕
裨助汝身去矣其勗之〔去矣猶言從今已往〕
一古者生女三日臥之牀下弄之瓦塼而〔詩小雅曰乃生女子載寢之地載弄之瓦 毛萇注云瓦紡塼也〕
齋告焉
臥之牀下明其卑弱主下人也
弄之瓦塼明其習勞主執勤也齋告先君
明當主繼祭祀也
三者蓋女人之常道禮法

之典教矣謙讓恭敬先人後己有善莫名〔之不自名己也〕
有惡莫辭忍辱含垢常若畏懼是
謂卑弱下人也晚寢早作勿憚夙夜〔作起也〕
執務私事不辭劇易〔劇猶難也〕所作必成手跡
整理是謂執勤也正色端操以事夫主清
靜自守無好戲笑潔齊酒食以供祖宗〔也謂食也左傳曰潔粢豐盛也〕
是謂繼祭祀也三者苟備而
惠名稱之不聞黜辱之在身未之見也三
者苟失之何名稱之可聞黜辱之可遠哉
夫婦第二夫婦之道參配陰陽通達神明〔邢宣〕
信天地之弘義人倫之大節也是以禮貴〔禮記曰昏禮者將合二姓之好以〕
男女之際詩著關雎之義由斯言之不〔詩關雎樂得賢女以配君子也〕
可不重也夫不賢則無以御婦婦不賢則〔之詩宗廟而下以繼後世也故君子重之〕
無以事夫夫不御婦則威儀廢缺婦不事
夫則義理墮闕方斯二事其用一〔闕音許規反墮廢也〕
也察今之君子徒知妻婦之不可不御威
儀之不可不整故訓其男檢以書傳殊不

知夫主之不可不事禮義之不可不存也
但教男而不教女不亦蔽於彼此之數乎
禮八歲始教之書十五而至於學矣〈禮記曰八歲入〉
學〈禮記曰〉獨不可依此以為則哉〈八歲入小〉
殊性男女異行陽以剛為德陰以柔為用
男以彊為貴女以弱為美故鄙諺有云生
男如狼猶恐其尪生女如鼠猶恐其虎然
則修身莫若敬避彊莫若順故曰敬順之
道婦人之大禮也夫敬非它持久之謂也

〈後漢列傳七十四〉 九 〈朱明〉

夫順非它寬裕之謂也夫持久者知止足也
寬裕者尚恭下也夫婦之好終身不離房
室周旋遂生媟黷媟黷既生語言過矣語
言既過縱恣必作縱恣既作則侮夫之心
生矣此由於不知止足也夫事有曲直
言有是非直者不能不爭曲者不能不訟
訟爭既施則有忿怒之事矣此由於不尚
恭下者也侮夫不節譴呵從之忿怒不止
楚撻從之夫為夫婦者義以和親恩以好

合楚撻既行何義之存譴呵既宣何恩之
有恩義俱廢夫婦離矣婦行第四女有四
行一曰婦德二曰婦言三曰婦容四曰婦
功〈禮記文也〉夫云婦德不必才明絕異也婦言
不必辯口利辭也婦容不必顏色美麗也
婦功不必工巧過人也清閑貞靜守節整
齊行己有恥動靜有法是謂婦德擇辭而
說不道惡語時然後言不厭於人是謂婦
言盥浣塵穢服飾鮮絜沐浴以時身不垢

〈後漢列傳七十四〉 十 〈李潤〉

辱是謂婦容專心紡績不好戲笑絜齊酒
食以奉賓客是謂婦功此四者女人之大
德而不可乏之者也然為之甚易唯在存
心耳古人有言仁遠乎哉我欲仁而仁斯
至矣〈論語孔子之言也〉此之謂也專心第五夫有
再娶之義婦無二適之文故曰夫者天也
婦〈儀禮曰父在為母何以朞至尊在不敢伸也父必三年而後娶達子志也儀禮曰夫者妻之天也婦〉
人〈人不二斬者猶曰不二天也〉之文故曰夫者天也天固不可逃夫固不可離也
行違神祇天則罰之禮義有愆夫則薄之

後漢列傳七十四

故女憲曰得意一人是謂永畢失意一人
是謂永訖由斯言之夫不可不求其心然
所求者亦非謂佞媚苟親也固莫若專心
正色禮義居絜耳無塗聽目無邪視出無
冶容入無廢飾無聚會羣輩無看視門戶
此則謂專心正色矣若夫動靜輕脫視聽
陝輸（陝輸定貌也）入則亂髮壞形出則窈窕作態（窈窕妖冶也之貌也）
能專心正色矣曲從第六夫得意一人是（說所不當道觀所不當視此謂不）

後漢列傳七十四　十一

謂永畢失意一人是謂永訖欲人定志專（陳從）
心之言也舅姑之心豈當可失哉物有以
恩自離者亦有以義自破者也夫雖云愛
舅姑云愛之心非此所謂以義自破者也然則舅
姑之心奈何固莫尚於曲從矣姑云不爾
而是固宜從令（不爾猶不然也）姑云爾而非猶宜順
命勿得違戾是非爭分曲直此則所謂曲
從矣故女憲曰婦如影響焉不可賞（影響言順從也）
和叔妹第七婦人之得意於夫主由舅姑

之愛已也舅姑之愛已由叔妹之譽已也
由此言之我臧否譽毀一由叔妹叔妹之
心復不可失也皆知叔妹之不可失而
不能和之以求其親也自非聖人鮮
能無過故顏子貴於能改仲尼嘉其不貳（論語孔子曰顏回不貳過易曰顏氏之子其殆庶幾乎有不善未嘗不知知之未嘗復行也）
婦人者也雖以賢女之行聰哲之性其能
備乎是故室人和則謗掩外內離則惡揚
此必然之執也易曰二人同心其利斷金

後漢列傳七十四　十二（金物之堅者）李賢

同心之言其臭如蘭此之謂也若二人同心（則其利可以斷金同心其利斷金）
芳馨如蘭也古人通謂氣為臭也
而尊恩疏而義親若淑媛謙順之人（淑媛美女也）
則能依義以篤好崇恩以結援使徽美
顯章而瑕過隱塞舅姑矜善而夫主嘉美
聲譽曜于邑鄰休光延於父母若夫患愚
之人於嫂則託名以自高於妹則因寵以
驕盈驕盈旣施何和之有恩義旣乖何譽
之臻是以美隱而過宣姑忿而夫慍毀訾

布於中外恥辱集于厭身進增父母之羞

退益君子之累〔君子謂夫也詩曰未〕斯乃榮
〔見君子憂心忡忡〕

辱之本而顯否之基也可不慎哉然則求

叔妹之心固莫尚於謙順矣謙則德之柄
〔易繫辭也〕之文也順則婦之行見斯二者足以和矣詩

云在彼無惡在此無射其義女習於昭
〔也射厭也射音亦〕馬融善之令妻女習以難之
〔毛詩射作斁也〕

女妹曹豐豈生〔妹也〕亦有才惠為書以遺之
〔昭壻也〕

辭有可觀昭年七十餘卒皇太后素服舉

哀使者監護喪事所著賦頌銘誄問注哀

辭書論上疏遺令凡十六篇子婦丁氏為

撰集之又作大家讚焉

河南樂羊子之妻者不知何氏之女也羊

子嘗行路得遺金一餅還以與妻妻曰妾
〔解見文苑傳〕

聞志士不飲盜泉之水〔名盜泉仲尼不漱〕況拾遺求利以污其
〔論語撰考讖曰水〕

行平羊子大慙乃捐金於野而遠尋師學
不受嗟來之食〔廉者〕

一年來歸妻跪問其故羊子曰久行懷思

無它異也妻乃引刀趨機而言曰此織生

自蠶繭成於機杼一絲而累以至於寸累

寸不已遂成丈匹今若斷斯織也則捐失

成功稽廢時月夫子積學當日知其所亡
〔論語孔子曰君子曰知其〕〔亡月無忘其所能為無也〕

而歸何異斷斯織乎羊子感其言復還終

業遂七年不反妻常躬勤養姑又遠饋羊

子嘗有它舍雞謬入園中姑盜殺而食之
〔盜姑殺而食之〕

妻對雞不餐而泣姑怪問其故妻曰自傷

居貧使食有它肉姑竟棄之後盜欲有犯

妻者乃先劫其姑妻聞操刀而出盜人曰

釋汝刀從我者可全不從我者則殺汝姑

妻仰天而歎舉刀刎頸而死盜亦不殺其

姑太守聞之即捕殺賊盜而賜妻縑帛以

禮葬之號曰貞義

漢中程文矩妻者同郡李法之姊也字穆

姜有二男而前妻四子文矩為安眾令喪

於官〔安眾縣屬〕四子以母非所生憎毀日積
〔南陽郡〕

而穆姜慈愛溫仁撫字益隆衣食資供皆
兼倍所生或謂母曰四子不孝何不
別居以遠之對曰吾方以義相導使其自
遷善也及前妻長子興遇疾困篤母輒惻隱
自然親調藥膳恩情篤密興疾父乃瘳於
是呼三弟謂曰繼母慈仁出自天受吾兒
弟不識恩養禽獸其心雖母道益隆我曹
過惡亦已深矣遂將三弟詣南鄭獄陳母
之德狀己之過乞就刑辟縣言之於郡郡

守表異其母躭除家徭遣散四子許以脩
革自後訓導一愈明並爲良士穆姜年八十
餘卒臨終勅諸子曰吾弟仲虔智達士也
所論薄葬其義至矣又臨亡遺令賢聖法
也　前書孝文帝楊王孫　並有遺令　令汝曹遵承勿與俗
同增吾之累諸子奉行焉
孝女曹娥者會稽上虞人也父旴能絃歌
爲巫祝漢安二年五月五日於縣江泝濤
迎婆娑神溺死不得屍骸娥年十四乃沿

江號哭晝夜不絕聲旬有七日遂投江而
死　娥投衣於水祝曰人屍所在衣當沈衣隨流至
一處而沈娥遂隨衣而没衣字或作瓜見原
傳也至元嘉元年縣長度尚改葬娥於江南
道傍爲立碑焉

孫曰　會稽典錄曰上虞長度尚弟子
邯鄲淳字子禮時甫弱冠而有
異才尚先使魏朗作曹娥碑文未出會朗見尚
與之飲宴而子禮方至督酒重問朗朗不暇爲
不因試使子禮爲之操筆而成無所點定朗嗟
歎不暇遂毀其草其後蔡邕又
題八字曰黃絹幼婦外孫齏臼

列女

吳許升妻者呂氏之女也字榮升少爲博
徒不理操行榮當躬勤家業以奉其姑
數勸升修學榮每有不善輒流涕進規榮
積忿疾升乃呼榮欲改嫁之榮歎曰命之
所遭義無離貳終不肯歸升感激自厲乃
尋師遠學遂以成名尋被本州辟命行至
壽春道爲盜所害榮聞而詣州請甘心讎人耀聽之
迎喪於路聞而詣州請甘心讎人耀聽之
榮乃手斷其頭以祭升靈後郡遭寇賊賊
欲犯之榮蹈埳走賊拔刀追之賊曰從我
則生不從我則死榮曰義不以身受厲寇

虜也遂殺之是日疾風暴雨雷震晦冥賊
惶懼叩頭謝罪乃殯葬之
汝南袁隗妻者扶風馬融之女也字倫隗
已見前傳倫少有才辯融家世豐豪裝遣
甚盛及初成禮隗問之曰婦奉箕箒而已
何乃過珍麗乎對曰慈親垂愛不敢逆命
君若欲慕鮑宣梁鴻之高者妾亦請從少
君孟光之事矣隗又曰弟先兄舉世以為
笑今劇姊未適先行可乎對曰妾姊高行
殊邈未遭良匹不似鄙薄苟然而已又問
南郡君學窮道奧文為辭宗（融為南郡太守而所
在之職輒以貨財為損何邪對曰孔子大
聖不免武叔之毀子路至賢猶有伯寮之
愬論語曰叔孫武叔毀仲尼子貢曰無以為也它
人之賢者猶丘陵為猶可踰也仲尼如日月也它
無得而踰焉命也與命也與道之將廢也
行也與命也命道之將廢也公伯寮其如命何
家君獲此固其宜耳隗默然不能屈帳外
聽者為慙隗既寵貴當時倫亦有名於世
年六十餘卒倫妹芝亦有才義少喪親長

毛仙

而追感乃作申情賦去
酒泉龐淯母者趙氏之女也字娥父為同
縣人所殺而娥兄弟三人時俱病物故讎
乃喜而自賀以為莫已報也娥陰懷感憤
乃潛備刀兵常帷車以候讎家十餘年不
能得後遇於都亭刺殺之因詣縣自首曰
父仇已報請就刑戮之福祿長尹嘉義之解
印綬欲與俱亡娥不肯去曰怨塞身死妾
之明分結罪理君之常理何敢苟生以
枉公法後遇赦得免州郡表其閭太常張
奐嘉歎以束帛禮之
沛劉長卿妻者同郡桓鸞之女也鸞已見
前傳生一男五歲而長卿卒妻遂防遠嫌疑
不肯歸寧兒年十五晚又夭歿妻慮不免
乃豫刑其耳以自誓宗婦相與慜之共謂
曰若家殊無它意假令有之猶可因姑姊
妹以表其誠何貴義輕身之甚哉對曰昔
我先君五更學為儒宗尊為帝師五更已

林原

來歷代不替男以忠孝顯女以貞順稱詩
古無忝爾祖聿脩厥德是以豫自刑翦以
明我情沛相王吉上奏高行顯其門閭號以
曰行義桐鼇曰 鼇縣邑有祀必臘焉 餘肉
也尊勦之故有祭祀必致其餘也左傳曰天子有事膰焉 膰祭餘肉

安定皇甫規妻者不知何氏女也規初喪
室家後更娶之妻善屬文能草書時人怪其工及規卒時妻年猶為盛
苔書記眾人怪其工及規卒時妻年猶為規
而容色美後董卓為相國承其名娉以

輻百乘馬二十四奴婢錢帛充路妻乃輕
服詣卓門跪自陳請辭甚酸愴卓使傅奴
侍者悉拔刀圍之而謂曰孤之威教欲令
四海風靡何有不行於一婦人乎妻知不
免乃立罵卓曰君羌胡之種毒害天下猶
未足邪妾之先人清德奕世皇用氏文武
上才為漢忠臣君親非其趣使走吏十敢
欲行非禮於爾君夫人邪卓乃引車庭中
以其頭懸軶鞭撲交下 周禮考工記曰軶長
六尺郵表曰輗端

後漢列傳七十四　十九

焉

死車下後人圖畫號曰禮宗去
南陽陰瑜妻者潁川荀爽之女也名采字
女荀聰敏有才藝年十七適陰氏十九產
一女而瑜卒采時尚豐少常慮奕為家所逼
之 親書弈字伯益壽之子 也為太子文學早卒
因詐稱病篤召采既
不得已而歸懷刃自誓奕令傅婢執奪其
刃扶抱載之猶憂致憤激勃衛甚嚴女既
自防禦甚固後郡郭奕喪妻奕以采許
到郭氏乃偽為歡悅之色謂左右曰我本
立志與陰氏同究而不免逼迫遂至於此
素情不遂奈何乃命使建四燈盛裝飾請
弈入相見共談言辭不輟亦敬憚之遂不
敢逼至曙而出采因勑令左右辦浴既入
室而掩戶權令侍人避之以粉書扉上曰
尸還陰陰字未及成懼有來者遂以衣帶
自縊左右顗之不為意比視已絕時人傷

後漢列傳七十四　二十

媵為盛道妻者同郡趙氏之女也字媵姜
建安五年益部亂道聚眾起兵軍敗夫妻
執繫當死媵姜夜中告道曰法有常刑必
無生塗君可速潛逃建立門戶妾自留獄
代君塞咎道依違未從媵姜便解道桎梏
為蕭粮貨子期時年五歲使道攜持而走
實告吏應時見殺道父子會赦得歸道感
其義終身不聚焉

【後漢列傳七十四】 二十一 陳芳

孝女叔先雄者健為人也父泥和永建初
為縣功曹縣長遣泥和拜檄謁巴郡太守
乘舩墮湍水物故尸喪不歸雄感念怨痛
號泣晝夜心不圖存常有自沈之計所生
男女二人並數歲為各作囊盛珠環以
繫兒數見雄因乘小船於父慟處慟哭
許日後稍懈雄乃自辭家人每為防閑之經百
遂自投水死弟賢其夕夢雄告之卻後六
日當共父同出至期伺之果與父相持浮

於江上郡縣表言為雄立碑圖象其形焉
陳留董祀妻者同郡蔡邕之女也名琰字
文姬博學有才辯又妙於音律 劉昭幼童傳
曰邕夜鼓琴
絃絕琰曰第二絃邕曰偶得之耳故
斷一絃問之琰曰第四絃並不差謬
道夫亡無子歸寧于家興平中天下喪亂
文姬為胡騎所獲沒於南匈奴左賢王在
胡中十二年生二子曹操素與邕善痛其
無嗣乃遣使者以金璧贖之而重嫁於祀
祀為屯田都尉犯法當死文姬詣曹操請

【後漢列傳七十四】 三十二 董祀

之時公卿名士及遠方使驛坐者滿堂操
謂賓客曰蔡伯喈女在外今為諸君見之
及文姬進蓬首徒行叩頭請罪音辭清辯
旨甚酸哀眾皆為改容操曰誠實相矜然
文狀已去奈何文姬曰明公廄馬萬匹虎
士成林何惜疾足一騎而不濟垂死之命
平操感其言乃追原祀罪時且寒賜以頭
巾履襪操因問曰聞夫人家先多墳籍猶
能憶識之不文姬曰昔亡父賜書四千許

卷流離塗炭罔有存者今所誦憶裁四百
餘篇耳操曰今當使十吏就夫人寫之文
姬曰妾聞男女之別禮不親授乞 〔禮記曰男女
〔女不親授乞〕
給紙筆眞草唯命於是繕書送之文無遺
誤後感傷亂離追懷悲憤作詩二章其辭
曰漢季失權柄董卓亂天常志欲圖篡弒
先害諸賢良逼迫遷舊邦擁主以自彊海
內興義師欲共討不祥卓眾來東下金甲
耀日光平土人脆弱來兵皆胡羌獵野圍
城邑所向悉破亡斬截無孑遺屍骸相撑 餘
振擊音直馬邊縣男頭馬後載婦女長驅西
入關迥路阻險且阻遷冥冥肝脾為爛
肉所略有萬計不得令屯聚或有骨肉俱
欲言不敢語失意機微間輒言斃降虜要
當以亭刃我曹不活汝豈復惜性命不堪
其詈罵或便加棰杖毒痛參并下旦則號
泣行夜則悲吟坐欲死不能得欲生無一
可彼蒼者何辜乃遭此厄禍邊荒與華異

〔《後漢列傳卷十四》 二十三〕

人俗少義理處所多霜雪胡風春夏起翻
翻吹我衣肅肅入我耳感時念父母哀歎
無窮已有客從外來聞之常歡喜迎問其
消息輒復非鄉里邂逅徼時願骨肉來迎
已得自解免當復棄兒子天屬綴人心
念別無會期存亡永乖隔不忍與之辭見
有還時阿母常仁惻今何更不慈我尚未
前抱我頸問母欲何之人言母當去豈復
成人奈何不顧思見此崩五內恍惚生狂
號泣手撫摩當發復回疑兼有同時輩
相送告離別慕我獨得歸哀叫聲摧裂馬
為立踟蹰車為不轉轍觀者皆歔欷行路
亦嗚咽去去割情戀遄征日遐邁悠悠三
千里何時復交會念我出腹子匈臆為摧
敗飢至家人盡又復無中外城郭為山林
庭宇生荊艾白骨不知誰從橫莫覆蓋出
門無人聲豺狼號且吠煢煢對孤景怛咤
糜肝肺登高遠眺望魂神忽飛逝奄若壽

〔《後漢列傳七十四》 二十四 陳留〕

命盡旁人相覽大爲復彊視息雖生何聊

賴託命於新人竭心自勗厲流離成鄙賤

常恐復捐廢人生幾何時懷憂終年歲其

二章曰嗟薄祐兮遭世患宗族殄兮門戶

單身執略兮入西關歷險阻兮之羌蠻山

谷眇兮路曼曼兮卷東顧兮但悲歎冥當寢

兮不能安（冥音眠）飢當食兮不能餐常流涕兮

皆不乾薄志節兮念死難雖苟活兮無形

顏惟彼方兮遠陽精（北方近陰陽遠陽）陰氣凝兮雪夏

零沙漠壅冥冥兮有草木兮春不榮人

似禽兮食臭腥言塊離兮狀窈俘得（塊離匈奴言語之貌）

歲聿暮兮時邁（征夜悠長兮禁門扃不能）征夜悠長兮禁門扃不能

寐兮起屏營登胡殿兮臨廣庭玄雲合兮

翳月星北風厲兮肅泠泠胡笳動兮邊馬

鳴孤鴈歸兮聲嚶嚶樂人興兮彈琴箏

相和兮悲且清心吐思兮匈憤盈欲舒氣

兮恐彼驚含哀咽兮涕沾頸家旣迎兮當

歸寧臨長路兮捐所生見兮呼母兮號失聲

我掩耳兮不忍聽追持我兮走熒熒頓復

起兮毀顏形還顧之兮破人情心怛絕兮

死復生（列女後傳琰　字昭姬也）

贊曰端操有蹤幽閒有容區明風烈昭我

管彤（婦人之正其節操有蹤迹可紀者及幽都闗筆解見皇后紀所記也管彤赤管者區別其遺風餘烈以明女史之）

後漢書列傳卷第七十四

唐章懷太子賢注

東夷

【後漢列傳七十五】

王制云東方曰夷夷者抵也言仁而好生
萬物抵地而出　故天性柔順易以道
御至有君子不死之國焉

夷有九種

方夷黃夷白夷赤夷玄夷風夷陽夷
曰畎夷于夷

故孔子欲居九夷也昔堯命羲仲宅
嵎夷曰暘谷蓋日之所出也

夏后氏太康失德夷人始畔

自少康已後世服

王化遂賓於王門獻其樂舞

二文虎在旁外圓曰去琅邪三萬里山海經又曰
不死人在交脛東其為人黑色壽不死並在東方也

百餘年武乙衰敝東夷寖盛遂分遷淮岱

漸居中土

王滅紂蕭慎來獻石砮楛矢管蔡畔周乃

招誘夷狄蕭慎遂定東夷

康王之時蕭慎復

至後徐夷僣號乃率九夷以伐宗周西至

河上穆王畏其方熾乃分東方諸侯命徐

偃王主之

偃王處潢池東地方五百里　行仁義陸地

而朝者三十有六國穆王後得驥騄之乘

乃使

造父御以告楚令伐徐一日而至

是楚文王大舉兵而滅之偃王仁而無權

不忍鬭其人故致於敗乃北走彭城武原

縣東山下百姓隨之者以萬數因名其山

為徐山

十里見有徐山石室祠虺偃王溝通陳蔡之間得朱弓朱矢以已得天瑞自稱偃王穆王聞之遺使乘驛一日至楚所敗此之偃王仁不忍鬥走此山也

厲王無道淮夷入寇王命虢仲征之不克宣王復命召公伐平之 毛詩序曰江漢尹吉甫美宣王也能興衰撥亂命召公平淮夷來求王命 其詩曰江漢浮浮武夫滔滔匪安匪游淮夷來求 召虎式辟四方徹我土疆 及幽王淫亂四夷交侵至齊桓修霸攘而卻焉 後越遷琅邪亦來豫盟 左傳楚靈王蔡侯陳侯會于申淮夷會于申 鄭伯許号淮夷 與共征戰遂陵暴諸夏侵滅小邦秦并六國其淮泗夷皆散為民戶陳涉起兵天下

【後漢列傳七十五】 三 信

朋潰燕人衛滿避地朝鮮 前書曰朝鮮王滿燕人自始全燕時嘗略屬真番朝鮮 高句驪兵當伐朝不欲行郡縣徙入匈奴滿亡命東走度浿水居秦故空地稍役屬朝鮮 因王其國百有餘歲武帝滅之於是東夷始通上京王莽篡位貊人寇邊 前書恭發高句驪兵當伐胡不欲行出塞因犯為寇州郡歸咎於高句驪 建武之初復來朝貢是時遼東太守祭肜威讋北方聲行海表於是濊貊倭韓萬里朝獻故章和已後使聘流通逮求初多難始入寇鈔桓靈失政漸

滋曼焉為自中興之後四夷來賓雖時有乖畔而使驛不絕故國俗風土可得略記東夷率皆土著憙飲酒歌舞或冠弁衣錦器用俎豆所謂中國失禮求之四夷者也 左傳仲尼學鳥名於郯子既而告人曰吾聞之天子失官學在四夷其信也 凡蠻夷戎狄總名四夷者猶公侯伯子男皆號諸侯云

夫餘國在玄菟北千里南與高句驪東與挹婁西與鮮卑接北有弱水地方二千里本濊地也 索或作橐 初北夷索離國王出行 音度洛反 林慮 其侍兒於後姙身 姙音人鳩友 王還欲殺之侍兒曰前見天上有氣大如雞子來降我因以有身王囚之後遂生男王令置於豕牢 牢圈也 豕以口氣噓之不死復徙於馬蘭 蘭即欄也 馬亦如之王以為神乃聽母收養名曰東明東明長而善射王忌其猛復欲殺之東明奔走南至掩淲水 今高驪中有蓋斯水疑此水是也 以弓擊水魚鱉皆聚浮水上東明乘之得度因至夫餘而王之焉於東夷之域最為平敞

【後漢列傳七十五】 四

土宜五穀出名馬赤玉貂豽_{貂豽足音奴八反}
珠如酸棗以貟柵爲城有宮室倉庫牢獄大
其人麤大彊勇而謹厚不爲寇鈔以弓矢
刀子爲兵以六畜名官有馬加牛加狗加
其邑落皆主屬諸加食飲用俎豆會同拜
爵洗爵揖讓升降以臘月祭天大會連日
飲食歌舞名曰迎鼓是時斷刑獄解囚徒
有軍事亦祭天殺牛以蹄占其吉凶_{魏志曰牛蹄解}
者爲凶合者爲吉　行人無晝夜好歌吟音聲不絕其
俗用刑嚴急被誅者皆沒其家人爲奴婢
盜一責十二男女淫皆殺之尤治惡妒婦
既殺復尸於山上　兄死妻嫂死則有槨無
棺殺人殉葬多者以百數其王葬用玉匣
漢朝常豫以玉匣付玄菟郡王死則迎取
以葬焉建武中東夷諸國皆來獻見二十
五年夫餘王遣使奉貢光武厚荅報之於
是使命歲通至安帝永初五年夫餘王始
將步騎七八千人寇鈔樂浪殺傷吏民後

復歸附永寧元年乃遣嗣子尉仇台詣闕
貢獻天子賜尉仇台印綬金綵順帝永和
元年其王來朝京師帝作黃門鼓吹角抵
戲以遣之桓帝延熹四年遣使朝賀貢獻
永康元年王夫台將二萬餘人寇玄菟玄
菟太守公孫域擊破之斬首千餘級至靈
帝熹平三年復奉章貢獻夫餘本屬玄菟
獻帝時其王求屬遼東云

挹婁古肅慎之國也在夫餘東北千餘里
東濱大海南與北沃沮接不知其北所極
土地多山險人形似夫餘而言語各異有
五穀麻布出赤玉好貂無君長其邑落各
有大人處於山林之間土氣極寒常爲穴
居以深爲貴大家至接九梯好養豕食其
肉衣其皮冬以豕膏塗身厚數分以禦風
寒夏則裸袒以尺布蔽其前後以自蔽
不絜作廁於中圍之而居自漢興已後臣
屬夫餘種衆雖少而多勇力處山險又善

射發能入人目引長四尺力如弩矢用楛
長一尺八寸青石為鏃鏃皆施毒中人即
死便乘舩好寇盜鄰國畏患而卒不能服
東夷夫餘飲食類此皆用俎豆唯挹婁獨
無法俗最無綱紀者也
高句驪在遼東之東千里南與朝鮮濊貊
東與沃沮北與夫餘接地方二千里多大
山深谷人隨而為居少田業力作不足以
自資故其俗節於飲食而好修宮室東夷
相傳以為夫餘別種故言語法則多同而
跪拜曳一脚行步皆走凡有五族有消奴
部絕奴部順奴部灌奴部桂婁部（案今高驪五部一曰內部一名黃部即桂婁部也二曰北部一名後部即絕奴部也三曰東部一名左部即順奴部也四曰南部一名前部即灌奴部也五曰西部一名右部即消奴部也）本消奴部為王
稍微弱後桂婁部代之其置官有相加對
盧沛者古鄒大加（賓客之官如鴻臚也）主簿優台使者帛衣先人
驪為縣（前書元封中定朝鮮為真番臨屯樂浪玄菟四部使屬玄菟賜）

鼓吹伎人其俗淫皆絜淨自憙暮夜輒男
女羣聚為倡樂好祠鬼神社稷零星（前書音義龍星左角曰天田則農祥也辰見而祠以牛號曰靈星風俗通曰辰之神為靈星故以辰日祠於東南也）
以十月祭天大會名曰東盟其國東有大
穴號襚神亦以十月迎而祭之其公會衣
服皆錦繡金銀以自飾大加主簿皆著幘
如冠幘而無後其小加著折風形如弁
牢獄有罪諸加評議便殺之沒入妻子為
奴婢其昏姻皆就婦家生子長大然後將
還便稍營送終之具金銀財幣盡於厚葬
積石為封亦種松柏其人性凶急有氣力
習戰鬥好寇鈔沃沮東濊皆屬焉
句驪一名貊耳有別種依小水為居因名
曰小水貊出好弓所謂貊弓是也（魏氏春秋曰遼東郡西安平縣北有小水南流入海句驪別種因名之小水貊也）（秋日遼）王恭初發句驪
兵以代匈奴其人不欲行疆迫遣之皆亡
出塞為寇盜遼西大尹田譚追擊戰死恭
令其將嚴尤擊之誘句驪侯騶入塞斬之

傳首長安恭大說更名高句驪王為下句
驪侯於是貊人寇邊愈甚建武八年高句
驪遣使朝貢光武復其王號二十三年冬
句驪蠶支落大加戴升等萬餘口詣樂浪
復款塞後句驪王宮生而開目能視國人
懷之及長勇壯數犯邊境和帝元興元年
谷太原而遼東太守祭肜以恩信招之皆
內屬二十五年春句驪寇右北平漁陽上

春復入遼東寇略六縣太守耿夔擊破之
斬其渠帥安帝永初五年宮遣使貢獻求
屬玄菟元初五年復與濊貊寇玄菟攻華
麗城〈華麗縣屬樂浪郡〉建光元年春幽州刺史馮
煥玄菟太守姚光遼東太守蔡諷等將兵
出塞擊之斬濊貊渠帥獲兵馬財物官
乃遣嗣子遂成將二千餘人逆光等遣使
詐降光等信之遂成因據險阨以遮大軍
而潛遣三千人攻玄菟遼東焚城郭殺傷
二千餘人於是發廣陽漁陽右北平涿郡

屬國三千餘騎同救之而貊人已去夏復
與遼東鮮卑八千餘人攻遼隊〈縣名屬遼東郡也〉殺
略吏人蔡諷等追擊於新昌戰歿功曹耿
耗兵曹掾龍端兵掾公孫酺以身扞諷
俱沒於陳死者百餘人秋宮遂率馬韓濊
貊數千騎圍玄菟夫餘王遣子尉仇台將
二萬餘人與州郡并力討破之斬首五百
餘級是歲宮死子遂成立姚光上言欲因
其喪發兵擊之議者皆以為可許尚書陳

忠曰宮前桀黠光不能討死而擊之非義
也宜遣弔問因責讓前罪赦不加誅取其
後善安帝從之明年遂成還漢生口詣玄
菟降詔曰遂成等桀逆無狀當斬斷葅醢
以示百姓幸會赦令乞罪請降鮮卑濊貊
連年寇鈔驅略小民動以千數而裁送數
十百人非向化之心也自今已後不與縣
官戰鬬而自以親附送生口者皆與贖直
縑人四十小口半之遂成死子伯固立

其後濊貊率服，東垂少事。順帝陽嘉元年，置玄菟郡屯田六部。質、桓之間，復犯遼東西安平，殺帶方令，掠得樂浪太守妻子。建寧二年，玄菟太守耿臨討之，斬首數百級，伯固降服，乞屬玄菟云。（郡國志西安平帶方縣並屬遼東郡）

東沃沮在高句驪蓋馬大山之東，東濱大海，北與挹婁、夫餘，南與濊貊接。（蓋馬縣名）（平壤即王險城也，其山在今平壤城西）其地東西夾，南北長，（夾音可）折方千里。土肥美，背山向海，宜五穀，善田種。有邑落長帥。人性質直彊勇，便持矛步戰。言語、食飲、居處、衣服有似句驪。其葬，作大木椁，長十餘丈，開一頭為戶。新死者先假埋之，令皮肉盡，乃取骨置椁中。家人皆共一椁，刻木如生，隨死者為數焉。武帝滅朝鮮，以沃沮地為玄菟郡，後為夷貊所侵，徙郡於高句驪西北，更以沃沮為縣，屬樂浪東部都尉。至光武罷都尉官，後皆以封其渠帥為沃沮侯。其土迫小，介於大國之

間，遂臣屬句驪。句驪復置其中大人遂為使者，以相監領，貴其租稅，貂布、魚鹽、海中食物，發美女為婢妾焉。

又有比沃沮，一名置溝婁，去南沃沮八百餘里。其俗皆與南沃沮同。界之南接挹婁。挹婁人憙乘船寇抄，北沃沮畏之，每夏輒臧於巖穴，至冬船道不通，乃下居邑落。（魏志曰毌丘儉遣王頎追句驪）其耆老言，嘗於海中得一布衣，其形如中人衣，而兩袖長三丈。又於岸際見一人乘破舩，頂中復有面，與語不通，（翁）不食而死。又說海中有女國，無男人。或傳其國有神井，闚之輒生子云。（魏志曰遣王頎追句驪，王宮窮沃沮東界，問其耆老所傳云）

濊北與高句驪、沃沮，南與辰韓接，東窮大海，西至樂浪。濊及沃沮、句驪，本皆朝鮮之地也。昔武王封箕子於朝鮮，箕子教以禮義、田蠶，又制八條之教。（前書曰箕子教朝鮮民以禮義田蠶，及制八條之教；相殺者以當時償殺，相傷者以穀償，相盜者男沒入為其家奴，女子為婢，欲自贖者人五十萬，雖免為民，俗猶羞之。音義曰八條不具見也）其人終不相盜，無門戶之閉。婦人貞信。飲食其

以邊〔〕丑其後四十餘世至朝鮮矦準自稱
王漢初大亂燕齊趙人往避地者數萬口
而燕人衞滿擊破準而自王朝鮮傳國至
孫右渠元朔元年（武帝年也）濊君南閭等畔右
渠率二十八萬口詣遼東內屬武帝以其
地為蒼海郡數年乃罷至元封三年滅朝
鮮分置樂浪臨屯玄菟真番四部（番音潘）至
昭帝始元五年罷臨屯真番以并樂浪玄
菟玄菟復徙居句驪自單單大領已東沃
沮濊貊悉屬樂浪後以境土廣遠復分領
東七縣置樂浪東部都尉自內屬已後風
俗稍薄法禁亦浸多至有六十餘條建武
六年省都尉官遂棄領東地悉封其渠帥
為縣矦皆歲時朝賀無大君長其官有矦
邑君三老主舊自謂與句驪同種言語法
俗大抵相類其人性愚愨少嗜欲不請匄
男女皆衣曲領其俗重山川山川各有部
界不得妄相干涉同姓不昏多所忌諱疾

病死輒捐棄舊宅更造新居知種麻養
蠶作緜布曉矦星宿豫知年歲豐約常用
十月祭天晝夜飲酒歌舞名之為舞天又
祠虎以為神邑落有相侵犯者輒相罰責
生口牛馬名之為責禍殺人者償死少寇
盜能步戰作矛長三丈或數人共持之樂
浪檀弓出其地又多文豹有果下馬（高三尺乗）
之可於果下行海出班魚使來皆獻之
韓有三種一曰馬韓二曰辰韓三曰弁辰
馬韓在西有五十四國其北與樂浪南與
倭接辰韓在東十有二國其北與濊貊接
弁辰在辰韓之南亦十有二國其南亦與
倭接凡七十八國伯濟是其一國馬韓最大者
萬餘戸小者數千家各在山海間地方
四千餘里東西以海為限皆古之辰國也
馬韓最大共立其種為辰王都目支國盡
王三韓之地其諸國王先皆是馬韓種人
焉馬韓人知田蠶作緜布出大栗如梨有

長尾雞尾長五尺邑落雜居亦無城郭作

土室形如冢開戶在上不知跪拜無長幼

男女之別不貴金寶錦罽不知騎乘牛馬

唯重瓔珠以綴衣為飾及縣頸垂耳大率

皆魋頭露紒 魋頭擿科頭也謂以髮縈繞成科結也紒音計 布袍草

履其人壯勇少年有築室作力者輒以繩

貫脊皮縋以大木讙呼為健常以五月田

音祭鬼神晝夜酒會羣聚歌舞舞輒數十

人相隨蹋地為節十月農功畢亦復如之

十五·

諸國邑各以一人主祭天神號為天君又

立蘇塗 魏志曰諸國各有別邑為蘇塗諸亡逃至其中皆不還之蘇塗之義有似浮屠 建

大木以縣鈴鼓事鬼神其南界近倭亦有

文身者辰韓者老自言秦之亡人避苦役

適韓國馬韓割東界地與之其名國為邦

弓為弧賊為寇行酒為行觴相呼為徒有

似秦語故或名之為秦韓有城柵屋室諸

小別邑各有渠帥大者名臣智次有儉側

次有樊祇次有殺奚次有邑借皆其官名 土地

肥美宜五穀知蠶桑作縑布乘駕牛馬嫁

娶以禮行者讓路國出鐵濊倭馬韓並從

市之凡諸貨易皆以鐵俗慧歌舞飲

酒鼓瑟兒生欲令其頭扁皆押之以石 楄音扁反 弁辰與辰韓雜居城郭衣服皆同言

語風俗有異其人形皆長大美髮衣服絜

清而刑法嚴峻其國近倭故頗有文身者

初朝鮮王準為衛滿所破乃將其餘眾數

千人走入海攻馬韓破之自立為韓王準

十六　王準

後滅絕馬韓人復自立為辰王 建武二十

年韓人廉斯人蘇馬諟等詣樂浪貢獻廉斯邑名也誤音是 光武封蘇馬諟為漢廉斯邑君使屬

樂浪郡四時朝謁靈帝末韓濊並盛郡縣

不能制百姓苦亂多流亡入韓者馬韓之

西海島上有州胡國其人短小髠頭衣韋

衣有上無下好養牛豕乘船往來貨市韓

中
倭在韓東南大海中依山島為居凡百餘

國自武帝滅朝鮮使驛通於漢者三十許
國國皆稱王世世傳統其大倭王居邪馬
臺國 案今名邪摩惟音之訛也 樂浪郡徼去其國萬二千
里去其西北界拘邪韓國七千餘里其地
大較在會稽東冶之東與朱崖儋耳相近
故其法俗多同 宜禾稻麻紵蠶桑知織
績為縑布出白珠青玉其山有丹土氣溫
腰冬夏生菜茹無牛馬虎豹羊鵲 鵲或作雜 其
兵有矛楯木弓竹矢或以骨為鏃男子皆
黥面文身以其文左右大小別尊卑之差
其男衣皆橫幅結束相連女人被髮屈紒
衣如單被貫頭而著之並以丹朱坋身 說文
曰坋塵也 音蒲頓反 如中國之用粉也有城柵屋室父
母兄弟異處唯會同男女無別飲食以手
而用邊豆俗皆徒跣以蹲踞為恭敬人性
嗜酒多壽考至百餘歲者甚眾國多女子
大人皆有四五妻其餘或兩或三女人不
婬不妒又俗不盜竊少爭訟犯法者没其

晉

妻子重者滅其門族其死停喪十餘日家
人哭泣不進酒食而等類就歌舞為樂灼
骨以卜用決吉凶 行來度海令一人不櫛
沐不食肉不近婦人名曰持衰若在塗吉
利則雇以財物如病疾遭害以為持衰不
謹便共殺之 建武中元二年倭奴國奉貢
朝賀使人自稱大夫倭國之極南界也光
武賜以印綬安帝永初元年倭國王帥升
等獻生口百六十人願請見 桓靈閒倭國
大亂更相攻伐歷年無主有一女子名曰
卑彌呼年長不嫁事鬼神道能以妖惑眾
於是共立為王侍婢千人少有見者唯有
男子一人給飲食傳辭語居處宮室樓觀
城柵皆持兵守衛法俗嚴峻自女王國東
度海千餘里至拘奴國雖皆倭種而不屬
女王自女王國南四千餘里至朱儒國人
長三四尺自朱儒東南行舩一年至裸國
黑齒國使驛所傳極於此矣會稽海外有

東鯷人〔鯷音達〕分爲二十餘國又有夷洲及
澶洲傳言秦始皇遣方士徐福將童男女
數千人入海〔史記求蓬萊神仙不得徐福〕
畏誅不敢還遂止此洲世世相承有數萬
家人民時至會稽市會稽東冶縣人有入
海行遭風流移至澶洲者所在絕遠不可
往來〔沈瑩臨海水土志曰夷洲在臨海東南去郡二千里土地無霜雪草木不死四面是山谿沃旣生五穀又多魚肉有犬尾短如麞尾狀此夷舅姑子婦臥息共一大牀略不相避用鹿格爲矛以戰鬬摩礪青石以取生魚肉雜貯大瓦器中以鹽鹵之歷月所日乃噉食之以爲上肴也〕十九
論曰昔箕子違衰殷之運避地朝鮮始其
國俗未有聞也及施八條之約使人知禁
遂乃邑無淫盜門不夜扃〔扃關也〕回頑薄之
俗就寬略之法行數百千年故東夷通以
柔謹爲風異乎三方者也苟政之所暢則
道義存焉仲尼懷憤以爲九夷可居或疑
其陋子曰君子居之何陋之有亦徒有以
焉爾其後遂通接商賈漸交上國而燕人

〔後漢列傳七十五〕

衛滿擾雜其風〔擾亂〕於是從而澆異焉老
子曰法令滋章盜賊多有若箕子之省簡
文條而用信義其得聖賢作法之原矣
贊曰宅是嵎夷曰乃暘谷〔東山潛海厥區〕
九族嬴未紛亂燕人違難〔謂衛滿也雜華澆本〕
遂通有漢〔衛滿入朝鮮旣雜華夏之風又〕
偏譯或從或畔〔偏遠譯遠……以至通於漢也〕

後漢書列傳卷第七十五

〔後漢列傳卷七十五〕　二十

范曄　後漢書八六

唐章懷太子賢注

南蠻　西南夷

昔高辛氏有犬戎之寇　高辛帝嚳也　帝患其侵暴而征伐不剋乃訪募天下有能得犬戎之將吳將軍頭者購黃金千鎰邑萬家又妻以少女時帝有畜狗其毛五采名曰槃瓠　槃音盤瓠音胡疾桃之以槃瓠頃化爲犬其文五色因名曰槃瓠

下令之後槃瓠遂銜人頭造闕下羣臣怪而診之乃吳將軍首也　診候視也　帝大喜而計槃瓠不可妻之以女又無封爵之道議欲有報而未知所宜女聞之以爲帝皇下令不可違信因請行帝不得已乃以女配槃瓠槃瓠得女負而走入南山止石室中所處險絕人跡不至　今辰州盧溪縣西有武山黃閩記曰山高可萬仞山半有槃瓠石室可容數萬人中有石牀瓠行跡今案山窟前有石羊石獸古跡奇異尤多望石窟大如三間屋遙見一石仍似狗形蠻俗相傳云是槃瓠像也

於是女解去衣裳爲僕鑒之結著獨力之衣　僕鑒獨力皆未詳流俗本或有改監字爲嚳者妄穿鑿也結音髻

帝悲思之遣使尋求輒遇風雨震晦使者不得進經三年生子一十二人六男六女槃瓠死後因自相夫妻織績木皮染以草實好五色衣服製裁皆有尾形　干寶晉紀曰武陵長沙盧江郡夷槃瓠之後也雜處五溪之内槃瓠凭山阻險每每常爲害採捕魚肉叩槽而號以祭槃瓠其子孫俗稱赤髀橫裙即其子孫

賜以名山廣澤其後滋蔓號曰蠻夷外癡内黠安土重舊　離佹離乖僻也　白帝於是使迎致諸子衣裳班蘭語言侏離　語謷聲也　好入山壑不樂平曠帝順其意以先父有功母帝之女田作賈販無關梁符傳租稅之賦　其賦優寵之故荊州記曰沅陵縣居西口就武陽二鄉在此二鄉在武溪之此　有邑長沙武陵蠻是也其在唐虞與之要質故曰要服夏商之時漸爲邊患逮于周世黨衆彌盛宣王中興乃命方叔南伐蠻方詩人所謂蠻荊來威者也又曰蠢爾蠻荊大

相呼爲姎徒　說文曰姎女人自稱我也音烏朗反此巳上並見風俗通也　君長皆賜印綬用獺皮冠名渠帥曰精夫

邦為讎　毛詩小雅序曰采芑宣王南征也薄言采芑于彼新田顯允方叔旅圉圉蠢爾蠻荊大邦為讎注云大方叔振旅闡闡蠢爾蠻荊蠻也命而為將也明其黨衆繁多是以抗敵諸夏也王東遷蠻遂侵暴上國晉文虞輔政乃率蔡共厥擊破之　晉文虞　至楚武王時蠻與羅子共敗楚師殺其將屈瑕　左傳楚屈瑕伐羅及鄢軍亂次以濟其水遂無次且不設備羅與盧戎兩軍之莫敖縊于荒谷羣帥囚于冶父也莊王初立　莊王名旅穆王之子　民飢兵弱復為所寇楚師既振然後乃服自是遂屬於楚鄧陵之役蠻與恭于　兵擊晉　陵晉郤至曰

〔後漢列傳七十六〕三

取蠻夷始置黔中郡漢興改為武陵　黔中故城　越遂有洞庭蒼梧秦昭王使白起伐楚略　蠻　郡國惠先武中興武陵蠻夷特盛寇武　二　謂實布　說文曰南蠻雖時為寇盜而不足為賦也十冬反　歲令大人輸布一匹小口二丈是沉陵縣西　在今辰州西十三年精夫相單程等據其險隘大寇郡縣道武威將軍劉尚發南郡長沙武陵兵萬餘人乘舩沂沉水入武谿擊之　柯故且蘭

東北經辰州潭州岳州經洞庭湖入江也　尚輕敵入險山深水夾舟舩不得上蠻氏知尚糧少遠又不曉道　徑遂屯聚守險尚食盡引還蠻緣路徼戰　尚軍大敗悉為所沒二十四年相單程等下攻沉遣謁者李嵩中山太守馬成擊之不能剋明年春遣伏波將軍馬援中郎將劉匡馬武孫永等將兵至臨沉擊破之

〔後漢列傳七十六〕四　李賢

單程等飢困乞降會援病卒謁者宗均聽悉受降為置吏司羣蠻遂平肅宗建初元年武陵漊中蠻陳從等反叛入零陽蠻界　漊水名源出今武陵郡　漊中蠻屬武陵郡漊陵縣故城在今澧州　其冬零陽蠻五里精夫為郡擊破從等皆降三年冬漊中蠻作唐蠻屯零陵界中　反　攻燒零陽作唐蠻擊破州七郡及汝南潁川施刑徒士五千餘　今荊州屬武陵郡屬陵縣西南屬音仕顏反作唐縣屬武陵郡郡充音衝　人拒守零陽漊中賊五里蠻精夫不叛者四千人擊漊中賊五年春賈兒健等請降不許郡因進兵與戰於宏下大

03-1292

破之斬見健首餘皆弃營走還漊中復遣
乞降乃受之於是罷武陵屯兵賞賜各有
差和帝永元四年冬漊中澧中蠻潭戎等
反燔燒郵亭殺略吏民郡兵擊破降之安
帝元初二年澧中蠻以郡縣徭稅失平懷
怨恨遂結充中諸種二千餘人攻城殺長
吏州郡募五里蠻六亭兵追擊破之皆散
降賜五里六亭渠帥金帛各有差明年秋
漊中澧中蠻四千人並為盜賊又零陵蠻

羊孫陳湯等千餘人 著赤幘稱
將軍燒官寺抄掠百姓州郡募善蠻討平
之順帝永和元年武陵太守上書以蠻夷
率服可比漢人增其租賦議者皆以為可
尚書令虞詡獨奏曰自古聖王不臣異俗
非德不能及威不能加知其獸心貪婪難
率以禮是故羈縻而緩撫之附則受而不
逆叛則弃而不追先帝舊典貢稅多少所
由來久矣今猥增之必有怨叛計其所得

（零陵縣屬武陵郡也）

不償所費必有後悔帝不從其冬澧中漊
中蠻果爭貢布非舊約遂殺鄉吏舉種反
叛明年春蠻二萬人圍充城八千人寇夷
道遣武陵太守李進討破之斬首數百級
餘皆降服進乃簡選良吏得其情和在郡
九年梁太后臨朝下詔增進秋二千石賜
錢二十萬桓帝元嘉元年秋武陵蠻詹山
等四千餘人反叛

永興元年太守應奉以恩信招誘皆悉降
散永壽三年十一月長沙蠻反叛屯益陽
至延熹三年秋遂抄掠郡界眾至萬餘人
殺傷長吏又零陵蠻入長沙冬武陵蠻六
千餘人寇江陵荊州刺史劉度調者馬睦
南郡太守李肅皆奔走肅主簿胡爽扣馬
首諫曰蠻夷見郡無儆備故敢乘間而進
明府為國大臣連城千里舉旌鳴鼓應聲
十萬奈何委符守之重而為逋逃之人乎
肅拔刃向爽曰掾促去太守今急何服此

計爽抱馬固諫蕭遂殺爽而走帝聞之徵
蕭弃市度睦減死一等復閉家一
人為郎於是以右校令度尚為荊州刺史
討長沙賊平之又遣車騎將軍馮緄討武
陵蠻並皆降散軍還賊復寇桂陽太守廖
圻奔走（廖音力弔反）武陵蠻亦更攻其郡太守
陳奉率吏人擊破之斬首三千餘級降者
二千餘人至靈帝中平三年武陵蠻復叛
寇郡界州郡擊破之禮記稱南方曰蠻雕
題交趾其俗男女同川而浴故曰交趾（題額
也雕題謂刻其肌以丹青涅之也）其西有噉人國生首子輒解
而食之謂之宜弟味言則以遺其君君喜
（萬震南州異物志曰烏滸地名也在廣州之南交州之北恒出道間伺候行旅輒出擊之利得人食之不貪其財貨也並以其肉為肴菹又取其骼以飲酒以人掌趾為珍異以食長老）
而賞其父取妻美則讓其兄今烏滸人是
之南有越裳國周公居攝六年制禮作樂
天下和平越裳以三象重譯而獻白雉曰
道路悠遠山川岨深音使不通故重譯而

朝成王以歸周公公曰德不加焉則君子
不饗其質（贄亦也）政不施焉則君子不臣其
人吾何以獲此賜也其使請曰吾受命吾
國之黃耇（爾雅曰黃耇鮐背者老壽也尚書大傳作意者中國有聖人乎）者日久矣天之無烈
風雷雨（別風淮雨）意者中國有聖人
則盡往朝之周公乃歸之於王賜稱
先王之神致以薦于宗廟周德既衰於是
稍絕及楚子稱霸朝貢百越秦并天下威
服蠻夷始開領外置南海桂林象郡漢興
尉佗自立為南越王傳國五世（前書南粵王趙佗真定人也秦時為南海尉佗孫胡胡子嬰嬰齊子興也）至武帝元鼎五年遂
滅之分置九郡交趾剌史領焉其珠崖儋
耳二郡在海洲上東西千里南北五百里
其渠帥貴長耳皆穿而縋之垂肩三寸武
帝末珠崖太守會稽孫幸調廣幅布獻之
蠻不堪役遂攻郡殺幸幸子豹合率善人
還復破之自領郡事討擊餘黨連年乃平
豹遣使封還印綬上書言狀制詔即以豹

為珠崖太守（也即就）威政大行獻命歲至中
國貪其珍賂漸相侵侮故率數歲一反元
帝初元三年遂罷之凡立郡六十五歲逮
王莽輔政元始二年日南之南黃支國來
獻犀牛凡交阯所統雖置郡縣而言語各
異重譯乃通人如禽獸長幼無別項髻徒
跣（頭上也）以布貫頭而著之後頗徙中國罪
人使雜居其間乃稍知言語漸見禮化光
武中興錫光為交阯任延守九真於是教
其耕稼制為冠履初設媒娉始知姻娶建
立學校導之禮義建武十二年九真徼外
蠻里張游（里蠻之別號呼為俚人）率種人慕化內屬封
為歸漢里君明年南越徼外蠻夷獻白雉
白蒐至十六年交阯女子徵側及其妹徵
貳反攻郡徼側者麊泠縣雒將之女也
太守蘇定以法繩之側忿故反於是九真
日南合浦蠻里皆應之凡略六十五城自

〔後漢傳七十六〕　九

立為王交阯刺史及諸太守僅得自守光
武乃詔長沙合浦交阯具車船修道橋通
障谿儲糧穀十八年遣伏波將軍馬援樓
船將軍段志發長沙桂陽零陵蒼梧兵萬
餘人討之明年夏四月援破交阯斬徵側
徵貳等餘皆降散進擊九真賊都陽等破
降之徙其渠帥三百餘口於零陵於是領
表悉平肅宗元和元年日南徼外蠻夷究
不事人（究不事人蠻別號也）邑豪生犀白雉和帝
永元十二年夏四月日南象林蠻夷二千
餘人寇掠百姓燔燒官寺郡發兵討擊
斬其渠帥餘衆乃降於是置象林將兵長
史以防其患安帝永初元年九真徼外夜
郎蠻夷舉土內屬開境千八百四十里元
初二年蒼梧蠻夷反叛明年遂招誘鬱林
合浦蠻漢數千人攻蒼梧郡鄧太后遣侍
御史任逴（逴音卓）奉詔赦之賊皆降散延光
元年九真徼外蠻貢獻內屬三年日南徼

〔後漢列傳七十六〕　十

外蠻復來內屬順帝永建六年日南徼外葉調王便遣使貢獻帝賜調便金印紫綬永和二年日南象林徼外蠻夷區憐等數千人攻象林縣燒城寺殺長吏交阯刺史樊演發交阯九真二郡兵萬餘人救之兵士憚遠役遂反攻其府二郡雖擊破反者而賊執轉盛會侍御史賈昌使在日南即與州郡并力討之不利遂為所攻圍歲餘而兵穀不繼帝以為憂明年召公卿百官及四府掾屬問其方略皆議遣大將發荊楊兗豫四萬人赴之大將軍從事中郎李固駁曰若荊楊無事發之可也今二州盜賊槃結不散武陵南郡蠻夷未輯長沙桂陽數被徵發如復擾動心更生患其不可一也又兗豫之人卒被徵發遠赴萬里無有還期詔書迫促必致叛亡其不可二也南州水土溫暑加有瘴氣致死亡者十必四五其不可三也遠涉萬里士卒疲勞比

至領南不復堪鬬其不可四也軍行三十里為程而去日南九千餘里三百日乃到計人稟五升〔古升小故也〕用米六十萬斛不計將吏驢馬之食但負甲自致費便若此其不可五也設軍到所在死亡必眾既不足禦敵當復更發此為刻割心腹以補四支其不可六也九真日南相去千里發其吏民猶尚不堪何況乃苦四州之卒以赴萬里之艱哉其不可七也前中郎將尹就討益州叛羌益州諺曰虜來尚可尹來殺我後就徵還以兵付刺史張喬喬因其將吏旬月之間破殄寇虜此發將無益之效州郡可任之驗也宜更選有勇略仁惠任將帥者以為刺史太守悉使共住交阯今日南兵單無穀守既不足戰又不能可一切徙其吏民北依交阯事靜之後乃命歸本還募蠻夷使自相攻轉輸金帛以為其資有能反間致頭首者許以封侯列土之賞

故井州刺史長沙祝良性多勇決又南陽
張喬前在益州有破虜之功皆可任用昔
太宗就加魏尚為雲中守〔前書曰槐里人以斬首捕虜上功不實免馮唐言之於文帝帝令唐持節赦尚復以尚為雲中守魏尚為雲中守〕
龔舍為太山太守〔前書曰舍字君倩初徵為諫大夫病免復為博士又病去頃之哀帝遣使即徵拜舍為太山太守也〕又拜
四府悉從固議即拜良為九真太守張
〔宜即拜良等便道之官〕
喬為交阯刺史喬至開示慰誘並皆降散
良到九真單車入賊中設方略招以威信
降者數萬人皆為良築起府寺由是領外
復平建康元年日南蠻夷千餘人復攻燒
縣邑遂扇動九真與相連結交阯刺史九
江夏方開恩招誘賊皆降服時梁太后臨
朝美方之功遷為桂陽太守相帝永壽三
年居風令貪暴無度縣人朱達等及蠻夷
相聚攻殺縣令衆至四五千人進攻九真
九真太守兒式戰死〔兒音五反〕詔賜錢六十萬
拜子二人為郎遣九真都尉魏郎討破之

斬首二千級渠帥猶屯據日南衆轉盛
延熹三年詔復拜夏方為交阯刺史方威
惠素著日南宿賊聞之二萬餘人相率詣
方降靈帝建寧三年鬱林太守谷永以恩
信招降烏滸人十餘萬內屬皆受冠帶開
置七縣熹平二年冬十二月日南徼外國
重譯貢獻光和元年交阯合浦烏滸蠻反
叛招誘九真日南合數萬人攻沒郡縣四
年刺史朱儁擊破之六年日南徼外國復
來貢獻

巴郡南郡蠻本有五姓巴氏樊氏瞫氏〔音審〕
相氏鄭氏皆出於武落鍾離山〔代本曰廩君之先故出此〕
其山有赤黑二穴巴氏之子生於赤穴〔也誕〕
四姓之子皆生黑穴未有君長俱事鬼神
乃共擲劍於石穴約能中者皆奉以為君巴
氏子務相乃獨中之衆皆歎又令各乘土
船約能浮者當以為君餘姓悉沈唯務相
獨浮因共立之是為廩君乃乘土船從夷

水至鹽陽〔荊州圖曰鄘夷縣西有溫泉古老相傳此泉元出鹽于今水有鹽氣山有石穴穴出清水陰石陰石常盪陽石常燥盛弘之荊州記云昔石浮夷水射鹽神于陽石之上案今施州清江縣西都亭山水經云夷水一名鹽水源出清江縣西都亭山水巴山水巴郡水魚復縣注云水色清照十丈分沙石蜀人見澄清因名清江也〕

鹽水有神女謂廩君曰此地廣大魚鹽所出願留共居廩君不許鹽神暮輒來取宿旦即化為蟲與諸蟲羣飛掩蔽日光天地晦冥積十餘日廩君思其便因射殺之天乃開明〔廩君使人操青縷以遺鹽神曰嬰此即相宜云與女俱生宜將云鹽神受縷而嬰之廩君即立陽石上應青縷而射之中鹽神鹽神死天乃大開也見代本也〕廩君於是君乎夷城〔上此己〕四姓皆臣之廩君死魂魄世為白虎巴氏以虎飲人血遂以人祠焉及秦惠王并巴中以巴氏為蠻夷君長世尚秦女其民爵比不更有罪得以爵除其君長歲出賦二千一十六錢三歲一出義賦千八百錢其民戶出幏布八丈二尺雞羽三十鏃〔說文幏南郡蠻夷布也音公亞反毛詩四鏃既均儀禮一乘鄭玄曰鏃猶候也候物而射之也三十鏃一百四十九俗本幏作蒙鏃作鏃者並誤也〕漢興南郡太守靳彊請

一依秦時故事至建武二十三年南郡潳山蠻雷遷等始反叛〔潳音〕寇掠百姓遣武威將軍劉尚將萬餘人討破之徙其種人七千餘口置江夏界中今沔中蠻是也〔南郡〕和帝永元十三年巫蠻許聖等〔巫縣屬南郡〕以郡收稅不均懷怨恨遂屯聚反叛明年夏遣使者督荊州諸郡兵萬餘人討之聖等依憑岨隘久不破諸軍乃分道並進或自巴郡魚復數路攻之蠻乃散走斬其渠帥乘勝追之大破聖等聖等乞降復悉徙置江夏靈帝建寧二年江夏蠻復反州郡討平之光和三年江夏蠻復反與廬江賊黃穰相連結十餘萬人攻沒四縣寇患累年廬江太守陸康討破之餘悉降散板楯蠻夷者秦昭襄王時有一白虎常從羣虎數遊秦蜀巴漢之境傷害千餘人昭王乃重募國中有能殺虎者賞邑萬家金百鎰時有巴郡閬中夷人能作白竹之弩

乃登樓射殺白虎〔華陽國志曰巴夷廖仲等射殺之也〕昭王嘉

之而以其夷人不欲加封乃刻石盟要復

夷人頃田不租十妻不算〔優寵之故一頃田之稅雖

有十妻不輸口算之錢復〔何永天纂文曰僰夷筭音福僰音蒲北反傷人者論殺人得以僰錢贖

死贖罪貨也音徒濫反〕〔盟曰秦犯夷輸黃龍

一雙夷犯秦輸清酒一鍾夷人安之至高

祖爲漢王發夷人還伐三秦秦地既定乃

遣還巴中復其渠帥羅朴督鄂度夕龔七

姓不輸租賦餘戶乃歲入賨錢口四十〔李賢

號爲板楯蠻夷閬中有渝水其人多居水

左右天性勁勇初爲漢前鋒數陷陳俗喜

歌舞〔嘉音嘉記反〕高祖觀之曰此武王伐紂之

歌也乃命樂人習之所謂巴渝舞也遂世

世服從至于中興郡守常率以征伐

之世板楯數反太守趙溫以恩信降

服之靈帝光和三年巴郡板楯復叛寇掠

三蜀及漢中諸郡靈帝遣御史中丞蕭瑗

督益州兵討之連年不能剋帝欲大發兵

乃問益州計吏考以征討方略漢中上計

程包對曰板楯七姓射殺白虎立功昔世

復爲義人其人勇猛善於兵戰昔永初中

羌入漢川郡縣破壞得板楯救之羌死敗

殆盡故號爲神兵羌人畏忌傳語種輩勿

復南行至建和二年羌復大入實賴板楯

連摧破之前車騎將軍馮緄南征武陵雖

受丹陽精兵之銳〔史記曰周成王封楚熊繹始居丹陽遷於郢也居丹陽今歸州秭歸縣東南

故城是也至楚文王始自丹陽〔續漢志云南郡枝江縣有丹陽聚也〕卓膺亦倚板楯

以成其功近益州郡亂太守李顒亦以板

楯討而平之忠功如此本無惡心亦有嫁

亭更賦至重僕役箠楚過於奴虜亦有嫁

妻賣子或乃至自頸割雖陳寃州郡而牧

守不爲通理闕庭悠遠不能自聞含怨呼

天叩心窮谷愁苦賦役困羅酷刑故邑落

相聚以致叛戾非有謀主僭號以圖不軌

今但選明能牧守自然安集不煩征伐也

帝從其言遣太守曹謙宣詔赦之即皆降

服至中平五年巴郡黃巾賊起板楯蠻夷
因此復叛寇掠城邑遣西園上軍別部司
馬趙瑾討平之

西南夷者在蜀郡徼外有夜郎國東接交
阯西有滇國北有邛都國各立君長其人
皆椎結左衽邑聚而居能耕田其外又有
巂昆明諸落西極同師東北至葉榆（益州郡葉或作楪目賢案前書曰西自同師以東北至葉榆縣名爲巂是明今流俗諸本並作布巂昆巂字誤分爲布巂也）
地方數千里無君長辮髮隨畜遷
徙無常自巂東北有莋都國東北有冉
駹國或土著或隨畜遷徙自冉駹東北有白
馬國氐種是也此三國亦有君長

夜郎者初有女子浣於遯水有三節大竹
流入足間聞其中有號聲剖竹視之得一
男兒歸而養之及長有才武自立為夜郎
侯以竹為姓（見華陽國志）武帝元鼎六年平南夷
為牂柯郡夜郎侯迎降天子賜其王印綬
後遂殺之夷獠咸以竹王非血氣所生甚

重之求為立後牂柯太守吳霸以聞天子
乃封其三子為侯死配食其父今夜郎縣
有竹王三郎神是也（前書地理志曰夜郎縣有竹王三郎祠皆靈響又云竹王祠在今夜郎縣止大石上命名爲夷從者白無水王以劍擊石石出水今竹王水是也）
遣將莊豪從沅水伐夜郎軍至且蘭椓船（初楚傾襄王時遣將莊豪從沅水伐夜郎軍至且蘭椓船牂柯繫舡也）
於岸而步戰既滅夜郎因留王滇池以且
蘭椓船牂柯處乃改其名為牂柯（牂柯繫舡也）
牂柯地多雨潦俗好巫鬼禁忌（嘗多玄田生）
又無蠶桑故其郡最貧（臨海異物志曰桄桹木外皮有毛似栟櫚而散生其木剛作鋸利如鐵中石更利唯中焦根乃致敗耳）句町縣有桄桹木
可以為麵百姓資之（木剛作鋸利如鐵中石更利皮中有似稻米片又似麥麵根長六七丈洪直旁無枝條其木肌堅難傷入數丈得麵黃容緻可食也）
公孫述時大姓龍傅尹董氏與郡
功曹謝暹保境為漢乃遣使從番禺江奉
貢（南越志曰番禺縣之西有江浦焉）光武嘉之並加褒賞桓
帝時郡人尹珍自以生於荒裔不知禮義
乃從汝南許慎應奉受經書圖緯學成還

鄉里教授於是南域始有學焉珍官至荊
州刺史【華陽國志曰尹珍字道真毋斂縣人也】
滇王者莊蹻之後也元封二年武帝平之
以其地為益州郡割牂柯越巂各數縣配
之後數年復并昆明地皆以屬之此郡有
池周二百餘里水源深廣而末更淺狹
有似倒流故謂之滇池河土平敞多出鸚
鵡孔雀有鹽池田漁之饒金銀畜產之富
人俗豪忲【忲奢也】居官者皆富及累世及王【二十一　李用王】
莽政亂益州郡夷棟蠶若豆等起兵殺郡【後漢列傳七十六】
守越巂姑復夷人大牟亦皆叛殺略吏人
恭遣寧姑復將軍廉丹發巴蜀吏士飢疫連年不能
剋而還以廣漢文齊為太守造起陂池開
通溉灌墾田二千餘頃率厲兵馬修障塞
降集群夷甚得其和及公孫述據益土齊
固守拒險述拘其妻子許以封侯齊
降聞光武即位乃閒道遣使自聞蜀平街不

為鎮遠將軍封成羌族【取其名嘉於道卒詔為】
起祠堂郡人立廟祀之建武十八年夷渠
帥棟蠶與姑復楪榆梇棟連然滇池建伶【姑復楪榆梇棟並屬益州郡也】
昆明諸種反叛殺長吏【六縣並屬益州郡餘】
益州太守繁勝與戰而敗退保朱提【朱提為郡名屬犍】
犍為蜀郡人及朱提夷合萬三千人擊之【音殊提音匙】
尚軍遂度瀘水入益州界【瀘水一名若水出旄牛徼外經朱提】
嬴弱穀畜二十年正月進兵與棟蠶等連戰數【後漢列傳七十六　二十二　王楙】
月皆破之明年正月追至不韋【至蟣道入江在今巂州南特有障氣三月四月經之必死五月以後行者得無害故諸葛表云五月度瀘之】
言其羣夷聞大兵至皆弃壘奔走尚獲其【苦也】
首虜七千餘人得生口五千七百人馬三【羣子弟宗族於蜀漢武帝開西南夷置郡縣徙呂氏以充之因置不韋縣華陽國志曰武帝通博南出直不韋縣徙南越相呂嘉子孫宗族之因名不韋以彰其先人惡行也】
千匹牛羊三萬餘頭諸夷悉平肅宗元和【孫盛蜀譜曰】
中蜀郡王追為太守政化尤異有神馬四
出滇池河中甘露降白鳥見始興起學

校漸遷其俗。靈帝熹平五年，諸夷反叛，執太守雍陟。遣御史中丞朱龜討之，不能剋。朝議以爲郡在邊外，蠻夷喜叛，勞師遠役，不如弃之。太尉掾巴郡李顒建策討伐，乃拜顒益州太守，與刺史龐芝發板楯蠻擊破平之，還得雍陟。顒卒後，夷人復叛，以廣漢景毅爲太守討定之。毅初到郡，米斛萬錢，漸以仁恩，少年間米至數十云。（少年未也）

哀牢夷者，其先有婦人名沙壹，居于牢山，嘗捕魚水中，觸沈木若有感，因懷妊，十月產子男十人。後沈木化爲龍，出水上。沙壹忽聞龍語曰：若爲我生子，今悉何在？九子見龍驚走，獨小子不能去，背龍而坐，龍因舐之。其母鳥語，謂背爲九，謂坐爲隆，因名子曰九隆。及後長大，諸兄以九隆能爲父所舐而黠，遂共推以爲王。後牢山下有一夫一婦，復生十女子，九隆兄弟皆娶以爲妻。後漸相滋長，種人皆刻畫其身象龍文，

衣皆著尾。（見風俗通也。此並自此以上並）

九隆死，世世相繼，乃分置小王，往往邑居，散在谿谷，絕域荒外，山川阻深，生人以來，未嘗交通中國。（傳曰九隆代代相傳通，可記知哀牢死，子吸死，子桑藕代牢，代柳承死，子貌代柳，貌死子□栗代……建非代死子哀牢，承死子柳，貌死子□粟代，乃……也）

建武二十三年，其王賢栗遣兵乘箄船（箄音蒲佳反，縛竹以當舡也），南下江漢，擊附塞夷鹿茤（鹿茤音多其種今見在），鹿茤人弱，爲所獲。於是震雷疾雨，南風飄起，水爲逆流，翻涌二百餘里，箄船沈没，哀牢人以攻鹿茤。鹿茤王與戰，殺其六王。哀牢之衆溺死數千人。賢栗復遣其六王將萬人攻鹿茤，鹿茤王夜虎復出其尸而食之。餘衆驚怖引去。賢栗惶恐，謂其耆老曰：我曹入邊塞自古有之，今攻鹿茤輒被天誅，中國其有聖帝乎，天祐助之，何其明也。二十七年，賢栗等遂率種人户二千七百七十，口萬七千六百五十九，詣越嶲太守鄭鴻降，求內屬。光武封賢栗等爲君長。自是歲

來朝貢。永平十二年，哀牢王柳貌遣子率種人內屬，其稱邑王者七十七人，戶五萬一千八百九十，口五十五萬三千七百一十一，西南去洛陽七千里。顯宗以其地置哀牢、博南二縣，割益州郡西部都尉所領六縣，合為永昌郡。始通博南山，度蘭倉水。

〔雲南。古今注曰：永平十年，置益州西部都尉，居雟、比蘇、撲、榆、邪龍、雲南，三十里，越之度蘭倉水也。〕

行者苦之，歌曰：「漢德廣，開不賓。度博南，越蘭津。度蘭倉，為它人。」

哀牢人皆穿鼻儋耳，其渠帥自謂王者，耳皆下肩三寸，庶人則至肩而已。土地沃美，宜五穀、蠶桑，知染采文繡，罽氍〔罽解見李恂傳。氍未詳。〕、帛疊〔……子外織作白疊花布。〕、蘭干細布〔華陽國志曰蘭國……〕，織成文章如綾錦。有梧桐木華，績以為布，〔廣志曰：梧桐有白者，取其華淹漬績織以為布也。〕幅廣五尺，絜白不受垢汙，先以覆亡人，然後服之。其竹節相去一丈，名曰濮竹〔見華陽國志。〕。出銅、鐵、鉛、錫、金、銀、光珠〔華陽國志曰：蘭倉水有金沙，……出銅。〕

〔志曰：光珠也，即江珠也。〕虎魄〔廣雅曰：虎魄生地中，其上及旁不生草，深者八九尺，大如斛，削去皮……〕、水精、瑠璃、軻蟲、蚌珠〔……〕、孔雀、翡翠、犀、象、猩猩〔狗而人面，頭顏端正，善與人言，聲音麗妙，如婦人對語，聞之無不酸楚。……嗜酒及草屩……乃大罵曰：「誘我也！」……又試共嘗酒，初嘗少許，又取屩子著之，若進兩三升，便大醉，人出收之，屩子相連不得去，執還內牢中，人欲取者，到牢邊語雲：「猩猩，汝可自相推肥者出之。」竟死不肯。〕、貊獸〔酈元水經注……形似若虎……〕。雲南縣有神鹿兩頭，能食毒草〔國志也。〕。

先是，西部都尉廣漢鄭純為政清絜，化行夷貊，君長感慕，皆獻土珍，頌德美，天子嘉之，即以純為永昌太守，與哀牢夷人約，邑豪歲輸布貫頭衣二領、鹽一斛，以為常賦，夷俗安之。純自為都尉、太守，十年卒官。建初元年，哀牢王類牢與守

令忿爭遂殺守令而反叛攻越巂唐城太
守王尋奔楪榆哀牢三千餘人攻博南燒
燒民舍蕭宗慕發越巂益州永昌夷漢（郡國志曰屬益州永昌郡也）九
千人討之明年春邪龍縣（永昌郡也）昆明
夷鹵承等應慕率種人與諸郡兵擊類牢
於博南大破斬之傳首洛陽賜鹵大象九
匹封爲破虜傍邑矦永元六年郡徼外敦
忍乙王莫延慕義遣使譯獻犀牛大象九　遣
年徼外蠻及撣國王雍由調（撣音擅東觀記作壇字應德）
重譯奉國珍寶和帝賜金印紫綬小君長
皆加印綬錢帛永初元年撣國王雍由調復遣使者
陸類等三千餘口舉種內附獻象牙水牛
詣闕朝賀獻樂及幻人能變化吐火自支
解易牛馬頭又善跳九數乃至千自言我
海西人海西即大秦也撣國西南通大秦
明年元會安帝作樂於庭封撣國雍由調爲漢
大都尉賜印綬金銀綵繒各有差也邛都

邛都夷者武帝所開以爲邛都縣無幾而
地陷爲汙澤因名爲邛池南人以爲邛河
（在今巂州越巂縣東南中八郡志曰邛河縱廣岸二十里深百餘丈多大魚長一二丈頭特大遙視如二百許步後稍長大輒上戴角人有鐵釣以物永食輒上鈎取之令人貧者出蛇姓云後有駿馬遂出蛇姓忽一旦在林間姓人謂語汝殺我母報怨自今姓當爲湖土人謂之爲陷河唯姓家獨在後蛇漸怒令百姓一時俱陷爲湖今城郭樓櫓歷然其土人沒水取得舊木堅黑如漆今好事人以爲枕相贈罝音測）
鼎六年漢兵自越巂伐之以爲越巂郡
巂水源出巂州邛部縣西南巂山下（前書地理志曰其巂巂水以置郡故名焉）其土地
平原有稻田青蛉縣禺同山有碧雞金馬
光景時時出見（禺同山在今巂州越巂縣西南碧雞頌曰持節使王襃謹拜南崖歸來歸來漢德無疆唐虞澤配三皇華陽國志曰碧雞光景人多見之前書音義曰金形似馬碧形似雞也）
喜謳歌略與牂柯相類豪帥放縱難得制
御王莽時郡守枚根調邛人長貴以爲軍
候更始二年長貴率種人攻殺枚根自立

為邛轂王領太守事又降於公孫述述敗
光武封長貴為邛轂王建武十四年長貴
遣使上三年討天子即授越巂太守印綬
十九年武威將軍劉尚擊益州夷路由越
巂長貴聞之疑尚既定南邊威法必行已
不得自放縱即聚兵起營臺招呼諸君長
多釀毒酒欲先以勞軍因襲擊尚尚知其
謀即分兵先據邛都遂掩長貴誅之徙其
家屬於成都永平元年姑復夷復叛益州
刺史發兵討破之斬其渠帥傳首京師後
太守巴郡張翕政化清平得夷人和在郡
十七年卒夷人愛慕如喪父母蘇祁叟三
百餘人起墳祭祀詔書嘉美為立祠本
縣安漢屬巴郡（祁縣屬越巂郡）齋牛羊送喪至翕本
堂安帝元初三年郡徼外夷大牛種八種
戶三萬一千口十六萬七千六百二十
義內屬時郡縣賦斂煩數五年夷大牛
種封離等反畔殺遂久令（令靡縣在）明年

永昌益州及蜀郡夷皆叛應之眾遂十餘
萬破壞二十餘縣殺長吏燔燒邑郭剽略
百姓骸骨積千里無人詔益州刺史張
喬選堪能從事討之喬乃遣從事楊竦將
兵至楪榆擊之賊盛未敢進先以詔書
示三郡密徵求武士重其購賞以進軍與
封離等戰大破之斬首三萬餘級獲生口
千五百人資財四千餘萬悉以賞軍士封
離等惶怖斬其同謀渠帥詣竦乞降竦厚
加慰納其餘三十六種皆來降附竦因奏
長吏姦猾侵犯蠻夷者九十人皆減死州
中論功未及上會竦病創卒張喬深痛惜
之乃刻石勒銘圖畫其像天子以張竦有
遺愛乃拜其子湍為太守夷人懽喜奉迎
道路曰郎君儀貌類我府君後湍頗失其
心有欲叛者諸夷耆老相曉語曰當為先
府君故遂以得安後順相聞廣漢馮顥為
太守政化尤多異迹元

筰都夷者武帝所開以為筰都縣其人皆被髮左袵言語多好譬類居處略與汶山夷同土出長年神藥仙人山圖所居焉〔劉向列仙傳曰山圖隴西人好乘馬馬蹹折脚山中道士教服地黃當歸羌活獨活苓活一年不嗜食病愈身輕道士問之自云五岳使之名山採藥能隨吾使也見六十餘年一旦歸來行母服於家知所之也〕元鼎六年以為沈黎郡至天漢四年并蜀為西部置兩都尉一居旄牛主徼外夷一居青衣主漢人永平中益州刺史梁國朱輔〔東觀記輔作鯛梁國寧陵也〕好立功名慷慨有大略在州數歲宣示漢德威懷遠夷自汶山以西前世所不至正朔所未加白狼槃木唐菆等百餘國戶百三十餘萬口六百萬以上舉種奉貢稱為臣僕輔上疏曰臣聞詩云彼徂者岐有夷之行〔韓詩薛君傳曰徂往也岐有邪道可往也夷易也行道也彼百姓歸文王者皆曰岐有易道可以歸矣易行故岐道阻險而不難也〕傳曰岐道雖僻而人不遠詩人誦詠以為符驗今白狼王唐菆等慕化歸義作詩三章路經邛來大山零高坂〔海〕〔山〕

峭危崄峻百倍岐道〔華陽國志曰嶲山水出焉郭璞曰中江曰嶲山本名邛作邛人界也嚴阻峻回曲折刀至山上凝冰夏結冬則劇陽關寒王陽閩嶲峻阻並坂名而退者也有長阪苦棧八度則劇陽閩嶲道並坂名而〕繖負老幼若歸慈母遠夷之語辭意難正草木異種鳥獸殊類有犍為郡掾田恭與之習狎頗曉其言臣輒令訊其風俗譯其辭語今遣從事史李陵與恭護送〔並重譯訓詁為華言今先史所載者是也今錄東觀夷言以為此注也〕詣闕并上其樂詩昔在聖帝舞四夷之樂今之所上庶備其一帝嘉之事下史官錄其歌焉〔解見陳禪傳〕

遠夷樂德歌詩曰

大漢是治〔堤官隗構〕
與天合意〔魏冒踰糟〕
吏譯平端〔罔驛劉脾〕
不從我來〔旁莫支留〕
聞風向化〔徵衣隨旅〕
所見奇異〔知唐桑艾〕
多賜繒布〔邪毗繼踵〕
甘美酒食〔推潭僕遠〕
昌樂肉飛〔拓拒蘇使〕
屈申悉備〔局後仍離〕
蠻夷貧薄〔僧鱗陽雒〕
無所報嗣〔莫支度由〕
願主長壽〔陽雒僧鱗〕
子孫昌熾〔莫稚角存〕

遠夷慕德歌詩曰

蠻夷所處日入之部〔皮尼僂讓〕
慕義向化歸日出主〔路旦陳雄〕聖

德深恩 與人富厚 冬多霜雪 夏多和雨 寒溫時適 部人多 有菌補涉危歷險 不遠萬里莫受去 俗歸德 心歸慈母 速夷懷德歌 日荒服之外 不見鹽穀 食肉衣皮 漢安樂 攜負歸仁 大 高山岐峻 綠崖磻石 木薄發懷 家息落 百宿到洛 父子同賜 抱匹帛 傳告種人 長願臣僕

臣僕肅宗初輔坐事免是時郡尉府舍皆有雕飾畫山神海靈奇禽異獸以眩燿之夷人益畏憚焉和帝永元十二年旄牛徼外白狼樓薄蠻夷王唐繒等遂率種人十七萬口歸義內屬詔賜金印紫綬小豪錢帛各有差安帝永初元年蜀郡三襄種夷與徼外汗衍種并兵三千餘人反叛攻蠶陵城殺長吏二年青衣道夷邑長令田

與徼外三種夷三十一萬口齎黃金旄牛舉土內屬安帝增令田爵號為奉通邑君延光二年春旄牛夷叛攻零關道殺長吏益州刺史張喬與西部都尉擊破之於是分置蜀郡屬國都尉領四縣如太守桓帝永壽二年蜀郡夷叛殺略吏民延熹二年蜀郡三襄夷寇蠶陵殺長吏四年犍為屬國夷寇郡界益州刺史山昱擊破之斬首千四百級餘皆解散靈帝時以屬郡蜀國為漢嘉郡

莋馹夷者武帝所開元鼎六年以為沈山郡至地節三年宣帝夷人以立郡賦重宣帝乃省并蜀郡為北部都尉其山有六夷七羌九氏各有部落其王侯頗知文書而法嚴重貴婦人黨母族死則燒其尸土氣多寒在盛夏冰猶不釋故夷人冬則避寒入蜀為傭夏則違暑反其衆邑皆依山居止累石為室高者至十餘丈為邛籠

彼土夷人甲爲鞾也

又土地剛鹵不生穀粟麻菽唯以
麥爲資而宜畜牧有旄牛無角一名童牛
肉重千斤毛可爲罽出名馬有靈羊可療
毒又有食藥

五角羊麔麢有胎者其腸中糞亦療毒又有
鹿麢麢香輕毛氀雞牲牲
雞羊鷩之屬

其人能作旄氈班劉青頓筆

特多雜藥地有鹹土煑以爲

臨羝羊牛馬食之皆肥

氐劉熙音甲疑也反筆即紕也

水胡其表乃爲徼外靈帝時復分蜀郡去
其西又有三河槃于虜北有黃石北地盧

部爲汶山郡去

白馬氐者武帝元鼎六年開分廣漢西部
合以爲武都土地險阻有麻田出名馬牛

羊漆蜜氐人勇戇抵冒貪貨死利居於河

池一名仇池方百頃四面斗絕

自守元封三年氐人反叛遣兵破之分徙
數爲邊郡寇郡縣討之則依固

酒泉郡昭帝元鳳元年氐人復叛遣兵

吾馬適建
龍額矦韓增大鴻臚田

廣明將三輔太常徒討破之及王莽篡亂

氐人亦叛建武初氐人悉附隴蜀及隗囂
滅其酋豪乃背公孫述降漢隴西太守馬

援上復其王矦君長賜以印綬後囂族人

隗茂反殺武都太守氐人大豪齊鍾留爲

種類所敬信威服諸豪與郡丞孔奮擊茂

破斬之後亦時爲寇盜郡縣討破之

論曰漢氏征伐戎狄有事邊遠蓋亦與王

業而終始矣至於傾沒疆垂喪師敗將者

不出時歲卒能開四夷之境歎殊俗之附

若乃文約之所沾漸風聲之所周流幾將（文約謂文書要約也）

日所出入劇也

亦略及焉雖服叛難常威澤時曠及其化（著自山經水志者）

行則緩耳雕腳之倫獸居鳥語之類（緩耳儋耳也）

莫不舉種盡落回回而請吏陵海（僋耳）

越障累譯以內屬焉故其名錄中郎校尉

之署（謂護匈奴中郎將及戊己校尉等）

編數都護部中之曹

動以數百萬計若乃藏山隱海之靈物沈

沙棲陸之瑋寶珠玉金碧珊（瑚虎魄之類）莫不呈表怪麗

雕被宮幃焉又其實恢火毳馴禽封獸之

賦幹積於內府（火毳即火浣布也神木異⋯⋯）

夷歌巴舞殊音

異節之技列倡於外門豈柔服之道必足

於斯然亦古致遠者矣蠻夷雖附阻嚴谷

後漢列傳七十六　　　三十七

而類有土居連涉荊交之區布護巴庸之

外不可量極然其凶勇侅薄於羌狄故

陵暴之害不能深也西南之徼尤為劣焉

故關守永昌肇自遠離啓土立人至今成

都焉（哀牢夷伐鹿茤不得乃歸中國故言肇自遠離）

贊曰百蠻蠢居閩彼方徼鏤體卉衣憑深（蠢小貌也鏤體文身也卉草服也）

阻峭（阻峭身也卉衣草服也）

參差聚落紛餘岐道往化既乎政襟翰寶（平信也）

僰建永昌同編億兆（僰健社也）

後漢列傳七十六　　　三十八

後漢書列傳卷第七十六

西羌

唐章懷太子賢注

西羌之本，出自三苗，姜姓之別也，其國近南岳（衡山也）。及舜流四凶，徙之三危（三危山在今沙州敦煌縣東南，山有三峯，故曰三危也），河關之西南羌地是也（河關，縣名，屬金城郡，已上並續漢書文）。濱於賜支，至乎河首，綿地千里。賜支者，禹貢所謂析支者也。南接蜀漢徼外蠻夷，西北鄯善、車師諸國。所居無常，依隨水草。地少五穀，以產牧為業。其俗氏族無定，或以父名母姓為種號。十二世後，相與婚姻，父沒則妻後母，兄亡則納嫠嫂（釐嫂）。故國無鰥寡（寡婦曰嫠），種類繁熾。不立君臣，無相長一，強則分種為酋豪，弱則為人附落，更相抄暴，以力為雄。殺人償死，無它禁令。其兵長在山谷，短於平地，不能持久，而果於觸突，以戰死為吉利，病終為不祥。堪耐寒苦，同之禽獸，雖婦人產子，亦不避風雪。

【後漢列傳七十七　一】

性堅剛勇猛，得西方金行之氣焉（黃帝素聞曰：西方者，金玉之域，沙石之地，與其人山居而多風，水土剛強）。德敎失則寇亂。昔夏后氏太康失國（王政脩則賓服。太康，夏啓子也。之子盤于游田，不恤人事，為羿所逐，不得反國也），四夷背叛。及后相即位，乃征畎夷（孫相即太康弟仲康之子也。邠，今豳州也。岐即岐州也），七年然後來賓。至于后泄，始加爵命，由是服從（帝泄，啓八代孫也）。及桀之亂，畎夷入居邠岐之閒。成湯旣興，伐而攘之。及殷室中衰，諸夷皆叛。至于武丁，征西戎鬼方，三年乃克（武丁，殷王，高宗也。易曰：高宗伐鬼方，三年克之）。

故其詩曰：「自彼氐羌，莫敢不來王。」（宗周旣前書音義曰：氐、羌，西方戎也。義曰：恩方遠也。）及武乙暴虐，犬戎寇邊（武乙，五代孫，無道，為偶人，謂之天神，與之博，令人代之行，天神不勝，而僇辱之。又為革囊盛血，仰而射之，命曰射天，遂被雷震而死）。周古公踰梁山而避于歧下（梁山在今雍州好時縣西北也。歧山在扶風郡也）。及子季歷，遂伐西落鬼戎（文王祖也）。太丁之時（太丁，武丁子也。竹書紀年曰：太丁二年，周人伐燕京之戎，周師大敗也），季歷復伐燕京之戎，周師大敗。後二年，周人克余無之戎（竹書紀年曰：太丁三十五年，周王季伐西落鬼戎，俘二十翟王也）。於是太丁命季歷為牧師（歷，季歷也）。

【後漢列傳七十七　二】

文王之父也竹書紀年曰太丁四年周人
伐余無之戎克之周王季命為殷牧師也
後更伐始呼翳徒之戎克之十一年周
人伐翳徒之戎捷其三大夫也 自是之

及文王為西伯

西有昆夷之患北有獫狁之難遂攘戎狄
而戍之莫不賓服 見詩小雅采薇篇
之叛國以事紂
王伐商羌髳率師會于牧野 尚書曰庸蜀羌髳
孔安國注曰皆 至穆王時戎狄不貢王乃西
蠻夷戎狄也
征犬戎獲其五王又得四白鹿四白狼 史見

記
王遂遷戎于太原夷王衰弱 夷王穆王 荒
服不朝乃命號公率六師伐太原之戎至
于俞泉獲馬千匹 見竹書 厲王無道戎狄至
寇掠乃入大丘殺秦仲之族 大丘縣名秦曰槐里
也王命伐戎不克及宣王立四年使秦仲
伐戎為戎所殺王乃召秦仲子莊公與兵
七千人伐戎破之由是少卻後二十七年
王遣兵伐太原戎不克後五年王伐條戎
奔戎王師敗績後二年晉人敗北戎于汾

三

周南

四

隰名
二水戎人滅姜侯之邑明年王征申戎
破之後十年幽王命伯士伐六濟之戎軍
敗伯士死焉 並見竹書紀年 戎圍大丘虜秦襄
公之兄伯父時幽王昏虐四夷交侵遂廢
後二年邢侯大破北戎及平王之末周遂
陵遲戎逼諸夏自隴山以東及乎伊洛往
往有戎於是渭首有狄獂邽冀之戎 狄道即
茘鄜山周乃東遷洛邑秦襄公攻戎救周
申后而立襄姒申戎怒與戎寇周殺幽王
涇北有義渠之戎 義渠縣屬北地郡也
洛川有大荔之戎 洛川即洛水大荔古戎城秦
渭南有驪戎伊洛間有楊拒泉皋之戎 左傳曰
潁首以西有蠻氏之戎 單浮餘
杜預注左傳云 皇
國
也 當春秋時間在中國與
諸夏盟會魯莊公伐秦取邽冀之戎後十
餘歲晉滅驪戎是時伊洛戎強東侵曹魯
十九年遂入王城於是秦晉伐戎以救周

後

後二年又寇京師齊桓公徵諸

侯成周後九年陸渾戎自瓜州遷于伊川

瓜州今瓜州也事
見僖二十二年

允姓戎遷于渭汭

允姓陰戎
之祖與三
苗俱左傳

東及轘轅在河南山北者號曰陰

戎陰戎之種遂以滋廣

晉文公欲修霸業為賂戎

奔晉陰地杜預注曰陰

狄通道以臣王室秦穆公得戎人由余遂

由余諫不
聽由余乃降秦為謀伐戎

霸西戎開地千里

由余其先晉人也亡入戎
王聞穆公賢使由余觀秦
穆公以客禮待之秦遺戎王以女樂

及晉悼公又

使魏絳和諸戎復修霸業

魏絳晉大夫見左
傳襄公十一年

後漢列傳七十七　五　林俊

是時楚晉強盛威服諸戎陸渾伊洛陰戎

事晉而蠻氏從楚後陸渾伊洛陰令荀吳

荀吳晉大夫中行穆子

滅之

也見左傳昭公元年

執蠻氏而盡囚其人是時義渠大荔最強

後四十四年楚

築城數十皆自稱王至周貞王八年秦厲

公滅大荔取其地趙亦滅代戎即北戎也

韓魏復共稍并伊洛陰戎滅之其遺脫者

皆逃走西踰汧隴

汧山隴山之間也
在今隴州汧源縣

自是中

國無戎寇唯餘義渠種焉至貞王二十五

年秦伐義渠虜其王

即惠公二十
三年伐也

後十四年

義渠侵秦至渭陰後百許年義渠敗秦師

于洛後四年義渠國亂秦惠王遣庶長操

義渠遂臣於秦後

操名也庶長秦
爵名也庶長

八年秦伐義渠取郁郅

郁郅地名
北地郡縣名

將兵定之

爵事見左傳

渠敗秦師于李伯

李伯地
名未詳

取徒涇二十五城

徒涇縣名
屬西河郡

渠王朝秦遂與昭王母宣太后通生二子

至王赧四十三年宣太后誘殺義渠王於

甘泉宮因起兵滅之始置隴西北地上郡

後漢列傳七十七　六　廣舟

焉戎本無君長夏后氏末及商周之際或

從戎狄征伐有功天子爵之以為藩服春

秋時陸渾蠻氏戎稱子戰國世大荔義渠

稱王及其襄亡餘種皆反舊為秦所拘云

芜無弋爰劍種者秦厲公時為秦所拘執以

為奴隸不知爰劍何戎之別也後得亡歸

而秦人追之急藏於巖穴中得免羌人云

爰劍初藏穴中，秦人焚之，有景象如虎，為其蔽火，得以不死。既出，又與劓女遇於野（劓，截鼻也），遂成夫婦。女恥其狀，被髮覆面，羌人因以為俗，遂俱亡入三河間（此言三河即黃河也。續漢書曰遂俱亡入河湟間，今賜支河、湟河也。湟水出金城郡臨羌縣）。諸羌見爰劍被焚不死，怪其神，共畏事之，推以為豪。河湟間少五穀，多禽獸，以射獵為事。爰劍教之田畜，遂見敬信，廬落種人依之者日益衆。羌人謂奴為無弋，以爰劍嘗為奴隸，故因名之。其後世世為豪。至爰劍曾孫忍時，秦獻公初立，欲復穆公之迹（穆公霸有西戎，獻公令欲復之），兵臨渭首，滅狄豲戎（獂音桓）。忍季父卬畏秦之威，將其種人附落而南，出賜支河曲西數千里，與衆羌絕遠，不復交通。其後子孫分別，各自為種，任隨所之。或為氂牛種，越巂羌是也；或為白馬種，廣漢羌是也；或為參狼種，武都羌是也。忍及弟舞獨留湟中，並多娶妻婦。忍生九子為九種，舞生十七子為

十七種，羌之興盛，從此起矣。及忍子研立。時秦孝公雄強，威服羌戎，孝公使太子駟率戎狄九十二國朝周顯王。研至豪健，故羌中號其後為研種。及秦始皇時，務并六國，以諸夏為事，兵不西行，故種人得以繁息。秦既兼天下，使蒙恬將兵略地，西逐諸戎，北卻衆狄，築長城以界之，衆羌不復南度。至于漢興，匈奴冒頓兵強，破東胡，走月氏，威震百蠻，臣服諸羌。景帝時，研種留何率種人求守隴西塞，於是徙留何等於狄道、安故，至臨洮、氐道、羌道縣（氏音丁兮反，五縣並屬隴西郡）。及武帝征伐四夷，開地廣境，北卻匈奴，西逐諸羌，乃度河湟，築令居塞（今居縣屬金城郡）。初開河西，列置四郡（酒泉、武威、張掖、敦煌也），通道玉門，隔絕羌胡，使南北不得交關。於是障塞亭燧出長城外數千里。時先零羌與封養、牢姐（姐音紫）種解仇結盟，與匈奴通，合兵十餘萬，共攻令居、安故，遂圍枹罕（安故縣屬隴西郡。枹罕縣屬金城郡）

漢遣將軍李息郎中令徐自為將兵
十萬人擊平之始置護羌校尉持節統領
焉羌乃去湟中依西海鹽池左右（金城郡臨羌縣有鹽池也）
漢遂因山為塞河西地空稍徙人以實
之至宣帝時遣光祿大夫義渠安國（義渠姓也）
覘行諸羌其先零種豪言願得度湟水逐
人所不田處以為畜牧安國以事奏聞後
將軍趙充國以為不可聽後因緣前言遂
度湟水郡縣不能禁至元康三年先零乃

與諸羌大共盟誓將欲寇邊帝聞復使安
國將兵觀之安國至召先零豪四十餘人
斬之因放兵擊其種六千餘級於是諸
羌怨怒遂寇金城乃遣趙充國與諸將
兵六萬人擊破平之至研十三世孫燒當
立元帝時㸑姐等七種羌寇隴西（㸑音先廉反又所廉反 姐音紫反）
遣右將軍馮奉世擊破降之從㸑劍
種五世至研最豪研以研為種號
十三世至燒當復豪健其子孫更以燒當

復豪健其子孫更以燒當為種號自爹姐
羌降之後數十年四夷賓服邊塞無事至
王莽輔政欲耀威德以懷遠為名乃令譯
諷旨諸羌使共獻西海之地初開以為郡
築五縣邊海亭燧相望焉（燧烽）
滇良者燒當之玄孫也時王莽末四夷內
侵及莽敗眾羌遂還據西海隴西罕雖擁兵
之際羌遂放縱寇金城隴西罕雖擁兵
而不能討之乃就慰納因發其眾與漢相

拒建武九年隗囂死司徒掾班彪上言今
涼州部皆有降羌胡被髮左袵而與漢
人雜處習俗既異言語不通數與小吏黠
人所見侵奪窮恚無聊故致反叛夫蠻夷
寇亂皆為此也舊制益州部置蠻夷都
尉幽州部置烏桓校尉涼州部置護羌
校尉皆持節領護理其怨結歲時循行
問所疾苦又數遣使驛通動靜使塞外羌
夷為吏耳（自州郡因此可得儆備令宜）

復如舊以明威防光武從之即以邯為護羌校尉持節如舊及邯卒而職省十年先零豪與諸種相結復寇金城隴西遣中郎將來歙等擊之大破事已具歙傳十一年夏先零種復寇臨洮隴西太守馬援破降之後悉歸服從置天水隴西扶風三郡明年武都參狼羌反援又破降之事已具援傳自燒當至滇良世居河北大允谷種小人貧而先零甲浦並皆強富數侵犯之（浦音乃滇良父子積見陵易憤怒而素有感反）恩信於種中於是集會附落及諸雜種乃從大榆入掩擊先零甲浦大榆中由是始強人掠取財畜奪居其地大破之殺三千滇良子滇吾立中元元年武都參狼羌反殺略吏人太守與戰不勝隴西太守劉盱遣遣從事辛都監軍掾李苞將五千人赴武都與羌戰斬其酋豪首虜千餘人時武都兵亦更破之斬首千餘級餘悉降時滇吾

附落轉盛常雄諸羌每欲侵邊者滇吾轉教以方略為其渠帥二年秋燒當羌滇吾與弟滇岸率步騎五千寇隴西塞劉盱遣諸羌皆復相率為寇遣謁者張鴻領諸郡（音階縣名屬金城郡）兵於枹罕擊之不能克又戰於允街（允音鈆街音加鈆音牙縣名屬金城郡）為羌所敗殺五百餘人於是守兵擊之戰於允吾唐谷（金城鄉唐谷故城在今部州湟水縣名縣西也）皆沒又天水兵為牢姐種所敗於白石死者千餘（白石縣名屬金城郡有白石山）時燒何豪有婦人比銅鉗者年百餘歲多智籌為種人所信向皆從取計策時為盧水胡所擊比銅鉗乃將其眾來依郡縣種人頗有犯法者臨羌長收繫比銅鉗而誅殺其種六七百人顧宗憐之乃下詔曰昔桓公伐戎而無仁惠故春秋貶曰齊人（春秋莊公三十年齊人伐山戎公羊傳曰此齊侯也其稱人何貶也何休注云戎亦天地之所生乃迫殺之惡不仁也）今國家無德恩不及遠嬴弱何辜而當并命夫長平之暴非帝者

之功言帝王好生惡殺故不以爲功也史記曰白起阬趙卒時爲上將軍擊趙趙不利將軍趙括與六十萬人請降起乃盡阬之遺其小者二百四十人加燧裂比銅鉗尚生生者故生者所在致醫藥養視令招其種人若欲歸故地者皆厚遣送之其小種若束手自詣欲効功者皆除其罪若有逆謀爲吏所捕而獄狀未斷悉以賜有功者永平元年復遣中郎將實固捕虜將軍馬武等擊滇吾遠引去餘悉散降徙七千口置三輔以詣者實林領護羌校尉居狄道林爲諸羌所信而滇岸遂詣林降林爲下吏所欺謬奏上滇岸以爲大豪承制封爲歸義羌加號漢大都尉明年滇吾復降林復奏其第一豪與俱詣闕獻見帝怪一種兩豪疑其非實必以事詰林林辭窮偽對曰滇岸即滇吾隴西語不正耳帝窮驗知之怒而免林官會涼州刺史又奏林臧罪遂下獄死詣者郭襄代領校尉事到

隴西聞涼州羌盛還詣闕抵罪於是復省校尉官滇吾子東吾立以父降漢乃入居塞內謹愿自守而諸弟迷吾等數爲寇盜肅宗建初元年安夷縣吏略妻卑湳種羌婦吏爲其夫所殺安夷長宗延追之出塞（安夷縣名屬金城郡種人恐見誅遂共殺延而與勒姐）及吾良二種相結爲寇隴西太守孫純遣從事李睦及金城兵會和羅谷與卑湳等戰斬首虜數百人復拜故度遼將軍吳棠領護羌校尉居安夷二年夏迷吾遂與諸衆聚兵欲叛出塞金城太守郝崇追之戰於荔谷崇兵大敗崇輕騎得脫死者二千餘人於是諸種及屬國盧水胡悉與相應吳棠不能制坐免武威太守傅育代爲校尉移居臨羌迷吾又與封養種豪布橋等五萬餘人共寇隴西漢陽於是遣行車騎將軍馬防長水校尉耿恭副詣破之於是臨洮索西迷吾等悉降防乃築索西城

徙隴西南部都尉戍之悉復諸亭候

至元和三年迷吾復與弟號吾諸雜種反

叛秋號吾先輕入寇隴西界郡督烽掾李

章追之生得號吾將詣郡號吾曰獨殺我

無損於羌誠得生歸必悉罷兵不復犯塞

隴西太守張紆權宜放遣羌即為解散各

歸故地迷吾退居河北歸義城傳育不欲

失信伐之乃募人闕諸羌胡不肯遂

復叛出塞更依迷吾章和元年育上請發

〈後漢列傳七十七〉　十五　李勣

隴西張掖酒泉各五千人諸郡太守將之

育自領漢陽金城五千人合二萬兵與諸

郡剋期擊之令隴西兵據河南張掖酒泉

兵遮其西並未及會育軍獨進迷吾聞之

徙廬菱谷去育選精騎三千竊追至建

威南三兜谷去虜數里須旦擊之不設備

迷吾乃伏兵三百人夜突育營營中驚壞

散走育下馬手戰殺十餘人而死死者八

百八十人及諸郡兵到羌遂引去育北地

人也顯宗初為臨羌長與捕虜將軍馬武

等擊羌滇吾功冠諸軍及在武威威聲聞

於匈奴食祿數十年秩奉盡贍給知友妻

子不免操井臼肅宗下詔追襄美之封其

子毅為明進庹七百戶以隴西太守張育

代為校尉將萬人屯臨羌迷吾殺傳育

〔和怢慣冒也和音女反伏音時制反〕

諸種步騎七千人入金城塞張紆遣從事

司馬防將千餘騎及金城兵會戰於木乘

〈後漢列傳七十七〉　十六　陳松

谷迷吾兵敗走因譯使欲降紆納之遂將

種人詣臨羌縣紆設兵大會施毒酒中羌

飲醉紆因自擊伏兵起誅殺酋豪八百餘

人斬迷吾等五人頭以祭育冢復放兵擊

在山谷間者斬首四百餘人得生口二千

餘人迷吾子迷唐及其種人向塞號哭與

燒何當煎當闐等相結以子女及金銀娉

納諸種解仇交質將五千人寇隴西塞太

守寇盱與戰於白石迷唐不利引還大小

榆谷北招屬國諸胡會集附落種衆熾盛

張紆不能討永元元年紆坐徵以張掖太

守鄧訓代為校尉稍以賞賂離間之由是

諸種少解東吾子東號立是時號吾將其

種人降校尉鄧訓遣兵擊迷唐去大

小榆谷徙居頗嚴谷和帝永元四年訓病

卒蜀郡太守聶尚代為校尉尚見前人累

征不克欲以文德服之乃遣驛使招呼迷

唐使還居大小榆谷迷唐既還遣驛遣祖母卑

缺詣尚尚自送至塞下為設祖道令譯田

汜等五人護送至盧落迷唐因而反叛遂

與諸種共生屠裂汜等以血盟詛復寇金

城塞五年尚坐徵免居延都尉貫友代為

校尉友以迷唐難用德懷終於叛亂乃遣

驛使構離諸種誘以財貨由是解散友乃

遣兵出塞攻迷唐於大小榆谷獲首虜八

百餘人收麥數萬斛遂夾逢留大河築城

塢作大航造河橋欲度兵擊迷唐迷唐乃

率部落遠依賜支河曲至八年友病卒漢

陽太守史充代友為校尉充至遂發湟中羌

胡出塞擊迷唐而羌迎敗充兵殺數百人

明年充坐徵代郡太守吳祉代友為校尉其

秋迷唐率八千人寇隴西殺數百人乘其

深入脅塞內諸種羌共為寇盜衆羌復悉

與相應合步騎三萬人擊破隴西兵殺大

夏長（大夏縣名屬隴西郡也）遣行征西將軍劉尚越騎

校尉趙代副將北軍五營黎陽雍營三輔

（五營即五校也雍營即扶風都尉屯也黎陽營解見南匈奴傳也）

積射及邊兵羌胡三萬人討之（尚屯狄道代屯枹罕尚）

遣司馬寇盱監諸郡兵四面並會迷唐懼

弃老弱奔入臨洮南尚等追至高山迷唐

窮迫率其精強大戰盱斬虜千餘人得牛

馬羊萬餘頭迷唐引去漢兵死傷亦多不

能復追乃還入塞明年尚代並坐畏懦徵

下獄免謁者王信領尚營屯枹罕謁者耿

譚領代營屯白石譚乃設購賞諸種頗來

內附迷唐恐乃請降信譚遂受降罷兵遣
迷唐詣闕其餘種人不滿二千飢窘不立
入居金城和帝令迷唐將其種人還大小
榆谷迷唐以為漢作河橋兵來無常故地
不可復居辭以種人飢餓不肯遠出吳祉
等乃多賜迷唐金帛令糴穀市畜促使出
塞種人更懷猜驚十二年遂復背叛乃脅
將湟中諸胡寇鈔而去王信耿譚吳祉皆
坐徵以酒泉太守周鮪代為校尉明年迷
唐復還賜支河曲初累姐種附漢迷唐怨
之遂擊殺其酋豪由是與諸種為讎黨援
益踈其狄迷唐復將兵向塞周鮪與金城
太守侯霸及諸郡兵屬國湟中月氏諸胡
隴西牢姐羌合三萬人出塞至允川與迷
唐戰周鮪還營自守唯候霸兵陷陳斬首
四百餘級羌衆折傷種人瓦解降者六千
餘口分徙漢陽安定隴西迷唐遂弱其種
衆不滿千人遠踰賜支河首依發羌居明

年周鮪坐畏懦徵後霸代為校尉安定降
羌燒何種脊諸羌數百人反叛郡兵擊滅
之悉没入弱口為奴婢時西海及大小榆
谷左右無復羌寇隃糜相曹鳳上言（隃糜縣名）
西戎為害前世所患臣不能紀古且
以近事言之自建武以來其犯法者常從
燒當種起所以然者以其居大小榆谷土
地肥美又近塞內諸種易以為非難以攻
伐南得鍾存以廣其衆比阻大河因以為
固又有西海魚鹽之利緣山濱水以廣田
畜故能彊大常雄諸種特其權勇招誘羌
胡今者衆困黨援沮壞親屬離叛餘勝兵
者不過數百亡逃棲竄遠依發羌臣愚以
為宜及此時建復西海郡縣規固二榆廣
設屯田隔塞羌胡交關之路遏絕狂狡窺
欲之源又殖穀富邊省委輸之役國家可
以無西方之憂於是拜鳳為金城西部都
尉將徙士屯龍耆（龍耆即龍支也今鄯州縣）後金城長史

上官鴻上開置歸義建威屯田二十七部

羌霸復上置東西邯屯田五部增留逢二部帝皆從之列屯夾河合三 <small>邯水名邯分流左右今在州廓</small>

十四部其功垂死有一子至永初中諸羌叛乃罷

迷唐失眾病死有一子麻奴立初隨父降居安定時諸降

東號子麻奴立初隨父降居安定時諸降户不滿數十

羌布在郡縣皆為吏人豪右所徭役積以

愁怨安帝永初元年夏遣騎都尉王弘發

金城隴西漢陽羌數百千騎征西域弘發

促發遣羣羌懼遠屯不還行到酒泉多有

散叛諸郡各發兵邀遮或覆其廬落於是

勒姐當煎大豪東岸等愈驚遂同時奔潰

麻奴兄弟因此遂與種人俱西出塞先零

別種滇零與鍾羌諸種大為寇掠斷隴道

時羌歸附既久無復器甲或持竹竿木枝

以代戈矛或負板案以為楯或執銅鏡以

象兵郡縣畏懦不能制冬遣車騎將軍鄧

騭征西校尉任尚副將五營及三河三輔

汝南南陽潁川太原上黨兵合五萬人屯

漢陽明年春諸郡兵未及至鍾羌數千人

先擊敗騭軍於冀西殺千餘人校尉侯霸

坐眾羌反叛徵免以西域都護段禧代為

校尉其冬騭使任尚及從事中郎司馬鈞

率諸郡兵與滇零等數萬人戰於平襄<small>縣名</small>

陽屬漢郡尚軍大敗死者八千餘人於是滇零

等自稱天子於此地招集武都參狼上郡

西河諸雜種眾遂大盛東犯趙魏南入益

州殺漢中太守董炳遂寇鈔三輔斷隴道

湟中諸縣粟石萬錢百姓死亡不可勝數

朝廷不能制而轉運難劇遂詔騭還師留

任尚屯漢陽為諸軍節度朝廷以鄧太后

故迎拜騭為大將軍封任尚樂亭侯食邑

三百戶三年春復遣騎都尉任仁督諸郡

屯兵救三輔仁戰每不利眾羌乘勝漢兵

數挫當煎勒姐種攻沒破羌縣鍾羌又沒

臨洮縣生得隴西南部都尉明年春滇零

於是漢中太守鄭勤移屯褒中軍營久出
無功有廢農桑乃詔任尚將吏兵還屯長
安罷遣南陽潁川汝南吏士置京兆虎牙
都尉於長安扶風都尉於雍如西京三輔
都尉故事　時羌復攻褒
中鄭勤欲擊之主簿段崇諫以為虜乘勝
鋒不可當宜堅守待之勤不從出戰大敗
死者三千餘人段崇及門下史王宗原展
以身扞刃與勤俱死於是徙金城郡居襄
武（屬隴西郡　任尚戰敗而兵士放縱檻車
徵詣廷尉詔獄死段禧病卒復以前校尉
庞霸代之遂移居張掖五年春任尚坐無
功徵免羌遂入寇河東至河內百姓相驚
多奔南度河使北軍中候朱寵將五營士
屯孟津詔魏郡趙國常山中山繕作塢候
六百一十六所羌既轉盛而二千石令長
多內郡人並無守戰意皆爭上徙郡縣以

遣人寇褒中（縣名屬漢中郡褒燒郵亭大掠百姓

【後漢列傳七十七　二十三　陳賦】

避寇難朝廷從之遂移隴西徙襄武（縣屬隴西郡上
安定徙美陽（縣名屬右扶風　北地徙池陽（縣名屬左馮翊上
郡徙衙（縣名屬馮翊音牙　百姓戀土不樂去舊遂乃
刈其禾稼發徹室屋夷營壁破積聚時連
旱蝗飢荒而驅蹙劫略流離分散隨道死
亡或棄捐老弱或為人僕妾喪其太半復
以任尚為侍御史擊羌於上黨羊頭山
破之（羊頭山在上黨　殺遠縣誘殺降者二百餘人乃罷
孟津屯其秋漢陽人杜琦及弟季貢同郡
王信等與羌通謀聚眾入上邽城琦自稱
安漢將軍於是詔購募得琦首者封列侯
賜錢百萬羌胡斬琦者賜金百斤銀二百
斤漢陽太守趙博遣刺客杜習刺殺琦封
習討姦侯賜錢百萬而杜季貢王信等將
其眾據樗泉營侍御史唐喜領諸郡兵討
破之斬王信等六百餘級没入妻子五百
餘人收金錢綵帛一億已上杜貢亡從滇
零六年任尚復坐徵免滇零死子滇昌代

【後漢列傳七十七　二十四　朱安明】

立年尚幼少同種狼莫爲其計策以杜貴
爲將軍別居丁奚城七年夏騎都尉馬賢
與羌霸權擊零昌別部牢羌於安定首虜
千人得驢騾駱駝馬牛羊二萬餘頭以畀
得者〔畀音必四反〕

元初元年春遣兵屯河內通
谷衝要三十三所皆作塢壁設鳴鼓零昌
遣兵寇雍城又號多與當煎勒姐大豪共
脅諸種分兵鈔掠武都漢中巴郡板楯蠻
將兵救之漢中五官掾程信率壯士與蠻

二十五

共擊破之號多退走斷隴道與零昌通
謀羌霸馬賢將湟中吏人及降羌楊坐徵
羌於狄道大敗死者八百餘人楊坐免
空擊之斬首二百餘級涼州刺史皮楊擊
羌霸病卒漢陽太守龐參代爲校尉參以
恩信招誘之二年春號多等率衆七千餘
人詣參降遣詣闕賜號多印綬遣之參
始還居令居通河西道而零昌種衆復分
寇益州遣中郎將尹就將南陽兵因發益

部諸郡屯兵擊零昌黨呂叔都等至秋蜀
人陳省羅橫應募刺殺叔都皆封侯賜錢
又使屯騎校尉班雄屯三輔遣左馮翊司
馬鈞行征西將軍督右扶風仲光安定太
守杜恢北地太守盛包京兆虎牙都尉耿
溥右扶風都尉皇甫旗等合八千餘人又
龐參將羌胡兵七千餘人與鈞分道並北
擊零昌參兵至勇士東爲杜季貢所敗大

〔天水郡縣名屬〕於是引退鈞等獨進攻拔丁奚城大

克獲杜季貢率衆僞逃鈞令光恢包等收
羌禾稼光等達鈞節度散兵深入羌乃設
伏要擊之鈞在城中怒而不救光並沒死
者三千餘人鈞乃逃還坐徵自殺龐參以
失期軍敗抵罪以馬賢代領校尉事後遣
任尚爲中郎將羽林緹騎五營子弟三
千五百人代班雄屯三輔尚臨行懷令虞
詡說尚曰使君頻奉國命討逐寇賊三州
屯兵二十餘萬人弃農桑疲苦徭役而未

有功効勞費日滋若此出不克誠為使君

危之尚曰憂惶久矣不知所如詡曰兵法

弱不攻強走不逐飛自然之勢也今虜皆

馬騎日行數百來如風雨去如絕絃以步

追之勢不相及所以曠而無功也為使君

計者莫如罷諸郡兵各令出錢數千二十

人共市一馬如此可捨甲胄馳輕兵以萬

騎之眾逐數千之虜追尾掩截〔尾猶其道也〕〔尋也〕

自窮便人利事大功立矣尚大喜即上言

用其計乃遣輕騎鈔擊杜季貢於丁奚城〔李賢〕

斬首四百餘級獲牛馬羊數千頭明年夏

度遼將軍鄧遵率南單于及左鹿蠡王須

沈氐騎擊零昌於靈州〔縣名屬北地郡〕斬首八百

餘級封須沈為破虜侯金印紫綬賜金帛

各有差任尚遣兵擊破先零羌於丁奚城

秋築馮翊北界候塢五百所任尚又遣假

司馬募陷陳士擊零昌於北地殺其妻子

得牛馬羊二萬頭燒其廬落斬首七百餘

級得僭號文書及所沒諸將印綬四年春

尚遣當闐種羌榆鬼等五人刺殺杜季貢

封榆鬼為破羌侯其夏尹就以不能定益

州坐徵抵罪以益州刺史張喬領尹就軍

屯招誘叛羌稍稍降秋任尚復募効功

種號封剌殺零昌封號為羌王冬任尚

將諸郡兵與馬賢並進北地擊破

至安定青石岸狼莫逆擊敗之會尚兵到

高平〔安定郡〕因合勢俱進狼莫等引退乃到

轉營迫之至北地相持六十餘日戰於富

平河上大破之〔富平縣屬北地郡〕斬首五千級還得

所略人男女千餘人牛馬羊驢騾十餘

萬頭狼莫逃走於西河虔人種羌萬一

千口詣鄧遵降五年鄧遵募上郡全無種

羌雕何等刺殺狼莫賜雕何為羌侯封遵

武陽疾三千戶遵以太后從弟故爵封優

大任尚與遵爭功又詐增首級受賕枉法

臧千萬已上檻車徵弃市没入田廬奴婢

財物自零昌狼莫死後諸羌瓦解三輔益
州無復寇儆自羌叛十餘年間兵連師老
不暫寧息軍旅之費轉運委輸用二百四
十餘億府帑空竭延及內郡邊民死者不
可勝數并涼二州遂至虛耗六年春勒姐
種與罕羌號良等通謀欲反馬賢逆
擊之於安故斬號良及種人數百級皆降
散永寧元年春上郡沈氏種羌五千餘人
復寇張掖其夏馬賢將萬人擊之初戰失
利死者數百人明日復戰破之斬首八
百級獲生口千餘人馬牛羊以萬數餘虜
悉降時當煎種大豪飢等以賢兵在張掖
乃乘虛寇金城當燒賢還軍追之出塞斬首數
千級而還燒當燒何種聞賢還率三千
餘人復寇張掖殺長吏初飢五同種大豪
盧忽忍良等千餘戶別留允街而首施兩
端〔首施猶　建光元年春馬賢率兵召盧忽
豬此也〕
斬之因放兵擊其種人首虜二千餘人掠

馬牛羊十萬頭忍良等皆亡出塞墾書封
賢安亭侯食邑千戶忍良等以麻奴兄弟
本燒當世嫡而賢撫恤不至常有怨心秋
遂相結共脅將諸種步騎三千人寇湟中
攻金城諸縣賢將先零種赴擊之敗於牧
死兵敗郡兵於四百餘人麻奴等又敗武威
張掖郡兵於居因脅將先零諸種
四千餘戶緣山西走寇武威賢追到鸇鳥
招引之〔鸇鳥縣名屬武　諸種降者數千麻奴
威郡鸇音爵〕
南還湟中延光元年春賢追到鸇鳥麻奴
出塞度河賢復追擊戰破之種衆散適詣
涼州刺史宗漢降麻奴等孤弱飢困其年
冬將種衆三千餘戶詣漢陽太守耿种降
安帝假金印紫綬賜金銀綵繒各有差是
歲虔人種羌與上郡胡反攻穀羅城度邊
將軍耿夔將諸郡兵及烏桓赴擊破之
三年秋隴西郡始還狄道焉麻奴弟犀苦
立順帝永建元年隴西鍾羌反校尉馬賢

將七千餘人擊之戰於臨洮斬首千餘級
皆率種人降進封貲都鄉侯自是涼州無
事至四年尚書僕射虞詡上疏曰臣聞子
孫以奉祖為孝君上以安民為明此高宗
周宣所以上配湯武也禹貢雍州之域厥
田惟上且沃野千里穀稼殷積又有龜茲（上郡龜茲縣有鹽官即雍州之域也）
鹽池以為民利（水春即水碓也）
土宜產牧牛馬銜尾羣羊塞道北阻山河（用功）
乘阨據險因渠以灌水春河漕
省少而軍糧饒足故孝武皇帝及光武築
朝方開西河置上郡皆為此也而遭元元（前書音義曰萬物無所壅於天災）
無妄之災眾羌內潰（前書音義曰無妄者於天災無妄之災異之大也）
郡縣兵荒二十餘年夫弃沃壤之饒
損自然之財不可謂利離河山之阻守無
險之處難以為固今三郡未復圍陵單外（書前）
園陵謂長安諸陵園而公卿選懦容頭過身（謂無守固也卑外謂）
音義曰選懦柔怯（也懦音而操反）張解設難但計所費不圖
其安宜開聖德考行所長書奏帝乃復三

郡使謁者郭璜督促徙徙者各歸舊縣繕城
郭置候驛既而激河浚渠為屯田省內郡
費歲一億計遂令安定北地上郡及隴西
金城常儲穀粟令周數年馬賢以犀苦兄（今音其冬賢坐）
弟數背叛因繫質於令居
徵免右扶風馬賢明年犀苦詣
皓自言求歸故地皓不遣因轉湟中屯
田置兩河間以逼羣羌皓復坐徵（張掖太）
守馬續代為校尉以屯田近之
恐必見圖乃解仇詛盟各自儆備續欲先
示恩信乃上移湟中屯
陽嘉元年以上移湟中地廣更增置屯田五部
并為十部二年夏復置隴西南部都尉如（前書南部都尉都）
舊制（隴西郡臨洮縣）三年鍾羌良封等復寇
隴西漢陽詔拜前校尉馬賢為謁者鎮撫
諸種馬續遣兵擊良封斬首數百級四年
馬賢亦發隴西吏士及羌胡兵擊殺良封
斬首千八百級獲馬牛羊五萬餘頭良封

親屬並詣實降賢復進擊鍾羌且昌且昌
等率諸種十餘萬詣涼州刺史降永和元
年馬續遷度遼將軍復以馬賢代為校尉
初武都塞上白馬羌攻破屯官反叛連年
二年春廣漢屬國都尉擊破之斬首六百
餘級馬賢又擊斬其渠帥飢指累祖等三
百級於是隴右復平明年冬燒當種那離
等三千餘騎寇金城塞馬賢將兵赴擊斬
首四百餘級獲馬千四百匹那離等復西
招羌胡殺傷吏民四年馬賢將湟中義從
兵及羌胡數萬餘騎掩擊那離等斬之獲
虜千二百餘級得馬騾羊十萬餘頭徵賢
為弘農太守以來機為并州刺史劉秉為
涼州刺史並當之職大將軍梁商謂機等
曰戎狄荒服蠻夷要服（荒服在九州之外也言其荒忽無常要服在九州之內蠻衛之外也）
亦無常法臨事制宜略依其俗今三君素（言以文德要來之）
性疾惡欲分明白黑孔子曰人而不仁疾

之巳甚亂也（論語文也鄭玄注云不仁之人當以風化之疾之巳甚是又使之為亂行）
況戎狄平其務安羌胡防其大故忍其小（到州）
過機等天性虐刻遂不能從廉薄也
之日多所擾發五年夏且凍傅難種羌等
遂反叛攻金城與西塞及湟中雜種羌胡
大寇三輔殺害長吏機秉並坐徵於是發
京師近郡及諸州兵討之拜馬賢為征西
將軍以騎都尉耿叔副將左右羽林五校
士及諸州郡兵十萬人屯漢陽又於扶風
漢陽隴道作塢壁三百所置屯兵以保聚
百姓且凍分遣種人寇武都燒隴關掠苑
馬六年春馬賢將五六千騎擊之到射姑
山（射音夜）賢軍敗賢及二子皆戰歿孫光為舞陽
之賜布三千四穀千斛封賢孫光順帝愍
亭羌租入歲百萬遣侍御史督錄征西營
兵存恤死傷於是東西羌遂大合齎唐種
三千餘騎寇隴西又燒園陵掠關中殺傷（郡陽同州縣也）
長吏郡陽令任頹追擊戰死（頹音於篤反）

遣中郎將龐浚募勇士千五百人頓美陽
為涼州援武威太守趙沖追擊鞏唐羌斬
首四百餘級得馬牛羊驢萬八千餘頭羌
二千餘人降詔沖督河西四郡兵為節度
罕種羌千餘寇北地北地太守賈福與趙
沖擊之不利秋諸種羌八九千騎寇武威涼
部震恐羌是復徙安定居扶風北地居馮
翊遣行車騎將軍執金吾張喬將左右羽
林五校士及河內南陽汝南兵萬五千屯
三輔漢安元年以趙沖為護羌校尉沖招
懷叛羌罕種乃率邑落五千餘戶詣沖降
於是罷張喬軍屯燒何種三千落據
參䜌比界〔參䜌縣名屬安定郡 參䜌青力全反〕三年夏趙沖與
漢陽太守張貢舒擊之斬首千五百級得
牛羊驢十八萬頭冬沖擊諸種羌斬四千
餘級詔沖一子為郎沖復追擊於阿陽斬
首八百級〔阿陽縣屬漢陽郡〕於是諸種羌斬
户詣涼州刺史降建康元年春護羌從事

馬玄遂為諸羌所誘將羌眾亡出塞領護
羌校尉衛瑤追擊玄等斬首八百餘級得
牛馬羊二十餘萬頭趙沖復追羌到建
威鸇陰河〔續漢書建威作武威 鸇陰縣名屬安定郡〕軍度竟所
降胡六百餘人叛走沖將數百人追之遇
羌伏兵與戰沖雖身死而前後多所斬
獲羌眾由是衰耗永嘉元年封沖子愷義陽
亭侯以漢陽太守張貢代為校尉左馮翊
梁並稍以恩信招誘之於是離湳狐奴等
五萬餘戶詣並降隴右復平並大將軍冀
之宗人封為鄃侯邑二千戶自永和羌叛
至乎是歲十餘年間費用八十餘億諸將
多斷盜牢稟私自潤入日牟價直皆以珍〔前書音義〕
寶貨賂左右上下放縱不恤軍事士卒不
得其死者白骨相望於野桓帝建和二年
白馬羌寇廣漢屬國殺長吏是時西羌及
湟中胡復畔為寇益州刺史率板楯蠻討
破之斬首招降二十萬人永壽元年校尉

張貢卒以前南陽太守弟五訪代為校尉
甚有威惠西垂無事延熹二年訪卒以中
郎將段熲代為校尉時燒當八種寇隴右
熲擊大破之四年零吾復與先零及上郡
沈氐牢姐諸種并力寇并涼及三輔會段
熲坐事徵以濟南相胡閎代為校尉閎無
威略羌遂陸梁覆沒營塢寇患轉盛中郎
將皇甫規擊破之皆降事已具規傳烏
吾種復寇漢陽隴西金城諸郡兵共擊破
之各還降附至冬滇那等五六千人復攻
武威張掖酒泉燒民廬舍六年隴西太守
孫羌擊破之斬首溺死三千餘人胡閎疾
病復以段熲為校尉永康元年東羌岸尾等
脅同種連寇三輔中郎將張奐追破斬之
事已具奐傳當煎羌寇武威破羌將軍段
熲復破滅之餘悉降事已具熲傳靈帝
建寧三年燒當羌奉使貢獻中平元年北

地降羌先零種因黃巾大亂乃與漢中羌
義從胡北宮伯玉等反寇隴右事已具董
卓傳興平元年馮翊降羌及寇諸縣郭汜
樊稠擊破之斬首數千級自爰劍後子孫
支分凡百五十種其九種在賜支河首以
西及在蜀漢徼北前史不載口數唯參狼
在武都勝兵數千人其五十二種衰少不
能自立分散為附落或絕滅無後或引而
遠去其八十九種唯鍾最強勝兵十餘萬
其餘大者萬餘人小者數千人更相鈔盜
盛衰無常無應順帝時勝兵合可二十萬
人（都凡也）發羌唐旄等絕遠未嘗往來犛牛
白馬羌在蜀漢其種別名號皆不可紀知
也建武十三年廣漢塞外白馬羌豪樓登
等率種人五千餘戶內屬光武封樓登為
歸義君長至和帝永元六年蜀郡徼外大
牂夷種羌豪造頭等率種人五十餘萬口
內屬拜造頭為邑君長賜印綬至安帝永

初元年蜀郡徼外羌龍橋等六種萬七千
二百八十口內屬明年蜀郡徼外羌薄申
等八種三萬六千九百口復舉土內屬冬
廣漢塞外參狼種羌二千四百口復來內
屬桓帝建和二年白馬羌千餘人寇廣漢
屬國殺長吏益州刺史率板楯蠻討破之
湟中月氏胡其先大月氏之別也舊在張
被酒泉地月氏胡其王與匈奴冒頓所殺餘種
分散西踰蔥領其羸弱者南入山阻依諸
羌居止遂與共婚姻及驃騎將軍霍去病
破匈奴取西河地開湟中於是月氏來降
與漢人錯居雖依附縣官而首施兩端其
從漢兵戰鬪隨勢強弱被服飲食言語略
與羌同亦以父名母姓為種其大種有七
勝兵合九千餘人分在湟中及令居又數
百戶在張掖號曰義從胡中平元年與北
宮伯玉等反殺護羌校尉泠徵金城太守
陳懿遂寇亂隴右焉

三十九　陳瑊

論曰羌戎之患自三代尚矣漢世方之匈
奴頗為衰寡而中興以後邊難漸大朝規
失綏御之和戎帥襄然諾之信其內屬者
或倥偬於豪右之手或屈折於奴僕之勤
塞候時清則憤怒而思禍桴革暫動則屬
桴擊鼓挺也鞭箭服也革甲也鞭也傳云右屬櫜鞬音紀言反
鞬以鳥驚晉文公曰右屬櫜鞬
永初之間羣種蜂起遂解仇嫌結盟詛招
引山豪轉相嘯聚揭木為兵負柴為械毅
馬揚埃陸梁於三輔建號稱制恣睢於
恣睢奮其威詐也
地前書班固曰乃始恣睢東犯趙魏之
地恣睢肆怒之貌也睢音火季反
剽城市傷敗踵係羽書日聞
羽書即檄書也有警急即插羽以示急也
郊南入漢蜀之鄙塞湟中斷隴道燒陵園
發冢露骴死生塗炭
骴音才賜反
身於兵場女婦則徵縲而為虜
縲說文曰徵紲也縲索也
未有陵斥上國若斯其熾也
自西戎作逆
親政威不外接朝議憚兵力之損情存苟
安或以邊州難援宜見捐棄或懼狙食浸

濫莫知所限謀夫回邅猛士疑慮遂徙西
河四郡之人雜寓關右之縣發屋伐樹塞
其戀土之心燋破貲積以防顧還之思於
是諸將鄧隲任尚馬賢皇甫規奐之徒
爭設雄規更奉征討之命徵兵會眾以圖
其隙馳騁東西奔救首尾搖動數州之境
日耗千金之資至於假人增賦借奉廩王
引金錢縑綵之珍徵糧粟鹽鐵之積所以
賂遺賻賞轉輸勞來之費前後數十巨萬

或梟剋頑健摧破附落降俘載路牛羊滿
山軍書未奏其利害而離叛之狀已言矣
故得不酬失功不半勞暴露師徒連（奏猶上也）
年而無所勝官人屈竭烈士憤喪段熲受
事專掌軍任資山西之猛性練戎俗當
情窮武思盡銳以事之被羽前登身當（前書揚雄曰蒙盾負羽也）
百死之陳蒙沒冰雪經履千折
之道始弥西種卒定東寇若乃陷擊之所
殲傷追走之所崩籍頭顱斷落於萬丈之

山支革判解於重崖之上不可校計（顧音慶廣雅曰四支革皮也）
者百不一二而張奐盛稱戎狄自脫於鋒鏑（其能穿窬草石一氣所生）
不宜誅盡流血汙野傷和致妖是何言之
迁平羌雖外患實深內疾若攻之不根是
養疾病於心腹也（根謂盡惜哉寇略定矣）
而漢祚亦衰焉嗚呼昔先王疆理九土判
別幾荒知夷貊殊性難以道御故斥遠諸
華薄其貢職唯與辭要而已若二漢御戎

之方失其本矣何則先零侵境趙充國遷
之內地還於金城郡置屬國以處降羌當
馬文淵徙之三輔負其暫安之執信其馴
服之情計日用之權宜忘經世之遠略豈
夫識微者之為乎故微子垂泣於象箸
辛有浩歎於伊川也

後漢書列傳卷第七十七

內謀兵偶外攘懃疾巫也音白拜反

朋彊虔劉隴北假僭涇陽涇陽縣屬安定郡朝勞

贊曰金行氣剛播生西羌氏豪分種遂用

章竹

西域

武帝時西域內屬有三十六國漢為置使
者校尉領護之〔前書曰自李廣利征討大宛之後使外國也〕
宣帝改曰都護〔宣帝時鄭吉以侍郎田渠犂積穀發兵攻車師後王降日逐并令護車師以西北道號曰都護護都善以西南道其後破車師後降日逐并以西此道輯曰吉始自於吉也〕
元帝又置戊巳二校尉屯田
於車師前王庭〔漢官儀曰戊巳中央鎮覆四方開渠捕種以為厭勝故稱戊巳為車師有前後漢列傳七八〕
哀平間自相分割為五十五
王後王國也
國王莽簒位貶易侯王由是西域怨叛〔前
章和觀遂絕西域亦瓦解焉〕與中國遂絕並
復役屬匈奴匈奴斂稅重刻諸國不堪命
建武中皆遣使求內屬願請都護光武以
天下初定未遑外事竟不許之會匈奴衰
弱莎車王賢誅滅諸國賢死之後遂更相
攻伐小宛精絕戎盧且未為鄯善所并且
子余反渠勒皮山為于闐所統悉有其地郁

立單桓孤胡烏貪訾離為車師所滅後其
國並復立永平中北虜乃脅諸國共寇河
西郡縣城門晝閉十六年明帝乃命將師〔在今伊州伊吾縣也〕
北征匈奴取伊吾盧地〔在今伊州伊吾縣也〕置宜禾都
尉以屯田遂通西域于闐諸國皆遣子入
侍西域自絕六十五載乃復通焉著明年始
置都護戊巳校尉及明帝崩焉耆龜茲〔龜茲音丘慈〕
攻沒都護陳睦悉覆其眾著匈奴車師
師圍戊巳校尉建初元年春酒泉太守段
彭大破車師於交河城章帝不欲疲敝中
國以事夷狄乃迎還戊巳校尉不復遣都
護二年復罷屯田伊吾匈奴因遣兵守伊
吾地時軍司馬班超留于闐綏集諸國和
帝永元元年大將軍竇憲大破匈奴二年
憲因遣副校尉閻槃將二千餘騎掩擊伊
吾破之三年班超遂定西域因以超為都
護居龜茲復置戊巳校尉領兵五百人居
車師前部高昌壁又置戊部候居車師後

部侯城相去五百里六年班超復擊破焉

者於是五十餘國悉納質內屬其條支安

息諸國至于海瀕四萬里外皆重譯貢獻（續漢書甘）

九年班超遣掾甘英窮臨西海而還

其風土傳其珍怪焉於是遠國蒙奇兜勒（英作甘蔥）

皆來歸服遣使貢獻及孝和晏駕西域背

畔安帝永初元年頻攻圍都護任尚段禧

等（禧音喜）朝廷以其險遠難相應赴詔罷

都護自此遂弃西域北匈奴即復收屬諸

國共爲邊寇十餘歲敦煌太守曹宗患其

暴害元初六年乃上遣行長史索班將千

餘人屯伊吾以招撫之於是車師前王及

鄯善王來降數月比匈奴復率車師後部

共攻没班等遂擊走其前王鄯善逼急

求救於曹宗宗因此請出兵擊匈奴報索

班之恥復欲進取西域鄧太后不許但令

置護西域副校尉居敦煌復部營兵三百

人羈縻而已其後北虜連與車師入寇河

西朝廷不能禁議者因欲開玉門陽關以

絕其患延光二年敦煌太（玉門陽關二關名在敦煌西界）

守張璫上書陳三策以爲北虜呼衍王常（王門陽關在敦煌西專制西）

展轉蒲類秦海之間（大秦國在西海西故曰秦海也）

人集爲寇鈔令以酒泉屬國吏士二千餘（前書敦煌郡廣至縣有昆侖障也宜禾都尉居廣至故城在今瓜州常）

先擊呼衍王絕其根本因發鄯善兵

五千人脅車師後部此上計也若不能出

兵可置軍司馬將士五百人四郡供其犁

牛穀食出據柳中此中計也（武帝初置酒泉武威張掖敦煌）如又不能則宜弃交河城

收鄯善等悉使入塞此下計也朝廷下其（列四郡據兩關焉柳中今西州縣也）

議尚書陳忠上疏曰臣聞八蠻之寇莫甚

北虜漢與高祖塞平城之圍太宗屈供奉

之恥（竇困也高帝自擊匈奴至平城為冒頓單于國）於白登七日乃得解太宗文帝也（匈奴嫚侮掠而漢歲致金絮繒以奉之徼令人主之操天子供貢是臣下之禮故云耶也）故

孝武憤怒深惟久長之計命遣虎臣浮河

絕漠窮破虜庭（沙土曰漠虜陛曰絕也）直當斯之役黔（府武帝）

匈奴中地名也前書揚雄（前代豈無量之）費快心於狼望之北填盧山之麓而不悔也

庫單竭杼柚空虛箕斂至車毀及六畜（時國用未足箕至車舟租及六畜言皆計其所得以出箕斂車一箕商賈車二箕舩五丈以上一箕六畜）武帝

夫豈不懷慮久故也（無文以計其言懷思之）遂開

河西四郡以隔絕南羌（石辟也）

孤特鼠竄遠藏至於宣元之世遂備蕃臣

收三十六國斷匈奴右臂是以單于

此察之戎狄可以威服難以化狃西域內（關徼不開羽檄不行由）

附日久區區東望扣關者數矣此其不樂（今北虜已破車師勢必）

匈奴慕漢之效也

南攻鄯善弃而不救則諸國從矣若然則

虜財賄益增膽勢益殖（殉生）威臨南羌與

之交連如此河西四郡危矣河西既危不

得不救則百倍之役興不訾之費發矣議

者但念西域絕遠卹之順費不見先世苦

宣帝元帝時呼韓邪單于（于數入朝稱臣奉貢）

心勤勞之意也方今邊守之具不精

內郡武衛之備不惰敦煌孤危遠來告急

復不輔助內無以慰勞吏民外無以威示

百蠻慮國減土經有明誡（毛詩曰昔先王受命有如邠公曰辟）

增四郡屯兵以西撫諸國庶足折衝萬里（國百里也今也日國百里也）臣以為敦煌宜置校尉案舊

震怖匈奴（淮南子曰修政於廟堂之上而折衝千里之外也）以班勇（超班勇之子而班超之乃）

百人西屯柳中勇遂破平車師將施刑士五（帝納之乃）

于延光西域三絕三通順帝永建二年勇

復擊降焉耆於是龜茲疏勒于寘莎車等

十七國皆來服從而烏孫蔥領已西遂絕

六年帝以伊吾舊膏腴之地傍近西域匈

奴資之以為鈔暴復令開設屯田如永元

時事置伊吾司馬一人自陽嘉以後朝威

稍損諸國驕放轉相陵伐元嘉二年長史

王敬為于寘所沒永興元年車師後王復

反攻屯營雖有降首（首猶服也）曾莫懲革

自此浸以踈慢矣班固記諸國風土人俗
皆已詳備前書今撰建武以後其事異於
先者以爲西域傳皆安帝末班勇所記云
西域內屬諸國東西六千餘里南北千餘
里東抵玉門陽關西至葱嶺其東北與匈
奴烏孫相接南北有大山中央有河其南
山東出金城與漢南山屬焉爲其東河有兩源
一出葱嶺東流　云其山名也西河舊名　與葱嶺河合東注蒲昌海
一出于
寘南山下比流與葱嶺河合東注蒲昌海
蒲昌海一名鹽澤去玉門三百餘里自敦
煌西出玉門陽關涉鄯善北通伊吾千餘
里自伊吾北通車師前部高昌壁千二百
里自高昌壁比通後部金滿城五百里此
其西域之門戸也故戊巳校尉更互屯焉
伊吾地宜五穀桑麻蒲萄其北又有柳中
皆膏腴之地故漢常與匈奴爭車師伊吾
以制西域焉自鄯善踰葱嶺出西諸國有
兩道傍南山北陂河西行　循河曰陂音彼義反次下亦同史記曰陂

道山通　至莎車爲南道西踰葱領則出
大月氏安息之國也自車師前王庭隨北
山陂河西行至疏勒爲北道北道西踰葱
領出大宛康居奄蔡焉耆出玉門經鄯善
且末精絕三千餘里至拘彌
拘彌國居寧彌城去長史所居柳中四千
九百里　續漢書曰寧彌王本名拘彌　去洛陽萬二千八百
里領戸二千一百七十三口七千二百五
十一勝兵千七百六十人順帝永建四年　八　吳俊
于寘王放前殺拘彌王興自立其子爲拘
彌王而遣使者貢獻於漢敦煌太守徐由
上求計之帝赦于寘罪令歸拘彌國放前
不肯陽嘉元年徐由遣疏勒王臣槃發二
萬人擊于寘破之斬首數百級放兵大掠
更立興宗人成國爲拘彌王而還至靈帝
熹平四年于寘王安國攻拘彌大破之殺
其王死者甚衆戊巳校尉西域長史各發
兵輔立拘彌侍子定興爲王時人衆裁有

千口其國西接于寘三百九十里
于寘國居西城去長史所居五千三百里
去洛陽萬一千七百里領戶三萬二千口
八萬三千勝兵三萬餘人建武末莎車王
賢強盛攻并于寘徙其王俞林為驪歸王
明帝永平中于寘將休莫霸反莎車自立
為于寘王休莫霸死兄子廣德立後遂滅
莎車其國轉盛從精絕西北至疏勒十三
國皆服從而鄯善王亦始強盛自是南道
自葱領以東唯此二國為大順帝永建六
年長史趙評在于寘病癰死評子迎喪道
經拘彌拘彌王成國與于寘王建素有隙
乃語評子云于寘王令胡醫持毒藥著創
中故致死耳評子信之還入塞以告敦煌
太守馬達明年以王敬代為長史達令敬
隱覈其事敬先過拘彌成國復說云于寘
國人欲以我為王今可因此罪誅建于寘

必服矣敬貪立功名且受成國之說前到
于寘設供具請建而陰圖之或以敬謀告
建建不信曰我無罪王長史何為欲殺我
旦日建從官屬數十人詣敬坐定建起行
酒敬叱左右執之吏士並無殺建意官屬
悉得突走時成國主簿秦牧隨敬在會持
刀出曰大事已定何為復疑即前斬建于
寘矦將輸棘等遂會兵攻敬敬持建頭上
樓宣告曰天子使我誅建耳于寘矦將遂
焚營舍燒殺吏士上樓斬敬懸首於市輸
棘欲自立為王國人殺之而立建子安國
焉馬達聞之欲將諸郡兵出塞擊于寘相
帝不聽徵達還而以宋亮代為敦煌太守
亮到開募于寘令自斬輸棘時輸棘死已
經月乃斷死人頭送敦煌而不言其狀亮
後知其詐而竟不能出兵于寘恃此遂驕
自于寘經皮山至西夜子合德若焉
西夜國一名漂沙去洛陽萬四千四百里

戶二千五百口萬餘勝兵三千人地生白
草有毒國人煎以為藥傅箭鏃所中即死
漢書中誤云西夜子合為一國今各自有
王[前書云西夜國子合王]號子合王 子合國居呼鞬谷[鞬音九反]去疏
勒千里領戶[上聲]三百五十口四千勝兵三百[此去]
德若國領戶百餘口六百七十勝兵三百
五十人東去長史居三千五百三十里去
洛陽萬二千一百五十里與子合相接其
俗皆同自皮山西南經烏秅[前書音義音烏桓又云烏秅]涉懸度歷罽賓六十餘日
行至烏弋山離國地方數千里時改名排
持復西南馬行百餘日至條支
條支國城在山上周回四十餘里臨西海
海水曲環其南及東北三面路紀唯西北
隅通陸道土地暑溼出師子犀牛封牛孔
雀大雀大雀其卵如甕轉北而東復馬行
六十餘日至安息後役屬條支為置大將
監領諸小城焉

安息國居和櫝城去洛陽二萬五千里北
與康居接南與烏弋山離接地方數千里
小城數百戶口勝兵最為殷盛其東界木
鹿城號為小安息去洛陽二萬里章[帝章]
和元年遣使獻師子符拔符拔形似麟而
無角和帝永元九年都護班超遣甘英使
大秦抵條支臨大海欲度而安息西界船
人謂英曰海水廣大往來者逢善風三月
乃得度若遇遲風亦有二歲者故入海人
皆齎三歲糧海中善使人思土戀慕數有
死亡者英聞之乃止十三年安息王滿屈
復獻師子及條支大鳥時謂之安息雀自
安息西行三千四百里至阿蠻國從阿蠻
西行三千六百里至斯賓國從斯賓南行
度河又西南至于羅國九百六十里安息
西界極矣自此南乘海乃通大秦其土多
海西珍奇異物焉
大秦國一名犁鞬以在海西亦去海西國

地方數千里有四百餘城小國役屬者數
十以石為城郭列置郵亭皆堊塈之 墍飾也音火既
 反郭璞曰堊白土也音惡
多種樹蠶桑皆髡頭而衣文繡乘輜軿白
蓋小車出入擊鼓建旌旗幡幟所居城邑
周圍百餘里城中有五宮相去各十里宮
室皆以水精為柱食器亦然其王日游一
宮聽事五日而後徧常使一人持囊隨王
車人有言事者即以書投囊中王至宮發
省理其枉直各有官曹文書置三十六將
皆會議國事其王無有常人皆簡立賢者
國中災異及風雨不時輒廢而更立受放
者甘黜不怨其人民皆長大平正有類中
國故謂之大秦土多金銀奇寶有夜光璧
明月珠駭雞犀 抱朴子曰通天犀有一白理如綖至輒驚卻故南人名為駭雞 者
珊瑚虎魄琉璃琅玕朱丹青
碧刺金縷繡織成金縷罽雜色綾作黃金
塗火浣布又有細布或言水羊毛野蠶繭

所作也合會諸香煎其汁以為蘇合凡外
國諸珍異皆出焉以金銀為錢銀錢十當
金錢一與安息天竺交市於海中利有十
倍其人質直市無二價穀食常賤國用富
饒鄰國使到其界首者乘驛詣王都至則
給以金錢 闊音閡五代 以漢繒綵與之交市故遮閡不得自達
至桓帝延熹九年大秦王安敦遣使自
日南徼外獻象牙犀角瑇瑁始乃一通焉
其所表貢並無珍異疑傳者過焉或去其
國西有弱水流沙近西王母所居處幾於
日所入也漢書去從條支西行二百餘
近日所入則與今書異矣前世漢使皆自
烏弋以還莫有至條支者也又去從安息
陸道繞海北行出海西至大秦人庶連屬
十里一亭三十里一置 置驛也 終無盜賊寇
警而道多猛虎師子遮害行旅不百餘人
齎兵器輒為所食又言有飛橋數百里可

度海北諸國所生奇異玉石諸物譎怪多
不經故不記云（魚豢魏略曰大秦國俗多奇幻口中出火自縛自解跳十二丸巧妙非常）
大月氏國（氏音支）居藍氏城（前書作監氏）西接
安息四十九日行東去長史所居六千五
百三十七里去洛陽萬六千三百七十
戶十萬口四十萬勝兵十餘萬人初月氏
為匈奴所滅遂遷於大夏分其國為休密
雙靡貴霜肹頓都密凡五部翎侯後百餘
歲貴霜翎侯就卻攻滅四翎侯自立為
王國號貴霜王侵安息取高附地又滅濮
達罽賓悉有其國丘就卻年八十餘死子
閻膏珍代為王復滅天竺置將一人監領
之月氏自此之後最為富盛諸國稱之皆
曰貴霜王漢本其故號言大月氏云
高附國在大月氏西南亦大國也其俗似
天竺而弱易服善賈販內富於財所屬無
常天竺罽賓安息三國強則得之弱則失
之而未嘗屬月氏漢書以為五翎侯數非

其實也後屬安息及月氏破安息始得高
附
天竺國一名身毒在月氏之東南數千里
俗與月氏同而卑溼暑熱其國臨大水乘
象而戰其人弱於月氏脩浮圖道不殺伐
遂以成俗從月氏高附國以西南至（浮圖即佛也）
西海東至磐起國皆身毒之地身毒有別
城數百城置長別國數十國置王雖各小
異而俱以身毒為名其時皆屬月氏月氏
殺其王而置將令統其人土出象犀瑇瑁
金銀銅鐵鉛錫西與大秦通有大秦珍物
又有細布好毾㲪（毾音闥登㲪音毛釋名曰㲪之承大㲪也小曰氍上毾以單上氀也）諸香石蜜胡椒薑黑鹽和帝時
數遣使貢獻後西域反畔乃絕至桓帝延
熹二年四年頻從日南徼外來獻世傳明
帝夢見金人長大項有光明以問羣臣或
曰西方有神名曰佛其形長丈六尺而黃
金色帝於是遣使天竺問佛道法遂於中

國圖畫形像焉楚王英始信其術中國因
此頗有奉其道者後桓帝好神數祀浮圖
老子百姓稍有奉者後遂轉盛
東離國居沙奇城在天竺東南三千餘里
大國也其土氣物類與天竺同列城數十
皆稱王大月氏代之遂臣服焉男女皆長
八尺而怯弱乘象駱馳往來鄰國有寇乘
象以戰
栗弋國屬康居出名馬牛羊蒲萄眾果其
土水美故蒲萄酒特有名焉
嚴國在奄蔡比屬康居出鼠皮以輸之奄
蔡國改名阿蘭聊國居地城屬康居土氣
溫和多楨松白草〔前書音義曰白草草之白者又云萎而細熟時正白牛馬所食焉〕
民俗衣服與康居同
莎車國西經蒲犂無雷至大月氏東去洛
陽萬九百五十里匈奴單于因王芬之亂
略有西域唯莎車王延最強不肯附屬元
帝時嘗爲侍子長於京師慕樂中國亦復

參其典法常勑諸子當世奉漢家不可貪
也天鳳五年延死諡忠武王子康代立光
武初康率傍國拒匈奴擁衛故都護吏士
妻子千餘口檄書河西問中國動靜融乃
思慕漢家建武五年河西大將軍竇融承
制立康爲漢莎車建功懷德王西域大
都尉五十五國皆屬焉康死諡宣成
王弟賢代立攻破拘彌西夜國皆殺其
而立其兄康兩子爲拘彌西夜王十四年
賢與鄯善王安並遣使詣闕貢獻於是西
域始通葱領以東諸國皆屬賢十七年賢
復遣使奉獻請都護天子以問大司空竇
蝠以爲賢父子兄弟相約事漢款誠又至
且加號仕以鎮安之帝乃因其使賜賢西
域都護印綬及車旗黃金錦繡敦煌太守
裴遵上言夷狄不可假以大權又令諸國
失望詔書收還都護印綬更賜賢以漢大
將軍印綬其使不肯易遵迫奪之賢由是

始恨而猶詐稱大都護移書諸國諸國悉服屬焉號賢為單于賢浸以驕橫重求賦稅數攻龜茲諸國諸國愁懼二十一年冬車師前王鄯善焉耆等十八國俱遣子入侍獻其珍寶及得見皆流涕稽首願得都護天子以中國初定北邊未服皆還其侍子厚賞賜之是時賢自負兵強欲并兼西域攻擊益其諸國間都護不出而侍子皆還大憂恐乃與敦煌太守檄願留侍子以示莎車言侍子見留都護尋出其且息其兵裴遵以狀聞天子許之二十二年賢知都護不至遂遺鄯善王安書令絕通漢道安不納而殺其使賢大怒發兵攻鄯善迎戰兵敗亡入山中賢殺略千餘人而去其冬賢復攻殺龜茲王遂兼其國鄯善焉耆諸國侍子久留敦煌愁思皆亡歸鄯善王上書復願遣子入侍更請都護不出誠迫於匈奴天子報曰今使者大兵未

能得出如諸國力不從心東西南北自在也於是鄯善車師復附匈奴而賢益橫塞王自以國遠遂殺賢使者賢擊滅之立其國貴人駟鞬為焉耆王賢又自立其子則羅為龜茲王賢以則羅年少乃分龜茲為烏壘國徙駟鞬為烏壘王又更以貴人為焉耆王數歲龜茲國人共殺則羅駟鞬而遣使匈奴更請立王匈奴立龜茲貴人身毒為龜茲王龜茲由是屬匈奴賢以大宛貢稅減少自將諸國兵數萬人攻大宛大宛王延留迎降賢因將還國徙拘彌王橋塞提為大宛王而康居數攻之橋塞提在國歲餘亡歸賢復以為拘彌王而遣延留還大宛使貢獻如常賢又徙于窴王俞林為驪歸王立其弟位侍為于窴王歲餘賢疑諸國欲畔召位侍及拘彌姑墨子合王盡殺之不復置王但遣將鎮守其國位侍子戎亡降漢封為守節侯莎車將君得

在于寘暴虐百姓患之明帝永平三年其
大人都末出城見野豕欲射之豕乃言曰
無射我我乃為汝殺君得而大人休得都末
兄弟共殺君得都末兄弟自立為于寘王復與漢人
韓融等殺都末兄弟因此即與
拘彌國人攻殺莎車將在皮山者引兵歸
於是賢遣其太子國相將諸國兵二萬人
擊休莫霸霸迎與戰莎車敗走殺萬餘
人賢復發諸國數萬人自將擊休莫霸霸
與龜茲諸國共攻莎車不能下廣德承莎
車之敝使弟輔國侯仁將兵攻賢賢連被
進圍莎車中流矢死兵乃退于寘國相蘇
榆勒等共立休莫霸兄子廣德為王匈奴
復破之斬殺過半賢脫身走歸國休莫霸

兵革乃遣使與廣德和先是廣德父拘在
莎車數歲於是賢歸其父以女妻之結
為昆弟廣德引兵去明年莎車相且運等
忠賢驕暴密謀反城降于寘（且音子余反下同）（番反音）

于寘王廣德乃將諸國兵三萬人攻莎車
寘城守使使謂廣德曰我還汝父汝婦
汝來擊我何為廣德曰王我婦父也父不
相見願各從兩人會城外結盟賢以問
運且運曰廣德遠夷執賢而且運等因內于寘兵
輕出廣德遂執賢而并其國鎖賢將歸歲餘殺之
虜賢妻子而廣德女壻至親宜出見之賢乃
匈奴聞廣德滅莎車遣五將發焉耆尉黎
龜茲十五國兵三萬餘人圍于寘廣德乞
降以其太子為質約歲給罽絮冬匈奴復
遣兵將賢質子不居徵立為莎車王廣德
又攻殺之更立其弟齊黎為莎車王章帝
元和三年時長史班超發諸國兵擊莎車
大破之由是遂降漢事已具班超傳莎車
東北至疏勒
疏勒國去長史所居五千里去洛陽萬三
百里領兵二萬一千勝兵三萬餘人明帝
永平十六年龜茲王建攻殺疏勒王成目

以龜茲左侯兜題為疏勒王冬漢遣軍司
馬班超劫縛兜題而立成之兄子忠為疏
勒王忠後及畔超擊斬之事已具超傳安
帝元初中疏勒王安國以舅臣磐為疏
勒王臣磐聞之請月氏王曰安國無
持國政與國人共立臣磐同產弟子遺腹
為疏勒王臣磐聞之請月氏王曰安國無
子種人微弱若立母氏我乃遺腹叔父也
我當為王月氏乃遣兵送還疏勒國人素
敬愛臣磐又畏憚月氏即共奪遺腹印綬
迎臣磐立為王更以遺腹為盤橐城侯後
莎車畔于寘屬疏勒疏勒以強故得與龜
茲于寘為敵國拜臣磐為漢大都尉兄子
臣勳為守國司馬五年臣磐遣侍子與大宛莎
車使俱詣闕貢獻陽嘉二年臣磐復獻師
子封牛至靈帝建寧元年疏勒王漢大都
尉於獵中為其季父和得所射殺和得自

立為王五年涼州刺史孟佗遣從事任涉
將敦煌兵五百人與戊己司馬曹寬西域
長史張晏將焉者龜茲車師前後部合三
萬餘人討疏勒攻楨中城四十餘日不能
下引去其後疏勒王連相殺害朝廷亦不
能禁東北經尉頭溫宿姑墨危須龜茲至焉
者國王居南河城北去長史所居八百
里東去洛陽八千二百里戶萬五千口五
萬二千勝兵二萬餘人其國四面有大山
與龜茲相連道險阨易守有海水曲入四
山之內周匝其城三十餘里永平末焉者
與龜茲共攻沒都護陳睦副校尉郭恂殺
吏士二千餘人至永元六年都護班超發
諸國兵討焉者危須尉黎國遂斬焉者
尉黎二王首傳送京師縣蠻夷邸（蠻夷邸置邸以居之若今鴻臚寺也）
諸國兵討焉者危須尉黎國遂斬焉者超乃立其左侯元孟為王至安帝時西域背
危須山國皆更立其王至安帝時西域背
畔延光中超子勇為西域長史復討定諸

國元孟與尉黎危須不降永建二年勇與
敦煌太守張朗擊破之元孟乃遣子詣闕
貢獻
蒲類國居天山西疏榆谷東南去長史所
居千二百九十里去洛陽萬四百九十里
戶八百餘口二千餘勝兵七百餘人盧帳
而居逐水草頗知田作有牛馬駱馳羊畜
能作弓矢國出好馬蒲類本大國也前西
域屬匈奴而其王得罪單于怒徙蒲
類人六千餘口內之匈奴右部阿惡地因
號曰阿惡國南去車師後部馬行九十餘
日人口貧羸逃亡山谷間故留為國去
移支國居蒲類地戶千餘口三千餘勝兵
千餘人其人勇猛敢戰以寇鈔為事皆被
髮隨畜逐水草不知田作所出皆與蒲類
同
東且彌國東去長史所居八百里去洛陽
九千二百五十里戶三千餘口五千餘勝

兵二千餘人盧帳居逐水草頗田作其所
出有亦與蒲類同所居無常
車師前王居交河城河水分流繞城故號
交河去長史所居八十里東去洛陽
九千一百二十里領戶千五百餘口四千
餘勝兵二千人
後王居務塗谷去長史所居五百里去洛
陽九千六百二十里領戶四千餘口萬五
千餘勝兵三千餘人前部及東且彌卑
陸蒲類移支是為車師六國北與匈奴接
前部西通焉耆北道後部西通烏孫建武
二十一年與鄯善焉耆等遣子入侍光武
還之乃附屬匈奴明帝永平十六年漢取
伊吾盧通西域車師始復內屬匈奴遣兵
擊之復降北虜和帝永元二年大將軍竇
憲破北匈奴車師震懾前後王各遣子奉
貢入侍並賜印綬金帛八年戊己校尉索
頵欲廢後部王涿鞮立破虜侯細致涿鞮

念前王尉卑大賣已因反擊尉卑大獲其
妻子明年漢遣將兵長史王林發涼州六
郡兵及羌虜胡二萬餘人以討涿鞬斬獲首
虜千餘人涿鞬入北匈奴漢軍追擊斬之
立涿鞬弟農奇為王至永寧元年後王軍
就及母沙麻反畔殺後部司馬及敦煌行
事（司馬即屬戊校尉所統也和帝時置戊己至安
校尉鎮車師後部行事謂前行長史宗陽）
帝延光四年長史班勇擊軍就大破之
順帝永建元年勇率後王農奇子加特奴

及八滑等發精兵擊北虜呼衍王破之勇
於是上立加特奴為後王八滑為後部親
漢侯陽嘉三年夏車師後部司馬率加特
奴等千五百人掩擊北匈奴於閶吾陸谷
壞其廬落斬數百級獲單于母季母及婦
女數百人（母系也季冊叔也）牛羊十餘萬頭車千餘兩
兵器什物甚衆四年春北匈奴呼衍王率
兵侵後部帝以車師六國接近北虜為西
域蔽扞乃令敦煌太守發諸國兵及玉門

關候伊吾司馬合六千三百騎救之掩擊
北虜於勒山漢軍不利秋呼衍王復將二
千人攻後部破之稍帝元嘉元年呼衍王
將三千餘騎寇伊吾伊吾司馬毛愷遣吏
兵五百人於蒲類海東與呼衍王戰悉為
所沒呼衍王遂攻伊吾屯城夏遣敦煌太
守司馬達將敦煌酒泉張掖屬國吏士四
千餘人救之出塞至蒲類海呼衍王聞而
引去漢軍無功而還永興元年車師後部

王阿羅多與戊部候嚴皓不相得遂忿戾
反畔攻圍漢屯田且固城殺傷吏士後部
候炭遮領餘人畔阿羅多詣漢吏降阿羅
多迫急將其母妻子從百餘騎亡走北匈
奴中敦煌太守宋亮上立後部故王軍就
質子卑君為後部王後阿羅多復從匈奴
中還與卑君爭國頗收其國人戊校尉閻
詳慮其招引北虜將亂西域乃開信告示
許復為王阿羅多乃詣詳降於是收奪所

賜甲君印綬更立阿羅多爲王仍將甲君
還敦煌以後部人三百帳別屬役之食其
稅帳者猶中國之戶數也

論曰西域風土之載前古未聞也漢世張
騫懷致遠之略

前書張騫漢中人爲博望侯武
帝時上言大夏及安息大宛之
屬大國奇物誠得而
屬之則廣萬里帝從之義
貧投騫歡曰丈夫當如筆硯乎語見趙傳
域以取封侯安能久事筆硯乎
班超奮封疾之志
時家少　超少
終能立

功西遐羈服外域自兵威之所肅服財略
之所懷誘莫不獻方奇納愛質露頂肘行
東向而朝天子故設戊己之官分任其事
建都護之帥總領其權先馴則賞籯金而

龜緻　皆龜印支也漢舊儀曰銀印
龜謂印支也其文到日某官之章
賜龜緻　後服則

於要害之路馳命走驛不絕於時月商胡
販客日款於塞下其後甘英乃抵條支而
額而覽北關立屯田於膏腴之野列郵置
歷安息臨西海以望大秦拒王門陽關者
四萬餘里靡不周盡焉若其境俗性智之
優薄產載物類之區品川河領障之基源

氣節涼暑之通隔梯山棧谷繩行沙度之

前書杜欽曰罽賓
本漢所立殺漢使
山赤土身熱之阪懸度歷大頭痛小頭痛之
繩索引之釋法顯游天竺記云西度流沙冬
惡鬼過之必死西度葱領冬夏有雪有毒龍
雨晦冥飛砂礫過則風
者萬無一全也

道身熱首痛風災鬼難之域

勇雖列其事張騫
有稱焉張騫但著地多暑溼乘象而戰班
至於佛道神化興自身毒而二漢方志莫
莫不備焉情形審求根實
達之功靡所傳述余聞之後說也其國則
不殺伐而精文善法道

殄平中土王燭和氣

天竺國記云中天竺人所樂
無戶籍耕王地者輸地利又
田無時節關雅曰四時和謂之王燭

其土和適無冬夏之異草木常茂種稻者
靈聖之所挻生
集賢懿之所挻生

天爲諸天乃觀見宜於南閻浮
提生諸外道等即
又天竺利利種迦毗羅城白淨王摩邪夫人
又觀我何處成道利益又云諸天與我爲
又云諸天與我成道時當受我化回邪
提生諸外道等即誹諸也觀見
子作含利塔命諸外道中生
子命含利
皆作國王與我爲現命諸阿難及諸
入正又有無量衆生同隨我成道時當受
薩於天竺受生多所利益菩
神迹詭怪則理絕
人區

維摩經日以四大海水入一毛孔
等而彼大海本相如故又舍利
弗住不桃魚鱉不思議

恒河沙劫，取三千大千國界之外，其中眾生不覺不知，右掌中攝通。菩薩斬取三千大千國界，如陶家輪，著右掌中，擲還本處，都往來不使相感。感驗明顯，則事出天外。

而騫超無聞者，豈其道閉往數，開叔葉乎？不然，何誣異之甚也。漢自楚英始盛齋戒之祀，桓帝又修華蓋之飾。將微義未譯，而但神明之邪，詳其清心釋累之訓，空有兼遣之宗，道書之流也。〔清心謂累思，釋累謂累思；空有兼遣，謂不空不有。李賢〕

且好仁惡殺，蠲敝崇善〔去貪欲也。不執著，無為有兼遣，謂不執著亦不執無，去我及涅槃，此二皆空〕。〔維摩經曰：時毗邪離有長者子，名曰寶積，與五百長者子俱，持七寶蓋來詣佛，其所頭兩面禮足，各以其蓋共供養佛，佛威神力合成一蓋，遍覆三千大千國界，諸佛威神，須彌山力至諸佛說法，皆現於寶蓋中。又維摩詰三萬二千師子坐，高八萬四千由旬，高廣嚴淨，來入維摩方丈之室，包容無所妨礙，又四大海水入毛孔，須彌山入芥子等也〕

所以賢達君子多愛其法焉。然好大不經，奇譎無已〔寶積與五百長者子俱，持七寶蓋……〕，雖鄒衍談天之辯，莊周蝸角之論〔史記曰：鄒衍衍其所言五德終始……莊子曰：有國於蝸之左角者曰觸氏，有國於蝸之右角者曰蠻氏，相與爭地而戰，伏尸數萬，逐北旬有五日而後反。郭璞注願雅云：蝸牛音瓜。談天言大，蝸角喻小也。反郭尚〕， 三十一

尚未足以槩其萬一。又精靈起滅，因報相尋〔善惡報相尋，謂行有善惡緣業報也〕，若曉而昧者，故通人多惑焉。

諸同歸措，夫疑說則大道通矣。贊曰：邊措〔邊遠也，音佗狄反。尚書曰：邊措……西土之人〕。西胡天之外區，上物琛麗，人性淫虛，不率華禮，莫有典書。若微神道，何恤何拘〔言無神道以制胡人，則匈猛之性，何所憂懼，何所拘猛之性〕。

三十二

後漢書列傳卷第七十八

列傳卷第七十九　范曄後漢書八十九

唐章懷太子賢注

南匈奴

前書直言匈奴傳不言南者今稱南者明其異於北也以南單于嘗居西河美稷順者以寇向化尤深故舉南單于列傳范曄因去其單于二字

南匈奴醢落尸逐鞮單于比者　醢音火代反　烏珠留若鞮

單于之子也　匈奴謂孝為若鞮自呼韓邪後諸子以次立至比季父孝單于輿時以比為右薁鞬日逐王部領南邊及烏桓　右賢於六反　薁鞬音於六反

至其子復株累單于以下皆稱若鞮

邪單于之子也　天鳳五年單于比此名也稽侯柵音柵呼韓邪即單于比之祖也賢案頓曼即冒頓曼單于父以次立至比父孝單于至比父相傳凡十八代也　代孫虛閭權渠單于此名也稽侯柵音柵

單于之子也　匈奴謂李為若鞮自呼韓邪後諸

建武初彭寵反畔於漁陽單于輿共

連兵因復權立盧芳使入居五原　安定人屬東觀記芳會匈奴句林王將兵來降參蠡胡芳因隨入匈奴留王求入中國未定欲輔立之遣母樓且王求入芳故能廣略邊郡與假號將軍等結謀興兵至單于庭迎芳

光武初方平諸夏未遑外

事遺暇　遺暇至六年始令歸德侯劉颯使匈奴

匈奴亦遣使來獻漢復令中郎將韓統報

命賂遺金幣以通舊好　與親　　

單于驕踞自比冒頓　冒頓冒音墨對使者辭語悖慢　前書

帝待之如初使命常通而匈

奴數與盧芳共侵北邊九年遣大司馬吳

漢等擊之經歲無功而匈奴轉盛鈔暴日

增十三年遂寇河東州郡不能禁於是漸

徙幽并邊人於常山關居庸關已東　前書代郡

廷惠之增緣邊兵郡數千人大築亭候修

烽火匈奴聞漢購求盧芳貪得財帛乃遣

芳還降望得其賞而芳以自歸為功不稱

論語云悖慢即此類也　有常山關上谷郡居庸縣有關

匈奴所遣單于復恥言其計故賞遂不行

由是大恨入寇尤深二十年遂至上黨扶

風天水二十一年冬復寇上谷中山殺略

鈔掠甚眾北邊無復寧歲（言緣邊之郡無寧之歲）

單于弟右谷蠡王伊屠知牙師以（蠡音離）（谷音鹿）

大當戶左賢王左賢王儲副單于

欲傳其子遂殺知牙師知牙師者王昭君

之子也昭君字嬙南郡人也（前書曰南郡秭歸人初）

元帝時以良家子選入掖庭時呼韓邪來

朝帝勑以宮女五人賜之昭君入宮數歲

不得見御積悲怨乃請掖庭令求行呼韓

邪臨辭大會帝召五女以示之昭君豐容

靚飾光明漢宮顧景裴回竦動左右帝見

大驚意欲留之而難於失信遂與匈奴生

二子及呼韓邪死其前閼氏子代立欲妻

之昭君上書求歸成帝勑令從胡俗遂復

為後單于閼氏焉比見知牙師被誅出怨

言曰以兄弟言之右谷蠡王次當立以子

言之我前單于長子我當立遂內懷猜懼

庭會稀闊單于疑之乃遣兩骨都侯監領

比所部眾二十二年單于復死弟左賢王

烏達鞮侯立為單于復死弟左賢王蒲奴

立為單于比不得立既懷憤恨而匈奴中

連年旱蝗赤地數千里草木盡枯人畜飢

疫死耗太半（三分損二為太半）單于畏漢乘其敝乃

遣使詣漁陽求和親於是遣中郎將李茂

報命而比密遣漢人郭衡奉匈奴地圖二

十三年詣西河太守求內附兩骨都侯頗

覺其意會五月龍祠（前書曰匈奴法歲正月諸長小會單于庭祠五月大會龍城祭其先天地鬼神八月大會蹛林課校人畜計蹛音帶又音多）因白單于

言奧鞬日逐來欲為不善若不誅且亂

國時比弟漸將王在單于帳下聞之馳以

報比比懼遂斂所主南邊八部眾四五萬

人待兩骨都侯還欲殺之以告單于且到知

其謀皆輕騎亡去以告單于單于遣萬騎

擊之見比眾盛不敢進而還二十四年春

八部大人共議立比爲呼韓邪單于以其
大父嘗依漢得安故欲襲其號於是款五
原塞願永爲藩蔽扞禦北虜帝用五官中
郎將耿國議乃許之其冬比自立爲呼韓
邪單于（東觀記曰十二月癸亥　閩奴始分爲南北）二十五年春遣韓
弟左賢王莫將兵萬餘人擊北單于弟奧
其衆合萬餘人馬七千四牛羊萬餘頭北單
鞬左賢王生獲之又破北單于帳下并得
千震怖却地千里初帝造戰車可駕數牛
為櫓（時人見者或相謂曰讖言漢九世當）
上作樓櫓置於塞上以拒匈奴（櫓即樓也釋　名曰樓無屋）
却比狄地千里豈謂此邪及是果拓地焉
比部奠鞬骨都族與右骨都族率衆三萬
餘人來歸南單于南單于復遣使詣闕奉
藩稱臣獻國珍寶求使者監護遣侍子修
舊約二十六年遣中郎將段郴（丑吟反）（副校）
尉王郁使南單于立其庭去五原西部塞
八十里單于乃延迎使者使者曰單于當

伏拜受詔單于顧望有頃乃伏稱臣拜詔
令譯曉使者曰單于新立誠慚於左右願
使者衆中無相屈折也骨都侯等皆泣
下郴等反命詔乃聽南單于入居雲中遣
使上書獻駱駝二頭文馬十四（杜預注左傳曰文馬畫馬）
夏南單于所獲北虜奧鞬左賢王將（爲文也）
其衆及南部五骨都侯三萬餘人畔歸
去比衆三百餘里共立奧鞬左賢王爲單
于月餘日更相攻擊五骨都侯皆死左賢
于遂自殺諸骨都侯子各擁兵自守秋南（陸梁）
單于遣子入侍奏事詣闕詔賜單于冠帶
衣裳黃金璽盭綬（盭音戾草名以戾草染　鑿以爲名則漢諸侯）（王制戾綟色綢古姓也　又說文曰紫青色也）
弓箭黑節三駟馬二黃金錦繡繒布萬四
絜萬斤樂器鼓車兵車戎甲兵飲食什器
（之戲　曰綮）又轉河東米糒二萬五千斛牛羊三
萬六千頭以贍給之令中郎將置安集掾
吏將弛刑五十人持兵弩隨單于所處參

辭訟察動靜單于歲盡輒遣奉奏送侍子
入朝中郎將從事一人將領詣闕關漢遣謁
者送前侍子還單于庭交會道路元正朝
賀拜祠陵廟畢漢乃遣單于使令謁者將
送賜綵繒千匹錦四端金十斤太官御食
醬及橙橘龍眼荔支賜單于母及諸閼氏
單于子及左右賢王左右谷蠡王骨都矦
有功善者繒綵合萬匹歲以為常匈奴俗
歲有三龍祠常以正月五月九月戊日祭
天神南單于既內附兼祠漢帝因會諸部
議國事走馬及駱駝為樂其大臣貴者左
賢王次左右谷蠡王次右賢王次左右谷蠡王
謂之四角次左右溫禺鞮王次左右漸將
王次左右漸將王是為六角皆單于子弟
次第左右以次第當為單于者也異姓大臣左右骨都矦
次第左右尸逐骨都矦其餘日逐且渠當
戶諸官號　各以權力優劣部眾多
少為高下次第焉單于姓虛連題

〈後漢列傳七十九〉　七・陳琮

余反　且音子前書曰單于姓

攣鞮氏其國稱之曰攣鞮孤屠匈奴謂
天為攣鞮謂子為孤屠與此不同也

衍氏須卜氏丘林氏蘭氏　異姓有呼
卜氏三姓四姓為國中名族常與單于婚姻前書有呼衍氏蘭氏須
衍氏為左蘭氏須卜氏為右主斷獄聽
訟當決輕重口白單于無文書簿領焉
前畔五骨都矦復將其衆三千人復將其衆南單于遣
部比單于使騎追擊悉獲其衆三千人歸南
河美稷因使中郎將段郴及副校尉王郁
兵拒之逆戰不利於是復詔單于徙居西
河美稷因使中郎將段郴及副校尉王郁
留西河擁護之為設官府從事掾史令西
河長史歲將騎二千弛刑五百人助中郎
將衛護單于冬屯夏罷自後以為常及悉
復緣邊八郡南單于既居西河亦列置諸
部王助為扞戍使韓氏骨都矦屯北地右
賢王屯朔方當于骨都矦屯五原呼衍骨
都矦屯雲中郎氏骨都矦屯定襄左南將
軍屯鴈門栗籍骨都矦屯代郡皆領部眾
為郡縣偵羅耳目

〈後漢列傳七十九〉　八

偵音曰政反羅音力賀也今言探矦偵羅也

北單

干惶恐顧還所略漢人以示善意鈔兵每
到南部下還過亭候輒謝曰自擊亡虜奧
轔曰逐耳非敢犯漢人也二十七年北單
于遂遣使詣武威求和親天子召公卿廷
議不決皇太子言南單于新附恐
於見伐故傾此北虜爭欲歸義耳今未能
出兵而反交通北虜南單于將有二
心北虜降者且不復來矣帝然之告武威
太守勿受其使二十八年北匈奴復遣使
詣闕貢馬及裘更乞和親并請音樂又求
率西域諸國胡客與俱獻見帝下三府議
酬荅之宜司徒掾班彪奏曰臣聞孝宣皇
帝勑邊守尉曰匈奴大國多變詐交接得
其情則却敵折衝應對入其數則反為輕
欺今北匈奴見南單于來附懼謀其國故
數乞和親又遠驅牛馬與漢合市重遺名
王多所貢獻斯皆外示富強以相欺誕也
臣見其獻益重知其國益虛歸親愈數為

懼愈多然今既未獲助南則亦不宜絕北
羈縻之義禮無不荅謂可頒加賞賜略與
所獻相當明加曉告以前世呼韓邪郅支
行事（呼韓單于稱臣受賞郅支單于背德被誅以此二者行事曉告之也郅支即呼韓兄名呼屠吾斯自立為單于擊走呼韓邪單于之也）
報荅之辭令必有適（辟令得所也言報荅之辭令必有適）
今立稾草并上曰單于不忘
漢恩追念先祖舊約欲修和親以輔身安
國計議甚高為單于嘉之往者匈奴數有
乖亂呼韓邪郅支自相讎隙並蒙孝宣皇
帝垂恩救護故各遣侍子稱藩保塞其後
郅支忿戾自絕皇澤而呼韓附親忠孝彌
著及漢滅郅支遂保國傳嗣子孫相繼今
南單于攜（誅斬之）衆南向款塞歸命自以
立而侵奪失職猜疑相背數請兵將歸埽
北庭策謀紛紜無所不至惟念斯言不可
獨聽又以北單于比年貢獻欲修和親故
拒而未許將以成單于忠孝之義漢秉威

信總率萬國日月所照皆爲臣妾殊俗百

蠻義無親踈服順者襃賞畔逆者誅罰善

惡之効呼郅支是也今單于欲修和親

欵誠巳達何嫌而欲率西域諸國俱來獻

見西域國屬匈奴與屬漢何異單于數連

兵亂國內虛耗貢物裁以通禮何必獻馬

裘今齎雜繒五百四匹韇韃九一矢四發

遣遺單于 韇韃韇音居言反方言云藏弓爲韇藏箭爲韃也矢十二曰發見漢書音義

又賜獻馬左骨侯右谷蠡王雜繒各

▶後漢列傳七十九 十一

四百匹斬馬劒各一 尚方少府屬官作供御器利可以斬馬劒言更請劒賜也

馬 單于前言先帝時所賜呼韓邪竿瑟 竿音往遣反

空矦皆敗願復裁 念單于國尚未

安方屬武節以戰攻爲務竿瑟之用不如

良弓利劒故未必齎 朕不愛小物

於單于便宜所欲遣驛 以聞帝悉納從之

二十九年賜南單于羊數萬頭三十一年

北匈奴復遣使如前乃璽書報荅賜以繒

繪不遣使者單于比立九年薨中郎將段

李秀　熊道瓊

彬將兵赴弔祭以酒米分兵衛護之比弟

左賢王莫立帝遣使者齎璽書鎮慰拜授

璽綬遺冠幘絳單衣三襲 童子佩刀緄帶 襲重童子謂小刀也說文曰一稱

各一 緄織成帶也音古本反 又賜繒綵四千四

令賞賜諸王骨都矦巳下其後單于薨弟

祭慰賜以此爲常 弔祭其薨賻其新立者丘浮尤鞮單

于莫中元元年立一年薨弟汗立伊伐於

慮鞮單于汗中元二年立永平二年北匈

奴護于丘率衆千餘人來降南部單于汗 十二

鞮單于適永平二年立五年冬比匈奴六

七千騎入于五原塞遂寇雲中至原陽南 原陽縣名屬雲中郡

單于鞮擊却之

虜乃引去單于適立四年薨單于莫子蘇

立是爲丘除車林鞮單于數月復薨單于

適之弟長立湖邪尸逐矦鞮單于長永平

六年立時比匈奴猶盛數寇邊朝庭以爲

憂交會比單于欲合市遣使求和親顯宗襃

其交通不復為寇乃許之八年遣越騎司
馬鄭眾北使報命而南部須卜骨都侯等
知漢與北虜交使懷怨欲畔密因北使
令遣兵迎之鄭眾出塞疑有異伺候果得
須卜使人乃上言宜更置大將以防二虜
交通由是始置度遼營以中郎將吳棠行
度遼將軍事副校尉來苗左校尉閻章右
校尉張國將黎陽虎牙營士屯五原曼柏

漢官儀曰光武以幽冀并兵克定天下故故黎陽立營以謁者監領兵騎千人又遣騎

十三　倪顗

都尉秦彭將兵屯美稷其年秋比虜果遣
二千騎候望朔方作馬革船欲度迎南部
畔者以漢有備乃引去復數寇鈔邊郡焚
燒城邑殺略甚眾河西城門晝閉帝患之
十六年乃大發緣邊兵遣諸將四道出塞
北征匈奴南單于遣左賢王信隨太僕祭
肜及吳棠出朝方高闕攻皋林溫禺犢王
於涿邪山虜聞漢兵來悉度漠去肜坐
不至涿邪山免以騎都尉來苗行度遼將

軍其年北匈奴入雲中遂至漁陽太守廉
范擊卻之詔遣使者高弘發三郡兵追之
無所得建初元年來苗遷濟陰太守以征
西大將軍耿秉行度遼將軍時皋林溫禺
犢王復將眾還居涿邪山南單于聞知遣
輕騎與緣邊郡及烏桓兵出塞擊之斬首
數百級降者三四千人其年南部苦蝗大
飢蕭宗稟給其貧人三萬餘口七年耿秉
遷執金吾以張掖太守鄧鴻行度遼將軍

十四　胡

八年北匈奴三木樓訾大人稽留斯等率
三萬八千人馬二萬匹牛羊十餘萬款五
原塞降元和元年武威太守孟雲上言北
單于復願與吏人合市詔書聽雲遣驛使
迎呼慰納之北單于乃遣大且渠伊莫訾
王等（且音子余反下並同）驅牛馬萬餘頭來與漢賈客交
易諸王大人或前至所在郡縣為設官邸
賞賜待遇之南單于鈔掠牛馬驅還入塞
遮略生口鈔掠牛馬驅還入塞二年正月

北匈奴大人車利涿兵等亡來入塞凡七
十三輩時北虜衰耗黨眾離畔南部攻其
前丁零寇其後鮮卑擊其左西域侵其右
不復自立乃遠引而去單于長二十三
年薨單于汗之子宣立伊屠於閭鞮單于
至涿邪山卒與北虜溫禺犢王遇 卒音七
宣元和二年立其歲單于遣兵千餘人獵 因
既和親而南部復往鈔掠北單于謂漢欺 李賢
戰獲其首級而還冬孟雲上言北虜以前
之謀欲犯塞謂宜還南所掠生口以慰安
其意蕭宗從太僕袁安議許之乃下詔曰

昔獫狁獯粥之敵中國其所由來尚矣 周
之効境埸之人屢嬰塗炭 境埸謂險要之地埸音亦
往者雖有和親之名終無絲縷 獫狁堯曰薰粥秦曰匈奴境埸謂險要之地埸音苦交反
孤見號於道路老母寡妻設虛祭飲泣淚 父戰於前子死於後弱女乘於亭障苦埇反戰於前書
想望歸魂於沙漠之表豈不哀哉 增捐之之辭詔捐用之業
傳曰江海所以能長百川者

以其下之也 老子曰江海所以能為百谷王者以其善下也 少加屈下
尚何足病況今與匈奴君臣分定辭順約
明貢獻累至豈違信自受其曲其勑度
遼及領中郎將龐奮倍雁南部所得生口
以還北虜 雁賞報也 其南部斬首獲生計功受
賞如常科於是南單于復令薁鞬日逐王
師子將輕騎數千出塞掩擊北虜復斬獲
千人北虜眾以南部為漢所厚又聞取降
者歲數千人章和元年鮮卑入左地擊北

匈奴大破之斬優留單于取其匈奴皮而
還北庭大亂屈蘭儲卑都須等五十八
部口二十萬勝兵八千人詣雲中五原朔
方北地降單于屯屠何 屠何單于長之弟
屯屠何立休蘭尸逐侯鞮單于 何章
和二年立時北虜大亂加以飢蝗降者前
後而至南單于將并北庭會蕭宗崩寶太
后臨朝其年七月單于上言臣累世蒙恩
不可勝數孝章皇帝聖恩遠慮遂欲見成

就故令烏桓鮮卑討比虜斬單于首級破
壞其國今所新降虛渠等詣臣自言去歲
三月中發虜庭比單于創刱州南兵又畏可
令鮮卑〔令音〕邀逃遠去依安庻河西今年
正月骨都侯等復共立單于異母兄右賢
王為單于其人以兄弟爭立並各離散臣
與諸王骨都侯及新降渠帥雜議方略皆
曰宜及比虜分爭出兵討伐破比成南并
為一國令漢家長無比念又今月八日新〔七〕
降右須日逐鮮堂輕從虜庭遠來詣臣言〔王霸〕
比虜諸部多欲内顧俱耻自發故未有
至者若出兵奔擊必有經昌應今年不往恐
復并壹臣伏念先父歸漢以來被蒙覆載
嚴塞明候大兵擁護積四十年臣等生長
漢地開口仰食歲時賞賜動輒億萬雖垂
拱安枕憇無報効之義願發國中及諸部
故胡新降精兵遣左谷蠡王師子左呼衍
日逐王須訾將萬騎出朔方左賢王安國

右大且渠王交勒蘇將萬騎出居延期十
二月同會虜地臣將餘兵萬人屯五原朔
方塞以為拒守臣素愚淺又兵衆單少不
足以防内外願遣執金吾耿秉度遼將軍
鄧鴻及西河雲中五原朔方上郡太守并
力而北今北地安定太守各屯要害因
聖帝威神一舉平定臣國成敗要在今年
已勑諸部嚴兵馬訖九月龍祠悉集河上
唯陛下裁哀省察太后以示耿秉東上言〔十八〕
事遂無成宜帝之世會呼韓來降故邊人〔劉仲〕
昔武帝單極天下欲臣虜匈奴未遇天時
獲安中外為一生人休息六十餘年及王
恭篡位變更其號〔漢賜單于印文曰匈奴單于璽無漢字王恭改曰新匈奴單于章〕
耗擾不止單于乃畔光武受命復
懷納之縁以還復烏桓鮮卑咸
脅歸義威鎮西夷其效如此今幸遭天授
北虜分爭以夷伐夷國家之利宜可聽許
秉因自陳恩分當出命効用太后從之永

元元年以東為征西將軍與車騎將軍竇
憲率騎八千與度遼兵及南單于衆三萬
騎出朔方擊北虜大破之北單于奔走首
虜二十餘萬人事已具竇憲傳二年春鄧
鴻遷大鴻臚以定襄太守皇甫棱行度遼
將軍南單于復上求滅北庭於是遣左谷
蠡王師子等將左右部八千騎出雞鹿塞
（塞在朔方郡窳渾縣北窳音庾）
至涿邪山乃留輜重分為二部各引輕兵

後漢列傳七十九　十九

兩道襲之左部北過西海至河雲北
右部從匈奴河水西繞天山南度甘
微河二軍俱會夜圍北單于大驚率精兵
千餘人合戰單于被創僅馬復上將輕騎
數十遁走僅免脫得其王璽獲閼氏及
男女五人斬首八千級生虜數千口而還
是時南部連剋獲納降黨衆最盛領戶三
萬四千口二十三萬七千三百勝兵五萬
一百七十故從事中郎將置從事二人耿

譚以新降者多上增從事十二人三年北
單于復為右校尉耿夔所破逃亡不知所
在其弟右谷蠡王於除鞬自立為單于將
右溫禺鞬王骨都侯已下衆數千人止蒲
類海遣使欵塞大將軍竇憲上書立於除
鞬為北單于朝廷從之四年遣耿夔即授
璽綬賜玉劍四具羽蓋一駟使中郎將任
尚持節衛護屯伊吾如南單于故事方欲
輔歸北庭會竇憲被誅五年於除鞬自畔

後漢列傳七十九　二十

還北帝遣將兵長史王輔以千餘騎與任
尚共追誘將還斬之破滅其衆
何立六年覈單于宣弟安國立單于安國
永元五年立安國為左賢王而無稱譽
左谷蠡王師子素勇黠多知前單于宣及
屯屠何皆愛其氣決故數遣將兵出塞掩
擊北庭還受賞賜天子亦加殊異是以國
中盡敬師子而不附安國由是疾師子欲
殺之其諸新降胡初在塞外數為師子所

驅掠皆多怨之安國因是委計降者與同謀議安國既立為單于師子以次轉為左賢王覺單于與新降者有謀乃別居五原界單于每龍會議事師子輒稱病不往皇甫棱知之亦擁護不遣單于懷憤益甚六年春皇甫棱免以執金吾朱徽行度遼將軍時單于與中郎將杜崇不相平遂上書告崇崇諷西河太守令斷單于章無由自聞而崇因與朱徽上言南單于安國疎遠故胡親近新降欲殺左賢王師子及左臺且渠劉利等又右部降者謀共迫脅安國起兵背畔請西河上郡安定為之儆備和帝下公卿議皆以為蠻夷反覆雖難測知然大兵聚會必未敢動搖今宜遣有方略使者之單于庭與杜崇朱徽及西河太守并力觀其動靜如無它變可令崇等就安國會其左右大臣責其部眾橫暴為邊害者共平罪誅若不從命令為權時方略事

畢之後裁行客賜（言以主客之禮載量賜物不多與此亦足以）威示百蠻帝從之於是徽崇遂發兵造其庭安國夜聞漢軍至大驚棄帳而去因舉兵及將新降者欲誅師子師子先知乃悉將廬落入曼栢城安國追到城下門閉不得入朱徽遣吏曉譬和之安國不下乃引兵屯五原崇徽因發諸郡騎追赴之急眾皆大恐安國舅骨都侯喜為等慮并被誅乃格殺安國安國立一年單于適之子師子立亭獨尸逐侯鞮單于師子永元六年立降胡五六百人夜襲師子師子安集掾王恬將衛護士與戰破之於是新降胡遂相驚動十五部二十餘萬人皆反畔脅立前單于屯屠何子奧鞬日逐王逢侯為單于遂殺畧吏人燔燒郵亭廬帳將車重向朔方欲度漠北於是遣行車騎將軍鄧鴻越騎校尉馮柱行度遼將軍朱徽將左右羽林北軍五校士及郡國積射緣邊兵

邊兵〔漢有積射之士言尋迹而射迹同古字通也〕烏桓校尉任
尚將烏桓鮮甲合四萬人討之時南單于
及中郎將杜崇屯牧師城逢俟將萬餘騎
攻圍之未下冬鄧鴻等至美稷將逢俟及
冰度隰向滿夷谷南單于遣子將萬騎與
杜崇所領四千騎與鄧鴻等追擊逢俟於
大城塞斬首三千餘級得生口及降者萬
餘人馮柱復分兵追擊其別部斬首四千
餘級任尚率鮮甲大都護蘇拔廆〔胡罪反〕烏

〔後漢列傳七十九〕　二十三　陳從

大人勿柯八千騎要擊逢俟於滿夷谷
復大破之前後凡斬萬七千餘級逢俟遂
率眾出塞漢兵不能追七年正月軍還馮
柱將虎牙營留屯五原罷遣鮮甲烏桓
胡兵封蘇拔廆為率眾王又賜金帛鄧鴻
還京師坐逗留失利〔按軍法逗留畏慎者斬逗音豆〕下獄死
後帝知朱徽杜崇失胡和又禁其上書以
致反畔皆徵下獄死以鴈門太守龐奮行
度遼將軍逢俟於塞外分為二部自領右

部屯涿邪此下左部屯朔方西北相去數
百里八年冬左部胡自相疑畔還入朔方
塞龐奮迎受慰納之其勝兵四千人弱小
萬餘口悉降以分處北邊諸郡南單于以
其右溫禺犢王烏居戰〔溫禺犢王烏居戰烏居戰名也〕始與安
國同謀欲考問之烏居戰數千人遂復
反畔出塞外山谷間為吏民害秋龐奮馮
柱與諸郡兵擊烏居戰其眾降於是徙烏
居戰眾及諸還降者二萬餘人於安定北

〔後漢列傳七十九〕　二十四　陳仲

地馮柱還遷將作大匠逢俟部眾飢窮又
為鮮甲所擊無所歸竄逃入塞者駱驛不
絕單于師子立四年薨單于長之子檀立
萬氏尸逐鞮單于壇永元十年上十二年
龐奮遷河南尹以朔方太守王彪行度遼
將軍南單于比歲遣兵擊逢俟多所虜獲
收還生口前後以千數逢俟轉困迫十六
年北單于遣詣闕貢獻願和親脩呼韓
邪故絇和帝以其舊禮不備未許之而厚

03-1359

加賞賜不苔其使元興元年重遣使詣敦
煌貢獻辭以國貧未能備禮願請大使當
遣子入侍　天子降大使至國即遣子隨大使入侍　時鄧太后臨朝
亦不苔其使但加賜而已永初三年　安帝即位之二
年也夏漢人韓琮隨南單于入朝既還說南
單于云關東水潦人民飢餓死盡可擊也
單于信其言遂起兵反畔攻中郎將耿种
於美稷秋王彪卒冬遣行車騎將軍何熙
副中郎龐雄擊之四年春檀遣千餘騎寇
常山中山以西遼校尉梁懂行度遼將軍
懂音與遼同　勤　夔傳單于見諸軍並進大恐怖顧讓韓懂
曰汝言漢人死盡今是何等人也　顧讓讓責也反顧
龐雄等拜陳道死罪於是赦之單于脫帽徒跣對
乃還所鈔漢民男女及羌所略轉賣入匈
奴中者合萬餘人　既被擊敗陳謝死罪還所鈔之　男
女五年梁懂免以雲中太守耿夔行度遼

將軍元初元年　安帝永初六年改爲元初元年夔免以烏　淵聖柳名
校尉鄧遵爲度遼將軍遵皇太后之從弟
故始爲眞將軍焉　自置度遼將軍以來皆權行將軍此後更無行者也　四年逢侯爲鮮卑所破部眾分
散皆歸北虜五年春逢侯將百餘騎亡還
詣朔方塞降鄧遵奏徙逢侯於潁川郡　達
建光元年　安帝永寧元年改鄧遵免復以耿夔代爲度遼將
軍時鮮卑寇邊夔與溫禺犢王呼尤徽將
新降者連年出塞討擊鮮卑還復各令屯
列衝要　還使新降者而耿夔徵發煩劇新降
者皆悉恨謀畔單于檀立二十七年薨弟
拔立耿夔復免以太原太守法度代爲將
軍烏稽侯尸逐鞮單于拔延光三年夏
新降一部大人阿族等遂反畔脅呼尤徽
欲與俱去呼尤徽曰我老矣受漢家恩寧
死不能相隨眾欲殺之有救者得免阿族

等遂將妻子輜重亡去中郎將馬翼遺兵
與胡騎追擊破之斬首及自投河死者殆
盡【殆近也欲死盡所餘無幾】獲馬牛羊萬餘頭冬法度卒
四年漢陽太守傳衆代為將軍其冬傳衆
復卒永建元年【順帝即位之年】以遼東太守龐參代
為將軍先是朔方以西障塞多不脩復鮮
卑因此數寇南部殺漸將王【匈奴有左漸將王吾】單于
憂恐上言求復障塞順帝從之乃遣黎陽
營兵出屯中山北界【黎陽先置營兵以南單于求復障塞恐入侵擾亂置之增置緣邊諸郡】
【屯兵於中山北界舊中山郡今之定州是也定州者則在河北也】
兵列屯塞下教習戰射單于拔立四年薨
弟休利立去特若尸逐就單于休利永建
三年立四年龐參遷大鴻臚以東平相宋
漢代為度遼將軍龐嘉二年漢遷太僕以
烏桓校尉耿曄代為度遼將軍永和元年
度遼將軍五年夏南匈奴左部句龍王吾
斯車紐等背畔率三千餘騎寇西河因復

招誘右賢王合七八千騎圍美稷殺朔方
代郡長史馬續與中郎將梁並烏桓校尉
王元發緣邊兵及烏桓胡合二萬【烏桓校尉】
餘人掩擊破之吾斯等遂更屯聚攻沒城
邑天子遣使責讓單于開以恩義令相招
降單于本不豫謀乃脫帽避帳詣並謝罪
並以病徵五原太守陳龜代為中郎將龜
逼迫之單于及其弟左賢王皆自殺單于
以單于不能制下【吾斯等攻城邑單于雖不預謀然不能制下即是不堪其任】
休利立十三年龜又欲徙單于近親於內
郡而降者遂更狐疑龜坐徵下獄免【陳龜逼迫單于及弟皆令自殺又欲徙其近親者遂致狐疑此則陳龜之由也】大將軍梁商以羌
胡新及黨衆初合難以兵服宜用招降乃
上表曰匈奴寇畔自知罪極窮鳥困獸皆
知救死況種類繁熾不可單盡【單亦盡也猶書云謀孔安國曰謨亦謀也即與古書之重語】今轉運日增三軍疲苦虛內
給外非中國之利竊見度遼將軍馬續素
有謀謨且典邊日久深曉兵要每得續書

與臣策合冑令續深溝高壁以恩信招降

宣示購賞明為期約如此則醜類可服也言等類可服也

國家無事矢帝從之乃詔續招降等醜

畔虜商又移書續等曰中國安寧忘戰日

久良騎野合交鋒接矢決勝當時戎狄之

所長而中國之所短也強弩乘城堅營固

守以待其衰中國之所短也強弩乘城堅營固之兵不能當也杅官鵰發矢道同的則匈奴之革筒女

【後漢列傳七十九】二十九

短也若夫平原易地輕車突騎則匈奴之衆易撓也亂也勁弩長戟射踈及遠則匈奴之弓不能格也甲利刃長相接去就就相薄則匈奴之兵木鷹不能支也下馬地鬪劍戟相接去就相薄則匈奴體因梁商論其長短故備錄之此乃兵家之要

務先所長以觀其變設購開賞宣示反悔

勿貪小功以亂大謀續及諸郡並各遵行

於是右賢王部抑鞮等萬三千口詣續降

秋句龍吾斯等立句龍王車紐為單于東

引烏桓西收羌戎及諸胡等數萬人攻破

京兆虎牙營即京兆虎牙都尉也西羌尉於雍漢官儀曰涼州近羌數犯三輔京兆虎牙扶風都尉將兵衛護園陵也 殺上郡都

尉及軍司馬遂寇掠井陘涼幽冀四州乃徙

西河治離石即西河之屬縣也上郡治夏陽朔方

治五原移朔方就五原郡冬遣中郎將張耽將幽

州烏桓諸郡營兵擊畔虜車紐等戰於馬

邑斬首三千級獲生口及兵器牛羊甚眾

車紐等將諸豪帥骨都侯乞降而吾斯猶

率其部曲到穀城擊之斬首數百級張耽鮮

甲五千騎到穀城擊之斬首數百級張耽

【後漢列傳七十九】三十 董

性勇銳而善撫士卒軍中皆為用命遂縬

索相懸上通天山大破烏桓悉斬其渠帥

還得漢民獲其畜生財物夏馬續復免以

城門校尉吳武代為將軍漢安元年順帝元年和江左改為漢安元年也

復掠井陘字通作藥轖前書兩藥轖或作藥轖依前書不改也秋吾斯與藥轖臺耆且渠伯德第

就單于兜樓儲先在京師漢安二年立之元年也

天子臨軒大鴻臚持節拜授璽綬引上殿

賜青蓋駕駟鼓車安車駢馬騎王具刀劍

什物盡用玉具摽首鐔衛為之給綵布二千四賜單于

關氏以下金錦錯雜具軿車馬二乘遣行中郎將持節護送單于歸南庭詔太常大鴻臚與諸國侍子於廣陽城門外祖會饗賜作樂角抵百戲頭冬中郎將馬寔募刺殺句龍吾斯送首洛陽建康元年進擊餘黨斬首千二百級烏桓七十萬餘口皆詣寔降車重牛羊不可勝數單于兜樓儲立五年薨伊陵尸逐就單于居車兒建和元年立

至永壽元年匈奴左奧鞬臺耆且渠伯德等復畔寇鈔美稷安定屬國都尉張奐擊破之之事已具奐傳延熹九年中郎將南單于諸部並畔遂與烏桓鮮卑寇緣邊九郡以張奐為北中郎將討之單于諸部悉降奐以單于不能統理國事乃拘之上立左谷蠡王張奐上書請立左詔曰春秋大居正

《後漢列傳七十九》三十一 林佐

年宜大開恩宥其居車兒即是桓帝即位之建和元年立自立以冬一心向化宜寬宥之兒一心向化何罪而黜其遣還單于居車兒立二十五年薨子某立屠特若尸逐就單于某藏旻出鴈門擊鮮卑檀石槐大敗而還是歲單于薨子呼徵立單于呼徵光和元年六年單于與中郎將不相能脩檀斬之更立右賢王羌渠為單于脩以不先請而擅誅殺檻車徵詣廷尉抵罪單于羌渠光和二年立中平四年前中山太守張純反畔遂率鮮卑寇邊郡靈帝詔發南匈奴兵配幽州牧劉虞討之單于遣左賢王將騎詣幽州國人恐單于發兵無已五年右部醢落與休著各胡白馬銅等十餘萬人反攻殺單于羌渠立十年子右賢王於扶羅立

《後漢列傳七十九》三十二 同秀

入後漢傳七十九

持至尸逐侯單于於扶羅中平五年立
國人殺其父者遂畔共立須卜骨都侯為
單于而於扶羅詣闕自訟會靈帝崩天下
大亂單于將數千騎與白波賊合兵寇河
内諸郡時民皆保聚鈔掠無利而兵遂挫
傷復欲歸國國人不受乃止河東平陽
須卜骨都侯為單于一年而死南庭遂虛
其位以老王行國事單于於扶羅立七年
死弟呼廚泉立（呼廚泉即元海之叔祖）單于
呼廚泉興平二年（獻帝初平五年改為興平元年）三十三
逐不得歸國數為鮮卑所鈔建安元年獻
帝自長安東歸右賢王去卑與白波賊帥
韓暹等侍衛天子拒擊李傕郭汜及車駕
還洛陽又徙遷許然後歸國（謂歸河東平陽也）二十
一年單于來朝曹操因留於鄴（留呼廚泉於鄴而遣去卑）
其五部國（而遣去卑歸監其國焉）
論曰漢初遭冒頓凶黠種衆強熾高祖威
加四海而窘平城之圍（前書云高祖自將兵三十二萬擊韓王信）

南匈奴列傳七十九

先至平城冒頓縱兵三十萬騎圍帝於白登七日漢
兵中外不得相救餉故畏弩不得食不能彎弓弩得
陳平祕計然後得免也（前書贊曰斷獄四百幾致刑措鄴刑亦近也今言政鄴刑）
辱之恥（近也）太宗政鄴刑措不雪憤
武丕與邊略有志匈奴赫然命將戎旗星
屬（連犿屬言其之多）候列郊甸火通甘泉
織内（河南匈奴之界也...）而猶鳴鏑揚塵出入
至於窮竭武力單用天財（用天下之財盡也）歷
紀歲以攘之寇雖頗折而漢之疲耗略相
當矣（漢武好征戶口減半即是宣帝值虜庭分）
爭呼韓邪來臣乃權納懷柔因為邊衛罷關徵之
徼息兵民之勞龍駕帝
服鳴鍾傳鼓於清渭之上
朝甘泉宮漢寵以殊禮位在諸侯王上（二年正月呼韓邪）
分爭謂五單于國呼韓邪遂來臣服因請歌關永為邊衛
呼揭單于莫鞮單于烏籍單于凡五單于也
君長侯數萬人咸迎於渭橋下夾道陳上登渭橋咸

南面而朝單于朔易無復匹馬之蹤
稱萬

即降朝方易水之地　更六十餘年矣後王恭陵
歲
無匈奴匹馬之蹤也

篡擾動戎夷

市生前書贊曰三世今中郎將韓統報命賂遺金帛以通舊好而單于驕踞自比冒頓對使者辭語悖慢也
世相二年今中郎將韓統報命

祖以用事諸華未遑沙塞之外也
世　眼忍愧

思難徒報謝而已
雖得驕踞悖慢之詞而以善言報其

莫不頓足攘手爭言衛霍之事
去病世宗之　厭帝

及關東稍定隴蜀已清其猛夫扞將
爭言衛青霍

代北伐匈奴之地　帝方厭兵開脩文政未　其後匈奴爭立日逐來奔
許其猛夫扞將之事

金帛常載於道　而單于驕踞益橫內暴滋深
　　　　　　　　　　　　　〈後漢列傳七十九〉　三十五

武中興更通舊好
宣元之舊好
侵佚害流傍境及中興之初更通舊好　報命連屬金幣載道　其往來不絕
光帝

帝方內諸夏
自是匈奴得志狼心復生乘閒
王恭轢政始
續以更始之亂方夏幅裂更擾無

願脩呼韓之好以禦比狄之衝
比季父奉單于輿以比為
即南匈奴單于比也逐王比
奉蕃稱臣永為外扞天
子總攬羣策和而納焉
總覽羣臣之和而同而納之

乃詔有司開北鄙擇肥美之地量水
草以處之馳中郎之使盡法度以臨之制
衣裳備文物加璽綬之綬正單于之名於
是匈奴分破始有南北二庭焉

互伺便隙控弦抗戈頡望風塵雲屯鳥散　歲或寧而
更相馳突至於陷潰劉傷者厤歲之徒
後
漢之塞地晏然矣
由南北二庭自相馳突漢之塞地晏然無事矣

亦頗為出師升兵躬討命竇憲耿夔之徒
前後並進皆用果議設奇數異道同會究
北虜烏孫逐奔

掩其窋宄躪比追太奔
軍走曰　三千餘里　北虜烏孫逐奔

閼氏　械在手曰梏也
音古黠反

三千餘里
漢比乃空其地也

遂破龍祠焚劉幕吮十角梏
銘功封石倡呼而氣蒙戮
單于震懾屏氣蒙戮　立銘於

燕然山猶前書霍去病臨瀚海封狼居胥山也

遁走於烏孫之地而漢比空矣
之居
漢比既空宜遷南虜以

若因其時勢及其虛曠還南虜於陰山
漠北既空宜遷南虜以

歸河西於內地〔河西虜眾居之，于時遂為邊境上〕，申光武權宜之略，下防戎羯亂華之漸〔之亂興於永嘉之年，即勒燕然。人以上始可預其將來實憲廣于寧，可責其謀慮乎〕。使

耿國之筭，不謬於當世〔建武二十四年八部大人共五比為呼韓邪單于屯居五原，塞願欲立北單于比為一國令漢家長扶案北方謀乃許之也。李勝及〕

從於後王〔寶憲欲立北單于比之議即言平之弘遠也〕，秦安之議見弘也〔若從耿國兼安之議即言平直之道如此之弘正直而〕，平易正直若此其

而竇憲矜三捷之劼〔三捷言勝也自矜功伐專行威惠為臣不忠即其人也又章和二年實太后臨朝單于屯屠何上言宜及〕，忽經世之規，狼戾不端，專行威惠，遂復更立北虜，反其故庭〔永元三年實憲欲遂令漢令復請立北庭書請將軍龐〕，并恩兩護，以私己福，弄戔天公〔兵討伐寶憲破北成南并成一國更請存立其帝遺術北虜分爭出兵討伐五年於除鞬自畔還北帝遣衛去授璽綬方欲歸北庭會實憲被誅五端秃翁何公謂天子祖古無北念既威北邊即宜獎成南部更請存立其實憲誘諸誅之王長史王輔兵歸北庭會實憲被誅五年於除鞬自畔還方欲歸〕

坐樹大鯁，永言前〔胤緒斬日逕列石紀功即宜滅其北庭以資南部重存歸北庭會實憲被誅之於除鞬自畔於朝廷從是並恩兩護以私己福弄戔天公實言〕

載何恨憤之深乎！自後經綸失方，畔服不一，其為疢〔於招斯則弃蔑首鼠兩端秃翁何公謂天子祖古士共禍翁何弃蔑首鼠兩端秃翁何高祖古幾敗乃公事功也幾敗乃公事功也書直筆時復存其實言也滋蔓即是坐樹大鯁遂使匈奴永言前〕

毒，胡可單言〔單盡也單盡同也〕與輝同也。降及後世皆為常俗，終於吞噬，神鄉丘墟，帝宅鳴呼，千里之差。

興自毫端，失得之源，百世不磨矣〔既勒燕然之後，得專為三部，則羌服無怠之匙此此之不行遂應成種類繁昌，難以驅逼魏武雖分其眾為五部，然其後皆居晉陽汾晉之閒劉元海稱天號縱盜中原呑噬王劉之孝元海假稱天號縱二帝沈没虜庭差之毫端其禍乃爾一至於此百代無滅誠可痛心也〕

裁藏事也。

贊曰：匈奴既分〔謂分為南北庭也〕，羽書稀聞〔有急即插鳥羽其上也〕。野心難悔，終亦紛紜〔紛紜紛紜之事其如上解〕。

後漢書列傳卷第七十九

三十七　三十八

王荇

烏桓

鮮卑

烏桓者本東胡也漢初匈奴冒頓滅其國
餘類保烏桓山因以為號焉俗善騎射弋
獵禽獸為事隨水草放牧居無常處以穹
廬為舍東開向日食肉飲酪以毛毳為衣
鄭玄注周禮曰毛毳之縟細者為毳也　貴少而賤老其性悍塞文
塞謂不開　怒則殺父兄而終不害其母以母
之　有族類父兄無相仇報故也有勇健能理
決鬥訟者推為大人無世業相繼邑落各
有小帥數百千落自為一部大人有所召
呼則刻木為信雖無文字而部眾不敢違
犯氏姓無常以大人健者名字為姓大人
以下各自畜牧營產不相徭役其嫁娶則
先略女通情杜預注左傳曰不以道取為略　或半歲百日然後
後送牛馬羊畜以為娉幣婿隨妻還家妻

家無尊卑旦旦拜之而不拜其父母為妻
家僕役二年間妻家乃厚遣送女居處
財物一皆為辦其俗妻後母報寡嫂死則
歸其故夫計謀從用婦人唯鬥戰之事乃
自決之父子男女相對踞蹲以髡頭為輕
便婦人至嫁時乃養髮分為髻著句決飾
以金碧猶中國有簂步搖
續漢輿服志曰公卿列侯夫人紺繒蔮　韋作文繡織氍毹　男子能
作弓矢鞍勒鍛金鐵為兵器其土地　婦人能
宜穄及東牆東牆似蓬草實如穄子至十
月而熟見鳥獸孕乳似別四節俗貴兵死
斂屍以棺有哭泣之哀至葬則歌舞相送
肥養一犬以綵繩纓牽并取死者所乘馬
衣物皆燒而送之言以屬累犬使護死者
神靈歸赤山赤山在遼東
西北數千里如中國人死者魂神歸岱山
也博物志泰山天帝孫也主召人魂　使護死者神靈歸赤山赤山在遼東
敬鬼神祠天地

日月星辰山川及先大人有健名者祠用牛羊畢皆燒之其約法違大人言者罪至死若相賊殺者令部落自相報不止詣大人告之聽出牛羊以贖死其自殺父兄則無罪若亡畔為大人所捕者邑落不得受之皆徙逐於雍狂之地沙漠之中其土多蝮蛇在丁令西南烏孫東北焉（前書音義曰丁令音零）常臣伏匈奴歲輸牛馬羊皮過時不具輒（今匈奴別種也 自為冒頓所破眾遂孤弱）沒其妻子及武帝遣驃騎將軍霍去病擊破匈奴左地因徙烏（御名）於上谷漁陽右北平遼西遼東五郡塞外為漢偵察匈奴動靜（偵覘視也音丑政反）其大人歲一朝見於是始置護烏（御名）校尉秩二千石擁節監領之使不得與匈奴交通昭帝時烏（御名）漸強乃發匈奴單于家墓以報冒頓之怨匈奴大怒乃擊破烏（御名）大將軍霍光聞之因遣度遼將軍范明友將二萬騎出遼東邀匈奴而虜

己引去明友乘烏（御名）新敗遂進擊之斬首六千餘級獲其三王首而還由是烏（御名）復寇幽州明友輒破之宣帝時乃稍保塞降附及王莽篡位欲擊匈奴興十二部軍使東域將嚴尤領烏（御名）丁令兵屯代郡皆質其妻子於郡縣烏（御名）不便水土懼久屯不休數求謁去莽不肯遣遂自亡叛還為抄盜而諸郡盡殺其質由是結怨於莽匈奴因誘其豪帥以為吏餘者皆羈縻屬之尤亡其在上谷塞外白山者最為強富建武初烏（御名）與匈奴連兵為寇代郡以東尤被其害居止近塞朝發穹廬暮至城郭五郡民庶家受其辜至於郡縣損壞百姓流亡二十一年遣伏波將軍馬援將三千騎出五阮關掩擊之（關在代郡）走追斬百級而還烏（御名）復逆尾擊援後遂晨夜奔歸比入塞馬死者千餘四二十二年匈奴國亂烏（御名）乘弱擊破之匈奴轉北

林卷遠

從數千里漠南地空帝乃以幣帛賂烏桓
二十五年遼西烏桓大人郝旦等九百二
十二人率眾向化詣闕朝貢獻奴婢牛馬
及弓虎豹貂皮是時四夷朝貢絡驛而至
天子乃命大會勞饗賜以珍寶烏桓或願
留宿衛於是封其渠帥為侯王君長者八
十一人皆居塞內布於緣邊諸郡令招來
種人給其衣食遂為漢偵候助擊匈奴鮮
甲時司徒掾班彪上言烏桓天性輕黠好
為寇賊若久放縱而無總領者必復侵掠
居人但委主降掾史 蓋當時權置也下恐非
所能制臣愚以為宜復置烏桓校尉誠有
益於附集省國家之邊慮帝從之於是始
復置校尉於上谷甯城 寧城縣名前書甯縣作
開營府并領鮮甲賞賜質子歲時互
市焉及明章和三世皆保塞無事安帝永
初三年夏漁陽烏桓與右北平胡千餘寇
代郡上谷秋鴈門烏桓率眾王無何允與

鮮甲大人丘倫等及南匈奴骨都侯合七
千騎寇五原與太守戰於九原高渠谷
漢兵大敗殺郡長吏乃遣車騎將
軍何熙度遼將軍梁慬等擊大破之無何
乞降其鮮甲走還塞外是後烏桓稍復親附
拜其大人戎朱廆為親漢都尉
陽嘉四年冬烏桓寇雲中遮截道上商賈
車牛千餘兩度遼將軍耿曅率二千餘人
追擊不利又戰於沙南斬首五百級
烏桓遂圍畢於蘭池城於是發積
射士二千人度遼營千人配上郡屯以討
烏桓烏桓乃退永和五年烏桓大人阿堅
羌渠等與南匈奴左部句龍吾斯反畔中
郎將張耽擊破斬之餘眾悉降桓帝永壽
中朔方烏桓與休著屠各並畔中郎將張
奐擊平之延熹九年夏九郡烏桓俱反與鮮甲及
南匈奴鮮甲寇緣邊九郡張奐討之
皆出塞去靈帝初烏桓大人上谷有難樓

者衆九千餘落遼西有丘力居者衆五千
餘落皆自稱王又遼東蘇僕延衆千餘落
自稱峭王﹙峭音七反﹚又右北平烏延衆八百餘落
自稱汗魯王﹙汗音哎反﹚並勇健而多計策中平四年
前中山太守張純畔入丘力居衆中自號
彌天安定王遂爲諸郡烏桓元帥寇掠青
徐幽冀四州五年以劉虞爲幽州牧虞購
募斬純首北州乃定獻帝初平中丘力居
死子樓班年少從子蹋頓有武略代立﹙蹋音喝﹚
﹙大蹋反﹚總攝三郡衆皆從其號令建安初冀
州牧表紹與前將軍公孫瓚相持不決蹋
頓遣使詣紹求和親遂遣兵助擊瓚破之
紹矯制賜蹋頓難樓蘇僕延烏延等皆以
單于印綬後難樓蘇僕延率其部衆奉樓
班爲單于蹋頓猶秉計策廣
陽人閻柔少沒烏桓鮮卑中爲其種人所
歸信柔乃因鮮卑烏桓衆殺烏桓校尉邢舉而
代之表紹因寵慰柔以安北邊及紹子尚

敗奔蹋頓時幽冀吏人奔烏桓者十萬餘
戶尚欲憑其兵力復圖中國會曹操平河
北閻柔率鮮卑烏桓歸附操即以柔爲校
尉建安十二年曹操自征烏桓大破蹋頓
於柳城斬之首虜二十餘萬人表尚與樓
班烏延等皆走遼東太守公孫康並
斬送之其餘衆萬餘落悉徙居中國云
鮮卑者亦東胡之支也別依鮮卑山故因
號焉其言語習俗與烏桓同唯婚姻先髡
頭以季春月大會於饒樂水上﹙水在今營州此﹚飲
讌畢然後配合又禽獸異於中國者野馬
原羊角端牛以角爲弓俗謂之角端弓者
﹙郭璞注爾雅曰原羊似吳羊而大角出西方前書音義曰角端似牛角可爲弓又有貂豽﹚
麗子皮毛柔蠕﹙貂音女滑反豽音胡旦反並屬貂猴屬也﹚故天
下以爲名裘漢初亦爲冒頓所破遠﹙竄遼﹚
東塞外與烏桓相接未常通中國焉光武
初匈奴強盛率鮮卑與烏桓寇抄北邊殺
略吏人無有寧歲建武二十一年鮮卑與

匈奴入遼東遼東太守祭肜擊破之斬獲
殆盡事已具肜傳由是震怖及南單于附
漢北虜孤弱二十五年鮮卑始通驛使其
後都護偏何等詣祭肜求自效功因令擊
北匈奴左伊育訾部斬首二千餘級其後
偏何連歲出兵擊北虜還輒持首級詣遼
東受賞賜三十年鮮卑大人於仇賁滿頭
等率種人詣闕朝賀慕義內屬帝封於仇
賁為王滿頭為侯時漁陽赤山烏桓歆志
賁等數寇上谷永平元年祭肜復略偏何
擊歆志賁破斬之於是鮮卑大人皆來歸
附並詣遼東受賞賜青徐二州給錢歲二
億七千萬為常明章二世保塞無事和帝
永元中大將軍竇憲遣右校尉耿夔擊破
匈奴北單于逃走鮮卑因此轉徙據其地
匈奴餘種留者尚有十餘萬落皆自號鮮
甲鮮卑由此漸盛咸九年遼東鮮卑攻肥如
縣〔肥如縣故城在今平州也〕太守祭參坐沮敗下獄死十

林仁 陳壽

三年遼東鮮卑寇右北平因入漁陽漁陽
太守擊破之延平元年鮮卑復寇漁陽太
守張顯率數百人出塞追之兵馬掾嚴授
諫曰前道險阻賊執難量宜且結營先令
輕騎偵視之顯意甚銳怒欲斬之因復進
兵遇虜伏發士卒悉走唯授力戰身被十
創手殺數人而死顯中流矢主簿衛福功
曹徐咸皆目投赴陣歿扵陣鄧太后策
書褒歎賜顯錢六十萬以家二人為郎授
福咸各錢十萬除一子為郎安帝永初中
鮮卑大人燕荔陽詣闕朝賀鄧太后賜燕
荔陽王印綬赤車參駕令止烏桓校尉所
居寗城下通胡市因築南北兩部質館
鮮卑邑落百二十部各遣入質是後
或降或畔與匈奴烏桓更相攻擊元初二
年秋遼東鮮卑圍無慮縣〔無慮縣屬遼東郡〕
合兵固保清野鮮卑無所得〔清野謂收斂積聚不令寇得也〕
復攻扶黎營殺長吏〔扶黎縣屬遼東屬國故城在今營州東也〕

四年遼西鮮卑連休等遂燒塞門寇百姓
烏桓大人於秋居等與連休有宿怨共郡
兵奔擊大破之斬首千三百級悉獲其生
口牛馬財物五年代郡鮮卑萬餘騎遂
穿塞入寇分攻城邑燒官寺殺長吏而去
乃發緣邊甲卒黎陽營兵屯上谷以備之
冬鮮卑入上谷攻居庸關復發緣邊諸郡
黎陽營兵積射士步騎二萬人屯列衝要
六年秋鮮卑入馬城塞殺長吏（馬城縣名屬代郡也）
度遼將軍鄧遵發積射士三千人及中郎（李賢）
將馬續率南單于與遼西右北平兵馬會
出塞追擊鮮卑大破之獲生口及牛羊財
物甚衆又發積射士三千人馬三千四詣
度遼營屯守永寧元年遼西鮮卑大人烏
倫其至鞬率衆詣鄧遵降奉貢獻詔封烏
倫為率衆王其至鞬為率衆侯賜綵繒各
有差建光元年秋其至鞬復畔寇居庸雲
中太守成嚴擊之兵敗功曹楊穆以身捍

嚴與俱戰歿鮮卑於是圍烏桓校尉徐常
於馬城度遼將軍耿夔與幽州刺史龐參
發廣陽漁陽涿郡甲卒分為兩道救之常
夜得潛出與夔等并力並進攻賊圍解之
鮮卑既累殺郡守臘意轉盛控弦數萬騎
延光元年冬復寇鴈門定襄遂攻太原掠
殺百姓二年冬其至鞬自將萬餘騎入東
領候分為數道攻南匈奴於曼柏（縣名屬五原郡）
也奠鞬日逐王戰死殺千餘人三年秋復（十二　李賢）
寇高柳擊破南匈奴殺漸將王順帝永建
元年秋鮮卑其至鞬代郡太守李超戰
死明年春中郎將張國遣從事將南單于
兵步騎萬餘人出塞擊破之獲其貲重三
千餘種時遼東鮮卑六千餘騎亦寇遼東
玄菟烏桓校尉耿曄發緣邊諸郡兵及烏
相率衆王出塞擊之斬首數百級大獲其
生口牛馬什物鮮卑乃率種衆三萬人詣
遼東乞降三年四年鮮卑頻寇漁陽朝方

六年秋耿曅遺司馬將胡兵數千人出塞
擊破之冬漁陽太守又遣烏桓兵擊之斬
百八十級獲牛馬生口烏桓豪人扶漱官
勇健（漱音所救反）每與鮮卑戰輒陷敵詔賜號
率衆君長陽嘉元年冬耿曅遣烏桓親漢都
尉戎朱廆率衆王咄歸等出塞擊鮮
卑大斬獲而還賜咄歸等已下為率衆王
疾長賜綵繒各有差鮮卑後寇遼東屬國
於是耿曅乃移屯遼東無慮城拒之二年

春匈奴中郎將趙稠遣從事將南匈奴骨
都疾夫沈等出塞擊鮮卑破之斬獲甚衆
詔賜夫沈金印紫綬及縑綵各有差秋鮮
卑穿塞入馬城代郡太守擊之不能克後
其至轍死鮮卑抄盜差稀桓帝時鮮卑檀
石槐者其父投鹿侯初從匈奴軍三年其
妻在家生子投鹿侯歸怪欲殺之妻言嘗
晝行聞雷震仰天視而霓入其口因吞之
遂娠身十月而產此子必有奇異且宜長

視投鹿侯不聽遂弃之妻語家令收養
焉名檀石槐年十四五勇健有智略異部
大人抄取其外家牛羊檀石槐單騎追擊
之所向無前悉還得所亡者由是部落畏
服乃施法禁平曲直無敢犯者遂推以為
大人檀石槐乃立庭於彈汗山歠仇水上
去高柳北三百餘里兵馬甚盛東（歠音昌悅反）
西部大人皆歸焉因南抄緣邊北拒丁零
東郤夫餘西擊烏孫盡據匈奴故地東西
萬四千餘里南北七千餘里網羅山川水
澤鹽池永壽二年秋檀石槐遂將三四千
騎寇雲中延熹元年鮮卑寇北邊冬使匈
奴中郎將張奐率南單于出塞擊之斬首
二百級二年復入鴈門殺數百人大抄掠
而去六年夏千餘騎寇遼東屬國九年夏
遂分騎數萬人入緣邊九郡並殺掠吏人
於是復遣張奐擊之鮮卑乃出塞去朝廷
積惠之而不能制遂遣使持印綬封檀石

槐為王欲與和親檀石槐不肯受而寇抄
滋甚乃自分其地為三部從右北平以東
至遼東接夫餘濊貊二十餘邑為東部從
右北平以西至上谷十餘邑為中部從上
谷以西至敦煌烏孫二十餘邑為西部各
置大人主領之皆屬檀石槐靈帝立幽并
涼三州緣邊諸郡無歲不被鮮卑寇抄殺
略不可勝數熹平三年冬鮮卑入北地太
守夏育率休著屠各追擊破之遷育為護
烏桓校尉五年鮮卑寇幽州六年夏鮮卑
寇三邊秋夏育上言鮮卑寇邊自春以來
三十餘發徵幽州諸郡兵出塞擊之一
冬二春必能禽滅朝廷未許先是護羌校
尉田晏坐事論刑被原欲立功自效乃請
中常侍王甫求得為將甫因此議遣兵與
育并力討賊乃拜晏為破鮮卑中郎將與
大臣多有不同乃召百官議朝堂議郎蔡
邕議曰書戒猾夏易代鬼方

宄猾亂也易既濟九三爻辭曰高宗伐鬼方三年而
克之前曹淮南王安曰鬼方小蠻夷也音義曰鬼方
遠方也　漢有閩顏瀚海之事
威來　征討殊類所由尚
矣然而時有同異執有可否故謀有得失
事有成敗不可齊也武帝情存遠略志闊
朝鮮因文景之畜藉天下之饒數十年間
四方南誅百越北討強胡西伐大宛東并
官民俱匱至乃興鹽鐵酒榷之利設告緡
重稅之令　民不堪命起為盜賊關東
紛擾道路不通　使奮鈇鉞而並出
繡衣直指之　既而覺悟乃息兵罷役丞相為
富人侯　故主父偃曰夫
務戰勝窮武事未有不悔者也
匈奴之辭夫以世宗神武將相良猛財賦充實

所拓廣遠猶有悔焉況令人財並乏事芳
昔時平自匈奴逭逃鮮卑強盛據其故地
稱兵十萬才力勁健意智益生加以關塞
不嚴禁網多漏精金良鐵皆為賊用漢人
逋逃為之謀主兵利馬疾過於匈奴昔段
頻良將習兵善戰有事西羌猶十餘年今
育晏于策未必過頗鮮卑種衆不弱于曩
時而虛計二載自許有成若禍結兵連豈
得中休當復徵發衆人轉運無已是為耗
竭諸夏并力鑿夷夫垂之患手足之蚧
（蚧音介搔音新到反　坤蒼曰瘭音必）
搔中國之困智背之瘭疽
（友杜預注在　傳曰疽惡創也）
方今郡縣盜賊尚不能禁況
此醜虜而可伏乎昔高祖忍平城之恥呂
（方之於今何者）
后弃慢書之詬（詬恥垢反　許逅反）所以
為甚天設山河秦築長城漢起塞垣所以
別内外異殊俗也苟無蹛國内侮之患則
（蹛國解見　西域傳）
可矣　豈與蟲螘校寇計爭往來
哉雖或破之豈可殄盡而方今本朝為之

肝食平（肝曉也左傳伍子胥曰　楚君大夫其肝食平）夫專勝者未
必克挾疑者未必敗衆所謂危聖人不任
朝議有嫌明主不行也昔淮南王安伐
越曰天子之兵有征無戰言其莫敢諫也
（越謂越人家死以逆執事廟與之卒）
（前書音義曰　微也與衆也）有一不備而歸者雖得越王
之首而猶為大漢羞之而欲以齊民易醜
虜皇威辱外夷就如其言猶巴危矣況乎
（校報　如使越人）
得失不可量邪昔珠崖背畔今議者或
（六合注）
曰可討或曰弃之朕日夜惟思著威不行
則欲誅之通于時釁復憂萬民夫萬民之
賈捐之言而下詔曰珠崖背畔今議者或
飢與遠蠻之未討何者為大宗廟之祭凶
年猶有不備況避不嫌之辱哉今關東大
困無以相贍又當動兵非但勞民而已其
罷珠崖郡此元帝所以發德音也夫邮民
救急雖成郡列縣尚猶弃之況障塞之外
未嘗為民居者平守邊之術李牧善其略

【上半葉】

史記曰李牧趙之北邊良將也常居代鴈門備匈奴以便宜置吏市租不入幕府為士卒費邊烽火多無失亡

尤索城連禍結三十餘年漢行事嚴之固也若此征伐之功

保塞之論嚴尤申其要

前書泉十萬眾王恭發三道出以擊匈奴恭嚴尤諫曰匈奴為害所從來久矣未聞上世有必征之者也後世三家周秦漢征之然皆未有得上策也周得中策漢得下策秦無策焉此遂遣夏育出高柳田晏出雲中匈奴中郎將臧旻率南單于出鴈門

大夫遂降楚對楚靈王曰晉之事君臣可矣

策守先帝之規臣曰可矣帝不從遂遣夏育出高柳田晏出

遺業猶在文章具存循二子之

【後漢列傳八十】　　十九

各將萬騎三道出塞二千餘里檀石槐命

三部大人各帥眾逆戰育等大敗喪其節

傳輜重各將數十騎奔還死者十七八三

將檻車徵下獄贖為庶人冬鮮卑寇遼西

光和元年冬又寇酒泉緣邊莫不被毒種

眾日多田畜射獵不足給食檀石槐乃自

徇行見烏侯秦水廣從數百里水停不流

從音子　其中有魚不能得之聞倭人善網捕
用反

於是東擊倭人國得千餘家徙置秦水上

毛仙

【下半葉】

令捕魚以助糧食和中檀石槐死時年

四十五子和連代立和連才力不及父亦

數為寇抄性貪淫斷法不平眾畔者半後
出攻北地廉人善弩射者　廉縣名屬　射中
和連即死其子騫曼年小兄子魁頭立後
塞曼長大與魁頭爭國眾遂離散魁頭死
弟步度根立自檀石槐後諸大人遂世相

傳龍裘

論曰四夷之暴其勢互彊矣匈奴熾於隆

【後漢列傳八十】　　二十

漢西羌猛於中興而靈獻之間二虜迭盛

石槐驍猛盡有單于之地蹛頓凶桀公據

遼西之士其陵跨中國結患生人者靡世

而寧焉然制御上略歷世無聞周漢之策

僅得中下將天之寅數以至於是乎

贊曰二虜首施鯫我比垂道暢則馴時薄

先離

後漢書列傳卷第八十

中書門下

翰林侍講學士尚書工部侍郎知審官院事兼判
國子監孫奭奏臣忝膺
朝命獲厠
化丈輔恩有補於
近班恩有補於
睿覽竊以先王典訓在述作以惟明歷代憲章微
簡策而何見鋪觀載籍博考前聞制禮作樂之功
世存泓襄天文地理之說率有異同馬遷入書於
焉咸在班固十志得以備詳光武嗣西漢而興范
曄繼東觀之作成當世之茂典列三史以並行克由
聖朝刊布天下雖紀傳之類與遷固以皆同書志
之間在簡編而或闕臣竊見劉昭汪補後漢志三
十卷蓋范曄作之於前劉昭述之於後始因亡逸
終遂補全緝其遺文申之奧義至於輿服之品具
截規程職官之宜各存制度儻加鋟鏤仍俾雕鐫
庶成一家之書以備前史之闕狀況賈朱書等例
各有志獨效後漢有所未全其後漢志三十卷欲望
聖慈計令校勘兼乞差官學士超都大管句伏候
同共校勘兼乞差官學官

勅旨
牒奉
勅宜令國子監依孫奭所奏施行牒至准
勅故牒
乾興元年十一月十四日牒
右諫議大夫叅知政事魯
給事中叅知政事呂
中書侍郎兼禮部尚書平章事王
守司徒兼侍中

後漢書注補志序

臣昭曰昔司馬遷作史記叙建八書班固
因廣是曰十志天人經緯帝政紘維區分
源奧開廓著述創藏山之祕寶肇刊石之
遐貫誠有繫於春秋亦自敏於政作至乎
永平執簡東觀紀傳雖顯書志未聞推檢
舊記先有地理張衡欲存炳發未有成功
靈憲精遠天文巳煥自蔡邕大弘鳴條寔
多紹宣協妙元卓律曆以詳承洽伯始禮
儀克舉郊廟社稷祀該明輪騑冠章車
服瞻列於是應誰續其業董巴襲其軌
馬續書揔為八志律曆之篇仍乎洪邕所
構車服之本即依董蔡所立儀祀得於往
制百官就乎故簿並籍據前修以濟一家
者也王教之要國典之源繁然略備可得
而知矣既接繼班書通其流貫體裁淵深
雖難踰等序致膚約有傷懸越後之名史
弗能罷意叔駿之書是謂十典矜綏殺青

竟亦不成二子平業俱稱麗富華轍亂亡
典則偕泯雅言遂義於是俱絕沈松因循
尤解功創時改見句非更搜求加藝文以
矯前棄流書品採自近錄初平永嘉圖籍
焚喪塵煙滅焉識其限借南晉之新虛
為東漢之故實是以學者亦無取焉范雎
後漢良誠跨衆氏序或未周志遂全闕國
史鴻曠須勤關天才富博猶侯改具若
草昧厥始無相憑據窮其身世少能巳畢
遷有承考之言固深資父之力太初以前
班用馬史十志所因寔多往制升入校部
出二十載續志昭表以助其聞成毀弗克
夫何易哉況曄思雜風塵心梗成毀弗克
貞就當以茲乎夫辭潤婉贍可得起改戮
求見事必應寫襲故序例所論備精與奪
及語八志頗褒其美雖出拔前羣歸相沿
也又尋本書當作禮樂志其天文五行百
官車服為名則同此外諸篇不著紀傳律

曆郡國必依往式，曄遺書自序應編作諸
志。前漢有者悉欲備製，卷中發論以正得
失。書雖未明其大旨也，曾臺雲構所缺過
平，榱桷為山霞高不終，踰乎一櫃鬱絕斯
作，吁可痛哉！徒懷纘緝理懃，鉤遂迺借舊
志注以補之。狹見寫陋，匪同博遠，及其所
值微得論列，分為三十卷，以合范史求於
齊工靴。日文類比茲，闕恨庶賢乎已。昔褚
生補子長之削少，馬氏接孟堅之不畢，相

【後漢書志第】三

成之義古有之矣。引彼先志，又何猜焉。而
歲代逾邈，立言湮散，義存廣求，一隅未覿，
兼鍾律之妙，素掞校讎，參歷籌之微有懃，
證辨星候，祕阻圖緯，藏嚴是須甄明。每用
疑略，時或有見，頗邈傍遇，非覽正部事乘，
詳密。今令行禁止，此書外絕，其有疏漏，諒
不足誚。

後漢書志第一　　　　律曆上

劉昭　　　注補

律準　候氣

古之人論數也，曰物生而後有象，象而後
有滋，滋而後有數。然則天地初形，人物既
著，則筭數之事生矣。記稱大橈作甲子，
隸首作數。二者既立，以比日表象，即景以

管萬事。夫一十百千萬所同用也，律度量
衡曆其別用也。故體有長短，檢以度；

物有多少，受以量；量有輕重，

平以權衡。聲有清濁，協以律呂。三光運行，紀
以曆數。然後幽隱之情，精微之變，可得而
綜也。

興比平羨。張蒼首治律曆，孝武正樂，置協
律之官。至元始中，博徵通知鍾律者，考其

意義義和劉歆典領條奏前史班固取以
為志而元帝時郎中京房字君明知五
聲之音六律之數上使太子太傅玄成
字少翁諫議大夫章雜試問房於樂府房
對受學故小黃令焦延壽六十律相生之
法以上生下皆三生二以下生上皆三生
四陽下生陰上生陽終於中呂而十二
律畢矣中呂上生執始執始下生去滅上
下相生終於南事六十律畢矣夫十二律
之變至於六十猶八卦之變至於六十四

（五）（徐聯）

也宓羲作易紀陽氣之初以為律法建日〔月令章句曰以姑洗為〕
冬至之聲以黃鍾為宮太蔟為商姑洗為
角林鍾為徵南呂為羽應鍾為變宮蕤賓〔月令章句南呂為羽則微濁也〕
為變徵此聲氣之元
五音之正也故各自為宮而商徵以類從焉〔月令章句〕
當日者各自為宮而商徵以類終一日其餘以次運行
五音之正也故各終一日其餘以次運行
為韻徵角〔月令章句南呂為羽則微濁也〕
之聲然後以效升降之氣鍾難分別乃截竹為管謂
不可以文載也於是銚金作鍾以主十二月
之律律者清濁之率法也聲之清濁以制長短為制

禮運篇曰五聲六律十二管還相為宮此
之謂也〔鄭玄曰官數八十一也黃鍾長九寸九八
林鍾長六寸六分一也三分官去一也黃鍾長九寸九八林
鍾長六寸六分一也三分官去一生徵徵數五十四林
十二太蔟長八寸九分寸之一也三分徵益一生商商數七十二
羽數四十八南呂長五寸三分寸之一也三分商去一生羽
又三分之一為四十八也三分羽益一生角角數
六十四姑洗長七寸九分寸之一也三分角去一生變宮
分一生變官自此以後則微濁〕
以六十律分期之
日黃鍾自冬至始及冬至而復陰陽寒燠
隨月而變所謂還相為宮
風雨之占生焉於以檢攝群音考其高下
苟非草木之聲則無不有所合虞書曰律
和聲此之謂也房又曰竹聲不可以度調
故作準以定數準之狀如瑟長丈而十三
弦隱間九尺以應黃鍾之律九寸中央一
弦下有畫分寸以為六十律清濁之節房
言律詳於歆所奏其術施行於史官候部
用之文多不悉載故撮其本要以續前志
律術曰陽以圓為形其性動動者數三
其性靜靜者數二以陽生陰陰以方為節
之以陰生陽四之皆三而一陽生陰曰下

（六）（李馥）

生陰生陽，曰上生。上生不得過黃鍾之清
濁。下生不得及黃鍾之數，實皆參天兩地、
圓蓋方覆、六耦承奇之道也。黃鍾，律呂之
首，而生十一律者也。〔前書曰：黃帝使伶倫自大夏之西，崑崙之陰，取竹之嶰谷，生其竅厚均者，斷兩節間而吹之，以為黃鍾之管。制十二筒以聽鳳之鳴，其雄鳴為六，雌鳴亦六，此黃鍾之宮而皆可以生之。至治之世，天地之氣合以生風，天地之風氣正，十二律乃定。〕

實

是故十二律之相生也，皆三分而損益之。……得十七萬七千一百四十七，是為黃鍾之實。……

〔實得九，又參之於卯得二十七，又參之於巳得二百四十三，又參之於未得二千一百八十七，又參之於酉得一萬九千六百八十三，又參之於亥得十七萬七千一百四十七，此陰陽合德，氣鍾於子，化生萬物者也。故孳萌於子，紐牙於丑，引達於寅，冒茆於卯，振美於辰，已盛於巳，咢布於午，昧薆於未，申堅於申，留孰於酉，畢入於戌，該閡於亥。出甲於甲，奮軋於乙，明炳於丙，大盛於丁，豐楙於戊，理紀於己，斂更於庚，悉新於辛，懷任於壬，陳揆於癸。故陰陽之施化，萬物之終始，既類旅於律呂，又經歷於日辰，而變化之情可見矣。〕

鍾之實，又以二乘而三約之，是為下生林
鍾之實，又以四乘而三約之，是為上生太
簇之實。推此上下，以定六十律之實。以九

三之數萬九千六百八十三為法，律為寸，
於準為尺。不盈者十之，所得為分。又不盈
十之，所得為小分。以其餘正其強弱。

黃鍾，十七萬七千一百四十七。下生林
鍾。黃鍾為宮，太簇商，林鍾徵。
一曰律，九寸。準九尺。

色育，十七萬六千七百七十六。下生謙
待。色育為宮，未知商，謙待徵。
六日。律八寸九分小分八微強。準八尺。

執始，萬五千九百七十三。下生去
滅。執始為宮，時息商，去滅徵。
六日。律八寸八分小分七大強。準八尺。

丙盛，萬五千四百一十六。下生安度。
丙盛為宮，屈齊商，安度徵。
六日。律八寸七分小分六微弱。準八尺。

七寸萬一千六百七十九……

分動十七萬八千八十九　下生歸嘉分動爲
宮隨期爲商歸嘉徵
六日律八寸六分小分四強　準八尺六
寸八千一百五十二
質末十六萬七千八百　下生否與徵
爲宮形晉商否與徵
六日律八寸五分小分二強　準八尺五
寸四千九百四十五
大呂爲十六萬五千八百八十八　下生夷
則大呂爲宮夾鍾商夷則徵
八日律八寸四分小分三弱　準八尺四
寸五千五百八
分否十六萬三千六百五十四　下生解
形分否爲宮開時商解形徵
八日律八寸三分小分一強　準八尺三
寸二千八百五十一
凌陰十六萬一千四百五十二　下生去
南凌陰爲宮族嘉商去南徵

八日律八寸二分小分一弱　準八尺二
寸五百一十四
少出十五萬九千二百八十　下生分積
少出爲宮爭南商分積徵
六日律八寸小分九強　準八尺萬八千
一百六十
太蔟十五萬七千四百六十四　下生南
呂太蔟爲宮姑洗商南呂徵
一日律八寸　準八尺
未知十五萬七千一百三十四　下生白
呂未知爲宮南授商白呂徵
六日律七寸九分小分八強　準七尺九
寸萬六千三百八十三
時息十五萬五千三百四十四　下生結
躬時息爲宮變虞商結躬徵
六日律七寸八分小分九少強　準七尺
寸八千一百六十六
屈齊十五萬三千二百五十三　下生歸
南屈齊

期屈齊爲宮路時商歸期徵

六日律七寸七分小分九弱　準七尺七

寸萬六千九百五十九

隨期爲宮形始商末卯徵

隨期十五萬一千二百九十　下生末卯

六日律七寸六分小分八強　準七尺六

寸萬五千九百九十二

形晉十四萬九千一百五十五　下生無

汗形晉爲宮依行商夷汗徵　▲後漢志一　十一

六日律七寸五分小分八弱　準七尺五

寸萬五千三百二十五

夾鍾十四萬七千四百五十六　下生無　廉芉

六日律七寸四分小分九強　準七尺四

射夾鍾爲宮中呂商無射徵

開時爲宮南中商開撫徵

開時十四萬五千四百七十　下生開撫

寸萬八千一十八

八日律七寸三分小分九微弱　準七尺

三寸萬七千八百四十一

族嘉十四萬三千五百二十三　下生鄰

齊族嘉爲宮內負商鄰齊徵

二十萬七千九百五十四

八日律七寸二分小分九微強　準七尺

爭南十四萬一千五百八十二　下生期

保爭南爲宮物應商期保徵

八日律七寸一分小分九強　準七尺一

寸萬八千三百二十七　費

姑洗十三萬九千九百六十八　下生應　▲後漢書志第一　十三

鍾姑洗爲宮蕤賓商應鍾徵

一日律七寸一分小分一微強　準七尺

一寸二十一百八十七

南授十三萬九千六百七十　下生分烏

南授爲宮南事商分烏徵

六日律七寸小分九大強　準七尺萬八

千九百三十

夔虞十三萬八千八百八十四　下生遲內夔

虞為宮盛變商遲內徵

六日律七寸小分一半強　準七尺三千

三十

路時十三萬六千二百二十五　下生未

育路時為宮離宮商未育徵

六日律六寸九分小分二微強　準六尺

九寸四千一百二十三

形始十三萬四千四百三百九十二　下生遲

時形始為宮制時商遲時徵

五日律六寸八分小分三弱　準六尺八

寸五千四百七十六

依行十三萬二千五百八十二　上生色

育依行為宮謙待商色育徵

七日律六寸七分小分三大強　準六尺

七寸七千五十九

中呂十三萬一千七百七十二　上生執始中

呂為宮去滅商執始徵

八日律六寸六分小分六弱　準六尺六

寸萬一千六百四十二

南中十二萬九千三百八　上生丙盛南

中為宮安度商丙盛徵

七日律六寸五分小分七微弱　準六尺

五寸萬三千六百八十五

內負十二萬七千五百六十七　上生分

動內負為宮歸嘉商分動徵

八日律六寸四分小分八強　準六尺四

寸萬五千九百五十八

物應十二萬五千八百五十　上生質末

物應為宮否與商質末徵

七日律六寸三分小分九強　準六尺三

寸萬八千四百七十一

蕤賓十二萬四千四百一十六　上生大

蕤賓為宮夷則商大呂徵

一日律六寸三分小分二微強　準六尺

呂十二萬四千一百五十四　下生南事

南事十二萬四千一百五十四下生南事

窮無商徵不爲宮

七日律六寸三分小分一弱　準六尺三

寸一千五百三十一

盛變十二萬二千七百三十一

否盛變爲宮解形商分否徵

七日律六寸二分小分三大強　準六尺

二寸七千六十四

離宮十二萬一千八百一十九　上生凌

陰離宮爲宮去南商凌陰徵

七日律六寸一分小分五徵強　準六尺

一寸萬二百二十七

制時爲宮分積商少出徵

制時十一萬九千四百六十　上生少出

八日律六寸小分七弱　準六尺萬三千

林鍾十一萬八千九十八　上生大蔟林

鍾爲宮南呂商太蔟徵

六百二十

一日律六寸　準六尺

謙待十一萬七千八百五十一　上生未

知謙待爲宮白呂商未知徵

五日律五寸九分小分九弱　準五尺九

寸萬七千二百一十三

去滅十一萬六千五百八　上生時息去

減爲宮結躬商時息徵

七日律五寸九分小分二弱　準五尺九

寸三千七百八十三

安度十一萬四千九百四十　上生屈齊

安度爲宮歸期商屈齊徵

六日律五寸八分小分四弱　準五尺八

寸七千七百八十六

歸嘉十一萬三千三百九十三　上生隨

期歸嘉爲宮未卯商隨期徵

六日律五寸七分小分六微強　準五尺

七十萬一千九百九十

否與十一萬一千八百六十七　上生形

晉否與爲宮夷汙商形晉徵

五日律五寸六分小分八強　準五尺六

寸萬六千四百二十二

則爲宮無射商夾鍾徵

八日律五寸六分小分二弱　準五尺六

寸三千六百七十二

解形十一萬九千一百三　上生開時解

形爲宮閉掩商開時徵

八日律五寸五分小分四強　準五尺五

寸八千四百六十五

去南十萬七千六百三十五　上生族嘉

去南爲宮鄰齊商族嘉徵

八日律五寸四分小分六大強　準五尺

四寸萬三千四百六十八

分積爲宮期保商爭南徵

分積十萬六千一百八十八　上生爭南

七日律五寸三分小分九半強　準五尺

三寸萬八千六百八十一

南呂十萬四千九百七十六　上生姑洗

南呂爲宮應鍾商姑洗徵

一日律五寸三分小分三強　準五尺三

寸六千五百六十一

白呂十萬四千七百五十六　上生南授

白呂爲宮烏商南授徵

五日律五寸三分小分二強　準五尺三

寸四千三百七十一

結躬十萬三千五百六十三　上生變虞

結躬爲宮遲內商變虞徵

六日律五寸二分小分六少強　準五尺

二寸萬二千一百一十四

歸期爲宮未育商路時徵

歸期十萬二千一百六十九　上生路時

六日律五寸一分小分九微強　準五尺

一寸萬七千八百五十七

爲宮遲時商形始徵

未卯十萬七千七百九十四　上生形始未卯

六日律五寸一分小分二微強　準五尺

一寸四千八十七

夷汙九萬九千四百三十七　上生依行

夷汙為宮色育商依行徵

七日律五寸小分五強　準五尺萬二百

二十

無射九萬八千三百四　上生中呂無射

為宮執始商中呂徵

八日律四寸九分小分九強　準四尺九

掩為宮丙盛商南中徵

閉掩九萬六千九百八十　上生南中閉

八日律四寸九分小分三弱　準四尺九

鄰齊為宮分動商內負徵

鄰齊九萬五千六百七十五　上生內負

寸五千三百三十三

七日律四寸八分小分六微弱　準四尺

八寸萬一千九百六十六

期保九萬四千三百八十八　上生物應

期保為宮質未商物應徵

八日律四寸七分小分九微強　準四尺

七寸萬八千七百七十九

應鍾九萬八千三百七十二　上生㽔賓

應鍾為宮大呂商㽔賓徵

一日律四寸七分小分四微強　準四尺

七寸八千十九

分烏九萬三千一百一十七　上生南事

分烏窮次無徵不為宮

七日律四寸七分小分三微強　準四尺

七寸六千五十九

遲內九萬二千五百三十六　上生盛變遲內

為宮分否商盛變徵

八日律四寸六分小分八弱　準四尺六

寸萬五千一百四十二

未荳九萬八百一十七　上生離宮未荳

為宮凌陰商離宮徵

八日律四寸六分小分一少強　準四尺

六寸二千七百五十二

遲時八萬九千五百九十五　上生制時

遲時為宮少出商制時徵

六日律四寸五分小分五強　準四尺五

寸萬二百二十五

截管為律吹以考聲列以物氣道之本也

聲微而體難知其分數不明故作準以代

之準之聲明暢易達分寸又粗然弦以緩

急清濁非管無以正也均其中弦令與黃

鍾相得筴畫以求諸律無不如數而應者

矣音聲精微綜之者解元和元年待詔候

鍾律殷彤上言官無曉六十律以準調音

者故待詔嚴崇具以準法教子男宣宣通

習願召宣補學官主調樂器詔曰崇子學

審曉律別其族協其聲者審試不得依託

父學以聾為聰聲微妙獨非莫知獨是莫

曉以律錯吹能知命十二律不失一力為

能傳崇學耳太史丞弘試十二律其二中

其四不中其六不知何律宣遂罷自此律

家莫能為準施弦候部莫知復見

天地和氣宜應明帝始令

門而奏歌其詩誠宜施行以宣氣豐物

樂經曰十二月均各應其月氣

因歲首令正發太蔟之律奏雅頌之音以

平以迎和氣其條貫甚備詔書下三公

六年東觀召典律者太子舍人張光等問

準意光等不知何歸閱舊藏乃得其器形制

如房書猶不能定其弦緩急音不可書以

時人知之者欲教而無從心達者體知而

無師故史官能辨清濁者遂絕其可以相

傳者唯大榷常數及候氣而已夫五音生

於陰陽分為十二律轉生六十皆所以紀

斗氣效物類也天效以景地效以響即律
也陰陽和則景至律氣應則灰除是故天
子常以日冬夏至御前㸑合八能之士陳
八音聽樂均度晷景候鍾律權土灰放陰
陽冬至陽氣應則樂均清景長極黃鍾通
灰輕而衡仰夏至陰氣應則樂均濁景
短極蕤賓通土灰重而衡低
故冬至燥燥故灰輕而衡仰夏至濕濕故灰重而衡低
各以候狀聞太史封上效則和否則占

淮南子曰水勝
故夏至濕火勝
故冬至燥進退於先後五日之中八能
各以候狀聞太史封上效則和否則占

之行日食則月食退一尺則月食盡正人主
多論政令則月食進一尺則月食盡正人主
不出宮寢兵從樂五日擊黃鍾之磬
曰冬至人主不出宮寢兵從樂五日擊黃鍾之磬
鄉大夫列士之意得則陰陽之暴如度數
如冬至其禮冬至之日樹八尺之表
如度者則歲美人民和順進退不如度者則歲惡人民

候氣之法為室三重戶閉塗釁必周
密布緹縵室中以木為案每律各一內庳
外高從其方位加律其上以葭莩灰抑其
內端河內案曆而候之氣至者灰去其
為氣所動者其灰散人及風所動者其灰
聚殿中候用玉律十二惟二至乃候靈臺

二十三

用竹律六十候日如其曆
月令章句曰古之齊
其聲後不能則假數以正其度度數正則音
鍾以斤兩尺寸中所容受外斗之數為法律亦以正
其分長短為度故曰黃鍾之管長九寸徑三分圍九分
其餘皆補短雖大小圓數無增減以度量者可以分
不載其口傳與象共知然
不如耳決之明也

後漢書志第一

二十四

後漢書志第二

律曆中

劉　昭　注補

賈逵論曆　永元論曆　延光論曆
漢安論曆　熹平論曆　論月食

〔周青〕

自太初元年始用三統曆施行百有餘年
曆稍後天朔先曆或在晦月見考其行
日有退無進月有進無退建武八年中太
僕朱浮太中大夫許淑等數上書言曆不
正宜當改更時分度覺差尚微上以天下
初定未遑考正至永平五年官曆署七月
十六日食待詔楊岑見時月食多先曆即
縮用筭上為日上言月當十五日食官曆
不中詔書令岑普與官課起七月盡十一
月弦望凡五官曆皆失岑課今
岑署弦望月食官復令待詔張盛景防鮑
鄴等以四分法與岑課歲餘盛等所中多
岑六事十二年十一月丙子詔書令盛防
代岑署弦望月食加時四分之術始頗施

行是時盛防等未能分明曆元綜校分度
故但用其弦望而已先是九年太史待詔
董萌上言曆不正事下三公太常知曆者
雜議訖十年四月無能分明據者至元和
二年太初失天益遠日月宿度相覺浸多
而候者皆知之至日在斗二十一度
未至牽牛五度而以為牽牛中星從天四
分之三晦朔弦望差天一日宿差五度
章帝知其謬錯以問史官雖知不合而不
能易故召治曆編訢李梵等綜校其狀
〔議云梵清河人〕
二月甲寅遂下詔曰朕聞古先聖王
先天而天不違後天而奉天時河圖曰赤
九會昌十世以光十一以興又曰九名之
世帝行德封刻政朕以不德奉承大業夙
夜祇畏不敢荒寧祖宗拯濟元元尚書璇機
曷以續興崇弘唐文帝命驗曰堯考德顧
鈴曰述堯世放唐文祖宗末小子託在於數終
期立象且三五步驟優劣殊軌況乎頑陋

無以克堪雖欲從之末由也已每見圖書
中心惡焉閒者以來政治不得陰陽不和
災異不息癘疫之氣流傷於牛農本不播
夫庶徵休咎五事之應咸在朕躬信有闕
矣將何以補之書曰惟先假王正厥事又
曰歲二月東巡狩至岱宗柴望秩于山川
遂觀東后叶時月正日祖堯岱宗同律度
量考在機衡以正曆象庶平有益春秋保
乾圖曰三百年斗曆改憲史官用太初鄧

〔後漢書志一　王　羊孚〕

平術有餘分一在三百年之域行度轉差
浸以謬錯璇璣不正文象不稽冬至之日
日在斗二十二度而曆以為牽牛中星先
立春一日則四分數之立春日也以折獄
斷大刑於氣巳迁用望平和隨時之義蓋
亦遠矣今改行四分以遵於堯以順孔聖
奉天之文異百君子越有民同心敬授獲
咸喜以明予祖之遺功於是四分施行而
訢梵猶以為元首十一月當先大欲以合

耦弦望至命有常日而十九歲不得七閏晦
朔失實行之末期章帝復發聖思考之經
讖使左中郎將賈逵問治曆者衛承本崇
太尉屬梁鮪司徒嚴勗太子舍人徐震鉅
鹿公乘蘇統及訢梵等十人以為月當先
小據春秋經書朔不書晦者晦必有明晦
不朔必在其月也即先大則一月再朔後
月無晦是明不可必梵等以為當先大無

〔後漢書志二　四　芒閒三〕

丈正驗取欲諧耦十六日月朓昬晦當滅
而巳又晦與合同時不得異日又上知訢
梵究見勑母拘曆巳班天元始起之月常
小定後年曆數遂正求元中復令史官以
九道法候弦望驗無有差跌遂論集狀後
之議者用得折衷故詳錄焉
連論曰太初曆冬至日在牽牛初當訢
中星也今斗星即古黃帝夏殷周魯冬至日在建星
建星即今斗星也大初曆斗二十六度三
百八十五分牽牛八度紫行率史官注冬

夏至日常不及太初曆五度冬至日在斗

二十一度四分度之一石氏星經曰黃道

規牽牛初直斗二十度去極二十五度於

赤道斗二十一度也四分法與行事候注

天度相應尚書考靈曜斗二十二度無餘

在牽牛中星五度於斗二十一度四分一

分冬至在牽牛所起又編訢等據今日所

與考靈曜相近即以明事元和二年八月

詔書曰石不可離令兩候上得籌多者太

史令玄等候元和二年至永元元年五歲

中課日行及冬至日在牽牛

初者自此遂黜也逯論曰以太初曆考漢

皆如石氏故事他術以爲冬至日在牽牛

合古曆建星考靈曜日所起其星間距度

元盡太初元年日朔二十三事其十七得

朔四得晦二得二日新曆七得朔十四得

晦二得三日以太初曆考太初元年盡更

始二年二十四事十得晦以新曆十六得

朔七得二日一得晦以太初曆考建武元

年盡永元元年二十三事五得朔十八得

晦以新曆十七得朔三得晦三得二日又

以新曆上考春秋中有日朔者二十四事

失不中者二十三事天道參差不齊必有

餘餘又有長短不可以等齊治曆者方以

七十六歲斷之則餘分稍長稍以治曆明時

易金火相革命順乎天應乎人言聖人必

又曰湯武革命順乎天應乎人 ｜後漢書志二｜ 六 聚金

曆象日月星辰明數不可貫數千萬歲其

閒必改更日月星辰之閒故識

在而巳故求度數取合日月星辰有異世

之術太初曆不能下通於今新曆不能上

得漢元一家曆法必在三百年之閒故讖

文曰三百年斗曆改憲漢興當用太初而

不改下至太初元年百二歲乃改故其前

有先晦一日合朔下至成哀以二日爲朔

故合朔多在晦此其明效也逯論曰臣前

上傳安等用黃道度日月八弦望多近史官
一以赤道度之不與日月同於今曆弦望
至差一日以上輒差至以為日却
縮退行於黃道自得行度不為變願請太
史官日月宿簿及星度課與待詔星象考
校奏可臣謹案前對言冬至日去極一百
一十五度夏至日去極六十七度春秋分
日去極九十一度洪範日月之行則有冬
夏五紀論日月循黃道南至牽牛北至東

井率日日行一度月行十三度十九分度
七也今史官一以赤道為度不與日月行
同其斗牽牛輿鬼赤道得十五而黃道得
十三度半行東壁奎婁軫角亢赤道十度
黃道八度或月行多而日行少謂
之日却案黃道值牽牛出赤道南二十五
度其直東井輿鬼出赤道北五度赤道者
為中天去極俱九十度而非日月道而以遙
準度日月失其實行故也以今太史官候

注考元和二年九月已來月行牽牛東井
四十九度行昴角三十七
事無行十五六度者如安言問典星待詔
姚崇井畢等十二人皆曰星圖有規法以
二年大司農中丞耿壽昌奏以圖儀度日
月實從黃道官無其器不知施行案甘露
十三度赤道使然此前世所共知也如言
過度月行十五度至婁角日行一度月行
月行考驗天運狀日月行至牽牛東井日
黃道有驗合天日無前却弦望不差一日

此用赤道密近宜施用上中多臣校案遂
論永元四年也至十五年七月甲辰詔書
造太史黃道銅儀以角為十三度亢十氐
十六房五心五尾十八箕十一斗二十四
分度之一牽牛七須女十一虛十危十六
營室十八東壁十奎十七婁十二胃十五
昴十二畢十六觜三參八東井三十輿鬼
四柳十四星七張十七翼十九軫十八凡

三百六十五度四分度之一冬至日在斗
十九度四分度之一史官以郭日月行參
弦望雖以候近而不爲注日儀黃道與度轉
運難以候是以少循其事遠論日又今史
官推合朔弦望月食加時率多不中在於
不知月行遲疾意永平中詔書令故太史
待詔張隆以四分法署弦望月食加時隆
言能用易九六七八支知月行多少今案
隆所署多失臣使隆逆推前手所署不應

或異旦不中天乃益遠至十餘度梵統以
史官候注考校月行當有遲疾不必在牽
牛東井婁角之間又非所謂朓側匡乃由
月所行道有遠近出入所生率一月移故
所疾處三度九歲九道一復凡九章百七
十一歲復十一月合朔旦冬至合春秋三
統九道終數可以知合朔弦望月食加時
據官注天度爲分率以其術法上考建武
以來月食凡三十八事差密近有益宣課

試上案史官舊有九道術廢而不修熹平
中故治曆郎梁國宗整上九道術詔書下
太史以參舊術相應部太子舍人馮恂課
校恂亦復作九道術增損其分與整術並
而加時猶先後天遠則十餘度
而校差爲近太史令罷以恂術參弦望然

三百六旬有六日以閏月定四時成歲允釐百工庶
績咸恥是以天子必置日官諸侯必置日御世修其
業以考其術樂全數故曰日行一度而月行十三度
之十九而日遲月疾日月異實五度四分之有
畸日當會集此之遲疾以考成晦朔綜之以設
月閏月無中氣而此斗邪指兩辰之間所以異於他

月也積此以相通四時八節無違乃得成歲其微密
至矣得其精微以合天道於是乎在然陰陽
正時之運隨以作事事動而差不悖於生民之
陽以動作事動而差錯故乎在然陰明
七年於朔閏發文而差蓋矯正得失因史闕其日單書以宣億十五年史之謬兼以
每於朔閏發文而史闕其日單書以宣億十五年史之謬兼以
明其餘闕日與日食或曆失其正也莊二十五年史之謬
而史傳云朔與日食或曆失其正也非曆非時史之謬也
故傳云朔與日食於是非用伐鼓于社同日六月夏之四月以
平有餘用常於合天道事敘而不悖故傳曰閏以
辛未朔非常也曆誤以月之朔也而史起朔日食之於是
禮明而起用曆前傳欲以審正陽之月後傳之欲以發
之禮明也此乃聖賢之微言先儒所未諭以誣十七朝
夏六月日有食之而平子言非正陽之月以誣十七諸侯
正也劉子駿造三統曆以修春秋春秋日食有甲
天近於揩鹿爲馬故傳曰不君且因以明此月爲得
以奈月食有甲

又六者三十四而益三統曆一日凡歲輒累日為次而無故
千餘歲輒益其多者古法者此以來諸論固前代名儒而謬誤之或密

三統曆唯一食術比諸家既最疎黃帝以來諸曆及春秋推步者皆
劉歆著諸儒論曆或用黃帝說此乃自古以來諸曆經傳又推春秋或

日食或在晦朔之會甘公動物之理其勤而累日月行度不與天合
此得治曆明時言當順天以求合非合天以驗曆也故曆不密者可知矣

毫理不自然以從未有不雖年毫厘之差所謂春秋二百餘年其時之違謬則經傳

此推此論之難也尋經傳微百大量可知時之違謬則經傳

有驗學者固當曲循經傳月日日食以考朔晦也以推春秋此無異度已
以余為曆論之始咸寧中朝廷命善筭李脩夏顯依論體為術名乾度曆
意二元相推七十餘歲微改憲其術合日行四分之數而承以強羽弱之差
參校古記注盈縮時尚書令史官今具列其最疎據之最疎今具列其曆文

永元十四年待詔太史霍融上言官漏刻
率九日增減一刻不與天相應或時差至
覽也學者

二刻半不如夏曆密詔書下太常令史官
與融以儀校天課度遠近太史令舒承梵
等對案官所施漏法令甲第六常符漏品
孝宣皇帝三年十二月乙酉下建武十年
二月壬午詔書施行漏刻以日長短為數
率日南北二度四分而增減一刻一氣俱
十五日日去極各有多少今官漏率九日
後一刻不隨日進退南北為

長短密近於官漏分明可施行其年十一
月甲寅詔曰告司徒司空漏所以節時分
定昏明昏明長短起於日去極遠近日道
周不可以計率分當據儀度下參晷景今
官漏以計率分為昏明九日增減一刻違失
其實至為疏數以耦法太史官運儀下水官漏
言不與天相應太常史官運儀下待詔霍融上
失天者至三刻以晷景漏為刻少所違失密
近有驗今下晷景漏刻四十八箭立成分
官府當用者計吏到班予四十八箭文多

故晷取二十四氣日所在井黃道去極晷

景漏刻昏明中星千下昔太初曆之興也發謀於元封啟定於天鳳積百三十年

是非乃審及用四分亦於建武施於元和訖於永元七十餘年然后儀式備立司候

有準天事幽微若此其難也中興以來圖讖漏泄而考靈曜命曆序皆有甲寅元其所起在四分庚申元後百二十四歲朔差

卻二日學士修之於草澤信向以為得正

〔三十三〕〔後漢書志二〕 十三

及太初曆以後大為疾而修之者云二百四十四歲而太歲超一表百七十一歲當棄

朔餘六十三中餘十一百九十七乃可常行自太初元年至永平十一年百七十一

當去分而不去故令益有疎闊此二家常

挾其術庶幾施行每有訟者百家會議羣

儒駢思論之有方益於多聞識之故詳録

安帝延光二年中謁者亹誦亹當用甲寅

焉

元河南梁豐言當復用太初尚書郎張衡

周興皆能曆數難誦豐或不對或言失誤

衡興參案儀注者考往校今以為九道法

最密詔書下公卿詳議大尉愷等上侍中

施延等議太初過天日一度弦望失正月

〔三十三〕後漢書志二 十四

以晦見西方食不與天相應不可用甲

分四分雖密於太初復不正皆不可用甲

寅元與天相應合圖讖可施行博士黃廣

大行令任僉議如九道河南尹祉太子舍

人李泓等四十人議即用甲寅元當除元

命苞天地開闢復麟中百一十四歲推閏

月六直其日或朔晦弦望二十四氣宿度

不相應者非一用九道為朔月有比三大

二小皆疎速元和變曆以應保乾圖三百

歲斗曆改憲之文四分曆本起圖讖最得

其正不宜易憘等八十四人議皆從太初

尚書令忠上奏諸從太初者皆無他效驗

徒以世宗攘夷廓境章國久長為辭或云

孝章改四分災異卒甚未有善應臣伏惟
聖王與起各異正朔以通三統漢祖受命
因泰之紀十月為年首閏常在歲後不稽
以至刑奸以錯五是以備
洪範庶徵曰雨曰燠曰寒曰風 五者來備各以其敘
哀平之際同承太初致咎四分太初
先代違於帝典太宗遵修三階以平黃龍
仍痾禍非一議者不以成數相參考真求
實而汜采妄說歸福太初致咎四分太初
曆眾賢所立是非已定永平不審復革其
弦望四分有謬不可施行元和鳳鳥不當
應曆而翔集嘉前造則喪其休近讖後
改則隱其福漏見曲論未可為是臣輒復
重難衡與以為五紀論推步行度當時比
諸術為近然猶未稽於古及向子歆欲以
合春秋橫斷年數損夏益周考之表紀差
謬數百兩曆相課六十一百五十六歲而
太初多一日冬至日直斗而云在牽牛逴
闊不可復用昭然如此史官所共見非獨

衡典前以為九道密近今議者以為有關
及甲寅元復多違失皆未可取正昔仲尼
順假馬之名以崇君之義況天之曆數不
可任疑從虛以非易是上納其言遂改曆
事
順帝漢安二年尚書侍郎邊韶上言世微
於數虧於道盛於得常數虧則物衰得常則
國昌孝武皇帝攄發聖思因元封七年十
一月甲子朔旦冬至乃詔太史令司馬遷
治曆鄧平等更建太初改元易朔行夏之
正乾鑿度八十分之四十三為日法設清
臺之候驗六異課效糒密太初為最其後
劉歆研機極深驗之春秋參以易道以河
圖帝覽嬉雜書甄曜度推廣九道百七十
一歲進退六十三分百四十四歲一超次
與天相應少有關謬從太初至永平十一
年百七十歲進退餘分六十三治曆者不
知處之推得十二度弦望不效挾廢術者

得寛其說至永和二年小終之數寖過餘
分稍增月不用晦朔而先見孝章皇帝以
保乾圖三百年斗曆改憲就用四分以太
白復樞甲子為癸亥引天從筭耦之目前
更以庚申為元既無明文託之於獲麟之
歲又不與感精符單關之歲同史官相代
因成胃疑少能鉤深致遠案弦望足以知
之詔書下三公百官雜議太史令虞恭治
曆宗訢等議建曆之本必先立元元正然
後定日法法定然後度周天以定分至三
者有程則曆可成也四分曆仲紀之元起
於孝文皇帝後元三年歲在庚辰上四十
五歲歲在乙未則漢興元年也又上二百
七十五歲歲在庚申則孔子獲麟二百七
十六萬歲歲尋之上行復得庚申歲歲相承
從下尋上其執不誤此四分曆元明文圖
讖所著也太初元年歲在丁丑上極其元
當在庚戌而曰丙子言百四十四歲超一

辰凡九百九十三超歲有空行八十二周
有奇乃得丙子案歲所超於天元十一月
甲子朔旦冬至日月俱超日行一度積三
百六十五度四分度一而周天一币名曰
歲歲從一辰日不得空周則歲無由超
辰案百七十歲二部一章小餘六十三自
然之數也夫數出於杪刌以成毫氂毫氂
積累以成分寸兩儀既定日月始離初行
生分積分成度日行一度一歲而周故為
術者各生度法或以九百四十或以八十
一法有細麤以生兩科其歸一也日法者
日之所行分也日垂令明行有常節日法
所該通遠無已損益毫氂差以千里自此
言之數無緣得有虧棄之意也今欲飾平
之失斷法垂分恐傷大道以步日月行度
終數不同四章更不得朔餘一雖言九道
去課進退恐不足以補其關且課曆之法
晦朔變弦以月食天驗昭著莫大焉令以

去六十三分之法爲曆驗章和元年以來

日變二十事案五行志章和元年訖漢安二年日變二十三事古今注又長一

月食二十八事與四分曆更失定課相除

四分尚得多而又近孝章曆度審

正圖儀晷漏與天相應不可復尚文曜審

禪夏后制德昆吾列神成周改號蓑弘立

日高辛受命重黎說文唐堯即位羲和立

官運斗樞日常占有經世史所明洪範五

紀論曰民間亦有黃帝諸曆不如史官記

之明也自古及今聖帝明王莫不取言於

羲和常占之官定精微於晷儀正衆疑秘

藏中書改行四分之原及光武皇帝數下

詔書章創其端孝明皇帝課校其實孝章

皇帝宣行其法君更三聖年歷數十信而

鄧之舉而行之其元則上統開闢其數則

復古四分宜如甲寅詔書故事奏可

靈帝熹平四年五官郎中馮光沛相上計

掾陳晃言曆元不正故妖民叛寇益州盜

賊相續爲曆用甲寅爲元而用庚申圖緯

無以庚爲元者近秦所用代周之元太史

治曆郎中郭香劉固意造妄說気與本庚

申元經緯有明受虛欺重誅乙卯詔書下

三府與儒林明道者詳議務得道眞以羣

臣會司徒府議公卿與光晃相難問是非爲蔡邕集載三月九日百官會府公議下東面校尉南閣祭酒史當坐中而讀詔書公議蔡邕前坐侍中西北戶近公卿

去聖久遠得失更迭術術無常是以承秦

曆用顓頊元用乙卯蔡邕令論曰顓頊曆術曰天元正月己巳朔旦立春

皇帝始改正朔曆用太初元用丁丑行之百有二歲孝武

百八十九歲孝章皇帝改從四分元用庚

申今光晃各以庚申爲非甲寅爲是案曆偶以日月起於天廟營室五度今月令孟春之月日在營室

法黃帝顓頊夏殷周魯凡六家各自有元

光晃所據則顓曆元也他雖不明於圖

議各家術皆當有效於其當時黃帝始用

太初丁丑之元有六家紛錯爭訟是非太

史令張壽王挾甲寅元以非漢曆雜候清
臺課在下第卒以踈闊連見勃奏太初效
驗無所漏失是則雖非圖讖之元而有效
於前者也及用四分以來考之行度密於
太初是又新元效於今者也延光元年中
謁者亶誦亦非四分庚申上言當用命曆
序甲寅元公卿百寮參議正處竟不施行
且三光之行遲速進退不必若一術家以
筭追而求之取合於當時而已故有古今
之術令之不能上通於古亦猶古術之不
能下通於今也元命苞乾鑿度皆以為開
闢至獲麟二百七十六萬歲及命曆序積
獲麟至漢起庚子部之二十三歲竟己酉
戊子及丁卯部六十九歲合為二百七十
五歲漢元年歲在乙未上至獲麟則歲在
庚申推此以上極開闢則不在庚申讖
雖無文其數見存而光見以為開闢至獲
麟二百七十五萬九千八百八十六歲獲

麟至漢百六十二歲轉差少二百一十四
歲云當滿足則上違乾鑿度元命苞中使
獲麟漢不得在哀公十四年下不及命曆序
應當今曆相去四部年數與奏記譜注不相
乙丑之與癸亥無題勒欵識可與衆共別
者須以弦望晦朔光魄虧滿可得而見者
考其符驗而光見曆以考靈曜二十八宿
度數及冬至日所在與今史官甘石舊文
錯異不可考校以今渾天圖儀檢天文亦
不合於考靈曜光見誠能自依其術更造
望儀以追天度遠有驗於圖書近有效於
三光可以易奪甘石窮服諸術者實宜用
之難問光見但言圖讖所言不服元和二
年二月甲寅制書曰朕聞古先聖王先天
而天不違後天而奉天時史官用太初鄧
平術冬至之日日在斗二十二度而曆以
為牽牛中星先立春一日則四分數之立

春也而以折獄斷大刑於氣已逆用望平
和蓋亦遠矣今改行四分以遵於堯以順
孔聖奉天之文是始用四分曆庚申元之
詔也深引河雒圖讖以為符驗非史官私
意獨所興構而光晃以為固意造妄說達
反經文謬之甚者昔堯命羲和曆象日月
星辰舜叶時月正日湯武革命治曆明時
可謂正矣且猶遇水遭旱戒以璿璣夷猾夏
寇賊姦宄而光晃以為陰陽不和姦臣盜
賊皆元之咎誠非其理元和二年乃用庚
申至今九十二歲而光晃言秦所用代周
之元不知從秦來漢三易元年光
至於改朝易元往者壽王之術已課不效
晃區區信用所學亦妄虛無造欺語之愆
直誦之議不用元和詔書文備義著非羣
臣議者所能變易太尉耽司徒隗司空訓
以邑議劾光晃不敬正鬼薪法詔書勿治
罪天機昭曰不有君子其能國乎親察邕之議可以言

之徒詔書勿治
赤深盡各之致

太初曆推月食多失四分因太初法以河
平癸巳為元施行五年永元元年天以七
月後閏食術以八月其十二年正月十二
日蒙公乘宗紺上書言今月十六日月當
食而曆以二月至期如紺言以史令巡上
紺有益官用除待詔書詔書以紺法署
施行五十六歲至本初元年天以十二月
食曆以後正月於是始差到熹平三年
二十九年之中先曆食者十六事常山長
史劉洪上作七曜術甲辰詔屬太史部郎
中劉固舍人馮恂等課效復作八元術固
等作月食術並已相參固術與七曜術同
月食所失皆以歲在己未當食四月恂術
以三月官曆以五月太史上課到時施行
中者丁巳詔書報可其四年紺孫上書
言受紺法術當復改今年十二月當食而
官曆以後年正月到期如言拜誠為舍人

丙申詔書聽行誠法光和二年歲在己未
三月五月皆陰大史令修部合人張恂等
推計行度以爲三月遠誠以四月
奏廢誠術施用恂術其三年誠以四月
上書言去年三月不食當以四月史官曆
誠正術用恂不正術整所上五屬大史太
史主者終不自言三月近四月遠食當以
見爲正無遠近詔書下太常就耽上選侍
平議術之要效驗虛實大常詳案注記
中韓說博士蔡較穀城門侯劉洪右郎中
陳調於太常府覆校注記平議難問恂誠
各對恂術以五千六百四十日有九百六
十一食爲法而除成分空加縣法推建武
其官素注天見食九十八與兩術相應其
以來俱得三百二十七食其十五食錯察
錯辟二千一百誠術以百三十五月二十
三食爲注乘除成月從建康以上減四十
一建康以來減三十五以其俱不食恂術

改易舊法誠術中復減損論其長短無以
相踰各引書緯自證文無義要取追天而
巳夫日月之術日循黃道月從九道以赤
道儀日冬至去極俱一百一十五度其入
宿世赤道在斗二十一而黃道在斗十九
兩儀相參日月之行曲直有差以生進退
故月行井牛十四度以上其在角婁十二
度以上皆不應率不行以是言之則術不
差不改不驗不用天道精微度數難定
法多端曆紀非一未驗無以知其失
無以知其失然後改之是然後用之此
謂允執其中今誠術未有差錯之謬恂術
未有獨中之異以無驗改未失是以檢將
來爲是者也誠術百三十五月月二十三
食其久在書籍學者所修施行日又官守
其業經緯日月厚而未惡信於天文又述
不作恂久在候部詳心善意能撰儀度定
立術數推前校往亦與見食相應然協曆

正紀欽若昊天宜率舊章如甲辰丙申詔
書以見食爲此今宜施用誠術棄放恂術
史官課之後有效驗乃行其法以審術數
以順改易耽以說等議奏聞詔書可恂術整
誠各復上書恂言不當施誠術整術數
侵事下永安臺覆實
復以二月奉贖罪整適作左校二月遂用
皆不如恂誠等言劾奏謾欺詔書報恂誠
洪等施行誠術光和二年萬年公乘王漢

上月食注自章和元年到今年凡九十三
歲合百九十六食與官曆河平元年月錯
以己爲元事下大史令修上言漢所作
注不與見食相應者二事以同爲異者二
十九事尚書召穀城門候劉洪勑曰前郎
中馮光司徒掾陳晃各訟曆故議郎蔡邕
共補續其志今洪其詣修與漢相參推元
謂分考校月食審己己元密近有師法洪
便從漢受不能對洪上言推元漢己己元

則考靈曜旛蒙之歲乙卯元也與光晃甲
寅元相經緯於以追天作曆校三光之步
今爲疏闊孔子緯一事見二端者明曆興
廢隨天爲節甲寅曆於孔子時效己己顓
項秦所施用漢興草創因而不易至己元封
中迁闊不審更用太初應期三百改憲之
節甲寅己己讖雖有文略其年數是以學
人各傳所聞至於課校罔得厭正夫甲寅

大令十五

於牛初乙卯之元人正己己朔旦立春三
元天正正月甲子朔旦冬至七曜之起始
光聚天廟五度課兩元端餘差自五十
分二之三朔三百四中節之餘二十九以
效信難聚漢不解說但言先人有書而已
以漢成注參官施行術不同二十九事不
中見食二事案漢習書見己己元謂朝不
聞不知聖人獨有興廢之義史官有附天
密術甲寅己己前己施行效後格而已不
用河平疏闊史官己廢之而漢以去事分

爭殆非其意雖有師法與無同課又不近
審其說部數術家所共知無所采遺漢
歸鄉里

表山松書曰劉洪字元卓泰山蒙陰人也
魯王之宗室也延熹中以校尉應太史徵
拜郎中遷常山長史以父憂去官後為上計掾拜郎
中徐觀著作律曆記還調者穀城門俟會稽東部
鄉尉徐遷未至領山陽太守卒官洪善算當世無偶
作七曜術及在東觀與蔡邕共述律曆記
及造乾象術十餘年考驗日月與象相應皆傳于世
博物記曰洪篤信好學觀乎六藝羣書以為天文
數術探賾索隱鉤深致遠專心銳思為曲城侯
相政教清均吏民畏而愛之為州郡之所禮異

〈後漢書志二〉

二十九

華定

曆法

劉昭注補

昔者聖人之作曆也觀璇璣之運三光之
行道之發斂景之長短斗綱之建青龍所
躔參伍以變錯綜其數而制術焉天之動
也一晝一夜而運過周星從天而西日違
天而東日之所行與運周在天成度在曆
成日居以列宿終于四七受以甲乙終于
【後漢書志三】　　　　　　　至章
六旬日月相推日舒月速當其同謂之合
朔舒先速後近一遠三謂之弦相與為衡
分天之中謂之望以速及舒光盡體伏謂
之晦晦朔合離斗建移辰謂之日月之術
則有冬有夏冬夏之間則有春有秋是故
日行北陸謂之冬西陸謂之春南陸謂之
夏東陸謂之秋日道發南去極彌遠其景
彌長遠長乃極冬乃至焉日道斂北去極
彌近其景彌短近短乃極夏乃至焉二至

之中道齊景正春秋分焉日周于天一寒
一暑四時備成萬物畢改攝提遷次青龍
移辰謂之歲歲首至也月首朔也至朔同
日謂之章同在日首謂之蔀蔀終六旬謂
以閏之時以分之歲以周之章以明之蔀
之紀歲朔又復謂之元是故日以實之月
以部之紀以記之元以原之然後雖有變
化萬殊贏朒無方莫不結系于此而稟正
焉極建其中道營于外璇衡追日以察斂
【後漢書志三】　　　　　　　二
光道生焉孔壺為漏浮箭為刻下漏數刻
以考中星昏明生焉日有光道月有九行
九行出入而交生焉朔會望衡鄰於所交
虧薄生焉月有晦朔星有合見月有弦望
星有留逆月逆一也步術生焉金水承陽
先後日下速則先日遲而後留留而後逆
逆與日違遲而後速速與日競競又先日
遲速順逆晨夕生焉日月五緯各有終原
而七元生焉見伏有日留行有度而率數

生焉參差齊之多少均之會終生焉引而
伸之觸而長之探賾索隱鉤深致遠無幽
辟潛伏而不以其精者然故陰陽有分寒
暑有節天地貞觀日月貞明若夫承乱者革
業淳燿天光重黎其上也
之命若昊天典曆象三辰以授民事立閏
定時以成歲功義和其隆也
象金火革命剏制治曆明時義應天順民
武其盛也

■後漢書志三

命治曆明時言承乱者革

月令章句曰帝舜叶時月正日湯武革

顓頊曰重黎　承聖帝
唐虞夏商　義和　承平者革　取

三

之及王德之衰也無道之君乱之於上頑
愚之史失之於下夏后之時義和淫酒廢
時亂日脩乃征之紀作淫虐喪其甲子武
王誅之夫能貞而明之者其興也勃焉回
而敗之者其亡也忽焉巍巍乎若道天地
之綱紀帝王之壯事是以聖人之寶焉君子
勤之夫曆有聖人之德六焉以本氣者尚
其體以綜數者尚其文以考類者尚其
以作事者尚其時以占往者尚其源以知

金

來者尚其流大業載之吉凶生焉是以君
子將有興焉咨焉而以從事受命而莫之
違也若夫用天因地揆時施教頒諸明堂
以爲民極者莫大乎月令帝王之大司備
矣天下之能事事畢矣過此而往者羣已苟禁
君子未之或知也斗之二十一度去極至
遠也日在焉而冬至羣物於是乎生故律
首黃鍾曆始冬至月先建子時平夜半當
漢高皇帝受命四十有五歲陽在上章陰
在執徐冬十有一月甲子夜半朔旦冬至
日月閏積之數皆自此始立元正朔謂之
漢曆又上兩元而月食五星之元朔發端
焉曆數之生也乃立儀表以校日景景長
則日遠天度之端也景周而爲歲
然其景不復四周千四百六十一日而景
復初是則日行之終以周除日數日得三百六
十五四分度之一爲歲之日數日行三百六
度亦爲天度察日月俱發度端

即是起日行一
舍合朔

四

十九周，月行二百五十四周，復會于端，是則月行之終也。以日周除月周，得一歲周天之數。以日一周及日行之數，爲一歲之月，以除一歲日，爲一月之數。月之餘分積之，滿其法得一日。四歲而終，月分成閏，閏七而盡，其歲十九，名之曰章。章首分盡，四之俱終，名之曰蔀。以一歲日乘之，爲蔀之日數也。以甲子命之，二十而復其初，是以二十蔀爲紀。紀歲青龍未終，三終歲後復青龍爲元。

元法，四千五百六十。

<small>（注文）除一歲日爲一氣，一歲沒，沒分如法爲一歲沒。沒分如其法，終於中終，于冬至至冬至之分積，如其法，得一日。四歲而終，月分成閏，閏七而盡，其名歲十九，名之曰章。章首分盡，四之俱終，其名曰部之日數也。

爲閏月，月中之始也。其歲月大四時推移，故置十二中以定月位，有朔而無中者爲閏月，月成則其歲月大四時推移。滿其法得一月，月成則其歲月大四時推移，故置十二中以定月位，有朔而無中者，爲閏月月中之始。除一歲日爲一氣，一歲沒沒分。

右行二十八宿以考王者終始，或盡一以四千五百首六十爲……或不能盡一以……</small>

元會四萬一千四百四十。　蔀會三千五十三。

七亖之會二千五十二二十而與元會。

<small>也分終歲有再食五百一十三分之五十，之月得歲……因以與蔀相約得四與二十，得五百二十三之二十一，一食以除一歲三食而復既其月食百三十五率之相除，月食數之生也，乃記月食之既者率之相……</small>

餘百六十八。　中法四十二。　大周三十。

四萬三千三百三十五。　月周千十六。

法四百八十七。　沒法七因爲章閏。　通。

十六月五十九。　沒數二十一爲章閏日。

四百六十一。　日法四。　蔀日二萬七千。

章月二百三十五。　歲月<small>令章句曰七閏月爲一章閏月</small>。

六歲爲蔀首。復紀蔀月九百四十。

<small>紀即元也，王者即位，或遇其統，故或不盡其數……</small>紀月萬八千八百。　蔀法七十六。

章法十九。

紀法千五百二十。　章月<small>令月句令元沇……</small>

歲數五百一十三　食數千八十一

月數百二十五　食法二十二

推入蔀術曰以元法除去上元其餘以紀
法除之所得數從天紀筭外則所入紀也
不滿紀法者入紀年數也以紀筭外所入
得數從甲子部起筭外所入部會筭名命之
筭上即所求年太歲所在

推月食所入部會除之所得以元會除去上元其
餘以部會除之所得以七十二乘之滿六
十除去之餘以二十除所得數從天紀筭
之起外所以入紀不滿二十者數從甲子
部起筭外所以入部會也其初不滿部者
入部會年數也各以不入紀歲名命之筭
上即所求年部

天紀歲名	地紀歲名	人紀歲名	蔀首
甲子	庚辰	庚申	蔀首
癸卯	丙申	丙子	二
壬午	壬子	壬辰	三
辛酉	戊辰	戊申	四
庚子	甲申	甲子	五
己卯	庚子	庚辰	六
戊午	丙辰	丙申	七
丁酉	壬申	壬子	八
丙子	戊子	戊辰	九
乙卯	甲辰	甲申	十
甲午	庚申	庚子	十一
癸酉	丙子	丙辰	十二
壬子	壬辰	壬申	十三
辛卯	戊申	戊子	十四
庚午	甲子	甲辰	十五
己酉	庚辰	庚申	十六
戊子	丙申	丙子	十七
丁卯	壬子	壬辰	十八
丙午	戊辰	戊申	十九
乙酉	甲申	甲子	二十

推天正術置入蔀年減一以章月乘之滿

章法得一名爲積月不滿爲閏餘十二以
上其歲有閏推天正朔日置入部積月以
部日乘之滿部日得一名爲積日不滿爲
小餘積日以六十除去之其餘爲大餘以
所入部名命之筭盡之外則前年天正十
一月朔日也求次月朔加大餘二十九小
餘四百九十九小餘滿部月得一上加大
餘命之如前

推二十四氣術曰置入部年減一以月餘
乘之滿中法得一名曰大餘不滿爲小餘
大餘滿六十除去之其餘以部名命之筭
盡之外則前年冬至之日也
求次氣加大餘十五小餘七除命之如前
小寒日也
推閏月所在以閏餘減章法餘以十二乘
之滿章閏數得一滿四以上亦得一筭之

數從前年十一月起筭盡之外則閏月也或
進退以中氣定之推弦望術曰置其月朔大
小餘之數皆加大餘七小餘三百五十九
四分三小餘滿部月得一加大餘大餘命
如法得上弦又加得望次下弦又加大餘
其弦望小餘二百六十一以下每以百乘
之滿部月得一刻不滿其數近節氣夜漏
之半者以筭上爲日

推没滅術置入部年減一以没數乘之滿
日法得一名爲積没不盡爲没餘以通法
乘積没滿没法得一名爲大餘不盡爲小
餘大餘滿六十除去之其餘以部名命之
筭盡之外前年冬至後没日也求後没加
大餘六十九小餘四小餘滿没法從大餘
命之如前無分爲滅
一術以五乘冬至小餘以減通法餘滿
没法得一則天正後没也
推合朔所在度置入部積月以日乘之滿

大周除去之其餘滿部月得一名爲積度
不盡爲餘分積度加斗二十一度加二百
三十五分以宿次除之不滿宿則日月合
朔所在星度也求後合朔加度二十九加
分四百九十九分滿部月得一度經斗除
二百三十五分
一術以閏餘乘周天以減大周餘滿部月
得一合以斗二十一度四分一則天正合
朔日月所在度

推日所在度置入部積日之數以月周乘
之滿部日除去之其餘滿部法得一爲積
度不盡爲餘分積度加斗二十一度加十
九分以宿次除去之則夜半日所在宿度
也
求次日加一度求次月大加三十度小加
二十九度經斗除十分
一術以朔小餘減合度分即日夜半所在
其分三百二十五約之十九乘之

推月所在度置入部積日之數以月周乘
之滿部日除去之其餘滿部法得一爲積
度不盡爲餘分積度加斗二十一度除
如上法則所求之日夜半月所在宿度也
求次日加十三度二十八分求次月大加
三十五度六十一分小二十二度三十
三分分滿部法得一度經斗除十九分其冬
下旬月在張心署之謂盡漏分後盡漏盡
也

推日明所入度分術曰置其月節氣夜漏
也餘以減分即月夜半所在度也
一術以部法除朔小餘所得以減日半度
之數以減分即增夜半所在度分
半到明所行分也以增夜半所在度分
爲明所在度分也求昏日所入度以夜
到明日所行分也以減部法其餘即昏日
所在行分也以加夜半所在度分爲昏日
所在度也

推月明所入度分術曰置其節氣夜半之
數以月周乘之以二百除之爲積分積分
滿部法得一以增夜半度即明月所在度
也
求昬月所入度以明積分減月周其餘滿
部法得一度加夜半則昬月所在度也
推弦望日所入星度術曰置月合朔度分之
數加七度三百五十九分四分之三宿次
除之即得上弦日所入宿度分也
推弦望月所入星度術曰置月合朔度分
之數加九十八加六百五十三半以
宿次除之即上弦月所入宿度分也
求望下弦加除如前法小分四從大分滿
部月從度
推月食術曰置入部會年數減一以食數
乘之滿歲數得一名曰積食不滿爲食餘
以月數乘積滿食法得一名爲積月不滿

十三　卓

爲月餘分積月以章月除去之其餘爲入
章月數當先除入章月乃以十二除去之
不滿者命以十一月筭盡之外則前年十
一月前食月也
求入章閏者置入章月以章閏乘之滿章
月得一則入章閏數也餘分滿二百二十
四以上至二百三十一爲食在閏月或
進退以朔日定之求後食加五百二十分
滿法得一月數命之如法其分盡食筭上
推月食朔日術曰置食積月之數以二十
九乘之爲積日又以四百六十除之其餘以
所會部名命之筭盡之外則前年天正前
食月朔日也求食日加大餘十四小餘七
百一十九半小餘滿部月爲大餘大餘命
如前則食日也
求後食朔及日皆加大餘二十七小餘六
百二十五其月餘分不滿二十者又加大

十四　陳

推諸上水漏刻以百乘其小餘滿其法得
一刻不滿法法什之滿法得一分積刻先
減所入節氣夜漏之半其餘爲晝上水之
數過晝漏之餘爲昨夜未盡其刻不滿
夜漏半者乃減之餘爲夜上水數其餘爲
其日五星數之生也各記於日與周天度
相約而爲率以章法乘周率爲用法章月
乘日率如月法爲積月月餘以月乘之月
積爲朔大小餘乘爲入月日餘以日法乘
周率爲日度法以率去日率餘以乘周天

餘二十九小餘四百九十九其食小餘者
當以漏刻課之夜漏未盡以筭上爲日
一術以歲數去上元餘以爲積月以日一
十二乘之滿月數去之餘乃以十二乘小餘
天正後食推諸加時以十二乘小餘先減
如法之半得一時其餘乃以法除之所得
筭之數從夜半子起筭盡之外則所加時
也

十五　後漢書志三　林芳

如日度法爲度之餘也日率相約取之得
二千九百九十萬一千六百二十一億五
十八萬二千三百而五星終如部之數與

元通

木周率四千三百二十七　日率四千
百二十五　合積月十三　月率四萬一
千六百六　月法八萬二千二百一十三
大餘二十三　小餘八百四十七　虛
九十三　入月日十五　日餘萬四千六
百四十七　日度法萬三千八百　積
度三十三　度餘萬三千一百一十四　火周
率八百七十九　日率千八百七十六
合積月二十六　月餘六千六百三十四
月法萬六千七百一　大餘四十七　小
餘七百五十四　虛分一百八十六　入
月日十一　日餘千八百七十二　日度
法三千五百一十六　積度四十九　度
餘一百一十四　土周率九千九百九十六

十六　後漢書志三　林芳

月餘十三萬八千六百三十七　月法十
七萬二千八百二十四

小餘三百四十八

入月日二十三　日餘二千一百六十三

度餘二萬九千四百五十一

日度法三萬六千三百八十四　虛分五百九十二　大餘五十四

二度餘二萬九千四百三十　積度十

金周率五千八百三十　日餘四千六百
一　合積月九　月餘九萬八千四
六十一

百五　月法十萬七百七十　　十七　李撰

五　小餘七百三十一　大餘二十

入月日二十六　日餘二百八十　虛分二百九

度法二萬三千三百二十　積度二百九

月餘日二十二萬六千二百

十二　度餘二百八十一

水周率萬一千九百八　日率千八百八
十九　合積月一　月餘二十一萬七千

月法二十二萬六千二百五
六百六十　大餘二十九
十二　小餘四百九十九

虛分四百四十九　入月日二十七

餘四萬四千八百五　日度法四萬七千

六百三十一　積度五十七　度餘四萬
四千八百五

推五星術置上元以來盡所求年以周率
乘之滿日率得一名為積合餘不盡名合餘
餘以周率除之不得一為退歲無所得星合
其年得一合前一合前二年八水積合
奇為晨偶為夕其不滿周率者反減之餘

為度分

推星合月以合積月乘積合為小積又以
月餘乘積合滿其月法得一從小積為月
餘積月滿紀月去之餘為入紀月每以章
月乘之滿章月得一為閏不盡為閏餘以
閏減入紀月其餘以十二去之餘為入歲
閏減入紀月得一為閏
月數從天正十一月起算外星合所在之
月也其閏滿二百二十四以上至二百三
十一星合閏月閏或進退以朔制之推朔

〔後漢書志三〕　十八　李撰

日以部日乘之入紀月滿部月得一爲積

日不盡爲小餘滿六十去之餘爲大

餘命以甲子筭外星合月朔日

推入月日以部日乘月餘以其月法乘朔

小餘從之以四千四百六十五約之所得

得滿日度法得一爲入月日不盡爲日餘

以朔命入月日筭外星合日也

推合度以周天乘度分滿日度法得一爲

積度不盡爲度餘以斗二十一四分一命

度筭外星合所在度也

一術加退歲一以減上元滿八十除去之

餘以沒數乘之滿日法得一爲大餘不盡

爲小餘以甲子命則星合歲天正冬

至日也以周率小餘并度餘餘滿日度法

從度即正後星合日數也命以冬至求後

合月加合積月於入歲月加月餘於月餘

滿其月法得一從入歲月入月餘滿十二

去之有閏計焉餘命如前筭外後合月也

餘一加晨得夕加夕得晨求朔日以大小

餘加今所得其月餘得一月餘一月餘又餘二十

九小餘滿部月得一如大餘命如前

求入月日以入月日餘加今所得餘滿日

度法得一從日其前合月朔小餘不滿其

虛分者空加一日滿月先去二十九其

後合月朔小餘不滿四百九十九又減一

日其餘命如前

求合度以積度度餘加今所得餘滿日度

日其餘命如前

法得一從度命如前經斗除如周率矣

木晨伏十六日七千二百二十分半行二

度萬三千八百二十一分在日後十三度

有奇而見東方見順日行五十八分度之

十一五十八日行十一度微遲日行九分

五十八日日行九度留不行二十五日旋逆

日行七分度之一八十四日進十二度復

留二十五日復順五十八日行九度又五

十八日行十一度在日前十三度有奇而

夕伏西方除伏逆一見三百六十六日行
二十八度伏復十六日七千二百二十分
半行二度萬三千八百一十一分而與日
合凡一終三百九十八日有萬四千六百
四十一分行星三十二度與萬三千一十
四分通率日行四千七百二十五分之三
百九十八

火晨伏七十一日二千六百九十四分
五十五度三千二百五十四分半在日後
分度之十四八十四日行一十二度微遲
日行十二分九十二日行四十八度留不
行十一日旋逆日行六十二分度之十七
六十二日退十七度復留十一日復順九
十二日行四十八度又百八十四日行百
二十二度在日前十六度有奇而夕伏西
方除伏逆一見六百三十六日行百三度
伏復七十一日二千六百九十四分行五

十五度二千二百五十四分半而與日合
凡一終七百七十九日有千八百七十二
分行星四百一十四度與九百九十三分
通率日行千八百七十六分之九百九十
六

土晨伏十九日千八百一十一分半行三度萬
四千七百二十五分半在日後十五度有
奇而見東方見順日行四十三分度之三
八十六日行六度留不行三十三日旋逆
日行十七分度之一百二日退六度復留
三十三日復順八十六日行六度在日前
十五度有奇而夕伏西方除伏逆見三百
四十日行六度伏復十九日千八百一十一分
半行三度萬四千七百二十五分半與日
合凡一終三百七十八日與二萬九千四百五
十三分行星十二度與二萬九千四百五
十一分通率日行九千四百一十五分之
三百一十九

金晨伏五日退四度在日後九度而見東
方見逆日行五分度之三十日退六度留
不行八日順日行四十六分度之三十
三四十六日行三十三度而日行一度益疾
十分度之十五九十一日行百六度益疾
日行一度二十二分九十一日行百一十
三度在日後九度而晨伏東方除伏逆一
見二百四十六日行二百四十六度伏四
十一日二百八十一分行五十度二百八
十一分而與日合一合二百九十二日
八十一分行五十度二百八十一分在
日前九度而見西方見順疾日行一度九
十一分度之二十二九十一日行百一十
三度微遲日行一度十五分度九十一日
百六度而進日行四十六分度之三十三
四十六日行三十三度留不行八日旋逆
日行五分度之三十日退六度在日前九

度而夕伏西方除伏逆一見二百四十六
日行二百四十六度伏五日退四度而後
合凡三合一終五百八十四日有五百六
十二分行星如之通率日行一度

水晨伏九日退七度在日後十六度而見
東方見逆一日退一度留不行二日旋順
日行九分度之八九日行八度而疾日行
一度四分度之二十日行二十五度在
日後十六度而晨伏東方除伏逆一見三
十二日行三十二度伏十六日四萬四千
八百五分行三十二度四萬四千八百五
分而與日合一合五十七日有四萬四千
八百五分行星如之水夕伏十六日四萬
四千八百五分行三十二度四萬四千八
百五分在日前十六度而見西方見順疾
日行一度四分度之二十日行二十五
度而遲日行九分度之八九日行八度留
不行二日逆一日退一度在日前十六度

而夕伏西方除伏逆一見三十二日行三
十度伏九日退七度而復合凡再合一終
百一十五日有四萬一千九百七十八分
行星如之通率日行一度
步術以步法伏日度分如星合日度餘命
之如前得星見日度也術分母乘之分日
如度法而一分不盡如法半以上亦得一
而日加所行分滿其母得一度逆順母不
同以當行之母乘故分如故母如一也留
者承前逆則減之伏不書度經斗除如行
母四分具一其分有損益前後相放其以
赤道命度進加退減之其步以黃道日名
天正十一月十二月正月二月三月四月
五月六月七月八月九月十月冬至大寒
雨水春分穀雨小滿夏至大暑處暑秋分
霜降小雪〔月令章句孟春以立春為節驚蟄為中在其月節不必在其月據孟春之〕〔驚蟄在十六日以後立春在佳後十二月驚蟄在十五日以前立春在佳前十二月〕
斗二十六〔退四分 二分〕 牛八 女十二〔二進〕 虛

李昇

十〔三進〕 危十六〔二進〕
北方九十八度四分一
室十六〔二進〕 壁十〔三進〕
奎十六〔一進〕 婁十二〔一進〕 胃十四〔二進〕 昴十
西方八十度
畢十六〔三進〕 觜二〔二退〕 參九〔四退〕
井三十三〔三退〕 鬼四 柳十五〔一進〕 星七〔一進〕
南方百一十二度
張十八〔一進〕 翼十八〔一進〕 軫十七〔一進〕
角十二 亢九〔退〕 氐十五〔退〕 房五〔退〕
大大大小四
東方七十五度 尾十八〔三進〕 箕十一〔三退〕
心五〔退〕
右赤道度周天三百六十五度四分一
斗二十四〔一進〕 牛七 女十一 虛十
北方九十六度四分一 室十八 壁十
危十六 奎十七 婁十二 胃十五 昴十二
畢十六 觜三 參八
西方八十三度

井三十　鬼四　柳十四　星七　張十

七　翼十九　軫十八

南方百九度

角十三　亢十　氐十六　房五　心五

尾十八　箕十

東方七十七度

右黃道度三百六十五四分一

黃道去極日景之生據儀表也漏刻之生

以去極遠近差乘節氣之差如遠近而差

一刻以相增損昏明之生以天度乘晝漏

夜漏減三百而一為定度以減天度餘為

明加定度一為昏其餘四之如法為少不

盡三之如法為強餘半法以上以成強強

三為少少四為度其強二為少弱也又以

日度餘為少強而各加焉

極九十一度　各二十四度　黃道斜帶其腹出赤道

故夏至去極六十七度而強冬至去極

百一十五度　亦強也然則黃道斜帶赤道者則春

秋分之去極也今此春分去極九十少秋分去極

第十一少者就夏曆冬去極之數也本當以銅儀

第一行者黃道進退之數本當以銅儀日上頭橫行

度之率也

二十四氣在黃道去極晷景晝漏刻夜漏刻昏星昏星

冬至	斗二十一度八分退二（月令章句曰：冬至之為極有三意：晝漏極短，去極極遠，景極極長。極者，至而還之辭也）	百一十五度	丈三尺	四十五	五十五	奎六弱（日行退也夫當中而中是行疾也）	亢二少強退一
小寒	女二度七分進一	百一十三強	丈二尺三寸	四十五八分	五十四二分	婁六半強退一	氐七少弱退二
大寒	虛五度十四分進二	百一十大弱	丈一尺	四十六八分	五十三二分	胃十一半強退一	心半退三
立春	危七度二十一分進二	百六少弱	九尺六寸	四十八六分	五十一四分	畢五少強退三	尾七半弱退三
雨水	室八度二十八分退三	百一強	七尺九寸五分	五十八分	四十九二分	參六半弱退四	箕六大弱退三
驚蟄	壁八度三分進一	九十五強	六尺五寸	五十三三分	四十六七分	井十七少弱退三	斗少退二
春分	奎十四度十分	八十九少強	五尺二寸五分	五十五八分	四十四二分	鬼四	斗十一強退二
清明	胃一度十七分退二	八十三少弱	四尺一寸五分	五十八三分	四十一七分	星四大進二	斗二十一半退二
穀雨	昴二度二十四分退二	七十七大強	三尺二寸	六十五分	三十九五分	張七進二	牛六半
立夏	畢八度三十一分退三	七十三少弱	二尺五寸二分	六十二四分	三十七六分	翼七大進二	女十少弱一
小滿	參四度六分退四	六十九大弱	尺九寸八分	六十三九分	三十六一分	角六弱	危大弱進
芒種	井十度十三分退三	六十七少弱	尺六寸八分	六十四九分	三十五一分	亢五大退一	危十四強進二
夏至	井二十五度二十分退一（章句曰：夏至之為極有三意者：晝漏極長，去極極近，景極極短）	六十七強	尺五寸	六十五	三十五	氐十二少弱退二	室十二少弱退三
小暑	柳三度二十七分進二	六十七大強	尺七寸	六十四七分	三十五三分	尾一大強退三	奎二大強

大暑	星四度三分進二	七十	三尺	六十二八分	三十七二分	尾十二弱退三	婁三大退一
立秋	張十二度九分進一	七十三半強	三尺三寸五分	六十三三分	三十六七分	箕九大強退三	胃九大弱退二
處暑	翼九度十六分退二	七十八半強	三尺三寸三分	六十三分	三十九七分	斗十少退三	畢三大退三
白露	軫六度二十三分退一	八十四少強	四尺三寸五分	五十七八分	四十二二分	斗二十一強退	參五半弱退四
秋分	角四度三十分	九十半強	五尺五寸	五十五二分	四十四八分	牛五少	井十六少強退三
寒露	亢八度五分退三	九十六少強	六尺八寸五分	五十三六分	四十六四分	女七大進	鬼三少強
霜降	氐十四度十三分退二	百二少強	八尺四寸	五十三分	四十九七分	虛六大進一	星三大強進一
立冬	房四度十九分退三	百七少強	丈四寸二分	四十八二分	五十一八分	危八強進一	張五大強進二
小雪	箕一度二十六分退三	百一十一弱	丈一尺四寸	四十六七分	五十三三分	室十一強進二	翼十五大強進二
大雪	斗六度一分退三	百一十三大強	丈二尺五寸六分	四十五三分	五十四五分	壁十一強進一	軫十五少強進一

易緯所稱晷景長短不與相應今列之于後井至與不至各有所候以參廣異同 冬至晷長一丈三尺當至不至則旱多溫病未當至而至則多病暴逆心痛應在夏至 小寒晷長一丈二尺四分當至不至先小旱後小水丈夫多病喉痺未當至而至多病身熱來年麻不為耳 大寒晷長一丈一尺八分當至不至則先大旱後大水麥不成病厥逆未當至而至多病上氣嗌腫 立春晷長一丈一寸六分當至不至兵起麥不成民疲瘵未當至而至多病熛疾疫 雨水晷長九尺一寸六分當至不至早麥不成多病心痛未當至而至多病癰 驚蟄晷長八尺二寸當至不至則霧稚禾不成老人多病嚏未當至而至多病癰疽脛腫 春分晷長七尺二寸四分當至不至先旱後水歲惡米不成多病耳痒 清明晷長六尺二寸八分當至不至菽豆不熟多病嚏振寒溫泄未當至而至多溫病暴死 穀雨晷長五尺三寸六分當

至不至，水物雜稻等不爲多病，疾癰振寒霍亂，未當
至而老人多病氣腫，立夏暑長四尺三寸六分，當
至不至，旱五穀傷，牛畜疾
腫益喉痺，小滿暑長二尺四寸四分，當至而國有大水，後小水
大暑暑長三尺，狂令未當至而國有大水，後小水暴
病胵痛惡氣來，年黍不爲災，立秋暑長四尺三寸六分，當至不至，國多飢，來年病瘇腫
暴風爲災，惡氣來，病服耳，然不出行，多氣咽上氣
白露來，年麥六尺二寸八分，當至而多病水腹閉疝瘕令
兵起來，年麥長五尺三寸二分，當至而多病肺腫，不爲兵作
四分，當至不至，草木復榮多病溫，未當至而不至，亦爲
至多病胃雨，痛寒露暑長七尺二寸，當未至而至，多病痿疽疥
至多病疾疫熱中，霜降暑長九尺，藏膂痛，未當至而不至，地多氣病
至萬物大耗，年立冬多風犬，小雪早早，脫腕痛，未至而至，來氣
泄脈痛滿，大雪暑不成，脫腕痛，一尺四分，當未至而至，多氣病
至來年癰疽，蟲生大水，多種，脚腕痛，一尺八分，當未至而至，地多温氣
肘腋痛，夏蟲疽，在芒種之分，每十三十日周天三百六度
至不藏賊臂掌痛，應在芒種之分，每次三十日，度之所降婁之次居胃之
自璧之八度，至胃一度謂之降婁魯之分野
之十四度至胃一度謂之降婁，自胃一度謂之次，至畢六度謂之大梁趙之
至胃一度謂之次，至畢十二度謂之實沈魏之分野居畢
曾之分八度，至壁之八度謂之豕韋，衛之分次，清之次居危清之野

明穀雨居之立夏小滿居之趙之分野
自畢六度至井十度謂之
自柳三度至張十二度謂之鶉首秦之分野
自張十二度至軫六度謂之鶉火周之分野
自軫六度至氐八度謂之鶉尾楚之分野
自氐八度至尾九度謂之壽星鄭之分野
自尾九度至斗六度謂之大火宋之分野
自斗六度至須女二度謂之析木燕之分野
自須女二度至危十六度謂之玄枵齊之分野
之次居危大雪冬至居之越之分野
氣節星所在度數與皇甫謐所列在郡國志不同兼明
邑分星野燕之分野
中星以日所在爲正日行四歲乃終置所
求年二十四氣小餘四之如法爲少大餘
不盡三之如法爲強弱以減節氣昏明中
星而各定矣強正弱也其強弱相減同
名相去異名從之從強進少爲弱從弱退
少而強從上元太歲在庚辰以來盡熹平
三年歲在甲寅積九千四百五十五歲也
宋世冶曆何承天曰曆數之術若
人前識無救其弊是以多歷年歲猶未能有定本之
劉歆三統法尤復疏闊方於四分六千餘年又益一
必先立元元假託讖緯遂開治亂此其所爲弊亦甚矣
於天出三百年而盈一日積歲弗悟徒云建曆之本
日楊雄心惑其說採爲太初元年始用三統二
劉歆三統法尤復疏闊或其說
年志司馬彪曰歆之生不逮太初用三統曆
自楊雄爲曆施行百有餘載三君子爲曆幾乎平

不知而妄言者歟元和中穀城門候劉洪始悟四分
於天疏闊更以五百八十九為紀法百四十五為斗
分而造乾象法又制遲疾曆以步
月行方於太初四分轉精密矣

論曰易有太極是生兩儀兩儀之分尚矣
乃有皇犧皇犧之有天下也未有書計曆
載彌久暨於黃帝班示文章重黎記象
應著名始終相驗準度追元乃立曆數天
難諶斯是以五三迄千來今各有攺作不
通用故黃帝造曆元起辛卯而顓頊用乙
卯虞用戊午夏用丙寅殷用甲寅周用丁
巳魯用庚子漢與承秦初用乙卯至武帝
元封不與天合乃會術士作太初曆以
丁丑王恭之際劉歆作三統追太初前世
一元得五星會旋復踈闊徵能術者課校
曆到章帝元和稽元追漢三十五年庚辰之歲
諸曆定朔稽元追漢三十五年庚辰之歲
追朔一日乃與天合以為四分曆元加六
百五元一紀上得庚申有近於緯而歲不
攝提以辨曆者得開其說而其元勘與緯

同同則或不得於天然曆之興廢以踈密
課固不主於元光和元年中議郎蔡邕郎
中劉洪補續律曆志邕能著文清濁鍾律
洪能為筭述紱三光今考論其業義招博
通術數略舉是以集錄為上下篇放續前

志以備一家

蔡邕戍邊上章曰朔方髡鉗徒
質時為尚書召拜郎中受詔詣東觀典
並走拜郎沐浴聖恩前後二年奉著作
緫能走拜郎中好藩更儒故臣被受寵任
竟端右出相好藩受恩寵載戴隆陛下
登驩之功一父一旦披章陷沒死天地之德
緣暖恩寵陷陛下天輪寫心力以效不忍

刀鋸亞戴首領

臣頓首頓首死罪死罪父
軀命叫息非臣所敢望所非臣罪惡所當復
蒙非常非臣所敢望所當復重刑伏生完全
辭焦抱悲息非臣所敢望當復重刑完全
怖灼無心隨復上書陳所俊息俊所不在其
已謝就元初復聽讀郡縣詔書故敢自在布
復謝筆但恩復上書能既筆成草所唯其有
轉聽徒所能操筆而祖以章所不在其
書郡縣詔書促遺識識其有紀傳無續志者
十志亦初張俊洪坐罪非臣等校年年未續
責臣下盡本此出此所以為漢朝含上
事雖未備悉當撰錄張誘惟其裏分受
位非事志皆未備悉其衣常汗庭事候上
所師志皆當相見廣知誘述其裏得當有
可施行故臣無窮法道至劉洪與共參
諸順者皆舊注考校違年住往有差舛當
請太師言者皆先治律曆以籌算都者著本
於用筭故臣表上洪與共參思圖牒尋繹

會臣被罪遂邊野臣竊自痛一為不善使史籍所

關故廣所校二十年之思中道發絕不得究竟壞懷

之情猶以結心不能遠達臣初欲須刑竟乃因縣道

具以狀聞今年七月九日匈奴始攻部鹽池縣其時

鮮卑連犯塞中五原一月之中烽火不絕不言四夷

相與合謀所圖廣遠恐遂為變不知所齊郡縣咸懼

期誠恐所懷腐朽命鋒鏑湮滅土灰呼吸無

不守朝旦所在孤危懸命抱恨黃泉遂不設施謹先

所當依據分別首目并書章左臣初被考妻子進窘

士失文書欲制刑定則三及經典舉書撰本志前志

所論諸志欲制刑定者一所當接續者四前志

不得識者又恐謬誤觸冒死罪披散恩顧首進窘

下東觀推求諸奏以疊書以捕緝遺關昭明國體

章聞之後雖所腦流離白骨剖破無所復遺恨惟性下

省察謹因臨戎長霍圍封上臣頓首死罪稽首再拜

以聞其所論志家未以成書如

有異同今隨事注之于本志也

三十五

費

後漢書志第三

賛曰象因物生數本抄名律均前起準調

後發該冀衡琁檢會日月

劉昭　注補

合朔　立春　五供
上陵　冠　夕牲
耕　高禖　養老
先蠶　袚禊

威儀以為禮儀志

（儀立漢制度蔡邕倣以為志）

夫威儀所以與君臣序六親也若君亡君
之威儀亡臣之儀上替下陵此謂大亂大
亂作則羣生受其殃可不慎哉故記施行
威儀以為禮儀志

（謝沈書曰太傅胡廣博綜舊儀……）

禮威儀每月朔旦太史上其月曆有司侍
郎尚書見讀其令奉行其政朔前後各二
日皆牽羊酒至社下以祭日有變割羊
以祠社用救日日變執事者冠長冠衣皂
單衣絳領袖緣中衣絳袴襪以行禮如故

事公羊傳曰日有食之鼓用牲于社求平陰之道也或曰為闇恐人犯之故鳴□□□以朱絲縈社者土地之主也繫用朱絲□□□□賣求同義社者土地之主也月
者之土地何休曰脅上繫於天陌犯日故鳴鼓而攻之脅□

立春之日夜漏未盡五刻京師百官皆衣
青衣郡國縣道官下至斗食令史皆服青
幘立青幡施土牛耕人于門外以示兆民
至立夏唯武官不立春之日下寬大書曰

（勝騫）

制詔三公方春東作敬始慎微動作從之
罪非殊死且勿案驗皆須麥秋退貪殘進
柔良下當用者如故事

（月令曰命相布德和令……此詔之謂也）

獻帝起居注曰建安二十二年二月壬申詔書絕立春寬緩詔書不復行

正月上丁祠南郊（白虎通曰正月上辛尚書曰丁巳用牲于郊牛是先甲三日辛也後甲三日丁也皆可接事吳天之日）禮畢次比郊明堂

高廟世祖廟謂之五供五供畢以次上陵
西都舊有上陵東都之儀百官四姓親家

婦女公主諸王大夫（蔡邕獨斷曰凡與先后有瓜葛者與外國）

朝者侍子郡國計吏會陵晝漏上水大鴻臚設九賓隨立殿前（薛綜曰九賓謂王侯公卿二千石六百石）位如儀乘輿自東廂下鍾鳴謁者治禮引客羣臣就止旋升阼階拜神坐退坐東廂西向侍中尚書陛者皆神坐後公卿羣臣謁神坐太官上食太常樂奏食舉文始五行之舞（名五行之舞也）禮樂闕君臣受賜食畢郡國上計吏以次前當神軒占其郡穀價民所疾苦欲神知其動靜孝子事親盡禮敬愛之心也周偏如禮

（謝承書曰建寧五年正月車駕上原陵司徒掾蔡邕從公行到陵見其禮始為可攀慕今見廣寢察其本意乃知孝明皇帝至孝之心入閣占墓陵不復聞也日本意云何昔京師長安時久在園陵就國計吏各向神坐而言存之意苟國計吏各向神坐而言側隱不可盡得即此始為得國也光武即世即始葬于此嗣位在長安時帝嗣位踰踐在公卿百僚親服三年久在園陵初興此儀仰察几筵帝坐下孝之心親生非時人但見其禮不知其儀仰察几筵帝坐下）

帶佩八月飲酎上陵禮亦如之最後親陵遣計吏賜之

（所加以正月酒八月成名酎酒丁卯漢儀曰酎金律文帝所加以正月旦作酒八月成名酎酒酎之言純也皇帝齋宿親祭用大牢羣臣宜分奉請諸侯各以戶口率之金布令曰皇帝齋宿親祭獻金祠宗廟皇帝臨軒侍中常侍奉羣臣以次奉金而受金...酎少府受之而藏之若少不如斤兩色惡王削縣侯免國...）

齋天地七日宗廟山川五日小祠三日齋日內有汙染解齋副倅行禮先齋一日有汙穢災變齋祀如儀大喪唯天郊越紼而齋地以下皆百日後乃齋如故事（觀文帝詔曰漢不拜日於東郊而且夕常於殿下東面拜日於東門之外天交神之道也於是朝日東門之外）祭必先夕（其儀如郊）

正月甲子若丙子為吉日可加元服儀從冠禮乘輿初緇布進賢次爵弁次武弁次通天以據皆於高祖廟如禮謁（王冠禮曰周公成）

使祝雍曰辭達而勿多也於佞近於義嗇妷附任賢使能博物也祝雍辭曰近於民遠於年遠帝昭辭曰下楊任賢使承皇天之嘉禄致奉仲春之吉辰普薦普算百福之休德就德之休德蕭勤高祖之元服推遠冲孺之幼志蘊積文武之加服幘明之清廟雍六合之內靡不蒙德永永無極獻帝傳曰興平元年正月甲子帝加元服司隷城門五于嘉禮賓加賜玄纁駟馬貴人公主卿司隷城門五校及侍中尚書黃門侍玄纁駟馬貴人公主卿司郎各一人為太子舍人也

賢而已

北王加冠戶注曰建安十八年正月壬子濟劉贍濟兼侍中假貂蟬加濟北王給以見父母始賜牲于

正月天郊名牲周禮展牲于郊祀若令欠牲又郊儀先郊日未晡五刻欠牲公卿尹衆官悉牲又郊儀先郊日未晡五刻欠牲公卿至壇東就位太祝吏奉牲入到拷蘗犧令跪曰請省牲舉手曰腯太祝令牽牲就就牲舉手曰腯其一奠天神坐前其一奠太祖坐前今

王公以下初加進

畫漏未盡十八刻初納夜漏未盡之郊祀也

八刻初納將告穀詞向祭之辰也進熟獻太

祝送旋皆就燎位宰祝舉火燔柴火然天牲加郊儀先郊日

子再拜興有司告事畢也明堂五郊宗廟太社稷六宗欠牲皆以畫漏十四刻初納夜漏未盡七刻初納進熟獻送神還有司

告事畢六宗燔燎火大然有司告事畢御飼師三公九卿躬耕帝藉廬植注曰正月始耕畫漏上水初納執事告祠先農辰巳帝天也藉耕也

行事就耕位天子三公九卿諸侯百官以次耕推鄭玄注周禮曰天子三公五推公五推三公五百人也月令九章句曰甲者兩勞事反者諸殊勞故三公五推諸侯九卿七推大夫十二士終畝禮記曰天子為藉千畝諸侯百畝又曰古者天子為藉千畝冕而朱紘躬秉耒諸侯為藉百畝冕而青紘躬秉耒以事天地山川社稷先古以為醴酪齊盛於是乎取之敬之至也公坐而論道參五職事故公為數伐三公為數伐諸卿當三伐禮以三為數

力田種各穀記有司告事畢史記曰漢文帝詔云農天下之本其開藉田朕躬耕以給宗廟粢盛應劭曰常以正月帝王躬耕帝藉田千畝為天下先晉灼曰藉蹈藉也本角田令曰帝躬耕帝藉田千畝為天下先蓋蹈藉而耕之公卿庶人無違逆者故曰力耕也民力以治之以奉宗廟且以勸率天下使務農也昭曰藉借也借民力以治之以奉宗廟且以勸率天下使務農也韋昭曰藉借也借民力以治之以奉宗廟子耕三推三公五推卿諸侯九推藉田千畝為天下先使庶人如民如借故借使庶人如民如芉終於藉之言也

文力田種各穀記有司告事畢祠以春始東耕於藉田官司農正殿後耕東於藉田天子即殿後東耕之爾雅曰東作躬耕帝藉故借使庶人如蹈藉也本角田令曰帝躬耕帝藉田千畝為天下先

頓躓注曰本注曰祠先農即神農炎帝也祠以一太牢百官皆從大賜三輔二百里孝悌力田三老帛祭天地宗廟羣神之祀所種之穀黍稷秔秜稻粱大豆秫麥皆得而種之黍稷秔秜稻粱晚稻皆以給祭天為粢盛皇帝躬桑東郊苑中蠶室祭蠶神曰菀窳婦人寓氏公主凡二神祠以一太牢故曰皇帝親耕以供粢盛皇后親桑以供祭服

三老帛祭天地宗廟官皆置令丞宗廟官曰太宰令皇帝躬耕帝藉

是月令曰郡國守相皆勸民始耕如儀祠以晚也于寶周禮注曰種晚曰稑屬之

03-1425

諸行出入皆鳴鍾，皆作樂，其有災眚，有他故，若請雨止雨，皆不鳴鍾，不作樂。〔春秋釋痾曰：漢家郡守行大夫禮，鼎俎籩豆，工歌縣。何休曰：漢家陳師置守相，故行其樂也。〕

仲春之月，立高禖，祠于城南，祀以特牲。〔月令。令月。禮天子所御，帶以弓韣，授以弓矢，于高禖之前，言著祈也。玄鳥至之日祀玄鳥，詩曰：克禋克祀，以弗無子。古者必立郊禖焉。玄鳥至之日，以太牢祠于高禖，天子親往，后妃率九嬪御，乃禮天子所御。玄鳥感陽而至，為蕃育之象，主為乳也，蓋為人所以祈子孫之祥。其來主乳，故重其事而祀焉。以弓韣弓矢于高禖之前，求男之象也。因以其祀，變媒言禖者，神之也，因以為神，其求子孫廣嗣之祠也。博物記云：玄鳥，鳸也。漢書音義云：鳸，玄鳥，燕也。毛詩。〕

引衣尚使得男也。離騷曰：簡狄在臺，嚳何宜，玄鳥致貽，女何嘉。王逸曰：言簡狄侍帝嚳於臺上，而有娀氏之女簡狄吞之生契也。盧植注云：玄鳥至時，陰陽中，萬物生，故於是以請子也。高辛氏之出則有娀氏女，因祈於高禖而生契，故亦以為禖官嘉祥而立其祠焉。晉博士束皙議以為高禖位所在，古書既亡缺，莫知其處。晉武帝太始，詔問高禖壇上石破，詔問出何經典。

明帝永平二年三月，上始帥羣臣躬養三老、五更于辟雍也。〔孝經援神契曰：三老者，老人知天地人事者。奉几授杖，三老坐乘之車輭輪，輭輪者，以蒲裹輪供緩之事也。人知五行更代之事者，就車法也。天子親執轡綏授之，以寵異之也。鄭玄：老人知五行更代之事者奉几授。謙者，安車輭輪。三老者人君父事，五更寵以度容謙順，猶……宋均曰：三老父事，五更兄事也。安車輭輪，三老者人君父事五更。〕

養三老、五更之儀，先吉日，司徒上大傅若講師故三公人名，用其德行年耆高者一人為老，次一人為更也。〔盧植禮記注曰：選三老鄉大夫中……之老者為更也，亦參五之也。〕其日，乘輿先到辟雍禮殿，御坐東廂，遣使者安車迎三老、五更，皆服都紵大袍單衣，阜緣領，袖中衣冠，進賢，扶王杖，五更亦如之，不杖，皆齋于太學講堂。〔月令章句曰：三老，國老也。五更，庶老也。〕

行大射之禮。〔袁山松書曰：天子皮弁素積親射，射人眾山積，親射射人眾。稱也。〕行鄉飲酒于學校，皆祀聖師周公、孔子，牲以犬。〔鄉玄注儀禮曰：狗取犬以冬，亦如之。人本無樂，故於歲時合樂以同其意。諸侯十月行鄉飲酒禮，則以禮屬民而飲酒于序，以正齒位於民聚之時，欲其見化也。知尚賢尊長也。鄉射合樂而大射不何，以韋禮異。〕於是七郊禮樂、三雍之義備矣。

車迎三老五更天子迎于門屏交禮道自
阼階三老升賓階至階天子揖如禮三
老升外面三公設几九卿正履天子親祖
割牲執醬而饋執爵而酳祝鯁在前祝饐
在後南面公進供禮亦如之
五更南面公進供禮亦如之

禮記曰天子適饌省醴養老之珍具遂發詠

顯故也

是月皇后帥公卿諸侯夫人蠶

明日皆詣闕謝恩以見禮遇大尊

得其意

後革之深

先蠶蟲禮以少牢　於菀中蠶室養蠶
四月壬皇后蠶生而皇后親以上視蠶

後漢書志第四

是月上巳官民皆絜於東流水上曰洗濯

祓除去宿垢疢為大絜絜者言陽氣布暢

萬物訖出始絜之矣

杜篤祓禊賦曰至歲之徒
云後漢有郭虞者三月上巳産二女

十

劉昭　注補
拜皇太子

立夏　請雨
拜王公　桃印　黃郊
立秋　貙劉　案戶
祠星　立冬　冬至
臘　大儺　土牛
遣儒士　朝會

立夏之日夜漏未盡五刻京都百官皆衣
【後漢書志五】　　周清

赤幘至季夏衣黃郊其禮祠特祭竈

自立春至立夏盡立秋郡國上雨澤若少

府郡縣各掃除社稷其旱也公卿官長以

次行雩禮求雨

責政不善與民失職與宮室榮與婦謁盛與苞苴行與讒夫倡與　公羊傳曰大雩旱祭也何休注云春秋繁露曰大雩祭以六事謝過自責曰政不天地之所為陰陽之所起或請雨大水鳴鼓而攻之日大旱請也而已敢有加也水者陰也鳴鼓而攻大旱請之而已此亦春秋之義也朱云請雨之道損陽益陰顯大王之至地之位正陰奏江都王云求雨其道而損陽益地又仲舒奏江都王云求雨其道而損陽益絲而曾之為其不義此亦春秋之義也朱陽者早勝之為其不以眠陵貴者逆節故

開諸陽衣皁興土龍
山海經東此
大荒東經
龍名曰應龍處南極殺蚩尤與夸父不得復上故下數旱旱而為應龍之狀乃得大雨今之土龍本此氣應自然非人所能為也今其能致雨者同氣共應故也董仲舒春旱求雨令縣邑以水日令民禱社稷山林暴巫聚蛇八尺植蒼繒八其神共工記立秋雖旱此龍本母也四月立夏乃求雨禱雨雖旱不得復立土龍四月已後立秋雖旱不復禱雨得禱求雨得雨一說大雩祭天地宗廟社稷山川以祈雨一說大雩祭以六事謝過雪賽角亢祭也名天地之神者一月祖賜諸巫者諸巫毋雪賽角亢祭以六事名天名天名往視其處處往視其處各往視其市市無得各無內丈夫丈夫便處往視其市市無得內丈夫丈夫無小廣陵女子為人祝者一月祖賜諸巫者諸巫毋

尺植神桀赤繒七其神蚩尤祭之以赤雄雞七玄酒具清七壇於邑南門之外方七尺植赤繒七其神蚩尤祭之以赤雄雞七玄酒具清今縣邑以水日家人祀竈令更大埽井暴釜於壇臼杵於術七日為龍一丈植之壇中央小龍七各長四丈居東方皆東鄉其間相去八尺小僮八人皆齋三日服青衣而舞之田嗇夫亦齋三日服青衣而立之鑿社通之於閭外之溝取五蝦蟇錯置社之中池方八尺深一尺置水蝦蟇焉具清酒膊脯齋三日服蒼衣先再拜乃跪陳乃起祝曰昊天生五穀以養人今五穀病旱恐不成敬進清酒膊脯再拜請雨雨幸大澍奉牲禱以甲乙日為大青龍一長八丈居中央小龍七各長四丈於東方皆東鄉其間相去八尺小僮八人皆齋三日服青衣而舞之里社皆雩之於四通神宇令巫祝以獨取死人骨埋之開山淵積薪而燔之決通道橋之壅塞不行者決瀆之幸而得雨報以豚一酒鹽黍財足以為祠神毋毋女子為人祝者一月祖賜諸巫者諸巫毋女子薪焚彼鼓聲皆燒豬尾取死人骨埋之開山淵積薪而燔之決通道橋之壅塞不行者決瀆之幸而得雨報以豚一酒鹽黍財足以為神毋毋縣邑兩植桐木於術七日為蛇一丈植之壇尺植赤繒七其神蚩尤祭之以赤雄雞七玄酒具清七

之而為吹捭及龍見者颯有風雨興起以迎送之故緣土象龍何

立土人舞僮二俗七日一變如故事

也致雨難而居女子欲和而樂之論曰求雨具作土象類

時皆一長六尺舞之尉子曰令吏民夫婦皆偶之尺舞池皆

北卿其聞相去六尺老者六人皆齋三日衣黑衣於此

廟祝齋三日衣玄衣祝齋如邑以壬癸日為大黑龍一長三丈於北方皆衣黑衣而舞之

祠井伯玄冥神於庭中衣玄衣酒具如春以六玄酒祝如常

深井雍水為四瀆祭以黑狗於山外方六尺家人皆衣黑衣而

舞之司馬其聞相去九尺鰥者九人皆衣白衣於西方

西鄉其聞相去九尺服白衣者九人皆立齋三日衣白衣而

長九丈居中央舞者八人各長四丈五尺於西方皆衣白衣

其清酒脯他如春以庚辛日為小龍八各長四丈居西方皆一

外方九尺植白繒

祭之以黃黃皆齋三日服黃衣祝齋三日衣黃衣舞之

墓者亦齋五尺大龍一長五丈居中央他皆如前祭之用桐木魚九

舉火事暴巫於火門九其神后稷酒脯祭如

後漢書志五 三 周濤

男子無得行入市家人祠中央土功聚巫祝如前以戊已日為黃龍一長五丈居中央各一小龍長二丈五尺皆居南方舞之以南郷老人其神后稷酒脯

中央又為小龍五各長二丈五尺大黃繒五皆齋三日服黃衣祝齋五日舞之皆如春季夏禱雨於中央之庭各以赤繒五其神太昊祭之以赤

祭黃之以黃各如其方雷龍一長五尺各舞之於南方老其神

衣黃之衣皆如春祝齋三日衣赤衣立赤龍一長七丈於南方皆衣赤衣而舞之

為黃各齋三日服赤衣祝齋三日衣赤衣立赤龍

山雄雞以助之令人祠於赤陰陽開闔如春初以季夏禁

七日一變如故事

盤蛇社豬一以祠社深一尺家人祠取五蝦蟆置陰南門外於邑南門於春初取三

服於南方皆赤衣壯者七人皆服赤衣而立之

酒搏脯視齋三日服赤衣拜跪陳祝如春以丙丁日為赤龍一長七丈居中又為小龍六各三丈五尺方

反拘朱索社伐朱鼓

禱賽以少

周禮曰量舞帥而舞旱暵之事也鄭玄曰量猶赤旁羽也以草欲得雨有時而去之用假色也

社擊鼓朱絲縈社始漢舊儀曰武帝求雨令諸官止雨不和于寶曰朱絲縈社於社請止雨責群陰也

牢如禮冬春秋不入市也夫女及巫丈月旱女及巫丈

諸疫自攻用幣於社人請上公之法禱於朱繩縈社古今注曰武帝元封元年到七月封六年五

退自攻也用幣於社陰以火色也後漢舊儀曰朱絲繩縈社責陰也

太陰擊鼓攻朱火也後漢舊儀曰朱綵縈於社

後漢書志五 四 璔珓

拜皇太子之儀百官會位定謁者引皇太

子當御坐殿下比面司空當皇太子西北東

面立讀策書畢中常侍持皇太子璽綬東

向授太子某甲謁者稱制曰可三公外階上殿

子臣某甲謁者稱制曰可三公外階上殿

賀壽萬歲因大赦天下供賜禮畢罷

拜諸侯王公之儀百官會位定謁者引當

禄勳前下東向讀文與此異也蓋謁者引拜

前當坐伏殿下光禄勳前一拜舉手曰制

詔其以某為某丁乎漢儀有夏勳策文曰維元年三月甲子制詔以大鴻

臚勳為司徒曰朕承天序惟稽古建爾于位為漢輔作四表

往率舊職敬敷五教五教在寬左右朕躬弼余一人于宣力四

保乂皇家於戲寶惟慶國之均旁祗

派緒時亮天工可不慎與勤而戒之

讀策書畢

謁者稱臣某再拜尚書郎以璽印綬付侍
御史侍御史前東面立授璽印綬王公再
拜頓首三下贊謁者曰某王臣某新封某
公某初謝中謁者報謹謝贊者立曰謝皇
帝為公興皆冠謝起就位供賜禮畢罷臣昭
曰漢立皇后國禮之大而志無其儀良未可了案蔡
質所記立宋皇后儀今取以備闕云尚書令臣囂僕
射臣鼎尚書臣旭臣乘臣滂臣謨臣詣稽首言伏惟
陛下履乾則坤動合陰陽羣臣大小咸以長秋宮未
定遵舊依典章表仍聞歷時乃聽令月吉日以宋貴
人為皇后應期正位羣生兆庶莫不式舞易稱受茲
介祉詩云干祿百福子孫千億萬方幸甚今吉日以
定臣請太傅太尉司徒司空太常條列禮儀正處上

羣臣妻無得上壽如故事臣囂臣鼎臣旭臣乘臣滂
臣謨臣詣愚闇不達大義誠惶誠恐頓首死罪稽首
再拜以聞制曰可之維建寧四年七月乙未制詔皇
后之尊與帝齊體供奉天地祗承宗廟母臨天下故
有莘興殷姜任母周二代之隆蓋有內德長秋宮闕
中宮曠位宋貴人秉淑媛之懿體河山之儀威容昭
曜德冠後庭羣寮所咨人曰宜哉卜之蓍龜卦得承
乾有司奏議宜稱紱組以臨兆民今使太尉襲使持
節奉璽綬宗正祖為副立貴人為皇后后其往踐爾
位敬宗禮典肅慎中饋無替朕命永終天祿皇后初
即位章德殿太尉使持節奉璽綬天子臨軒百官陪
位皇后北面太尉注蓋下東向宗正大長秋西向宗
正讀策文畢皇后拜稱臣妾畢住位太尉襲授璽綬
中常侍長樂太僕高鄉侯覽長跪受璽綬奏於殿前
女史授婕妤婕妤長跪受以授昭儀昭儀受長跪以
帶皇后皇后伏起拜稱臣妾訖黃門鼓吹三通鳴鼓
畢羣臣以次出后即位大赦天下皇
后秩比國王即位威儀赤紱玉璽

仲夏之月萬物方盛日夏至陰氣萌作恐
物不楙其禮以朱索連葷菜彌牟蠱鍾以
桃印長六寸方三寸五色書文如法以施
門戶代以所尚為飾夏后氏金行作葦
茭言氣交也風俗通曰傳曰萑葦有叢呂氏春秋曰始得伊尹祓之於廟薰以萑葦
周禮卿大夫之子名曰門子論語曰誰能出不由戶者
故用葦者欲人之子孫蕃植不失其類有如萑葦茭
者交易陰陽代興者也殷人水德以螺首慎其閉塞
使如螺也周人木德以桃為更言氣相
更也漢兼用之故以五月五日朱索五

色印為門戶飾以難止惡氣桃印本漢制所以輔卯金
魏除之也日夏至禁舉大火止炭鼓鑄消石
治皆絕止至立秋如故事是日浚井改
水日冬至鑽燧改火云
先立秋十八日郊黃帝是日夜漏未
盡五刻京都百官皆衣黃至立秋迎
氣於黃郊樂奏黃鍾之宮歌帝臨
冕而執干戚舞雲翹育命所以養時訓也
立秋之日夜漏未盡五刻京都百官皆衣

白施阜領緣中衣迎氣白郊禮畢皆衣絳

至立冬、

立秋之日自郊禮畢始揚威武斬牲于郊

東門以薦陵廟其儀乘輿御戎路白馬朱

鬣躬執弩射牲牲以鹿麛

太宰令謁者各一人載獲車馳駟送

陵廟還宮遣使者齋東帛以賜武官

武官肄兵習戰

校尉各三十四武官佽於文官

陳之儀斬牲之禮名曰貙劉兵官皆肄孫

吳兵法六十四陣名曰乘之

太尉將軍各六十四執金吾諸

司乃逆巡射牲獲車畢有司告事畢

劉之禮祠先虞執事告先虞已烹鮮時有

仲秋之月縣道皆案戶比民年始七十者

授之以王杖餔之糜粥八十九十禮有加

賜之以王杖長尺端以鳩鳥為飾鳩者不噎之

鳥也欲老人不噎是月也祀老人星于國

都南郊老人廟

季秋之月祠星于城南壇心星廟

立冬之日夜漏未盡五刻京都百官皆衣

皂迎氣於黑郊禮畢皆衣絳至冬至絕事

冬至前後君子安身靜體百官絕事不聽

政擇吉辰而後省事絕事之日夜漏未盡

五刻京都百官皆衣絳至立春諸五時變
服執事者先後其時皆一日日冬至夏至
陰陽晷景長短之極微氣之所生也 故使八能之
士八人或吹黃鍾之律閒竽或撞黃鍾之
鍾或度晷景權水輕重水一升冬重十三
兩或擊黃鍾之磬或鼓黃鍾之瑟軫閒九
尺二十五絃宮處于中左右為商徵角羽
夏時四孟冬則四仲其氣至焉先氣至五
刻太史令與八能之士郎坐于端門左塾
太子具樂器夏赤冬黑列前殿之前西上
鍾為端守宮設席千器南北面東上正德
席鼓南西面縣儀東北三刻中黃門持
兵引太史令八能之士入自端門就位二
刻侍中尚書御史謁者皆陛一刻乘輿親

御臨軒安體靜居以聽之太史令前當軒
溜比面跪舉手曰八能之士以備請行事
制曰可太史令稽首曰諾起立少退顧令
正德曰可行事正德曰諾皆旋復位正德
立命八能士曰以次行事閒音以竽八能
曰諾五音各三十為闋正德曰合五音律
先唱五音並作二十五闋皆音以竽
或調律度或調律度應鍾音不調則…
擊磬者當知磬音…知鍾擊鍾當知鍾音
則太蔟之律應…律應管音不調則…
調則黃鍾樂實之…
氣則至律度百川…合藏氣…
則沽洗之律應…下則百姓…
施於…天文…夏至成…地理
能士各言八能士各書板言事文曰臣
冬以成天文作陽…成地理
其言今月若干日甲乙日冬至黃鍾之音

調君道得孝道褒商臣角民徵事羽物各
一板否則召太史令各板書封以皁囊送
西陛跪授尚書施當軒北面稽首拜上封
事尚書授侍中常侍迎受報聞以小黃門
幡麾節度太史令前曰禮畢制曰可太史
令前稽首曰諸太史令八能士詣太官受
賜陛者以次罷曰夏至禮亦如之曰冬至陽

【後漢書志五】

氣始動夏至陰氣始起麋鹿解角故寢兵鼓身欽寧民
志欲靜故事迎氣送氣但送不迎正月歲首亦如大祭縱吏民
宴飲非迎氣故也故但送不迎正月歲首亦如臘儀冬至
陽氣起君道長故賀夏至陰氣起君道衰故不賀

蔡邕獨斷曰冬至陽

鼓鳴則起畫漏盡鐘鳴則息
以動眾鍾以止泉故夜漏盡

大予樂三十五

季冬之月星迴歲終陰陽以交勞農大享
臘
臘高堂隆曰帝王各以其行之盛而祖以其終而
戌臘泰祀漢氏以戌臘出行有祖祭歲終有臘月
必祖之祀畢成故以成臘午南方故以戌臘冬無
歲之終物畢成故以成臘而小說非典文也
燕周論語注以臘人宮室比
方大陰便善鬻人小兒一居若水是為虎一居江
隅水是為燕之宿比
柳陰也盧植禮記注云所以逐衰而迎新

先臘一日大儺
謂之逐疫

選中黃門子弟年十歲以上十二以下百
其儀

二十人為侲子皆赤幘皁製執大鼗
漢舊儀曰
方相帥百隸及童女以桃孤棘矢土鼓鼓且射之
赤九五穀播灑之論語注曰以葦矢射之薛綜
曰侲之言善善童幼子也善童幼子
朱裳執戈揚盾十二獸有衣毛角中黃門
行之冗從僕射將之以逐惡鬼於是中黃門
漏上水朝臣會侍中尚書御史謁者虎賁
羽林郎將執事皆赤幘陛衞乘輿御前殿
黃門令奏曰侲子備請逐疫

【後漢書志五】

倡侲子和曰甲作食歹凶肺胃食虎雄伯食
魅騰簡食不祥攬諸食咎伯奇食夢強梁
祖明共食磔死寄生委隨食觀錯斷食巨
窮奇騰根共食蠱凡使十二神追惡凶赫
女軀拉女幹節解女肉抽女肺腸女不急
去後者為糧
女魃皆旱鬼惡鬼故四澤女魃草方良凶狂斬父
澤之神摛狂蛇大如車戴方良草野神摛狂斬父
神潢殘蔆與閜象木石之怪夔魍魎山林精妖學
女魃皆旱鬼惡鬼故四澤水故四漏游光兄弟八人恒在人間作怪害
害也孔子曰木石之怪夔罔兩足越人謂山獵罔兩山精妖昭
象木石山怪也蔓兩山獵罔兩精妖學
周舉而迷惑人龍神物也非所常見故曰怪
人一名沐腫渾蒀著曰獨狂無頭鬼

因作

方相與十二獸傳咒呼周徧前後省三過

持炬火送疫出端門

東京賦注曰煌火馳而星流
逐赤疫於四裔注曰門
外注曰煌火凡
光逐鬼技雒然火光如星
惡者也佩子合三行從東西序下

傳炬出官司馬闕門門外五營騎士傳火

池絕其橋梁使不復度還

棄雒水中

三輩逐鬼技雒水中仍上天
東京賦注曰衛士千人在端門外爲三部
更送至雒水凡

百官官府各以木

面獸能爲儺人師訖設桃梗鬱儡葦茭畢

山海經曰東海中有度朔山上有大
桃樹蟠屈三千里其甲東北曰鬼
門萬鬼出入也黃帝因立桃梗於門
戶上畫鬱儡

執事陛者罷

後漢書志五

十三

葦戟桃杖以賜公卿將軍特矦諸矦云

漢官名秩曰大將軍三公臈賜錢各三十
萬牛肉二百斤粳米二百斛特矦十五萬卿
十萬校尉五萬尚書三千御史千石六百石各
七千侍御史謁者議郎尚書令各五千中黃門羽

是月也立土牛六頭於國都郡縣城外丑

地以送大寒

寒將極是故出其物類形象以示送
月令章句曰是月之會建丑丑爲牛

後漢書志五

十四

千石羔千石六百石鴈四百石以下雉

六本小作平七

七刻鍾鳴首爲大朝受賀其儀夜漏未盡

每月朔歲首爲大朝受賀

關罷遣勸以農桑

其章奏所欲言

定侍御史持節慰勞以詔恩問所疾苦受

故衛士入自端門衛司馬執幡鉦護行行

饗遣故衛士百官會位定謁者持節引

違之且以升陽也

飯奏食舉之樂百官受賜宴饗大作樂

舉觴御坐前司空奉羹大司農奉

漢儀曰正月旦天子幸德陽殿臨軒公卿將大夫百
官各陪朝賀蠻貊胡羌朝貢畢見鄗郡計吏特觀庭

千石羔千石六百石鴈四百石以下雉

二千石以上上殿稱萬歲

庭燎宗室諸劉會萬人以上立西面位公納薦以
官賜食西出既定上壽中庭北面立太
官賜食畢舉觴御史四人執法殿下虎
羽林孤兒從西方來比五官將住東比
中郎將住東西羽林戲兒頭偏陛前向後虎
悉坐就賜作九賓徹樂舍利從西方來戲於殿前
化成黃龍長八丈出水遊戲於庭炫燿日光
絲竹並作四面離道以次奏樂
上對庭燎鋪屋萬人
殿前鋪屋前容萬人陛高二丈皆作石
下畫屋朱梁玉階金柱刻鏤龍蟠曼延甲
鄉舉旗旛容萬人陛高二大
磬鐘並作樂畢魚龍曼延甲
自到殿廷食舉樂
翠與天連雒陽宮閣簿云德陽宮殿
南北行七丈四尺西行三十七丈四尺
律與天運雄

▍後漢書志五

其每朝唯十
章文
十五

月旦從事者高祖定秦之月元年歲首
也
以問胡廣廣曰舊儀公卿以下
省以其類故省唯六月十月朔朝後復以六月
自到殿廷食舉樂
宗廟樂虞書所謂詩言志
殷上陵諸食舉若干變易所謂先王以作樂
社稷之樂則聽食饗鍾鼓二日周頌
大食則宗周官所謂王大捷則伯
鳴球先祖是聽食饗射饗
禮記曰揖讓而治天下者禮樂
琴瑟擊鼓以御田祖
黃門鼓吹天子所以宴樂群臣也其傳曰黃帝岐伯
所蜱作以述威揚德風勸士也蓋周官所謂
聲音用平宗廟所以宴樂

▍後漢書志五

後漢書志第五

今凱樂軍大獻則令凱歌也孝章皇帝親著歌詩四
章列在食舉又制雲臺十二門詩各以其月祀而奏
之熹平四年正月中出雲臺十二門新詩下大予
官習誦被聲與舊詩並行者皆當撰録以成樂志

十六

馮清

劉昭　注補

禮儀下

大喪　諸侯王列侯始封貴人公主薨

不豫太醫令丞將醫入就所忌藥嘗藥

監近臣中常侍小黃門皆先嘗藥過量十

二公卿朝臣問起居無間太尉告請南郊

司徒司空告請宗廟告五嶽四瀆羣祀並

禱求福疾病公卿復如禮登避皇后詔三

公典喪事百官皆衣白單衣白幘不冠閉

城門宮門近臣中黃門持兵虎賁羽林郎

中署皆嚴宿衛宮府各警告比軍五校繞宮

屯兵黃門令尚書御史謁者晝夜行陳三

公啓手足色膚如禮皇后皇太子皇子哭

踊如禮沐浴如禮守宮令兼東園匠將女

執事黃綿緹繒金縷玉柙如故事　漢舊儀曰帝崩含以

珠纏以緹繒十二重以王為札長一尺二十半為柙下至足亦如之金縷為綅以黃金縷諸候皆以竹柙櫝之凡乘輿衣服已御甄藏之及崩皆以斂之

飯含珠玉如

禮　以珠含以玉命曰天子飯以珠含以玉諸侯大夫士飯以珠含以貝

冰如禮　同禮凌人天子喪供喪樂冰鄭主曰夷之言尸也實冰于夷槃中置之尸牀之下所以

日夜下竹使符告郡國二千石諸侯王動應

竹使符到皆伏哭盡哀　漢官曰制發

匠考工令奏東園祕器表裏洞赤虎文畫

日月鳥龜龍虎連璧偃月牙檜梓宮如故

事大斂于兩楹之間五官左右虎賁羽林

右廂中黃門持兵虎賁戟屯殿端門陛左

五將各持所部執虎賁戟上夜漏羣臣入

漏上水大鴻臚設九賓隨立殿下謁者引

諸侯王立殿下西面北上宗室諸侯四姓

小侯在後西面北上宗室諸侯四姓

下北面特進次中二千石列侯次二千石

六百石博士在後羣臣陪位者皆重行西

上位定大鴻臚言具謁者以聞皇后東向

貴人公主宗室婦女以次立後皇太子皇

【後漢書志第六】

子在東西向皇子少退在南北面皆伏哭
大鴻臚傳哭羣臣皆哭三公升自阼階安
梓宮內珪璋諸物近臣佐如故事嗣子哭
踊如禮
東園匠武士下釘衽截去牙
監中黃門尚食次算執事者如禮太常大
鴻臚傳哭如儀三公奏尚書顧命太子即
日即天子位于柩前請太子即皇帝位皇
后為皇太后奏可羣臣皆出會入會如
儀大尉外自作階當樞御坐北面稽首讀
策畢以傳國玉璽綬東面授皇太子即
皇帝位中黃門掌兵以玉具隨侯珠斬蛇
寶劍授太尉告令羣臣羣臣皆伏稱萬歲
或大赦天下遣使者詔開城門官門罷屯
衛兵羣臣百官罷入成喪服如禮兵官戎

三

文帝遺詔無布車及兵器
應劭曰不施輕車介士
百官五日一會臨故吏二千石刺史在京
都郡國上計掾史皆五日一會天下吏民
發喪臨三日
皆旦晡臨既葬釋服無禁嫁娶祠祀
幘經帶無過三寸臨庭中
出見錢穀給六丈布直以葬大紅十五日
小紅十四日纖七日釋服
部刺史二千石列侯在國者及
大夫一人奉弔臣請驛馬露布以聞
木為重高九尺廣容八歷裏以葦席門
喪帳皆以簟車皆去輔轓疏布惡輪走卒
皆布褠幘大練為屋
幰中黃門虎賁各二十人執紼司空擇士
造穿太史卜日謁者二人中謁者僕射中

三公太常如禮故事

四

謁者副將作油緹帳以覆坑方石治黃腸
題湊便房如禮

漢舊儀略載前漢諸帝壽陵曰天子即位明年將作大匠營陵曰地用七頃方中用地一頃深十三丈堂壇高三丈墳高十二丈武帝墳高二十丈明中高一丈七尺四通二丈內梓棺柏黃腸題湊以次百官藏畢其設四通門容六馬皆藏之內方外陸地立先閉鮝戶扉設夜龍莫邪劍伏弩以下次賜劍疾陵家以物以頭向外以函封及藏餘地便坐皇休皇后陵為西園后藏竟乃不用車馬禽獸等物陵元帝葬乃不用車馬禽獸物湊以土錯渾雜物扞漆繒綺金寶米穀及埋車馬虎豹禽獸發近郡卒徒置將軍尉侯以守之

相氏黃金四目蒙熊皮立衣朱裳執戈揚楯立乘四馬先

周禮曰方相氏大喪先柩及墓入壙以戈擊四隅驅方良鄭玄曰方相放想也可畏怖之貌穿地中也方良罔兩之怪欲食亡者肝腦人莫能禁以是惡之國語曰木石之怪夔罔兩

乘六馬為次大駕甘泉鹵簿金根容車蘭臺法駕襄服大行載飾如金根車皇帝從送如禮太常上啟奠夜漏二十刻太尉冠長冠衣齋衣乘高車詣殿止車門外使者到南向立太尉進伏拜受詔太尉詣南郊

旂之制長三尺十有二游曳地畫

日月升龍書旂曰天子之柩謁者二人立

未盡尤刻大鴻臚設九賓隨立羣臣入位太尉行禮執事者皆冠長冠衣齋衣太祝令跪讀諡策太尉再拜稽首詣禮告事畢太尉奉諡策還詣殿端門太常上祖真中黃門尚衣奉衣登容根車東園武士載大行司徒卻行道立車前治禮引太尉入就位大行車西少南東面奉策太常跪曰進皇帝進太尉讀諡策藏立後太常跪曰進皇帝進太尉讀諡策藏金匱皇帝次進藏千廟太史奉哀策蕢篋

詣陵太尉旅復公位再拜立哭太常跪曰哭大鴻臚傳哭十五舉音止哭太常跪曰司徒著白系參縲絰長三十丈六十寸為載車著河南尹先引車轉太常跪曰請發輓六行行五十人公卿以下子弟凡三百人皆素幘委貌冠素裳校尉三人皆赤幘不冠絳科單衣持幢幡候司馬丞為行首皆衛校羽林孤兒巴俞擢歌者六十九

為六列鐸司馬八人執鐸先大鴻臚設九
賓隨立陵南羨門道東北諸侯王公特
進道西北面東上中二千石二千石列侯
宜九賓東北面西上皇帝坐美道西南向
美道東西向如禮容車幄素衣奉衣夾
車當坐南向中黃門尚衣奉衣就幄坐車
少前太祝進禮獻如禮容車幄坐西南向
舍太史令自車南北面讀哀策徒跪曰大駕請
已哀哭太常跪曰哭大鴻臚傳哭如儀司
徒跪曰請就下位東園武士奉下車司徒
跪曰請就下房都道東園武士奉車入房
司徒太史令奉謚哀策

東園武士執事下明器
以問博士東晳晳曰此明帝顯節陵中策
行斜斗書之臺中外傳以相示莫有知者
用此書也然是知策書之臺中外傳以相
子謂為陳明器以西行南端為上也
鄭玄注既夕曰陳器種蓋與籃同
容三升　鄭玄注既夕曰麷也其家
升醢一醢一屑一
一梁一稻一麻一菽一小豆一甕三容三　黍飴載以
容三升　黍一稷一麥　屑薑桂之屑

（章彭）

木桁覆以跣布無二容三升醴一酒一載
以木桁覆以功布瓦鐙一彤矢四軒輈中
亦短衛彤矢四骨短衛一彤矢四軒輈
導八形方酒壺八槃匜一具
邊八形方酒壺八槃匜一具磬十六無虛鐘四無虛
杖几各一蓋一鍾十六無虛鐘四無虛
彤弓一卮八牟八
壜一簫四笙一麂一柷一敔
瑟六琴一竽一筑一坎侯一
和不干戈各一笮一甲一胄
軘車九乘匘靈三十六四
五升匏勺一容一升瓦案九瓦大杯十六
之類瓦竈二瓦釜三瓦甑一瓦鼎十二容
容三升瓦勺一小杯二十容二升瓦飯槃十瓦
酒樽二容五斗瓦勺二容一升祭服衣送
皆畢東園匠曰可哭在房中者皆哭太常
大鴻臚請哭止如儀司徒曰百官事畢臣

請罷從入房者皆再拜出就位大常導皇
帝就贈位司徒跪曰進贈侍中奉持鴻
洞贈玉珪長尺四寸薦以紫巾廣袤各三
寸緹裏赤纁周緣贈幣玄三纁二各長尺
二寸廣充幅皇帝進跪臨奠羨道房戶西向

手下贈投鴻洞中三東園匠奉封入藏房
中太常跪曰皇帝敬再拜請哭大鴻臚傳
哭如儀太常跪曰贈事畢皇帝促就位大

徒至便殿並聲騎皆從容根車游載容衣司
跪曰請就幄導登禮畢容車衣以次奉器衣
物藏於便殿太祝進禮獻凡下用漏十刻
禮畢司空將校復土皇帝皇后以下皆去
廬殿服服大紅還宮反廬立主如禮桑木主
尺二寸不書謚虞禮畢祔於廟如禮

（注：羨道半逢上欲下豎前印頭言禮天子鴻洞以贈所）
（注：以重冰廟也性下柰何冒危險不以義割車上即還容）
毛文
續漢書曰
漢舊儀曰高帝

殿書臣皆吉服從會如儀皇帝近臣喪服
如禮醳大紅服小紅十一升都布練冠醳
小紅服纖醳服留黃冠常冠近臣及二
千石以下皆服留黃冠百官衣皂每變二
從哭詣陵會如儀祭以特牲不進毛血首
司徒光祿勳備三爵如禮

先大駕日游冠衣千諸宮

（注：古今注具載帝陵今附之）

光武原陵山方三百二十三步高六丈六尺垣四出
司馬門寢殿鍾虡皆在周垣內提封田十二頃
五十七畝八十五步帝王世記曰在臨平亭之南西望平
陰去雒陽十五里帝王世記曰故壽安亭也

明帝顯節陵山方三百步高八丈無周垣為行馬四出
司馬門石殿鍾虡在行馬中寢殿園省在東園寺吏舍
在殿比隄封田七十四頃五畝帝王世記曰在雒陽東南
去雒陽三十七里

章帝敬陵山方三百步高六丈二尺無周垣為行馬四出
司馬門石殿鍾虡在行馬中寢殿園省在東園寺吏舍
在殿比隄封田二十五頃五十五畝帝王世記曰在雒陽
東南去雒陽三十九里

和帝慎陵山方三百八十步高十丈無周垣為行馬四出
司馬門石殿鍾虡在行馬中寢殿園省在東園寺吏舍
在殿比隄封田三十一頃二十畝帝王世記曰在雒陽
東南去雒陽四十一里

殤帝康陵周二百八步因殤帝康陵塋中鍾虡在
行馬中寢殿園省在東園寺吏舍在殿比隄封

田十三頃十九畝二百五十步帝王世
四尺去雒陽四十八里安帝恭陵山周
步高十五丈在行馬内寢殿周垣二百六十
去雒陽帝王世記曰在雒陽西北去雒陽二十
陵帝王世記曰在雒陽西北去雒陽二十里
寺吏舍去五尺去帝王世記曰在殿西
日西北帝王世記曰在雒陽西北去雒陽
十六畝帝王世記曰在雒陽西北去雒陽
十五里寺吏舍在殿北
園垣為行馬四出司馬門石殿鐘虡
陵帝王世記曰在雒陽東北去雒陽
帝順陵山在司馬門内石殿鐘虡
步高十五丈帝安陵山在司馬門内石殿鐘虡
去雒陽帝質陵山方一百八十步高十五丈
陵帝王世記曰在雒陽西北去雒陽
山去雒陽靈帝文陵帝王世記曰在雒陽西北
二陵不見河南尹去雒陽獻帝禪
山陽不發霸陵在河内懷桓帝宣陵
堂方一丈五尺去雒陽西北去雒陽
陵帝王世記曰不起墳六尺在雒陽
去雒陽五丈五尺角深五丈前堂方一丈八尺後

《後漢書志六》十一

之明帝崩魏文帝黃初元年
君之戒也釋之曰使其中有可欲
帝之完功也霸陵在明帝終制略曰漢
賢聖度量之戒也誠使死者無知亦
柳金縷散骨以來漢氏諸陵無不發
卓使呂布發諸帝陵及公卿以下冢
乎昔孝文窶其國家以不崇因
柳使呂布發諸帝陵董卓取珍寶
別傳曰發成帝陵金縷玉匣
審知發聖人之要也審知死聖人之極也
以物害生知死之重其親者若親之愛
必有死害孝生知之愛其子不棄於其

《後漢書志六》十二

矣昔季孫以璵璠斂孔子
而反若此山原也又
山原也宋未亡而東家墓發
昔堯葬於谷林通樹之舜
仍謀名丘大墓而好鮮衣以
子皆爭為崇墓以相高
猶皆爭為之上以自表此何益
矣齊桓斮而燕昭茂乃國亡
也故趙韓魏之君皆亡其
固庭無不掘宋中山已亡
者不相當以金寶厚葬之
若有識者見之則為之歎
彌奢彌富其葬彌厚固難
人聞彌久而其富有林藪
也弭而求家之上犯二涉三害
感泉民必赴利忘死亦
如無高陵之憂則狐狸之
故有遷之葬者藏也以生人之心
梨故死者藏也以深之慮則莫不

《後漢書志》十三

三公奉制度他皆如禮儀
祖廟如儀長樂太僕少府大長秋典喪事
太皇太后皇太后崩司空以特牲告謚于
丁卯漢儀曰太后歲晏

駕部曰柩將發於殿舉曰百官陪位黃門鼓吹三通
鳴鐘鼓畢天子舉哀女侍史三百人皆著素
素引棺攬弓跟歌下則就車黃門官引以出宮省以白
觀引棺路青明引蓋駟馬龍旂九旒前有方相鳳皇車
大將軍妻參乘太僕妻御悉為導從儀自此皆降損於前
鹵簿儀飾和鸞郊后葬禮公卿以下子弟
合葬羨道開通皇帝謁便房太常導至

羨道去杖中常侍授杖升車歸宮已
下反虞立主如禮諸郊廟祭服皆下便房
儀辭太常導出中常侍受至柩前謁伏哭止如

封以篋笥藏宮殿後閣室

五時朝服各一襲在陵寢其餘及宴服皆
貴人公主將軍特進皆賜器官中二十
璧玉柙銀縷天貴人長公主銅縷諸侯王

諸侯王列侯始封貴人公主薨皆令贈印

四物使者治喪穿作柏椁百官會送如故
事諸侯王公主貴人皆樟棺洞朱雲氣畫
公特進樟棺黑漆中二千石以下坎侯

諸引出宮門朝臣中二千石將軍使者弔祭
說車黃門官
董卓馬抑下殿女侍史二百人著素衣挽歌引木下
丁巳漢儀曰孝靈帝葬馮貴人贈步搖赤紱葬青引

郡國二千石六百石以至黃綬皆賜常車

十三　　章畋

前書霍山上書曰古之賢君於其臣
之疾則臨視之無數死則往弔哭天之
已棺斂視之無數死則往弔哭天之
飲酒食肉後為之服錫衰麻絰而
歛正顏色然後見之於未葬不
其上功德然後可謂盡禮矣
賁充襄送之世不忘德之厚也
二帝親臨師保故事皇太子素服
其上功德然後可謂盡禮也又
卒各如其官府載飾以蓋龍首魚尾華布
自王主貴人以下至佐史送車騎導從吏

牆繢上周交絡前後雲氣畫帷裳中二千
石以上有輴左龍右虎朱鳥玄武公侯以
上加倚鹿伏熊千石以下輴布蓋牆魚龍
首尾而已二百石黃綬以下至于處士皆
以簟席為牆蓋其正妃夫人妻皆如諸
侯王使者贈璧帛戴曰命諡如禮下陵輦
天子傅相中尉內史典喪事大鴻臚奏諡

臣醳廬服如儀主人如禮

贊曰大禮雖簡鴻儀則容天尊地卑君莊

十四　　于洋

服君臨弔若遣使者主人免絰去杖望馬
首如禮免絰去杖不敢以戚凶服當尊者
驛牛贈祭宜自佐史以上達大斂皆以朝

臣恭質文通變京斾交從元序斯立家邦

埏隆

後漢書志第六

後漢書志六

十五

後漢書志第七　祭祀上

劉昭　注補

光武即位告天　郊　封禪

祭祀之道自生民以來則有之矣犧
祭祀而況人乎故人知之至於念想猶犧
獺之自然也顧古質略而後文飾耳自古
以來王公所為群祀至於王莽漢書郊祀
志既著矣故今但列自中興以來所修用
者以為祭祀志　謝沈書曰祭祀引中興以來所修者為祭祀志即邕之意也

建武元年光武即位于鄗為壇營於鄗之
陽　於鄗之陽名曰行皇
祭告天地采用元
始中郊祭故事六宗群神皆從未以祖配
天地共犢餘牲尚約

黃圖載元始四年宰衡莽奏曰帝王郊祭天於南郊就
陽位祠地於北主陰義圜丘象天方澤則地園曰建天子
體南北從位就燎瘞埋欲神所統故圜丘少陽所
于六宗玄器成甄勺貴誠因質神所統故園栗味尚清
陽咸秩太陰河東少陽咸夫厥位中考人事故曰懷
王事祐焉甘泉太陰班於羣神厥位不通正月泰封乾
君子求福不回回而求福厥路不通正月泰封乾坤

建武二年正月初制郊兆於雒陽城南七
里依鄗采元始中故事為圜壇八陛中又
為重壇天地位其上皆南鄉西上其外壇
上為五帝位青帝位在甲寅之地赤帝位
在丙巳之地黃帝位在丁未之地白帝位
在庚申之地黑帝位在壬亥之地其外為
壝重營皆紫壇其外之營也

合體天地交通萬物聚出其律太蕟天子親郊天
祀后土君不省方而使有司六宗曰月星山川海星
則北辰川嶽光山阜百川流澤海星
汙阜澤以類相屬各戴秩望相序
安南北郊罷甘泉河東祀
位乃近祠于南門之外為日月郊
十五步神壇合壇靈各戴秩
丈神靈壇內道廣三丈高二尺
百神壇去壇三步竹宮内道去壇二十步
外靈壇各如其外道列望神道大夫望

五尺高一尺五寸
外壝九十步壝廣九十步
尺五寸
代宗壝去其壝之外為周道列望壝道
天宗上帝宮高五尺外徑六十二步壝方
為土壇土芋壇土芋壇去壇三步為周道
后土壇上帝宮高五尺
士望亞大夫望道外徑十五步壝廣一丈
為周道士望道外徑九十步庶望亞士
壝廣五尺
壝高六尺外徑九十步壝廣八尺
道廣六通列望壝道外徑六十步壝方
海東門之外為周道士望壝道外徑九
周道壝前望之其外徑九十步壝廣一丈
道後土宮外徑五零步壝土芋壝道
步限各五壝外徑三里周九里壝通二百
尺外徑十九步壝廣八尺
壝廣六尺外徑九步壝廣五尺
之外徑十九步壝廣八尺
六尺高六尺外徑九步壝廣三十五步
望之外徑十二步壝道高一丈
尺外徑三十五大夫望道外徑三十六
之后土宮壝方二里周八里周郊
之孟春正月上辛若丁親郊祭天南郊以地
六尺高六尺壝方二里周八里周郊以地
望秩以

山川徧于羣神天地位皆南鄉同席地差在東共牢
而食太祖高皇帝高皇后配于壇上西鄉后
帝配而望羣陰夏至使有司奉祭天神于南郊高皇
席共牢而食日冬至使有司奉祭地祇于北郊高皇
先妣用牲一天以牲二燔燎瘞埋黍稷及樂

其文曰皇天上帝后土神祇眷顧降命屬
秀黎元為民父母秀不敢當羣下百僚不
謀同辭咸曰王莽篡弒竊位秀發憤興義
兵破王邑百萬衆於昆陽誅王郎銅馬赤
眉青犢賊平定天下海內蒙恩上當天心
下為元元所歸讖記曰劉秀發兵捕不道
卯金修德為天子秀猶固辭至于再至于
三輩下曰皇天大命不可稽留敢不敬承
二年正月初制郊兆於雒陽城南七里依
部采元始中故事為圓壇八陛中又為重
壇天地位其上皆南鄉西上其外壇上為重
五帝位青帝位在甲寅之地赤帝位在丙
巳之地黃帝位在丁未之地白帝位在庚
申之地黑帝位在壬亥之地其外為壝重
營皆紫以像紫宮有四通道以為門日月

在中營內南道日在東月在西北斗在北
道之西皆別位不在羣神列中八陛陛在
十八醊合四百六十四醊五帝陛郭帝七
十二醊合三百六十醊中營四門門五十
四神合二百一十六神外營四門門百八
神合四百三十二神皆背營內鄉中營四
門門封神四外營四門門合四十合三十
二神凡千五百一十四神營即壝也封
土築也背中營五星也及中宮宿五官
神及五嶽之屬也背外營神二十八宿外
宮星雷公先農風伯雨師四海四瀆名山
大川之屬也至七年五月詔三公曰漢當
郊堯其與卿大夫博士議時侍御史杜林
上疏以為漢起不因緣堯與殷周異宜而
郊祀故事以高帝配方軍師在外且可如元年
舊制故事上從之語在林傳
曰臣聞營河雒以為民刻肌膚以為刑
建諸侯井田什一以供國用三代之所同及至漢與
因時宜趣世務省煩苛取實事不苟食高元之論是
以去土中之京師就關內之遠都除肉刑之重律用是

李賢

帝黃帝各用犢一頭青帝赤帝共用犢一

頭白帝黑帝共用犢一頭凡用犢六頭　漢舊儀日祭天養牛五歲至三千斤案禮記日天

地之牛角繭栗而此止云五歲本志用犢是也　日月

北斗共用牛一頭四營群神共用牛四頭

凡用牛五頭凡樂奏青陽朱明西皓玄冥

及雲翹青命舞中營四門門用席十八枚

外營四門門用席三十六枚凡用席二百

一十六枚皆莞簟率一席三神日月北斗　周禮

無陛郭酌醊送神燔俎實於壇南巳地

凡以神仕者掌三辰之法以猶鬼神祇之居辨其名物鄭玄曰猶圖也居謂坐也天者羣神之精日月星

食位在中壇上西面北上　漢舊儀日祭天居堂下西向紺帷帳紺席鉤命決日天

可旦如元年　紫壇幄帷高皇帝自外至者死匹不行　天地高

帝黃帝

隴蜀平後乃增廣郊祀高帝配

郊祭故事　謂之先帝是也　吳佐

建武三十年二月羣臣上言即位三十年

宜封禪泰山　服虔注漢書曰封者增天之高歸功

上立封禪壇而祭　禮記曰因名山升中于天封太平升中和之氣於天封土為壇謂

山告而祭之氣於天封土為壇

太平升中和之氣　上言曰古帝王每世之隆未嘗不封禪趙曰封泰山

禪梁父何修禮以告成為民報德百王所同當仁不讓故建封

山告太平升中和之氣

洋溢順天行誅撥亂平功成

為宜登封告成為民報德

封岱宗正三雍之禮以明靈契望秩群神以承天心也　詔書曰即位三十

年百姓怨氣滿腹吾誰欺欺天乎曾謂泰

山不如林放何事汙七十二代之編錄　莊子

有形兆垠堮勒石凡七十有二代其有形

曰易姓而王封於泰山禪於梁父者七十有二代

之初作書者蓋依類象形故謂之文其有聲相益

即謂之字字者言孳乳而浸多也著於竹帛謂之書

書者如也以迄五帝三王之世改易殊體封於泰山者七十有二代靡有同焉　相公欲封

管仲非之若郡縣遠遣吏上壽稱虛美

必髡兼令屯田從此羣臣不敢復言三月

上幸魯　漢祀令日天子行有所之出河沈用白馬珪璧各一衣以繒緹五尺祠用脯二束酒

六律臨一外涉渭灞漯雒佗名水如此者沈珪璧各

給珪璧不滿祠具及行沈祠佗川水先驅石少府各
百里者不沈過泰山告太守以上過故承詔

祭山及梁父時虎賁中郎將梁松等議記

曰齊將有事泰山先有事配林蓋諸侯之

禮也河嶽視公侯王者祭焉為宜無即事之

嶽之宗故廟之博縣風俗通曰解東太守絜齋自執事二月澗東正月解東博縣十月祀岱宗名曰合凍廣一尺長五寸既祀訖取泰山君夫人坐前脯三十朐胊太
漸不祭配林小山林麓配泰山者五

馬傳送雒陽
守拜章縣次驛

三十二年正月上齋夜讀河圖會昌符曰

赤劉之九會命岱宗不慎克用何益於承

誠善用之姦偽不萌感此文乃詔松等復
案索河雒讖文言九世封禪事者松等列

奏乃許焉

芳武帝欲永神仙以扶方者言黄帝由封

禪而後僊於是欲封禪封禪不常時人莫

敢頌功述德業德王所畢臣奏言赤漢九世當巡封泰嶽之意三六事傳奏左雄陛下遂以仲月當巡岱嶽之正禮奉圖雒之復議國家之明文以和靈異瑞仍至圖讖蓋如此初

知元封元年上以方士言作封禪器以示

羣儒務言不合古於是罷諸儒不用三月

上東上泰山

石立之泰山顛

巡海上求僊人無所見而還四月封泰山

事語在漢書郊祀志

風俗通曰封廣丈二尺高九尺下有玉牒書也

九世九著明者前後凡三十六事與博士充等議以為殷統未絕命高宗久勞猶為中興武丁

父受命之列撰三代郊天因孔子甚美其功後世因之聖王漢統中絕王恭盜位一民莫非其臣尺土靡不於四夷除殘去賊興復祖宗六年之閒天下復平海內治安百姓祈福欲封禪請昔小白欲封仲尼非焉蓋齊諸侯季氏大夫皆無事於泰山今予末小子巡祭泰儀制詔曰許昔德薄而不弘信狄慕義親定刻石紀號文太常宣王巡祭封禪蓋善及執德不弘夷吾難於泰山之季氏欲放乎道不篤進後世知吾罪深矣

一則以喜一則以懼當此之餘賞蓋圖錄以懼喜於過差帝執德不弘信道不篤知吾罪深矣

封時封禪故事議封禪所施用有司奏當用方石再累置壇中皆方五尺厚一尺用上許梁松等奏乃求元

玉牒書藏方石牒厚五寸長尺三寸廣五

寸有玉檢又用石檢十枚列於石傍東西
各三南北各二皆長三尺廣一尺厚七寸
檢中刻三處深四寸方五寸有蓋檢用金
縷五周以水銀和金以為泥玉璽一方寸
二分一枚長一丈厚一尺廣二尺皆在圓壇
上其下用距石十八枚皆高三尺厚一尺
廣二尺如小碑環壇立之去壇三步距石
下皆有石跗入地四尺又用石碑高九尺
廣三尺五寸厚尺二寸立壇丙地去壇三
丈以上以刻書上以用石功難又欲及二
月封故詔松欲因故封石空檢更加封而
已欲及二月者虞書歲二月東巡狩至于岱宗柴燔柴祭山曰燔柴積柴加牲於其上而燔之也松上疏爭之以為登封之
禮告功皇天垂後無窮以為萬民也承天
之勑尤宜章明奉圖書之瑞尤宜顯著今
因舊封竄寄玉牒故石下恐非重命之義
受命中興宜當特異以明天意遂使泰山

郡及魯趣石工宜取寻青石無必五色時
以印工不能刻玉牒欲用丹漆書之會求
得能刻玉者遂書書祕刻方石中命容玉
牒二月上至奉高

陽宮二月九日到魯遣守謁者郭堅伯將徒五百
治宮正月二十八日發洛陽宮十二日宿奉高
高壽是日遣虎賁郎將先上山三案行還益治
太公衛公在縣庭中常祠馬第伯自云某等七十人先
觀虞治石二枚狀博平圓九尺此壇土石也其一石

武帝時石五車石維車石長三尺廣六寸厚尺狀如封箧長十枚一起號石檢高
丈石二尺石長三尺廣六寸厚尺
功德是且相半至山頂騎行往往
槐涌且其朝上山觀仰視天關如從穴中視天或為白石或雪久之白者移過
無騎且不可觀其巉峻或仰視或俯嶺復行往乍中觀望之
也行槐村不可上或為白石或雪久之白者移過樹知是石也
以巳至有水問之云尚十餘里其道旁山脅大松樹或十五六圍
仰視巖石松樹鬱鬱蒼蒼若在雲中
在雲中俛視溪谷碌碌不可見丈尺
廣八尺九尺俠道中人言雲尚飄飄邈在九霄中視之目視天門之下可望而不可得也
天門道迢迢遠絜如從穴中視天直上七里遂到天門之下
迢迢遠絜名曰天門賴其羊腸逶迤名曰環道往往有絙索可得而登也
名曰環道往往有絙索
人所牽後人見前人履底
所謂後人見前人履底前人見後人頂如畫
重累人絙所牽後人見前人履底前人見後人頂如畫初上此道行畫
挾前人履底前人見後人頂如畫

十餘步一休稍疲咽脣焦五六步一休蹀蹀據頓地
不避濕暗前有燥地目視而兩腳不隨早食上餔後
到大門門有候伯者得燥地形狀如鍾又人方柄陽
莫能識也宜使者得銅物銅者汝南召陵姓名有孔
通東上一里所始得封所謂皇立圓石四面有闕在南方漢武
餘步得封所皇帝封木甲木闕在東北比二百
十餘步上得封所皇帝立石臺臺上有壇壇方三丈二
物壇上亦不從東垂也石四維如闕壇圓三丈上二尺
下狼藉散錢物數百幣帛具道是武帝封禪所謂躇
出此也及三丈東山名曰晞晴東北有室入即此也所謂
山南脅神泉欲飲者皆往就山名石室道自此始
尊前頓首以乃祭足之比至天門下夜人定矣
有山神乃遂

即此也長望見齊魯之極濟美利人一鳴時去車行
觀者望見盡見晴日觀日出入去行數里中可居人
即此也長望見百官盥者是先上時會稽斫梨棗于泰山
下未及三丈東山名晞以南吳觀者難一鳴時見玉龜
祭之者望見諸丘陵壞小者或卿大者以尊以求福周欲
五嶽四瀆之屬皆一時望祭之矣

〈後漢書志七〉十一

遣侍御

史與蘭臺令史將工先上山刻石文曰維
岱宗柴風俗通胎也宗者長也萬物之始
從岱俗通之交觸石膚寸而合不崇朝而徧
天下惟泰山平故五嶽之長曰岱往曰
五嶽四瀆之長耳孔安國書往曰
祭之也五嶽視三公四瀆視諸侯其餘山川
夫伯從子男班于羣神衍古之聖賢神謂
子男班于羣神孔安國曰羣神謂丘陵墳衍古之聖賢神之矣
東后從臣太尉憙行司徒事特進高密
侯序在東后蕃王十二咸來助祭河圖赤
禹等漢賓二王之後在位孔子之後襄成
望秩於山川

建武三十有二年二月皇帝東巡狩至于

〈後漢書志七〉

伏符曰劉秀發兵捕不道四夷雲集龍鬥
野四七之際火為主河圖會昌符曰赤帝
九世巡省得中治平則封誠合帝道孔矩
則天文靈出地祇瑞興帝劉之九會命岱
宗誠善用之罔不萌赤漢德與九世會
昌巡岱皆當天地扶九崇經之常漢大興
之道在九世之王封于泰山刻石著紀禪
于梁父退省考五河圖合古篇曰帝劉之
秀九名之世帝行德封刻政河圖提劉子
曰九世之帝方明聖持衡拒九州平天下
予誰書甄曜度曰赤三德昌九世會修符
合帝際勉刻封孝經鉤命決曰予誰行赤
劉用帝三建孝九會修專蒶竭行封岱青
河雒命后經讖所傳昔在帝堯聰明密微
讓與舜庶後裔握機王莽以舅后之家三
司鼎足家宰之權勢依託周公霍光輔幼
歸政之義遂以簒叛借號自立宗廟隨壞
社稷喪亡不得血食十有八年揚徐青三

〈後漢書志七〉十二

03-1449

州首亂兵革橫行延及荊州豪傑并兼百
里屯聚往往儧號北夷作寇千里無煙無
雞鳴狗吠之聲皇天睠顧皇帝以匹庶受
命中興年二十八載典兵起是以中次誅
計十有餘年罪人則斯得黎庶得居爾田
安爾宅書同文車同軌人同倫舟輿所通
人迹所至靡不貢職建明堂立辟雍起靈
臺設庠序同律度量衡

衡所 律也度同陸也量斗斟 兩也

修五禮 孔安國曰之禮范甯云吉凶賓軍嘉也五 三帛 孔安國曰諸侯世子執纁公之孤執玄附庸之君執黃范甯曰一死所執 二牲 范甯曰卿執羔大夫執鴈 一死所執 王者老 李芳

十三

吏各修職復于舊典在位三
十有二年六十二乾乾日具不敢荒寧
涉危歷險親巡黎元恭肅神祇惠恤耆老
理庶遵古聰允明恕皇帝唯慎河圖雒書
正文是月辛卯柴登封泰山甲午禪于梁
陰以承靈瑞以爲兆民永茲一宇垂于後
昆百寮從臣郡守師尹咸蒙祉福永永無

〔後漢書志七〕

極秦相李斯燔詩書樂崩禮壞建武元年
已前文書散亡舊典不具不能明經文以
章句細微相況八十一卷明者爲驗又其
十卷皆不昭哲子貢欲去告朔之餼羊子
曰賜也爾愛其羊我愛其禮後有聖人正
失誤刻石記
也爲應二十二日辛卯晨燎祭天於泰山下
南方羣神皆從用樂如南郊
諸王王者後二公孔子後襃成
君皆助祭位事也
日泰山雖已從食於柴祭今親外封宜
有禮祭於是使謁者以一特牲於常祠泰
山故事至食時御輦外山
虞處告祠泰山如親耕甽先祠先農泰
中觀休須日中後到山上更衣
早晡時即位于壇北面羣臣以次陳後西

十四

李芳

上畢位升壇

<small>封禪儀曰國家臺上此面虎賁黃旄戟臺下尚書令奉玉</small>

牒檢皇帝以寸二分璽親封之訖太常命

<small>封禪儀曰驪駒三千人發壇上方石</small>

人發壇上石

<small>尚書令稱藏玉事</small>

牒巳復石覆訖尚書令以五寸印封石檢

<small>封禪儀曰檢中石泥及壇土色赤白黑各依其方色</small>

封禪儀曰以金繩纏檢三周各依其方色

道下後封禪儀畢有頒詔百官以次下國家臨

<small>命人立所刻石碑乃復　音動山谷有氣屬</small>

畢皇帝再拜羣臣稱萬歲

<small>天選望不見山嶺也　嶺人在氣中不知也　火止赤駱驛步從韻擊大石石聲正謹但謹石无炬相金</small>

禪祭地于梁陰以高后配山川羣神從如

<small>里道迫小深谿高岸數百丈巖石下明旦太醫令復　賜百官省事事畢發暮宿奉高三十里明日發至梁甫九十里又牲高三　臥水飲欲無一人蹉跌坋病宣非天邪上起　應和者賜不能黙夜半後到百官明旦</small>

元始中北郊故事

<small>遵問起居國家云昨上下山欲行迫前人欲休則後人蹈道峻險恐不能度國家不勞百官已下露　服虔曰禪廣土地為壇後改壇曰禪神之矢</small>

以建武三十二年爲建武中元元年復博

<small>封禪儀日功效如彼天應如此羣臣上壽國家不聽　賜封禪儀日大赦天下　四月已卯</small>

舉高襃勿出元年租芻槀以吉日刻玉牒

書函藏金匱璽印封之乙酉使太尉行事

<small>尚書虞典曰歸格于藝祖用特祖用特乙酉之</small>

以特告至高廟

<small>格于藝祖用特</small>

告高廟藏于廟室西壁石室右至高王室之下

之封明其代與則謂之禪然則封禪者王者開務之
大禮也德不弘者不得輒議斯事功不弘者不得璇
璣禮明其故自黃帝堯舜至于三代各一得封禪之
君則封禪之禮簡易可也若夫白函玉牒非天地之性也

後漢書志第七

後漢書志第八　祭祀中

劉昭注補

北郊　明堂　辟雍
靈臺　迎氣　增祀
六宗　老子

是年初營北郊明堂周禮考工記曰周人明堂度九尺之筵東西九筵南北七筵堂崇一筵五室凡室二筵鄭玄曰明堂者明政教之堂周度以筵亦王者相改周堂高九尺殷三尺則夏一尺矣相參之數也孝經援神契曰明堂上圓下方八窻四達布政之宮在國之陽晏子春秋曰明堂之制下之溫濕不能及也上之寒暑不能入也木工不鏤示民知節也呂氏春秋曰周明堂茅茨蒿

柱土階三等以見儉節也前志武帝欲治明堂奉高旁未明其制度濟南人公玉帶上黃帝時明堂圖圖中有一殿四面無壁以茅蓋通水水圜宮垣爲復道上有樓從西南入名曰崐崘以拜禮上帝於是作明堂汶上如帶圖新論曰天稱明故命曰明堂上圓法天下方法地八窻法八風四達法四時九室法九州十二坐法十二月三十六戶法三十六雨七十二牖法七十二風東京賦曰後廟重屋八達九房薛綜注曰八達謂室有八窻也堂後有九室所以異於周制也王隆漢官篇曰是古者清廟茅屋胡廣曰古之清廟以茅蓋屋所以示儉也今之明堂茅蓋之乃加瓦其上不忘古也**辟雍**白虎通曰辟雍所以行禮樂宣德化也辟者象璧圓以法天也雍者壅之以水象教化流行也辟之爲言積也積天下之道德雍之爲言壅也壅天下之儀則故謂辟雍也王制曰天子辟雍諸侯泮宮外圓者欲使觀者平均也又欲言外圓內方明德當圓行當方也**靈臺未用事**禮含文嘉曰禮天子靈臺所以

觀天人之際陰陽之會也揆星度之驗徵六氣之端應神明之變化覩日氣之所驗爲萬物獲福於無方之原招太極之清泉以與稼穡之根倉廩實知禮節衣食足知榮辱天子得靈臺之則五車三柱明制可行不失其常水泉川流無滯寒暴暑之災陸澤山陵禾盡豐穰故東京賦曰左制辟雍右立靈臺薛綜注曰於之班教曰明堂大合樂射饗者辟雍司曆記候節氣者曰靈臺蔡邕明堂論曰明堂者天子太廟所以崇禮其祖以配上帝者也夏后氏曰世室殷人曰重屋周人曰明堂東曰青陽南曰明堂西曰總章北曰玄堂中曰太室易曰離也者明也南方之卦也聖人南面而聽天下嚮明而治人君之位莫正於此焉故雖有五名而主以明堂也其正中焉皆曰太廟謹承天隨時之令昭令德宗祀之禮明前功百辟之勞起尊老敬長之義顯教幼誨稚之學朝諸侯選造士於其中以制度生者乘其能而至死者論其功而祭故爲大教之宮而四學具焉官司備焉譬如北辰居其所而衆星拱之萬象翼之敎之所由生變化之

所自來明一統也故言明堂事之大義之深也取其宗祀之清貌則曰清廟取其正室之貌則曰太廟取其尊崇矣則曰太室取其堂則曰明堂取其四門之學則曰太學取其四面周水圜如璧則曰辟雍異名而同事其實一也春秋因魯取宋之姦賂則顯之太廟以明聖王建清廟明堂之義經曰取郜大鼎于宋納于太廟傳曰非禮也君人者將昭德塞違故昭令德以示子孫是以清廟茅屋昭其儉也夫德儉而有度升降有數文物以紀之聲明以發之以臨照百官百官於是戒懼而不敢易紀律所以大明教也以周清廟論曰魯太廟皆明堂也魯禘祀周公於太廟明堂猶周宗祀文王於清廟明堂也禮記檀弓曰王齋禘於清廟明堂也孝經曰宗祀文王於明堂禮記明堂位曰太廟天子曰明堂又曰成王幼弱周公踐天子位以治天下朝諸侯於明堂制禮作樂須度量而天下大服成王以周公爲有勳勞於天下命魯公世曰禘祀周公於太廟以天子禮樂升歌清廟下管象舞所以異魯於天下取周清廟之歌歌於魯太廟明

堂魯之廟猶周清廟也皆所以昭文王周公之德以示子孫者也易傳太初篇曰天子旦入東學晝入南學晡入西學暮入北學太學在中央天子之所自學也禮記保傅篇曰帝入東學上親而貴仁入南學上齒而貴信入西學上賢而貴德入北學上貴而尊爵入太學承師而問道與易傳太子篇及魏文侯孝經傳同

▲後漢書志八

魯學志曰禮士大夫學禮記禮器篇之內禮之殺行國禮月令之動作法天象日辰德廣及十二宮以記先賢于明堂所以顯行國禮者其無位也太學明堂者天德之堂者所以通天氣萬物四周言上通於天氣也

象日辰水以名四周言上通於天氣萬物明天氣萬物四周言上通於天氣明堂太室也太廟辟雍虎臣在諸侯太室之中明堂云諸侯太室與王制記動作法天象日辰執德有罪反京殷為侯康殷謂京殷太室也

太室詩魯頌云明堂太室舍奠於魯之大學以訊馘告象日辰水以名四周言上通於天氣萬物明天氣辟雍所謂以部誡告諸侯也即辟雍之至於神明諸侯庶之孝也制以部誡告也至於神明光于四海一行孝者則不明堂云詩行褅者則西自東自南自北無思不服言四海事而備合之義也其制度數各有所法堂方百二十辟雍太學方百四十

後漢書志八

位南面西上高皇后配西面北上皆在壇下如元始中故事中嶽在未四嶽各在其方孟辰之地

城北四里爲方壇四陛 張瑞記云城北六里夷為之時殷 山松書曰行夏之時殷三十三年正月辛未郊別祀地祇上地理羣神從食皆在壇

遷呂太后于園上薄太后尊號曰高皇后當配地郊高廟語在光武紀 比郊在雒陽

宏紀曰夫越人而臧非優於此亦處情之地味故公私異也聖人以爲先君之體德今……君之體推近以知遠則先後義著而親尊之道長矣古之人以爲先君之體德今 張鈞

營內海在東四瀆河西濟北淮東江南他山川各如其方皆在外營內四陛醊及中外營門封神如南郊地祇高后用犢各一頭五嶽共牛一頭海四瀆共牛一頭羣神

尺坤之策也太廟明堂之策也圜屋徑二百一十六尺法乾之策也太室九六之變也九室十二堂室各二戶四十八戶九九八十一牖二十七室十二堂三十六戶七十二牖黃鍾九九之實也二十八柱列於四方亦七宿之象也堂高三丈以應三統四鄉五色各象其行外廣二十四丈應一歲二十四氣也四周以水象四海王者之大禮也

共二頭奏樂亦如南郊既送神瘞俎實于
壇比明帝即位永平二年正月辛未初祀
五帝於明堂光武帝配　孝經云宗祀文王於明堂以配上帝故鄭玄曰上帝者天之別名神無二主故異其處避后稷也五帝坐位堂上帝位各處也
其方黃帝在未皆如南郊之位光武帝位
在青帝之南少退西面牲各一犢奏樂如
南郊卒事遂升靈臺以望雲物　杜預注傳曰雲物氣色災變也素察妖祥逆為之備也

迎時氣五郊之兆自永平中以禮讖及月
令有五郊迎氣服色因采元始中故事兆
五郊于雒陽四方中兆在未壇皆三尺階
無等立春之日迎春于東郊祭青帝句芒　月令章句曰東郊去邑八里因木數也
車旗服飾皆青歌青陽
八佾舞雲翹之舞及因賜文官太傅司徒
以下練各有差立夏之日迎夏于南郊祭　月令章句曰南郊去邑七里因火數也
赤帝祝融　車旗服飾皆赤
歌朱明八佾舞雲翹之舞先立秋十八日　月令章句曰去邑五里因土數
迎黃靈于中兆祭黃帝后土

也車旗服飾皆黃歌朱明八佾舞雲翹育
命之舞　魏氏總麟議曰漢有雲翹育命之舞不知所出舊以祀天今可兼以雲翹育命之舞
立秋之日近秋于西郊祭白帝　立兼以育命方澤立秋之日西郊因金數也
蓐收　車旗服飾皆白
歌西皓八佾舞育命之舞使謁者以一特牲祭　西郊先貴于壇有事天子入圓射牲以祭
宗廟名曰貙劉語在禮儀志　立冬之日迎　六里章句曰去邑因水數也
冬于北郊祭黑帝玄冥
旗服飾皆黑歌玄冥八佾舞育命之舞　車

獻帝起居注曰建安八年公卿迎氣北郊始復用八佾佾
皇真曰迎春夏秋冬之樂又貝天道左旋故迎冬至日
子迎秋於西堂距邦九里堂高七尺堂階九等白犗
之以角舞之以羽距邦六里堂高六尺堂階六等青犗
乘白車載白旗號曰助天收養此迎冬之樂也黑犗
尚黑田車載甲鐵鎧號曰助天誅唱之以商旗能
乘赤車載赤旗號曰助天養唱之以徵旗能
舞之以干戈此迎冬之樂也

章帝即位元和二年正月詔曰山川百神　東觀
應祀者未盡其議增修群祀宜享祀者

書詔曰經稱秩元祀咸秩無文祭法功施於民則祀
之以死勤事則祀之以勞定國則祀之能禦大災則
祀之日月星辰民所瞻仰也山林川谷丘陵民所取
財用也非此族也不在祀典山川之神則水旱癘疫
之災於是乎禜之日月星辰之神則雪霜風雨之不
時於是乎禜之土穀不登神怒民怨有不舉者為之
不敬令恐致新增諸神禜之以祈豐年以致嘉福以蕃
百神應聖典祭者尚未盡其議增修禜祀宜享祀者
之王制曰十二年令曰山川神祇有不舉者為不敬
之孝文十三年令曰山川神祇有不舉者為不敬今
祭之日月星辰又為民所禜祀山林川谷丘陵先成
致力於神則不在祀典之神則山林川谷丘陵能出
幸望豈嫌有年報功不私一義一焉

及河喬嶽同解其義一焉

泰山道使使者奉一太牢祠帝堯於濟陰及望二月上東巡狩將至

成陽靈臺上至泰山修光武帝堯壇兆辛
未柴祭天地羣神如故事壬申宗祀五帝
於明堂祀癸酉更告祀高祖太宗世宗中宗
明堂祀光武帝配如雒陽
世祖顯宗於明堂各一太牢事遂東觀東
后饗賜王族羣臣因行郡國幸魯祠東海
恭王及孔子七十二弟子
還京都庚申告至祠高廟世祖各一特牛
又為靈臺十二門作詩各以其月祀而奏
之和帝無所增改

（左欄小字）者漢晉春秋曰闕里者仲尼之故宅也里中庭北面皆再拜命儒者論難四月帝進爵而後坐東觀書曰祠禮畢命

安帝即位元初六年以尚書歐陽家說謂
六宗者在天地四方之中為上下四方之
宗以元始中故事謂六宗易六子之氣日
月雷公風伯山澤者為非是三月庚辰初
更立六宗祀於雒陽西北戍亥之地禮比
太社也

見六宗祠奏曰案尚書肆類于上帝
者上帝在六合之中助天地變化萬物
也漢立南郊祀天地復祠六宗易及王者
之時臣衡奏立雒陽制曰下公卿議五官將行弘等

陰陽化成萬物漢初甘泉汾陰天地亦禋六宗由是廢
之孝武都雒陽制度制曰可復舊制度
易六子今宜復舊制度制曰可

三十一人議可祭大鴻臚龐雄等二十四人議不可
當祭上從邵議遂祭六宗其論云虞書肆類于上帝
平帝後代有不謂六望者也望非祭山川伏生馬融
類于山川不生非春秋魯建雒邑非在六宗也
冬不覆非祀于地傍祭也孔安國曰埋少牢於太昭祭
宗不生裡也六宗謂天地四方之間助陰陽變化者也
不識者也當以所尊祭之禮少牢於太昭祭時也相近於坎壇
陰陽不謂天下謂天意以享時也以昭時也相近於坎壇
所尊祭其寒暑也王肅云司中司命文昌上將次將也晉司馬彪之
壇祭於雪雷風也後儒無復紛然此解若果問我無令宗果
六宗祭於水旱也夫萬物非一氣義昭此解若我秉劉歆以
當祭上帝裡也謂六宗謂日月星辰司中司命司中司祿也或
見六望議可祭六宗月令孟冬祈于天宗盧植注曰祠雒南郊

初命司馬紹統麥
命文昌第五第四星也
兩師地俗宗海星河宗也
是夫水火雷風山澤也鄭玄曰六宗星辰司中司命風師雨師也以為帝在于類者非
謂六宗謂水旱所禜則雲雨之說後儒無復紛然此解若果問我
六宗禜於山澤也後儒紛然此解
恭祭寒暑於水旱也安帝永初六年夜明祭時也以此解臣等若
壇祭於雪雷風師雨師也箕星畢星也晉司馬彪之曰風師箕也雨師畢也以為帝在于類者禮者非

天山川屬則海岱非宗祀猶包山則望何袄焉伏
而之禮考之祀特不吉典尊早失庠以袼以此推類之較然可知也

如謂十家之祀祖考之就祀廟也異義上違背于古沒乎三穆之禮考若

以律度量衡與巡狩制歲一周爾乃歸袼相合袼于上帝特祀祖禰考

所尊者六也祖禰於特粹典亦曰肆類于上帝及禮記王制諸侯子格出於山

類爲上帝宜於社何以造考之周禮巡狩四方禮記王制觀諸侯正巡

理爲通幽州社秀才張豎又上疏百禮編修而不潰祖考之屬于

也琥社宗西方青圭禮玄黃琮禮北方蒼璧禮白禮官

天以黃琮禮五帝之屬五以五帝日月星辰寒暑

祈望即虞書之文明六宗所祀即祭法之所祀也周禮春官

復無六宗之文書之明宗不宜特復立六宗之理寒暑以及

見星怪物皆是兆四方及山林川谷丘陵能出雲爲風雨所族

川澤水旱祭四方又日月星辰非一之分

之後禮天四辰司中司命風師雨師社稷五祀四類五嶽

即禮四辰于星辰除其寒暑風雨求雨以遺其四

日月寒暑司中司命風師雨師社稷五祀四嶽山林川澤之

辰山川之名非一莫陽零者周人四時祭寒暑日月星辰

是乎但六世傳曰山川之神則水旱疫於上帝人稱之雪霜

所祀者同人四月祭寒暑日月星之類祈于上帝人

以爲二名以爲六宗四時寒暑復祀特寒暑并水星

方於下山川以祀之所及六宗之數伏

文昌非一位之名之於宗者八非一祭以爲六宗四時寒暑

與歆連失其義也六合之間非制典所及六宗之數伏

記曰夫政必本於天殺以降命于社之謂殽地

降於祖廟之謂仁義降於山川所以定制度又曰本仁也

之謂制度利也日祭祖於廟而百本事也殽地

以本定天位也山川所以降於社而百神受命所以於五殽

凡祀典祖考之居其位次上帝七諸侯五嶽四瀆視諸侯山林川澤視子男百神祀典之所在

宣辨所許顯其意近得其實所珊肆類五色於上合五是爲六

又昭不謂虞喜更成疑昧尋虞書所分肆類五色于上合五所求臣莫之

歷臣碩儒終未挺紜正康又何傷乎學者各盡所敬

五泉議末則各有說難六虞喜爲地數論推校經句五色太附注虞象六揲則

觀象引祭而事第四第五此六虞喜爲地數推云地有五色審注盡亦難各偏祀志

隨事異祭名皆井從郊祀故其餘爲六宗也

與周禮相符故據以爲說雖六宗凡禮同而是又

偏祭而禮復祭其事例而言文昌七星已體不得而

星名異其日不同故隨事郊六宗以星辰爲說不知文昌雖有體不徧

禮祀皆天神也鄭所說日月星辰司中司命風師雨師六宗凡

言宗廟也鄭所注者將欲據陽周元

祀宗廟三名皆紫而實牲性焉以升煙而

神視之各以配天來祀文典首法則攝配上帝是

後祖遞上舜受天下諸疾皆以其居明堂則郊公以祭類而

宗以定三禮之修禮行祀於社祭祖配首上帝諸侯自郊社而以爲類

稷以逵其職文祖王者祭祖於廟其位周公以祭類而

内者以本事可極所以祖又本定天位也

鬼神也列地而祭本於天殽地宗祖明明舜慈受備國祀地

天不言而上帝是天神之極尊帝則天神不

斯盡日月星辰從可知也

言地而曰六宗是地之極實祭地地不

祀從可知也天數中舉中嶽以該數等

興宗者崇尊也天稱神亦稱上帝以言

也示之示今之異稱神所以俯察以為

以令實應虞書疊理之播神斯社稷之為

言改土正元疑以為禋可了豐六置小

書傍祭平風俗通曰周禮以禋祀司中司

爲改祭此義非周禮非禮煙音沙神命司

神馬體曰周禮即古神禋周槽改煙祀宗

以仰體之中居禋燎以槱燎諸形字兩異

者皆祀以豬諸行者禜禜柴字莫虞

地大尊重之汶南諸郡亦多有　延光三年上東

巡狩至泰山柴祭及祠汶上明堂如元和

三年故事順帝即位修奉常祀

桓帝即位十八年好神僊事延熹八年初

使中常侍之陳國苦縣祠老子九年親祠

老子於濯龍文罽爲壇飾淳金釦器設華

蓋之坐用郊天樂也

後漢書志第八

祭祀下

宗廟　社稷　迎春

先農　靈星

劉昭　注補

李賢

光武帝建武二年正月立高廟于雒陽【漢舊儀曰故孝武廟古今注曰於雒陽校官立之】四時祫祀高帝為太祖文帝為太宗武帝為世宗如舊餘帝四時春以正月夏以四月秋以七月冬以十月及臘一歲五祀三年正月立親廟雒陽祀父南頓君以上至舂陵節侯時寇賊未夷方務征伐祀儀未設至十九年盜賊討除戎事差息於是五官中郎將張純與太僕朱浮奏議禮為人子事大宗降其私親禮之設施不授之與自得之異意當除今親廟四孝宣皇帝以孫立廟於父為祖於奉明曰皇考廟獨群臣侍祠願下有司議先帝四廟當代親廟者及皇考廟事下公卿博士議郎大司徒涉等議宜奉所代立平

帝哀帝成帝元帝廟代今親廟兄弟以下使有司祠宜為南頓君立皇考廟祭上至春陵節侯羣臣奉祠時議有異不著上可涉等議詔曰以宗廟處所未定且祫祭高廟其成哀平且祠因故園廟祭祀長安故高廟其南陽【古今注曰宗廟在章陵南陽太守稱使】春陵歲時各且因故園廟祭祀【武十八年七月使中郎將耿遵治園廟稻田】皇祖廟舊廬稱田【月使中郎將耿遵治】在所令長行太守事侍祠【如淳曰宗廟在所郡縣侍祠陵南陽太守稱使】惟孝宣帝有功德其上尊號曰中宗於是雒陽高廟四時加祭孝宣孝元凡五帝其西廟成哀平三帝主四時祭於故高廟陵廟之禮南頓祠冠衣車服皆如太常祠陵廟東廟京兆尹侍以上至節侯皆就園廟南頓君稱皇考廟鉅鹿都尉稱皇祖考廟鬱林太守稱皇曾祖考廟節侯稱皇高祖考廟在所郡縣侍祠二十六年有詔問張純禘祫之禮不施行幾年純奏禮三年一祫五年一禘毀廟

之主陳於太祖未毀廟之主昏升合食太祖五年再殷祭舊制三年一祫毀廟主合食高廟存廟主未嘗合元始五年始行祫禮父爲昭南嚮子爲穆北嚮父子不並坐而孫從王父[昭明也以次夾始祖而南面故曰昭穆順也始昭穆]穆尊卑之義以夏四月陽氣在上陰氣在下故正尊卑之義以祫以冬十月五穀成熟故骨肉合飲食祖宗廟未定且合祭今宜以高廟爲常後以三年冬祫五年夏禘之時以時定語在紹傳上難復立廟遂以合祭但就陳祭毀廟主而已謂之殷太祖東面惠文武元帝爲昭景宣帝爲穆惠景昭三帝非殷祭時不祭

[決疑要注曰凡昭穆父爲昭穆子比面而已故曰昭穆不並坐]

[漢舊儀曰宗廟三年大祫祭毀廟主皆合食設左右坐高祖南面幄繒帳望堂上素木牀高六尺繡絪纊厚一尺繡帳高后右坐亦幄上帳却六...諸帝皆合食諸侯王公孫諸侯昭穆坐於高廟如上西北隅神皆合食設於前帳中几黃金釦器金飾玉几中坐曲几長一丈...以黍四百斤曲肉數千斤名曰太牢...面委曲如祖世之法太常導皇帝入北門...入九嬪媵曰定後位]

而皇帝上堂盥侍中以巾奉觶酒從帝進拜謁贊饗曰嗣曾孫皇帝敬再拜前上酒却行至昭穆之坐次[上酒子爲昭孫爲穆還至高廟]乘輿坐贊饗皇帝如上行禮畢即拜以太牢[奉承丁乎漢儀以太常導皇帝入行禮畢即西面再拜即席以九卮者]皇帝志一不寧敢用絜牲一元大武柔毛剛鬣商祭...[其身志嘉尚敬薦絜豐本元明大武柔毛商剛鬣...]祝願其福祚小心畏忌不惰其身志嘉薦絜敬...多福無疆于爾孝孫...田眉壽萬年介爾...引之太常再拜辭以皇帝勿替以致皇帝

崩明帝即位以光武帝撥亂中興更爲起廟尊號曰世祖廟[以明再受命祖有功之義後廟]

[嗣遵儉也不復改立皆藏主其中聖明所制一王之法也自執事之吏下至學士莫能知其所以兩廟之意也孝明皇帝令郊祀志永平三年...誠宜具錄本事建武東觀書...及齋令宜入郊祀志乙丙詔書八佾舞...王莽議爲漢制舊典宗廟各奏其樂永平三年東平王蒼議八佾舞孝武皇帝廟...明功德各得其所]

各得其所明功德武宣皇帝制昭德之舞...高皇帝各武德之舞孝文皇帝制昭德之舞...孝武皇帝制盛德之舞...俊除誹謗去肉刑澤施四海孝武皇帝功德茂盛威震海外開地斥境...正舞孝宣皇帝盛德之舞...王莽覆滅誅暴元凶...成俗改亂蕭風禹貢...武德之舞歌詩舞其所詠...宜曰大武之舞元功包舉...典功盛大雍蕭穆清百蠻貢奉漢聲元命以詠德...孝文王之時民咸安樂謂之文始舞...孝宣之時民人...武鈴曰有帝漢出德洽作樂名曰大興...宜以名舞葉治合圖微曰大興...機鈴異不宜...宜曰大予樂奏禹夏揚傳曰頌周

言成也一章成篇宜列德故登歌清廟一章也漢書曰百官頌所登御者一章十四句依書文始五行武德昭眞修之舞節損益前後之宜六十四節爲舞曲副八佾之數十月烝祭始御用其文始五行之舞如故勿進武德舞歌詩曰於穆世廟肅雍顯清俊乂翼翼秉文之成越序上帝駿奔來寧建立三雍封禪泰山章明圖讖放唐之文休矣惟德罔射協同本支百世永保厥功詔書曰驃騎將軍議可進武德之舞如故

以元帝於光武爲穆故雖非宗不毀也

後遂爲常明帝臨終遺詔遵儉無起寢廟藏主於世祖廟更衣孝章即位不敢違以更衣有小別上尊號曰顯宗廟閒祠於更衣四時合祭於世祖廟語在章紀東觀書曰章帝初即

位賜東平憲王蒼書曰朕夙夜伏思念先帝躬履九德對於八政勞謙克己終始之度比放三宗誠有其美今迫遺詔誠不起寢廟臣子悲結命以爲雖於更衣猶宜有所宗之號以克配功德宗廟至重朕幼無知寤寐憂懼先帝每有著述典義之事未嘗不延問王以定厥中願王悉明處乃敢安之公卿議駮今皆并送及有可以持危扶顚宜勿隱思有所承公無困哉太尉憙等奏禮祖有功宗有德孝明皇帝功德茂盛宜上尊號曰顯宗四時祫食於世祖廟如孝文皇帝在高廟之禮奏武德文始五行之舞蒼上言昔者孝文廟樂曰昭德之舞孝武廟樂曰盛德之舞今皆祫食於高廟昭德盛德之舞不進與高廟同樂今孝明皇帝主在世祖廟當同樂盛德之樂無所施如自立廟當作舞樂者不當與世祖廟盛德之舞同名即不改作舞樂當進武德之舞臣愚戇鄙陋廟堂之論誠非所當聞所宜言陛下體純德之妙奮至謙之意猥歸美於載列之臣故不敢隱蔽愚情披露腹心誠知愚鄙之言不可以仰四門賓于之議伏惟陛下以

至德當成康之隆天下乂安刑措之時也百姓盛歌元首之德股肱貞良庶事寧康臣欽仰聖化嘉羨盛德危顚之備非所宜稱上復報曰有司奏上尊號曰顯宗藏主更衣不敢違詔祫食世祖廟樂皆如王議以正月十八日始祠仰見櫰桷俯視几筵眇眇小子哀懼戰慄無所奉承愛而勞之所望於王也謝沈書曰上以公卿所奏明德皇后在世祖廟坐位駮議示蒼上言文武宣元祖祫食高廟皆以配先帝所制典法設張大雅曰昭哉來御慎其祖武又曰不愆不忘帥由舊章明德皇后宜配孝明皇帝於世祖廟同席而供饌

章帝臨崩遺詔無起寢廟廟如先帝故事和帝即位不敢違上尊號曰肅宗後帝承尊皆藏主于世祖廟積多無別是後顯宗但爲陵寢之號永元中和帝追尊其

母梁貴人曰恭懷皇后陵以竇后配食章帝恭懷后別就陵寢祭之和帝崩上尊號曰穆宗殤帝生三百餘日而崩鄧太后攝政以尚嬰孫故不列于廟就陵寢祭之而巳安帝以清河孝王子即位建光元年追尊其祖母宋貴人曰敬隱后陵曰敬北陵亦就陵寢祭太常領如西陵追尊父清河孝王曰孝德皇母曰孝德后清河嗣王奉祭而巳安帝以讒害大臣廢太子及崩無

上宗之奏後以自建武以來無毀者故遂
常祭因以其陵號稱恭宗順帝即位追尊
其母曰恭愍后就陵曰恭北陵就陵寢祭如
苟北陵順帝崩上尊號曰敬宗

皇帝弘東聖哲龍興統業稽乾則古欽奉鴻烈寬約顧念前制勒新慎終有始有卒經陵損狹不起寢廟道履儀惟民之則臣請上尊號曰孝順皇帝廟曰敬宗萬國衣無裳新玩好不飾墮陵愛盡於事而親喪德教加於百姓詩云劬勞于世世獻奉威儀惟肅祫祭進武德之舞如敕勅劾於世世獻奉藏主裕祭進武德之舞

殤帝故事就陵寢祭凡祠廟訖三公分祭以
沖質帝皆小崩梁太后攝政以 章帝

露布奏可
如祖宗故事

之相帝以河間孝王孫蠡吾侯翼即位亦追
尊祖考王奉祀語在章和八王傳帝崩
上尊號曰威宗無嗣靈帝以河間孝王曾
孫解犢疾即位亦追尊祖考語在章和八
王傳靈帝時京都四時所祭高廟五世
祖廟七主少帝三陵皆有副倅故高廟三主親毀之
十八太牢皆有祠

決疑要注曰毀廟主藏廟外戶之外西牖之中

後亦但殷祭之歲奉祠
廟之主藏于始祖之廟一世為祧桃猶四時祭之毀毀二

世壇三世為壇四世為鬼祫乃祭之有檮亦祭之
祫於壇祖於壇祖之廟檮則迎主出陳於壇檜而祫祭之
還皆藏故室迎也 靈帝崩獻帝即位初平中相國
董卓左中郎將蔡邕等以和帝以下功德
無殊而有過差不應為宗及餘非宗者追
尊三后皆奏毀之

秦滅學之後袁山松書蔡邕議曰漢承亡周之制不用一廟於七廟之列昭穆不次序大夫士不列始建大室

周禮每帝別立廟定送毀元皇帝時貢禹始議依典禮元帝遷御史大夫貢禹請毀昭靈皇帝武哀王昭哀后衛思后皆功德不殊復以元帝為穆宗至成帝哀宗尊諡皆奏

廟稱顯宗孝章皇帝至今孝安皇帝以下政事事委機移顯不用此以下攷攬權強莫能執讓者古以讓為德儒弱莫能執讓者夏殷之世封宗廟尊諡皆奏

二宗及近帝四凡七帝古不墓祭漢諸陵
皆有園寢承秦所為也說者以為古宗廟
前制廟後制寢以象人之居前有朝後有
寢也月今有先薦寢廟詩稱寢廟弈弈言
相通也廟以藏主以四時祭寢有衣冠几

中壘校尉劉歆以為此皆不可毀也上從其議猶不定太僕王舜司徒丞班彪以正重光武皇帝順政參中興廟稱世祖孝明皇帝聖德聰明政參

杖象生之具，以薦新物，秦始出寢起於墓側，漢因而弗改，故陵上稱寢殿，起居衣服，象生人之具，古寢之意也。建武以來，關西諸陵以轉久遠，但四時特牲祠。漢帝每幸長安，謁諸陵乃太牢祠。自雒陽諸陵至靈帝，皆以晦望二十四氣、伏臘及四時祠廟日上飯。太官送用物，園令食監典省，其親陵所宮人隨鼓漏理被枕，具盥水，陳嚴具匲。

神仙道之語，取賢傳宗廟事實，其中既合孝明言，又使祀事以類相從。臣昭曰，國史明乎得失者也。如孝武皇帝淫祀妄祭，舉天下而從，為疲耗蒼生，賣章國高後王深戒來世，宜慝志之。所取於為斷免不宗廟，誠如廣論悉去仙道，未或易罔也。

賢傳末臣以閟胡廣。廣以為實在郊祀志去，不先。

建武二年，立太社稷于雒陽，在宗廟之右。

馬融周禮注曰，社稷土穀之神，有土穀之功者。太社在中門之外惟松，東社八里惟柏，西社九里惟栗，南社七里惟梓，北社六里惟槐。土主陰也，王肅注曰，五官之神也，若社則為五者能為昭，又曰列於五祀，郊特牲祭吐生曰社，百穀祭曰稷，直社五行之主也，不專主祭，行之主而為五官直五行之名也，復有祀不何行者，無地不得同山昭又曰土官是五行土官之名耳。

方壇　曰白虎通　曰春秋通

州之土地官，是五行土官之名耳。

及臘一歲三祠，皆太牢具，使有司祠。

巳，以禮達天地之氣也。

孝經援神契曰：

社者，土地之主也；稷者，五穀之長也。

禮記及國語皆謂共工氏之子曰句龍，為后土官，能平九土，故祀以為社。烈山氏之子曰柱，能植百穀，故祀至殷以柱久遠，自夏以上祀柱，故廢柱祀棄為稷。棄為后稷，亦植百穀故也。有大功則配食其神，故句龍配食於社，棄配食於稷。

文義天子社廣五丈，諸侯半之，其色東方青，南方赤，西方白，北方黑，上冒以黃土。將封諸侯，各取其方面之色，苴以白茅，封以為社。此始受封於天子者也。天子太社必受霜露風雨以達天地之氣，故無屋有牆門而已。

又眾矣其

也景初中饒云周初立帝王社一社二社漢及魏到于今是祀而後諸儒至

也孔晁云周初立帝王社二社漢及魏到于今亦是祀而後諸儒至

土牢中既云周初立帝王社諸侯社稷禮皆三正牢王者諸侯社稷禮皆二社一稷漢自京師報功自

太社曰侯社稷禮皆少牢王者記天下報功百姓所立社一稷二社一稷漢自京師國有報功社曰國

春求秋報和之氣也稷用三牲又多故重稷者為社之長而祭之也故封土立社示有土也稷五穀眾多不可

社示有土也稷五穀眾多不可偏祀五穀之長故立稷而祭之也故封土立社者

郡縣置社稷太守令長侍祠牲用

羊豕唯州所治有社無稷以其使官古者

師行平有載社主不載稷也

之或熟惟省郊社之祭或且以大義曰前見逮及取者不
對辭而不論重復亦以鄧君事也有先漸議論之義行之
所宜興難之辭歸乎本紀或曰龍土行之官不也句今記欲歸廣
謂辭難不可得因而立者事也猶類句此後易意異則言為歸廣
其幾而主宗之辭矣於社祭土之建以國立者可已鄧君難句
有同異論以求真通難斷類也議編則義行
禮輒曰統並於政連郊所以定天地位之也
社同主與陰並連則省本體連於本以列地利取其郊特牲曰社所以
參於天道地載萬物以為中天垂象取財於地郊特牲曰社所以
祀於社而親地載故家以為主故中霤國主取財於地祇示
天道社親地載萬物以為首在於上龍示本地取法此於之天類是
所言土尊故家以為主雷國主邶邑於特性之失相此之天類是
不載社主不載稷也龍即主宗伯示本之失體戴所當列上下

十二

李章

入後漢書志九

可稱是鈞校典籍論本考始矯前易故不儒未能正說不
輕重何謹敦謂二王去本案神而無傋又不祭與見文句於此爲土矣配
者未知軌禮過同祖若五傳之今俱坐處尊位也周禮為祭於之先龍爲土矣配
禮記爲過祖若與王社縱言復令與家宰其不同四坐尊位也周之次先後經之
不得同當王社縱言復令聖人制法之上參爵相之次先經之比而
不於列在先祖與王社之令聖人制法之上參爵之先後經之比
之以帝王義兩儀順之參字中之莫尊於社則秔郊之盛有算之次其
者爲土之貴無失何置之聖人宗廟法之上儀差埒或比之先後
耦特牲者天至尊無物可祭土社禮而秔郊之盛有算之次其
而耦文於郊社告之次天地之序也且使龍軍載此特牲言龍則
取得最近自郊社度之次天地之序也今使鬼此龍言龍則
天特牲者天緣人地事以龍可謂安矣今土事句龍言則其名
衛祀國大事有不見文不可欲捐易神則土並神社禮太牢
爲其社稷所受而立義不可棄命苟若命戰云社太牢
奉言社稷傳成位故祀也而行實又龍一羊行
死言用故賞告天之賜命戰爲軍行載社
當宮室立新社配食也而龍緣祖立社龍于新邑牛如此系
明不自命專社配成之社龍土獨食平羊一羊一
以立故賞凡天必賜命所造地非一特龍之
性者龍則疑再龍謂秔二主當明行皆用人罰矣二
錯天參伍備致讀武宗王者皆謂秔祭祀用牛又
祖爛反覆獨有烈山氏之祭各指其次言之
何文王宗武讀獨何龍得烈爲爲句祀雖言本意獨耳豈足
社以爲但句之例龍何須人秔爲案社祀亦言
從人曰此形成著體數上來之次言之獨耳豈足懷
答曰此形成著邪體數上來之次言之獨耳豈足懷
社稷使

劉清

上半葉

可謂非孟軻曰予豈好辯哉乃不得已也鄭司農之正此之謂也

祀之祭有司掌之其禮簡於社稷云

井竈中雷也韋昭曰古者穴居故名室中為中雷者

國家亦有五
祀
五戶門

漢興八年有言周興而邑立后稷之祀於是高帝令天下立靈星祠

三輔故事長安城東十里有靈星祠

▲後漢書志九 十三 張宇

言祠后稷而謂之靈星者以后稷又配食星也舊說星謂天田星也一曰龍左角為天田官主穀

張晏見而祭也

祀用壬辰位祠之壬為水辰為龍就其類也牲用太牢縣邑形象其功也

古今注曰元和三年初為郡國立稷及祠社靈星禮器也

令長侍祠

漢舊儀曰古時歲再祠靈星靈星春秋之太牢禮也

舞者用童男十六人

服虔應劭曰二羽即古之二羽

舞者象教田初為艾除耕種芸耨驅爵及穫刈春簸之

縣邑常以乙未日祠先農於乙地以丙戌日祠風伯於戌地以已丑日祠雨師於丑地用羊豕立春之日皆青幡幘迎春於東郭外令一童男冒青巾衣青衣先在東郭外野中迎春至者自野中出則迎者拜之

下半葉

而還弗祭三時不迎

論曰臧文仲祀爰居而孔子以為不知漢書郊祀志著自秦以來訖于王莽典祀或有未修復而爰居之類衆矣世祖中興蠲除非常修復舊祀方之前事逷殊矣嘗聞儒言三皇無文結繩以治自五帝始有書契以檢姦萌然猶未有金玉銀銅之器也

臣昭曰禹會羣臣於塗山執玉帛者萬國故已貴不同方異等周禮天地四方璧琮璋有其玉而云未

▲後漢書志九 十四 張宇

至於三王俗化彫文詐偽漸興始有印璽以檢姦萌然猶未有金玉銀銅之器也

自上皇以來封泰山者至周七十有其器斯亦何哉

三代封者謂封土為壇柴祭告天代興成功也禮記所謂因名山升中于天者也易姓則改封者著一代之始而不相龍也繼世之王巡狩則修封以祭而已自秦始皇孝武帝封泰山本由好僊信方士之言造為石檢印封之事也所聞如此雖誠天道難可度知然其大較猶有本要天道質誠約而不費者也故牲有犢器用陶匏殆將

無事於檢封之間而樂難攻之石也

臣昭曰王
貴五德金存不朽有告有文何
敗題刻告厥成功難可知者　且唯封為改

代故曰代出宗夏康周宣由廢復興不聞改

封世祖欲因孝武故封實繼祖宗之道也

而梁松固爭以為必改乃當天既封之後

未有福而松卒被誅死雖罪由身蓋亦誣

神之咎也且帝王所以能大顯于後者實

在其德加於民不聞其在封矣

道懃曰
臣昭曰功成
道懃天下皆

信為天地四方所宗是至大也而比太杜

又為失所難以為誠矣

贊曰天地墾郊宗廟事祀咸秩無文山川

其止淫乃國紊典惟皇紀肇自盛敬執崖

厥始

化德敷世治所以登封封由德興封所以成德
昭告歸天遠以相感若此論可通非平七十二矣

後漢書志九　十五　章英言

王恭三　光武十二

劉昭　注補

易曰天垂象聖人則之庖犧氏之王天下
仰則觀象於天俯則觀法於地觀象於天
謂日月星辰觀法於地謂水土州分形成
於下象見于上故曰天者北辰星合元垂
耀建帝形運機授度張百精三階九列二
十七大夫八十一元士斗衡太微攝提之
屬百二十官二十八宿各布列下應十二

子天地設位星辰之象備矣

兗州熒惑主霍山楊州荊州交州益州雍州
七星張翼軫星歲星主
幽州太白主華陰山涼州
荊州鎮星主嵩高山豫州
井星太白主房心尾箕星辰星主恒山青州
辰星主奎婁胃昴畢觜觿參恒以五子日候之

《後漢書志十》一　毛仙

五郡第五星主兗州常以五辰日候之甲辰為東郡
陳留丙辰為東平辰為濟北戊辰為山陽泰山庚辰
候之乙巳為豫章壬任城
辰為濟陰壬辰為濟南
戊午為沛國庚午為魯國
第九星主上黨并州代郡常以五未日候之甲未為
以五午日候之甲午為西河庚午為太原五午為五原
候之乙巳為會稽癸巳為丹陽
第八星主涼州西河定襄赤黃色
白黃冬有六十郡是常明不如此者各有分而國有兵三皇

邁化協醇朴謂五星如連珠日月若合
壁化由自然民不犯懸至於書契之興五
帝是作軒轅始受河圖闓苞授規日月星
辰之象故星官之書自黃帝始至高陽氏
使南正重司天北正黎司地唐虞之時羲
仲和仲
尚書曰帝在璇璣玉衡以齊七政也璇璣玉衡渾天儀也七政日月五星也
夏有昆吾湯則各異政舜察天文齊七政也器可運轉者也
咸周之史佚萇弘宋之子韋楚之唐蔑魯
之梓慎鄭之裨竈魏石申夫或云石齊國
甘公皆掌天文之官仰占俯視以佐時政
步變摘微通洞密至採禍福之原觀成敗

《後漢書志十》二　毛仙

之勢秦燔詩書以愚百姓六經典籍殘為
灰庶星官之書全而不毀故秦史書始皇
之時彗孛字大角大角以亡有大星與小星
關干宮中是其廢亡之徵至漢興景武之
際司馬談談子遷以世黎氏之後為太史
令遷著史記作天官書成帝時中壘校尉
劉向廣洪範災條作五紀皇極之論以參
往行之事孝明帝使班固敘漢書而馬續

述天文志

謝沈書曰蔡邕撰建武已後星驗
著明以續前志譙周接繼其下者 今

紹漢書作天文志起王莽居攝元年迄孝
獻帝建安二十五年二百一十五載言其
時星辰之變表象之應以顯天戒明王事
焉臣昭以張衡天文之妙冠絕一代所著靈憲渾
儀略具辰步用之寫載以備其理靈憲曰
昔在先王將步天路用本元先准于渾
體是為正度度而皇極有逵建也樞運有逵
也乃建憲天常之前聖人無心因茲謂滇淬
麻之根也道根旣建自無生有太素始萌
道之柔根也旣育有物成體於是元氣剖判剛柔始分清濁異
位乾

天成於外地定於內天體於陽故平以動地體於陰
故平以靜動以行施靜以合化堙鬱構精時育庶類
斯謂太元蓋乃道之實在天成象在地成形天有
九位地有九域天有三辰地有山
川天有五列地有五行此之謂也
凡至大莫若地至厚莫若地地之
數耦以承天清化致養四時致生
品物用生地以靈靜致養品物以
定位承天清化致生品物地以靈
...

（後漢書志）

闇虛在星，微月過則食日之。薄地其明也，月瞹暗暗，還自奪故，故則不明也。月之於夜，與日同則為二十八宿，謂之此斗，其以神著有五列星，則不然，強弱在晝。

剔遲速存，天則奔而宜，星五則則是也。月與日同旅右回於天，日運行歷有五列，星則不然，強弱在晝。四可名者三十五，蓋一十萬千五百二十五。此見矣，一為千五百二十五庶物，蠢蠢咸得用告。

天兩地故，故女列為星，巡鎮必因常度，苟或盈縮宜。不論於次故，日月作使日老子四星，周寒伯或盈縮宜。各有一，暗後五緯之間，其見可無期，夜察邕行無度，曰妖星，違失正史之學。

官其刑法，周髀數存，一曰周髀二曰宣夜，三曰渾天。渾天者，圓體之象也。候臺銅儀以步五緯。

道以察敏，有立八尺，圓體之度，候臺銅儀黃。易以其器，無在東觀，以治律未亭。

之所一，錯乎五緯行，其見祥可盡蔡邕表志曰，天體寒溫，象以候之。

不逾於次，故列司作星，日月列為方星。

王莽地皇三年十一月有星孛于張東南

武以來，星變彗孛，占驗著明者，續其後。

渾天之意，使述其義，以裨天文志，撰其後。

求其舊文，索竄不得，量卒欲寢，秋思惟精意，不量愚量，竊斷裁量。

成數狀，以文義潤以，雨絕世路，無由宜博問，羣臣下，及嚴穴投知。

絕者無師法，各無一韓數，得存考驗天官，用象失正，史學。

行五日不見孛星者惡氣所生為亂兵。星占曰：其國內外用兵，其所以孛德孛，德者亂之象不明。

之表又參然孛為兵之類也，故名之曰孛。孛之為言猶有所傷害有所妨蔽或謂之

彗星所以除穢而布新也。宋均注鈎命決曰王星，彗五彗也，蒼則王。妃后妃則將軍逃，二年兵大作，黃則水害，江河。

無常其長處起也，彗星出國，韓揚占曰：深短小見又炎殃。占曰其象若黑，彗出水精賦。

沒賊處妃白則將軍逃。

日齊景公睹彗，使伯常禳孛，晏子曰不可。

教也，日月之氣，彗星出而泣之。

之又，一日景公之時，彗星出而向之。

我是以悲。晏子曰君為臺榭則欲其高，賦斂則欲其厚，誅戮則欲其深，如仇讎自是彗出。晏子之言孛與彗如似，匪同。

庸何巨乎誅戮如仇讎，自是彗出而向吾國矣。

為周地星孛于張東南行即翼軫之分翼

軫為楚是周楚地將有兵亂後一年正月

光武起兵春陵會下江新市賊張卬王常

及更始之兵亦至俱攻破南陽斬芬前隊

大夫甄阜屬正梁丘賜等殺其士眾數萬

人更始為天子都雒陽西入長安敗死光

武興於河北復都雒陽居周地除穢布新

四年六月漢兵起南陽至昆陽莽使司徒
王尋司空王邑將諸郡兵號曰百萬眾已
至者四十二萬人能通兵法者六十三家
皆為將帥持其圖書器械軍出關東牽從
群象虎狼猛獸放之道路以示富強用怖
山東至昆陽山作營百餘圍城數重或為
衝車以橦城為雲車高十丈以瞰城中弩
矢雨集城中負戶而汲求降不聽請出不

《後漢書志十》 七

得二公之兵自以必克不恤軍事不恊計
慮莽有覆敗之變見雲氣如壞山
墮軍上軍人皆厭所謂營頭之星也占曰
營頭之所墮其下覆軍流血三千里
日怪星晝行名曰
營頭行振大誅也
是時光武將兵數千人赴
救昆陽莽眾擊二公兵并力焱發號呼聲動
天地虎豹鶩懾怖敗振會天大風飛屋瓦雨
如注水二公兵亂敗自相賊就死者數萬
人競赴滍水死者委積滍水為之不流殺

司徒王尋軍皆散走歸本郡王邑還長安
莽敗俱誅死營頭之變覆軍流血之應也
四年秋太白在太微中爛地如月光太白
為兵太微為天廷太白贏而北入太微是
大兵將入天子廷也是時莽遣二公之兵
至昆陽已為光武所破莽又拜九人為將
軍皆以虎為號九虎將軍至華陰皆為漢
將鄧曄李松所破進攻京師倉將軍韓臣
至長門十月戊申漢兵自宣平城門入二

《後漢書志十》 八

兵攻莽燒作室斧敬法闥商人杜吳殺莽
日已酉城中少年朱弟張魚等數千人起
漸臺之上校尉公賓就斬莽首大兵蹈藉
宮廷之中仍以更始入長安赤眉賊立劉
盆子為天子皆以大兵入宮廷是其應也

光武

古今注曰建武六年九月丙戌月犯太微西
藩十一月辛亥月犯軒轅七年九月庚子月
有土功漢史鎮星歲太白月九年四月辛
未月犯房星並入八年四月辛未月
犯房壬寅月犯心大星乙卯金犯輿
入鬼中漢史鎮星逆行與歲星
第二星光芒歲太
昴黃帝星占土犯鬼皇后有憂失亡其
房天子有憂四足之蟲多死漢史曰其國有憂軍

死又彗光與帝卧足加帝
腹上太史奏客星犯帝坐其急

建武九年七
月乙丑金犯軒轅大星十一月乙丑金又
犯軒轅軒轅者

後宫之官也韋昭曰自下往觸之曰犯大星為皇后金犯之為失勢是
時郭后巳失勢見跡後廢為中山太后陰
貴人立為皇后十年三月癸卯流星如月
從太微出入北斗魁第六星色白旁有小
星射者十餘枚枚滅則有聲如雷食頃止
絕跡而去為飛也

流星為貴使星大者使

<後漢書志十>

日流星光跡相連者也

有所伐殺

庚辰火入輿鬼過軒北庚申月在斗

星從太微出抵北斗魁是天子大使將出
大星小者使小太微天子廷北斗魁主殺
入軒且滅時分為十餘如遺火狀須史有

如丹十二月巳亥出柳西南行

聲隱隱如雷柳為周軒為秦蜀大流星出
柳入軒者是大使從周入蜀是時光武帝
使大司馬吳漢發南陽卒三萬人乘船沂
江而上擊蜀白帝公孫述

承黄而此遂號為
臣昭曰述雖以白

九

林芳

孟康

白帝於文繁晨書例未通

又命將軍馬武劉尚郭霸岑彭
馮駿平武都巴郡十二年十月漢進兵擊
述從弟衛尉永遂至廣都殺述女壻史與
威虜將軍馮駿拔江州斬述將田戎吳漢入
述又擊述大司馬馮駿斬首五千餘級臧宫
軍將軍高午刺述洞胃其夜死明日漢入
屠蜀城誅述妻宗族萬餘人以上是大將

破涪殺述弟大司空恢十一月丁丑漢護

萬人夷滅述妻宗族萬餘人以上是大將

<後漢書志十>

出伐殺之應也其小星射者及如遺火分
為十餘皆小將隨從之象有聲如雷隱隱
者兵將怒之徵也

十二年正月
己未小星流百
枚以上或西北或正北或東北二夜上

古今注曰丁丑月庚軒轅大星

六月戊戌晨小流星百
枚以上四面行小星者庶民之類流行者

注曰二月辛亥月入
氐畢珥圓角亢房

移徙之象也或西北或西北或東北或四面行皆
小民流移之徵是時西北討公孫述北征

毛仙

十

盧芳匈奴助芳侵邊漢遣將軍馬武騎都
尉劉納閻興軍下曲陽臨平呼沱以備胡
匈奴入河東中國未安米穀荒貴民或流
散後三年吳漢馬武又徙鴈門代郡上谷
關西縣吏民六萬餘口置常關居庸關以
東以避胡寇是小民流移之應 古今注曰其
年七月丁丑

月犯昴頭兩星八月辛酉水見東方翼分九月甲午
火犯輿鬼十月丁卯大星流有光發東井
之間為 丁卯火犯輿鬼西北黃帝占曰水見
起也 隆興為旱郡萌占曰一日貴人當之巫咸曰水見翼多火
守興鬼大人憂 石氏曰為旱郡萌占曰
炎石氏曰為旱郡 樊惑

流星出東井所之國大水

十五年正月丁未彗星見昴 土
炎長三丈韓揚占曰在昴大國
兵稍西北行入營室犯離宮 出營室東壁
也 三月乙未至東壁滅見四十九日彗
兵起也
星為兵入除穢昴為邊兵彗星出之為有
之盧芳從匈奴入居高柳至十六年十月
兵至十一月定襄都尉陰承反太守隨誅
降上璽綬一日昴星為獄事是時大司徒
歐陽歙以事繫獄死營室天子之常
宮離宮妃后之所居彗星入營室犯離宮

是際宮室也是時郭皇后巳踈至十七年
十月遂廢為中山太后立陰貴人為皇后
除宮之象也 古今注曰十六年四月土星逆行十
微到執法星東巳酉南出端門十八年三月乙未火逆行從東門入
月往本星十九年閏月戊申火逆行從氏至亢二十一
月食火星郡萌曰 樊惑逆行氏為失火
三十年閏月甲午水在東井二十度生白
氣東南指炎長五尺為彗東北行至紫宮
西藩止五月甲子不見凡見三十一日水
常以夏至放於東井閏月在四月尚未當
後漢書志十 十二 金
見西見是嬴而進也東井為水衡水出之
為大水是歲五月及明年郡國大水壞城
郭傷禾稼殺人民白氣為喪有炎作彗
所以除穢紫宮天子之宮彗加其藩除宮
之象 荊州星經曰彗主當之五十相當之三十
三年光武帝崩 古今注曰戊申
月犯心後星
三十一年七月 戊午火在輿
鬼一度入鬼中出尸星南半度十月巳亥
犯軒轅大星又七日間有客星炎二尺所

03-1471

西南行至明年二月二十二日在輿鬼東
北六尺所滅凡見百一十三日

輿鬼也黃帝天府也黃帝占曰輿鬼天目也朱雀頭也中央星如粉絮爲質爲天故言一名天尸斧鉞武以病亡或以誅新火刻也以制法其西南一星主積布帛西北一星主積金玉東北一星主積馬東南一星主積兵一日主領珠錢金玉用民從東入輿鬼者象之尸也弧射狼譴有干鏚乘質者爲女從鄉崩曰輿鬼者象之尸也弧射狼譴中參左肩擧尸之東井治留尸入輿鬼故曰天尸鬼之爲言歸也又占月五星有入輿鬼民多疾從南入爲男子爲言君貴人憂入爲老人從東入爲男子從北入爲女從西

熒惑爲凶衰輿鬼尸星主
死亡熒惑入之爲大喪軒轅爲後宮七星
周地客星居之爲死喪其後二年光武崩

中元〔古今注曰元年三月〕二年八月丁巳火
犯太微西南角星相去二寸十月戊子大
流星從西南東北行聲如雷火犯太微西
南角星爲將相後太尉趙憙司徒李訢坐
事免官大流星爲使中郎將竇固揚虛㝛
馬武揚鄉矦王賞將兵征西也

後漢書志第十

劉昭　注補

明十二
章五　和三十三
殤一　安四十六　順二十三
質三

孝明永平元年四月丁酉流星大如斗起
天市樓西南行光照地流星爲外兵西南
行爲西南夷是時益州發兵擊姑復靈夷
大牟替滅陵斬首傳詣雒陽〔古今注曰九
月辛未火在太〕〔一〕微左執法星所光芒相及十一月辛未土逆行乘東
井北軒轅第二星二年十二月戊辰月食火星黃帝
星經后出入井爲人主一曰陽爵祥事　林俊

三年六月丁卯彗星出天舩北長二尺所
稍北行至亢南百三十五日去天舩爲水
彗出之爲大水是歲伊雒水溢到津城門
壞伊橋郡七縣三十二皆大水
四年八月辛酉客星出梗河西北指貫索
七十日去梗河爲胡兵至五年十一月北
匈奴七千騎入五原塞十二月又入雲中

至原陽貫索貴人之牢其十二月陵鄉屍
梁松坐怨望縣飛書誹謗朝廷下獄死妻
子家屬徙九眞
七年正月戊子流星大如杯從織女西行
光照地織女天之眞女流星出之女主憂
其月癸卯光烈皇后崩〔古今注曰三月庚戌
客星光氣二尺所在〕
八年六月壬午長星出柳張三十七度犯
太微左執法南端門外凡見七十五日
軒轅剌天舩陵太微氣至上階凡見五十
六日去柳周地是歲多雨水郡十四傷稼〔古今注曰十二月
戊子客星出東方〕〔二〕　李昉
九年正月戊申客星出牽牛長八尺歷建
星至房南過角亢至翼芒東指　古今注曰歷斗建箕房
減見至五
十日章牛主吳　臣郶萌占曰客星舍房左右畢者又占有鲞地
越房心爲宋後廣陵王荊與沈涼楚王英
與顏忠各謀逆事覺皆自殺廣陵屬吳彭
城古宋地　星十一年七月申寅月犯歲・十一年六月壬辰火犯土星
十三年閏月丁亥火犯輿鬼爲大喪質星

為大臣誅戮其中白者為簡　其十二月楚王
（晉灼曰見五星）

英與顏忠等造作妖謀反事覺英自殺忠
等皆伏誅（古今注曰十一月客星出軒轅四十八日十二月戊午月犯木星）

十四年正月戊子客星出昂六十日在軒
轅右角稍滅昂主邊兵後一年漢遣兵擊
都尉顯親侯竇固駙馬都尉耿秉騎都尉
耿忠開陽城門侯泰彭祭肜為將兵擊客
匈奴一曰軒轅右角為貴相昂為獄事客
星守之為大獄是時老楚事未訖司徒虞
延與楚王英黨與黃初公孫弘等交通皆
自殺或下獄伏誅

十五年十一月乙丑太白入月中為大將
戮人主亡不出三年後三年孝明帝崩

十六年正月丁丑歲星犯房右驂北第一
星不見辛巳乃見（石氏星經曰歲星守房良馬出廄古今注曰正月丁未月犯房）

房右驂為貴臣歲星犯之為見誅是後
司徒邢穆坐與阜陵王延交通知逆謀自
殺

四月癸未太白犯畢畢為邊兵後北匈奴
寇入雲中至咸陽發使者高弘發三郡兵追
討無所得太僕祭肜坐不進下獄

十八年六月己未彗星出張長三尺轉在
郎將南入太微皆屬張周地為東都太
微天子廷彗星犯之為兵喪其八月壬子
尺八月庚寅彗星出天市長二尺所稍行

孝章建初元年正月丁巳太白在昂西一

孝明帝崩

入牽牛三度積四十日稍滅太白在昂為
邊兵彗星出天市為外軍牽牛為吳越是
時蠻夷陳縱等及哀牢王類反攻巂唐城
永昌太守王尋走奔楪榆安夷長宋延為
羌所殺以武威太守傳育領護羌校尉馬
防行車騎將軍征西羌又阜陵王延與子
男鮪謀反大逆無道得不誅廢為庶（古今注曰甲申金入斗魁）
二月九日甲寅流星過紫宮中
長數丈散為三滅十二月戊寅彗星出婁

三度長八九尺稍入紫宮中百六日稍滅

流星過入紫宮皆大人忌後四年六月癸

丑明德皇后崩（古今注曰五年二月戊辰木火在東井火守）

六年七月乙酉夜有流星起軒轅大如拳歷文昌曰木守（氣正白向曲之事一／東井有土功之事）

歲星守參后當之熒惑守大人當之

元和元年四月丁巳客星晨出東方在胃

八度長三尺歷閣道入紫宮留四十日滅

閣道紫宮天子之宮也客星犯入留久為

大喪後四年孝章帝崩

孝和永元元年正月辛卯有流星起參長

四丈（古今注曰大如斗）有光色黃白（古今注曰鎮在參）

星起太微東蕃長三丈三月（古今注曰戊子土在參）壬申夜有流

辰流星起天津（古今注曰津黃白頍光起天）壬戌

有流星起天將軍（古今注曰色黃無光）參為邊

兵天培為兵流星起之皆為兵其六月漢遣車騎

將軍竇憲執金吾耿秉與度遼將軍鄧鴻

出朔方並進兵臨私渠北鞮海斬虜首萬

餘級獲生口牛馬羊百萬頭日逐王等八

十一部降凡三十餘萬人追單于至西海（古今注曰十／日十一）

是歲七月又雨水漂人民是其應（是歲七月又雨水漂人民是其／曰天下水其大出流殺人）

星會又為兵喪辛未水金木在妻亦為兵（壬申鎮星在東井石氏）

奎為匿謀（巫咸曰辰守妻多水火炎亦／奎主武庫兵）

二年正月乙卯金木俱在奎丙寅水又在（巫咸曰辰守妻有兵兵罷兵起巫咸石）

又為匿謀（氏云鄒萌曰辰守妻多火炎古今注曰金在／在東井金在昴）

星會又為兵喪辛未水金木在妻（妻木火在昴）

二月丁酉有流星大如瓜起紫宮東蕃西

北行五丈稍滅

月丙辰有流星大如文昌東北西南（古今注曰三月甲子火乙亥金在／端門第一星南乙亥金在東井）

行至少微西滅有頃音如雷聲已而金在

軒轅大星東北二尺所（古今注曰丁丑火在氐東南星東南）

月丁未有流星如雞子起太微東南行

四丈所消十月癸未有流星大如桃起天

津西行六丈所消十一月辛酉有流星大
如拳起紫宮西行到胃消三年九月丁卯
有流星大如雞子起紫宮西南至北斗柄
閒消（言星紫宮占曰有流星出紫宮天子使也色赤言兵色白言義色黃言吉色青言憂色黑言水出皆以所之野命東西南北）
言兵色白言義色黃言吉色青言憂色黑言
紫宮天子宮文昌少微為貴
昌少微為天子使出有兵誅為貴
實憲為大將軍憲弟篤景等皆鄉尉與衛尉鄧
臣天津為水北斗主殺流星起歷紫宮文
女弟璦郭舉為侍中射聲校尉與衛尉鄧
疊母元俱出入宮中謀為不軌至四年六
月丙寅發覺和帝幸北宮詔執金吾五校
勒兵屯南北宮開城門捕舉舉父長樂少
府璦及疊疊弟步兵校尉磊母元皆下獄
誅憲弟篤景等皆自殺金犯軒轅女主失
勢實氏被誅太后失執力
五年（古今注曰正月 巫咸曰太白守井五穀不成黃帝經曰五星及客守井皆為水石）四月癸巳太白熒惑辰
星俱在東井

（氏曰為旱又曰太白入東井留一日以上乃占大臣當之期三月若一年遠五年古今注曰木在輿鬼）

七月壬午歲星犯軒轅大星九月金在南
斗魁中（為水石氏曰火犯房北第一星東井秦）
地為法三星合內外有兵又為法令及水
金入斗口中為大將死火犯房北第
星為將相其六年正月司徒丁鴻薨（古今注曰七月水大）
漂殺人民傷五穀許侯馬光有罪自殺九
月行車騎將軍事鄧鴻越騎校尉馮柱發
左右羽林北軍五校士及八郡跡射烏桓
鮮卑合四萬騎與度遼將軍朱徵護烏桓
校尉任尚中郎將杜崇征叛胡十二月車
騎將軍鴻坐追虜失利下獄死度遼將軍
徼中郎將崇皆抵罪
七年正月丁未有流星起天津入紫宮中
滅色青黃有光二月癸酉金火俱在參（巫咸 戊寅金）
火俱在東井（占曰熒惑守參多火災海中占曰為旱太白守參國有反臣郗萌曰熒惑守攻戰伐國也又曰郗萌曰熒惑守攻戰伐國又曰雜難貴又）
將相八月甲寅水土金俱在軫（春秋緯曰五星有入軫者皆為）

（將相死）

兵大起巫咸占曰五星入軒者司其出日而數之期

二十日皆爲兵發司始入處之率一日期十日軍罷　石氏星經曰辰星守軒歲水郡萌曰鎮星出入留合轍六十日不下必有大喪春秋緯曰太白入軒兵大

起　郤萌曰守軒必有死亡王／日太白守心

成王當七月樂成王宗皆薨將立長史吳

星俱在斗有戮將若有死將三月樂

會金火俱在參東井皆爲外兵有死將四月樂

金火在心皆爲大喪三星合軒爲白衣之

紫宮消丙辰火金水俱在斗流星入紫宮

十一月甲戌金火俱在心　十二月已卯有流星起文昌入書錐

後九年大饑

蔡坐事徵下獄誅　古今注曰八年九月辛丑章武

月北海王威自殺十二月陳王羨薨其妻　夜有流星大如拳起妻

年閏月皇太后竇氏崩遼東鮮卑大守祭

參不追虜徵下獄司徒劉方坐事

免官自殺隴西羌反遣執金吾劉尚行征

西將軍事越騎校尉節鄉侯趙世北軍

五校黎陽雍營及邊胡兵三萬騎征西羌

十一年五月丙午流星大如瓜起氐西南　古今注曰六月入畢中

行稍有光白色　庚辰月入畢中　占曰流星白

九

十

爲有使客大爲大使小亦小使疾期疾遲

亦遲大如瓜爲近小行稍有光爲遲也又

正王日邊方有受王命者也明年二月蜀

郡旄牛徼外夷白狼樓薄種王唐繒等率

種人口十七萬歸義內屬賜金印紫綬錢

帛

十二年十一月癸酉夜有蒼白氣長三丈

起天圉東北指軍市見積十日占曰兵起

十日期歲明年十一月遼東鮮卑甲二千餘

騎寇右北平

十三年　古今注曰正月辛未水乘輿其丑十二月癸巳犯軒轅大星

丑軒轅第四星間有小客星色青黃軒轅

爲後宮星出之爲失執其十四年六月辛

卯陰皇后廢　古今注曰十四年正月乙卯月犯軒轅在太微中二月十日丁酉水

入大微西門十一月丁丑有流星大如拳起北斗　魁中北至閣道稍有光色赤黃須臾西北有雷聲

十六年四月丁未紫宮中生白氣如粉絮

戊午客星出紫宮西行至昴五月壬申滅

七月庚午水在輿鬼中　黃帝占曰辰星犯鬼大臣誅國有曼報萌

十

章武

十月辛亥流星起鉤陳北行三丈有
光色黃白氣生紫宮中為喪客星從紫宮
西行至昴為趙興鬼為死喪鉤陳為皇后
流星出之為中使迎殤帝即位一年元興元年十月
二日和帝殤帝即位後一年又崩無嗣鄧
太皇帝遣使者迎清河孝王子即位是為孝
安皇帝是其應也清河趙地也
元興元年二月庚辰有流星起斗東北行到須女
所四月辛亥有流星起斗東北行五丈
七月己巳有流星起天市五丈所光色赤
　平咸曰辰星守氐多
　水災海中占曰天下
閏月辛亥水金俱在氐
　大旱所在不收荊州星
　占太白守氐國君大哭
女須女燕地天市為外軍水金會為兵誅
其年遼東鮮卑反鈔六縣發上谷漁陽右
北平遼西烏桓討之
孝殤帝延平元年正月丁酉金火在妻金
火合為爍為大人憂
　古今注曰七月甲申月在南斗中
　是歲
八月辛亥孝殤帝崩

孝安永初元年五月戊寅熒惑逆行守心
前星
　韓楊占曰多火災一日地震愉
　其年十八郡地震明年漢陽火
客星在東井弧星西南心為天子明堂熒
　雛書曰熒惑守心多
　日亂荊州經占曰熒惑守心多
惑逆行守之為反臣
　黃帝占曰逆臣起
　犯東井則大目誅
是時安帝未臨朝鄧為車
　黃帝占曰客星干
　目亂客星起
騎將軍弟弘悝闉皆以校尉封矦國勢
司空周章意不平與王尊叔元茂等謀欲
閉宮門捕將軍兄弟誅常侍鄭眾蔡倫封
剌尚書廢皇太后封皇帝為遠國王事覺
章自殺東井弧皆秦地是時羌反斷隴道
漢遣隴將左右羽林北軍五校及諸郡兵
征之是歲郡國四十一縣三百一十五兩
水四瀆溢傷秋稼壞城郭殺人民是其應
也
二年正月戊子太白晝見
　古今注曰四月乙
　亥月入南斗中
三年正月庚戌月犯心後星
　古今注曰四月
　寅熒惑入輿鬼中
出入太微端門
　河圖曰亂
　臣在旁
入月己亥熒惑
　已亥太白入斗中

兗南東北指長六七尺色蒼白太白晝見　五月丙寅太白入羽林石氏　經曰太白守畢國多任刑也　十二月彗星起天

月犯心後星不利子心為貴相凶　前志曰太白晝見國弱小國強女主昌是時鄧氏方盛　臣昭案楊厚對曰以為諸　宋五月丁酉沛　天

為強臣

王牙薨太白不利子心為貴相　國弱小國強女主昌　是時鄧氏方盛

兗為外軍彗星出其南為外兵是後使羌

氏討賊李貴又使烏相擊鮮甲又使中郎

將任尚護羌校尉馬賢擊羌皆降

四年　古今注曰二月丙寅月犯軒轅大星　六月甲子客星大如

李蒼白芒氣長二尺西南指上階星癸酉

太白入輿鬼指上階為三公後太尉張敏

免官太白入輿鬼為將凶後中郎將任尚

坐贓千萬檻車徵棄市　韓楊占曰太白入輿鬼鬼為亂臣在內臣昭以

五年六月辛丑太白晝見經天　春秋漢含孳曰陽弱君柔不堪　元初九年三月

癸酉熒惑入輿鬼二年九月辛酉熒惑入

占為明宣任尚所能感也　鉤命決曰天炴云陽弱君柔不堪太白經天　太白經天

興鬼中三年三月熒惑入輿鬼中五月丙

寅太白入畢口　黃帝占曰大攻近期十五日遠期　當之亂國易主

七月甲寅歲星入輿鬼中又曰大臣　郅萌曰客星入守若出危大飢民食黃　黃帝經曰守危危強

太微左執法十一月甲午客星見西方己

亥在虛危南至昴昂　郅萌曰客星入留輿　金錢乙未

月丙戌歲星留輿鬼中　石氏經曰歲星守輿鬼十日不下民有大

喪百日不下民半死黃帝經曰守鬼五十日不下民有大　星經曰客星入守輿若出危大飢民食黃

后疾一曰大人憂

病在女主　五月己卯辰星入輿鬼中

以罪誅大臣一曰將戰死一曰大人憂

太白晝見丙上四月壬戌太白入輿鬼中

九月辛巳太白入南斗口中　黃帝占曰大人

五年三月丙申鎮星犯東井鉞星五月庚

午辰星犯輿鬼質星丙戌太白犯鉞星六

年四月癸丑太白入輿鬼中　黃帝經曰太白守　輿鬼疾在女主

月丙戌熒惑在輿鬼中　黃帝經曰有大喪有共喪　熒惑犯女主守

犯鬼忠臣戮死不出一年中　夫將有死者荊州星占曰熒惑　丁卯鎮星在輿

鬼中，〔黃帝經曰鎮入鬼中大臣誅，海中石氏曰大人憂。〕辛巳太白犯左執法。自永初五年到永寧七年之中，太白一晝見經天，再入鬼，一守輿鬼，再犯左執法，入南斗，犯鉞星。熒惑五入輿鬼，鎮星犯東井鉞星，一入輿鬼。歲星、辰星再入輿鬼。凡五星入輿鬼中皆爲死喪，熒惑、太白其犯鉞質星爲誅戮，斗爲貴將，執法爲近臣，客星在虛危爲喪爲哭泣，〔星占曰不一年，遽期二年。〕畢爲邊兵，又爲獄事。至建光元年三月癸〔昂〕巳鄧太后崩。五月庚辰太后兄車騎將軍騭等七侯皆免官自殺，是其應也。

延光〔古今注曰元年四月太白晝見〕二年八月己亥熒惑出太微端門。三年二月辛未太白犯昂〔氏石星占太白守昂兵從門關入主人走，郁萌曰太白入昂口有中喪〕丑太白入斗口中〔汪曰太白入昂口馬〕九月壬寅〔古今汪曰〕鎮星犯左執法。四年太白出太微，九月甲子太〔汪曰〕白入斗口中，十一月客星見天市，熒惑出〔辰四月甲辰入，六月壬辰太白出太微九月甲子太〕

太微爲亂臣，太白犯昂畢爲近兵，一曰大人當之。鎮星犯左執法有誅臣，太白入輿鬼中爲大喪，太白出太微爲中宮入斗口爲貴將相有誅者，客星見天市中爲貴喪。是時大將軍耿寶、中常侍江京、樊豐、小黃門劉安與阿母王聖、聖子女永等并搆譖太子保，弁惡太子乳母男廚監邴吉。三年九月丁酉廢太子保爲濟陰王，以此鄉侯懿代。殺男吉，從其父妻子。〔曰南〕四年三月丁卯安帝巡狩，從南陽還，道寢疾，至葉崩。閻后與兄衛尉顯、中常侍江京等共隱匿，不令羣臣知上崩，遣司徒劉喜等分詣郊廟告天請命，載入北宮，庚午夕發喪，尊閻氏爲太后。北鄉侯懿病薨，京等又不欲立保，白大后更徵諸王子擇所立。中黃門孫程等立王國王康等十九人共合謀誅顯、京等，立保爲天子，是爲孝順皇帝。皆姦人強臣狂亂王室，其於死亡誅戮兵起宮中

古今注曰永建元年二月甲午月入斗李氏家書曰時入
太微五月壬子月入斗李氏聞天不言縣象以示
天有變氣李卻上書諫曰臣聞天不言縣象以示吉
凶挺災變里以為譴昔齊桓公遭虹貫牛斗之變吉
納管仲之謀令齊去婦無近妃宮桓公聽用大
安趙有尹史見月生齗齗畢大星於藏其後大
天下共一畢知為何國也下史所言如是月於藏
弒君血書端門如史所言至彗孛摇槍棓十
彗陵歷天市梗河招摇槍棓十六日入紫微
十七日復過文昌至天棓積水間稍稍
泰陵八星為凶喪貴梗如占辰尊如占廬
星一占曰曾星為凶喪積水間河三
得過歷尊宿行度從彗之欲居帝旁耗亂政事者誠
阿母子賤妾之欲足以賊王者故挺變明以示
當抑遠鏡足以賊王者權柄及爵祿人天所重慎
非阿妾所宜干豫矢故挺變明以示
人如不承慎禍至憂成悔之歷及也

《後漢書志十一》十七

孝順永建二年二月癸未太白晝見三十
九日〔古今注曰丁巳月犯心〕閏月乙酉太白晝
見東南維四十一日八月乙巳熒惑入輿
鬼太白晝見為強臣熒惑為凶輿鬼為死
喪質星為誅戮是時中常侍高梵張防將
作大匠翟酺尚書令高堂芝僕射張敦尚
書尹就郎姜述楊鳳等及宛州刺史鮑就
使匈奴中郎張國金城太守張篤敦煌大
守張朗相與交通漏泄就述棄市梵防酺

芝敦鳳就國皆抵罪又定遠疾班始尚
城公主堅得關爭殺堅斬馬市同
產皆棄市
〔古今注曰其年九月戊寅有白氣廣三
尺長十餘丈徙北落師門南至斗廣三
二月癸未月犯心後星五月閏月庚子太白晝見四年二月
月癸未月犯心後星五月閏月庚子太白晝見六年二月
彗星出於斗牽牛滅於虛危為齊魯故熒惑守氐諸
海賊淬於會稽山賊捷於濟南五年夏熒惑守氐諸
矦有斬者是冬
班始醫斬馬市

《後漢書志十一》十九

六年四月熒惑入太微中犯左右執法西
北方六寸所十月乙卯太白晝見十二月
壬申客星芒氣白為兵牽牛為吳
在牽牛六度客星芒氣白為兵牽牛為吳
越後一年會稽海賊曾於等千餘人燒句
章殺長吏文殺鄞鄮長取官兵拘殺吏民
攻東部都尉揚州六郡逆賊章何等稱將
軍犯四十九縣大攻略吏民
陽嘉元年閏月戊子〔臣昭案郎顗表云三十七日巳丑〕客星芒氣
白虹二尺長五丈起天苑西南主馬牛為
外軍色白為兵是時敦煌大守徐白使跡
勒王盤等兵二萬人入于寘界虜掠斬首

三百餘級烏桓校尉耿曅使烏桓親漢都
尉戎末瘣等出塞鈔鮮卑斬首獲生口財
物鮮卑怨恨鈔遼東代郡殺傷吏民是後
西戎北狄為寇害以馬牛起兵馬牛亦死
傷於兵中至十餘年乃息 臣昭案郎顗傳陽嘉元年太白與歲
丁卯太白犯牽牛大星
入興魂永和元年正月
巳又晝見十一月辛未又晝見十二月壬寅太白晝見四月乙卯太白
白三年十二月辛未太白晝見
星合於房心 古今注曰二年四月壬寅太白與鬼癸環
續軒轅古今注曰九月壬午月入畢口中
熒惑失度盈縮往來涉歷輿鬼與環

永和二年五月戊申太白晝見八月庚子
熒惑犯南斗斗為吳 黃帝經曰不暮年國有亂有憂海中占為多火
明年五月吳郡太守行
丞事羊珍與越兵弟葉吏吳銅等二百
餘人起兵反殺吏燒官亭民舍攻太守
府大守王衡岠守吏兵格殺珍等又江賊
蔡伯流等數百人攻廣陵九江燒城郭殺
都長
三年二月辛巳太白晝見戊子在熒惑西
南光芒相犯辛丑有流星大如斗從西北

東行長八九尺色赤黃有聲隆隆如雷三
月壬子太白晝見六月丙午太白晝見八
月 熒惑熒惑入太微
乙卯太白晝見閏月甲
古今注曰已酉
寅辰星入輿鬼巳酉熒惑入太微乙卯太
古今注曰十二月丁卯犯軒轅大星
白晝見
官又為西州晝見陰盛與君爭明熒惑與
太白者將軍之
太白相犯為兵喪流星為使聲隆隆怒之
象也辰星入輿鬼為大臣有死者熒惑入
太微亂臣在廷中是時大將軍梁商父子
秉勢故太白常晝見也其四年正月祀南
郊夕牲中常侍張逵蓬政陽定內者令石
光尚方令傅福等與中常侍曹騰孟賁爭
權白帝言騰賁與商謀反矯詔命收騰賁
貢自解說順帝詔解騰賁縛逵等自知事
不從自刺解貂蟬投草中逃亡
皆得免其六年征西將軍馬賢擊西羌於
北地謝姑山下父子為羌所沒殺是其應
也

四年七月壬午熒惑入南斗犯第三星五
年四月戊午太白晝見八月己酉熒惑入
太微斗爲貴相爲揚州熒惑犯入之爲兵
喪其六年大將軍商薨九江丹陽賊周生
馬勉等起兵攻没郡縣梁氏又專權於天
廷中

【後漢書志十一】 （三十）

室天下亂易政以〔五色占之吉凶〕丁丑彗星在奎一度長六
青白西南拍營室及墳墓星〔郗萌占曰彗星出而中營〕
六年二月丁巳彗星見東方長六七尺色　西
尺癸未昏見〔河圖曰彗星出貫奎庫兵悉出〕
北歷昴畢甲申在東井遂歷輿鬼柳七星〔禍在強疾外夷胡應逆首謀也〕
張光炎及三台至軒轅中滅〔庚寅太白晝見〕　卓受
星起而在營室墳墓不出五年天下有大
喪後四年孝順帝崩昴爲邊兵又爲趙羌
周馬父子後遂爲寇又劉文劫清河相射
十一月甲午太白晝見〔營室者天子常宮墳墓主死彗〕
昌欲立王蒜爲天子蒜不聽殺昌王閉門
距文官兵捕誅文蒜以惡人所劫廢爲尉

氏羌又從爲犍陽都鄉羌薨國絕歷東井
輿鬼爲秦皆羌所攻鈔炎及三台爲三公
是時太尉杜喬及故太尉李固爲梁冀所
陷入文書死及至注張爲周滅於軒轅
中爲後宮其後懿獻后以憂死梁氏被誅
是其應也

【後漢書志十一】 （三十二）

漢安〔古今注曰元年二月壬午歲星在太微中八月癸丑月犯南斗入魁中〕二年　陳德
正月己亥太白晝見五月丁亥辰星犯輿
鬼〔古今注曰丙辰月入斗中〕六月乙丑熒惑光芒犯鎮星
七月甲申太白晝見辰星犯輿鬼爲大喪
熒惑犯鎮星爲大人忌明年八月孝順帝
崩孝沖〔古今注曰建康元年九月己亥太白晝見　韓揚占曰天下有喪一日有白衣之會〕
明年正月又崩
孝質本初元年〔古今注曰三月丁丑月入南斗〕三月癸丑熒
惑入輿鬼四月辛巳太白入輿鬼皆爲大
喪五月庚戌太白犯熒惑爲逆謀閏月一
日孝質帝爲梁冀所鴆崩

後漢書志第十一

後漢書志第十二　天文下

劉昭注
汪補

桓三十八　靈二十
獻九　隕石

孝桓建和元年八月壬寅熒惑犯輿鬼質
星二年二月辛卯熒惑行在輿鬼中三年
五月己丑太白行入太微行在輿鬼中三年
日出端門丙申熒惑入東井八月己亥
星犯輿鬼中南星乙丑彗星芒長五尺見
天市中東南指色黃白九月戊辰不見熒
惑犯輿鬼為死喪質星為戮臣入太微為
亂臣鎮星犯輿鬼為喪彗星見天市中為
質貴人至和平元年十二月甲寅梁太后
崩梁冀益驕亂矣
元嘉元年二月戊子太白晝見永興二年
閏月丁酉太白晝見時上幸後宮采女鄧
猛明年封猛兄演為南頓侯後四歲梁皇
后崩梁冀被誅猛立為皇后恩寵甚盛

後漢書志十二　一　林俊

永壽元年三月丙申鎮星逆行入太微中
七十四日去左掖門七月己未辰星入太
微中八十日去左掖門八月己巳熒惑入
太微中二十一日出端門太微天子廷也
為大水一曰後宮有憂歲星入太微
星為貴臣妃后逆行為匿謀辰星入太微
門南陽大水熒惑留入太微中又為亂臣
是時梁氏專政
九月己酉晝有流星長二尺所色黃白癸
巳熒惑犯歲星為姦臣謀大將戮
二年六月甲寅辰星入太微遂伏不見辰
星為水為兵為妃后其三年四月戊寅太
白犯軒轅大星為皇后八月戊午太白犯軒
東井口中為大臣有誅者其七月丁丑太
白犯心前星為大臣後二年四月懿皇
后以憂死大將軍梁冀使大食令秦宮刺
殺議郎邴尊欲殺鄧后母宣事覺桓帝
收冀及妻壽襄城君印綬皆自殺誅諸梁

後漢書志十二　二　陳従

及孫氏宗族或徙邊是其應也

延熹四年三月甲寅熒惑犯輿鬼質星五
月辛酉客星在營室熒惑稍順行生芒長五尺
所至心一度轉為彗熒惑犯輿鬼質星大
臣有戮死者五年十月南郡太守李肅坐
蠻夷賊攻盜郡縣取財物一億以上入府
取銅虎符蕭書敵走不救城郭又監黎陽
謁者燕喬坐贓重泉令彭良殺無辜皆棄
市京兆虎牙都尉宋謙坐贓下獄死客星

▲後漢書志十二
三
陳仲

在營室至心作彗為大喪後四年鄧后以
憂死

六年十一月丁亥太白晝見是時鄧后家
貴盛七年七月戊辰星犯歲星八月庚
戌熒惑犯輿鬼質星庚申歲星犯軒轅大
星十月丙辰太白犯房北星丁卯辰星犯
太白十二月乙丑熒惑犯軒轅第二星辰
星犯歲星為兵熒惑犯質星有戮臣歲星
犯軒轅為女主憂太白犯房北星為後宮

其八年二月太僕南鄉侯左勝以罪賜死
勝弟中常侍上蔡侯悝北鄉侯黨皆自殺
癸亥皇后鄧氏坐悝左道廢遷于祠宮死
宗親侍中沘陽侯鄧康河南尹鄧萬越騎
校尉鄧弼虎賁中郎將安鄉侯鄧魯侍中
監羽林左騎鄧德右騎鄧循皆自殺昆陽
康等免官又荊州刺史芝交阯刺史萬祇
皆為賊所拘略桂陽太守任胤背敵走皆

▲後漢書志十二
四
李權

弃市熒惑犯輿鬼質星之應也

八年五月癸酉太白犯輿鬼質星壬午熒
惑入太微右執法閏月己未太白犯心前
星十月癸酉歲星犯左執法九年正月戊午
歲星入太微犯左執法出端門六月壬戌
星入太微中五十八日熒惑入太微西門積五
太白行入輿鬼七月乙未熒惑入太微中
犯質星九月辛亥熒惑入太微西門積五
十八日永康元年正月庚寅熒惑逆行入

太微東門留太微中百一日出端門七月
丙戌太白晝見經天太白犯心前星太白
犯輿鬼質星有戮臣熒惑入太微為賊臣
太白犯心前星熒惑為兵喪歲星入太微
執法將相有誅者歲星入守太微犯左
占為人主太白熒惑入守太微五十日
犯質星為戮臣熒惑留太微中百一日又
為人主太白晝見經天為兵憂在大人其
九年十一月太原太守劉瓆南陽太守成
瑨皆坐殺無辜荊州刺史李瑍為賊所拘
尚書郎孟瓚坐受金漏言皆弃市永康元
年十二月丁丑帝崩大傅陳蕃大將軍
竇武尚書令尹勳黃門令山冰等皆枉死
太白犯心熒惑留守太微之應也
孝靈帝建寧元年六月太白在西方入太
微犯西蕃南頭星太微天廷也太白行其
中宮門當開大將被甲兵大臣伏誅其八
月太傅陳蕃大將軍竇武謀欲盡誅諸宦

者其九月辛亥中常侍曹節長樂五官史
朱瑀覺之矯制殺蕃武等家屬徙日南比
景
熹平元年十月熒惑入南斗中占曰熒惑
所守為兵亂斗為吳其十一月會稽賊許
昭聚衆自稱大將軍昭父生為越王攻破
郡縣
二年四月有星出文昌入紫宮蛇行有首
尾無身赤色有光炤垣牆八月丙寅太白
犯心前星辛未白氣如一匹練衝比斗第
四星占曰文昌為上將貴相太白犯心前
星為大臣後六年司徒劉郃為中常侍曹
節所譖下獄死白氣衝比斗為大戰明年
冬揚州刺史臧旻丹陽太守陳寅攻盜賊
直瀆斬首數千級
光和元年四月癸丑流星犯軒轅第二星
東比行入比斗魁中八月彗星出亢比入
天市中長數尺稍長至五六丈赤色經歷

十餘宿八十餘日乃消於天苑中流星為
貴使軒轅為內宮北斗魁主殺流星從軒
轅出抵北斗魁是天子大使將出有伐殺
也至中平元年黃巾賊起上遣中郎將皇
甫嵩朱儁等征之斬首十餘萬級彗除天
市天帝將徙帝將易都至初平元年獻帝
遷都長安

三年冬彗星出狼弧東行至于張乃去張
為周地彗星犯之為兵亂後四年京都大
發兵擊黃巾賊

五年四月熒惑在太微中守屏七月彗星
出三台下東行入太微至太子幸臣二十
餘日而消十月歲星熒惑太白三合於虛
相去各五六寸如連珠占曰熒惑在太微
為亂臣是時中常侍趙忠張讓郭勝孫璋
等並為姦亂彗星入太微天下易主至中
平六年宮車晏駕歲星熒惑太白三合於
虛為喪虛齊也明年琅邪王據薨

光和中國皇星東南角去地一二丈如炬
火狀十餘日不見占曰國皇星為內亂外
內有兵喪其後黃巾賊張角燒州郡朝廷
遣將討平斬首十餘萬級中平六年宮車
晏駕大將軍何進令司隸校尉袁紹私募
兵千餘人陰時雒陽城外竊呼并州牧郭
卓使將兵至京都雒中官對戰都西京及
闕下死者數千人燔燒宮室遷都西京董

司徒王允與將軍呂布誅卓卓部曲將郭
汜李傕旋兵攻長安公卿百官吏民戰死
者且萬人天下之亂皆自內發

中平二年十月癸亥客星出南門中大如
半筵五色喜怒稍小至後年六月消占曰
為兵至六年司隸校尉袁紹誅滅中官大
將軍部曲將吳匡攻殺車騎將軍何苗死
者數千人

三年四月熒惑逆行守心後星十月戊午
月食心後星占曰為大喪後三年而靈帝

崩

五年二月彗星出奎逆行入紫宮後三出

六十餘日乃消六月丁卯客星如三外橛

出貫索西南行入天市至尾而消占曰彗

除紫宮天下易主客星入天市為貴人喪

明年四月宮車晏駕中平中夏流星赤如

火長三丈起河鼓入天市抵觸宦者星色

白長二三丈後尾拳屈食頃乃滅狀似如

矢占曰枉矢流發其宮射所謂矢當直而

枉者操矢者邪枉人也中平六年大將軍

何進謀盡誅中官於省中殺進俱兩破滅

天下由此遂大壞亂

六年八月丙寅太白犯心前星戊辰犯心

中大星其日未冥四刻大將軍何進於省

中為諸黃門所殺己巳車騎將軍何苗為

進部曲將吳匡所殺

孝獻初平三年九月蚩尤旗見長十餘丈

色白出角亢之南占曰蚩尤旗見則王征

九

伐四方其後丞相曹公征討天下且三十

年

四年十月孛星出兩角間東北行入天市

中而滅占曰彗除天市天帝將徙帝將易

都是時上在長安後二年東遷明年七月

至雒陽其八月曹公迎上都許

建安五年十月辛亥有星孛于大梁冀州

分也時表紹在冀州其年十一月紹軍為

曹公所破七年夏紹死後曹公遂取冀州

九年十一月有星孛于東井輿鬼入軒轅

太微十一年正月星孛于北斗首在斗中

尾貫紫宮及北辰占曰彗星掃太微宮人

主易位其後魏文帝受禪

十二年十月辛卯有星孛于翼尾荊州分

也時荊州牧劉表據荊州時益州從事周

羣以荊州牧將死而失土明年秋表卒以

小子琮自代曹公將伐荊州琮懼舉軍詣

公降

十

十七年十二月有星孛于五諸侯周羣以
爲西方專據土地者皆將失土是時益州
牧劉璋據益州漢中太守張魯別據漢中
韓遂據涼州宋建別據枹罕明年冬曹公
遣偏將擊涼州十九年獲宋建韓遂逃于
羌中病死其年璋失益州二十年秋公
攻漢中魯降
十八年秋歲星鎮星熒惑俱入太微逆行
留守帝坐百餘日占曰歲星入太微人主
改

二十三年三月孛星晨見東方二十餘日
夕出西方歷五車東井五諸侯文昌軒
轅后妃太微鋒炎指帝坐占曰除舊布新
之象也
殤帝延平元年九月乙亥隕石陳留四春
秋僖公十六年隕石于宋五傳曰隕星也
董仲舒以爲從高反下之象或以爲庶人
惟星隕民困之象也

桓帝延熹七年三月癸亥隕石右扶風
鄠又隕石二皆有聲如雷

後漢書志第十二

劉昭　注補

貌不恭　淫雨　服妖

雞禍　青眚　屋自壞

訛言　旱　謠

狼食人

五行傳說及其占應漢書五行志錄之詳

矣故泰山太守應劭給事中董巴散騎常

侍譙周〔書志曰周字允南巴西充國人也治尚書兼通諸經及圖緯州郡辟請皆不應耽〕〔古篤學誦讀典籍欣然獨笑以忘寢食蜀亡魏黜不至周清〕

異今合而論之以續前志云〔鄭玄注尚書大傳曰不宿宿不宿飲也角主天兵不合諸侯有天庫將軍〕〔禮記曰天子不合諸侯獻禽〕

五行傳曰田獵不宿〔宿不宿飲也角主天兵〕飲食不享〔禮獵三田一為乾豆二為賓客三為充君之庖此獻禽物也禮記曰天子諸侯無事則歲三田〕出入不節〔鄭狼夏獻麋春秋獻獸物此獻禽獸也〕奪民農時〔鄭玄曰房心農時之候也季冬之月令農時〕及有姦謀〔鄭〕

周禮四時習兵以田獵禮記曰天子不合圍諸侯不掩羣過此則暴天物不合圍者虞人物田遊禮記曰天子諸侯無事則歲三田〔狼夏〕騎官漢書音義曰騎不反宮室〔禮記曰天子諸侯不田〕田驅騁不反宮室〔禮記曰天子諸侯不田〕庶無事則歲三田一為乾豆二為賓客

周禮獸人冬獻狼夏獻麋春秋獻獸物此獻禽獸也禮記曰天子諸侯無事則歲三田〔鄭玄〕

師計耦耕事也道出入耕為農祥〔鄭玄曰辰為農祥后稷之所經緯也及有姦謀〔鄭〕傳曰辰耦耕之象也后稷之所經緯也〕大傳房心有三田門為農心房心之〔鄭玄曰房心農時之候也季冬之月令農時〕

曰亢為朝廷房心為明堂天東宮之政也〔鄭玄曰君子為朝廷出政之象為器也〕天東宮之政也為地無故生也東宮之政為民用無故生也〔故政逆則木行逆也〕

水火土謂之五材春秋傳曰天生五材民並用之〔政逆則神怒孔安國曰木可以揉曲直適他他變異之其〕天屬矣洪範木神怒木曲直孔安國曰木可揉曲直人所用之金以揉曲直人所〔鄭玄曰金君行之則木不曲直此五者為君行逆行〕則木不曲直〔鄭玄曰君逆行之則木不曲直此五者為君所用木金〕

失其性而為災也又曰貌之不恭是謂不〔孔安國曰貌醜陋〕厥極惡〔孔安國曰〕時則有服妖〔鄭玄曰貌之不恭是謂不〕

肅〔鄭玄曰肅敬也君貌不恭是謂不肅承上事也洪範對策言其節也〕厥罰恒雨〔鄭玄曰貌不恭則狂狂則常雨雨不止也〕時則有服妖〔鄭玄〕

南子曰木失春令則冬木作春氣發地藏之氣失其節故常雨秋霖雨不止收則多淫雨〔孔安國曰〕時則有龜孽〔鄭玄曰龜蟲之生於木者也屬春者屬木〔毛詩〕〕

之飾也〔鄭玄曰雞畜之有冠翼者屬貌言其事也〕則有雞禍〔傳曰妖者敗胎也少小之類其〕

尚微也至乎禍則著矣〔鄭玄曰雞禍病者也漢書音義曰若梁時〕〔孝王時牛足反出此欲伐上之禍〕則有青眚青祥〔鄭玄曰青木色也〕〔妖尊禍病祥皆其氣類〕時則有下體生上之痾〔鄭玄曰青木色也漢書音義曰青眚青祥者〕惟金沴〔時〕

木〔鄭玄曰沴殄也凡貌言視聽思心一事失則逆則〕人〔鄭玄曰人心逆則怨言視聽思心沴〕則有青眚青祥〔說云氣之相傷謂之沴〕

各以物象為之占也〔故作孽變非常為時怪者神怒木金水火土氣亂故五行之傷則傷〕先見禍兆來乘殄異之占也及神怒人怨將為禍亂故其氣類皆失其氣類〔說云氣之相傷謂之沴〕

后尚書大傳曰凡六沴之作歲之中月之中日之朝月之朝日之中則正卿受之歲之則王受之歲之中

《後漢書志十三》

夕月之夕日之夕則庶民受之鄭玄曰正月也
二月為歲之朝八月為歲之夕上旬之朝至盡十
二月為歲之平旦下旬為歲之昏平旦至食時為四
為之中晡至黃昏為之夕也日中則昃月則
又云其二辰以次相將其次受之鄭玄曰二辰謂日
者鳴多騰蟇蟲也六畜不蕃民多夭死
地則陰陽和風雨時則草木夏落而秋榮國貧法亂逆
政不禁則奸邪不勝罪緩刑不藏則大山行土動王
犯則陰陽不和風雨不時則火流邑大斬大谷大山行
故春政不禁則草木不榮五穀傷秋蟲不藏者生
誅有四禁春無殺伐無割大陵名川塞大斬
大夫受之其歲之餘差以尊甲多少則上士受之
月也假令之中也日月朝則孤卿受之鄭玄曰
又月也日月中則則上士受之鄭玄曰二辰謂日
月也月朝則公卿受之鄭玄曰二辰謂日月夕則
日也月夕則則上旬為歲之中自至日跌謂日傳

建武元年赤眉賊率樊崇逄安等共立劉
盆子為天子然崇等視之如小兒百事自
由初不恤錄也後正旦至君臣欲共饗既
坐酒食未下群臣更起亂不可整時大司
也害
之恩心之用合六事之機以致乎太平而消除蠥輷尊
之福不供御則禍災至欲尊六極其六明供御則天用章報
于下若見若是供御六罰餓侵六極其體明供御則天用章報
則主道備出也續漢書曰建武二年尹敏乃上蹟曰取彼讒功
氣下生故曰臺榭相望者云國之廉也馳車充國者
追察之馬也翠羽朱飾生之斧近五采纂組者

《後漢書志十三》 四

農楊音察劍怒曰小兒戲尚不如此其後
遂破壞崇安等皆誅死唯音為關內庶以
壽終
光武崩山陽王荊哭不哀作飛書與東海
王勸使作亂明帝以荊遂同母弟太后在故
隱之後徙王廣陵荊遂坐後謀反自殺也故
章帝時竇皇后兄憲以皇后甚幸於上故
人人莫不畏憲於是強請奪沁水長公
主田公主畏憲與之憲乃賤顧之後上幸
主田公主見之問憲憲又上言借之上以后
攝政憲秉機密忠直之臣與憲忤者憲多
害之其後憲兄弟遂皆被誅
故但譴勅之不治其罪後章帝崩竇太后
桓帝時梁冀秉政兄弟貴盛自恣好驅馳
過度至於歸家猶馳後遂誅滅
梁氏滅門驅馳後遂誅入門百姓號之曰
和帝永元十年十三年十四年十五年皆
淫雨傷稼
古今注曰光武建武六年九月大雨連
月皆葥更生蘡薁樹上十七年雒陽暴

安帝元年四年秋郡國□□淫雨傷稼 方
對策儲

曰雨不時節
妄賞賜也

永寧元年郡國三十三淫雨傷稼

建光元年京都及郡國二十九淫雨傷稼

是時羌反久未平百姓忠忠不解愁苦

延光元年郡國二十七淫雨傷稼 案本傳
陳忠奏

以爲王廙二千石爲女使
伯榮獨拜車下柄在臣妾

二年郡國五連雨傷稼 卓雲

順帝永建四年司隸荊豫兗冀部淫雨傷
稼

六年冀州淫雨傷稼

桓帝延熹二年夏霖雨五十餘日是時大
將軍梁冀秉政謀害上所幸鄧貴人母宣

冀又擅殺議郎邴尊上欲誅冀懼其持權
日久威勢強盛恐有逆命害及吏民密與

近臣中常侍單超等圖其方略其年八月
冀卒伏罪誅滅 案公沙穆傳永壽元年霖雨
大水三輔以東莫不淹没

後漢書志十三 五

靈帝建寧元年夏霖雨六十餘日是時大
將軍竇武謀繕廢中官

官史朱瑀等共與中常侍曹節等起兵先誅
其年九月長樂五

武交兵關下敗走追斬武兄弟死者數百
人 案有兄死無兄
弟有兄子

熹平元年夏霖雨七十餘日是時中常侍
曹節等共誣曰勃海王悝謀反其十月誅

悝

中平六年夏霖雨八十餘日是時靈帝新

弃羣臣大行尚在梓宮大將軍何進與佐
軍校尉袁紹等共謀欲誅廢中官下文陵

畢中常侍張讓等共殺進兵戰京都死者
數千

更始諸將軍過雒陽者數十輩皆憤而衣
婦人衣繡擁轝時智者見之以爲服之不

中身之災也乃奔入邊郡避之是服妖也
其後更始遂爲赤眉所殺

恒帝元嘉中京都婦女作愁眉啼粧墮馬

後漢書志十三 六

璫折要步齲齒笑所謂愁眉者細而曲折

啼粧者薄拭目下若啼處墮馬髻者作一

邊　（梁冀別傳曰冀婦女又有不聊生髻）

下齲齒笑者若齒痛樂不欣欣始自大將

軍梁冀家所為京都歙然諸夏皆放效此

近服妖也梁冀二世上將婚姻王室大作

威福將危社稷天誡若曰兵馬將往收捕

婦女憂愁蹙眉啼泣吏卒掣頓折其要脊

令齲傾邪雖強語笑無復氣味也到延憙

二年舉宗誅夷

延憙中梁冀誅後京都憒顏短耳長短上

長下時中常侍單超左悺徐璜具瑗唐衡

在帝左右縱其姦惡海內慍曰一將軍死

五將軍出家有數侯子弟列布州郡賓客

雜寵襃騰著上短下長與梁冀同占到其八

年桓帝因日蝕之變乃拜故司徒韓寅為

司隸校尉以次誅鉏京都正清　（寅誅左悺

相蒙京都未為正清）

延憙中京都長者皆著木屐婦女始嫁至

作漆畫五采為系此服妖也到九年黨事

始發傳黃門北寺臨時惶惑不能信天任

命多有逃走不就考者九族拘繫及所過

歷長少婦女皆被捶拷應木屐之象也

靈帝建寧中京都長者皆以葦方笥為粧

具下士盡然時有識者竊言葦方笥郡國

讖篋也今珍用之此天下人皆當有罪讖

於理官也到光和三年癸丑赦令詔書吏

民依黨禁錮者赦除之有不見文他以類

比疑者讖於是諸有黨郡皆讖延尉人名

悉入方笥中

靈帝好胡服胡帳胡牀胡坐胡飯胡空侯

胡笛胡舞京都貴戚皆競為之此服妖也

其後董卓多擁胡兵填塞街衢虜掠宮掖

發掘園陵

靈帝於宮中西園駕四白驢躬自操轡驅

馳周旋以為大樂於是公卿貴戚轉相放

效至乘輿輦以為騎從互相侵奪賈與馬
齊案易曰時乘六龍以御天行天者莫若
龍行地者莫如馬詩云四牡駸駸載是常
服檀車煌煌四牡彭彭夫驢乃服重致遠
上下山谷野人之所用耳何有帝王君子
而驂服之乎遲鈍之畜而令貴之天意若
曰國且大亂賢愚倒植凡執政者皆如驢
也其後董卓陵虐王室多援邊人以充本
朝胡夷異種跨蹢中國

熹平中省內冠狗帶綬以為笑樂有一狗
突出走入司徒府門或見之者莫不驚怪
京房易傳曰君不正
臣欲篡厭妖狗冠出後靈帝寵用便嬖子
弟永樂賓客鴻都羣小傳相汲引公卿牧
守比肩是也又遣御史於西鄉賣官關內
侯顧五百萬者賜與金紫詣闕上書占令
長隨縣好醜豐約有賈強者貪如豺虎弱
者略不類物實狗而冠者也司徒古之丞

相壹統國政天戒若曰宰相多非其人尸
祿素餐莫能據正持重阿意曲從令在位
者皆如狗也故狗走入其門以應勍曰靈帝數
拜尊臣內尊又贈亡人顯號加於頑凶以車騎將軍過屍昔帝有賭被聚之祥知其為戒令假號雲集不亦乎宜

靈帝數遊戲於西園中令後宮采女為客
舍主人身為商賈服行至舍采女下酒食
因共飲食以為戲樂此服妖也其後天下
大亂　風俗通曰時京師賓婚嘉會皆作魁欑酒酣之後續以挽歌魁欑喪家之樂挽歌執紼相偶和之者天戒若曰時京師賓婚嘉會皆作魁欑酒酣之後續以挽歌魁欑喪家之樂挽歌執紼相偶也自靈帝崩後京師壞滅戶有兼屍蟲而相食魁欑挽歌斯之効斯乎

獻帝建安中男子之衣好為長躬而下甚
短女子好為長裙而上甚短時益州從事
莫嗣以為服妖是陽無下而陰無上也天
下未欲平也後還遂大亂

靈帝光和元年南宮侍中寺雌雞欲化雄
一身毛皆似雄但頭冠尚未變詔以問議泰山松曰禪位於魏
郎蔡邕邕對曰貌之不恭則有雞禍宣帝

黃龍元年未央宮雌雞化為雄不鳴無距

是歲元帝初即位立王皇后至初元年

丞相史家雌雞化為雄冠距鳴將是歲駕

父禁為平陽侯女立為皇后至哀帝晏駕

后攝政王莽以后兄子為大司馬由是為

亂臣竊推之頭元首人君之象今雞一身

冠或成為患兹大是後張角作亂稱黃巾

不遂成之象也若應之不精政無所改頭

已變未至於頭而上知之是將有其事而

遂破壞四方疲於賦役多叛者上不改政

遂至天下大亂

桓帝永興二年四月丙午光祿勳吏舍壁

下夜有青氣視之得玉鈎珪各一鈎長七

寸二分周五寸四分身中皆雕鏤此青祥

也玉金類也七寸二分商數也五寸四分

徵數也商為臣徵為事蓋為人臣引決事

者不肅將有禍也是時梁冀秉政專恣後

四歲梁氏誅滅也

延熹五年大學門無故自壞襄楷以為太

學前疑所居〔本傳楷書無前疑之言也無〕

將喪教化廢也是後天下遂至喪亂

永康元年十月壬戌南宮平城門內屋自

壞金涔木木動也其十二月宮車晏駕

靈帝光和元年南宮平城門內屋武庫屋

及外東垣屋前後頓壞蔡邕對曰平城門

正陽之門與宮連郊祀法駕所由從出門

之最尊者也武庫禁兵所藏東垣庫之外

障易傳曰小人在位上下咸悖厥妖城門

內崩潛潭巴曰宮圮自隳諸侯強陵主此

皆小人顯位亂法之咎也其後黃巾賊先

起東方庫兵大動皇后父兄並貴盛為大

將軍同母弟苗為車騎將軍兄弟並貴盛

皆統兵在京都其後進欲誅廢中官為中

常侍張讓段珪等所殺兵戰宮中闕下更

相誅滅天下兵大起

三年二月公府駐駕廡自壞南北三十餘

中平二年二月癸亥廣陽城門外上屋自
壞也獻帝初平二年三月長安宣平城門
外屋無故自壞至三年夏司徒王允使中
郎將呂布殺太師董卓夷三族（催等攻破長
安城害允等）

興平元年十月長安市門無故自壞至二
年春李催郭汜鬭長安中催迫劫天子移
置塢盡燒宮殿城門官府民舍放兵寇
鈔公卿以下冬天子東還雒陽催汜追上
到曹陽虜掠乘輿輜重殺光祿勳鄧淵廷
尉宣璠少府田邠等數十人五行傳曰好
攻戰（鄭玄注曰參伐為攻戰之象）（秋傳曰師出不正勝也
反戰不正勝也孔子曰四者為逆天地為金性從
之象也月令曰四鄙入保塞孔道衝保城郭）
飾城郭（鄭玄注曰君行此四者為金金性從革
則侵邊境王邊兵）（鄭玄注曰昌曰畢為天街甘氏經曰天街
在西宮則革）
金不從革（鄭玄注曰西宮於地為金金性從利而則
之政西宮旅地為金人所用為器者也無故治之不銷或入
火飛亡或鑄革作辛馬融曰是為不從革其他變異皆屬
之裂形是為不從革其性不見從則金鐵亦不從人意漢書謂）

金失其性而為災也又曰言之不從是謂
不乂（鄭玄曰乂治也言臣不治其嘉事也鄭玄曰君臣
從則是不能治其嘉也）
嚴罰恆陽（鄭玄曰金春秋考異郵曰君行非其時故
矣鄭玄曰金主秋秋氣殺氣失故）
（則言不見從則不治也鄭玄曰金主秋考異郵曰君行非是
制度奢移驕泰天大喪傷從心之喜上憂下不治則常陽失故
無以制從心之喜上憂下民應大災陽淮南子曰
之天意則大旱而民應大災陽淮南子曰殺不辜則大旱考
異郵曰殺不辜則天旱考）（鄭玄曰言失氣之病）
有口舌之痾（鄭玄曰口吻中者屬言時則）
時則有犬禍（鄭玄曰犬畜之以守時則）
（之言志也鄭玄曰詩則有介蟲之孽）（鄭玄曰介蟲之孽
於秋者也詩則有介蟲之孽時則有白）
厥罰恆陽（鄭玄曰蝶蝨蚳蜩蜺蟲之類生於火而藏）
赤地國（鄭玄曰殺氣失故於人為憂）
厥極憂（鄭玄曰殺氣失故於人為憂）
木沴金（鄭玄曰金介蟲劉歆傳以為毛蟲又沴金也
於是）
有口舌之痾（鄭玄曰氣失之病）時則有白眚白祥惟
木沴金

安帝永初元年十一月民訛言相驚司隸
并冀州民人流移時鄧太后專政婦人以
順為道故禮夫死從子之命今專主事此
不從而僭也（古今注曰章帝建初五年東海魯國
民皆訛言相驚有）（古今注曰章帝建初
五年東海魯國民訛言相驚有）
世祖建武（古今注曰建武三年七月雒陽
民皆入城也）（東平山陽濟陰陳留民訛言
賊捕至京師大旱帝至南郊求雨即日雨）五年
夏旱京房傳曰欲德不用茲謂張厥災荒
其旱陰雲不雨變而赤因四陰眾出過時

後漢書志十三 五行一

茲謂廣其旱不生上下皆蔽茲謂隔其旱

天赤三月時有雹殺飛禽上緣求妃茲謂

僭其旱三月大溫亡雲君高臺府茲謂犯

陰侵陽其旱萬物根死有火災庶位踰節

茲謂僭其旱澤物枯為火所傷曰春秋考異郵曰國大旱郵

獄結旱者陽上失制則旱徵見又云陰厭陽蔽民怨氣亂

感天則旱陽偏不施君淫奢陰偏民怨衒也在所以感之者上奢不舒

陽偏不施君淫奢陰偏民怨失在所則上奢下竭則潰君方經歷三時

則求多求多則下竭又云下竭則潰君方經歷三時

牧枯骨伐枯木而起去之則夏旱方內為對策日百姓

苦士辛煩碎責租稅歷合於天圖之事情

怨女外有曠夫王者熟惟其祥援合於百姓恩德不行

旱災可除夫旱者過旱天王無意於百姓恩德不行 十五

萬民煩擾故 是時天下僭逆者未盡誅軍多

過時 古今注曰建武六年六月九年春十二年五月明帝永平元年五月八年

冬十一年八月十五年

八月十八年三月並旱

章帝章和二年夏旱章帝崩後實太后

兄弟用事奢僭 古今注曰建初二年夏雒陽旱四年夏元和元年春並旱廣陵楚淮陽濟南

其言而從之三日雨即降 終元年即位日淺視民如傷遣旱因不自省敗散積之滅御耳一納

(下段)

和帝永元六年秋京都旱時雒陽有冤四

和帝幸雒陽寺録囚徒理冤四牧令下獄

抵罪行未還宮澍雨降 古今注曰永元二年郡國十四旱十五年郡國五並旱

二年夏旱 軍屯相繼連十餘年

元初元年夏旱 古今注曰延光元年郡國五並旱傷稼

七年夏旱

永初六年夏旱 八四年五年夏旱並旱

六年夏旱 三年夏旱時西羌寇亂

二年夏旱 後漢書志十三 十六

元初元年夏旱

順帝永建三年夏旱

五年夏旱

陽嘉二年夏旱時李固對策以為者僭所

致也 臣昭案本紀元二月京師旱郎顗傳人君恩澤不施於民祿去公室臣下專權所致也

沖帝永嘉元年夏旱時沖帝幼崩太尉李

固勸太后及兄梁冀立嗣沖帝幼崩太尉李

者天下賴之則功名不朽年幼未可知如

後不善悔無所及時太后及冀貪立年幼

欲久自專遂立質帝八歲此不用德　注古今注曰

本初元年二月京師旱

桓帝元嘉元年夏旱是時梁冀秉政妻子
並受封寵踰節

延熹元年六月旱　京房占曰人君無施澤惠利
害殺其救也貫讁罰行寬大惠兆民不救必蝗蟲
陽有神馬之使在道明覺而思之以其夢陟狀上聞
粟不足索陳蓄上詘宮女多聚不御憂悲之感以致
水旱之困也

靈帝熹平五年夏旱　蔡邕作伯夷叔齊碑曰熹
平五年天下大旱禱
請名山求獲答應時處士平陽蘇騰字玄成陟首
天子開三府請雨使者與郡縣戶曹掾吏登山外祠
手書要曰君況我聖主以洪澤之福天尋與雲即降
甘雨也

六年夏旱

光和五年夏旱

六年夏旱是時常侍黃門僭作威福

獻帝興平元年秋長安旱是時李傕郭汜
專權縱肆　獻帝起居注曰建安十九年夏四月旱

更始時南陽有童謠曰諧不諧在赤眉得

不諧在赤眉是時更始在長安世祖為大

司馬平定河北更始大臣並僭專權故謠

妖作也後更始遂為赤眉所殺是更始之

不諧在赤眉也世祖自河北興

世祖建武六年蜀童謠曰黃牛白腹五銖
當復是時公孫述僭號於蜀時人竊言王
莽稱黃述欲繼之故稱白五銖漢家貨明
當復也述遂誅滅王莽末天水童謠曰出
吳門望緹羣見一羣人言欲上天令可
吳郭門名也述遂緹羣山名也

上地上安得民時隗囂初起兵於天水後
意稍廣欲為天子遂破滅囂少病羣吳門

如鈎反封戾竇順帝即世孝質短祚大將

順帝之末京都童謠曰直如弦死道邊曲

軍梁冀貪樹疏幼以為己功專國號令以

瞻其私太尉李固以為清河王雅性聰明

敦詩悅禮加又屬親立長則順置善則固

而冀建白太后策免固徵彭燕吾羣遂即至

尊固是日幽斃于獄暴屍道路而太尉胡

廣封安樂鄉侯司徒趙戒廚亭侯司空袁

湯安國亭侯云

淵名
重帝之初天下童謠曰小麥青青大麥枯

誰當穫者婦與姑丈人何在西擊胡吏

馬君具車請為諸君鼓嚨胡索元嘉中涼

州諸羌一時俱反南入蜀漢東抄三輔延

及并涼大為民害命將出衆每戰常負之

國益發甲卒麥多委棄但有婦女穫刈之

也吏買馬君具車者言調發重及有秩者

也請為諸君鼓嚨胡者不敢公言私咽語

柏帝之初京都童謠曰城上烏尾畢逋公

為吏子為徒一徒死百乘車車班班入河

間河間姹女工數錢以錢為室金為堂石

上慊慊春黃粱下有懸鼓我欲擊之丞

鄉怒案此皆謂為政貪也城上烏尾畢逋

者處高利獨食不與下共謂人主多聚斂

也公為吏子為徒者言蠻夷將畔延父既

為軍吏其子又為卒徒往往擊之也一徒死

百乘車車者言前一人往討胡既死矣後又

遣百乘車往

臣昭曰案此釋宣未盡平徒往
作此言一徒似斥
前後莫非荊人有同
一死何用百乘其後驗彥為靈帝
弟則廢黜身無嗣故言寄一而
之君解懷後衞正廣斯數變
然單徵非一而何百乘車乃
以班班得以類焉

車班班入河間者言上將崩乘輿班班入

國弟則廢黜身無嗣數變以班班入
河間迎靈帝
者輪班擁節入河間也

河間迎靈帝也

應劭釋此句云街衢靈帝

姹女工數錢 妖女
一本作

帝既立其母永樂大后好聚金以為堂者

石上慊慊春黃粱者言永樂雖積金錢慊

慊常苦不足使人春黃粱而食之也梁下

有懸鼓我欲擊之丞卿怒者言永樂主教

靈帝使賣官受錢所祿非其人天下忠篤

之士怨望欲擊懸鼓以求見丞卿主鼓者

亦復詣順怒而止我也

御名
帝之初京師童謠曰游平賣印自有平

不辟豪賢及大姓案到延熹之末鄧皇后

以譴自殺乃以實貴人代之其父名武字

游平拜城門校尉及太后攝政爲大將軍
與太傅陳蕃合心戮力惟德是建印綬所
加咸得其人豪賢大姓皆絕望矣

桓帝之末京都童謠曰茅田一頃中有井
四方纖纖不可整嚼復嚼今年尚可後年
鐃作讀　案易曰拔茅茹以其彙征吉茅
康僧疾海內英哲與長樂少府劉寵太常
輸羣賢也井者法也于時中常侍管霸蘇
許詠尚書柳分　之黨爲荒滂所奏者

〈後漢書志十三〉王　　李賢　李善

史佟　史佟亦爲司隷應劭曰司隷唐珍等代
作脣齒河內牢川詣闕上書汝潁南陽上
采虛與專作威福甘陵有南北二部三輔
尤甚由是傳考黃門北寺始見廢閣茅田
一頃者言羣賢衆多也中有井者言雖陀
霸不失其法度也四方纖纖不可整者言
姦愿大熾不可整理嚼復嚼者京都飲酒
相強之辭也言食肉者鄙不恤王政徒耽
宴飲歌呼而已也今年尚可者言但禁錮

也後年鐃者陳寳被誅天下大壞

桓帝之末京都童謠曰白蓋小車何延延
河間來合諧河間來合諧案解犢賈屬鐃
陽河閒縣也　臣昭案郡國志饒陽本屬涿後屬安平
無侯何閒　靈帝既是河閒王曾孫謠言自是有徵
之縣爲驗居無幾何而桓帝崩使者與解犢
皆白蓋車從河閒來延延衆貌也是時御
史劉儵建議立靈帝以儵爲侍中中常侍
疾覽畏其親近必當開己白拜儵泰山太
守因令司隷迫促殺之朝廷必長思其功

〈後漢書志十三〉　二十二　　章帝

效乃拔用其弟郃致位司徒此爲合諧也

靈帝之末京都童謠曰侯非侯王非王千
乘萬騎上北芒案到中平六年史侯登蹥
至尊獻帝未有爵號爲中常侍段珪等數
十人所執公卿百官皆隨其後到河上乃
得來還此爲非侯非王上北芒者也英雄記
謠歌咸言河膀業進獻帝胱日生也風俗通曰烏胱
烏膀案逆目董卓滔天虛民窮凶極惡開東舉兵欲
共誅卓輔相顧望莫肎先進處處停兵無敢先進
兵殊之輔若烏膀蟲相隨橫取之矣

靈帝中平中京都歌曰承樂世董逃遊四

郭董逃蒙夫恩董逃氅金紫董逃行謝恩

董逃輊董車騎董逃垂欲發董逃與中辭董

逃出西門董逃瞻宮殿董逃望京城董逃

日夜絕董逃心摧傷董逃 楊孚卓傳曰卓改爲董安

董謂董卓也言雖跋扈縱其殘暴終歸逃亡 案

獻帝踐祚之初京都童謠曰千里草何青

青十日上不得生案千里草爲董十日上

爲卓凡別字之體皆從上起左右離合無

有從下發端者也全二字如此者天意若

曰卓自下摩上以臣陵君也青青者暴盛

之貌也不得生者亦旋破亡 獻帝初童謠曰燕南垂趙北際中央不合大如礪唯有此中可避世公孫瓚以爲易當之遂徙鎮乃修城壁樓櫓以待天下之變建安中爲袁紹所攻

建安初荊州童謠曰八九年閒始欲衰至 中央不當地當之遂徙鎮三年表紹攻破其壁妹妻子引火自焚紹斬之初璵破黃巾數劉虞慶乘勝南下侵犯城觀時坐聽圖載斯亦猶不能開廓遠圖欲以墜城斯亦猶易也而去世也

十三年無子遺言自中興以來荊州無破

亂及劉表爲牧又豐樂至此逮八九年當

始衰者謂劉表妻當死諸將並零落也十

三年無子遺言者言十三年表又當死民當

移詣巽州也 干寶搜神記曰是時華容有女子忽啼呼云有大喪言語過差去後一月餘自縊死交州刺史賀邵今曰死縣乃出之續又歌曰不意李立爲貴人後無幾曹公平荊州以涿郡李立字建賢爲荊州刺史

兒九十七人時李固對策引京房易傳曰

順帝陽嘉元年十月中望都蒲陰狼殺童

君將無道害將及人去之深山全身厭災

狼食人陛下覽寤比求隱滯故狼災息 書曰中山相朱遂不奉朝廷悖慢典刑不務懇惻淫刑放濫害加孕婦流血致災其詳思改

靈帝建寧中羣狼數十頭入晉陽南城門

詔人 表山松書曰光和三年正月虎見平樂觀又見憲陵上蓋衛士蔡邕封事曰政有苛暴則

虎狼食人

後漢書志卷第十三

劉昭　注補

射火　草妖　羽蟲孽

羊禍

殺太子

五行傳曰棄法律鄭玄注尚書大傳曰東井主法令也或曰喙鄭張為食廚冀主天倉子欲左右有民汝冀主天倉龍華蟲作繢汝明予欲聞六律五聲八音之象日月辰山龍華蟲作繢宗彝藻火粉米黼黻絺繡以五采章施于五色作服汝明出納五言汝聽是則食與服樂臣之所用為大治忽也以龍華蟲有酒旗南有酒旗七星北有天廚冀南有天文以參繼東火生于土也

炎火　草妖　羽蟲孽

妻女鄭玄曰君行此四者為逆天南宮之政南宮者也以其他變異五女主之位在前妾者為妻之精也行人所用烹飪者也炎氣之祥鄭玄曰夫天象之大也五行生土也

炎上鄭玄曰火性炎上然火不炎上者為逆行人合天氣變異

時以秋代夏殺太子之象也千乘之王將廢正而立其必殺正也鄭玄曰春秋考異郵曰洪範曰火曰炎上其應轉旋從逆殊心以炎

失其性而為災也又曰視之不明是謂不炤鄭玄曰視君事也君視不明則不能瞭其事也洪範曰視曰明視之明則舒緩矣炎

拆鄭玄見視瞭其事也不別賢不肖並不能憂民急氣為之舒緩草不揺鄭玄曰君臣不瞭則舒緩矣厥咎舒謹君舒

罰常燠夏氣長長氣失故常燠厥極疾鄭玄曰火主夏厥極疾日長

謂火以妾為妻則火不

以妾為

則火不

妻勤無應徵遂反叛攻浮辛誅滅古今注曰建武六年

宮室儒說火上不儉下不節盛火數起燔州牧朱浮有隙疑浮見讒譖故意狐疑其

京房易傳曰上不儉下不節盛火數起燔京房易傳曰火災城中飛出城外燔千餘家殺人

縣火災城中贏蟲劉歆傳以為羽蟲

建武中漁陽太守彭寵被徵書至明日潞

水浸火贏蟲歆傳以為羽蟲

有羊禍鄭玄曰羊南宮之所用視也屬視時則有赤眚赤祥惟

有羸蟲之孽鄭玄曰贏蜥易蟲之類也時則

氣失故於人為疾時則有草妖鄭玄曰草視之物於草眾於草者莫於人為疾

關西

爵西

延及右掖門元和三年六月丙午雷雨火燒北宮朱

十二月雒陽市火二十四年正月戊子雷雨霹靂火炎高廟北門明帝永平元年六月己亥桂陽見火飛火來燒城寺章帝建初元年十二月壬宮火燒壽安殿

火是時和帝幸北宮寶太后在南宮明年實太后崩十三年八月己亥北宮盛饌門闔火是時和帝幸鄧貴人陰后寵衰怨恨

和帝永元八年十二月丁巳南宮宣室殿

上有欲廢之意明年會得陰后挾僞道事

火燒殺三千五百七十人先是和帝崩有
皇子二人皇子勝長鄧皇后貪殤帝少欲
自養長立之延平元年殤帝崩勝有厭疾
不篤羣臣咸欲立之太后以前旣不立勝

遂廢遷于桐宮以憂死立鄧貴人為皇后

十五年六月辛酉漢中城固南城門災此
孝和皇帝將絕世之象也其後二年宮車
晏駕殤帝及平原王皆早天折和帝世絕
（古今注曰永初元年十二月河南郡縣又失火燒五百八人）
安帝（殺百五人二年河南郡縣又失火燒五百八）
十四
人
永初二年四月甲寅漢陽河陽城中失

遂更立清河王子是為安帝司空周章等
心不掩服謀欲誅鄧氏廢太后安帝而更
立勝元年十一月事覺章等被誅其後涼
州叛羌為害大甚涼州諸郡寄治馮翊扶
風界及太后崩鄧氏被誅

四年三月戊子杜陵園火元初四年二月
壬戌武庫火（東觀書曰燒兵物百一十五種直千萬以上）是時羌
叛大為寇害發天下兵以攻禦之積十餘

年末巳天下厭苦兵役延光元年八月戊
子陽陵園寢殿火兄災發于先陵此太子
將廢之象也若曰不當廢太子以自翦如
火不當害先陵之寢也明年上以讒言廢
皇太子為濟陰王後二年宮車晏駕中黃
門孫程等十九人起兵殿省誅賊臣立濟
陰王

四年秋七月乙丑漁陽城門樓災

順帝永建三年七月丁酉茂陵園寢災（古今注曰
河南郡國火燒廬）

（注曰二年五月戊辰守宮失火燒宮藏財物盡四年河南郡縣失火燒人六畜
陽嘉元年舍人也）

恭陵廡災及東西莫府火（古今注曰十二月河南郡國火燒廬）
太尉李固以為奢僭所致陵之初造
禍及枯骨規廣治之尤飾所致
室益臺觀故火起莫府燒材木永和元年
十月丁未承福殿火（臣招柔揚厚傳是災）
先是爵號
阿母宋娥為山陽君后父梁商本國侯又
多益商封長子異當繼商爵以商生在
復更封冀為襄邑侯追號后母為開封君

皆過差非禮〔古今注曰六年十二月雒〕

漢安元年三月甲午雒陽劉漢等百九十〔陽酒市失火燒肆殺人〕

七家為火所燒〔東觀書曰其九十家不自存詔賜鐻穀古今注曰火或從室〕〔閭間物中不知所從起戴殿失火後四年宮車比三晏〕

駕建和元年君位乃定相帝建和二年五

月癸丑北宮掖庭中德陽殿火及左掖門

先是梁太后兄冀挾姦枉以故太尉李固〔杜喬正直恐害其事令人誣奏固喬而誅〕

減之是後梁太后崩而梁氏誅減

〔後漢書志十四 五〕

延熹四年正月辛酉南宮嘉德殿火戊子

丙署火二月壬辰武庫火五月丁卯原陵

長壽門火先是毫后因賊人得幸號貴人

為后上以后母宣為長安君封其兄弟愛

寵隆崇又多封無功者去年春白馬令李

雲坐直諫死至此彗除心尾火連作

五年正月壬午南宮丙署火四月乙丑恭

北陵東闕火戊辰虎賁掖門火五月康陵

園寢火申申中藏府承祿署火七月己未

南宮承善闥內火六年四月辛亥康陵東

署火七月甲申平陵園寢火

八年二月己酉南宮嘉德署黃龍千秋萬

歲殿皆火四月甲寅安陵園寢火閏月南

宮長秋和歡殿後鉤盾掖庭朔平署各火

十一月壬子德陽前殿西閤及黃門北寺

火殺人〔一日冊三發以上是時連月有火災諸官寺或〕〔劉智茂上疏諫曰古三發又火皆君弱強極陰之變也〕〔前始春而獄刑慘故火不炎上前入春節連寒冰〕〔暴風折樹又八九州郡近言隕霜殺菽春秋晉寒冰季〕〔孫行父木為之冰夫氣弘則景星見化錯則五星闕〕

六

〔日月蝕災為已然異為方來恐辛有變必於三朝唯〕〔善政可以已之願察臣前言不棄愚忠則元幸甚〕〔奏不省 秦山松書曰是時宦腎專朝銅鏐黨事起〕

書奏九年三月癸巳京都夜有火光轉行

民相驚諑〔秦山松書曰是時宦腎專朝銅鏐黨事起上尋無嗣陳蕃竇武為曹節等所害天〕

〔下無復紀綱〕

靈帝熹平四年五月延陵園災

光和四年閏月辛酉北宮東掖庭永巷署

災〔陳蕃諫云趙女悲而西宮災不御宮女怨之所致也〕

五年五月庚申德陽前殿西北入門內永

樂太后宮署火

中平二年二月己酉南宮雲臺災庚戌樂
城門災中南宮延及北闕道西燒嘉德和歡
殿案雲臺之災自上起榱題數百同時並
然若就縣華鐙其日燒盡延及白虎威興
門尚書符節蘭臺夫雲臺者乃周家之所
造也圖書術籍珍玩寶怪皆所藏在也京
房易傳曰君不思道厥妖火燒宮是時黃
巾作亂變亂天常七州二十八郡同時俱
發命將出衆雖頗有所禽然宛廣宗曲陽

【後漢書志十四】　七

尚未破壞役起負海杯抽空懸百姓死傷
已過半矣而靈帝曾不克已復禮虐俊滋
甚尺一雨布驛騎電激京都非其人政以賄
成内嬖鴻都並受封爵京都為之語曰今
茲諸矢歲也天戒若曰放賢賞淫何以舊
典為故焚其臺門祕府也其後三年靈帝
暴崩繼以董卓之亂火三日不絕京都為
丘墟矣

言也廣災

【後漢書志十四】　八

天心乎雖與本志所明不同靈帝之時有馮
以致符瑞而懷速人也臣昭曰高堂隆之言

獻帝初平元年八月霸橋災其後三年董
卓見殺之
庶徵之恒煥漢書以冬溫應之中興以來
亦有冬溫煥而記不錄云

安帝元初三年有瓜異本共生一瓜同蔕

時以為嘉瓜或以為瓜者外延離本而實

女子外屬之象也是時閻皇后初立後閻

后與外親耿寶等共譖太子廢為濟陰王

更外迎濟北王子犢立之草妖也 和帝永元

七年三月江夏縣民舍挺生兩枝其一長尺五

寸分為八枝其一長尺六寸分為五枝皆青也 古今注曰

帝延熹九年雒陽城局竹柏葉有傷者

占曰天子凶

靈帝熹平三年右校別作中有兩樗樹皆

高四尺所其一株宿夕暴長長丈餘大一

圍作胡人狀頭目鬚鬢盡備具京房易傳

曰王德衰下人將起則有木生人狀 臣昭

生人狀下人將起京房之占雖以證驗貌類胡人猶

未辨了董卓之亂寔擁胡兵催氾之時充所尤甚遂

窺間宮嬪剽虐百姓鮮甲之徒深亦巳毒矣

踐籍戴封胡之害深亦巳毒矣

五年十月壬午御所居殿後槐樹皆六七

圍自拔倒豎根在上 臣昭曰槐是三公之象貴

之也靈帝授位不以德進

中平元年夏東郡陳留濟陽長垣濟陰宛

貪愚是朱清賢斯黜 楓之倒植當以斯平

句離狐縣界 皇陽武城郭路邊 有草生其莖 風俗通曰西及城

靡嬰腫大如手指狀似鳩雀龍蛇鳥獸之

形五色各如其狀毛羽頭目足翅皆具 風俗

通曰亦作人狀操持兵弩萬萬 近草妖也是歲

備具非但仿佛類良熟然也

黃巾賊始起皇后兄何進異父兄朱苗皆

為將軍領兵後苗封濟陽侯進秉威

權持國柄漢遂微弱自此始焉 應劭曰開東

義兵先起其 宋衛之郊東郡太守橋瑁負衆

同類之殃厭 命陳留濟陰迎助謂為離德棄

吏民藏匿之草妖 之興豈不或信

中平中長安城西北六七里空樹中有人

面生鬚 李賢

魏志曰建安二十五年正月曹公在雒陽

起建始殿伐濯龍樹而血出又掘徙梨根

傷而血出曹公惡

之遂寢疾是月薨

獻帝興平元年九月桑復生椹可食 臣昭

曰桑

重生椹誠是木異必在濟民安知非瑞平時蒼生危

歐周秦藏餓魏鬼餒鬼不可勝言此重椹大挺危

建武野毅旅技亦麻鼓尤盛復是草妖邪

命難理附枝生 不能及若以為怪則

安帝延光三年二月戊子有五色大鳥集

濟南臺十月又集新豐時以為鳳皇或以

為鳳皇陽明之應故非明主則隱不見凡

五色大鳥似鳳者多羽蟲之孽是時安帝

信中常侍樊豐江京阿母王聖及外屬耿
寶等讒言免太尉楊震廢太子為濟陰王
不悊之異也章帝末號鳳皇百四十九見
時直臣何敞以為羽孽似鳳翱翔殿屋不
察也〔臣昭曰已論之於微傳〕記者以為其後章帝崩以
為驗案宣帝明帝時五色鳥羣翔殿屋賈
逵以為胡降徵也帝多善政雖有過不及
至衰缺末年胡降二十萬口爾其驗也帝
之時羌胡外叛讒惡內興羽孽之時也樂〔郭傳〕
圖徵說五鳳皆五色為端者一為孽者
四〔叶圖徵說曰似鳳有四並為妖一曰鷫鷞智至則旱役之感也二曰鸑鷟鴟鴞負禮戴信嬰仁負智至則水之感也三曰焦明長喙疏翼圓尾義禮身義戴信嬰禮膺仁負智至則旱役之感也四曰幽昌銳目小頭大身細足脛若鱗葉身智鳴駮鷟文曰幽昌至則幽之感也國語曰周之興也鸑鷟鳴於岐說文曰五方神鳥東方曰發明南方曰焦明西方曰鷫鷞北方曰幽昌中央曰鳳皇〕

桓帝元嘉元年十一月五色大鳥見濟陰
巳氏時以為鳳皇此時政治衰缺梁冀秉
政阿枉上幸亳后皆羽孽時也〔臣昭案魏朗對策桓帝時〕

雉入太常宗正府　即說見本傳注
靈帝光和四年秋五色大鳥見于新城眾
鳥隨之時以為鳳皇時靈帝不恤政事常
侍黃門專權羽孽之時也眾鳥之性見非
常班駮好聚觀之至於小爵希見梟者蟁
見猶聚〔王喬〕

中平三年八月中懷陵上有萬餘爵先極
悲鳴巳因亂鬬相殺皆斷頭懸著樹枝枳
棘到六年靈帝崩大將軍何進以內寵外
壁積惡日欠欲悉糾黜以隆更始政而
太后持疑事久不決從中出於省內見
殺因是有司濫滌虔劉後祿而尊厚者無
餘矣天陵者高大之象也天戒若曰諸懷
爵祿而尊厚者還自相害至滅亡也〔古今注曰建武九年六郡八縣鼠食稼張璠紀曰初平元年三月帝初入未央官崔烈飛入未央官獲之獻帝春秋曰魏志曰二年五色大鳥集鄴郡眾鳥數千隨之池〕
建安七年五色大鳥集魏郡官文昌殿後池

桓帝建和三年秋七月比地廉雨肉似羊
肋〔說文曰肋脅骨也〕或大如手近赤祥也是時梁

後漢書志第十四

尉李固杜喬天下冤之其後梁氏誅滅
太后攝政兄梁冀專權枉誅漢良臣故太

郭傅

大水　水變色　大寒

雹　冬雷　山鳴

魚孽　蝗

劉昭　注補

祭祀則水不潤下

五行傳曰簡宗廟不禱祠廢

失其性而為災也

時則有鼓妖　時則有魚孽

時則有豕禍　時則有黑眚黑祥惟火

〈後漢書志十五〉

鄭玄曰牽牛也無故源流竭絕川澤以涸人所用灌溉者也

鄭玄曰水不潤下其他變異皆屬汲水則壞歲名曰謂水

厥極貧　厥罰恆寒　厥咎急

洩水魚孽劉歆傳以為介蟲之孽謂蝗屬

〈後漢書志十五〉

武帝建武四年甲也謂龜之屬也北伐以傷水七年六月戊辰為水浹雒城水漂

03-1509

相毀墊淪失常百姓安居始陰下
大勝負不齊均不得其所侵陵之象也詩云畏天之
威干時保之唯此王留神明察往來懼思曰幸甚
謝承書曰陳宜子與沛國蕭仕來猛性毅博學明
夫詩遭王莽篡位隱處不仕光武即位徵拜諫議大
昔周公上雖以安宗廟為萬世基不可醉為金堤大
為災異人主過而不可不當入城門如
獻上納其言遂徐行援轡還為河堤謁者以
疾病御車前宜行遲而承欲驅歩則佩玉動
度乘輿出驅車引前諫曰前有猜唐虞時以
後聖主天所挻授地動方有法
不動水應時自消尊人臣當昔孝文時邊言
決水欲没郡吏走太守王尊身以住正弭
興或水應時自絕水去上尚修正弭
疾車馬者還而不受隆下冝上猜唐虞以
卒於

和帝永元元年七月郡國九大水傷稼　梁穀
水災曰高下大水京房易傳曰顓事有知誅罰絕
理厭炎水其水也而殺人隕霜大風天黃
飢而不損茲謂泰厭水水殺人辟遏有德
茲謂狂厭水水流殺人已水則地生蟲歸
獄不解茲謂追非厭水寒殺人追誅不解
茲謂不理厭水五穀不收大敗不解茲謂
皆陰厭水流入國邑隕霜殺穀
水出河決也是時和帝幼實太后攝政其兄
民悲情發則

竇憲幹事及憲諸弟皆貴顯並作威越虐
當所怨恨輒任客殺之其後竇氏誅滅　東觀
十二年六月潁川大水傷稼是時和帝幸
鄧貴人陰有欲廢陰后之意陰后亦懷惡
怨一曰先是恭懷皇后葬禮有闕竇太后
崩後乃改殯梁后葬西陵街舅三人皆為
列矦位特進賞賜累千金　廣州先賢傅曰和
和或水或旱方正鬱林布衣養奮字叔高對曰天有
陰陽陰陽有四時四時有政令春則寛夏則子惠布施毛仙
陰陽陰陽有四時
災害緣類水者陰盛小人居位依公營私讒言妄語
姓困乏而政不平貪苛慘毒之所致也宜誅惡賤
行時令調風雨時則五穀外升則不然長吏多不奉
仁秋冬則剛猛盛威行刑賞罰殺生各應其時則陰
陽和四時調風雨時五穀升

殤帝延平元年五月郡國三十七大水傷
稼董仲舒曰水者陰氣盛也是時帝在襁
抱鄧太后專政　臣昭案本紀是年九月六州河濟渭雒
清水盛長足
溢傷秋稼

安帝永初元年冬十月辛酉河南新城山
水出

水疏出突壞民田廬處泉水出深三丈是
時司空周章等以鄧太后不立皇太子勝
而立清河王子故謀欲廢置十一月事覺
章等被誅是年郡國四十一水出漂没民
人者以千數〔謝沈書曰死者以千數〕
氣盛洋溢者小人專制擅權洽之精也陰〔讖曰水者純陰之精也〕
公結私侵乘君子小人席勝失懷得志故
涌水爲災
二年大水〔後漢書志十五〕〔嘉傳是夏旱嘉收葬客死骸骨應時澍雨〕〔臣昭案本紀京師及郡國四十有四兩水周澍 陳留〕
年大水〔紀云三郡〕〔臣昭案本紀郡國四十一兩水〕五年大水〔臣昭案本紀國八 郡國八〕六年
河東池水變色皆赤如血〔水變占曰水化爲血者好任威賊殺戮不辜 初二年潁川〕〔古今注曰〕
是時鄧太后猶專政
辜延及親戚水當爲血襄城臨水化爲血京房占曰流水化爲血日辰占與其色博物記曰江河水赤占曰泣血道路
何以處〔涉蘇於〕
帝信江京樊豐及阿母王聖等讒言是時安
延光三年大水流殺民人傷苗稼是時安
尉楊震廢皇太子〔臣昭案左雄傳順帝永建四年司隸二州大水傷禾稼楊〕

〔摹傳永和元年夏秋陽暴水殺十餘人〕
質帝本初元年五月海水溢樂安北海溺
殺人物是時帝幼梁太后專政〔春秋漢含孳曰九卿阿黨〕
帝建和二年七月京師大水去年冬梁〔臣昭案宋有濟北房占曰江河溢者天有制度地有里數變壞容水澤溉漑萬物今溢者明在位者不勝任也 鄭春〕
冀枉殺故太尉李固杜喬〔讖聖緯名〕
三年八月京都大水是時梁太后猶專政〔臣昭案宋朱形六〕
永興元年秋河水溢漂害人物〔臣昭案宋朱形千萬戶荒房占曰江河溢者天有制度地有里數變壞容水澤溉漑萬物今溢者明在位者不勝任也 鄭春〕
二年六月彭城泗水增永壽元年
長逆流〔天人民疾疫出入六年羌我叛戾盜略平皆異所致煌張衡對策曰人君實錄策對不能下及敦述出也而致逆流五行之首漳而逆流之禍不能容也卒將法者利刑罰不用常法〕
六月雒水溢至津陽城門漂流人物本紀又〔臣昭案巴曰水逆者反命也宜修德以應之〕
是時梁皇后兄冀秉政疾害忠直威
南陽大水
權震主後遂誅滅
延熹八年四月濟北水清九年四月濟陰
東郡濟北平原河水清襄楷上言河者諸

候之象清者陽明之徵豈獨諸侯有規京
都計邪其明年宮車晏駕徵解犢亭侯為
漢嗣即尊位是為孝靈皇帝
永康元年八月六州大水勃海海溢没殺
人是時桓帝奢侈淫祀其年十一月崩無嗣
靈帝建寧四年二月河水清〔袁山松書曰〕〔禱于龍螺〕〔五〕
月山水大出漂壞廬舍合五百餘家〔袁山松書是〕
河東水暴出也

〔後漢書志十五〕七　馬

人物
熹平二年六月東萊北海海溢出漂没
三年秋雒水出
四年夏郡國三水傷害秋稼
光和六年秋金城河溢水出二十餘里〔臣昭案袁山松書曰〕〔山陽梁沛彭城下邳〕
中平五年郡國六水大出
獻帝建安二年九月漢水流害民人是時〔則是七郡〕〔東海琅邪〕
天下大亂〔袁山松書曰曹操專政十〕〔七年七月大水消水溢〕
十八年六月大水〔獻帝起居注曰七月大水避正殿八月以雨不止且還殿親〕

二十四年八月漢水溢流害民人〔袁山松書曰明年禪〕〔位于魏也〕

庶徵之恆寒
靈帝光和六年冬大寒北海東萊琅邪井
中冰厚尺餘〔袁山松書曰是時群賊起天下始亂〕〔讖曰寒者小人暴虐專權居位無道〕
獻帝初平四年六月寒風如冬時〔袁山松書曰時帝流〕
和帝永元五年六月郡國三兩雹大如雞

〔漢書志十五〕八　鄭春

子
春秋考異郵曰陰氣之專精疑合生雹雹
之為言合也以妾為妻大尊重九女之妃
閣而不御陰氣盛故為雹坐不離前無由
之樂專政夫人施於不傳陰精疑而見滅易
通取附利嚴賢施之並當雨不降故反雹下也是

時和帝用酷吏周紆為司隸校尉刑誅深
刻
古今注曰光武建武十年十月戊辰樂浪上谷
三年八月郡國十二兩雹傷稼十二年河南平陽兩雹大如杯壞敗
雹傷稼十五間郡國十二兩雹傷稼十二兩雹
雹蝗緯曰夏雹者治道煩苛
無蠶易緯曰夏雹者治道苛
無雹罰有常法不救為兵強臣逆謀
逆謀蝗蟲傷穀殺之舉賢
無穀罰有功務寬大
無良罰則炎除

安帝永初元年雨雹二年雨雹大如雞子

三年雨雹大如鴈子傷稼劉向以為雹陰
脅陽也是時鄧太后以陰專陽政

元初四年六月戊辰郡國三雨雹大如桮
桮及雞子殺六畜〔京房占曰夏雨雹天下兵大
作〕延光元年四月郡國二十一雨雹大如
雞子傷稼是時安帝信讒無辜死者多〔昭曰
案尹敏傳曰歲河西大雨雹其故對曰此皆陰乘陽之數也今貴曰擅權毋后黨
盛陛下宜修聖德應此二者也〕

三年雨雹大如雞子〔古今注曰順帝永建五年郡國十二雨雹六年郡國

〔後漢書志十五〕 九

傷秋稼
十二雨雹

相帝延熹四年五月己卯京都雨雹大如
雞子是時桓帝誅殺過差又寵小人
七年五月己丑京都雨雹是時皇后鄧氏
僭侈驕恣專幸明年廢以憂死其家皆誅
靈帝建寧二年四月雨雹四年五月河東
雨雹光和四年六月雨雹大如雞子是時
常侍黃門用權
中平二年四月庚戌雨雹傷稼

獻帝初平四年六月右扶風雹如斗〔表山
松曰〕雹殺人前後雨雹此最為大時天下潰亂

和帝元興元年冬十一月壬午郡國四冬
雷是時皇子數不遂皆隱之民間是歲宮
車晏駕殤帝生百餘日立以為君帝兄有
疾封為平原王卒皆天無嗣〔古今注曰光武
建武七年遼東〕

冬雷草木實

殤帝延平元年九月乙亥陳留雷有石隕
地四〔臣昭案天文志末已載石隕未解此篇所以
重記石以雷隕俱石九月雷未為異桓帝亦〕

聲如雷

有此隕後不兼載於是篇〔長吉古今注曰〕五月戊寅潁陰石從天墜大如鐵鎖色黑始下時

〔後漢書志十五〕 十

安帝永初六年十月丙戌郡六冬雷〔京房占
曰天冬雷〕月大聲八月聞此〔雷地必震又曰雷以十一月起黃鍾二
月大聲八月閏此藏此以擾又曰雷以春夏殺無辜不須有其年疾病其救也古今注
聖臺出行不救之則冬溫春不和以其末年疾病其救也古今注曰消矣古今
明帝永平七年十月越巂雷〕
七年十月戊子郡國三冬雷
雷元初元年十月癸巳郡國三冬雷四年
十月辛亥汝南樂浪冬雷四年十月辛酉
郡國五冬雷六年十月丙子郡國五冬雷

永寧元年十月郡國七冬雷建光元年十

月郡國七冬雷延光四年郡國十九冬雷

是時太后攝政上無所與太后既崩阿母

王聖及皇后兄閻顯兄弟更秉威權上遂

不親萬機從容寬仁任臣下 古今注曰順帝永和四年四月

戌午雷震擊高廟世祖廟外槐樹

帝建和三年六月乙卯雷震憲陵寢屋

先是梁太后聽兄冀枉殺李固杜喬

靈帝熹平六年冬十月東萊冬雷中平四 士 王中

年十二月晦雨水大雷電電

獻帝初平三年五月丙申無雲而雷

五月癸酉無雲而雷

建安七八年中長沙醴陵縣有大山常大

鳴如牛呴聲積數年後豫章賊攻没醴陵

縣殺略吏民衆 干寶曰論語摘輔像曰山乃崩則亂豪榮並開衡夷庶柴川
合兵王作時天下開塞漂渝移山敧哭開衡夷庶柴川
此孫吳劉據基於江外劉表阻亂泉於襄陽南招零桂挂於河
北割漢川又劉表阻亂泉於襄陽南招零桂挂於河
華歆交十年曹操爲爪牙而深據其南孫氏爲唇
遼東十一年曹操走烏桓於柳城是歲劉表
劉備於當陽十三年吳禽黃祖是歲劉備走曹操於
赤壁曹操略荊州十四年吳破曹操於三雄者卒

靈帝熹平二年東萊海出大魚二枚長八

九丈高二丈餘明年中山王暢任城王博

並薨 京房易傳曰海出巨魚邪人進賢人疏昭
謂此占符靈帝之世巨魚之出於是爲徵寧
山鳴之異作其域也
共參分天下成帝王之業是所謂庶徐合兵王作
也十六年劉備入蜀故
五裂之地荊州爲劇與吳爭荊州於時戰爭四分者

獨二王
之妖也

和帝永元元年蝗 臣昭案本紀光武建武六年
詔稱往歲水旱蝗蟲爲災今
今注曰建武二十二年
二月酒泉大蝗從塞外入
三年京師郡國十八大蝗
郡國八十旱草木盡四月武威酒泉清河京兆
郡國三十餘六月郡國十二大蝗三十一年蝗 陳忠

年五月河內陳留蝗九月京都蝗九年蝗

從夏至秋先是西羌數反遣將軍將北軍

五校征之

安帝永初四年夏蝗是時西羌寇亂軍衆

征距連十餘年 讖曰主失禮煩苛則早之魚螺變爲蝗蟲

五年夏九州蝗 京房曰天地之性人爲貴今蝗蟲
民用天地之性人爲貴今蝗蟲
與民爭食居位食祿如蝗蟲者有道置於位命諸

四起此爲國多邪人朝無忠臣蟲
樣如蟲矣不敕致兵起其數也舉

俟試明經六年三月去蝗處復蝗子生　古今注曰郡國
此消災也

七年夏蝗
四十八蝗

元初元年夏郡國五蝗二年夏郡國二十
蝗

延光元年六月郡國蝗

順帝永建五年郡國十二蝗是時鮮卑寇
朝方用眾征之

永和元年秋七月偃師蝗去年冬烏桓寇
沙南用眾征之

桓帝永興元年七月郡國三十二蝗是時
梁冀秉政無謀憲苟貪權作虐　春秋考異郵曰
臣昭案劉歆傳皆逆天時聽不聰之禍也養奮

延熹元年五月京都蝗　對策曰佞邪以不正食祿饗所致謝沈
書曰九年揚州六郡連水旱蝗害也

二年六月京都蝗

永壽三年六月京都蝗

靈帝熹平六年夏七州蝗先是鮮卑前後
三十餘犯塞是歲護烏桓校尉夏育破鮮
甲中郎將田晏使匈奴中郎將臧旻將南

單于以下三道並出討鮮卑大司農經用
不足朋斂郡國以給軍糧三將無功還者
少半

光和元年詔策問曰連年蝗蟲至冬踊其
咎焉在蔡邕對曰臣聞易傳曰大作不時
天降災厥咎蝗蟲來河圖祕徵篇曰帝貪
則政暴而吏酷酷則誅深必殺主蝗蟲
蟲貪苛之所致也是時百官遷徙皆私上　蔡邕對
曰蝗蟲出息不急之作　省賦斂之費進仁賢貪庸分
禮西園以為府　損永安居省別藏以瞻園用則其救也易
曰得臣無家言有天下者何私家之有

獻帝興平元年夏大蝗是時天下大亂

建安二年五月蝗

後漢書志第十五

五行四

劉昭　　汪補

地震　山崩　地陷

大風拔樹　蝗　牛疫

五行傳曰治宮室飾臺榭內淫亂犯親戚
侮父兄則稼穡不成謂土失其性而為災
也又曰思心不容是謂不聖厥咎霿厥罰
恒風厥極凶短折時則有脂夜之妖時則
有華孽時則有牛禍時則有心腹之痾時
則有黃眚黃祥惟金水火沴土華孽劉
歆傳為蠃蟲之孽于謂蝗屬也

世祖建武二十二年九月郡國四十二地
震南陽尤甚地裂壓殺人其後武谿蠻夷
反為寇害至南郡發荊州諸郡兵遣武威
將軍劉尚擊之為夷所圍復發兵赴之尚
遂為所沒

章帝建初元年三月甲申山陽東平地震
和帝永元四年六月丙辰郡國十三地震

春秋漢含孳曰女主盛臣制命則地動坼
畔震起山崩淪是時竇太后攝政兄竇憲
專權將以是受禍世後五日詔收憲印綬
兄弟就國逼迫皆自殺

五年二月戊午隴西地震儒說民安土者
也將大動行大震九月匈奴單于於除難
鞬叛遣使發邊郡兵計之

七年九月癸卯京都地震儒說奄官無陽
施猶婦人也是時和帝與中常侍鄭眾謀
奪竇氏權德之因任用之又幸常侍蔡倫
二人始並用權

九年三月庚辰隴西地震閏月塞外羌犯
塞殺略吏民使征西將軍劉尚擊之

安帝永初元年郡國十八地震李固曰地
者陰也法當安靜今乃越陰之職專陽之
政故應以震動是時鄧太后攝政專事託
建光中太后崩安帝乃得制政於是陰類
並勝西羌亂夏連十餘年

二年郡國十二地震

三年十二月辛酉郡國九地震

四年三月癸巳郡國四地震

五年正月丙戌郡國十地震

七年正月壬寅二月丙午郡國十八地震

元初元年郡國十五地震

二年十一月庚申郡國十地震

三年二月郡國十地震

十一月癸卯郡國九地震

四年郡國十三地震

五年郡國十四地震

六年二月乙巳京都郡國四十二地震或地坼裂涌水壞敗城郭民室屋壓人冬郡國八地震

永寧元年郡國二十三地震

建光元年九月己丑郡國三十五地震或地坼裂壞城郭室屋壓殺人是時安帝不能明察信宮人及阿母聖尊議云破壞郡

太后家於是專聽信聖及宦者中常侍江京樊豐等皆得用權

延光元年七月癸卯京都郡國十三地震

九月戊申郡國二十七地震

二年京都郡國三十二地震

三年京都郡國二十三地震是時以讒免太尉楊震廢太子

帝既崩閻太后攝政弟兄閻顯等並用事

四年十月丁巳京都郡國十六地震時安遂斥安帝子更徵諸國王子未至中黃門遂誅顯兄弟

順帝永建三年正月丙子京都漢陽地震漢陽屋壞殺人地坼涌水出是時順帝阿母宋娥及中常侍張昉等用權

陽嘉二年四月己亥京都地震是時爵號宋娥為山陽君

四年十二月甲寅京都地震

永和二年四月庚申京都地震是時宋娥

構姦誣罔五月事覺收印綬歸田里

十一月丁卯京都地震是時太尉王龔以

中常侍張防等專弄國權欲奏誅之時龔以

宗親有以楊震行華諫之止云

三年二月乙亥京都金城隴西地震裂城

郭室屋多壞壓殺人閏月己酉京都地震

十月西羌二千餘騎入金城塞為涼州害

四年三月乙亥京都地震

五年二月戊申京都地震

建康元年正月涼州都郡六地震從去年

九月以來至四月凡百八十日震山谷坼

裂壞敗城寺傷害九月丙午京都地震是時

沖為叛胡所殺三月護羌校尉趙

順帝崩梁大后攝政欲為順帝作陵制度

奢廣多壞更民家尚書欒巴諫事大后怒

癸卯詔書收巴下獄欲殺之丙午地震於

是太后乃出巴免為庶人

桓帝建和元年四月庚寅京都地震

九月丁卯京都地震是時梁太后攝政兄

冀持權至和平元年太后崩然冀猶秉政

專事至延熹二年乃誅滅

三年九月己卯地震庚寅又震

元嘉元年十一月辛巳京都地震

二年正月丙辰京都地震十月乙亥京都

地震

永興二年二月癸卯京都地震

永壽二年十二月京都地震

延熹四年京都右扶風涼州地震

五年五月乙亥京都地震是時桓帝與中

常侍單超等謀誅除梁冀之並使用事

專權又鄧皇后本小人性行無恒苟有顏

色立以為后後辛坐執左道廢以憂死

八年九月丁未京都地震

靈帝建寧四年二月癸卯地震是時中常

侍曹節王甫等皆專權

熹平二年六月地震

六年十月辛丑地震

光和元年二月辛未地震

四月丙辰地震靈帝時官者專恣

二年三月京兆地震

三年自秋至明年春酒泉表氏地八十餘

動涌水出城中官寺民舍皆頓縣易處更

築城郭

獻帝初平二年六月丙戌地震

興平元年六月丁丑地震

和帝永元元年七月會稽南山崩會稽南

方大名山也京房易傳曰山崩陰乘陽弱

勝強也劉向以爲山陽君也水陰民也君

道崩壞百姓失所也劉歆以爲崩猶地也

是時竇太后攝政兄竇憲專權

七年七月趙國易陽地裂京房易傳曰地

裂者臣下分離不肯相從也是時南單于

眾乘離漢軍追討

十二年夏閏四月戊辰南郡秭歸山高四

百丈崩填谿殺百餘人明年冬至蠻夷反

遣使募荊州吏民萬餘人擊之

元興元年五月癸酉右扶風雍地裂是後

西羌大寇涼州

時鄧太后專政秋八月殤帝崩

殤帝延平元年五月壬辰河東恒山崩是

安帝永初元年六月丁巳河東楊地陷東

西百四十步南北百二十步深三丈五尺

六年六月壬辰豫章員谿原山崩各六十

三所

元初元年三月己卯日南地坼長百八十

二里其後三年正月蒼梧鬱林合浦盜賊

羣起劫略民吏

二年六月河南雒陽新城地裂

延光二年七月丹陽山崩四十七所

三年六月庚午巴郡閬中山崩

四年十月丙午蜀郡越巂山崩殺四百餘

人丙午天午會日也是時閻太后攝政其

十一月中黃門孫程等殺江京立順帝誅
閻后兄弟明年閻后崩

順帝陽嘉二年六月丁丑雒陽宣德亭地
坼長八十五丈近郊地時李固對策以為
陰類專恣將有分離之象所以附郊城者
事上帝示象以誡陛下也是時宋娥及中
常侍各用權分爭後中常侍張逵蘧政與
大將軍梁商爭權為商作飛語欲陷之與
桓帝建和元年四月郡國六地裂水涌出

殺李固杜喬三年郡國五山崩
和平元年七月梁太后攝政兄冀枉
永興二年六月東海朐山崩冬十二月泰
山琅邪盜賊羣起
求壽三年七月河東地裂時梁皇后兄冀
秉政桓帝欲自由內患之
延熹元年七月乙巳左馮翊雲陽地裂
三年五月戊申漢中山崩是時上寵恣中

常侍單超等
四年六月庚子泰山博尤來山判解
八年六月丙辰繽氏地裂
永康元年五月丙午雒陽高平永壽亭上
黨汰反工玄氏地各裂是時朝臣忠中常侍
王甫等專恣冬桓帝崩明年竇氏等欲誅
常侍黃門不果更為所誅
靈帝建寧四年五月河東地裂十二處裂
合長十里百七十步廣者三十餘步深不

和帝永元五年五月戊寅南陽大風拔樹
木
安帝永初元年大風拔樹是時鄧太后攝
政以清河王子年少號精耳故立之是為
安帝不立皇太子勝以為安帝賢必當德
鄧氏也後安帝親讒廢免鄧氏令郡縣迫
切死者八九人家至破壞此為瞽霿也是
後西羌亦大亂涼州十有餘年

二年六月京都及郡國四十大風拔樹

三年五月癸酉京都大風拔南郊道梓樹
九十六枚

七年八月丙寅京都大風拔樹

元初二年二月癸亥京都大風拔樹

六年夏四月沛國勃海大風拔樹三萬餘
枚

延光二年六月壬午郡國十一大風拔樹是時安帝

三年三月丙申河東潁川大風拔樹

親說曲直不分

三年京都及郡國三十六大風拔樹

靈帝建寧二年四月癸巳京都大風拔樹

拔郊道樹十圍已上百餘枚其後晨迎氣

黃郊道於雒水西橋逢暴風雨道中鹵簿車

或發蓋一百官霑濡還不至郊使有司行禮

迎氣西郊亦壹如此

中平五年六月丙寅大風拔樹

獻帝初平四年六月右扶風大風發屋拔

木

中興以來脂夜之妖無錄者

章帝七八年間郡縣大螟傷稼語在魯恭
傳而紀不錄也是時章帝用竇皇后讒害
宋梁二貴人廢皇太子

靈帝熹平四年六月弘農三輔螟蟲為害
是時靈帝用中常侍曹節等讒言禁錮海
內清英之士謂之黨人

中平二年七月三輔螟蟲為害

明帝永平十八年牛疫死是歲遣竇固等
征西域置都護戊巳校尉固等遂還而西
域叛殺都護陳睦戊巳校尉關寵於是大
怒欲復發興討會明帝崩是思心不容
也

章帝建初四年冬京都牛大疫是時竇皇
后以宋貴人子為太子寵幸令人求伺貴
人過隙以讒毀之章帝不知竇太后不善
厥咎霜也或曰是年六月馬太后崩土功

非時興故也

後漢書志十六

十三

射妖　龍蛇孽　馬禍

人痾　人化　死復生

疫　　投蜺

五行傳曰皇之不極是謂不建

厥咎眊　厥罰恒陰　厥極弱

時則有射妖

時則有龍蛇之孽

時則有馬禍

時則有下人伐上之痾

時則有日月亂行星辰逆行

恒陰

君也極中也眊不明也說云此沴天也不

言沴天者至尊之辭也春秋王師敗績以

自敗為文

恒陰中興以來無錄者

靈帝光和中雒陽男子夜龍以弓箭射北

闕吏收考問辭居貧負責無所聊生因買

弓箭以射近射妖也

〇三-1523

安帝延光三年濟南言黃龍見歷城琅邪

在競賣謂之大事何有近目下而致遊節之萌者孔
子偏曾司寇非常卿也折情溢之端者漸从
政三月恐又走境邑門不闊外收強侵侮地内戴
桓相成區小國尚於趣舍大漢之朝乎可無乎明
公惝然謂非己詩云儀刑文王萬國作孚當為人制
法何必取法於人於是條奏時靈帝遣令史謝申以
下規應像自行之還具條奏時不坐　其後車騎
報恐恐止其身龍以重論之大悟帝詔
象也夜者不明之應也此其

將軍何苗與兄大將軍進部兵還相猜疑
對相攻擊戰於闕下苗死兵敗殺數千人
雒陽宮室內人燒盡　也應劭曰龍者陽類君之象

言黃龍見諸是時安帝聽讒免太尉楊震
震自殺又帝獨有一子以為太子信讒廢
之是皇不中故有龍尊是時多用佞媚故
以為瑞應明年正月東郡又言黃龍二見

濮陽

桓帝

千寶搜神記曰桓帝即位有大蛇見德陽殿
上維陽市令淳于翼曰蛇有鱗甲兵之象也
去到省中將有橋房大臣受甲兵之誅也乃棄官通
見於延熹二年誅大將軍梁冀捕治宗屬揚兵京師
也

延熹七年六月壬子河内野王山上有　東山松書曰
龍死長可數十丈　長可百餘文襄楷以為夫

龍者為帝王瑞易論大人天鳳中黃山宮
有死龍漢兵誅莽而世祖復興此易代之
徵也至建安二十五年魏文帝代漢臣昭曰夫
屈申以類見變化無方非非顯死之體橫強之音易沉大
聖實類君道野王之異音桓帝崩則帝涉
殊其例斯來荀欲附會以天鳳則帝非徵矣
三主論五十此此為遷關將恐非徵矣

永康元年八月巴郡言黃龍見時更傳堅
以郡欲上言內白事以為走卒戲語不可
太守不聽嘗見堅語云時民以天熱欲就
池浴見池水濁因戲相恐此中有黃龍欲
遂行人間聞郡欲以為美故言時史以書
帝紀桓帝時政治衰缺而在所多言瑞應
皆此類也又先儒言瑞興而非時則為妖
孽而民訛言生龍語皆龍尊也

熹平元年四月甲午青蛇見御坐上是時
靈帝委任官者王室微弱　楊賜諫曰皇極不
建則有龍蛇之孽
詩云惟虺惟蛇女子之祥宜抑皇甫之權割豔妻之
愛則蛇變可消者也案張奐博建寧二年夏青蛇見
御坐軒前與上疏陳蕃竇氏未被明宥妖之來皆見
為此也敦煌實錄曰蛇長六尺夜於御前當軒而見

更始二年二月發雒陽欲入長安司直李

奉引車奔觸比宮鐵柱門三馬皆死馬

禍也時更始失道將亡

桓帝延熹五年四月驚馬與逸象突入宮

殺近馬禍也是時桓帝政衰缺

靈帝光和元年司徒長史馮巡馬生人京房易傳曰上亡天（俗風）

子諸矦相伐厭妖馬生人後馮巡遷甘陵

相黃巾初起為所殘殺而國家亦四面受

敵其後關東州郡各舉義兵卒相攻伐天（左子華）

子西移王政隔塞其占與京房同（五）【後漢書志十七】

光和中雒陽水西橋民馬逸走遂鬭殺人

是時公卿大臣及左右數有被誅者

安帝永初元年十一月戊子民轉相驚走

棄什物去廬舍

靈帝建寧三年春河內婦食夫河南夫食

婦臣昭曰案此二食夫妻不同在河南北每見死異斯豈怪妖復有徵乎河者經天亘地之水也河內河之陽也河之陽而陰承體卑陰弱之草在河之陽而陰承體卑吞陽判合戒以夫令無居剛之德遂為婦之所食陰陽尊卑判合戒以陰河視諸矦之德夫亦惟家之主而自食正乎內之人時不

皇后將立而靈帝一聽閹官無所屬心夫以

愛惡亦不全中懷抱宋后終廢王甫挾姦陰中列矦

實應歌位天戚若曰徒隨

嬰嬖之意夫敬其妻呼

熹平二年六月雒陽民訛言虎賁寺東壁

中有黃人形容鬚眉良是觀者數萬省內

悉出道路斷絕（視應劭時為郎風俗通曰劾故往臧貨流廕壁有他剥數寸曲折耳動又通曰劭汙處在黃中行用事又雖黃賁國之秘兵杆於季夏當出師行將天下搖動也天之以類告人甚於影響言者虎賁國之秘兵杆動也言）

到中平元年二月張角兄弟起兵冀州

自號黃天三十六方四面出和將帥星布

【後漢書志十七】（物理論曰黃）（六）

吏士外屬因其疲陵奪牽而勝之巾被服純黃

不將尺兵肩長衣翔行舒步所至郡縣無不從是曰天太黃也

光和元年五月壬午何人白衣欲入德陽

門辭我梁伯夏教我上殿為天子中黃門

桓賢等呼門吏僕射欲收縛何人吏未到

須臾還走求索不得不知姓名時蔡邕以

成帝時男子王褻絳衣入宮上前殿非常

室曰天帝令我居此後王莽篡位今此與

成帝相似而有異被服不同又未入雲龍

門而覺稱梁伯夏皆輕於言以往況今將

有狂狡之人欲爲王氏之謀其事不成其

後張角稱黃天作亂竟破壞風俗通曰光和四月南宮

中黃門寺不一男子長九尺服白衣中黃門解步我呵
問汝何等入白衣妄前收取因忽不見勑侍左傳
曰爲天子步欲前收取因忽不見勑侍左傳
應有若符契我爲天子後曹公曰若陟
命在吾室受我成策而陟
帝位也風俗通云見中黃
門寺曹騰之家九見其證

後漢書志十七

檢觀前通各有未直尋梁即魏地之名伯夏
而注曰
明於中夏非溥天之稱以内臣孫夫得稱王徵驗有

定百官撥已號令決決前威重於主梁
后殺決前威若出外入因聞秉彊廢帝殺
中矯如衣無宜蘭山白衣黃門寺及卓
張角一時茭亂不足致此大妖斯乃曹氏滅漢之徵案
也茭勐所述與志或有不同年月舛異故俱載焉文玉

二年雒陽上西門外女子生兒兩頭異肩

共䯒俱前向以爲不祥墮地弃之自此之
後朝廷霸亂政在私門上下無別二頭之
象後後董卓殺太后被以不孝之名放廢天
子後復害之漢元以來禍莫踰此

四年魏郡男子張博送鐵盧詣太官博上

書室殿山居屋至後宮禁落屋謹呼上收縛

考問辭忽不自覺知臣昭曰魏人入宮既奪遊
之徵至後宮而謹呼終亦

禍廢母后

中平元年六月壬申雒陽男子劉倉居上
西門外妻生男兩頭共身

靈帝時後江夏黃氏之母浴而化爲黿入于
深淵其後時出見初浴簪一銀釵及見猶
在其首臣昭曰黃者代漢之色女人臣妾之體化
德尊陽利見九五飛在于天乃備黿黿龜
德潛躍首從戴釵甲剘未盡後帝者三不專權極天
塊潛躍首從戴釵甲剘未盡後帝者三
後漢書志十七

趙春

獻帝初平中長沙有人姓桓氏死棺斂月
餘其母聞棺中聲發之遂生占曰至陰爲
陽下人爲上其後曹公由庶士起
求斯異女爲曉者矣德雖謝蜀猶傍繡推

建安四年二月武陵充縣女子李娥年六
十餘物故以其家杉木槥斂瘞於城外數
里上巳十四日有行聞其家中有聲便語
其家家往視聞聲便發出遂活干寶搜神記
女子李娥年六十餘病死理於城外巳十四日娥比
舍有蔡仲開娥冢當有金寶盜發冢剖棺斧數

【上欄】

七年越巂有男化為女子時周羣上言哀

應此奴常走居民閒無正住處遂不知所在
友霍光女婿鄧廣漢家發立范明友奴猶活明
者相臨哭泣過遠漢時宮末發范明友奴猶活
日見鬼說訖而竟之家不得見其形至前春武
日矢言訖唯伯文見之家不得見其形乃坐門
史果頓忽聞人馬隱隱之聲詣溝水邊聞有呼聲
水畔頓汝但聞人馬隱隱之聲疾斷絕之故來至路此
從府君出案行當以八月八日中時武陵城南溝
字緒也注也請費長房讀之曰告伯當

書與佗書乃作佗識其紙乃父亡時送箱中文書也
即遣馬遣吏識其紙乃父
發勢不得已宜加寬宥於蔡仲雖發報可太守
可知也注黑乃乃得出表以為鬼神所使雖欲無
逐與娥俱得出與佗文別發書一封以與兒
是娥遂得出又民李亦是吾兒一日誤出伯文

便可十餘歲悌江悌今又得辛與黑過一日一伴
敏辛為便頓安苟中又女弱比含蔡西男民李亦
此已十餘歲為問之即遣辛與黑過一日
武命江所召得娥死復過西門適見外兄刊伯
吏娥於棺中言曰蔡仲汝護我頭驚遽遽便出走會為

【下欄】

後漢書志十七

帝時亦有此異將有易代之事至二十五
年獻帝封于山陽

建安中女子生男兩頭共身

安帝元初六年夏四月會稽大疫

延光四年冬京都大疫

柏帝元嘉元年正月京都大疫二月九江
廬江又疫

延熹四年正月大疫

靈帝建寧四年三月大疫

熹平二年正月大疫

光和二年春大疫

五年二月大疫

中平二年正月大疫

獻帝建安二十二年大疫 魏文帝書與吳質曰昔年疾疫親故多雜其災魏陳思王常說疫氣云家有強尸之痛室室有號泣之哀或闔門而殪或舉族而喪者

靈帝光和元年六月丁丑有黑氣墮北宮溫明殿東庭中黑如車蓋起奮訊身五色有頭體長十餘丈形頻似龍 土 案蔡集稱曰演孔圖曰天投蜺 日所謂天投蜺者也不見足尾不得稱龍易傳曰蜺之比無德以色親也潛潭巴曰 圖曰蜺者斗之精也 虹出后妃陰脅王者又曰五色迭至照于宮殿有兵革之事演孔圖曰天投蜺 威內奪臣無忠則天投蜺 變不空生占不 空言 對又曰蜺見態主惑於讒臣下欲相並也失度投蜺見者妃以色進陵尊踰制以昭变象若羣臣有合誠圍曰天子外苦兵 也 色見進陵尊踰制以昭变象若羣臣有以色見進陵尊踰制

後漢書志第十七

前庭中色青赤也 畫見御坐玉堂後殿 内二三十歲其秩禍起自何氏 袁山松書曰是年七月虹 蚩此見天下之敗兵先興於宮省之外延海者塞道皇太后母子遂為太尉卓等所廢官中宮逆殺大將軍進兵相攻討京都戰樂后令自殺陰呼并州牧董卓欲共誅中車安駕皇后攝政二兄秉權讓帝母永角等內使皇后二兄為大將統兵其年宮兵燒郡國山東七州處處應角欲討角等 中平元年黃巾賊張角等立三十六方起氏皇后每齋當調祖廟輒有变異不得謁 先是立皇后何

大百五十八〔後漢書志十七〕十二 鄂州本

後漢書志第十七

劉昭　注補

日蝕　　日抱　　日赤無光
日黃珥　日中黑　虹貫日
月蝕非其月

後漢書志十八

光武帝午朔日有蝕之即更始三年建武二年 古今注曰建武元年正月庚

正月甲子朔日有蝕之在危八度 建武二年 杜預曰曆家之說謂日月同會月蝕日故日有蝕之日光輪存而中食者既者正相當而奄間疎而不見 春秋

日光以望時遲奪月光故月蝕有上下者行有高下日光溢出皆既者既者正相當而奄密故日月光既 毛端

聖人不言月食日而以自蝕為文闕於所不見 春秋緯曰日蝕同會月蝕而奄畢耳占曰北夷陵忠臣有謀後大水在東方

日者太陽之精人君之象君道有虧為 日蝕說

之國 春秋漢含孳曰臣子謀日乃蝕孝經鉤命夬曰失義不出禁或逆枉失射山崩夾不盡相符令依日例注以廣其候耳

潛潭巴云甲子蝕有兵嚴強臣昭案春秋緯六旬未為通證故於事驗

陰所乘故蝕者陽不克也其候雜說漢

書五行志著之必矣 第二星變色微赤不明七日而蝕

儒說諸疾專權則其應多在日所宿

諸象

日蝕則為管子曰日掌陽和日蝕則失和之國惡之月蝕則修德月蝕則失和之國惡之是故聖王日蝕則修德月蝕則修刑彗星見則修和諸象

附從則多為王者事人君政修其德則咎
害除 孝經鉤命決曰日蝕修孝山崩理惑也 是時世祖初興天下
賊亂未除虛危齊也賊張步擁兵據齊上
遣伏隆諭步許降旋復叛稱王至五年中
乃破

三年五月乙卯晦日有蝕之 潛潭巴曰乙卯蝕雷不行雪殺人入宮 在柳十四度柳河南也時世祖在
雒陽赤眉降賊樊崇謀作亂其七月發覺
皆伏誅 古今注曰四年五月乙卯晦日有蝕之 二

八度 朱浮上疏以郡縣數代京房曰小旱災舉陽騷動所致見浮傳

六年九月丙寅晦日有蝕之 潛潭巴曰丙寅蝕父旱多有徵 史官不見郡以聞 詔以聞 在尾

七年三月癸亥晦日有蝕之 潛潭巴曰癸亥日蝕天人崩鄉 在畢五度畢為邊兵
興日頃年日蝕每多在晦行瘵也君亢急臣下促迫所致也 古今注曰

秋隕霜殺反侵安定冬盧芳所置朝方雲中
太守各舉郡降 古今注曰九年七月丁酉十一年六月癸丑十二月辛亥並日有蝕之

十六年三月辛丑晦日有蝕之 潛潭巴曰辛丑蝕主辰王

在昴七度昴為獄事時諸郡太中坐度田
不實世祖怒殺十餘人然後深悔之
十七年二月乙未晦日有蝕之〔潛潭巴曰乙未晦天下多〕
邪氣鬱鬱蒼蒼京房曰〔君責衆庶暴害之〕在胃九度胃為廩倉時
諸郡新坐祖之後天下憂怖以穀為言故
示象或曰胃供養之官也其十月廢郭皇
后詔曰不可以奉供養
二十二年五月乙未晦日有蝕之在柳七〔丁亥〕
度京都宿也柳為上倉祭祀穀也近輿鬼
與鬼為宗廟十九年中有司奏請立近帝
四廟以祭之有詔廟處所未定且就高廟
祫祭之至此三年遂不立廟有簡墮心奉
祖宗之道有關故示象也二十五年三月
戊申晦日有蝕之〔潛潭巴曰戊申蝕地動搖/兵強一日巳兵弱諸侯爭〕
在畢十五度畢為邊兵其冬十月以武谿〔古今〕
蠻夷為寇害伏波將軍馬援將兵擊之
注曰二十六年二月
戊子日有蝕之盡
二十九年二月丁巳朔日有蝕之〔丁巳蝕下/潛潭巴曰〕

兵有敗
之口先是皇子諸王各招來文章談說 在東壁五度東壁為文章一名娵訾
士去年中有人上奏諸王所招待者或真
為雜受刑罰者子孫宜可分別於是上怒
詔捕諸王客皆被以苛法死者甚多世祖
不早為明設刑禁一時治之過差故天示
象世祖於是改悔遣使悉理侵枉也
三十一年五月癸酉晦日有蝕之 在柳五度京都宿也自二十一〔潛潭巴曰癸酉蝕連〕
陰不解注雨
毀於有兵
年示象至此十年後二年宮車晏駕
中元元年十一月甲子晦日有蝕之在斗
二十度斗為廟主爵祿儒說十一月甲子
時王日也又為星紀主爵祿其占重
明帝永平三年八月壬申晦日有蝕之〔潛潭〕
巴曰壬申蝕水
滅陽潰陰欲翔帝作北宮 在氐二度氐為宿宮是時明〔潭〕
〔候者不覺河南尹郡國三月乙未上六月六〕
月庚辰晦日有蝕之時雖陽侯者不見〔古今注曰四年八月丙寅時加未日有/蝕之五年二月乙未朔日有蝕之京師〕
八年十月十二月 壬寅晦日有蝕之既〔潛潭〕

03-1530

在斗十一度斗吳也廣陵於

巳日壬寅蝕天下　苦兵大臣驕橫

天文屬吳後二年廣陵王荊坐謀反自殺

十三年十月古今注曰甲辰蝕之　潭　閏八月

巳日甲辰蝕在尾十七度京房占日王后壽　四騎脅大水命絕後有大水

十六年五月戊午晦日有食之潛潭巳日戊　午蝕父早殺

不在柳十五度儒說五月戊午猶十一月

甲子也又宿在京都其占重後二歲宮車

晏駕

十八年十一月甲辰晦日有蝕之在斗二　陳至

【後漢書志十八】五

十一度是時明帝既崩馬太后制爵祿故

陽不勝

章帝建初五年二月庚辰朔日有蝕之潛　巳日庚辰蝕彗

星東至有寇兵　在東壁八度例在前建武二

十九年是時羣臣爭經多相非毀者又別

占去

　庚辰蝕　大旱

六年六月辛未晦日有蝕之潛潭巳日辛　未蝕大水

翼六度翼主速客冬東平王蒼等來朝明

年正月蒼薨九月乙未日有蝕之古今注曰元和元年

元和元年八月乙未晦日有蝕之史官不

見佗官以聞日在氐四度星占曰天下　災眚期三年

和帝永元二年二月壬午日有蝕之潛潭　巳日壬午

史官不見涿郡以聞日在奎八度房京　蝕父雨

占曰三公與諸侯相賊其君王天應而日蝕三公　失國後旱且水臣昭以為三公宰輔之位即竇憲

四年六月戊戌朔日有蝕之潛潭巳日戊　戌蝕有土祅主后

占曰婚嫁家欲戮在七星二度主衣裳又曰　死天下諒陰京房

行近軒轅在左角為太后兄弟實憲　在七星二度主衣裳是月十九日

憲等庚申是二十三日　竇本紀庚申幸北宮詔捕上　免太后兄弟實憲

【後漢書志十八】六

等官遣就國選嚴能相於國感迫自殺　陳紀

七年四月辛亥朔日有蝕之潛潭巳日辛　亥蝕子為雄

皆艦為葆旅主收斂儒說葆旅迫中之象　在

收斂貪姤之象是歲鄧貴人始入明年三

月陰皇后立鄧貴人有寵陰后姤之後

遂坐廢一日是將入參參伐為斬刈明年

七月越騎校尉馮柱捕斬匈奴溫禺犢王

烏居戰

十二年秋七月辛亥朔日有蝕之在翼八

度荊州宿也明年冬南郡蠻夷反爲寇

十五年四月甲子晦日有蝕之在東井二
十二度東井主酒是歲之宿也婦人之在東井
非無儀酒食是議去年冬鄧皇后立有丈
夫之性與知外事故天示象是年水雨傷
稼

安帝永初元年三月二日癸酉日有蝕之
在胃二度胃主虜倉是時鄧太后專政去
年大水傷稼倉廩爲虛 古今注曰三年三月日有蝕之

五年正月庚辰朔日有蝕之在虛八度正 王卒
月王者統事之正日也虛空名也是時鄧
太后攝政安帝不得行事俱不得其正若
王者位虛故於正月陽不克示象也於是
陰預乘陽故夷狄並爲寇害西邊諸郡皆
至虛空

七年四月丙申晦日有蝕之 潛潭巴曰丙申蝕諸侯相攻京
房占曰君臣暴虐臣下恣上相賊後有地動 橫在東井一度

元初元年十月戊子朔日有蝕之 潛潭巴曰戊子蝕宮

在尾十度尾爲
室内婬雌必或雄京房占曰欲害夫九族夷滅後有大水

後宮繼嗣之宮也是時上甚幸貴人將
立故示不善將爲繼嗣禍也明年四月遂
立爲后後遂與江京耿寶等共譖太子廢
之

二年九月壬午晦日有蝕之在心四度心 潛潭巴曰乙亥蝕東國發兵京
爲王者明父失位也

三年三月二日辛亥日有蝕之在婁五度
史官不見遼東以聞

四年二月乙亥朔日有蝕之 房占曰諸侯上侵以自益近百盜竊以爲積天子未知日爲之蝕 在奎九度史
官不見七郡以聞奎主武庫兵其十月八
日壬戌武庫火燒兵器也

五年八月丙申朔日有蝕之在翼十八度 潛潭巴曰丙申蝕夷狄内侵宗 擴石氏占曰王者失禮宗
史官不見張掖以聞

六年十二月戊午朔日有蝕之幾盡地如 古今注曰星盡見春秋緯曰日蝕既君行無常公輔不偿德夷狄強侵萬事錯 在須
昏狀

女十一度女主惡之後二歲三月鄧太后崩

李氏家書司空李郃上書曰陛下低昃天威懼招致咎莫過乎天至二十歲徵咎去二十從內外朝之寵來戊之中大異莫大乎日蝕辛卯朝日最醜地震令戊午地蝕疑陽日權良將軍邊馬求家近相似類出中人妄攻之事辭言深山陽下圖國象其上謀善明辟猶指掌政修宜察官中必有陰人在位中之戒令午動者火德乎天至重土主深地動在七子內朝之令戊午兩見辰令度將破地蝕甚其謀畏逆造為蕭牆之內承地道之變戊為土主恣宮攝宮動宮闕日造漢之后師上收考中人妄攻之事辭言深海時朝遠度建光元年鄧后崩上如二異日

永寧元年七月乙酉朔日有蝕之（潛潭巴曰）在張十五度史官

義不明賢人消京房占曰君在張十五度弱臣強司馬將兵反征其王

不見酒泉以聞　張王者失權

延光三年九月庚寅晦日有食之（京房占曰）（石氏占曰日蝕）

水後有在氐十五度戊為宿宮宮中宮也時

上聽中常侍江京樊豐及阿母王聖等讒

言廢皇太子

四年三月戊午朔日有蝕之在胃十二度

隴西酒泉朔方各以狀上史官不覺融案集焉

是以蝕融為許令其四月庚戌朔上書曰伏讀詔書百僚博問公卿所以審得失故欲往以苦自取適于日月三光從時臣融之吏案繩縮墨雖有道已權不犯上城海內涼動兵烏桓羌戎桓犯上城海內莫知三月動羌烏桓是也殆謂西戎於分野州井二月戎於三月野井二州後之觀覽莫以復加乃謂不所志無以觀左右所詘諷誦可謂之名宿眾占國百世之利任典籍性權不大疾病伏惟天象不虛老子曰誠不可審郡牧設其差無幾其陷罪辟身自取禍臣融以時臣民最所適于日月民三光自擇臣二世漢典設其差自用其良臣傳曰國無政不用其良則將郡牧設其最用其行四國無政不用善大祫其細也消災復異宜在於今詩曰日月告凶不用其言

順帝永建二年七月甲戌朔日有蝕之，在翼九度。潛潭巴曰：甲戌蝕，草木不滋，王命不行，京房占曰：近日欲戮身，又戮辱後，小旱。

陽嘉四年閏月丁亥朔日有蝕之，在翼九度。潛潭巴曰：丁亥蝕，匿曰……占曰：君臣無別，太史令表奏云，今年三月朔方覺日在角五度，史官不見，零陵以聞。案張衡為太史令，陽……

宜特選詳審得其真，鎮守二方，以應用良，擇人之義，以塞大異也。

聞蝕此郡，懼有兵患，愚以為可勅北邊須塞。縣明烽火，遠斥候，深藏固閉，無令毅富外露。不許，是何年三月。

象。

永和三年十二月戊戌朔日有蝕之，在須女十一度。史官不見，會稽以聞。明年中常侍張逵等謀譖皇后父梁商，欲作亂，推考逵等伏誅也。

五年五月己丑晦日有蝕之，在東井三十三度。東井三輔宿，又近輿鬼，輿鬼為宗廟，其秋西羌為寇，至三輔陵園。

六年九月辛亥晦日有蝕之，在尾十一度。尾主後宮繼嗣之宮也。以為繼嗣不興之象。

桓帝建和元年正月辛亥朔日有蝕之，在營室三度。史官不見，郡國以聞，是時梁太后攝政。

三年四月丁卯晦日有蝕之，在東井二十三度，例在求元。房占曰：諸侯專權之殃，後有螟蟲之殃。公卿犯天法也。梁太后又聽兄冀枉殺。

元嘉二年七月二日庚辰日有蝕之，在翼四度。史官不見，廣陵以聞。翼主倡樂，時上好樂過度，自傷後。自傷心，愴悢而慈懷，慨長息曰：善乎哉為琴，若此一而足矣。

永興二年九月丁卯朔日有蝕之，在角五度。角鄭宿也，於天文屬鄭，長吏泰山盜賊羣起劫毅。

求壽三年閏月庚辰晦日有蝕之，在七星二度。史官不見，郡國以聞，例在永元四年。後二歲梁皇后朋，冀兄弟被誅。

延熹元年五月甲戌晦日有蝕之，在柳七度。京都宿也。梁冀別傳曰：常侍徐璜白言臣切見道術家常言，漢死在戌亥，今大……

（後漢書志十八　十一）

（後漢書志十八　十二）

八年正月丙申晦日有蝕之在營室十三
度營室之中女主象也其二月癸亥鄧皇
后坐酤上送暴室令自殺家屬被誅呂太
后崩時亦然

九年正月辛卯朔日有蝕之〔蝕臣代其君〕
在燈室三度史官不見郡國以聞谷永以
為三朝尊者惡之其明年宮車晏駕

永康元年五月壬子晦日有蝕之〔潛潭巴曰辛邪女謀主〕〔潛潭巴曰壬子蝕妃〕
女謀主　在輿鬼一度儒說壬子淳水日而
陽不克將有水害其八月六州大水渤海
盜賊

靈帝建寧元年五月丁未朔日有蝕之〔潭〕

巳巳末冬十月甲辰晦日有蝕之
蝕王者崩

二年十月戊戌晦日有蝕之

三年三月丙寅晦日有蝕之梁相以聞〔潛潭巴曰辛酉〕

四年三月辛酉朔日有蝕之〔蝕女謀主公永〕

上書飲酒無節君臣不別姦邪欲起傳曰酒無節
荒厥政異日蝕厥各亡靈帝好為商估飲於宮人之
謂〔異〕〔也康〕

熹平二年十二月癸酉晦日有蝕之在虛
二度是時中常侍曹節王甫等專權〔上書蔡邕〕
日四年正月朔日日體微傷赤懷赴宮門之中
無救乃各罷歸夫有大異隱而不宣求御過是巳
者之其

六年十月癸丑朔日有蝕之在箕四度箕為後宮口舌

光和元年二月辛亥朔日有蝕之十月丙
子晦日有蝕之在箕四度箕為後宮口舌
是月上聽讒廢宋皇后〔案本傳盧植上書丙〕

雲霧晻曀陳八事以諫
炎青慶見歲日蝕動
則折摧雜盛溢臣聞陰陽
風貌失則雨視闇則疾
於溢明君臣正上下
則風貌失則雨簡宗廟修五
折摧雜盛溢臣聞陰陽修五
於聖躬致精慮於共御其救
之也

二年四月甲戌朔日有蝕之〔潛潭巴曰庚寅〕

四年九月庚寅朔日有蝕之〔蝕將相誅大水〕
傷多死
在角六度

中平三年五月壬辰晦日有蝕之〔潛潭巴曰壬辰蝕河〕

03-1535

六年四月丙午朔日有蝕之其月㳠辰宮

洪氵每久
霧連陰
車晏駕

獻帝初平四年正月甲寅朔日有蝕之在
營室四度

汜專政
電擊殺骨肉相攻
是時李催郭

袁宏紀曰未晡一刻太史令王立奏曰
景過度無變也於是朝臣皆懼帝立奏曰
尚書陳忠而太尉周忠刻罪詔曰
道遂事驗難明災異應政而至雖探討
明疑欲歸咎史官益重朕之不德也於是
無失而欲歸咎史官亦不德也於是避
正殿寢兵不從也弗從於天
聽事五日

興平元年六月乙巳晦日有蝕之

潛潭巴曰甲寅蝕雷

建安五年九月庚午朔日有蝕之

潛潭巴曰癸
庚午蝕後

十三年十月癸未朔日有蝕之

潛潭巴曰癸
未蝕仁義不

六年十月癸未朔日有蝕之

官兵
火燒

明在尾十二度

十五年二月乙巳朔日有蝕之

十七年六月庚寅晦日有蝕之

二十一年五月己亥朔日有蝕之

潛潭巴曰
己亥蝕小

十五 毛山

二十四年二月壬子晦日有蝕之

凡漢中興十二世百九十六年日蝕七十

二朔三十二晦三十七月二日三

光武建武七年四月丙寅日有暈抱白虹

貫暈在畢八度

賢臣反侵暈安定

古今注曰暈在西北
南面有背在景加巳皆解也
征南北面有抱須臾成暈中有兩鉤
面有抱須臾成暈中有兩鉤東

畢為邊兵秋隱

壬申白虹貫日殤帝延平元年六月丁未日暈上有半
比曲入七年四月丙寅日加卯西面抱白虹
炒行五十八

有白虹貫日
暈中外有偏珥兩珥
背偏順帝永建二年正月戊午日中有背
丁酉有白虹貫日三月丁卯日暈兩珥
白虹貫珥中宋永和六年正月己卯暈兩珥
白虹貫暈中宋嘉二年正月己卯日暈兩珥
白虹貫日又唐顥陽嘉二年正月乙卯白
日暈唐顥傳永建五年二月便宜立
其咎徵檀傳元命苞曰陰陽之氣聚為雲
蜺為倍春秋元命苞曰陰陽之氣聚為雲
之蜺為倍臣不知則月蝕珥孟康曰
咸占曰偏珥為倍刺曰月暈蜺謂之虹雌
傍直向外曰珥月傍氣刺曰月珥謂之虹
對曰珥孟康曰
忠臣納

靈帝時日數出東方正赤如血無光高二
丈餘乃有景且入西方去地二丈亦如之

京房占曰國有使謀臣則日有殘臣則日無光孟康曰日月無光曰薄

光闇冥不明孟康曰日月無光曰薄不 其占曰事

天不謹則日月赤是時月出入去地二三

文皆赤如血者數矣 春秋感精符曰日無光地動雷降其時夕無故日無日夕無數

光和四年二月己巳黃氣抱日黃白珥在
社稷移亡
光天下憂亡

其表 春秋感精符曰日朝珥則有喪孽又云日巳出而雲皆赤黃名曰空不出三年必有移民而去者也

五年正月日色赤黃中有黑氣如飛鵲數
日黑則水淫溢

中平四年三月丙申黑氣大如瓜在日中

月乃銷

六年二月乙未白虹貫日
春秋感精符曰虹貫日天下悉揺文

獻帝初平元年二月壬辰白虹貫日
覺悟虹蜺貫日
松東山書

法大授百官殘賊酷法搆殺下多相告刑用及族世多怨宿吏皆慘毒又曰虹蜺主內淫星占曰聰明蔽塞咬在臣下嬖戚干朝君不墳絕大臣為桐主牧星之變易讖曰

曰三年十月丁卯日有重兩倍吳書

載轅馥與袁術書曰四出於代郡

御名 帝永壽三年十二月壬戌月蝕非其月
袁山松書曰興

古今注曰光武建武八年三月庚子夜日暈五重紫微青黃似虹有黑氣如雲月星不見丙夜乃解中元元年十一月甲辰月中星齒往往出入

延熹八年正月辛巳月蝕非其月
平二年十二月月在太微端門中重暈八九十貫月東西南北二珥兩白氣廣八九十
袁山松書曰興
章畋

贊曰皇極惟建五是剋端罰咎入淫逆亂

浸于火下水騰木弱金酸妖豈或妄氣炎

以觀

後漢書志第十八

後漢書志第十九　郡國一

劉昭注補

河南　河内　河東

弘農　京兆　馮翊

扶風

右司隸

漢書地理志記天下郡縣本末及山川奇異風俗所由至矣今但録中興以來郡縣改異及春秋三史會同征伐地名臣昭案志猶有遺闕

今衆書所載不可悉記其春秋上二地通儒所據而未備者皆先列焉以爲郡國志本志唯郡縣名爲大書其山川地名悉爲細注今進爲大字新注證發臣劉昭採集凡前志有縣名今所不載者皆世祖所并省也前無今有者後所置也凡縣名先書者郡所治也帝王世記曰自天地設闢未有經界之制三皇尚矣諸子稱神農之王天下也地東西九十萬里南北八十五萬里及黃帝受命始作舟車以濟不通乃推分星次以定律度自斗十一度至婺女七度一名須女曰星紀之次於辰在丑謂之赤奮若於律爲黃鍾斗建在子今吳越分野自婺女八度至危十六度曰玄枵之次一名天黿於辰在子謂之困敦於律爲大吕斗建在丑今齊分野自危十七度至奎四度曰豕韋之次一名娵訾於辰在亥謂之大淵獻於律爲太蔟斗建在寅今衛分野自奎五度至胃

六度曰降婁之次於辰在戌謂之閹茂於律爲夾鍾斗建在卯今魯分野自胃七度至畢十一度曰大梁之次於辰在酉謂之作噩於律爲姑洗斗建在辰今趙分野自畢十二度至東井十五度曰實沈之次於辰在申謂之涒灘於律爲中吕斗建在巳今晉魏分野自井十六度至柳八度曰鶉首之次於辰在未謂之叶洽於律爲蕤賓斗建在午今秦分野自柳九度至張十七度曰鶉火之次於辰在午謂之敦牂一名大律於律爲林鍾中建在未今周分野自張十八度至軫十一度曰鶉尾之次於辰在巳謂之大荒落於律爲夷則斗建在申今楚分野自軫十二度至氐四度曰壽星之次於辰在辰謂之執徐於律爲南吕斗建在酉今韓分野自氐五度至尾九度曰大火之次於辰在卯謂之單閼於律爲無射斗建在戌今宋分野自尾十度至斗十度百三十五分而終曰析木之次於辰在寅謂之攝提格於律爲應鍾斗建在亥今燕分野凡天有十二次日月之所躔也地有十二分王矦之所國也故四方方七宿四七二十八宿合百

八十二星東方蒼龍三十二星七十五度北方玄武三十五星九十八度四分度之一西方白虎五十一星八十度南方朱雀六十四星百一十二度周天三百六十五度四分度之一二千九百三十二里分爲十二次一次三十度三十二分度之十四各以附其七宿閒距周天積百七萬九百一十三里徑三十五萬六千九百七十一里陽道左行故太歲右轉凡中外官常明者百二十四可名者三百二十合二千五百星微星之數凡萬一千五百二十星萬物所受咸系命焉此黃帝創制之大略也而佗說稱日月所照三十五萬里考諸子所載神農之地過日月之表近爲虛誕及少昊氏之衰九黎亂德其制無聞矣洎顓頊之所建帝嚳受定則孔子稱其地北至幽陵南暨交趾西蹈流沙東極蟠木日月所照莫不底焉是以建萬國而制九州至堯遭洪水分爲十二州今虞書是也及禹平水土還爲九州今禹貢是也是以其時九州之地凡二千四百三十萬八千二十四頃定墾者九百一十萬八千二十四頃不墾者千五百

人至二千頃民口千三百五十五萬三千九百亦有十三

億國是以墾山三千萬三千里南北五千里出大章一步自使瞽瞍極至步於南西極出于南

盡於東北受水里者出八銅千里山名四山五千六千里出鐵之經山六萬里海北二

內則於東北受稌弗儉則有窮兼難湯受命中其興亦復年之耕織

不奪其九時故行暴孫有三十有餘年之積私不足以復耕織

千五百十六水里出銅里山之間招損其七書筴不毒政無以亦如考之迹

千里南出銅里山四百六萬民口一千三百人周七十周三公相國

孔及夏之衰棄稷弗務諸族有窮亂逢湯至周六方百餘商制民五矢民等之損封凡亦千七

因於千餘國夏時於塗炭山其間招損其七書筴不毒政無以亦如考之

遭紂致治刑錯商百餘萬矢民口一千三百人周七十公相國者失

又滅湯亂至周千錯百六萬民口一千三百人周七十周三公英

十成王幽厲之亂平王東遷及昭王南征至齊桓公失

餘歲以為天下無事民彌息及三十餘王南戴至九償之相公言

荒加天幽厲之亂平王東屬厲王以下十三年受田萬五千民凡千一百八十王十四其後

世子周莊王以下至於庶民者九百萬四千人二萬其後七

年周周王以定受田千二百餘國非天王王十四償之相公

人並除當有上老時尚有疾力千二百九萬四千十二萬其後七

殺君有於時疫之民詐諸晉陽之兵動以萬計故嶠及蘇張之戰血

不可勝有易子而列國唯有燕衞雖得存秦楚而已然考蘇張之說者

相加函南面之稱王國兼戎諸侯置存五六郡其所殺傷三

以篡亂泰及山東六國兼戎諸侯置存五六郡太半萬雄山北築長

說計當秦及山東戎行參夷十餘萬收太房驪山七十餘長

尚居十二猶萬南戎力行參夷十餘萬收太房驪山

分四居十二猶萬南戎五行參夷十餘萬阿房驪山北築長

城十餘之年間二百姓死沒萬相踵于戰睢水不流屏至漢祖烈

故新安之坑二百姓死沒萬彭城之戰睢水不流屏至漢祖烈

人萬二千頃民口千三百五十五萬三千九百亦有十三

定天下民之死傷亦數百萬是以平城之卒不過二

六萬五千錢民眾大增是以孝惠至文景與民休息

貫以太倉自孝惠至文景與民休息都內有朽

六十餘歲錢武帝乘其資畜軍征三十餘歲始于孝

朽貫太倉武帝乘其資畜及霍光秉政務省役稅民

平六世天下相承雖減半矣行又霍光秉政三十餘年至孝和人

天下平南北相承雖時征行不足大害民務省役元始

二年郡國北百萬矣民口存中更始赤眉之亂于孝

百萬之際天下無事務兵饑之苦民九復損至孝

人多及周成王葉位以以一元至百二墾田亦七百七萬九

盛也及周王簒位以更始赤眉之亂墾田亦多單師屢征

百姓之際永初元年無事務兵之苦民饑莩于永興

千百姓之際永初元年墾田亦七百七萬九屬師屢征四

殖又桓頗顧於前成墾田亦七百七萬九屬師屢征

平桓初安於永初元年墾田亦多單師屢征四

孝桓孝初安於永初元年更始赤眉之亂于孝

野甚狹伏雄津未授京師蕭條豪桀並爭海內凶荒天下戶口存亡於

平戎下文帝建安未授割剝眾庶指海內邑爭一年又景元

蜀通照日所上昔漢永和五年凡戶十五年始五年揚威將

軍數不能多蜀吳方五百萬方所領兵又戶案正始五年威將

十數照日所吳昔漢永和五年凡戶十一戶案二百戶推將

民朱不能後除十餘人民凶疾今三五南陽戶二千五推其

軍數所以上吳昔漢之五年戶五五年揚威可供役裁若郡

有南食祿後除十餘人民凶帝用斯亦勤民足自供役裁若郡

十餘以祿一代未知所益備於茲用臣昭案謚記云春秋時

餘以食祿一戴六代未知所損益於茲用斯亦勤見謚記云春秋

蓋有千六百國輾相吞減數班固云周列國耗盡至而土三

時尚有千八百國轉相吞減數班固云周列國耗盡至春秋三

數時尚有

河南尹

河南尹〔秦三川郡高帝更名世祖都雒陽建武十五年攺曰河南尹雒陽尹正也〕

府聽事辟諸尹盡賛拜自建武官進退所謂不隱過不虛譽甚得迷纖之實後人是不足以勸懼雖春秋采毫毛之善罰纖釐之惡不避王公無以過此尤著明也

二十一城

永和五年戶二十萬八千四百八十六口百萬八百二十七

雒陽〔摯虞曰古之周南今之雒陽魏時營為圓丘皇覽曰縣此芒山道西呂不韋冢地何東周元康地道記曰城東……周〕

時號成周〔道始成周王之所都者何東周也成王何居成周地道記曰城内南比九里七十步東西六里十步為地三百里……〕

有狄泉在城中〔左傳僖二十九年盟〕

〔于秋秋日委粟山在陰鄉魏時營為圓丘繞之此水晉時在東官西比帝城中有殷王家是也又太倉中大冢周威烈王家〕

〔定元記左傳昭二十三年〕

泉城〔杜預曰太倉西南池水或日本在城外西北帝城中……〕

〔王世記曰殷王本殷……〕

唐聚〔左傳昭二十三年有程地帝王世記曰城東二十六里有上程聚古程國史記曰重黎之後……〕

有上程聚〔帝王世記曰……有上程聚〕

有士鄉聚

〔馮異斬劉始將于周故此加為上程〕

〔記曰伯休川之國也〕

褚氏聚〔左杜預曰縣西南有褚氏亭〕

〔武勃也〕

柴錡澗〔錡氏杜預曰縣南有柴錡亭〕

有前亭〔杜預曰縣東南有前亭〕

有圍鄉〔杜預曰縣東南有圍鄉又……〕

有泉亭即〔杜預曰縣西南有泉亭〕

〔伊泉戎也〕

有大解城〔杜預曰縣東南有大解小于……周〕

〔有戎城〕

〔有雒之表分河之南才傳有……〕

解河南〔有帝王世記曰河之南有郟鄏陌太康畋于……周〕

公時所城雒邑也春秋時謂之王城〔鄭注立……〕

門名鼎門〔帝王世記曰雒陽城東南門九雒水北至陝山地道記曰……〕

是北城門名乾祭〔左傳昭二十……〕

後鄉〔地道記曰有陽人聚史記曰秦滅……周〕

有注城〔史記敗秦于注〕

有霍陽山〔左傳哀四年楚爲一昔之……〕

又有甘城〔杜預曰縣西南有甘亭〕

又有穀城〔杜預曰縣西……梁伯瞖〕

有崤

滎陽有鴻溝水〔史杜預曰於滎陽下引河東南爲鴻溝即官所引……〕

〔好土功今梁多有城〕河南有鴻溝水

度水〔西者曰西廣武各在山一頭相去二百餘步其間隔深澗漢祖與項籍語處〕

叔國有隴城〔盟于垂隴左傳文三年〕

〔黨逐王伐教都之關泰立爲教晉師王伐教成十二年……周宣王伐教都之……〕

有廣武城〔西征記曰城各在山上有二城東者曰東廣武〕

有薄亭有敖亭

有虢亭號

長城經陽武到密〔史記蘇秦說襄王曰魏地東有長城之界也杜預曰縣東南有修武亭……〕

垣雒城或曰古衡雒〔史記魏之地蘇秦說襄王曰垣雒者史記死忌謂垣雒魏王曰王……〕

有鄷城亭〔于左傳莊二十三年盟……縣西〕

〔解曰即是衡雒〕有衡雍

〔又曰今縣所治衡城〕

有扈城亭〔于扈杜預二十……縣西〕

（河南郡）

原武　陽武

原武，秦始皇東遊……史記曰武彊城，東北諸矦澤，在縣東北沙中，曹參攻武彊。

陽武，史記曰曹參攻武彊、栄陽，遊王矦狼沙中。

中牟，左傳宣公元年曰：原圃田，在縣西北。諸矦之師次于清，杜預曰：中牟縣西南有清口水，左傳宣公十二年，諸矦遷于制田。

有管城，北漢書音義曰：故管叔邑也。京相璠曰管在滎陽京縣東北。

有清口水

田澤，左傳杜預曰：原圃田，在縣西南有圃田澤。杜預曰：縣北圃田也，又杜預曰縣東有林鄉。諸矦遷於制澤在縣東，制澤田，杜預曰：縣西諸矦之師次有制城。

遇聚，破楊熊於此。杜預曰：縣東北達池也。廣武，京縣遏狼沙中。遠徼徐廣曰管叔京邑，遏于閞。

苑陵有裴林，左傳杜預曰襄公會宣公十一年，諸矦遷於制，遷于制。

有制澤田，臨洧水西有制城，諸矦之師次有制城。

有蔡亭

戾亭，左傳杜預……

開封，左傳襄公十一年……

有圓　有曲　有項　有清口水

平陰，孝秀……

濩水出，博物記曰潛亭山。出潛亭山，神記曰：縣東延壽城名，草景伯之國……

有繚氏，左傳：滑國都於費。繚氏，今名婁城。

有邬聚，杜預曰縣西南有邬城，杜預曰縣西南有高都城。

有函谷關，西右經岸。西征記曰函谷本秦關。滑國都於費，取鄔在縣東北三十里。

有寻谷　有尋谷

輭轅關，太康五弟須於縣東南有湯亭，又曰縣南，左傳昭二十三年，單子取訾。

有東訾聚今名訾城，取訾王子廣圂。

有坎埳聚　有黃亭有湟水，左傳昭二十二年，王子朝入王城。

穀城

————

西　縣北

有明谿泉，左傳昭公二十三年。成皋，史記……

成皋，史記曰虎牢，亦即此縣，制城也。

密，鄭地。鄭襄公十八年，楚伐鄭次於密。諸矦……有大騩。

京，左傳隱公元年，京城大叔。鄭莊公封弟段于京，謂之京城大叔。有索亭，杜預曰縣西有索城。又有旃然水。

山，狀如海經曰……索水……

有梅山　有大騩

有瓶丘聚有漫水有汜水，鄭地……京相璠曰京城西北。

有旃然水

有咽山，左傳襄公十八年，楚伐鄭。

有草……

新城，北左傳杜預曰新城，縣西有杜城。史記魏……

有廣成聚　有鄤聚古鄤氏今名蠻

中，中縣左傳昭公十六年，楚殺鄧子，杜預曰南鄉縣。有鄤聚古鄤氏今名蠻鄉。

有高都城　有尸鄉　有匡師城

周者，與陽人聚相近，新城在轘轅間。

新鄭，詩曰鄭國祝融墟。春秋時曰尸氏，左傳昭公……

平

河內郡〔高帝置雒陽北百二十里〕十八城，戶十五萬九千千，七百七十，口八十萬二千五百五十八。

懷，有隰城。南有邘城。

河陽〔左傳曰邘、晉、應、韓、武之穆，杜預曰縣西北有邘城。杜預曰縣西南有蘇城。又與鄭盟於孟津，杜預曰縣南孟津，杜預曰在縣西南。〕

有湨梁〔左傳襄十六年諸侯會湨梁。〕有原鄉〔左傳曰王與鄭人蘇忿生之田原，杜預曰沁水縣西北有原城。〕有湛城，軹。

沁水〔山海經曰沁水出井陘東。〕有射犬聚〔世祖破青犢賊食。〕有邢城〔陳仲史記。〕野王有太行山〔山海經曰太行之山。〕波有絺城。

濟水出王莽時大旱遂枯絕〔皇覽曰在縣西北，濟水南有號公臺。〕溫，蘇子所都〔史記。〕平皋有邢丘，故邢國，周公子所封〔史記曰邘卻、李同卻秦兵，其父李叔，徐廣曰，此非國在裏國，乃邘，故邢國周公子所封，臣瓚曰丘在裏國西也。〕

山陽邑，有雍城〔杜預曰古雍國在縣西。〕有李城〔趙封其父李兌故。〕有蔡城〔蔡叔此邑。〕

武德，獲嘉侯國，脩武故南陽〔杜預曰南陽即脩武，史記晉文公。〕

秦始皇更名有南陽城〔左傳僖四年晉史記曰白公起。〕

攢茅田〔服虔曰樊虎曰樊仲山之山海經曰黑山，亦出清水，杜預曰攢茅田。〕

濟韓南陽瓚曰太行道絕之山，杜預曰在縣西北有贊城，左傳之所居，故定元年魏獻子田。

河東郡〔秦置雒陽西北五百里〕二十城，戶九萬三千五百四十三，口五十七萬八千。

安邑〔有鹽池，前志曰有鹽池，博物記曰有鳴條陌，湯。〕楊有高梁亭〔左傳僖公死，晉懷公。〕平陽侯國〔左傳曰晉成。〕臨汾〔賈鄉，博物記曰賈伯邑。〕有董亭〔左傳于董此晉。〕

有小脩武聚〔春秋曰審史記曰高祖得韓信軍小脩武。〕共本國淇水出〔祖嘗與鄭共，伯之國，晉志曰共本國淇水出。〕有汎亭〔凡伯。〕汲〔地博物記曰有綠竹草。〕

朝歌〔紂所都居也。有朝歌山，有酒池肉林城。〕南有牧野〔去縣十七里，史記帝王世記。〕北有邶國南〔邶在城西，晉志曰共北有邶國。〕

林慮，故隆慮，殤帝改有鐵〔徐廣曰出鐵，史記魏安僖王，左傳曰林慮山，蘇合諸族。〕蕩陰有羑里城〔紂拘文王所，韋昭曰羑音有。〕有寧鄉〔晉次雍榆，杜預曰縣東雍城也。〕處〔盟，虞處班叔皮遊居賦亦曰漱，余馬乎洹泉，嗟西伯於羑城。〕

有隤城〔前志注曰水出北山博，記曰有奧水流入淇水。〕有小脩武聚。有小脩武聚。

汾陰

縣曰汾陰 傳曰耿邑古少康邑

山

蒲坂有雷首 縣西北有狐谷亭郭

有介山 縣西北有介山

有沙丘亭 左傳曰秦晉戰河曲

大陽有吳山上有虞城 左傳曰虞城即虞國也皇覽曰舜塚在縣西南有茅亭茅津即濟戎杜預曰在縣東北

有下陽城

顛軨坂 左傳曰虞公臨河博物記曰吳城之北有吳山

有茅津

有曰城 左傳

有桑

解

解城 左傳僖十五年晉杜預曰在縣西南齊桓公西侵獲梁

泉城 左傳僖二十四年晉文公入於桑泉博物記曰城西有桑泉

有瑕城 左傳

皮氏有耿鄉 尚書祖乙圯於耿左傳閔元年晉滅耿博物記曰縣東南有冀亭

有鐵有冀亭

聞喜邑 晉荀息邑博物記曰縣治清

有瑕城

本曲沃 曲沃在縣東北七里見毛詩譜與晉相

縣 記曰在原縣北但有溝瀆無復水

解城 左傳僖二十四年

董池陂古董澤 左傳曰政逐于有稷山亭

有稷山亭

洮水 絳邑 左傳曰我涑川

絳邑 有涑水

有翼城 左傳

陽嘉二年更名 左傳僖二年晉滅霍大山在縣西南又蓍廉於山得石

霍大山 河北

河北

垣有王屋山沇水出 左傳襄元年晉討宋五大夫真諸垣博物記曰縣東南有壺丘亭

詩魏國有韓亭 史記曰魏武侯二年城安邑瑕陽

猗氏

有邵亭 晉地道記曰縣東九十里有郇瑕亭

有壺丘亭

有壺口山 禹貢壺口及岐

有采桑津 左傳曰晉文公居蒲子縣西南有采桑津

陵

澤戎國有祁城山 前志曰今蒲子縣西南有蒲子城

蒲子 史記韓魏分晉

弘農郡 武帝置其二縣建武十五年省雒陽西南四百五十里九城戶四

萬六千八百一十五口十九萬九千一百

【後漢書志十九】

弘農故秦函谷關 注曰在弘農縣東桑里亭 左傳曰虢公敗戎于桑田桑田杜預 北在縣東桑里亭北桑里亭古今 博物記曰桑里亭古今

有桃丘聚故桃林 左傳曰晉陰處杜預本傳立 此山下有務鄉 李松處 赤眉破 休與獻帝于曹陽敗處曹公改 子自陝以東周公主之自陝 注曰在湖縣下有桃 記曰在此山下有桃丘聚

有枯樅山 有曹陽亭 記曰章邯史記 章邯所殺

有陝陌 陝史記曰自陝以西召公主之 陝博物記分

城 封神國史記曰武王 本號仲國 杜預曰在縣東有虢城 之後於焦 周公之子 注曰在湖縣 博物記曰有莘水見潘岳西征賦

穀水出穀陽谷 前志曰武 池 前志曰西有桃丘聚故桃林 穀水出新安入洛 有二崤 新安澗水出 有金門山山 有陝陌 竹陌為律管 二亭

渾西有虢略地 左傳僖十五年晉侯賂秦 號略杜預曰自河曲南行而東盡 虢城 宜陽 有陸渾

盧氏有熊耳山 山海經曰其山多漆其下 伊水清水出 多美玉多人魚 雒水又東北入雒 記曰伊水又 湖

故屬京兆 皇覽曰魏文侯 有閿鄉 葬在閿鄉南 華陰故屬京兆 京兆史記 秦侵晉陰晉前志曰或 高誘曰華地高山海經曰 三十六年改

有太華山 是也東晉地道記曰 有大鳥獸莫居有蛇馬名肥 天下大旱武王放馬於桃林墟孔安國曰翼見 山在縣西南地道記曰華山則

京兆尹 陽内史武帝改其四縣建武十五年屬雍秦内史武帝改其四縣建武十五年屬雍

民 八萬五千五百七十四 十城戶五萬三千二百九十九口二十

長安高帝所都 漢舊儀曰長安城方六十里經緯各長十五里 二城門九百七十三頃城中皆屬長安今辛氏三秦 記曰長安地皆黑壤城皇覽曰為鯨魚二百丈

細柳聚 記曰吾遺鎬池君古史考曰武 鎬在上林苑中 傳盡龍首山為城皇覽曰 人聚是也鎬在上林苑中 園今千鎬史記曰武王遷鎬長安亭反

有蘭池 史記曰始皇微行 有曲郵 夜出逢盜蘭池前書 高帝

霸陵有枳道亭 五人於軹道旁地道記曰 於軹道旁地記曰 記曰秦王子嬰降

有杜郵 史記曰白起死處三秦記曰秦王 里南北三十里渭水西曲 細柳聚前書曰文帝十

鎬在上林苑中 國在杜西北山杜預曰 水西有唐杜氏也 有長門亭 五人於軹道立有長門亭 征縣布張良送至曲郵畢

鄭 杜古唐杜氏也 酆在西南 十五里 史記周武王圖云商君 豐有驪山 故號戎國前志 東有鴻門亭 黃圖云商君 及戲亭 蘇林曰幽王死處 始皇陵北下坂口名鹿大道北下坂

有新豐 道在霸陵 有鴻門亭 前書高帝七十里孟康曰高帝見項羽處

新
杜陵 杜預

十里
南
北流出玉

有嚴城
藍田出美玉 三秦記曰其川有水

地道記有銅鐵石
五萬口有虎侯山
城南至相谷西
城西四十里注河口
王城南至相谷西
役出馮民用遺
乏不堪其事
將通於少習縣東
少習縣杜預曰

長陵故屬馮翊

出故屬弘農 山海經雒水出
雒水出熊耳山海經
曰雒水出護舉之山雒
左傳曰楚左師
軍蒼野杜預曰
有蒼野聚

陵故屬馮翊

商故屬弘農 帝王世記曰
封也左傳曰契所
曰契所
在縣南

上雒侯國有冢領山雒水
出故屬弘農

左馮翊 〔後漢書志十九〕
秦屬內史武帝分改
名雒陽西六百
八十八里洪錄注曰馮翊也翊明也

十五
李昇
陽

城戶三萬七千九十口十四萬五千一百

高陵 瀋岳關中記曰三輔舊治長安城
中是也後扶風城與地記不同

池陽 爾雅十藪雍有焦獲郭璞曰
今在池陽縣瓠中是也

雲陽 帝王世記曰黃帝以荊山下
鑄鼎於荊山是也

祋祤永元九年復

蓮勺

重泉

萬年 公都擽陽縣是也

頻陽

臨晉本大荔有河水祠有芮鄉 古芮國虞芮
相讓者與地記曰芮城即此

有王城 史記曰秦厲陰飴甥與秦伯盟王城杜預
曰王城也左傳晉惠公伐大荔取其王城杜預

郿陽永平二年復 夏陽有梁
山 詩云奕奕梁山在縣西北左
傳曰河上之山也杜預曰河上有
梁山晉語記曰梁山雍州山也晉書
龍門山 書曰導河積石至龍門太史公
自序曰遷生龍門北博物記曰韓生
原野望武衍 左傳文二年晉敗秦于彭
子采邑碩家在利陽亭南墳高六丈

山

邑永元九年復

里周曰犬丘又名廢丘周懿高帝改安

右扶風 秦屬內史武帝分改名
次錄曰右扶風化也本
十五城戶萬七
千三百五十二口九萬三千九十一

平陵 茂陵 鄠國 豐
古扈
王莽曰

陵 皇覽曰縣西北
畢陌秦武王家

水出 左傳曰康有
有靈臺康王柹
是朝諸侯

郿有邰亭 於郿史記曰封棄
者邰徐廣曰邰在扶風長
今斄鄉是也斄亭故邰亭
又南有武亭李季安

有甘亭

武功永平八年
復有太一山本終南垂山本敦物 縣前志在
郿論曰即秦是榮其民有會日以竽鼓報賽出
平陽新
郡之此在濠縣然則有笑容

有斜谷 西征賦注曰褒斜谷在長安
口襄北口斜長百七十里其水南流曰
褒也有石鼓山秦將有兵城則鳴

倉 三秦記曰秦公爾雍陳倉城
有楊紆郭曰別名吳山則
日在縣西

璞曰有吳嶽山 郭璞曰吳山也本名

沂沂水出有回城名回中 周禮曰所謂嶽山者
三秦記曰嶽山本名吳山中道處歡開渝靡

03-1545

國
雍
左傳邵穆公采
邑史記有鴻冢　有鐵帝王世記曰秦德公徙都而美
鄭立詩譜曰幽者公劉邑而又有劉
出所從戎狄之地名又有劉城
邑有幽鄉
陽有岐山　左傳槐里有岐陽　有周城
有漆水　山海經曰輸次之山漆水出焉　有鐵帝王世記曰有幽亭
馬東南流注于江
有周城　記曰周太王所從南有周城
有師　曠冢名師曠山
陽永和二年復　詩譜曰周原者岐山陽地形險阻而原田肥美　杜
杜陽在縣西北有岐山陽地道記曰水在漆
右司隸校尉部郡七縣邑侯國百六　書漢
舊儀曰司隸治所故孝武廟魏志曰曹公分關中
置漢興郡國游楚為太守獻帝起居注曰中平六
年省扶風都尉置漢安郡鎮
雍渝廢杜陽陳倉汧五縣也

後漢書志第十九

劉昭

注補

潁川　汝南　梁國

沛國　陳國　魯國

右豫州

魏郡　鉅鹿　常山

中山　安平　河間

清河　趙國　勃海

右冀州〔一後漢會志二十〕李棠

潁川郡秦置雒陽東南五百里十三城戶二十六萬三千四百四十口百四十三萬六千五百一

陽翟禹所都汲郡書禹所都陽城即此也晉志云在縣西地道記曰去雒陽二百八十六里屬河南　有鈞臺左傳成十七年鄭公入櫟即此也晉志有鈞臺

雍氏城縣東北史記云奉滑王十二年攻梁至高氏亭左傳襄十八年楚伐鄭侵雍梁圍雍氏楚圍雍氏在縣西南即雍　有高氏亭

襄城杜預曰縣南有襄城　有養陰里　襄城杜預曰縣東南四年盟於卑所在縣所有

民裏有養陰里　有西不羹杜預城不羹城縣東北楚治兵於汾杜預曰在縣　有氾城杜預曰縣南有氾城

亭有汾丘左傳襄十八年楚治兵於汾丘有汾丘城於汾杜預曰縣東北楚治兵於汾丘城有汾丘城　有魚齒

山左傳謂魚陵山也在襄縣北杜預曰魚陵山在酇縣北　昆陽有湛水十六年左傳襄楚公子捨舟於湛阪西此此有

定陵有東不羹杜預曰縣東北有不羹亭地道記曰有

高陵山汝水所出晉地記所出　舞陽邑鄢臨潁潁陽潁

陰杜預狼淵在縣獻帝遣大夫張音兼御史鄢音偃鄢杜預曰縣北有

文帝既受禪於潁陰之南葺壇而反曲陽降壇之繁陽亭為縣故城在許之南即今潁川繁昌城是也即受終之增也　有狐宗鄉

書禪於潁位於庚午魏王既受璽綬乃進受禪於曲陽之城在許之城今許之封內有今潁高七丈方五十步即台南有壇高二丈方三十里外黃縣繁昌城非也史記云禹貢魏相國華歆以司空

或曰古狐人亭有岸亭史記魏哀王五年走犀首岸門徐廣李棠

岸亭左傳莊二十八年楚伐鄭楚徒都改昌邑共叔段於鄢杜所

新汲左傳宣元年衛孔達侵鄭伐縣晉敗楚於匽陵在縣東北有匡城成十七年鄭伐縣共叔段於鄢杜預曰縣北有

許左傳莊十二年晉敗楚於匽陵春秋時曰匽陵李奇曰國圉暴長本名長葛漢改名　有匽陵

廣曰新汲縣治曲潁水臨潁水　有蜀城有蜀津史記曰魏惠王伐趙合軍伐魏元年為太室之謂也蜀澤蜀禹貢有外方之山鄭孟子曰益避禹之子於箕山之陰注云嵩高　長社有長葛城左傳隱五年諸襄王伐戎於陸渾

師曰向縣東北杜預社中樹暴長宋圓葛記曰圓社中樹　有向鄉一年左傳襄十五年

蜀禹貢有外方之山鄭云嵩山即嵩高也　有嵩高山為太室之謂也

澤蜀禹貢有外方山鄭玄之陰注云嵩高之北孟子曰益避禹之子於箕山之陰山禹貢有外方山鄭毛詩譜云外方之山即嵩

浦水潁水出水出陽乾山晉地道記曰潁水出陽乾山　有鐵有貟秦

〈後漢書志二十〉

（上欄　右より左へ）

史記曰周衹王十九年鄭代負黍馬勒通賦過許由於負泰山也

父城有應鄉謂杜預周最必應國在西南　史記曰客為泰王太后養地

輪氏建初四年置　聚置

汝南郡　高帝置。雒陽南六百五十里。東三十七城，戶四十萬四千四百四十八，口二百一十萬七百八十八。

平輿　有沈亭，故國，姬姓。見說文。

新陽

西平　有鐵。有柏亭，故柏國。

上蔡　本蔡國。

南頓　本頓國。

汝陽

新息國

汝陰　本胡國。西北有胡城。地道記有陶丘鄉，詩所謂汝墳。杜預曰在縣北

北宜春

矦國

濦強矦國　灈陽　期思有蔣鄉，故蔣國。松書有朝山在縣南，魏氏春秋所滅。有蔣城故。

春　安道亭，故國。安城矦國，有武城亭。

西華　細陽　項，故國。左傳僖十七年魯所滅。二縣置賜安都尉所。

吳房　有棠谿亭。銅陽矦國。新蔡有大呂亭。安陽矦國，有江亭故。

憤陽　慎

記有吳城北祝社里，社下於土中得銅鼎而銘曰：楚武王家民謂之楚王岑。而工之家民傳言，秦頭赤眉之時欲發之，輒頹壞不得發。昭四年吳伐楚，入棘、櫟、杜，預曰縣東北有櫟亭。

安陽矦國，有江亭故。

新蔡有大呂亭。

銅陽矦國。

吳房有棠谿亭。

西華　細陽

蔣鄉故蔣國。灈陽。期思有蔣鄉，故蔣國。有武城亭。

（下欄　右より左へ）

國嬴姓

富波矦國，永元中復。

宜祿，永元中復。

朗陵矦國

陽矦國，有黃亭，故黃國，嬴姓。左傳僖六年楚拒晉桑隧。杜預曰在縣東南有桑隧亭。

召陵

有安陵亭。杜預曰在縣西南。

宋公國，周名郪丘，漢改為新郪，章帝建初四年徙宋公於此，有繁陽亭。左傳襄四年楚師于繁陽。

安陵思善矦國。史記元忌說魏安僖王孫勝白公孟有白亭。

有安陵鄉

征羌矦國

襄信矦國，有繁陽亭。

陽亭

賴亭故國。史記楚封王孫勝白公。左傳僖二十一年宋公盟鹿上。杜預曰原鹿縣也。

定潁矦國

原鹿矦國

固始

矦國，故寢也，光武中興更名。莊王封孫叔敖子，又蒙恬破楚軍在縣南。

故屬沛，有寢丘。

下城父聚，有垂惠聚。蘇茂奔垂城父，故屬沛，春秋時曰夷。惠王所取有乾谿在縣南。

山桑矦國，故屬沛，有下城父聚，有章華臺。

城父，故屬沛，春秋時曰夷。

梁國，秦碭郡，高帝改。其三縣，元和元年屬雒陽東南八百五十里。九城，戶八萬三千二百，口四十三萬一千二百八十。

華容縣城內有章華臺。

三 下邑 左傳哀七年築泰丘社西南有泰丘亭

睢陽 北征周記曰睢陽城本宋景公所城史記曰宋景公死空桐地有桐亭年宋景公有孟諸藪宋景公藪左傳僖二十八年楚子玉夢河神謂己曰畀余余賜汝孟諸之麋杜預曰在縣東北

魚門 宋師楊梁賜公於魚門左傳公孫昭二十一年昭二十一年敗吳鴻口杜預曰在縣東南有鴻口亭

有陽梁聚 鄭取宋太宮之稱杜預橫亭在縣東南左傳襄十四年宋景伐之孫

有陽 杜預曰梁孝王築城之椽曲郦

雎陽 曰城周記

本

虞 有綸城少康邑左傳哀二十六楚子玉夢延廿年楚河延伐十雍左傳哀二十六

有桐地有桐亭左傳哀桐地有桐亭

碭 山出文石史記

蒙澤 左傳宋閼公於蒙澤殺宋閼公蒙帝王世記有諸侯會五

蒙 即景亳湯所盟處李芳

穀熟 有新城左傳文十四年諸侯會新城新城在縣西北賈城廿字與貫字相似

亭 故屬陳留杜預曰縣北有沙隨亭左傳成十六年會沙隨

陰 故屬陳留有葛鄉故葛伯國左傳有薄日在宋公

寧陵 故屬陳留有葛鄉故葛伯國

亳 又有微子冢秦泗川郡高帝改

薄 故屬山陽所都城中有湯冢左傳宋公

縣東北杜預曰縣北有沙隨亭子御說奔亳其

沛國 秦泗川郡高帝改二十一城戶二十

十三 相 左傳桓十五年會於亳杜預曰在縣西南一名蕭

萬四百九十五口二十五萬一千三百九

蕭 本國 北征

澤高祖斬白蛇於此記城周十四里南臨汴水

沛 有泗水亭亭有高祖碑班固爲文見固集地道記有許縣爲文西有大

斬有大澤鄉陳涉起此史記曰高祖繋徐廣曰丘司

蘄 有大澤鄉陳涉起此

破項籍所取羽也

燕從 博物記曰慶忌冢

刺史治漢官曰刺史矣穀陽

有郾聚 左傳曰奄爲別邑杜預曰郾晉邑平陽縣有雍亭鄲左傳僖二十三

龍亢 地道記云左傳昭元年會於虢

名 竹邑侯國故竹地道記向城在縣東南

在縣東西

鈼 建平和二年年入向城左傳昭廿

鄲 臨睢故芒光武更名公丘本膠國杜預曰在

竹邑侯國故竹符

離 公丘本膠國杜預曰向本國

陳國 高帝置爲淮陽章和二

屬梁國有澶淵聚左傳襄二十盟於澶淵太丘本國

年政雍陽東南七百里九城戶十一萬七千五杼秋故

二千六百五十三口百五十四萬七千五百七十二

陳 所封左傳帝王世記曰庖犧氏所都舜後胡公滿杜預

縣西北有檀城帝雅曰庖上有丘曰宛丘在陳有株

邑蓋朱襄之地博物記曰邪地在縣北防亭在焉爲詩

城

鄉 古史考曰有曲陵南固始縣伏滔北征記曰有老子廟廟中有九井水相通

有辰亭 杜預曰縣東南有辰亭

拓 新平 扶樂 武平 左傳諸侯侵宋華元戰尤年杜預曰縣南有武平城

長平故屬汝南 左傳宋華元間辰陵有趙丘

寧平 苦春秋時曰相有賴

陽夏有固陵聚 史記高祖五年楚項羽至固陵晉灼云卿

若 防有歆巢

魯國 奉薛郡高后改本屬徐州光武改屬豫州

六城 戶七萬八千四百四十七 口四十一萬二千五百九十

魯 後徙曲阜應劭曰魯少昊自窮桑登帝位徙曲阜在太昊之墟季札曰魯周公之國左傳曰少昊氏之墟曲阜也在魯城中委曲阜長七八里

奄國 帝王世記曰黃帝之此少昊自窮桑登帝位況見聖莫之興也遂諸侯毀其廟頹於鄶相望於魯於其處作奄國名其宅曰公葬其宅

有大庭氏庫 在城内杜預曰大庭氏古國名在魯城内

有鐵有

關里孔子所居 漢晉頹春秋曰孔廟頹毀尼生意別傳曰董仲舒吾書吾意意尋案未了而卒張伯祖中舒治之後張伯祖別傳日此書吾意省不了何以傳意尋案張伯小懼探斷皆中魯威以為神意意治之又禮記甕相乖鍾離意得其中地得七張伯上書言此有孔子遺像壁中素書曰護吾履履後得覽中素書曰護吾履履後得覽嗣相履意

薛本國

有五父衢 地道記曰在城東 左傳宋鄭取衢取牛耳

有牛首亭 左傳桓十四年鄭人伐宋取牛首家在家東南與孔子家相望異木不生荊棘及刺人草也皇覽曰靖郭君家在城中

祖子家覽曰孔子家在城北方六尺與地平墓前以瓦甓爲祠家東南五里有子思家今無祠

之便自亦在城中西南近孔子廟而仲尼墓在魯城北泗水上去城一里葬地蓋一頃陵前以瓦甓二尺百數墓塋中不生荊棘及刺人草

首始皇刻石焉墓北有孟母賢山北有唐口口唐口山此口陽山城北有牙山

蕃有南梁水 地道記曰夏車正奚仲所封家在城南二十里山上皇覽曰靖郭君家在城中

六國時曰徐州 史記曰齊宣王九年魏襄王會徐州而相王田肸盟池記臨淄縣西南地

有盜泉有鄒鄉城 左傳文公七年城郕隱元年杜預曰縣東南有姑城十二年左傳桓公盟于曲池杜預曰縣北有曲水地

汝陽

同門東北邊

右豫州刺史部郡國六縣邑侯國九十

魏郡 高帝置雒陽東北七百里魏志曰建安十七年割河內之蕩陰朝歌林慮東郡之衛國頓丘東武陽發干鉅鹿之廮陶曲周南和廣平之任城趙國之襄國邯鄲易陽以益魏郡十八年分置

十九

【上欄】

東西　都尉
十五城戶十二萬九千三百一十口六

武城
有帝上王司記曰太甲西南
左傳襄十九年辛卯于戲陽杜預曰縣東北有戲陽城

云魏都賦注曰水經鄴西北臨漳水西北滏水所出本傳
水經鄴東北亦不知山所窮盡與
如西北去谷水在縣南案本傳
又交赤谷水在縣南案
居焉魏都賦注曰鄴在海內
城秦史記曰項汙水上
赤昭九年盈于戲陽杜預曰縣破于夏異沼云夏沼熱故名沼也

黃
昭九年敗赤于曲梁
有平陽城杜預注曰在平陽
有汙水有汙
有故大河有滏水

清河水出有蕭陽聚
五校尉破黃巾
有黃澤　毛詩前志在

武城有九疭城
史記曰紂三公
繁陽縣東
有沙亭

墟故沙鹿
屬於山左傳沙鹿崩穀梁傳曰林

魏　元城
左傳成七年會馬陵杜預曰鹿崩穀梁傳史記曰龐涓死奧東
黎陽　定左傳

陰安邑　館陶　清淵
魏都賦注曰即都尉
斥丘有葛　杜預曰縣東
有乾疭

平恩沙疭國
即魯昭公所處
武安有鐵
隱于縣孝威山曲梁疭國　左傳襄三年諸疭杜預曰在

故屬廣平有雞澤　會雞澤杜預曰在

鉅鹿郡
蔡以其縣置建武十三年省廣平國屬雒陽北十一百里
梁期
南縣西　秋五年敗赤于曲梁
十五城戶

【下欄】

　冀州

十六萬九千五百一十七口六十萬二千九

廮陶有薄落亭　鉅鹿故大鹿有
大陸澤　注云廣阿澤曰巨鹿之鉅鹿高誘
昔陽杜預曰沾縣東北有昔陽城取故城都也

楊氏　鄡　下曲陽有鼓聚故翟鼓子國
杜預曰縣西南有肥累
有昔陽亭　左傳晉荀吳入

廣宗　曲周　列人
廣阿阿曰氏春秋九載趙之鉅鹿高邑
任　南和　廣平　斥章　南

常山國
高帝置建武十三年省真定國以其縣屬
元氏　晉地道記有石塞三公塞
七千五百口六十三萬一千百八十四
高邑故鄗光武更名
史治　陽一千里　有千秋亭五成陌
光武即位於此矣　都鄉疭國有鐵　南
行唐有石曰谷　房子贊皇山　在縣西南六十里
水所出　晉地道記有平棘有塞藁城　縣西四
靈壽衞水出　蒲吾　之蒲邑也古今注曰晉永
里九門　中山之境碼石山戰國策云野臺以望齊

03-1551

平十年作常山呼沱

河蒲吾渠通漕船也　井陘　真定　上艾故屬

太原

中山國〔高祖置雒陽北〕一千四百里　十三城戶九萬七千

四百一十二口六十五萬八千一百九十

五　盧奴　北平有鐵　母極　新市有

鮮虞亭故國子姓〔狄別種　杜預曰白〕望都〔左傳晉人在縣西四十里〕堂關〔博物記中有望都山即堯母慶都所居相去五十里都山一名豆山〕有左人

帝更名　漢昌本苦陘章帝更名　安國　安意本安險章

妘國故屬涿　上曲陽故屬常山恒山在〔左人唐西北四十里〕

西北行四百二十五里恒多山坂瓠口〔城晉地道記有馬安關唐有中人亭〕

陰本曲逆章帝更名有陽城　蒲〔晉地道記曰有陽安關陽城蒲陰〕本曲

廣昌故屬代郡　十三城戶〔延光元年高帝置明帝名樂成雒陽北二千里〕

安平國

九萬一千四百四十口六十五萬五千一

百二十八　信都有絳水呼沱河　阜城

故昌城　南宮　扶柳　下博　武邑

觀津〔本清河下縣決漁釣墜淵而葬焉卒景帝立后為太后遣使者更〕

鹿武遂故屬河間　饒陽故名饒屬涿有〔馮異進兵解饒陽光武寨靈帝封〕安平故屬涿

南深澤國故屬涿

無蔞亭〔志異而有解犢靈帝封〕

河間國〔文帝置世祖省屬信都和帝永元二年復雒陽北二千五百里〕十一城

戶九萬三千七百五十四口六十三萬四

千四百二十一　樂成　弓高　易故屬

澤　武垣故屬涿　中水故屬涿　鄚故

屬　高陽故屬涿有葛城　丈安故屬

勃海　東州故屬勃海　成平故屬勃海

東平舒故屬勃海

清河國〔甘陵雒帝置相帝建和二年改為甘陵雒陽北千二百八十里〕

二萬三千九百六十四口七十六萬四百

一十八　甘陵故厝安帝更名　貝丘

東武成　鄃　靈和帝永元九年復〔地道記曰有鳴〕

河〔還益清河。〕

繹幕

廣川 故屬信都。有棘津城。〔太公呂尚困於棘津。城，琅邪也。案永初元年分置廣川王國，後王薨，國除，太后崩，還益清河。〕

趙國〔秦邯鄲郡，高帝改名。〕維陽北千一百里。五城，戶三萬二千七百一十九，口十八萬八千三百八十一。

邯鄲〔西山上謂之馬服山。張華曰：趙奢冢在邯鄲。〕有叢臺。

易陽〔魏都賦曰：溫泉毖涌而自浪。注曰：溫泉在易陽，世以治疾，洗百病。〕

襄國 本邢國。〔秦為信都，項羽更名。有檀臺。史記曰：趙成侯造檀臺，因以為檀臺。〕有蘇人亭。

柏人

中丘〔晉地道記曰：有石門塞、燒梁關。〕

勃海郡〔高帝置。維陽北千六百里。〕八城，戶十三萬二千三百八十九，口百一十萬六千五百。

南皮

高城 侯國。〔有胡蘇亭。胡蘇，河之名，見爾雅。〕

重合 侯國。

浮陽 侯國。

東光〔有胡蘇亭。〕

章武

陽信 延光元年復。

脩 故屬信都。

右冀州刺史部，郡國九，縣邑侯國百

後漢書志第二十

劉昭　注補

陳留　東郡　東平
任城　泰山　濟北
山陽　濟陰
右兗州
東海　琅邪　彭城
廣陵
下邳
右徐州

《後漢書志二十一》

陳留郡　武帝置　雒陽東五百三十里　十七城戶十七萬七
千五百二十九口八十六萬九千四百三十三
十三

陳留有鳴雁亭　左傳成十六年晉侯會吳子于鳴雁杜預曰在縣西北鳴雁亭是也世本曰衛成王世記曰在縣代

浚儀本大梁　地道記曰儀封人此縣也俗通云莊襄南均城本名杞城　桐陵古桐丘也陳留人以此縣封人此莫蕩也　有天子苑以周養牛有泰樂廄也

雍丘本杞國　尉氏　陳留志曰雍丘縣內有神井能興霧雹為曹植徐民北征讚為廟植孩子其城本名杞城

陳留志曰桐陵亭陳封丘尉氏陳留志曰有澤有禹澤陵

尉氏　陳留志曰尉氏鄭之別獄官名此縣在浚南均為尉氏

襄邑有滑亭　杜預曰滑在縣西南　有承匡城　地道記曰在縣西左傳文十一年會郤缺于承匡杜預曰縣東南有承匡城

桐門亭有黃亭有桐門亭

外黃　左傳惠公季年敗宋師于黃杜預曰宋邑宋師于黃城縣東有黃城　有葵丘聚

齊公會此城中有曲棘里　左傳昭二十五年齊公佐于小黃時曲棘

東昏　陳留舊儀戶故　有繁陽城　陳留舊儀為高陽陵廟於小黃　小黃　漢舊儀儀為高陵廟然即黃池杜預在　濟陽　二年盟于武父左父故郷武父縣東南　平丘有臨濟亭　陳留志曰平丘杜預曰在縣西南陳留志有臨濟亭

東昏有武父城陳平社郷有行宮光武生衣城縣都郷有行宮光武生

田儋死此有匡　左傳哀十三年盟黃池杜預曰戶牖鄉東北有黃溝亭即黃池是也又曰長丘即有桐

封丘　博物記曰博狄于長丘是也　有黃池亭　陳留志有翮亭古翮國居牢

牢亭或曰古蟲牢　陳留志有酸

秦　左傳鄭太叔至于廩延杜預曰陳留酸棗縣北有延津　有蒲城　杜預曰在縣西南陳留志曰次于匡此城郭杜預曰陳留長垣縣西南有匡城

五年會城棘　左傳紹處陳留志曰有韓王故宮闕　長垣候國有匡城　左傳定公九年會于平丘杜自匡自匡陳留志有臨邑城又有桐

有祭城　杜預曰鄭祭封人仲足邑及桐郷西南有遠伯王墓及桐

南有宛亭左傳莊十八年近濮水云

考城故菑　章帝更名故屬梁　陳留志有箕　有首鄉　左傳桓八年齊侯宋公衛侯盟于首止社預曰在外黃東南社地名　已吾有大棘鄉　左傳宣二年鄭敗宋師于大棘即為棘呂氏春秋草死曰菹即為菹

地道記曰首鄉在縣西有桐門亭有黃門亭襄元年會鄉杜預曰縣東南有桐

子祠有穀古句瀆本傳作蒲亭
之丘案本傳云蒲亭
陳留志曰有萬人聚王邑破翟義積尸處
前書今高陽文顈曰高陽聚邑名在縣西

屬淮陽 故屬淮陽有高陽亭

圈 扶溝故

淮陽

東郡 秦置去雒陽八百餘里

十八口六十萬三千三百九十三

濮陽

春秋時曰濮有鹹城或曰古鹹國
有鹹丘 有清丘 有鉏城

古昆吾國

十五城戶十三萬六千八

燕本南燕國 有雍鄉

古胙國 有平陽亭 有桃城 有胙城

白馬 有韋鄉 有瓦

亭 入桃城 頓丘

古桃林 有清亭

東阿 有清亭

邪是也 東武陽濕水出 范有秦亭

清年 四年孫林父敗衛獻 臨邑有沛廟 博平 聊

城有夷儀聚 有聶戚

東平國 故梁景帝分為濟東國宣帝改雒陽東九百七十五里

七城戶七萬九千四百口四十四萬八千二百七十

無鹽本宿國任姓

東平陸六國

富成 章 壽張 有堂聚

秋曰良漢曰壽良光武改曰壽張有堂聚

故聚屬東郡

昌故屬東郡

都有陽穀城

岡成城 有竿城 有河牧城

光武更名有 穀城春秋時小穀

有舊蕭下聚

發干 樂平矦國故清章帝更名陽平

矦國有莘其

寧陽故屬

有致密城古中

章帝元和元年分東平為三城戶三萬

任城國　任城雉陽東千一百里

十六

任城本任國有桃聚萌亭桃鄉光武破龐萌於桃鄉　亢父　樊

左傳襄十三年取邿杜預曰縣北有邿瑕城

哀六年城鄆瑕杜預曰縣北有邿瑕城

六千四百四十二口十九萬四千一百五

泰山郡高帝置雒陽東千四百里十二城戶八千九百二十二口四十三萬七千三百一十七　奉

高有明堂武帝造〔前書曰在縣西南四里左傳桓昭八年大蒐于紅至于商衛紅亭在縣西北杜預曰接宋衛也〕

博有泰山廟岱山在西北有

〔後漢書志二十一〕五

龜山〔左傳定十年齊歸讙龜陰之田在山北琴操孔子作龜山之操〕有龍

鄉城〔左傳成二年齊師自陽關逆孟孫于蜀龍杜預曰縣西南有龍鄉又楚有蜀之役杜預曰縣西北有蜀亭〕吳佐

梁甫侯國有菟裘聚〔左傳隱公使營菟裘吾將老焉杜預曰縣南〕有陽

鉅平侯國有亭禪山〔即古亭亭者也禪山在縣東南史記六年會于防杜預曰縣東南有防城即此〕

關亭〔杜預曰縣成〕嬴

有鐵山　山茌侯國有萊蕪有原山潘水出〔杜預曰縣東北〕

蓋沂水出　南武陽有顓臾城

國有鐵　〔左傳會于防杜預曰縣東南有防城〕南城故屬東海有東陽城

呂氏春秋夏孔甲遊田于東陽萯山左傳哀八年克武城杜預曰南城縣

東陽襄十九年城武城杜預曰南城縣哀十四年同

縣馬丘故〔杜預曰〕

東海有祊亭〔左傳隱八年鄭歸祊杜預曰在縣東南魯歸祊杜預曰縣東有祊亭〕費侯國故屬

〔前書曰舊騰封賞是鄭非此國杜預曰縣〕

濟北國〔和帝永元二年分泰山置雒陽東千〕有台亭〔杜預曰縣南有台亭〕牟故國

一里五　盧〔齊之盟杜預曰年封銳司徒女石窌〕有平〔杜預曰縣〕

陰城有防門〔杜預曰在縣東北〕有光里有景茲山〔杜預曰縣東南〕有敖

十三萬五千八百九十二口二十三萬五千八百九十七　盧

山〔左傳二山即教山具山〕有清亭〔左傳齊及清是也〕蛇

有長城至東海〔史記蘇代說燕王曰齊有長城即防門〕有下讙亭〔左傳讙及闡杜預〕

丘有遂鄉〔三年遂齊人滅之〕有鑄鄉城〔周武王封鑄杜預曰鑄城左傳有鑄〕成本國

相三年妾氏送徐僑如所圍杜預曰地有棘鄉東觀書有芳陘山〔汶水北〕茌平本屬東郡

〔杜預曰縣〕剛齊取闡杜預曰縣

山陽郡故梁景帝分置雒陽東八百一十里十城戶十萬九千

八百九十八口六十萬六千九十一昌

邑刺史治有梁丘城〔左傳莊三十二年遇于梁左傳桓三年齊侯衛侯胥命于蒲杜預曰梁丘在縣西南有防左傳隱七年〕

南有甲父亭〔杜預曰甲父古國名在縣西南〕

東緡春秋時曰緡〔傳隱十年取防杜預曰緡在縣西南〕有大野澤〔獲麟之所魏武帝初所封〕

高平矦國故橐章帝更名〔前漢志王莽改曰橐亭杜預曰高平城東南有郜鄉亭〕有茅鄉城〔杜預曰高平昌邑縣西有茅鄉〕

湖陸故湖陵章帝更名〔前漢志王莽改曰湖陸〕有闞亭〔左傳襄二十一年邾庶其〕

南平陽矦國有漆亭〔城漆有七〕有閭丘亭

方與有武唐亭〔左傳哀七年邾子負瑕杜預曰縣西北有武唐亭杜預曰縣多山所治名金山山北有鑿石為冢深十餘丈葬所作或云漢昌邑所作或云秦時〕有泥母亭或曰古甯母〔左傳僖二年盟于唐杜預曰在縣西南有重鄉城亦有甯母〕

魯矦國觀魚〔左傳隱五年矢魚于棠杜預曰在縣西北有觀臺〕

臺〔春秋經隱五年以漆閭丘來奔杜預曰漆鄉在縣東北有漆鄉城西北有瑕丘〕瑕丘

金鄉〔石云晉石仲宿重館杜預曰城中有陶丘皇覽曰漢昌邑所作或云秦時〕

濟陰郡〔雜陽東八百里〕定陶本曹國〔郭璞曰伯樂冢縣東南一里所〕

十四 千七百二十五口六十三萬七千五百三 十一城戶十三萬三

五丈 古陶堯所居〔帝王世記曰舜陶河濱縣西南陶丘亭是也有三〕眊

直亭〔國曰湯伐三眊孔安國曰湯伐三眊王之地東有〕成陽〔有堯冢靈臺有雷澤史記蘇秦說魏襄王曰大王之地〕冤句有煮棗城〔史記魏襄王為貢禹曰雷澤馬曰雷澤〕乘氏矦國〔博物記古棄丘左傳隱八年〕有

淮陽〔夏后相即位歷山漁雷澤濟陰陶歷山之所博物記曰舜耕歷山漁雷澤〕

泗水有鹿城鄉 單父矦國故屬山陽 句陽有垂亭〔左傳隱八年史記〕成武故

東郡〔左傳襄二十六年齊烏餘以廩丘奔晉杜預曰在縣西南八〕廩丘故屬東郡有高魚城有運城〔无忌說魏信王曰故城是又襄衛羊角取之杜預曰今縣所治城又襲都焚徐廣曰我高魚杜預曰在縣東北〕鄄城〔離狐故屬〕

屬山陽〔楚丘杜預曰縣東南在縣西南戎執凡伯於楚丘左傳隱七年戎執〕有部城〔皇覽曰伊尹冢杜預曰縣東南有部城鄉〕巳氏故屬梁〔平爭有伊冢〕

右兗州刺史部郡國八縣邑公矦國

八十 七百八十四口七十萬六千四百一十六 十三城戶十四萬八千

東海郡〔高帝置雜陽東千五百里〕

郯本國刺史治有〔博物記曰故魯次室邑有勇士萬丘欣列女傳有漆室之女或作次室亭即〕蘭陵有次室亭〔地道記曰故魯次室邑〕

室亭〔傳有漆室之女或作次室亭〕 戚 胸〔海山〕有次

後漢書志二十一

（上欄）

祠曰都州在海中一曰郁州郭璞曰此山在蒼梧徙來上皆有南方樹木博物記

海邊植石　所立之東

有鐵有伊盧鄉　襄

城東北有郚城　邪小邦國也

祝其有羽山　博物記曰海中去岸百五十步有秦始皇碑長一丈八尺廣五尺厚三尺一行十二字潮水至加其上　二丈去則三尺見也

贛榆本屬琅邪建初五年復　春秋時曰祝其其夾谷地　左傳定十年會齊侯夾谷孔子相

厚丘　自縣東北至湖陸為戚父山

承　陰平　利城　合城　水經

昌慮有藍鄉

琅邪國建初五年屬　東武　琅邪有琅邪山海經云　開陽故屬　杜預曰古鄅國左傳哀三年城啟陽左傳開陽

十三城戶二萬八千四百口五十七萬九百

六十七

東海建初五年屬　東莞有鄲亭　有鐵　山或曰古浮來　左傳隱八年盟浮來莊九年鮑

後漢書志二十一　九　李賢

（下欄）

叔受管仲及堂阜而脫之　杜預曰東莞蒙陰縣西北有夷吾亭或曰鮑叔解夷吾於此因以為名

有鐵　諸　西海

莒本國故屬城陽　臣瓚曰城陽莒縣

陽故屬城陽有牟　東安故屬城陽

臨沂故屬東海有叢亭

都故屬城陽有羊臺

國故屬東海有檡亭　繒侯

即丘侯國故屬東海　春秋曰祝丘　姑幕

陽故屬城陽　春秋曰祝其

長墓　左傳莊九年盟于蔇　杜預曰縣東北有故亭

彭城國　高祖置為楚章帝改雒陽東千二百二十里　八城戶八萬六千

千一百七十口四十九萬三千二十七

彭城　古大彭邑此征記城西二十里有山山有楚元王墓伏滔北征記曰城北六里有山臨泗

有鐵　武原　傅陽有

呂　留　中有張良廟

梧　菑丘　廣戚故屬沛國

後漢書志二十一　十　李賢

廣陵郡〔景帝置為江都武帝更名建武中有泗水
國以其縣屬雄陽東一千六百四十里〕

十一城 戶八萬三千九百七十四 口四十一萬
百九十

廣陵〔吳王濞所都城 周十四里半 以為妖閒獄挳捽辛變〕有東陵亭〔物博
記曰女子杜姜左道通神縣以為妖閒獄挳捽辛變
形莫知所極以狀上因以其處為廟祠號曰東陵聖
母 餘糧〕

江都 有江水祠 高郵 平安、凌〔故
屬泗水〕 東陽故屬臨淮有長洲澤吳王

濱太倉在此縣〔多麋博物記曰千千歲為羣擔食草
稻不耕而穫其處多麋泥名曰麋畯民人隨此畯草
種稻不耕而穫其收百倍又扶海洲上有草名曰蒒其
實食之如大麥從七月稔民敢穫至冬乃訖名曰
自然穀或曰禹餘糧記曰有梁湖地記
曰禹餘糧〕 射陽故屬臨〔有梁湖地記曰有博支湖記 臨瀆〕

故屬臨淮與矦國故屬臨淮 堂邑故屬
臨淮有鐵 春秋時曰堂 海西故屬東海〔戴延之西征記
下邳國〔武帝置為臨淮郡永平十五年 葛嶧山本嶧
下邳國〔雒陽東千四百里〕 十七城

戶十三萬六千三百八十九 口六十一萬
一千八百三十 下邳本屬東海〔有沂水自城記
曰有沂水自城〕

陽山〔山出名桐伏滔北征記曰今繫根往往而在征記
西西南注泗別下迴城南亦注橋〕有鐵徐本國有〔舊有橋處張良與黃石公會此橋〕

樓真或曰古蔞林杜預曰在僮縣東南有大蔞徐君墓
延陵解〔僮縣北有延陵亭徵記曰縣北有大蔞徐君墓
剡之處〕 僮矦國 睢陵 下相 淮陰〔郡下〕

有南昌亭韓信寄食處

淮浦 盱台 髙山 潘旌

淮陵 取慮有蒲姑陂〔至蒲隧杜預曰縣東 左傳昭
姑陂〕

東成 曲陽矦國故屬東海 司吾
矦國故屬東海 良成故屬東海春秋時
曰良〔左傳昭十三年 吳於良〕 夏丘故屬沛

右徐州刺史部郡國五縣邑矦國六
十二城〔魏氏春秋曰初平三年分琅邪東海為
陽新城昌慮郡建安十一年省昌慮〕

并東海

後漢書志第二十一

〔十一〕

〔章動〕

郡國四

劉昭　注補

濟南　平原　樂安
北海　東萊　齊國
右青州

南陽　南郡　江夏
零陵　桂陽　武陵
長沙
右荆州

九江　丹陽　廬江
會稽　吳郡　豫章
右揚州

一　後漢志二十二

濟南國　故齊，文帝分齊　陽東千八百里　十城戶七萬八千五
百四十四　口四十五萬三千三百八　東
平陵　有鐵，有譚城，國故譚國　有天山　著　於
陵　杜預曰縣西北有平壽城故同　臺　菅有賴亭
公如賴，陳桓子以封壽公子同　土鼓　梁鄒　鄒平東朝陽
哀六年　縣西有
城　歷城有鐵，有巨里聚（太甲有冢在歷山上）

平原郡　高帝置，雒陽北千三百里　九城戶十五萬五千
五百八十八　口百萬二千六百五十八
平原　有篤馬河　高唐　濕水出　般　鬲
國夏時有鬲君滅浞立少康　祝阿　春秋
時曰祝柯　有野井亭
公于野井，杜預曰在縣東　樂陵　濕陰　安德
厭次　本富平，明帝更名

樂安國　高帝西平昌置為千乘，永元七年更名　九城戶
七萬四千四百一十二　口四十二萬四千七十五
臨濟　本狄，安帝更名　博昌　有薄姑城　有時水　千乘
菀　樂安　博昌有薄姑城
蓼城侯國
貝中聚　利故屬齊
菀　樂安　益侯國故屬北海壽光
北海國　景帝置，建武十三年　高密膠東三國以其縣屬　十八城戶
故屬北海有灌亭
十五萬八千六百四十一　口八十五萬三

千六百四

劇有紀亭古紀國　營陵

平壽有斟城斟亭古　有寒亭古寒
杜預曰有斟亭斟國故縣後省入壽光縣左傳莊八年齊侯使連稱管至父戍葵丘

國泜封此　都昌　淳于永元九年復　平昌侯國故
地道記城　都昌城左傳昭五年後省杜預曰營陵東北有郚城鄭玄志曰齊遷紀在此山曰營　地道記曰郚鄉城在縣西南泰山鄭志曰東泰山

丘有渠丘亭
地道記城陽淳于左傳桓五年後省杜預曰郚城縣東南有斟城夷來奔杜預曰防及

有密鄉
故密鄉在縣東北有郚城鄭志曰齊遷紀鄭玄

屬琅邪有蔓鄉
防茲來奔杜預

亭　朱虛屬琅邪故屬琅邪永初元年屬
左傳莊三年紀季以酅入於齊地道記曰朱虛縣東南有郚城鄭志計莒城號曰

國安帝復　夷安屬琅邪安帝復　膠東侯
左傳襄六年圍棠國也

國　即墨侯國有棠鄉　下密安帝復　拒
杜預　下密安帝復　拒道地

安帝復
地道

東安平故屬菑川六國時曰安平有酅亭
左傳隱二年莒人入向　高密侯國昌安侯　膠東侯　李昇

後漢書志二十二 三

安帝復　故夷國左傳隱元年紀人伐夷　觀陽

國　即墨侯國有棠鄉　下密安帝復

記曰養澤在西幽州東三　觀陽
故北齊遷紀鄣杜預曰朱虛縣東南有部城鄭志入於齊地道記曰羌頭山　高密侯國昌安侯　膠東侯

東萊郡高帝置雒陽東三　十三城戶十萬四
戶有萊山萊王祠千一百二十八里

千二百九十七四十八萬四千三百九
記曰養澤在西幽州代夷　膠東侯　牡武

百三十里有始皇漢武帝二碑　牟平　愯侯國
黃率有上道記曰泰始皇登此山列二碑東二地道記曰縣東二百三十里至海中連　枝萊君祠三齊地道記曰有百　濟

──────

右青州刺史部郡國六縣六十五

一尺餘堅刃異常土人名曰康成書帶
左傳襄二十四年代莒侵介根杜預曰縣東北計斟城號曰

齊國　秦置雒陽東
千八百里

一十五口四十九萬一千七百六十五
關雅十數素有海隅郭璞曰
後漢書志二十二 四
陳敞

臨菑本齊刺史治海濱廣斥左傳齊成葵丘杜
預曰在縣西皇覽曰呂尚冢在縣城南有晏嬰冢西北有孟子冢西南去縣十餘里
注曰南小山曰牛山博物記曰縣東南應劭曰伯氏邑也地道

西安有棘里亭
在縣東　昌國　臨朐

有三亭古郱邑　昌國　臨朐
左傳莊元年齊所徙杜預曰在縣東南

陳相封子山有蘧丘里古渠丘
物記曰縣南有表妻

記曰高山有石高山
有三亭古郱邑

南陽郡秦置雒陽南七百里三十七城戶五十二萬
廣　般陽故屬濟南

八千五百五十一口二百四十三萬九千

故屬琅邪　東牟侯國昌陽　盧鄉　長廣
杜預曰縣東北計斟城號曰　黔陬侯國故屬琅邪有介亭

不期侯國故屬琅邪
左傳襄二十四年代莒侵介根杜預曰在縣　葛盧有尤涉亭

侯國　東牟侯國昌陽　盧鄉　長廣
前書僑萬縣故屬掖國有過鄉國故過

記曰南有蒲犬山似犬　掖國有過鄉國故過
都經此山似大火之寵曰山神謂我人也　當利

百三十里有始皇　曲成

【上欄】

六百二十八宛本申伯國〔荊州記曰郡城周三十六里博物記〕

有申亭南都賦注　有王池澤陂〔曰有南就聚有瓜里津　東觀書記〕

武拒光武於此里　奉瓜里〔袁山松書曰賨復從至夕陽聚　有東武〕

有夕陽聚〔擊鄧奉追至夕陽聚〕

亭　冠軍邑

葉有長山曰方城城在縣〔杜預曰方城山在〕

西鄂〔父〕　有黃郵聚〔秦豐也吳漢破孫夏山海經曰有豐山神耕〕

章陵故舂陵世祖更名　新野有東鄉故新都有卷

有黃淳聚〔在縣西〕　有東鄉〔楚左傳昭二十五年葉公諸梁家近縣築城楚子使然丹遷城父〕

古今注曰建武十八年使中郎將耿遵築城有精山朱魯破夏有上唐鄉〔下江兵荊州軍國〕

有南就聚有瓜里津〔東觀書記〕

魯陽有魯山〔前志曰古魯縣南有堯山封劉累立堯後有九鍾焉是知霜朝霜降則鍾鳴〕

記曰滍水出魯陽有牛蘭累亭〔謝沈書云牛蘭山也〕

舞陰邑　比陽　復陽侯國有杏聚〔荊州記〕

有牛蘭累亭〔謝沈書云牛蘭山也〕　雉〔博物〕　堵陽　博望

氏桐柏大復山淮水出〔前書曰大復山南山東出桐柏淮源涌發其中〕

潛流三十里東出大復山南山南有陽山出紫草〔荊州記曰陽城東北有謝城〕

棘陽〔百里有謝城伯升襲也〕　有藍鄉〔甄阜也〕　有宜秋聚〔伯升襲甄阜〕

江兵見下淮源廟博物記　有

黃淳聚〔又伯升破梁丘賜杜預曰蓼國湖陽是〕　湖陽邑〔荊州〕

【下欄】

有小長安〔漢軍為甄阜所破處有東陽聚〕　山都侯國涅陽

陰鄼侯國〔荊州記曰縣北八里有菊水其源旁悉生甘菊〕　穰〔楚師圍鄧盧注曰在縣西〕　朝陽〔南都賦注有神陂澤有松子亭下江兵在縣西南〕　安眾

廣又收其寶物師遂處處傳植之〔後漢書志三十二〕

陽侯國〔魯博物記曰中多魚人捕不可得南都賦所稱〕

侯國〔魯博物記曰有土有英荊州記曰今穀亭荊州記北四里有開林山西山今穀亭〕

成聚〔山南二百里縣北〕　成都〔荊州記曰縣北四里有武當縣有女思之地有龜山西有龜山〕

有須聚〔記曰穀城此〕　襄鄉〔丹水二縣晉楚師於之地〕　南鄉〔有商城於此〕

筑陽侯國有涉都鄉〔預曰博山〕

順陽侯國故博山〔荊州記曰有開林山西〕　武當有和成聚

屬弘農〔南鄉丹水張儀輿楚師〕　析故屬弘農故楚白羽〔哀四年晉師〕　有章密鄉有三

戶亭〔許遷于白羽　左傳昭十八年〕　丹水故〔有商城於此〕

邑〔都賦曰在其西文左傳遷于白羽〕　西有斷蛇丘〔古遂西有武關在縣西〕

武關在縣西〔都賦曰在其西文〕

【上欄】

霸曰去縣雄／百七十里

頭山／北有馬

有豐鄉城 左傳桓四年司馬起豐析荊／州記曰縣有龍淵深不測縣

鄉 史記曰楚熊渠立長子康為句亶王張瑩家在／城中白起張瑩記云今江陵也皇覽曰孫叔敖家在城中城名左冶父左傳十九里餘有紀／縣北十餘里有紀南城莫敖于莫干大敗於荊于荒谷荊于大夫三湖湖出于縣西有水出於荊山東南流注於江莊王所都在城中夏州今江陵東有雲夢荊州記曰楚昭王所都城取一人以歸謂之夏州所城史記蘇秦說楚王東有夏州海陽陳鄉史記蘇秦說楚王以歸謂之夏州

南郡 秦置雄陽南／一千五百里
十七城戶十六萬二千五／百七十口七十四萬七千六百四

江陵

有津

巫西有白帝城 郭璞曰巫山／有巫山 秭歸本歸國 杜預／種歸本歸國

中盧侯國 一道漢特陸逮建業使襄陽蠻戎常乘陸使驛流弟至三國時常有數百匹馬出其中山形皆小似巴滇馬三國時蜀使有數百匹馬出其中馬形皆小似巴滇馬遠近所識馬色丹父云七父山又值對水東對水東注沔水中有逮弟便好殺人積骸或自曝生物如虎鮮云不可七月

編有藍口聚 傳聞關緤下殺江兵所權城左州記曰權城楚武王所剋荊州記曰權城楚

當陽 杜預曰縣東南有麥城西有驛城二城相近馬臂一夜築一城

華容侯國雲 夏安陸縣東南有雲夢城或曰華容城

夢澤在南 江夏安陸縣東南有雲夢城

【下欄】

縣東南亦有雲夢巴丘湖江南之雲夢也是雲夢跨川亘隰兼苞湖江南之雲夢西九里有東津從襄陽渡江波 襄陽有

阿頭山 本彭破張瑩楊羨傳云老傳曰襄陽舊所見游女廟此山之

城侯國 羅國後徙枝江及枝江舊羅縣此經曰其陰多鐵其陽多赤金即景山即卞和抱璞之處荊之首山也漢水出其陰即漳水所出也漳水別流注滄浪水至荊山東別流為滄浪水至荊山破楚

有丹陽聚 史記楚文王伐申過鄧王納州于秦

邔侯國有犁丘城／酇侯國永平元年復 宜
臨沮侯國有荊山海山
枝江侯國本羅國

夷道 西北有宜陽縣 李芳

夷陵有荊門 本彭破史記楚烈王絅州羊腸山 虎牙山荊門山州記曰虎牙江北虎牙有文如齒牙江南虎牙江北虎牙山上合下開如齒牙荊門上合下開

州陵

故屬武陵

江夏郡 高帝置雄陽／南一千五百里
十四城戶五萬八千四／百三十四口二十六萬五千四百六十四

西陽

軑侯國 在東南有邾城杜預曰古邾國城

西陵

鄳

竟陵侯國有鄖 荊州記曰山周三十丈史

鄉 鄉人軍蒲騷左傳相十一年立章山本內方 高三十丈周三十丈荊州記曰山攻其阨之塞徐廣云即此縣也曰无忌說魏安僖王曰秦不敢

立章山本內方 杜預曰縣西北在縣西北申水左傳楚公子雲杜 杜預縣東南

03-1563

〔上段〕

故國　有鄀城

沙羨　邾　地道記曰楚滅其君此城　下雉斷春　本案

傳有鄳鄉　聚緑林　安陸

平春侯國　南新市侯國

零陵郡　武帝置雒陽南三千三百里　十三城戸二十一萬
二千二百八十四　口百萬一千五百七十八

泉陵　零陵　陽朔山湘水出　水有洮水有灌水有宜水有祁水有春水有瀳水　羅含湘中記曰有營

營道　南有九疑山　記曰九疑山　經注曰舜之所葬郭璞曰其山九溪皆相似故曰九疑湘州營陽郡記云山下有舜祠故老相傳舜登九疑　營浦

泠道　春陵鄉　洮陽　都梁　有路
里餘有舜南巡止宿廣今立廟

山　夫夷侯國故屬長沙　始安侯國　重安侯國故鍾武永建
郡記曰縣東有駿山東有遄山　荊州記縣東有漁父　三　安

年更名　湘鄉　昭陽侯國　烝陽侯國故屬長沙
樂山東有遄山　余水傍有漁父

廟

桂陽郡　高帝置雒陽南三千九百里　十一城戸十三
陽南三千九百里

萬五千二十九　口五十萬一千四百三

郴有客嶺山　湘中記曰郴人蘇耽壇有義陵祠又縣南十數里　便
馬嶺山有仙人蘇耽壇荊州記曰城南　此有溫泉其下流有數十畊田常以十二月下種明年

〔下段〕

登一年三熟便　三月新穀便

臨武　桂陽　耒陽有鐵　陰山　南平
郡記有曲江始興　吳山　湞陽有茂領山始　含洭　湞陽永和元年置

武陵郡　秦昭王置名黔中郡高帝五年更名雒陽南二千一百里
問主簿潘京曰貴郡何以名武陵京曰鄙郡本名義陵在辰陽縣界與夷相接為所攻破光武時移東出是以名焉　十二城戸四萬六千六百

沅　荊州記曰縣南臨沅水水源出牂柯故云五溪蠻　百七十二口二十五萬九百十三

故索陽嘉三年更名刺史治　辰陽　酉陽　遷陵　鐔成
魏氏春秋都改曰劉公在安　漢官儀曰刺史治雒陽三千里去

陵　零陽　充　沅陵先有壺頭山
荊州記都尉治馬援軍度處數十丈其上名曰天門　關處有松梁山有石室

有壺頭山　遷陵　鐔成　沅南建武二十六
酉陽

長沙郡　秦置雒陽南二千八百里　十三城戸二十五萬
二十八百里

千八百五十四　口百五萬九千三百七十二

臨湘　攸　茶陵　安城　湘南侯國
東記曰縣西南湘水為酃酒　鄙有鄙縣湖周　母山周迴四百里　衡
迴三里取湖水為酒

羅

雲汄湘背廼不復見九向

郭璞曰山別名峋嶁相傳禹案其文以治
水遺崖衡山如庫

山在東南

帝王世記云有金人以狀糧地輒便成井
深者帝王世記云有金人以狀糧地輒便成井
縣南十里有平岡岡有金井數百淺者四五尺
四十里有大山山有三石室中有石牀石上有履
父老相傳昔有道士學仙此室即合金沙之曰
亦云二如之神劉裵爲之立碑醴陵曰荊州記
縣東

連道

昭陵

益陽　荊州記曰

下雋　荊州記曰

連道

容陵

右荊州刺史部郡七縣邑侯國百一十
七　魏氏春秋建安二十四年吳分固
陵郡二十五年分南郡之巫秭歸爲新城郡
西城七縣爲新城郡
夷陵臨沮井房陵上庸

九江郡　秦置維陽東十四城戶八萬九千四
百三十六口四十三萬二千四百二十六
【後漢書志二十二】

壽春

成德

西曲陽　左傳

全椒

阜陵

歷陽　章敢

當塗有

逡道

鍾離侯國

合肥侯國

陰陵　哀十二年會吳于橐皐杜預曰逡道縣有唐后二山
縣東南案宋均傳縣有唐后二山

馬丘聚徐鳳反於此帝王世記曰禹會諸侯塗
山之會　山在當塗左蔡縣
在縣東山鄉西去縣四十里子思造芎政
哀十二年吳入州來左傳杜預曰下蔡縣

下蔡故屬沛

平阿故屬

義成故屬沛

沛有塗山　應劭云山在當塗之會
傳禹娶有塗山之會
在縣東二千一百十六

丹陽郡　秦鄣郡武帝夏名鄣陽東二千一百十
六十里建安十三年孫權徙分新都郡十六

─────────────────

城戶十三萬六千五百一十八口六十三

萬五百四十五

宛陵　溧陽　丹陽

故鄣　吳興記曰中平二年分置原鄉縣

於潛　吳興記曰中平二年張角亂此鄉守險助國漢嘉之分南置安

涇　歙

黟　魏氏春秋曰其地本名金陵秦始皇改曰黟

陵陽

蕪湖中江在西　左傳襄十七年城
又故立縣今謂之王山
魏氏春秋有安勒烏邪山
郭璞曰在縣東山有安勒烏邪山
子明得仙於此故山以爲名
縣之東

秣陵　六年孫權改曰建業十七年城石

南有牛渚湖熟侯國　句容　江乘

春穀　石城

廬江郡　國以其縣屬維陽東文帝分淮南置建
武十年省六安
十四城戶十萬一千三百九十二口四十二
萬四千六百八十三

舒有桐鄉　古桐國左傳昭五年吳敗楚鵲岸

尋陽　勳士衆散處劉南
有九江東合爲大江　釋慧遠廬山記略曰山在
尋陽南南濱宮亭湖北對

雩婁侯國

尋陽有杜預曰縣有
岸有鵲尾渚

潛　左傳昭
小江入小江三十餘里有匡俗先生者出殷周之際隱遁潛居其廬山大嶺凡七嶺皆周環
去小江三十餘里有匡俗先生者出殷周之際隱遁潛居其廬山大嶺凡七嶺皆周環
仙人之廬而命馬其山大嶺凡七嶺周迴垂五百里其南嶺臨宮亭湖下有神廟即以廬爲名
百里其南嶺臨宮亭湖下有神廟即以廬爲名
有東南有香爐山其上氣色若香煙西南有石門前
有雙闕壁立千餘仞而瀑布流焉其中鳥獸草木之奇
者靈藥芳林之所苗裔章也
美志匡俗字君平夏禹所稱之苗裔章也　潛左傳曰昭人三
【後漢書志二十二】

侵楚伐夷侵潛六楚沈尹戌帥師救潛是也潛有天柱山臨湖矦國 龍舒矦國 襄安 晥有鐵 居巢矦國皇覽曰范增冢在郭東又庭中亞父井吏民皆祭亞父於居巢庭止長吏初親事皆祭而後從政後更造祠於東廣志曰有二大湖六安國皇覽曰皐陶冢在縣蓼矦國 安豐有大別山左傳昭二十三年吳敗諸矦之師于雞父杜預曰縣南有雞備亭陽泉矦國廣志曰有陽泉湖安風矦國

會稽郡秦置本治吳立郡吳乃移山陰雒陽東三千八百里十四城戶十二萬三千九十口四十八萬一千一百九十六

山陰越絕曰句踐小城山陰是也稷山者句踐齋戒臺吳越春秋曰句踐築城已成怪山自至怪山者琅耶海中山也一夕自來故名怪山會稽山在南上有禹冢山海經曰會稽之山四方上多金玉下多玞石郭璞曰有禹井越絕曰有重山句踐葬大夫種有浙江郭璞注山海經曰江出歙縣玉山 鄮 烏傷越絕曰有常山古聖所采藥高且神英雄交爭記曰初平三年分縣南鄉為長山縣諸暨越絕曰興平二年分立吳寧縣餘暨越絕曰西施之所出謝承書有涉屋山魏都賦注有蕭山潘水出焉太末左傳謂姑蔑初平三年分立新安縣建安四年孫氏分立豐安縣二十三年立遂昌縣東陽記縣龍丘山有九石特秀林表色丹白遠望盡如蓮花龍丘長隱居於此因以為名其峯際復有巖穴外如牕牖中有石林巖前有一桃樹其實甚甘非山中自有莫知誰植上虞漢末分南鄉立始寧縣剡 餘姚 句章山海經曰餘句之山無草木多金玉郭璞曰山

在餘姚南句章北故二縣因以為名句踐欲遷吳王於甬東韋昭曰縣東洲鄞、章安故治閩越地光武更名晉元康記曰本鄞縣南之迴浦鄉章帝章和元年立未詳永寧永和三年以章安縣東甌鄉為縣 東部矦國

吳郡順帝分會稽置雒陽東三千二百里十三城戶十六萬四千一百六十四口七十萬七百八十二

吳本國越絕曰吳大城闔閭所造周四十七里二百一十步二尺又有伍子胥城居巢城昌門外闔閭冢虎丘穹隆赤松子所取赤石脂也去縣二十里有鹿湖攝谿城又石城闔閭置美山虞山巫咸山皇覽曰縣東門外孫武冢又要離冢縣西南震澤在西後名具區澤爾雅十藪吳越之閒有具區郭璞曰縣南太湖也中有包山山下有洞庭穴道潛行水底去無所不通號為地脈越絕書曰湖周三萬六千頃又有大雷山小雷山周處風土記曰舜漁澤之所臣昭案此僻在成陽是也又吳伐越敗之夫椒杜預曰太湖中椒山是也海鹽案今計偕簿縣之故治順帝時陷而為湖今謂為當湖大旱湖竭城郭之處可識烏程左傳襄三年楚伐吳至於衡山杜預曰在縣南或云丹陽縣之橫山去鳩茲不遠子重所至也吳興記曰縣西北其山有項籍祠興平二年太守許貢奏分縣為永縣餘杭顧夷曰秦始皇至會稽經此立為縣史記曰始皇臨浙江水波惡乃西百二十里從狹中渡徐廣曰餘杭也臣昭案始皇所過乃在錢塘富春豈近餘杭之界乎毗陵季札所居北江在北越絕曰縣南城在荒地上湖中冢者季子冢也名延陵墟皇覽曰暨陽鄉丹徒春秋曰朱方曲阿 由拳

左傳曰越敗吳於檇李杜預曰縣南醉李城也干寶搜神記曰秦始皇東巡望氣者云五百年後江東有天子氣於是始皇至會稽以厭之故云囚徒十萬人掘污其地表以惡名改之由拳縣為囚拳也其地開所立以備春申君使奉縣王子孫守之子死遂葬城中其縣有張公山

富春

陽羨邑

安　安西咸冢有

錫皇覽曰吳王太伯冢在吳縣北梅里聚去城十里太伯所居所宅地名為故吳墟里猶存臣昭以為太

洞密有二堂吳王太伯所居即家宅為宮廟不如皇覽所說也越絕曰縣春申君所封邑吳王濞所居也

無錫侯國　史記曰自為都邑城故無吳墟越絕曰縣西龍尾

豫章郡　二千七百里　高帝置雒陽南

二十一城　戶四十萬

六千四百九十六口百六十六萬八千九

南昌　豫章記曰新吳上蔡永脩縣並中平立上蔡民分徙此地立名上蔡　**豫南**　**王仲**

建城　者豫章記曰上縣此地立名上蔡

新淦　有葛鄉可燃以爨新淦有石炭二頃可燃以爨

宜春

廬陵　孫策建安年立　年孫策分立廬陵

贛　有豫章水

雩都

南野　有臺

南城

鄱陽　有鄱水黃金采　建安十五

餘汗

鄡陽

歷陵　有傳易山

彭澤　彭蠡澤在西　**柴桑**　**艾**　左傳哀二十年吳公十三年大

領山

慶郡

分立廬陵郡及吳臨湘三縣是今縣

鄱陽郡治縣歷陵有傳易山

年孫權分立

彭澤彭蠡澤在西柴桑艾十年列江邊名慨口出豫章大在昌邑城豫章記曰城東十

慶忌所居海昏侯國王每乘流東下所居邑也昌邑王所居也慨口

江口也凱慨而還朝之慨口　平都侯國故安平

石陽　臨汝永元八年置　建昌永元十

六年分海昏置

右揚州刺史部郡六縣邑侯國九十

二

後漢書志第二十二

漢中　巴郡　廣漢　蜀郡
犍為　牂牁　越巂　益州
永昌　廣漢屬國　蜀郡屬國
犍為屬國
　右益州
隴西　漢陽　武都　金城
安定　北地　武威　張掖
酒泉　敦煌　張掖屬國
張掖居延屬國
　右涼州
上黨　太原　上郡　西河
五原　雲中　定襄　鴈門
朔方
　右并州
涿郡　廣陽　代郡　上谷
漁陽　右北平　遼西　遼東

【後漢書志二十三】　林本達

玄菟　樂浪　遼東屬國
　右幽州
南海　蒼梧　鬱林　合浦
交趾　九真　日南
　右交州
漢中郡　秦置雒陽西九百九十里
　百四十四口二十六萬七千四
漢中郡　九百九十里　户五萬七千三
鄭　池水從旱山來成固嫮墟在西北　華陽國志曰有成固嫮墟在西北　世記亦云姚墟在西北
西城　巴漢志云漢末以為西城郡　襄中　華陽國志
安陽　錫有錫春秋時曰　上庸本庸國　房陵
錫　汙陽有鐵　錫有錫春秋時曰
錫穴　左傳文十六年楚公防庸至于錫穴　縣有度水水有二原一曰清檢二曰濁檢　別屬新城
汙陽有鐵
巴郡　秦置雒陽西三千七百里　華陽國志曰巴郡以下為永寧郡以墊江為巴郡　又分巴為二郡欲得巴舊名故郡以永寧為巴郡以墊江為巴郡建安六年劉璋
墊江　江為治安漢以下為永寧郡以墊江為巴郡
巴城郡有維曰建維水所出東入瀘　城郡有維水水有二原　代廳至于錫穴　公防祠
十四城户三十一萬六百九十一口百
八萬六千四十九　江州　杜預曰巴國也有塗山華陽國

後漢書志二十三

志曰帝禹之廟銘存焉

鐵 胸忍
此水粉則膏暉鮮貢粉京師因名粉水本傳文
有池大澤名山
靈臺見孔子內讖
有打開 為打開以拒蜀 史記曰楚肅王使莊蹻
月涪陵出丹 巴記曰永寧縣分涪陵置 枳 楚史記枳代而圍
魚復 古庸國左傳文十年 水勢山者閬中有
有華陽國志有明月
本與楚商於之地接漢時赤甲軍常取其民為軍
亡華陽國志
城廣漢嵎者是也
南郪從枳南入折丹涪水出蜀
宕渠有 清水沇出 巴人以清水沇
臨江 枳 朐䏰 涪陵 充國永元二年分 宣漢 漢昌永元中置

安漢 平都
巴記曰初平四年分充國縣置之 巴記曰分宕渠
之北而置之
帝分枳置宣漢
巴記曰和帝永元二年分宕渠之東置

閬中置
巴記曰巴子雖國南充國縣分之

廣漢郡
高帝置雒陽西三千里
西三千里 十一城戶十三萬九千 四百三十八 三
八百六十五口五十萬九千 縣竹
華陽國志曰有金 廣漢
雒州刺史治 新都 堂山水通巴漢
什邡 郪
地道記曰有紫嚴山 山雒水之所出焉 涪 白水 綿虒曰
梓潼
安帝二十二年劉備以為郡 涪水出蜀白水出北戥 山海經曰白水出蜀而東南入江郭璞曰
今在葭萌 地道記曰華陽國志有水通于漢民洗取之有險阻

有沈水 德陽
川有金銀礦
縣西三十里至險
葭萌 闖道縣三十里

蜀郡
秦置雒陽西三千一百里十一城戶三十萬四百五 成都
十二口百三十五萬四百七十六

宕渠有
郫 江原 繁 廣都

臨邛 博 什 湔氐道
冉駹蠻者臨邛物
十里後漢所穿鑿者
任豫州記曰鄰江水灌灌
引取郫江水灌成都田云
有鐵

岷山在西徼外 汶江
石對蜀王本紀曰岷山在郡夏八

道 凝湅
華陽國志曰禹生細縣有石紐邑夷人營其地方百里不

陵 廣柔
帝王世記曰禹會諸侯于此地昔武帝置雒陽西三千二百里戶十三萬一千 縣虒
藏三年為人所得則其原之云 帝王世記曰禹生細縣有石紐邑夷人
敢居牧有過逃其野中不敢追云禹神靈祐之

道
山出璧玉浦水所出

犍為郡 武陽有彭亡聚
武帝置雒陽西三千二百里劉璋分立江陽郡之 縣南二十
九城戶十三萬七千七百一十三口四十一萬一千 資中 牛鞞
里彭望山喬祠今在縣下有彭祖家上有彭祖祠在越巂界有五城 志曰縣南二十

南安
蜀都賦注曰魚符津數百步在縣北三十里縣有四五

鞞
喬祠今在縣下有彭

津
蜀都賦注曰魚符津便山橫津相連經益州郡有

尺深或百丈斬靈之跡今存昔唐蒙所造博物記
西百里有牙門山華陽國志曰縣西有熊耳峽南
峨眉山去縣八十餘里有王岳蘭水色赤白映人有荔枝薑蒟
黃魚從楚水出此而止長崖映其水故也水亦有雙人
今名復出水是也水因山南潛出
都賦注云潛既會有方蘭水從縣南流至漢有嘉縣入大沇中

辣道　越巂舊縣華陽國志曰縣西有馬湖會
江陽

群舸郡　武帝置雒陽西五千七百里十六城户三萬一千

荷節　南廣　漢安

同並　談稾

平夷　鄨　地道記曰不狼山鄨水出焉
談指出丹　南中志曰縣北三百里有竹王祠　津江江有瘴氣　夜郎

出雄黃雌黃　王三郎祠

漏江　母單　宛温
此江有鐔封　鐔封　西隨　句町

水所毋斂　進乘　南中志曰縣東南數里有水名
越巂郡　武帝置雒陽西四千八百里十四城户十三萬一

邛都　南山出銅　南中志曰縣廣都河從廣二十里深百餘
丈有魚長一二丈頭特大遙視如戴鐵金狀華陽國志曰河有嗽
國志曰河有繄碧石有綠碧　靈關道　有銅山又曰　遂

久志華陽國志曰有繄碧石有綠碧

百二十口六十二萬三千四百一十八

臺登出鐵　華陽國志曰有孫水一曰白沙江山有砮火燒成鐵　青蛉有

冄駹山俗謂有金馬碧雞　華陽國志曰通寧州度瀘水出金　甲
水華陽國志曰三　縫　華陽國志曰有蛉縣有長谷石迳水出　定莋

元馬河民居家家有駿馬云元馬子也
故濆水邑也今有濆人　蘇示　大莋　莋秦

益州郡　武帝置故滇王國雒陽西五千六百里十七城户二萬九千三十六

姑復　地道記在南

俞元裝山出銅　華陽國志曰山澤出銅勝休

出錫　鹽町山出銀鉛　河中洲上　律高石室山

羊山出銀鉛　在縣西山道記曰南爲羊山出錫　賁古采山出銅錫

母掇　地道記曰有榆

水山攗出

建伶　殺昌　牧靡（肄音）　味昆

澤　同瀨（地道記口銅虜出）同勞　雙柏出銀

連然　挵棟（地道記無血水所出連山米水所出）秦臧

鐵　唐（本西南夷史記曰古筰縣徙南越相呂嘉之子孫宗族居之因名不韋以章其先人之惡）比蘇　楪榆（有河廣志曰楪水縣有弗島山縣）揚笑

永昌郡（明帝永平二年分益州西部都尉治嶲昆明古今注曰永平一郡見龍之耀曰月相）八城戶二十三萬一千八百九十七口

百八十九萬七千三百四十四　不韋出

有靈夷華陽國志曰嶲唐鎮哀牢人撲萬

西北八十里在阜山眾烏千百羣共會鳴呼啁哳每歲七月八月晦望乃集六日則止歲凡六至雄雀悲死同取其羽甫陽皇死火焉山縣

縣東有澤有山泉山中旋萬步名扶風太守馬河縣西有大定然百數十里有山泉山之中特高大狀如扶風隄涇西東北相連困視之不見其山固隄隆涇西寒

雖五月盛暑不輟廣志曰五月霜雪皓然

邪龍雲南　哀牢永平中置南界出金永平中置故牢王

國　博南永平中置南界出金（西山華陽國志高三十）

越得蘭滄水有金沙洗取融為金光珠穴廣志曰有虎魄生地中其上及旁不生草深者四五八九

廣漢屬國都尉（以此部都尉屬蜀郡安帝時分廣漢北部都尉別領三城）

三萬七千一百二十口二十萬五千六百

五十二　陰平道　甸氐道（白水出徼外入）

漢剛氐道（所出華陽國志曰涪水）

蜀郡屬國（故屬西部都尉延光元年以為屬國都尉別領四城）戶十一

萬一千五百六十八口四十七萬五千六

百二十九　漢嘉故青衣陽嘉二年改有（嚴道有邛棶九折坂王）

蒙山（華陽國志曰洛水來入江已嚴道郡下青衣江入大江土地多砂石雖八首如斛削去外皮中成虎）

者邛（刻置所出也山海經曰崌崍山江水出此縣而南為郭璞曰中江）

徙（山海經曰崍山江水出焉華陽國志曰崍山甚險難南人在邛崍表邛人自有解）

旄牛（水若水一名洲江入廣此山甚險難南人毒之故名邛崍有關）

懷（入渡之邛崍山本名邛莋故邛人莋人界也作人界也折乃至山上凝冰夏結冬則劇樂王陽行部至此退徙）

犍為屬國（故郡南部都尉永初元年以為屬國都尉別領二城）

朱提（南中志曰縣有大淵池水名千頃池水西南二在縣南數十里周四十七里山出銀銅）

九百三十八口三萬七千一百八十七戶七千

八城兩為一流直一千五百八十他銀一瀘直百能得去蜀都賦注曰有靈池有舞竿盛夏之月飛鳥過之不中心曰舊有銀窟數處諸葛亮云漢嘉金朱提銀南

漢陽

右益州刺史部郡國十二縣道百一十八 本梁州泰山松書曰建安二十年復置為上庸郡置都尉 漢寧郡漢中之安陽西城郡分錫上庸

隴西郡 秦置雒陽西二千二百二十里 十一城戶五千六百二十八口二萬九千六百三十七

狄道

首陽有鳥鼠同穴山其鳥為 李景為 經葭萌入漢始源曰沔故曰漢

都賦注曰漢水源出隴西西經武都至武關歷南陽曰沔入江漢志西漢出隴西嶓冢山會白水歷南

宂其鼠為鴷如人家鼠而短尾鵒似鵽而小黃黑色穴地入三四尺鼠在內鳥在外孔安國尚書傳曰共為雌雄張氏地理記云不為牝牡

氐道 養水出此 源出隴西南安界出沔口入江巴漢志西漢隴西嶓冢山會白水經葭萌入漢始源曰沔故曰漢

安故 養水出此源名養南杜山海經曰鳥鼠同穴山渭水出有三危山地道記云三危三

大夏 襄武有五雞聚 臨洮有西 縣前志曰縣西本傳為雒陽防禁素西城

白石故屬金城 鄣 河關故屬

頃山 前志曰在馬防築素西城 抱罕故屬金城積

右山在西南河水出

漢陽郡 武帝置西二千里泰川永平十七年更名在雒陽郡獻帝起居注曰中平五年分置南安郡分雒陽上郡為永陽以鄉亭為屬縣 十三城戶二萬七千四百二十三口十三萬一百三

十八 冀史記曰泰武公伐冀戎斬首獻吋志曰縣南有 有朱圉山 前志曰在縣南有

緱羃山有雒門聚 采歉碎 狄碎處 陣置處 望恒 阿陽

略陽有街泉亭 縣街泉故省 漢官曰雒陽有大坂名

隴坻 泰州記曰隴山東西百八十里登山嶺東望泰川四下惟高極目泯然極高遠望望者莫不悲思故歌曰隴頭流水分離四注下念我行役飄然曠野登高遠望涕零雙墮嘉墮渥汧出投坏爾乃是山人行反八月乃得越此

隴抵聚有泰亭

戎 公王斬 蘭干 平襄 顯親 上邽故屬

隴西 泰州記曰縣北有利山川中平地高土堆積百十圍百十揚樹大數十圍五丈生細竹翠茂殊常 西故屬隴西有嶓冢山西漢水 史記曰秦郢姓祀之命和仲居西立西令徐廣曰今之西縣郢之人謂之西充山

武都郡 武帝置雒陽西 七城戶二萬一百二

口八萬一千七百二十八 下辨有赤武 康從

都道有華陽 天池澤 上祿故道 沮 下辨有赤武

龍頭嶼 河池有泉街水 起此

羌道

金城郡 昭帝置雒陽西二千八百里 十城戶三千八百五

十八口萬八千九百四十七　允街 西羌傳有唐谷

泰州有牢北山傍有三窟　浩亹 有雒郁谷為武破羌處

金城 榆中 臨羌有昆崙山 令居 枝陽

夷允街

安定郡 武帝置雒陽西千七百里 八城戶六千九百十四口

二萬九千六十 臨涇 民板楯留改曰宜民見李 朝那 本傳有龍池山烏出薄落谷 高平有第一城高峻所據 彭陽

三水 有左谷盧陰盤 舊有陰密縣未詳所并社預記曰秦遷白起于陰密山海經曰溫水出華陽北郡璞注山海經曰溫水常暵 富平 泥陽

北地郡 秦置雒陽西一千百里 六城戶三千一百二十

鶉觚故屬北地

二口萬八千六百三十七

有五柞亭 地道記曰泥水出郁郅北蠻中有青山謝沇書屬國 弋居有鐵 廉縣

參䜌故屬安定 降羌胡數千人居山

武威郡 故匈奴休屠王地武帝置雒陽西三千五百里 十四城戶萬四

靈州

富田 甲移山在西北

十二口三萬四千二百二十六 姑臧道 地道記曰

水所出張掖 武威 休屠 揟次 鸞鳥 地道記曰南山松陝

烏 樸劓 媼圍 宣威 倉松 顯

美故屬張掖 左騎千人官 張掖故屬安定租屬故屬安定

張掖郡 故匈奴昆邪王地武帝置雒陽西四千二百里獻帝分置西郡 八城戶六 顯

千五百五十二口二萬六千四十 䚡得 日勒

昭武 刪丹弱水出 氐池 屋蘭

勒驪 軒 番和

酒泉郡 武帝置雒陽西四千七百里 九城戶萬二千七百

六福祿 表氏 樂涫 玉門 會水 乾齊 延壽

沙頭 安彌故曰綏彌

敦煌郡 武帝置雒陽西五千里者舊記曰國嘗乾 六城戶七百四十八口

二萬九千一百七十 效穀 拼泉 廣至 龍勒有美

瓜 冥安 敦煌古瓜州出美

玉門關

張掖屬國　武帝置屬國都尉以主蠻夷降者安帝時別領五城　戶四千六百五十六口萬六千九百五十二　候官　左騎　千人　司馬官　千人官

張掖居延屬國　故郡都尉安帝別領一郡之濮置新平郡　戶二千五百六十四千七百三十三

古流沙　獻帝建安末立為西海郡　居延有居延澤

右涼州刺史部郡國十二縣道候官九十八　袁山松書曰興平元年分安定

《後漢書志二十三》

上黨郡　秦置雒陽北千五百里　十三城戶二萬六千二百二十二口十二萬七千四百三　十三

長子　山海經曰有發鳩之山章水出焉　尉所治濁漳水出馬上黨記曰與平元年分六十里即壺關

屯留　絳水出鹿谷山濁漳

銅鞮　上黨記晉別宮在縣去晉宮二十里有銅郭璞云在此

沾　山海經曰沾山濁漳水出上有銅郭璞云山海經曰沾水出為金

涅有關與聚　史記曰韓奢破秦兵關與山海經涅水出為南

襄垣　上黨記松生馬嶺有金沁水出

故黎國　文王戡黎即此也上黨記曰東山申生所伐今名平舉　法氏

有長平亭　史記曰白起破趙長平曰上黨記曰城在郡南山中百二十里　高都

前志曰天井關也即天門關戰國策曰羊腸坂記哀帝曰潞渭也晉縣南地名即垂　潞本國

猗氏　縣出鹽義陽　陽阿戾國　濩澤

海有羊頭山沁水所出

太原郡　秦置雒陽西北　十六城戶三萬九百二口二十萬一百二十四　晉陽本唐國　有龍山晉水所出　晉陽晉水所出

平陽縣今　遷河東

晉陽縣　刺史治

凱　傳曰遷實沈于大夏

界休有界山有縣上聚　榆次

有千畝聚　中都

鑿壺　于離　茲氏　狼孟　鄔

食　寒　孟　平陶　京陵　春秋

時　九京　京陵　春秋

曲　大陵有鐵　大陵　祁　陽　慮

虎

陽邑有箕城 左傳僖三十三 年晉敗狄于箕

上郡秦置十城戶五千一百六十九口二萬
八千五百九十九　膚施　白土　漆垣
奢延　雕陰　楨林　定陽　高奴　龜
茲屬國　侯官

定　美稷　樂街　中陽　皋狼　平周
九十八口二萬八百三十八　離石　平

西河郡武帝置維陽千二百里也十三城戶五千六百
平陸　益蘭　圜陰　藺　圜陽　廣衍
原　臨沃　父國　河除　武都　宜梁
七口二萬二千九百五十七　九原　五

五原郡武帝置爲九原更名十城戶四千六百 毛仙 十五
曼柏　成宜　西安陽北有陰山 山在河南
陽山在河北史記曰蒙恬築長城
臨洮延袤萬里餘度河據陽山

雲中郡秦置十一城戶五千三百五十一口
二萬六千四百三十　雲中　咸陽　箕
陵　沙陵　沙南 案烏桓有烏桓之圍聚廎北輿
武泉　原陽　定襄故屬定襄　成樂故

屬定襄　武進故屬定襄

定襄郡高帝置五城戶三千一百五十三口
萬三千五百七十一　善無故屬鴈門
桐過　武成　駱　中陵故屬鴈門

鴈門郡秦置維陽北……十四城戶三萬一千八
前書高帝被誘匈奴者出武州以入鴈門飛出
百六十二口二十四萬九千　陰館史記曰
漢蘇意……白登 史記去縣七里 章歲
劇陽……崞　平城 前書高帝被誘匈奴於登 汪陶　埒
服虔曰去縣七里
繁畤　樓煩武州　卤城故屬代郡

馬邑 干寶搜神記曰昔秦人築城於武州塞内以
城乃不崩遂名之爲馬邑
反覆其父老異之因以築城故名馬邑
是也郭璞曰即鴈門山也在縣爾雅八陵西隃
鴈門山山海經曰鴈門山鴈出其閒於
軍句注應劭曰山險名也在縣爾雅八陵西隃

歷之原平故屬太原有夏屋
山璞曰爾雅山中有猋形相負共行土俗名
建安十年鑿渠自呼沱河入汾名平虜渠
山史記曰趙襄子北登夏屋山中有獸形如兎
古史考曰原平縣今原平縣彊陰

朔方郡武帝置六城戶千九百八十七口七
千八百四十三　臨戎　三封　朔方
沃野　廣牧　大城故屬西河

03-1575

右并州刺史部郡九縣邑矦國九十
八古今注曰建武十一年十月西河上郡屬魏
魏志曰建安二十年省雲中定襄五原朝方
置一縣領其民
合以爲新興郡

涿郡 高帝置雒陽東北千八百里
七城戶十萬二千二百
一十八口六十三萬三千七百五十四
涿
逎
別錄曰克齊腹之地史
記荆軻奉督亢圖入秦
故安易水出
本紀永元十五年復置縣鐵官
服虔曰在縣北界
范陽矦國
良鄉
北新城有汾水門
史記曰趙與燕汾門
方城故屬廣陽有臨鄉
有督亢亭
劉向 向

〔後漢書志二十三〕 十七 林仁

廣陽郡世祖省并上谷永平八年復
高帝置
五城戶
四萬四千五百口二十八萬六百
五十
薊本燕國刺史治
漢官曰雒陽東北二千里
廣陽
昌平故屬上谷
軍都故屬上谷
安次故
屬勃海
代郡秦置雒陽東北五百里
古今注曰建武二十七年七月屬幽州
十一城
戶二萬一千五百口十二萬六千一百
八十八
高柳 桑乾 道人 當城

馬城 班氏 狋氏 北平邑 永元八年
復 東安陽 平舒 代
干寶搜神記曰代城始築板幹一旦七
西南板四十五於澤中自結葦爲外門因就
築爲故其城周圓三十五丈爲九門故城處呼
之以爲東

上谷郡秦置雒陽東北三千二百里
八城戶萬三百五十二
口五萬一千二百四十
沮陽 潘 永元
居庸 雊瞀 涿鹿
廣寗
帝王世記曰黃帝所都有蚩尤城黃帝
祠云黃帝與赤帝戰於阪泉地黃帝
五帝位云黃帝與赤帝戰於阪泉在上谷干寶曰在
之野叞蚩尤於涿鹿是叞蚩尤泉下落

〔後漢書志二十三〕 十八 林廉

漁陽郡秦置雒陽東北二千里
九城戶六萬八千四百
五十六口四十三萬五千七百四十
漁陽有鐵 狐奴 潞 雍奴
泉州有鐵
平谷 安樂 獷平 厗奚
右北平郡秦置雒陽東北二千三百里
四城戶九千一百
七十口五萬三千四百七十五
土垠 徐無 俊靡 無終
遼西郡秦置雒陽東北三千三百里
五城戶萬四千一百
五十口八萬一千七百一十四
陽樂

海陽　令支有孤竹城（伯夷叔齊本國也）肥如　臨渝

山海經曰碣石之山繩水出焉其上有玉其下多青碧水經曰在縣南郭璞曰或曰在右北平驪城縣海邊山

遼山（地）

遼東郡　秦置雒陽東北三千六百里（案本紀帝永元十六年郡復置西部都尉官）十一城戶六萬四千一百五十八口八萬一千七百一十四

襄平　新昌　無慮　西安平（入海句驪別種因名之小水貊）望平　候城　安市　平郭有鐵　汶　番汗　沓氏

玄菟郡　武帝置雒陽東北四千里　六城戶一千五百九十四口四萬三千一百六十三　高句驪遼山遼水出（塞外衛白平山遼山小遼水所出）西蓋馬　上殷台　高顯故屬遼東　候城故屬遼東　遼陽故屬遼東（東觀書安帝即位之年分三縣來屬）

樂浪郡　武帝置雒陽東北五千里十八城戶六萬一千四百九十二口二十五萬七千五十　朝鮮　講邯　浿水　含資　占蟬　遂城　增地　帶方　駟望　海冥　列口（郭璞注山海經曰列水名列水在遼東）

長岑　屯有　昭明　鏤方　提奚　渾彌　樂都

遼東屬國　故邯鄲西部都尉安帝時以為屬國都尉別領六城雒陽東北三千二百六十里　昌遼故天遼屬遼西　賓徒故屬遼西　徒河故屬遼西　無慮有醫無慮山　險瀆（史記曰王險　衛滿所都）房

右幽州刺史部郡國十一縣邑侯國九十（二十）

南海郡　武帝置雒陽南七千一百里　七城戶七萬一千四百七十七口二十五萬二百八十二　番禺（山海經注桂林八樹在賁禺東郭璞云今番禺）博羅（有羅浮山自會稽浮往博羅山故置）中宿　龍川　四會　揭陽　增城有勞領山

蒼梧郡　武帝置雒陽南六千四百一十里　十一城戶十一萬一千三百九十五口四十六萬六千九百七十五　廣信　謝沐（漢官曰刺史治去雒陽九千里）高要　封陽　臨賀　端谿　馮乘　富川　荔浦　猛陵　鄣平（永平十四年置）

鬱林郡秦桂林郡武帝更名雒陽南六千五百里十一城 布山

安廣 可林 廣鬱 中溜 桂林 潭

中留 臨塵 定周 增食 領方

合浦郡〈千一百九十一里〉武帝置雒陽南九千里五城戶二萬三千

合浦 徐聞〈交州記曰出大鼓〉 高涼〈建安二十五年孫權立高〉

臨元 朱崖〈交州記曰越人鑄銅為舡在江潮退時見〉

一百二十一口八萬六千六百一十七

交趾郡武帝置即安陽王國十二城 龍編〈交州記曰有仙山數百里有湖有注沈二水贏陵地道記曰南越之數二十一〉〈定安〉州交

麊泠 曲陽 北帶 稽徐 西于 朱䳒

苟屚〈交州記曰有潛水牛上岸共鬭角觡還復出〉

封谿建武十九年置〈交州記曰有堤防龍門水深百尋大魚登此化成龍不得過暴鰓點血流此水恆如丹池〉

望海建武十九年置

九真郡武帝置雒陽南萬一千五百里五城戶四萬六千

胥浦 居風〈見光曜記曰有山出金牛往往夜出十里山有風門常有風咸〉 無功 無編

五百一十三口二十萬九千八百九十四

懽

日南郡秦象郡武帝更名雒陽南萬三千四百里五城戶萬八千

二百六十三口十萬六千七百七十六 西卷

朱吾〈交州記曰其民依海止食魚不食米飲水以冠盧容〉〈交州記曰有採金浦象〉

林邑國〈交州記曰南出此比景〉

比景〈博物記曰日南出其狀晶且白裸袒無衣攓井七郡皆授鼓大以重威鎮〉

右交州刺史部郡七縣五十六〈王範交廣春秋曰交州治羸𨻻縣元封五年移治蒼梧廣信縣建武十五年治龍編凡七縣皆授鼓詔書以州邊遠使持節〉

漢書地理志承秦三十六郡縣邑數百後

稍分析至于孝平凡郡國百三縣邑道侯

國千五百八十七世祖中興惟官多役煩

乃命并合省郡國十縣邑道侯國四百餘

所應劭漢官曰世祖中興海內人民可得而數裁十二三邊陲蕭條靡有孑遺鄯塞絕滅建武二十一年始遣中郎將馬援壞調破棄太守令長或空置太守令長吏治之難如春秋素王上笑曰令邊無人而穀弛刑調侯以克實素王矣刀建立三營屯田殖穀招還俟堡選人民

明帝置郡一章帝置三安

帝又命屬國別領比郡者六又所省縣漸

復分置至于孝順凡郡國百五縣邑道侯

國千一百八十〈東觀書曰永興元年鄉三千六百八十二亭萬二千四百四十三〉

二民戶九百六十九萬八千六百三十口
四千九百一十五萬二百二十

應劭漢官儀曰永和中戶
可解皇甫謐逸士記所校覈精審復非釋
順朝時書後史即編本平後以見尤滋所減記每帝之差軱是
載七百一十二家永萬嘉
光武中元及墾田大數今列本見萬尤滅記千六明帝章和二年三口
至十八年戶五百二十三萬八千六百一十六又王世記永嘉二年戶八百八十七萬口二千一百萬七千八百二十
和帝永元章和二年戶九百二十三萬七千一百一十二口五千三百二十五萬六千二百二十九
安帝延光四年戶九百六十四萬七千八百三十八口四千八百六十九萬七百八十九
順帝建康元年戶九百九十四萬六千九百一十九口四千九百七十三萬五百五十
沖帝永嘉元年戶九百九十三萬七千六百八十口四千九百五十二萬四千一百八十三
質帝本初元年戶九百三十四萬八千二百二十七口四千七百五十六萬六千七百七十二

田八百二十七萬五百三十六頃八十步
墾田七百一十八萬二千八百八十一頃二十步
墾田六百八十九萬四千五百三十九頃九十七畝
田五百一十三萬二千三十五頃三畝
墾田五百七十九萬六千四百七十六頃二十四畝
墾田六百八十四萬六千五百二十九頃五十六畝一百九十四步

贊曰眾安后載 政洽區分 侯罷守列 民無常
君 稱號遷隔 封割糾紛 略存減益 多證

劉昭注補

太傅　太尉　司徒

司空　將軍

漢之初興承繼大亂兵不及戢法度草創
略依奉制後嗣因循至景帝感吳楚之難
始抑損諸侯王及至武帝多所改作然而
奢廣民用匱之世祖中興務從節約并官
省職費減億計所以補復殘缺及身未改

【後漢書志二十四】

而四海從風中國安樂者也昔周公作周
官分職著明法度相持王室雖㣲猶能久
存今其遺書所以觀周室牧民之德旣至
又其有益來事之範殆未有所窮也故至
汲今王隆作小學漢官篇諸文倜說較略
不究

案胡廣注隆此篇論之注曰前安帝時越
騎校尉劉千秋校書東觀好事者樊長孫
與書曰漢家禮儀叔孫通等所草創皆隨
時宜律令在理官備物成以彰可以已劉君甚
撰次依擬周禮朝不惑君以公族元老正仕
藏於几閣無紀錄者久矣二代之業閲而不彰誠宜
朝不惑君以公族元老正丁其任焉可令二代
遷於宗正衛尉平子通人爲尚書郎太史令各務其職劉君未

【後漢書志二十四】　二

官公卿表記漢承秦置官本末訖于王莽
差有條貫然皆考武帝奢廣之事又職分未
悉世祖節約之制宜爲常憲故依其官簿
粗注職分以爲百官志

同俱爲細字如或相冒蕭應注本注尤須分顯
故凡是蕃注通爲大書稱本注曰以表其異

官之本及中興所省無因復見者旣在漢
書百官表不復悉載

太傅上公一人

大戴記曰傅傅之德義也應劭漢
官儀曰百官簿今昭又採異
諭於先聖之德義也應劭漢
無宗學業不法此太師之責也古者
官不敢於喪則不哀於祭則不敬於庶
子不惠於庶民不知禮不中

左右之過也太保之責也
語之適闇開小誦其責也古者
之責也此太師之責也古者齊太公職
不敬於喪則不哀於祭則不敬於齊太

處也此太保之責也古者燕朝遇大臣
官不敢升降之責也天子處大職之天子燕
之責也升任府仰同旋無節
語出入不以禮折仰受業此少師之
此太保之責也少師列也天子居
處也此太保之責也古者燕朝遇大臣

之采服也天子居處燕私安而易樂而耽
語出入不以禮章恣悅好不以制器列
處也此太保之責也古者燕朝遇大臣
左右之適闇開小誦其服冠帶不以義與奪而耽
語出入不以禮章恣悅好不以制少傅
之采服也天子居處燕私安而易樂而耽
飲食不時醉

太尉公一人

本注曰掌四方

即位輒置太傅錄尚書事薨因省其後每帝初

世祖以卓茂為太傅薨因省輒省

無過事無失計舉無過事終身得以故能慮

飽不節寢起早晏無常玩好器弄無制此少保之責此古天子自輔弼之禮也自爲天子而賢智維之

御屬二十二人荀綽晉百官表注曰武官屬二十四人與漢異

壽杖省中施坐置几太師入省中用杖自是而關自是賜餐賜靈元

年孔光為太傅見授詔太師無朝十日一賜

師位在太傅上應劭漢官儀曰中施坐

漢官儀曰太傅古之官也平帝元

胡廣汪曰猶古之詠

官尚書中候云舜爲玄官署曰昭曰緯侯泉書宗貴神詭出没隱動挾以同書前非唐官乃之實號司天虞舜作宰掞之安蓋非官即康遂後俗以位以書前非唐官乃之實號司天怪誅雜稱稱曉輔通儒達好時略文滯公輸益州具張衡之詰非唐官乃之實號司天多矣太尉所掌其實康狀頗是其職所掌於百

本注曰掌四方

兵事功課歲盡即奏其殿最而行賞罰凡國

郊祀之事掌亞獻大喪則告謚南郊凡

農桑。奏曹主奏議事。辭曹主辭訟事。法曹
主郵驛科程事。尉曹主卒徒轉運事。賊曹
主盜賊事。決曹主罪法事。兵曹主兵事。金
曹主貨幣鹽鐵事。倉曹主倉穀事。黃閣主
簿錄省眾事。

應劭漢官曰：世祖詔，方今選舉，賢佞朱紫錯用。宜令三府明下郡國，舉四科人才。一曰德行高妙，志節清白；二曰學通行修，經中博士；三曰明達法令，足以決疑，能案章覆問，文中御史；四曰剛毅多略，遭事不惑，明足以決，才任三輔令，皆有孝悌廉公之行。自今以後，審四科辟召，及刺史、二千石察茂才、尤異、孝廉之吏，務盡實核，選擇英俊、賢行、廉絜、平端於縣邑，務授試以職。有非其人，臨計過署，不便。書疏不端正，舉者不以實免。河南尹不端正，舉者不以實免。并正舉者不以實免。

更始三公幕府掾史員各二人。光祿勳、大司農、司隷校尉、御史各一人。監察黎陽立馬，漢官儀曰御屬如錄事也。

牧各一人。令史及御屬二十三人。本注曰：漢舊注公令史百石，自中興以後，注不說石數。御屬主為公御。閤下令史主閤下威儀事。記室令史主上章表報書記。門令史主府門。其餘令史，各典曹文書。

書。應劭漢官儀有官騎三十人。

司徒，公一人。孔安國曰主徒眾教以禮義。本注曰：掌人民
事。凡教民孝悌、遜順、謙儉、養生、送死之事，
則議其制，建其度。凡四方民事功課，歲盡
則奏其殿最而行賞罰。凡郊祀之事，掌省
牲視濯，大喪則掌奉安梓宮。凡國有大疑
大事，與太尉同。世祖即位，為大司徒。漢官儀曰：王莽時議以漢無司徒官，故定三公之號曰大司馬、大司徒、大司空。世祖即位，因而不改。建武二十七年，去「大」。

司徒府與蒼龍闕對厭於尊者，不敢號。府應劭曰司徒府中有百官朝會殿。天子與丞相決大事，是常朝殿也。舊丞相府，殿西王侯以下更衣。令有都講習學殿。

依之。獻帝起居注曰：舊太尉、司徒、司空府，以別三公。

建武二十七年去大。壽二年，以大司空丞相元為丞相。獻帝紀建武二十七年去大。

以詔憂百姓困於衣食，二千石帥勸農桑，思稱厚恩，務勸儉約。今日公卿以下務勉節儉，百姓殷瞻，以眼之無煩擾，每民時令公卿以下務勉節儉格。

十二人

將軍不常置本注曰掌征伐背叛比公者
四第一大將軍次驃騎將軍次車騎將軍
次衛將軍又有前後左右將軍

軍驃騎位次丞相車騎將軍左右前後
皆金紫位次上卿典京師兵衛四夷屯警
以衛青數征伐有功以為大將軍欲尊寵
之以古尊官唯有三公皆將軍始自秦晉
以為卿號故置大司馬官號以冠之其後
霍光王鳳等皆然成帝綏和元年賜大司

世祖即位為大司空應劭曰漢

建武二十七年去大

掾屬二十九人令史及御屬四
屬長史一人千石

二千石身帥有以化之民冗廚食
誓後過制度以益甚致醫藥務治之詔書無飾約
者靖以法養視疾病飾以書務無節食
養至今末變且末變又更省約
如法且末更名及建國寨獻帝初董卓自勒任
聽十人更名及建國寨百官表為丞相郡慮為御史大夫又
不治無辨護者先自勒任丞相自太尉為相府門無大
而則罷鈴三公官荀彧為丞相郡慮御史門無大
蘭不設速御限也建安末曹公為丞相郡慮為御史大夫
夫則罷鈴三公掌御限也漢獻帝建安十三年又罷
深關速御限也漢官目錄曰三十人令史及御屬四

十一人

注曰世祖即位以武帝故事置司直居丞
相府助督錄諸州建武十八年省也漢獻帝建
注曰三十人令史及御屬三十六人本

長史一人千石掾屬三

司空公一人掌水土事凡營城起邑浚溝洫修墳防之事則
議其利建其功凡四方水土功課歲盡則
奏其殿最而行賞罰凡郊祀之事掌掃除
樂器大喪則掌將校復土凡國有大造大
疑諫爭與太尉同

土事凡營城起邑浚溝洫修墳防之事則本注曰掌水

馬印綬罷將軍官世祖中興吳漢以大將軍為大司馬景丹為驃騎大將軍位在公下及前後左右雜號將軍皆比二千石旅軍並止罷明（魏略曰曹公置都護軍中尉置護軍）事訖皆罷帝初即位以弟東平王蒼有賢才以為驃騎將軍罷故位在公上數年後罷章帝即位西羌反故以舅馬防行車騎將軍征之還後罷和帝即位以舅竇憲為車騎將軍征匈奴位在公下還復有功遷大將軍

位在公上復征西羌還免官罷安帝即位西羌寇亂復以舅鄧騭為車騎將軍征之還遷大將軍位如憲數年復罷自安帝政治衰缺始以嫡舅耿寶為大將軍常在京都順帝即位又以皇后父兄弟相繼為大將軍如三公焉（梁冀別傳曰元嘉二年又加冀禮儀大將軍朝到端門若龍門謁者）長史司馬皆一人千石（將引增掾屬舍人令史官騎散吹各十人）（東觀書曰實官屬位次太傅）本注曰司馬主兵如太尉從事中郎二人六百石本注曰

職參謀議（東觀書曰大將軍出征置中護軍一人）（案本傳東平王作征……置中護軍一）人驃騎掾史四十人令史及御屬三十一人本注曰此皆府員職也又賜官騎三十人及（應劭漢官儀也又賜官騎三十人及）（十人非常員舍人十人）其領軍皆有部曲大將軍營五部部校尉一人比二千石軍司馬一人比千石部下有曲曲有軍候一人比六百石曲下有屯屯長一人比二百石其不置校尉部但軍司馬一人又有軍假司馬假候皆為副其別營領屬為別部司馬其兵多少各隨時宜門有門候其餘將軍置以征伐無員職亦有部曲司馬軍候以領兵其職吏部集各一人總知營事兵曹掾史主兵器檝禀假掾史主稟禁司馬禁曹掾史主兵事器檝禀假掾史置度遼將軍以衛南單于眾新降有二心者後數有不安遂為常守（應劭漢官儀曰度遼將軍孝武皇帝初用范明友明帝十八年行度遼將軍事安帝元年置眞銀印青綬秩二千石長史司馬六百石東觀書云司馬二人）

後漢書志二十四

十一

郡博

劉昭　注補

太常　光祿勳　衛尉

太僕　廷尉　大鴻臚

〈後漢書志二十五〉　陳仲

太常卿一人中二千石〈盧植禮注曰如大樂正〉本注曰

掌禮儀祭祀每祭祀先奏其禮儀及行事

常贊天子〈漢舊儀曰贊饗　每選試博士奏其能否其十二人假佐十〉

其能否大射養老大喪皆奏其禮儀每月

前晦察行陵廟

石〈盧植禮禮注曰如小樂正〉本注曰掌凡行禮及祭祀

小事總署曹事〈廟中非法者〉其署曹掾史

隨事為員諸卿皆然

太史令一人六百石本注曰掌天時星曆

凡歲將終奏新年曆凡國祭祀喪娶之事

掌奏良日及時節禁忌凡國有瑞應災異

掌記之〈漢官儀曰太史待詔三十七人其六人治 曆三人龜卜三人廬宅四人日時三人易〉

周禮列官陳人役放前以為民極以注雖頗為繁蓋

是觀國制此則宏模不可闕者也

三人百石十五人騎吏九人學事十六人守學事臣 昭曰凡漢官所載職人數今悉以注雖頗為繁蓋 人四科十五人佐五人假佐十

鍾律一人舍人一

博士祭酒一人六百石本僕射中興轉為

〈胡廣曰官名祭酒者古禮賓客得主人饌則老者 一人舉酒以祭於地示有先也元長者也〉祭酒舊 說以為博士祭酒

博士十四人比六百石本注曰易

四施孟梁丘京氏尚書三歐陽大小夏侯

氏詩三魯齊韓氏禮二大小戴氏春秋二

公羊嚴顏氏本注曰凡國有疑事掌承問

對本四百石宣帝增秩〈本紀桓帝延熹二 年置祕書監〉

史候一人〈漢官曰靈臺待詔四十二人其十四人 候星二人候日三人候風十二人候氣三人候晷景 七人候鍾律一人舍人〉

守明堂靈臺丞一人二百石本注曰二丞掌

堂及靈臺丞一人二百石本注曰二丞掌明

太祝令一人六百石本注曰凡國祭祀掌

讀祝及迎送神〈漢舊儀曰廟祭太祝令主席酒 九人有秩百五十八人其二人學事四人守學事六 十人〉

丞一人本注曰掌小神事

太宰令一人六百石本注曰掌宰工鼎俎

饌具之物凡國祭祀掌陳饌具〈漢官曰明堂 丞一人二百〉

李秀

曰貞吏四十二人其二人百石二人斗食二十三人
佐九人有秩二人學事四人守學事宰二百四十二人
人屬者七十三人
衛士一十五人　丞二人大子樂令一人六百

石本注曰掌伎樂凡國祭祀掌請奏樂及
大饗用樂掌其陳序　漢官曰貞吏二十五人其
佐人學事四十人守學事二人百石二人斗食七人
盧植禮注曰大子令如古大胥漢大樂律卑者之子
不得舞宗廟之酬陳吏二千石及六百石及關內侯
到五大夫子取適子高五尺巳上年十二到三十顔
色和身體脩治者以為舞人　樂丞如古小胥

高廟令一人六百石本注曰守廟掌案行
掃除無丞　漢官曰貞吏六人衛士一十五人

世祖廟令一人六百石本注曰如高廟　官
曰貞吏六人衛士二十人

先帝陵每陵園令各一人六百石本注曰
掌守陵園案行掃除丞及校長各一人本
注曰校長主兵戎盜賊事　丞甘選孝廉郎年
少薄伐者遷補府長史都官令候司馬應劭漢官名秩曰

先帝陵每陵食官令各一人六百石本注
曰掌望晦時節祭祀　漢官曰每陵食監一人
秩六百石監丞一人三百石中黃門八人從官二
人案食監即是食官令號

右屬太常本注曰有祠祀令一人後省
轉屬少府有太卜令六百石後省并
太史中興以來省前凡十官　案前書十
官者太卜
均官都水雉太祝五時各一尉也東觀
書曰章帝又置祀令丞延平元年省

光祿勳一人中二千石本注曰掌宿衛
宮殿門戶典謁署郎更直執戟宿衛門戶
考其德行而進退之　胡廣曰勳猶閽也易曰為
閽寺宮者主殿宮門戶之
職　郊祀之事掌三獻　漢官曰貞吏四十四人其
十食二人佐六人騎吏八人學事十三人
人守學事一人官醫衛士八十一人

五官中郎將一人比二千石本注曰至五
官郎　蔡質漢儀曰中郎將
官解其府對大學
本注曰無貞凡郎官皆主更直執戟宿衛
四百石本注曰無貞五官郎中比三百石
諸殿門出充車騎郎唯議郎不在直中　蔡質
本注曰　漢儀
曰三署郎見光祿勳執板拜見五官
左右將執板不拜於三公諸卿無敬

五官侍郎比
五官中郎比六百石

左中郎將比二千石本注曰主左署郎

漢儀曰郎中解
其府府次五官　中郎比六百石侍郎比四百
石郎中比三百石本注曰皆無員　三郎並　無員
右中郎將比二千石本注曰主右署
郎比六百石侍郎比四百石郎中比三百
石本注曰皆無員
虎賁中郎將比二千石本注曰主虎賁宿
衛　前書武帝置期門平帝更名虎賁蔡質漢儀曰
主虎賁千五百人無常員多至千人戴鶡冠次
有勇士孟賁言如虎之奔也王莽以古
右射府又虎賁舊作虎奔言其猛
虎賁中郎比六百
虎賁侍郎比四百
虎賁郎中比三百
節從虎賁比二百
石本注曰皆無員掌宿衛侍從自節從
石四諸郎皆父死子代漢制也節從
荀綽晉百官表注曰　墨綬銅印
漢官曰陛長
朝會在殿中
注曰僕射主虎賁郎習射陛長主直虎賁
左右僕射左右陛長各一人比六百石本
石郎
虎賁久者轉遷才能差高至中郎
羽林中郎將比二千石本注曰主羽林郎
石本注曰無員掌宿
案漢末又有四中郎將皆帥師征伐不知何時置
卓為東中郎將盧植為北中郎將獻帝以曹操為南
中郎
羽林郎比三百石本注曰無員掌宿

衛侍從常選漢陽隴西安定北地上郡西
河凡六郡良家補本注曰武帝以便馬從獵還
宿殿陛巖下室中故號巖郎　前書曰初置名建章營
騎後更名羽林屬光祿勳荀綽晉百官表注曰
各出補三百石丞尉荀綽晉百官表注曰建章營
整說也案此則為巖郎與志不同蔡質漢儀曰羽林
常負府次十八人則為巖郎與志不同
常負府次十八人虎賁無
羽林左監一人六百石本注曰主羽林左
騎丞一人
羽林右監一人六百石本注曰主羽林右
騎丞一人　漢官曰羽林九百人二監
奉車都尉比二千石本注曰無員掌
御乘輿車
駙馬都尉比二千石本注曰無員掌　漢官曰五人
駙馬
騎都尉比二千石本注曰無員本監　漢官曰十人本監
羽林騎
光祿大夫比二千石本注曰無員　漢官曰三人凡
大夫議郎皆掌顧問應對無常事唯詔令
所使凡諸國嗣之喪則光祿大夫掌弔　漢官曰凡
奉車都尉漢官曰三人

太中大夫千石本注曰無員

中散大夫六百石本注曰無員　秩比二千石　漢官曰三十人

諫議大夫六百石本注曰無員　大夫胡廣本為光祿大夫世祖中興以為諫議大夫又署太中中散大夫此四等於古

諫郎六百石本注曰無員　漢官曰五十

議郎六百石本注曰無員　人無常員

謁者僕射一人比千石本注曰　蔡質漢儀曰見尚書令僕射揖無敬謁者見輒板拜之　王中

率王謁者天子出奉引古重胃武有主射人以督錄之故曰僕射

常侍謁者五人比六百石本注曰主殿上

時節威儀人　蔡質漢儀曰公府掾屬六百石特使也謁者三十

給事謁者三百石本注曰主賓贊受事及上章報問

人其給事謁者曰郎中比

三百石本注曰掌賓贊受事及上章報問

將大夫以下之喪掌使弔唁本員七十人中

興但三十人　荀綽晉百官表注曰漢皆用孝廉年未五十曉解賓贊者為之明帝詔能言語者也昔燕太子使荊軻劫始皇變起兩楹之間其後擢用郎者拜上

謁者也乃堯之草官所以試舜寅于四門四門穆穆如者將上首刺歂高祖嘗行文故易之以板初為灌謁者滿歲為給

事謁者　令皆選儀容端正任奉使者

儒武行府丞長史陵

右屬光祿勳本注曰職屬光祿者自

五官將至羽林右監凡七署自奉車

都尉至謁者以文屬焉舊有左右曹

秩以二千石上殿中主受尚書奏事

平省之世祖省小黃門郎受事車

駕出給黃門郎兼有請室令車駕出

在前請所幸徼車迎白示重慎中興

但以郎兼事訖罷又省車戶騎凡三

將　如淳曰主車曰車郎主戶曰戶郎主騎曰騎郎　郎中主車及羽林令　劉竹

衛尉卿一人中二千石本注曰掌宮門衛

士宮中徼循事　漢官曰員吏四十一人其九人

學事一人官醫　斗食二人佐十二人　四科二人二百石文學三人佐

公車司馬令一人六百石本注曰掌宮

南闕門凡吏民上章四方貢獻及徵詣公車

者　獻帝起居注曰建安八年議郎衛林為公車司

將大夫　令帝位隨將大夫舊公車令與都官從事

馬令位隨將大夫自林始

丞一人比千石本注曰丞選曉諳掌知

非法尉主闕門兵禁戒非掌　胡廣曰諸門部各陳屯夾道其

者　當兵以遮妄出入者

旁當兵以遮妄出入者

南宮衛士令一人，六百石。本注曰：掌南宮

衛士〔漢官曰員吏九十五人，衛士五百三十七人。〕

北宮衛士令一人，六百石。本注曰：掌北宮
衛士〔漢官曰衛士令一人，六百石，丞一人。漢官曰員吏七十二人，衛士四百七十一人。〕丞一人。

左右都候各一人，六百石。本注曰：〔周禮司寤氏有夜士，今都候之職也。〕主劍戟士，徼循宮，及天子有所收考。〔漢官曰右都候員吏二十二人，衛士四百一十六人；左都候員吏二十八人，衛士三百八十三人。馬皮覆見。〕丞各一人。

宮掖門，每門司馬一人，比千石。本注曰：南宮南屯司馬，主平城門；〔漢官曰員吏九人，衛士建。古今注曰一百二人。〕宮門蒼龍司馬，主東門；〔陽宮。漢官曰員吏……衛士百。〕玄武司馬，主玄武門；〔漢官曰吏二人，衛士百。〕北屯司馬，主北門；〔漢官曰吏二人，衛士。〕北宮朱爵司馬，主南掖門；〔漢官曰永平二年十……初作北宮朱爵南司馬門。十三年九月……此門……二十四人。古今注曰永平二年十一月初作北宮朱爵南司馬門。八人。〕東明司馬，主東門；〔漢官曰員吏……衛士三十八人。〕朔平司馬，主北門。〔漢官曰員吏二人，衛士百。衛士三十八人。〕東門〔漢官曰員吏五人，衛士。士百一十七人。〕凡七門。〔東皆隊長佐。〕凡居宮中

者皆有口籍於門之所屬。宮名兩字，為鐵印文符，案省符乃內之。〔胡廣曰特用木長可二十鐵，印以符之。〕若外人以事當入，本宮長史為封棨傳，其有官位出入令、丞，案籍。

右屬衛尉。本注曰：中興省旅賁令、衛士。

太僕，卿一人，中二千石。本注曰：掌車馬。天子每出，奏駕上鹵簿用，大駕則執馭。〔漢官曰員吏七十人，其七人四科，吏二人二百石，文學八人百石，吏十人斗食，七人佐，六人騎吏，三人假佐三十人。〕丞一人，比千石。〔漢官曰員醫一人。章畎〕

考工令一人，六百石。本注曰：主作兵器弓弩刀鎧之屬，成則傳執金吾入武庫，及主織綬諸雜工。〔漢官曰員吏百九人。〕左右丞各一人。

車府令一人，六百石。本注曰：主乘輿諸車。〔漢官曰員吏二十四人。〕丞一人。

未央廄令一人，六百石。本注曰：主乘輿及廄中諸馬。〔漢官曰員吏七十人，卒騶二十人。〕長樂廄丞一人。〔漢官曰員吏十五人，卒騶二十人，苜蓿菀官田所一人，守之。〕

右屬太僕本注曰舊有六廏皆六百

石令 前書曰有大廏未央家馬三令各五丞一 六廏尉又車府路軨騎馬駿馬四令丞晉灼曰 至馬萬匹 中興省約但置一廏後置左

駿令廏別主乘輿御馬後或并省又

有牧師廏別主養馬分在河西

六郡界中中興皆省唯漢陽有流馬

苑但以羽林郎監領 古今注曰漢安元年 七月置承華廏令秋

六百

石

廷尉卿一人中二千石 應劭曰兵獄同 制故稱廷尉 本注曰 後漢書志二十五 王先

掌平獄奏當所應凡郡國讞疑罪皆處當

以報 胡廣曰讞音也漢官曰員吏百四十人其十一人四科十六人其二百石廷史文學十六人 諸獄史二十七人佐二十人官醫一

右屬廷尉本注曰孝武帝以下置中

都官獄二十六所各令長名世祖中

興皆省唯廷尉及雒陽有詔獄

日掌平決詔獄

左平一人六百石本注

人 前漢有左右平世 六人騎吏三十人假佐一人官醫一 祖省右而猶曰左 正左監各一

月旦百官朝賀舉奏皆以被病困空文武之位闕 能朝賀朝賀光祿勳劉嘉延尉道世各肆不

上卿之贄既無忠信斷金之用而有敗禮傷化

之尤不謹不敬請廷尉治嘉罪河南尹治世罪

議以世掌廷尉 故轉屬他官

大鴻臚卿一人中二千石 周禮象胥千寶 注曰今鴻臚 本

注曰掌諸侯及四方歸義蠻夷其郊廟行

禮贊道請行事既可以命群司諸王入朝

當郊迎其禮儀及郡國上計臣四方來

亦屬焉 漢官曰員吏二百五十五人其六人四科 佐六人騎吏十五人學事五人官醫永元十年大匠

主耳舍諸侯於邸

直裝衣物辦朽暴露朝會觀國之光而舍逆旅

應順上言百郡計吏觀國之光而舍逆旅困私館

而百無乎和帝嘉納以為大議況今四海之大

納其言即創業焉

諸侯諸侯嗣子及四方夷狄封者臺下鴻

臚召拜之王薨則使弔之及拜王嗣丞一

人比千石

大行令一人六百石本注曰主諸郎 漢官曰 員吏四

人丞一人

治禮郎四十七人 漢官曰其四人四科五人二 百石文學五人百石九人斗

食六人佐六人學事十二人守學事十二人中都官斗食以下功次

相撿察虛捶禮注曰大行 郎亦如調者兼象形頌

右屬大鴻臚本注曰承秦有典屬國
別主四方夷狄朝貢侍子成帝時省
并大鴻臚中興省驛官別火二令丞
如淳曰漢儀注別火
獄令官主治改火事
令官主治
郎治郡邸漢官目錄曰右
郎治郡邸長丞但令
三官司徒所部

後漢書志第二十五

劉昭　注補

宗正　大司農　少府

人官醫

宗正卿一人中二千石本注曰掌序錄王
國嫡庶之次及諸宗室親屬遠近郡國歲
因計上宗正以聞乃報決
上諸宗室名籍若有犯法當髡以上先

胡廣曰又歲
治諸王世譜差
漢官曰員吏
四十一人其六人四科九人□□王□十八人二
法家十八人

序秩第漢官曰員吏
百石四人□百石三人從官二人東觀書
石家丞一人三百石直史三人從官二人東觀書
人秩六百石私府長一人
漢書曰
主簿一人
秩六百
石

丞二人比千石

諸公主每主家令一人六百石丞一人三
百石本注曰其餘屬吏增減無常

右屬宗正本注曰中興省都司空令

大司農　少府

大司農卿一人中二千石本注曰掌諸錢
穀金帛諸貨幣郡國四時上月旦見錢
簿其逋未畢各具別之邊郡諸官請調度

丞一人比千石本注曰掌諸錢
丞如淳曰丞主罪人

者皆爲報給損多益寡取相給足

漢書曰員
吏百六十
二人其十八人
二千石二
十五人四
科九人
學事一人官文
學事一人
斗食十六人
學事一人
百石別主幣藏則

丞一人比千石部丞主幣藏
古今注曰建初七年七月爲大司
農別主幣藏則
□□□□農置丞一人秩千石別主幣藏則
古今注曰應是而秩不同應
勁漢官秩亦云二千石

部丞主幣藏

太倉令一人六百石本注曰主受郡國傳
漢官曰員吏丞一人

漕穀
漢官曰員吏九十九人
丞一人

平準令一人六百石本注曰掌知物賈主
漢官曰員吏百九十人
丞一人

練染作采色

導官令一人六百石本注曰主舂御米及
漢官曰員吏百一十二人
作乾糒導擇也
丞一人

右屬大司農中興皆屬郡縣
魏志曰曹公
本屬司農中興皆屬郡縣置典農中郎
將秩二千石典農都尉秩六百石或四百石部分別而少
農校尉秩比二千石所主如中郎或
爲校尉
尉丞秩二千石

又有廩犧令六百石掌祭祀犧牲

鷹鷂之屬
漢官曰丞一人斗食十七人學事四

及雒陽市長
漢官
曰市
長一人秩四百石丞一人二百石明法補員吏
三十六人□十三人百石嗇夫十一人斗食十二
七人學事五人守學事者
皆河南屬縣給吏者

以租稅爲公用山澤陂池之稅以供王之私用古皆
作小府漢官儀曰田租芻槀以給經用山年山澤魚
鹽市稅少府以給私用也

人佐又有稅權丞三百石別治中水
官生水渠在馬市東有負吏六人　滎陽敖

倉官中興皆屬河南尹餘均輸等皆
省

均輸者前書孟康注曰諸當均輸於
官者皆辦貨物以給私用也

官更於他郡貨物貴則賣之賤則買之
大夫曰往者郡國諸侯各以其物貢輸
雜物多苦惡或不償其費故置均
運而便遠方之貢故曰均輸

農人納其穫工女效其織令釋其所
無有百姓殷富而無怨是以縣官不
籠貨物則商賈無所牟大利則返於
無利而農人不慍也縣官自市則吏
不敢無物故民不擾則萬物不騰踊

農民重苦必若女工滿稅未見輸之
猥發閭門逼市即女並收並收則物
躍商以待其急輕賈姦吏富積踊
物以待急賈至則暴吏並取貴賣之
也蓋古之均所以齊物而便百姓也
利而貴萬物也王隆小學漢官篇曰
輸漕委輸胡廣注曰輸者委也委者
均報給之以水通輸曰漕調曰委積者
聚金帛貨賄隨時輸送諸司農日委
用報書又自輸籍田令諸丞執鹽市兩長丞

郡國諸倉農監六十
五官長丞皆屬之

少府卿一人中二千石本注曰掌中服御
諸物衣服寶貨珍膳之屬
漢官曰員吏三十
四人其一人四科
一人二百石五人百石四人斗石三人佐六人騎吏
十三人學事一人官醫四人者小也小故稱少府王者

大醫令一人六百石本注曰掌諸醫
藥丞方丞各一人本注曰
藥丞主藥方丞主藥方
丞一人比千石
醫工員二百九十
三人方丞方丞四人

丞主藥方丞主藥方

太官令一人六百石本注曰掌御飲食
丞四人本注曰左
丞主食甘丞主膳具湯官丞主酒果丞
主果果丞別在外主諸果菜茹

左丞甘丞湯官丞果丞各一人本注曰左
丞主甘丞主膳具湯官丞主酒果丞

守宮令一人六
百石本注曰主御紙筆墨及尚書財用諸
物及封泥
漢官曰員吏六
十九人

百石本注曰主御紙筆墨及尚書財用諸

主果
荀綽晉百官表注
曰負吏六十九人衛士三十八人

上林苑令一人六百石本注曰主苑中禽
獸頗有民居皆主之捕得其獸送太官
漢官曰員吏
六十九人

物及封泥
漢官曰負吏六
十九人

丞尉各一人
漢官秩云千石周禮太僕
干寶注曰若漢侍中

侍中比二千石
桓帝又置鴻德苑令
漢官曰員吏五十八人案漢

日無負掌侍左右贊導眾事顧問應對法
駕出則多識者一人參乘餘皆騎在乘輿

軍後本有僕射一人中興轉為祭酒或置
或否

蔡質漢儀曰侍中常伯選舊儒高德博學淵懿仰占俯視切問近對愉以上殿稱制參乘佩璽秉劍員本八人陪見舊在尚書令官出入禁中更在尚書令隸見下中執板揖河南尹亦如之又侍中舊與中官俱止禁中武帝時侍中莽何羅挾刃謀逆由是侍中乃出外有事乃入尋即出王莽秉政侍中復入與後宮通章帝元和中侍中郭舉與後宮通拔佩刀驚上舉伏誅侍中由是侍中復出外

中常侍千石本注曰宦官者無員後增秩比二千石掌侍左右從入內宮贊導內眾事顧問應對給事

黃門侍郎六百石本注曰無員掌侍從左右給事中關通中外及諸王朝見於殿上引王就坐

漢舊儀曰黃門郎屬黃門令日暮對青瑣門拜名曰夕郎

青瑣門在南宮薛瓘注曰青鎖也一曰天子門內有眉格再青畫曰瑣漢獻帝起居注曰帝在中近侍惟省尚書黃門之號旋復故由是始以郎出入禁闈機事頗露由是不與近密交改以有中侍郎侍中侍郎以有中黃門侍郎為待郎以尤乃奏比尚書郎出入禁闈省尚書事遂由此始郎中稱秩如故諸署令兩梁冠陛殿上將召都官從事

小黃門六百石本注曰宦官者無員掌侍左右受尚書事上在內宮關通中外及中宮已下眾

〈後漢書志二十六〉
五

事諸公主及王太妃等有疾苦則使問之

黃門令一人六百石

董巴曰禁門曰黃闈以中人主之故號曰黃門令

本注曰宦官者主省中諸官者

漢官曰吏十八人

丞從丞各一人本注曰宦者主出入從

黃門署長畫室署長玉堂署長各一人丙署長七人皆四百石黃綬本注曰宦者各主中宮別處

中黃門冗從僕射一人六百石本注曰宦者主中黃門冗從居則宿衛直守門戶出

漢官曰吏十人

則騎從夾乘輿車

中黃門比百石本注曰宦者無員後增比

漢官曰員吏十人

三百石掌給事禁中

掖庭令一人六百石本注曰宦者掌後宮

漢官曰吏從官百六十七人待詔五人員吏十人

貴人采女事

左右丞

暴室丞各一人本注曰宦者暴室丞主中婦人疾病者就此室治其皇后貴人有罪亦就此室

永巷令一人六百石本注曰宦者典官婢

〈後漢書志二十六〉
六

侍使　漢官曰負吏六人從官三十四人丞一人本注曰宦者官漢

曰右丞一人
暴室一人

御府令一人六百石本注曰宦者典官婢
作中衣服及補浣之屬

室丞各一人本注曰宦者
祇候射一人家巫八人騶

鈎盾令一人六百石本注曰宦者典諸近

祇候一人六百石本注曰宦者丞織

池苑囿遊觀之處　漢官曰負吏四十八人　丞永安

丞各一人三百石本注曰宦者典中諸小祠　張明

東比別小宮名有園觀苑中丞果丞比宮

丞南園丞各一人二百石本注曰苑中丞鴻池

主苑中離宮果丞主果園鴻池池名在雒

陽東二十里南園在雒水南　漢官曰又有署一人胡熟監一

又置顯陽苑丞　應劭漢官秩曰秩六百石　濯龍監

人案本紀桓帝　直里監各

直里亦園名也在雒陽城西南角

一人四百石本注曰濯龍亦園名近北宮

中藏府令一人六百石本注曰掌中幣帛

金銀諸貨物　漢官曰負吏十三人從官六人丞一人

內者令一人六百石本注曰掌中布張諸

衣物　漢官曰從官錄事吏從官六人左右丞各一人

尚方令一人六百石本注曰掌上手工作

御刀劍諸好器物　漢官曰負吏十三人丞一人

奏下尚書曹文書衆事　蔡質漢儀曰故公為

書謁者令成帝用士人復故掌凡選署及

尚書令一人千石本注曰承秦所置武帝用中

尚書僕射一人六百石本注曰署尚書事

令不在則奏下衆事

尚書六人六百石本注曰成帝初置尚書

四人　尚奉也分為四曹

興天下歲盡集課事三公尚書二人典三公曹靈帝末梁鵠為選部

常侍曹尚書主公卿事〔蔡質漢儀曰主常侍黃門御史事世祖改常侍曹為吏曹〕

二千石曹尚書主郡國二千石事〔亦云主刺史蔡質漢儀曰掌中都官水火盜賊辭訟罪眚〕

民曹尚書主凡吏〔有司會鄭玄曰若今尚書〕

上書事〔蔡質漢儀曰功作監池苑作屋室修繕功作鹽池園苑盜賊辭訟罪眚入帝命應王之喉舌〕

客曹尚書主外國夷狄事〔蔡質漢儀曰天子出奉駕御府曹郎屬之〕

承遵後分二千石曹又分客曹為南主客〔世祖〕北主客曹〔微駕御府曹郎屬之〕凡六曹〔周禮天官 天官〕

左右丞各一人四百石本注曰掌錄文書〔《後漢書志》二十六 九 蔡質漢儀〕

期會左丞主吏民章報及騶伯史〔蔡質漢儀曰揔典臺中綱紀無所不統與左丞無所不統凡中官漏夜盡鼓鳴則起鐘鳴則息衛士甲乙徼相傳甲夜畢傳乙夜相傳盡五更衛士傳言五更未明三刻後雞鳴衛士踵丞郎趨嚴上臺不畜宮中雞汝南出雞鳴衛士候朱爵門外專傳雞鳴於宮中也汝南出雞鳴笛於闕下歌之今雞鳴是也〕

右丞假署印綬及紙筆墨諸財用庫藏〔...〕

侍郎三十六人四百石本注曰一曹有六人主作文書起草〔蔡質漢儀曰尚書郎初從三署詣臺試初上臺稱守尚書郎中歲滿稱尚書郎三年稱侍郎客曹郎主治羌胡事劇遷二千石或刺史其公遷為縣令秩滿自占縣〕

二百石本注曰曹有三主書後增劇曹三〔去詔書賜錢三萬與三臺祖餞餘官則否治嚴一月準公卿校尉郎將發御史中丞遇過尚書丞郎避車板住揖丞郎坐車舉手禮之車過遠乃去尚書言左右丞郎見令僕射執板對揖左丞郎坐朝賀對揖無敬稱〕

人合二十一人〔今史注曰永元三年七月增劇曹令史十八人〕

主符節事凡遣使掌授節〔令史注曰皆選蘭臺符符未嘗犯者以補之世祖注曰選蘭臺符史久缺補之〕

符節令一人六百石本注曰為符節臺率〔始為縣墨綬蔡質注曰故事尚書郎以孝廉為郎以孝〕

收妻送南〔汝南鄭獄就當權其背垢者懸牛頭賣脯盜跖行仁義孔子語...〕

拜汾陰令〔職問實耳能殺臣故事尚書郎以孝廉為郎以孝...〕

主符節事凡遣使掌授節尚書符璽郎中四人〔本注曰舊二人在中主璽及虎符竹符之半者〕

人本符節者亦取節〔制也周禮又曰以英蕩輔之于寶注曰漢之銅虎符則其義也蕩竹之竹使者則於故事也取符節令史則漢之竹使之信也〕

之半者〔漢官曰當得明法律郎周禮掌節有虎節龍節皆金也干寶注曰漢之銅虎符則其義也蕩竹符則其...〕

則使於故者亦取〔故事亦刻而書其所使之事以助三節之信則漢之竹...〕

魏氏春秋曰中平六年始復節上赤蕋

符節令史二百石本注曰掌書〔...〕

御史中丞一人千石本注曰御史大夫之
丞也舊別監御史在殿中密舉非法（周禮掌建邦之
宮刑以主治王宮之政令）及御史大夫轉為司
空因別留中為御史臺率（風俗通曰尚書御史主賦斂
臺督諸州刺史臺建安置御史大夫不領中丞置長史一人）後又
屬少府治書侍御史二人六百石本注曰（後又
掌選明法律者為之凡天下諸讞疑事掌
以法律當其是非　蔡質漢儀曰選御史高第補
之胡廣曰孝宣感路溫舒言）
侍御史十五人六百石本注曰掌察舉非法受
公卿羣吏奏事有違失舉劾之凡郊廟之
祠及大朝會大封拜則一人監威儀有違
失則劾奏（蔡質漢儀曰皆剫察官二人者更直執法省中
第補之初稱守滿歲拜真山治劇為刺
史二千石平遷補令見中丞執板揖）
右屬少府本注曰職屬少府者自太

六百石本注曰掌奏及印工文書（蘭臺令史

醫上林凡四官自侍中至御史皆以
文屬焉承秦凡山澤陂池之稅名曰
禁錢屬少府世祖改屬司農考工轉
屬太僕都水屬郡國孝武帝初置水
衡都尉秩比二千石別主上林苑有
離宮燕休之處世祖省之并其職於
少府每立秋䍐貙劉之日輒暫置水
衡事訖乃罷之少府本六丞省五
又省湯官織室令置丞又省上林十（十二
都尉　後漢書志二十六
池監胞人長（一官者昆臺泉居室武帝
改伙飛（伙飛本名左）三令二十一丞又
省水衡屬官令長丞尉二十餘人章
和以下中官稍廣加嘗藥太官御者
者為之轉為兼副或省故錄本官
鉤盾尚方考工別作監皆六百石官（蔡質
漢儀曰少府符著出見都官從事持板都官
從事入少府見符著持板漢官目錄曰右三
卿司空所部

後漢書志第二十六

百官四

劉昭

汪補

執金吾　　太子太傅

大長秋　　太子少傅

將作大匠　城門校尉

北軍中候　司隷校尉

執金吾一人中二千石　本注曰掌宮外戒司非常水火之事　胡廣曰衛尉巡行宮中則金吾徼於外相為表裏也月三繞行宮外及主兵器吾猶禦也應劭曰執金吾以禦非常漢官曰負吏二十人與服導從光滿道路群僚之中斯最壯矣世祖歎曰仕宦當作執金吾

漢官曰執金吾緹騎二百人持戟五百二十人輿服導從光滿道路漢官文學三人漢官秩云緹騎二百

二百人本注曰無秩比史食奉　漢官曰執金吾緹騎二百人佐學事主緹騎人五百二十人與服導從光滿道

石二人斗食十三人六百石六人四百石

令一人六百石本注曰主兵器丞一人

右屬執金吾本注曰本有式道左右

中候三人六百石車駕出掌在前清道還持麾至宮門宮門乃開中興但一人又不常置每出以郎兼式道候

事已罷不復屬執金吾又省中壘寺

互都舩令丞尉及左右京輔都尉

太子太傅一人中二千石　本注曰職掌輔導太子禮如師不領官屬　荀綽晉百官表注曰虞官

大長秋一人二千石　本注曰承秦將行官者景帝更為大長秋或用士人中興常用宦者職掌奉宣中宮命凡給賜宗親及宗親當謁見者關通之中宮出則從　張晏曰皇后卿　李業

一人六百石本注曰宦者

中宮僕一人千石本注曰宦者主駁本注曰太僕秩二千石中興省太減秩千石以

屬長秋

中宮謁者令一人六百石本注曰宦者主報中章

宮謁者三人四百石本注曰宦者主報中

中宮尚書五人六百石本注曰宦者主中文書

中宮私府令一人六百石本注曰宦者主

中藏幣帛諸物裁衣被補浣者皆主之丁

漢儀曰中宮藏府令秩千石儀比御府令

丞一人本注曰官者

中宮永巷令一人六百石本注曰官者

丁孚漢儀曰給事中宮侍郎六人比尚書郎官者為之給事黃門四人比黃門侍郎下羽林郎一人比羽林將虎賁官騎

宮人黃門冗從僕射一人本注曰官者

中宮署令一人六百石本注曰官者主

宮請署天子數女騎六人丞復道丞各一

人本注曰官者復道丞主中閣道

中宮藥長一人四百石本注曰官者

右屬大長秋承秦有詹事一

人位在長秋上亦官者主中諸官成

帝省之以其職并長秋是後皇后當

法駕出則中謁中官者職吏權兼詹

事奏引訖罷官者誅徙尚書選兼職

吏一人奉引云其中長信長樂宮者

置少府一人職如長秋及餘吏皆以

宮名為號員數秩次如中宮

長樂五官史朱瑀之類是

本注曰帝祖母稱長信宮故

也

長信少府秩次如中宮位在長秋上及

職吏皆官者秩次如中宮長樂又有

衛尉僕射皆為大僕位二千石在少府上

太子少傅二千石本注曰亦以輔導為職

其崩則省不常置

悉主太子官屬　漢官曰員吏十二人丞六百石

太子率更令一人千石本注曰主庶子舍

人更直職似光祿

太子庶子四百石本注曰無員如三署中

郎

太子舍人二百石本注曰無員更直宿衛

如三署郎中　漢官曰十三人　選良家子孫

太子家令一人千石本注曰主倉穀飲食

職似司農少府

太子倉令一人六百石本注曰主倉穀

太子食官令一人六百石本注曰主飲食

太子僕一人千石本注曰主車馬職如太

僕

太子廄長一人四百石本注曰主車馬

太子門大夫六百石　漢官曰門大夫二　本注曰　人選四府掾屬

舊注云職比郎將舊有左右戶將別主左

右戶直郎建武以來省之

侍中

太子中庶子六百石本注曰員五人職如

太子洗馬比六百石本注曰舊注云員十

五人職如謁者太子出則當直者在前道

威儀　漢官曰選　郎中補也

太子中盾一人四百石本注曰主周衛徼

循

太子衛率一人四百石本注曰主門衛士

右屬太子少傅本注曰凡初即位未

有太子官屬皆罷唯舍人不省領屬

少府

將作大匠一人二千石　蔡質漢儀曰位次河南尹光武中元二年省調

李恂　五

初元年復置帝建　者領之章帝建　本注曰承秦曰將作少府景

帝改為將作大匠掌修作宗廟路寢宮室

陵園木土之功并樹桐梓之類列于道側

漢官篇曰樹栗漆梓桐胡桐廣曰古者列樹以表道直以為林圃四者皆木名治宮室并主之毛詩傳曰椅桐梓漆持丞也陸機蔬草木疏曰椅實桐皮曰桐今人所謂梓桐是也梓今人持屬云梧桐　丞一人

六百石

左校令一人六百石本注曰掌左工徒丞

一人　安帝復也

右校令一人六百石本注曰掌右工徒丞

一人　安帝復也　後中校七令

丞成帝省

後漢書志二十七　六

右屬將作大匠　前書曰屬官又有左右中後右庫東園主章左右前

城門校尉一人比二千石本注曰掌雒陽

城門十二所　注曰周禮司門干寶曰如今校尉

司馬一人千石　本注曰主兵城門每門候一人　注曰周禮每門下士二人干寶

本注曰主兵城門每門候一人　本注曰雒陽

六百石　見校尉執金抎不拜

城門十二門其正南一門曰平城門

門候　門如令　尹如令　本注曰雒陽

城十二門其正南一門曰平城門　漢官秩曰平城門為宮門不置候置屯司馬秩千石李尤銘曰平城門為宮門厭位處中古今注曰建武十四年九月開平城門

北宮門屬衞尉其餘上西門
者漢家初成故丹鍊之李尤
銘曰上西在系位曰惟成
陽門孟厭所位申
應劭漢官曰上
開陽門
門一柱飛去光武皇帝使來識悵然遂堅縛以名
刻記其年月因以名焉銘曰惟
亥在上東位在寅畢月位在辰中東處
陽顧位當于卯
陽門上位當于子夏門
銘曰穀門比位
中位當于卯
銘曰夏門
值位孟位月
上東門
門銘曰津名自
陽門定位在申
門季月位在辰中東門
仲月位當午小菀門
雍門中位在酉
廣
津門
銘曰津門處已托
耗門
在樓上璅邪開陽縣始成未有名宿昔有
門一應劭漢官曰開陽門始
西所以不純白上

凡十二門

右屬城門校尉

北軍中候一人六百石本注曰掌監五營

屯騎校尉一人比二千石本注曰掌宿衞
漢官曰負吏七人候自得
邲召通大鴻臚一人斗食
兵八人領士七百人　司馬一人千石
蔡質漢儀曰五

越騎校尉一人比二千石　如淳曰越人內附以
力超越也寨紀光武政青巾右校尉為越
騎校尉臣昭曰越人非善騎所出晉灼為尤
尉執板見校
尉軌不拜
營司馬見校
曰掌宿衞兵　負吏百二十七人領士七百人司
馬一人千石

步兵校尉一人比二千石本
初置掌上林苑
門屯兵見前書本
注曰掌宿衞兵
漢官曰負吏七十人門見前
三人領士七百人　司馬一人
千石

長水校尉一人比二千石　如淳曰長水胡名也
胡騎廄近長水故以為
名長水蓋中小水胡
名長水宣曲胡騎漢官
本注曰韋昭曰長水校尉典
日主長水宣曲胡騎
五十七人烏桓胡
騎七百三十六人　司馬胡騎
馬各一人千石本注曰掌宿衞兵主烏桓騎

射聲校尉一人千石本注曰掌宿衞兵
服虔曰工射也冥寞
中聞聲則射之故
蔡質漢儀曰掌待部射
名以為
本注曰掌宿衞兵醫士漢官
士七百人領　司馬一人千石

右屬北軍中候本注曰舊有中壘校
尉領北軍營壘之事有胡騎虎賁校
尉皆武帝置中興省中壘但置中候
以監五營胡騎並長水虎賁主輕車
并射聲
案大駕鹵簿五校在
前各有鼓吹一部

凡中二千石丞比千石員二千石

長史六百石比二千石丞比六百石

今相千石丞尉四百石其六百石丞

十九人領
士七百人　司馬一人千石

尉三百石長四百石及三百石丞

尉皆二百石諸矦公主家丞秩皆比

百石諸邊塞尉諸陵校尉長皆二

百石有常例者不署秩

司隸校尉一人比二千石　本注曰孝武
蔡質漢儀曰職在典京師外部諸郡無所不糾封矦外戚三公以下無尊卑入茞廷讓處九卿旬上朝賀處公卿下陪臺下坐初除謁大將軍三公通謁持板揖

帝初置　和中陽石公主巫蠱之獄起乃依周官司
隸宣即司寇乎
荀綽晉百官表注曰司隸校尉周官也征

京師近郡犯法者　持節掌察舉百官以下及
前書曰置從中都官徒千二百人捕巫蠱督大姦猾後罷

隸曰昭昭周無司　　　　　朱明

從事史十二人　本注曰
儀朝賀無散臺召入宮對見尚書持板朝賀揖

都官從事主察舉百官犯法者
蔡質漢儀曰都官主雒陽

州　功曹從事
百官朝會與三府椽同博物記曰中興以來都官從事多出之河內招擊貴戚

奉引錄衆事別駕從事主財穀簿書其有
主州選署及衆事

軍事則置兵曹從事主兵事其餘部郡國
事則置兵曹從事主兵事

從事〔每郡國各一人主督促文書察舉非

【後漢書志二十七】　九

法皆州自辟除故通為百石云假佐二十

五人　本注曰主簿錄閣下事省文書門亭

長主州正門功曹書佐主選用孝經師主

監試經月令師主時節祠祀律令師主平

法律簿曹書佐主簿書其餘都官書佐及

每郡國各有典郡書佐一人各主一郡文
書以郡吏補歲滿一更　司隸所部郡七

河南尹一人主京都　特奉朝請　其京兆尹
左馮翊右扶風三人漢初都長安皆秩中

河南尹　二千石謂之三輔中興都雒陽更以河南

郡為尹以三輔陵廟所在不改其號但減

其秩其餘弘農河內河東三郡其置尹焉

翊扶風及太守丞奉之本位在地理志
右扶風

【後漢書志二十七】　十　　毛山

後漢書志第二十七

百官五　　劉昭　注補

州郡　縣鄉　亭里
匈奴中郎將
護羌校尉　王國
列侯　　　宋衛國
百官奉　　烏桓校尉
關內侯　　四夷國

外十二州每州刺史一人六百石本注曰
秦有監御史監諸郡漢興省之但遣丞相
史分刺諸州無常官孝武帝初置刺史十
三人秩六百石〔古今注曰常以春分行部郡國各遣一吏迎界上諸書不同〕成
帝更為牧秩二千石建武十八年復為刺
史十二人各主一州其一州屬司隸校尉

蔡質漢儀曰詔書舊典刺史秉宣周行郡國省察治
政黜陟能否斷理冤獄以六條問事非條所問即不
省一條強宗豪右田宅踰制以強凌弱以衆暴寡二
條二千石不奉詔書遵承典制倍公向私旁詔守利
侵漁百姓聚斂為姦三條二千石不卹疑獄風厲殺
人怒則任刑喜則淫賞煩擾刻暴剝戮黎元為百姓
所疾山崩石裂妖祥訛言四條二千石選署不平苟
阿所愛蔽賢寵頑五條二千石子弟恃怙榮勢請託
所監六條二千石違公下比阿附豪強通行貨賂割
損政令諸州刺史初除此諸持板揖不拜獻帝起居

注曰建安十八年三月庚寅省州并郡復禹貢之九
州冀州得魏郡安平鉅鹿河間清河博陵常山趙國
勃海甘陵平原太原上黨西河樂平新興鴈門雲中五
原定襄鴈門代郡上谷代〔郡〕...
朔方河〔東〕...司隸部分屬豫州冀州...
雍州以司隸部分屬涼州...
西漢酒泉敦煌武威金城隴西...
東遠屬遼西遼東玄菟...屬幽州...
廣漢屬蜀...益州...
犍為牂牁越巂...南中...
沙零陵桂陽...荊州...
交州以其舊所統交趾...
國酒泉...徐州...
朔方...并州...
交趾日南九真...交州...

濟南樂安...青州東萊...
琅邪北海...青州...
泰山...兗州...
陳國梁國沛國魯國...豫州...
廣漢...

刺史東觀書曰...
交趾刺史持節諸州常以八月巡行所部郡
國錄囚徒考殿最初歲盡
遣吏上計...胡廣曰秋冬歲盡各計縣邑
〔簿〕...胡廣曰計斷九月...
者為〔殿〕...胡廣曰...最者為最...
真偽有〔考〕...胡廣曰諸州...上一人...
徒皆閱錄視參考試疾徐遲古言附送迄
國傳駕之以走疾...

詔京都奏事之〔如〕舊典...中興但因計吏
遠近各有常會...
師名奏事羞其不如柔剛也...
異州又狀州中吏民茂才有治能者...
事今或兼問州中風俗恐好惡...
天災或異...數十年以來...
皆如舊典東觀書曰和帝初張酺上言...
知外事令二千石各對...
事今因以歸之...
所監六條...
諜衆職下章所告及所自舉有意者賞異事之其尤見無考

狀逆詔書行罪法與勑戒其餘令各敬慎所職於以衰滅貪邪便佞韓詩外傳曰王者必立牧方三人所以使闚遠牧衆也遠方之民有飢寒而不得衣食獄訟而究失職賢而不舉者入告天子天子於其君之朝也揖而進之曰意朕之政教有不得爾者邪如何乃有飢寒而不得衣食獄訟而究失職賢而不舉然後其君退而與其卿大夫謀之遠方之民聞皆曰誠天子也夫我居之辟見我之近也我居之幽見我之明也可欺乎哉可欺乎哉故牧者所以開四目通四聰皆有從事史假佐

本注曰貟職略與司隸同無都官從事其功曹從事爲治中從事豫州部郡國六冀州部九兗州部八徐州部五青州部六荊州部七揚州部六益州部十二涼州部十

二并州部九幽州部十一交州部七凡九十八其二十七王國相其七十一郡太守其屬國都尉屬國分郡離遠縣置之如郡差小置本郡名世祖并省郡縣四百餘所後世稍復增之

昭曰昔在先代列爵殊等九服不同畿荒制異雖連帥相司牧伯分長而封疆置限兼庸有數如身之使臂手之使指故能高卑相固遠近維緝羣后克穆共康兆庶爰及周衰稍競吞廣邦國侵爭遞懷貪略猶歷數百年乃能成其并一豈非樹之有本使其然乎秦兼天下開設郡縣孤立獨王即以顛亡漢祖因循雖不頻革分置子弟終龕諸呂之難漸剖列郡以減大都之權後嚴安之徒猶忼慨發憤謂千里之威即古之強國慮非安本無窮之計也孝武之末始置刺史監糾非法不過六條傳車周流匪有定鎮秩裁數百威望輕寡得有察舉之勤未生陵犯之釁成帝改牧其萌始大既非識治之主故無取焉爾世祖中興監乎政本復約其職還遵舊制斷親奏事省入惜煩漸得自重之路因茲以降彌於歲年毋后當朝多以弱守六合危動四海潰弊財盡力竭網維撓毀而八方不能內侵諸侯莫敢入代豈非幹強枝弱控制素重之所致乎至孝靈在位橫流既及劉焉徼僞自爲身謀非有憂國之心專懷狼據之策抗論昏世薦議愚主盛稱宜重牧伯謂足鎮壓萬里挾姦樹筭苟罔一時豈可永爲國本長期勝術哉夫聖王御世莫不大庇生民承其休謀傳其典制猶云事久弊生無或通貫故變改正服革異質文分爵三五參差不一況在督驗之君挾姦詐之臣共所創置焉可仍因大建尊州之規竟無一日之治故焉牧益土造帝服於岷峨袁紹取冀下制書於燕朔劉表荆南郊天祀地魏祖據兗遂今上御名皇業漢之殄滅禍源乎此及臻後代任寄彌廣委之邦宰之命授之斧鉞之重假之都督之威開之

征討之略晉太康之初武帝亦疑其然乃詔曰上古及中代或置州牧或置刺史置監御史皆總綱紀而不賦政治民之事任之諸侯郡守昔漢末四海分崩因以吳蜀自擅自是刺史內親民事外領兵馬此一時之宜爾今賴宗廟之靈士大夫之力江表平定天下合之爲一當韜戢干戈與天下休息諸州無事者罷其兵刺史分職皆如漢氏故事出頒詔條入奏事京城二千石專治民之重監司清峻於上此經久之體也其便省州牧晉武帝又見其弊矣雖有其言不卒其事後嗣纉繼牧鎮愈重據地分爭竟覆天下昔王畿之大不過千里州之所司廣袤兼遠爭強虎視之辰遷鼎革終之日未嘗不藉蓄兵之權挾董司之力逼迫伺隙陵奪沖幼其甚者臣主揚兵骨肉戰野昆弟梟懸伯叔屠裂末壯披心尾大不掉既用此始亦病以終傾輈僨轂莫或途改致雒京有衛辟之痛秦臺有不守之酷胡羌遞興氏鮮更起摩滅羣黎流禍百世堅永所漸兼緣茲蠹嗚呼後之聖王必不久滯斯迹靈長之終當有神筭不然則雄捍反拒之事

後漢書志二十八

懼甚於此心憑強作

之謀方盛於後意凡州所監都為京都置尹
一人二千石丞一人每郡置太守一人二
千石丞一人郡當邊戍者丞為長史　古今注曰建武
六年三月令郡太守諸丞相病丞長史領丞職
事十四年罷邊郡太守丞長史行王國之
相亦如之每屬國置都尉一人比二千石
丞一人本注曰凡郡國皆掌治民進賢勸
功決訟檢姦常以春行所主縣勸民農桑
振救乏絕秋冬遣無害吏案訊諸囚平其
罪法論課殿最　案律有無害都吏如今言公平　陳從
歲盡遣吏上計　盧植禮注曰計斷九月因秦以十月
并舉孝廉郡口二十萬舉一人典兵
為沛主吏掾
何以文無害
禁備盜賊景帝更名都尉武帝又置三輔
都尉各一人譏出入邊郡置農都尉主屯
田殖穀又置屬國都尉主蠻夷降者中興
建武六年省諸郡都尉并職太守無都試
之役　古今注曰六年八月省都尉官應劭曰郡臨時置都尉事訖罷之
都尉唯邊郡往往置都尉及屬國都尉稍
有分縣治民比郡安帝以羌犯法三輔有

後漢書志二十八

陵園之守乃復置右扶風都尉京兆虎牙
都尉　應劭漢官曰蓋天生五材民並用之廢一不
木應可誰去兵兵之設尚矣易稱弦木為弧剡
武詩美公劉自西徂東爰居爰處於時務農一時講
之以即強敵猶狄成川爾乃遠邇跋涉三邊
煙常負縊縫天旅不振張旅忿怒挾鷹揚
冀之跡非夫民氓厥求欽裂縱橫血成川爾
皆置諸曹掾史

本注曰諸曹略如公府曹
無東西曹　蔡質漢儀曰河南府有功曹史主
百石親事　一曰為四　掾出考案與從事同
百石二歲而遷補
監屬縣有五部督郵曹掾主選署功勞有五官掾署功曹及諸曹事其
長一人主記室史主錄記書催期會無令
史閤下及諸曹各有書佐幹主文書　漢官曰河南尹
員吏九百二十七人十二人百石諸縣有秩三十五
人官屬掾史五人四部督郵史部掾二十六人案獄
仁恕三人監津渠漕水掾二十五人百石卒吏二百
五十人文學守助掾六十人書佐五十人循行二百
三十人幹小史二百三十一人
屬官每縣邑道大者置令一

人千石其次置長四百石小者置長三百
石侯國之相秩次亦如之〔官表云前書〕
令萬戶以下為長三邊始孝武皇帝所開縣戶數爾
而或為令〔荊揚江南七郡唯有臨湘南昌吳三令
及南陽穰中土沃壤四五萬戶者為令長安復為令
江南陽安為令及公主邑改號復置令長故皆
此為繫其本俗也公主說令長一代之書斯近其真 王隆〕
皆無明法班固通儒述一代之書斯近其真
日皆掌治民顯善勸義禁姦罰惡理訟平　本注
賊恤民時務秋冬集課上計於所屬郡國
胡廣曰秋冬歲盡各計縣戶口墾田錢穀入出盜賊
多少上其集簿丞尉以下歲詣郡課校其功勞多尤為
最者於廷尉勞勉之以勸其後負多尤為殿者於
後曹別責以糾怠慢也諸對辭窮尤困收主者掾史
開白太守使取法丞尉繩責以明下轉相督勒為民
除害也明帝詔書不得偃廢黃綬以別小人吏也

凡縣主蠻夷曰道公主所食湯沐曰國縣
萬戶以上為令不滿為長侯國為相皆秦
制也史記秦併天下郡縣鑄兵刃示不復用

二人小縣一人本注曰丞各一人尉大縣
二人小縣一人丞署文書典知倉
獄尉主盜賊凡有賊發主名不立則推索
行尋案察姦宄以起端緒應劭漢官曰大縣
鄉三人小鄉一尉各署諸曹掾史本注曰諸
一丞命鄉二人
曹略如郡員五官為廷掾監鄉五部春夏

為勸農掾秋冬為制度掾〔漢官曰雒陽令秩
千石丞三人四百
石孝廉左尉四百石孝廉右尉四百石 員吏
七百九十六人 幹史九十人〕
鄉置有秩三老游徼本注曰有秩郡所署
秩百石〔漢官曰鄉戶五千則置有秩〕掌一鄉人〔風
俗通曰嗇者省也田閒大夫也〕
其鄉小者縣置嗇夫一人〔風俗通曰嗇者
省也〕皆主知民善惡為役先後知
民貧富為賦多少平其差品三老掌教化
凡有孝子順孫貞女義婦讓財救患及學
士為民法式者皆扁表其門以興善行游
徼掌徼循禁司姦盜又有鄉佐屬鄉主民
收賦稅〔風俗通曰國家制十里一鄉一鄉〕亭有亭長以禁盜
賊本注曰亭長主求捕盜賊承望都尉〔漢
官曰民年二十三為正一歲以為衛士一
歲為材官騎士習射御騎馳戰陣年五
十六老衰乃得免為庶民就田亭有兩卒
一為亭父掌開閉掃除一為求盜掌逐捕
盜賊亭長課徼巡尉游徼亭長皆習設備五
兵五兵弓弩戟楯刀劍甲鎧鼓吏赤幘行
滕帶劍佩刀持楯被甲設鞬子戟胃射設
亭長亭候五里一郵郵閒相去二里半司姦
行滕帶劍佩刀持楯被甲設鞬盜亭一長

持二尺扳以勤賊索繩以收載賊風俗通曰漢家四

舊名弩改為〔…〕亭一〔…〕留也蓋行旅宿會之所館亭吏長或謂亭父

告本注曰里魁掌一里百家什伍善惡以

主五家以相檢察民有善事惡事以告監

邊縣有障塞尉本注曰掌禁備羌夷犯塞

官風俗通曰周禮五家為鄰里鄰里者止也里有司司五十家共居止同事舊欣通其令也

與史合姦六弁人亡情七弁以威作盜賊使人振懼於民十吏苛

太公陰符曰武王問太公願聞治亂之要太公曰一弁以威刑五弁以威力迫脅於民二弁以威〔…〕

君失其國武王曰絕乎太公之言也

所苦十大也所謂天下大何如太公曰天下大害者〔…〕

夫治者有三罪則國亂而民愁盡有之則民流亡於〔…〕

富寧國家三大也民尊親其君天下歸慕四大也民〔…〕

之暴五大也民〔…〕以眾〔…〕

國君成則都為守為〔…〕

事則分明則善惡分不懷怨內無事微外不〔…〕其郡有鹽官鐵

官工官都水官者隨事廣狹置令長及丞

【後漢書志二十八】　李賢

秩次皆如縣道無分士給均本吏本注曰

凡郡縣出鹽多者置鹽官主鹽稅出鐵多

者置鐵官主鼓鑄〔胡廣曰鹽官掊坑而得鹽或時鑄為器械當鑄冶之時扇熾其火謂之鼓鑄〕有工多者置工官主工

稅物有水池及魚利多者置水官主平水

收漁稅在所諸縣均差吏更給之置吏隨

事不具縣員

【後漢書志二十八】　李賢

使匈奴中郎將一人比二千石本注曰主

護南單于置從事二人有事隨事增之掾

隨事為員護羌烏桓校尉所置亦然漢官〔…〕

護烏桓校尉一人比二千石本注曰主烏

桓胡〔應劭漢官曰擁節長史一人司馬二人皆六百石并領鮮卑客賜質子歲時胡市焉晉書曰擁節東夷校尉以撫鮮卑〕

護羌校尉一人比二千石本注曰主西羌〔應劭漢官曰擁節長史一人司馬二人皆六百石〕

皇子封王其郡為國每置傳一人相一人

皆二千石本注曰傅主導王以善禮如師
不臣也相如太守有長史如郡丞漢初立
諸王因項羽所立諸王之制地旣廣大且
至千里又其官職傅爲太傅相爲丞相又
有御史大夫及諸卿皆秩二千石百官皆
如朝廷國家唯爲置丞相其御史大夫以
下皆自置之〔朝廣曰後漢兵數無限別乃制設正　適曰妃取小夫人不得過四十人〕
至景帝時吳楚七國特其國大遂以作亂
幾危漢室及其誅滅景帝懲之遂令諸王
不得治民令內史主治民改丞相曰相省
御史大夫廷尉少府宗正博士官武帝改
漢內史中尉郎中令之名〔前書曰改漢內史爲京兆尹中尉爲執金〕
爲郎中令而王國如故員職皆朝廷爲署不
爲光祿勳
得自置至漢成帝省內史治民更令相治
民〔漢舊儀曰大司空何武奏罷內史與王相奏常不〕
太傅但曰傅

得之於前矣故賜以几杖用息謀嗣隤隨局以愁生
有以速削亂兵交梁鄴禦侮權自竊威景
帝置爲之蕃國之權稍削其骨肉而不顧治其景
本速民遂爲主賤而矯枉過其此乃呂霍以遂受

皆二千石本注曰傅主導王以善禮如師
封懷賢抱智所適樂土強弱相傾遠近相推舉
大歸略其小滯與其畫一班之海內天子之朝自非難

…

遍身受其弊覆滅分體若泉尤蕡粉同氣有過他

逆忠卓之士橫羅其凶志飾之人狼狽其禍關伯實

沈繼踵以筆顧思顯用以秦愍天

齊攸以賢明謝世矣

愈甚蒼生為此

當周漢使之然也朝行斯術夕窮崩未能革命矣聖帝莫君

事勢使君多孝悌之性晉宋亂離之主粟盡能事

欲反斯敗必當更開同姓之國置不增之約罷皇帝

入宮之禍宇盟牲礪河之

還嶮墜之路反乎全安之轍乃可

中尉一人比二

千石本注曰職如郡都尉主盜賊其　東觀書曰削

本注曰郎中令掌王大夫郎中宿衞官如

官屬亦以率減

繼者中尉內史

光祿勳首省少府職皆并焉僕主車及馭

郎中令一人僕一人皆千石

如太僕本注曰太僕比二千石武帝改但

曰僕又皆減其秩治書比六百石本注曰

治書本尚書更名大夫比六百石本注曰

注曰掌冠長冠本貟十六人後減禮樂長

無貟掌奉圭使至京都奉璧賀正月及使

諸國本皆持節後去節謁者比四百石本

本注曰主樂人衞士長本注曰主衞士醫

工長本注曰主醫藥永巷長本注曰官者

主宮中婢使祠祀長本注曰主祠祀皆比

四百石　自禮樂長至

此皆四

百石

郎中二百石本注曰無

貟

衞公宋公本注曰建武二年封周後姬常

為周承休公五年封殷後孔安為殷紹嘉

公十三年改常為衞公安為宋公以為漢

賓在三公上　五經通義曰　二王之後不臣

列侯所食縣為侯國本注曰承秦爵二十

等為徹侯金印紫綬以賞有功功大者食

縣小者食鄉亭得臣其所食吏民後避武

帝諱為列侯武帝元朔二年令諸王得推

恩分衆子土國家為封亦為列侯舊列侯

奉朝請在長安者位次三公中興以來唯

以功德賜位特進者次車騎將軍　胡廣制度曰功德

賜位侍祠侯次大夫其餘以肺附及公主

子孫奉墳墓於京都者亦隨時見會位在

博士議郎下　胡廣制度曰　諸王封者受茅土

歸以立社稷禮也〔胡廣曰諸王受封皆受茅土歸以立社稷禮也制度至於列侯歸國者不受茅土不立社稷本朝為宮室自有宮室各隨貧富裁制祭庶以宇其寵〕

列土特進

朝侯賀正月執璧每國置相一人其秩各如本縣本注曰主治民如令長不曰也但納租于本縣以戶數為限其家臣置家丞庶子各一人本注曰主侍侯使理家事列侯舊有行人洗馬門大夫凡五官中興以來食邑千戶已上置家丞庶子各一人不滿千戶不置家丞又悉省行人洗馬門大夫

關內侯承秦賜爵十九等為關內侯〔如淳曰列侯出關就國侯但爵身其家食邑者俸月二十五斛今關內之邑食其租稅也古今注曰建武六年初令關內侯與之關內之邑食其租稅也〕關內侯無土寄食在所縣民租多少各有戶數為限〔苟家關中故以為號劉劭爵制曰春秋時六國未平將帥傳有庶長鮑商君關百官表注曰時六國未平將帥...〕

十五

大上造十六爵為大上造十七爵為關內侯十九爵為關內侯二十爵為列侯自關內侯已下至庶人更有名號...

十六

丞比郡縣

四夷國王率眾王歸義侯邑君邑長皆有〔今注曰成帝鴻嘉三年令吏民得買爵級千錢...〕

百官受奉例〔古今注曰建武二十六年四月...大將軍〕

軍三公奉月三百五十斛中二千石奉月百八十斛二千石奉月百二十斛比二千石奉月百斛千石奉月八十斛六百石奉

月七十斛比六百石奉月五十斛四百石奉月四十五斛比四百石奉月四十斛三百石奉月四十斛比三百石奉月三十七斛二百石奉月三十斛比二百石奉月二十七斛一百石奉月十六斛斗食奉月十一斛斗食佐史奉月八斛　古今

凡諸受奉皆半錢半穀

荀綽晉百官表注曰漢延平中中二千石奉錢九千米七十二斛真二千石月錢六千五百米三十六斛比二千石月錢五千米三十四斛一千石月錢四千米三十斛六百石月錢三千五百米二十一斛比六百石月錢三千米二十一斛四百石月錢二千五百米十五斛比四百石月錢二千二百米十四斛三百石月錢二千米十二斛比三百石月錢一千九百米十斛二百石月錢一千米九斛比二百石月錢八百米四斛八斗一百石月錢八百米四斛八斗斗食奉月米十一斛佐史奉月米八斛此皆漢時制也蔡仁

一斛　禄曰漢書音義曰斗食者禄日以斗爲計也一曰斗食月奉十一斛日食一斗二升永和三年初與河南尹及雒陽負吏四百二十七人奉月四十五斛目昭曰此言其妄于若人人奉四十五斛則四百石秩爲太優而無品若共進奉者人不過一斗亦非義理

以非一公卿已下不得奏除其若公田以秩石爲率賦輿令各自收其若租稅

贊曰帝道淵默家帥修德寘以御衆分職

乃克不寘不監無驕無忒程是師徒寧民

康國

劉昭　注補

車馬飾

小使車　載車　導從卒

小駕　輕車　大使車

夫人安車　大駕　法駕

青蓋車　綠車　卓蓋車

戎車　獵車　軿車

安車　立車　耕車

玉輅　乘輿　金根

書曰明試以功　孔安國曰致試其言居車服以庸

國為政以差其用所任也又一通諸

侯四朝各使陳進治化之言明試其言以要其功功

成則錫車服以

表成顯其能用　言昔者聖人興天下之大利

除天下之大害躬親其事身履其勤憂之

勞之不避寒暑使天下之民物各得安其

性命無天昏暴陵之炎是以天下之民敬

而愛之若親父母則而養之若仰日月夫

愛之者欲其尊嚴之不憚勞煩相與起作宮

室上棟下宇以雍覆之欲其長久也敬之

者欲其尊嚴之不憚勞煩相與起作輿輪旌

旗章表以尊嚴之斯愛之至敬之極也荀

心愛敬報之之至情由未盡或殺身以為

之盡其情也亦世以祀之明其功也是以

流光與天地比長後世聖人知恤民之憂

思深大者必饗其樂勤二毓物使不夭折

者必受其福故為之制禮以節之使夫上

仁繼天統物不伐其功民物安逸若道自

然莫知所謝老子曰聖人不仁以百姓為

芻狗此之謂也夫禮服之興也所以報功

章德尊仁尚賢故禮尊貴貴不得相踰所

以為禮也非其人不得服其服所以順禮

也順則上下有序德薄者退德盛者縟故

聖人處乎天子之位服玉藻邃延日月外

龍山車金根飾黃屋左纛所以副其德章

其功也賢仁佐聖封國愛民勳戴文繡降

龍路車所以顯其仁光其能也及其季末

聖人不得其位賢者隱伏是以天子微弱

諸侯脅矣於此相貴以等相讓以貨相賂

以利天下之禮亂矣至周夷王下堂而迎

諸侯此天子失禮微弱之始也自是諸侯

宮縣樂食祭以白牡擊玉磬朱干設錫冕

而儛大武〔鄭玄注禮記曰此皆天子禮也干盾也錫傅其背如龜也武四縣縣也干盾也錫傅天〕

大夫臺門旅樹反坫繡

輔丹朱中衣鏤簋朱紘此大夫之僭諸侯

禮也〔鄭玄注禮記曰諸侯之禮也旅道也管氏樹塞門猶蔽也禮天子外屏諸侯內屏大夫以簾士以帷反坫反爵之坫也蓋在樽南兩君相見主君既獻於反爵於其上也繡黼領也朱緣為中衣領如繡也黼領謂刺繡領為黼文黻領謂刺繡為黻天子之飾以象天子刻之為龜耳諸侯刻而飾之以象天子也鏤簋謂刻簋而飾之以玉諸侯飾以象大夫刻之為龜也紘者組屬纓邊詩〕

刺彼己之子不稱其服傷其敗化易譏貝

且乘致寇至言小人乘君子器盜思奪之

矣自是禮制大亂兵革並作上下無法諸

侯陪臣山篥藻梲降及戰國奢僭益熾

滅禮籍蓋惡有害己之語競修奇麗之服

飾其輿馬文劇玉纓象鑣金鞸以相夸上

爭錐刀之利殺人若刈草然其宗祀亦旋

夷滅榮利在己雖死不悔及秦并天下攬

其輿服上選以供御其次以錫百官漢興

文學既缺時亦草創承秦之制後稍改定

參稽六經近於雅正孔子曰其或繼周者

行夏之正乘殷之輅服周之冕樂則韶舞

故撰輿服著之于篇以觀古今損益之義

云上古聖人見轉蓬始知為輪輪行可載

因物知生復為之輿輿輪相乘流運無極

視斗周旋魁方杓曲〔春秋緯日璇光四為魁第五至第七為杓〕

任重致遠天下獲其利後世聖人觀於天

牛駕馬登險赴難周覽八極故易震乘乾

謂之大壯言器莫能有上之者也〔孝經援神契曰神不獨居故橈象成車房為龍馬華蓋以遊昉鈽宋均注曰店昺既體著龍鈽曲似駕也天理入昺又似御昺乘鈽曲蓋也蓋天理入昺又似御陪乘〕

世加其飾至奚仲為夏車正建其斿旒尊

甲上下各有等級〔世本云黃帝作車古史考曰黃帝作車引重致遠其後奚仲始作車〕自是以來

少昊時駕牛禹時奚仲駕馬臣昭案服牛乘馬以利天下其所起遠矣豈奚仲為始世本之誤史考所說也

周室大備官有六職百工與居一焉

曲面勢以飭五材以辨民器謂之百工一器而羣工致巧者車最

多是故具物以時六材皆良

漆以夏筋膠未聞自此至弧旌枉皆出周禮鄭玄曰即是周禮注輿方法地蓋圓

象天三十輻以象日月其運行也日月三十日

蓋弓二十八以象列星龍旂九斿七

宿而合　　俞榮

閃齊較　鄭玄曰軫謂車後橫木以象大火旂諸斿為旂師都為旂

以象大火

鳥旂七斿五閃齊較日較鄭玄

熊旂六斿五閃齊肩以象參代

龜旐四斿四閃齊首以象

營室

矢以象弧也

弧旌枉

此諸矦以下之所建者也

◼後漢書志二十九

五

◼後漢書志二十九

即宗地前聞論語曰鑒之聲旁見四方之運此以車敎之道

以正威儀節行舒疾立執綏者也

驚鳴驚在衡鳴則和應和則

音和說馬二鸞又鸞在鑣

軾和乘輿金為鸞史記

傳玄乘輿馬賦注曰鸞

和鸞象兒詔護然後乘

震象持虎戲彌縫龍旂

武兒象持虎

至敎所以養安也後乘天子五路

之所順也　　周禮王五路一曰玉路

高車矢尊早俱乘之其金飾　　鄭玄曰王在馬曰鸞也

路以玉飾諸末也傅玄　　鄭玄曰玉路以玉飾金為鈎　　以玉為飾

古文尚書曰大路在賔階面綴路在阼階面

錫樊纓十有再就　　鄭玄曰王在馬曰鸞衆乘以玉為飾

繢謂當膺金塗也鄭玄曰纓今馬鞅以削革為之

建太常十有二斿九閃

曳地　　鄭玄曰尺為閃天子之旗高九仞畫日月升

龍象天明也

下周室衰弱諸矦大路秦并天下開三代之禮或曰殷瑞山車金根之色

03-1615

宋金根之車秒曰乘輿秦改曰金
後乘輿馬賦注曰金根以金為飾

為乘輿所謂孔子乘殷之路者也　漢承秦制御

乘輿　金根　安車

曰高車坐乘　曰安車

乘輿世閒輪皆朱班重牙　立車　蔡邕曰五安五

貳轂兩轄

金薄繆龍為輿倚

龍首銜軛左右吉陽筩

文虎伏軾

竊雀立衡　徐廣曰鸞鳥於衡上　金樏文畫輈羽蓋華

蓋　徐廣曰二十八枚即蓋弓也

畫日月升龍駕六馬

建大旂十有二斿　象鑣鏤錫

金鍐方釳插翟尾

兼樊纓赤罽易茸金就十有二左襻繇以黿

牛尾為之在左騑馬軛上大如斗

是為德車五時車安

〔後漢書志二十九〕

立亦皆如之各如方色馬亦如之白馬者

朱其髦尾為朱騝云所御駕六餘皆駕四

後從為副車

耕車其飾皆如之有三蓋一曰芝車置轓

未耕之藉上親耕所乘也

戎車其飾皆如之蕃以矛戟金鼓羽析幢

殷輅鞞甲弩之箙

〔後漢書志二十九〕

03-1616

獵車其飾皆如之重輞縵輪縵龍繞之一
曰關豬車親校獵乘之 魏文帝改曰關虎車

太皇太后皇太后法駕皆御金根加
交路帳裳 徐廣曰青帷裳 非法駕則乘紫罽軿
車 字林曰軿車有衣蔽無後轅者謂之輜也四屏蔽婦人乘牛車也有邸曰輜無邸曰軿釋名曰軿屏也四屏蔽也 徐廣 雲樑文畫輈黃金塗五末 廣
輨汉衡端載頭一蓋蚤左右騑駕三馬

大貴人貴人公主王妃封君油畫軿車大
長公主赤罽軿車

貴人加節畫輈皆右騑而已
皇太子皇子皆安車朱班輪青蓋金華蚤
黑櫨文畫輈金塗五末皇子為王錫
以乘之故曰王青蓋車
徐廣曰旂旗九旒畫降龍魏武帝令問東平王曰旂旗九旒畫降龍 天子五路與天子同此自得有非

皇孫綠車以從皆左右騑駕三 獨斷曰綠車名曰皇孫車
有金路何意為是特賜非侍中鄭稱對曰天子五路諸侯得乘金路與天子同此自得有非特賜也
天子有 公列侯安車朱班輪倚鹿較伏熊軾

卓繒蓋黑轓右騑 謂之軒者

【後漢書志二十九】 九 王石

中二千石二千石皆皁蓋朱兩轓其千石
六百石朱左轓轓長六尺下屈廣八寸上
業廣尺二寸九文十二 初後謙一寸若月
初生示不敢自滿也 蔡本傳舊典郭賀為冀州刺史... 去襜帷謝承書曰孔恂字巨卿車前舊有屏星如刺史車曲屏儀式是時刺史車行部發去屏星恐欲去別駕傳車自發晚而欲徹去屏星此不可別傳曰車當追君屏星肯還於是遂投屏星去屏星說文曰車軺追辭謝請之行別駕曰可不可省即投屏星不可行也景

帝中元五年始詔六百石以上施車轓得
銅五末軿有吉陽筩中二千石以上右騑

三百石以上皁布蓋千石以上皁繒覆蓋
二百石以下白布蓋皆有四維杠其餘皆青云 古今注曰
不得乘馬車除吏赤畫杠其餘皆青

公列侯中二千石二千石夫人會朝若賜 武帝天漢四年令諸侯王大國朱輪畫特虎居前襄麋居左右公列侯中二千石朱輪畫特熊居前襄麋居右兒也
各乘其安車右騑加交路帷裳皆皁
非公會不得乘朝車得乘漆布輨軿車銅

五末
乘輿大駕公卿奉引太僕御大將軍參乘

【後漢書志二十九】 十 林石

03-1617

屬車八十一乘〔薛綜曰屬之言相連續也皆在後為三行〕備千乘萬
騎西都行祠天郊甘泉備之官有其注名
曰甘泉鹵簿〔蔡邕表志曰國家舊章而幽併藏蔽莫之得見東都唯〕
大行乃大駕大駕屬車八十一乘法駕黃門令
校駕乘輿法駕八卿不在鹵簿中河南尹
執金吾雒陽令奉引奉車郎御侍中參乘
戟〔也取四戟函車邊 圖應劭漢官曰旌旗〕皮軒鸞旗〔鳳皇圖〕
屬車四十六乘前驅有九斿雲罕〔徐廣曰斿 車有九乘 李棠〕
〔前史不記形也武王剋紂百夫荷罕旗以
先驅東京賦曰雲罕九斿薛綜曰斾旗
則御鳳皇車之言函之謂車邊〕皆大夫載〔胡廣曰皮
以金根為列〔說文曰鈒 軒以虎皮為軒車或
曲禮前有士則載虎皮 說文曰軒車或曰即
師則載虎皮 鸞鳥旗者編羽斿列繫幢旁〕
蓋在民或謂之雞翹非也〔胡廣曰鸞鳥衡上輿本志
不同後有金鉦黃鉞〔說文曰鈒大斧也司馬
黃門鼓車古者諸侯貳車九乘法駕九 鈒殷執白鉞周杖玄鉞〕
國兼其車服故大駕屬車八十一乘法駕
半之屬車皆卑蓋赤裏朱轓戈矛弩服尚
書御史所載最後一車懸豹尾〔薛綜曰侍御史蘇之罷屯解〕
尾以前比省中〔小學漢官篇曰豹尾 御史蘇之罷屯解
圍胡廣曰施於道路豹尾罷後 豹尾之內為〕

小使車不立乘有騑赤屏泥油重絳帷導
無斧車近小使車蘭輿赤轂白蓋赤帷從
驂騎四十人此謂追捕考案有所勑取者
之所乘也諸使車皆朱班輪四輻赤衡軛
其送葬白堊已下洒車而後還公卿中二
千石二千石郊廟明堂祠陵法出皆大車
立乘駕駟他出乘安車
大行載車其飾如金根車加施組連璧交
絡四角金龍首銜璧垂五采析羽流蘇前
後雲氣畫惟裳襥文畫曲輈長縣車等太
僕御駕六布施馬布施馬者淳白駱馬也
以黑藥灼其身爲虎文旣下馬斤賣車藏
城北祕宮皆不得入城門當用太僕考工
乃內飾治禮吉凶不相干也
公卿以下至縣三百石長導從置門下五
吏賊曹督盜賊功曹皆帶劍三車導主簿
主記兩車爲從縣令以上加導斧車公乘
安車則前後并馬立乘長安雒陽令及王

國都縣加前後兵車亭長 慕要雒陽亭設 長車前吹管設
右騑駕兩璅弩車前伍伯公八人中二千
石二千石六百石皆四人自四百石以下
至三百石皆二人黃綬武官伍伯文官辟
車鈴下侍閤門蘭部署街里走卒皆有程
品多少隨所典領
驛馬三十里一置 臣昭案東晉猶有郵驛共置 承受傍郡縣文書有郵驛 吏條所受書每月言上州郡風俗通曰今吏郵書掾府督郵職掌此
省其卒取其師旅之名焉公以下至二千
石騎吏四人千石以下至三百石縣長二
人皆帶劍持棨戟爲前列 捷弓韇丸韇 俗通
卤簿似京都官騎張弓帶鞬遮迾出入稱 文曰弓韇謂之韇
課促列庶家丞庶子導從若會耕祠主縣
假給辟車鮮明卒備其威儀導從事畢皆
罷所假諸車之文輿倚龍伏虎檻文書
輈龍首鸞衡重平班輪外龍飛軨 薛綜曰飛軨以

縱油廣八寸長注地畫左蒼龍右白虎繫軸頭二千
石赤然但無蓝耳盧植禮記注日輪韓頭也楚辭云
倚結輪兮太息王逸注日重載也李尤小車銘日
輪之縈虚疏達開通衆二象之言不如綜注所記

皇太子諸侯王倚虎伏鹿攎文畫輈輤吉
陽笰朱班輪鹿文飛輪旂旗九斿降龍公
列侯倚鹿伏熊黑輈朱班輪鹿文飛輪九
斿降龍輈朱兩輈五斿降龍二千石以下
各從科品諸輈車以上軛皆有吉陽笰諸
馬之文案乘輿金鍐方釳插翟象鑣爾雅注
此用象牙龍書緫沫升龍赤扇汗詩云朱幩鑣
鑣毛傳日人
日鑣馬

〈後漢書志三十九〉 十五

君以朱纓鑣扇
汗且以為鑣飾青兩牝鷖尾駙馬左右赤珥
流蘇飛鳥節赤膺兼皇太子或亦如之王
公列侯鏤錫义髦朱鑣朱鹿文絳扇汗
青牝鷖尾卿以下有騑者緫扇尾
當盧义髦上下皆通中二千石以上及使
者乃有騑駕云

晃冠
長冠　委貌冠
皮弁冠　爵弁冠　通天冠
遠遊冠　高山冠　進賢冠
法冠　武冠　建華冠
方山冠　巧士冠　却非冠
却敵冠　樊噲冠　術氏冠
鶡冠　幘　佩

〈後漢書志三十〉

刀　印　黃赤綬
赤綬　綠綬　紫綬
青紺綸　黑綬　黃綬
青綬

后夫人服

上古穴居而野處衣毛而冒皮未有制度
後世聖人易之以絲麻觀翬翟之文榮華
之色乃染帛以效之始作五采成以為服
見鳥獸有冠角頳胡之制遂作冠冕纓緌
以為首飾凡十二章故易曰庖犧氏之王

天下也仰觀象於天俯觀法於地觀鳥獸
之文與地之宜近取諸身遠取諸物於是
始作八卦以通神明之德以類萬物之情
黃帝堯舜垂衣裳而天下治蓋取諸乾
乾〈孔安國曰以五采成此畫焉〉有文故上衣玄下裳黃日月星辰山
龍華蟲〈孔安國注尚書曰華象草華蟲雉也〉作繪宗彝〈古文尚書孔曰繢畫作繪宗彝虎蜼也以山龍華蟲作繪宗彝尊也〉藻火粉米〈孔安國曰藻水草有文者火為火字粉若粟冰米若聚米形〉
黼黻絺繡〈孔安國曰備其萬五色備曰繡黼若斧形黻為兩己相背謂兩弓相背也〉

〈左傳曰白與青謂之黼黑與青謂之黻五色備謂之繡二〉

采章施于五色作服〈孔安國曰以五采明施于五色作服天子袞服十二章〉
子備章〈鄭玄周禮注曰此古天子晃服十二章公自山以下卿大夫〉
伯自華蟲以下至周而變之以三辰為旂旗
自粉米以下子男自藻火以下卿大夫
王祭上帝則大裘而晃〈服以祀天示質也鄭眾曰大裘羔裘也服以祀天示質也公族〉
卿大夫之服用九章以下

〈獸蛇雜四時五色之位以章之謂三辰旂旗所謂三辰旂旗昭其明也至〉
〈周而晃服九章初一曰龍次二曰山次三曰華蟲次四曰藻次五〉
〈也而晃服九章初一曰龍皆畫以為繢次二曰山次三曰〉
〈粉米次八曰黼次九曰黻皆絺以為繡則袞之衣五章裳〉
〈章裳次四章凡九也鷩畫以雉謂華蟲也其衣三章裳五〉

四章凡七也虌畫虎雄謂宗彝也其衣三章裳二章

凡五也絺粉米無畫也其衣一章裳二也

法言曰聖人文質者也車服以彰之藻色以光之籩豆不陳玉帛不分舉瑟不聲

音以見乎聖書曰

鍾鍾鼓不昵吾

秦以戰國即天子位滅去禮

學郊祀之服皆以袀玄漢承秦故至世祖

踐祚都于土中始修三雍正兆七郊顯宗

遂就大業初服旒冕衣裳文章赤鳥絇屨

以祠天地養三老五更於三雍于時致治

平矣天子三公九卿特進侯侍祠侯祀天

地明堂皆冠旒冕衣裳玄上纁下【東觀書曰永平二年陳從】

正月公卿議春南北郊東平王蒼議曰孔子曰行夏之時乘殷之路服周之冕周之冕為漢制法高皇帝始受命中興制接尊神禮絜至有二旒山龍之冕服龍華藻又無祭天地之禮闕之則地服以華文象其物宜以降神蕭備以雍圓之則明堂宗廟祭天地冠冕衣裳其類如明堂之制

乘輿備文日月星辰

十二章三公諸侯用山龍九章九卿以下

用華蟲七章皆備五采大佩赤舃為履以

承大祭百官執事者冠長冠皆祗服五嶽

四瀆山川宗廟社稷諸沾秩祠皆袀玄長

冠袀玄各如方色去百官不執事各服常

冠袀玄以從

冕冠垂旒前後邃延冕上覆也延冕上玉藻【周禮曰五采繅】

十有二就皆五采玉十有二雜文之名也合五采絲為之每一玉各十二屬兩端而貫五采絲為每一币而貫五采以朱組為纓十二旒用玉百六十八鷺衣之冕三旒用玉百二十立衣之冕七十二

帝永平二年初詔有司采周官禮記尚書

皐陶篇乘輿服從歐陽氏說公卿以下從

大小夏侯氏說冕皆廣七寸長尺二寸前

圓後方朱綠裏玄上前垂四寸後垂三寸

係白玉珠為十二旒以其綬采色為組纓三公諸侯七

旒青玉為珠卿大夫五旒黑玉為珠三公諸侯

侯九旒卿七旒此不同皆有前無後各以其綬采色為

組纓旁垂黈纊

郊天地宗祀明堂則冠之蔡謂之平天冠

衣裳玉佩備章采乘輿刺史公矦九卿以
下皆織成陳留襄邑獻之云

長冠一曰齋冠高七寸廣三寸促漆纚為
之制如板以竹為裏初高祖微時以竹皮
為之謂之劉氏冠楚冠制也民謂之鵲尾
冠非也祀宗廟諸祀則冠之皆服袀玄（獨斷
曰袀紺繒也吳都）絳緣領袖為中衣絳絝蔜示
其赤心奉神也五郊衣幘絝蔜各如其色
此冠高祖所造故以為祭服尊敬之至也

委貌冠皮弁冠同制長七寸高四寸制如
覆杯前高廣後卑銳所謂夏之毋追殷之
章甫者也委貌以皁絹為之皮弁以鹿皮
為之行大射禮於辟雍公卿諸矦大夫行
禮者冠委貌衣玄端素裳（鄭眾周禮傳曰委
貌者為端鄭）一執事者冠皮弁
衣緇麻衣皁領袖下素裳所謂皮弁素積
者也（皮弁質也石渠論玄冠朝服布上素下緇帛帶素韠白虎通）

曰三王共皮弁素積素積者積
素以為裳也言要中辟積也

爵弁一名冕廣八寸長尺二寸如爵形前
小後大繒其上似爵頭色有收持笄所謂
夏收殷哻者也（獨斷曰冔黑而微白前大而後
小夏純黑而前大而後大昔以後）
三十六升漆布為之（詩云常服黼哻書曰王與大夫
盡弁上古皆以布中古以絲孔子曰麻冕禮也今也
純祫天地五郊明堂雲翹舞樂人服之禮
曰朱干玉鍼（鄭玄曰朱干赤大盾也鍼斧也）冕而舞大夏此
之謂也

通天冠高九寸正豎頂少邪却乃直下為
鐵卷梁前有山展筩為述乘輿所常服（獨
曰漢受之秦禮無文）服衣深衣制有袍隨五時色袍者
或曰周公抱成王宴居故施袍（禮記孔子
衣逢掖之衣縫掖其袖合而縫大之近今）
袍者也今下至賤更小史皆通制袍單衣
皁緣領袖中衣為朝服云

遠遊冠制如通天有展筩橫之於前無山
述諸王所服也（禮無文）（獨斷曰）

高山冠一曰側注制如通天不邪却直豎

無山述展笛

獨斷曰鐵為卷梁高九寸漢中外

官謁者僕射所服太傅胡廣說曰高山冠

蓋齊王冠也秦滅齊以其君冠賜近臣謁

者服之　史記酈生初見高祖儒衣而冠高山冠飛月之纓幘耳赤丹
裹衣帶七尺斬蛇劍履虎
尾絢顧案此則亦通于天子

進賢冠古緇布冠也文儒者之服也前高

三梁冠皁單衣其歸國流黃衣皁云晉公卿禮
秩曰太傅司空司徒著進賢三梁冠黑介幘　中二

七寸後高三寸長八寸公侯三梁　胡廣曰駕巡狩幸

史私學弟子皆一梁宗室劉氏亦兩梁冠

千石以下至博士兩梁自博士以下至小　後漢書志三十　七

其國者皁衣玄端之衣
位也今列侯自不奉朝請者桐祭之者不服此皆常就

示加服也

職太冠宜著
陸位壇繡
御藥供養
著納四方之
言法比甲
士秩比二

官之晃猶此賢之兩梁冠春秋之義大夫復古如此
令兩梁冠春秋之義大夫

法冠一曰柱後　荀綽晉百官表
三府長史兩梁冠五時衣袍事位從千石六百石
獨斷曰柱
後惠文　高五寸以纚為展

前書音注曰纚今之幘裏纚

通俗文幘裏曰纚　鐵柱卷　注曰鐵柱言其

不直不屈執法者服之侍御史廷尉正平也

或謂之獬豸冠之侍御史廷尉正平曲直楚王

嘗獲之故以為冠　異物志曰東北荒中有獸名
獬豸一角性忠見人鬥則觸

不直者聞人論則咋不正者楚執法者所服也今未

南冠而縶者則楚冠也秦滅楚以其君服

賜執法近臣御史服之

武冠一曰武弁大冠諸武

官冠之　晉公卿禮秩曰大司馬將軍驃騎車騎
諸大將軍開府從公者著武冠平上

侍中中常侍加黃金璫附蟬為文貂尾

為飾謂之趙惠文冠　又名駿冠胡廣說曰趙武

靈王效胡服以金璫飾首前插貂尾為貴

職泰滅趙以其君冠賜近臣
者以金取堅剛

百鍊不耗蟬居高飲絜口在掖下貂內勁捍
而外溫潤此因物生義也徐廣曰趙武靈王胡服有此制

潤而毛采不彰灼故於義亦取胡廣而不食貂紫蔚采
漢而用之說者蟬取其清高飲露而不食貂紫蔚采

又曰意謂北方

寒涼本以貂皮暖頟附前
施於冠因遂變成首飾建武時匈奴內屬世祖
賜南單于衣服以中常侍惠文冠中黃門
童子佩刀云
建華冠以鐵為柱卷貫大銅珠九枚制似
縷鹿（獨斷曰其狀若婦人縷鹿）
冠述知地者履絢春秋左傳曰鄭子臧好
鷸冠前圓以為此則是也（說文曰鷸知天將雨鳥也）
五郊明堂育命舞樂人服之
方山冠似進賢以五采縠為之祠宗廟大
子八佾四時五行樂人服之冠衣各如其
行方之色而舞焉
巧士冠高七寸要後相通直豎不常服唯
郊天黃門從官四人冠之在鹵簿中次乘
輿車前以備官者四星云（獨斷曰禮無文）
却非冠制似長冠下促宮殿門吏僕射冠
之負赤幡青翅燕尾諸僕射幡皆如之（獨斷）
却敵冠前高四寸通長四寸後高三寸制
（白禮無文）

似進賢衛士服之（獨斷曰禮無文）
樊噲冠漢將樊噲造次所冠以入項羽
廣九寸高七寸前後出各四寸制似冕
馬殿門大難衛士服之或曰樊噲常持鐵
楯聞項羽有意殺漢王噲裂裳以裹楯冠
之入軍門立漢王旁視項羽
衛氏冠前圓吳制差池邐迤四重趙武靈
王好服之今不施用官有其圖注（淮南子曰樊莊王所）
諸冠皆有纓蕤執事及武吏皆縮纓垂五
寸
武冠俗謂之大冠環纓無蕤以青系為緄
加雙鷃尾豎左右為鷃冠云（莊子云縵胡之纓武士之服是）
五官左右虎賁羽林五中郎將羽林左
右監皆冠鷃冠虎賁將虎文單
白虎文劍佩刀虎賁武騎皆鷃冠虎文單
衣襄邑歲獻織成虎文云鷃者勇雉也其
鬥對一死乃止故趙武靈王以表武士秦

施之焉。徐廣曰：鶡似黑雉，出於上黨。荀綽晉百官表注曰：冠插兩鶡，鷙鳥之暴疏者也。每所攫撮，應爪摧衄。天子武騎故以冠焉。傅玄賦注曰：羽騎騎者戴鶡。

安帝立皇太子，太子謁高祖廟、世祖廟，門大夫從，冠兩梁進賢；洗馬冠高山。罷廟，侍御史任方奏請非乘從時，皆冠一梁，不宜以為常服。事下有司。尚書陳忠奏門大夫職如諫大夫，洗馬職如謁者，故皆服其服，先帝之舊也，方言可寢。奏可。謁者，古者一名洗馬。古今注曰：建武十三年，初令令長皆小冠。獨斷曰：公卿、侍中、尚書衣皁而朝者曰朝臣。諸營校尉、將、大夫以下不為朝臣。

古者有冠無幘，其戴也，加首有頍，所以安物。故詩曰「有頍者弁」，此之謂也。三代之世，法制滋彰，下至戰國，文武並用。秦雄諸侯，乃加其武將首飾為絳袙，以表貴賤。其後稍稍作顏題。漢興，續其顏，却摞之，施巾連題，却覆之，今喪幘是其制也。名之曰幘。幘者，賾也，頭首嚴賾也。至孝文乃高顏題，續之為耳，崇其巾為屋，合後施收，上下群臣貴賤皆服之。文者長耳，武者短耳，稱其冠也。尚書幘收，方三寸，名曰納言，示以忠正，顯近職也。迎氣五郊，各如其色，從章服也。皁衣群吏，春服青幘，立夏乃止，助微順氣，尊其方也。武吏常赤幘，成其威也。未冠童子幘無屋者，示未成人也。入學小童幘也句卷屋者，示尚幼少，未遠冒也。喪幘却摞，反本禮也。升數如冠，與冠偕也。期喪起耳有收，素幘亦如之，禮輕重有制，變除從漸，文也。獨斷曰：幘，古者卑賤執事不冠者之所服也。董仲舒止雨書曰「執事者皆赤幘」，知不冠者之所服也。元帝額有壯髮，不欲使人見，始進幘服之，群臣皆隨焉。然尚無巾，故言王莽禿，幘施屋。冠進賢者宜長耳，冠惠文者宜短耳，各隨其宜。漢書儀曰：凡齋，紺幘；耕，青幘；秋貙劉，服緗幘。

古者君臣佩玉，尊卑有度；上有韍，徐廣曰：韍如巾蔽膝。貴賤有殊。佩，所以章德，服之衷也。韍，所以執事，禮之共也。故禮有其度，威儀之制，三代同之。五霸迭興，戰兵不息，佩非戰器，韍非兵旗，於是解去韍佩，留其係璲，徐廣曰：今名璲為縌。以為章表。故詩曰「鞙鞙佩璲」，此之謂也。鞙鞙，佩玉

貌璲瑞也鄭左箋曰佩璲遂者

以瑞玉爲佩佩之鞞鞞然

綵佩旣廢秦乃以

采組連結於璲光明章表轉相結受故謂
之綬漢承秦制用而弗改故加之以雙印

佩刀之飾至孝明皇帝乃爲大佩衝牙雙

瑀璜皆以白玉

卿諸侯以采絲其視晃旒爲祭服云

佩刀乘輿黃金通身貂錯半鮫魚鱗金漆

錯雌黃室五色罽隱室華諸侯王黃金錯

環挾半鮫黑室公卿百官皆純黑不半鮫

小黃門雌黃室中黃門朱室童子皆虎爪

文虎賁黃室虎文其將白虎文皆以白珠

鮫爲鐷口之飾通俗文曰乘輿者加翡翠山

紆嬰其側

〔後漢書志三十〕 十三 朱則

佩雙印長寸二分方六分乘輿諸侯王公

列侯以白玉中二千石以下至四百石皆

以黑犀二百石以至私學弟子皆以象牙

上合絲乘輿以縢貫白珠赤罽蕤諸侯王

以下以綟赤絲蕤各如其印質刻書

文曰正月剛卯旣決靈殳四方赤青白黃

四色是當帝令祝融以教夔庶疫剛癉

莫我敢當疾日嚴卯旣正旣直旣觕旣方庶疫剛癉

化兹靈殳

莫我敢當凡六十六字

乘輿黃赤綬四采黃赤紺縹淳黃圭長丈

九尺九寸五百首

〔後漢書志三十〕 十四 前書注云以 正月卯日作 王石

門上得晉陽秋曰冊閣大將軍蔣幹以傳國璽付河
南太守戴施施獻之百僚皆賀光照洞徹上蟠螭
文隱起書曰昊天之命皇帝壽昌也
徐廣曰傳國璽文曰受天之命皇帝壽昌
皇太子朱綬
三百二十首

諸侯王赤綬
縹紺淳赤圭長二丈一尺三百首　四采赤黃
金印龜紐纁朱綬　荀綽晉百官表注曰

太皇太后皇太后其綬皆與乘輿同皇后
亦如之
長公主天子貴人與諸侯王同綬者加特

也

諸國貴人相國皆綠綬三采綠紫紺淳綠
紫綬高帝相國綠綬徐廣曰金印綠綟綬
名也以染似綠又云似紫紫綬名也　周清
皆服字亦蟄音同也傳寫者誤遂作蟄　相皆秦官
紫綬之何承天云編音綢青紫色綬也　前書曰相國承
圭長二丈一尺二百四十首　綠綬音爪其色青　金印

公侯將軍紫綬二采紫白淳紫圭長丈七
尺百八十首
空金印紫綬將軍加金章位上鄉銀印
軍銀印青綬在鄉上絕席和帝更名車　前書曰太尉金印
始加金紫　漢官儀曰馬防為車
次司空金紫　騎將軍　實憲為車騎將軍

公主封君服紫綬

九卿中二千石二千石青綬三采青白紅
淳青圭長丈七尺百二十首
以上繼皆長三尺二十與綬同采而首半　一覽青綬
之繼者古佩璲也佩綬相迎受故曰繼　自青綬
綬以上繼綬之間得施玉環鐍云　以上繼綬之間得施玉環鐍云
漢舊儀曰其斷　通俗文曰缺環曰鐍
獄者印為章也　漢官曰尚書僕

千石六百石黑綬三采青赤紺淳青圭長
丈六尺八十首四百石三百石長同

四百石三百石二百石黃綬淳黃圭一采
長丈五尺六十首自黑綬以下綬皆長

三尺與綬同采而首半之

百石青紺綸一采宛轉繆織長丈二尺

射銅印
青綬

漢儀載太僕太中大夫襄言衆與綬黃地冒白羽青
絳綠五采四百首長二丈三尺詔所下王綬冒青亦五
百六十首無差諸王綬四采　公主綬如王侯
采百二十首長八尺黑綬羽青地桃華縹三
采百二十首長八尺黃綬羽青地絳二采八十首
采百二十首長七尺黑綬羽青地絳二采八十首
采百二十首長丈七尺二千石綬以為常

民織綬不如式黃綬入一采八十首長丈七尺二千石綬以為常以上式
長七尺民得織綬以粉組
太后詔可王綬如所組　皇
禁民無得織綬如粉組　下

凡先合單紡為一系，四系為一扶，五扶為一首，五首成一文，文采淳為一圭。首多者絲細，少者系麤，皆廣尺六寸。

《後漢書志三十》 十七

東觀書曰，建武元年，復設諸侯王金璽綟綬，公、侯、將軍金印紫綬，九卿、中二千石、二千石銀印青綬，河南尹秩中二千石，太守、諸國行相皆二千石。相國、中外官尚書令、御史中丞皆千石。諸郡都尉、諸國中尉、内史、中護軍、司馬皆比二千石。諸署長、揖櫂丞、縣國丞秩六百石者，其丞、尉秩三百石；長、揖、櫂丞秩四百石者，其丞、尉秩二百石。侍中、中常侍、光祿大夫秩比二千石，太中大夫秩比千石，侍御史、博士皆六百石，議郎、中謁者秩比六百石，小黃門、黃門侍郎、中黃門秩皆比四百石，郎中秩比三百石，太子舍人秩二百石。

太皇太后、皇太后入廟服，紺上皁下，蠶，青上縹下，皆深衣制，隱領袖緣以絛。簪以瑇瑁為擿，長一尺，端為華勝，上為鳳皇爵，以翡翠為

毛羽，下有白珠，垂黃金鑷。左右一橫簪之，以安簂結。諸簪珥皆同制，其擿有等級焉。

皇后謁廟服，紺上皁下，蠶，青上縹下，皆深衣制，隱領袖緣以絛。假結，步搖，簪珥。步搖以黃金為山題，貫白珠為桂枝相繆，一爵九華，熊、虎、赤羆、天鹿、辟邪、南山豐大特六獸，詩所謂「副笄六珈」者。諸爵獸皆以翡翠為毛羽，金題，白珠璫繞，以翡翠為華云。

《後漢書志三十》 十八

貴人助蠶服，純縹上下，深衣制，大手結，墨瑇瑁，又加簪珥。

長公主見會衣服，加步搖，公主大手結，皆有簪珥，衣服同制。

自公主封君以上皆帶綬，以采組為緄帶，各如其綬色。黃金辟邪，首為帶鐍，飾以白珠。

公、卿、列侯、中二千石、二千石夫人，紺繒簂

黃金龍首銜白珠魚須擿長一尺為簪珥

入廟佐祭者卓絹上下助蠶者縹絹上下

皆深衣制緣自二千石夫人以上至皇后

皆以蠶衣為朝服公主貴人妃以上嫁娶

得服錦綺羅縠繒采十二色重緣袍特進

列矦以上錦繒采十二色六百石以上重

練采九色禁丹紫紺三百石以上五色采

青絳黃紅綠二百石以上四采青黃紅綠

賈人緗縹而已 博物記曰交州南有蟲長減寸形似白英不知其名視之無

色在陰地多絹色也

文繡為祭服自皇后以下皆不得服諸古

麗圭裧閏緣加上之服 司馬相如大人賦曰垂下 旬始以為幓注云蕉下 公列矦以下皆單綠襈制 容如雄旄也 旒也則赤黃之色也 建武永平禁絕之建初永元又

復中重於是世莫能有制其裁者乃遂絕

矣 蔡邕輿服志曰永平初詔書下車服制度中宮皇太子親服重繒厚練浣已復御率以儉化起機諸矦王以下至于士庶嫁娶被服注有秩品當傳萬世以為宜集舊事儀注本奏以成志也 凡冠衣諸服旒冕長冠委貌皮弁爵弁建

華方山巧士衣裳文繡赤舄服絢履大佩

皆為祭服其餘悉為常用朝服唯長冠諸

王國謁者以為常朝服云宗廟以下祠祀

皆冠長冠卓絹袍單衣絳緣領袖中衣絳

綺練五郊各從其色焉

贊曰車輅各庸旒斿異局冠服致美佩紛

璽玉敬敬報情尊尊下欲軌奉華文匪豪

麗繽

後漢書志第三十

班書既成欲覓一同式之范書不可得先是涵
芬樓收得此本因取以為配書中避宋諱者有
左玹絃縣縣懸朗朗敬欽劬劬驚竟鏡璟胸朒
弘匡眶筐恇怔泜佄儣胤朏胴頠恒禎祐
掖枕偵伩侦貞貞徵懲喭喭事孃樱署曙横斠暨
警罃礐礐砢頊頊昌旭甯式式傭傦昫照枸桓
韓鞯字桓構二字時作及黔其爲字不成者瑗瑋愼
迹多剜改且有已剜未補遂留空格者瑗瑋愼
二字亦缺筆是蓋刊於高宗南渡以還而成於
孝宗受禪之後至避軒轅二字則以真宗大中

後漢跋 一

祥符七年禁文字斥用黃帝名號故視同廟諱
是則他書所罕覯也錢泰吉校是書時所見有
義門校本紀第三五第九卷之殘宋本校律歷
志至禮儀志之北宋小字殘本校郡國志第十
九至二十二卷之宋一經堂本小山校蔡邕傳
之鈔補北宋本又校第九十卷之淳化校定本
又麻沙劉仲立本近人常熟瞿氏聊城楊氏德
化者李氏烏程劉氏亦均藏有宋刻然無一與此
合者昔人校勘范書莫詳於宋之劉攽宋史言
欲遂史學作東漢刊誤爲人所稱頌劉氏鑽研
至深所據之本必多然吾頗疑其未及茲所從
出之本是本帝紀第一下光武帝紀建武九年
初置青巾左校尉官十五年復置屯騎長水射

聲三校尉官十九年復置函谷關都尉又列傳
卷第九耿國傳遂置度遼將軍四置字均不誤
致而劉氏則謂致宜作下謂並於初見下注
致字訓送詣上文光武爲司隸致惊屬招致之
義可作致字送詣上文光武爲司隸致誤致之
亦復是歲更賦注蓋錄前文遂誤此字卷二明帝紀
歲住不誤致任而劉氏則謂因任一歲案任當
住卷三章帝紀建初四年教學爲本注案任當
校不誤致而劉氏則謂夏日教教當作校本注
靈帝紀熹平四年爲民興利注前漢地理志及
續漢郡國志並無監今蒲州安邑縣西南有鹽
池無監不誤無鹽池不誤鹽城而劉氏則謂
注鹽城當作鹽池耳及無鹽字下當有一監字

後漢跋 二

又中平六年上軍校尉蹇碩下獄死不脫
死字而劉氏則謂正文䭾碩以此時
誅明少一死字列傳卷四齊武王傳案引精兵十
萬南渡黃淳水黃不誤黃而劉氏則謂黃字據
注唯當作黃又子煬王石嗣煬不誤煬而劉氏
則謂王石立二十四年不可以煬益蓋是煬字
卷十三寶憲傳發此軍五校注漢有南北軍中
候一人六百石掌臨五營五校尉當作五校則
謂掌臨立營臨當作監立當作五卷十八下馮
衍傳陂山谷而間處兮守寂寞而存神注陂音
兵義反兵不誤丘而劉氏則謂陂注陂丘義反切
不得丘當作兵卷二十二樊儵傳注按儵非魚類與
文全作儵不誤儵而劉氏則謂按儵字長魚下

名不合疑本是籥字又挼籥弟名鎬知作籥無
疑又如令陛下子臣等專誅而已如令不誤如
今而劉氏則謂按文今當作令卷二十五鄭玄
傳其勗求君子之道研鑽勿替鑽不誤讚而劉
氏則謂案文讚當作鑽卷二十八度尚讚而劉
有虞實法有是非夫事不誤大事不誤而劉氏則謂
死獄中當作令使臧吏案文多一如字卷三十二
不誤史而傳數年坐法免注坐考長吏四死獄中
朱暉傳如今使臧吏而劉氏則謂案臨淮郡無長吏
氏則謂子孫今不作令案文多一如字卷為長吏
禁錮子孫今不作令使臧吏如今使臧吏如今使
案文大當作夫卷二十九劉愷傳如今而劉
誤令而劉氏則謂惟令所言案時暉未為尚書

令明此令字是今字卷三十八應劭傳夫國之
大事莫尚載籍籍下無也字而劉氏則謂案文
多一也字卷四十七李雲傳帝者諦也注帝之
言諦也言諦不誤諦言而劉氏則謂案諦字上卷四十九張衡傳曾
何貪于支離而習其孤技耶注支離學屠龍于支離
益又益不誤蓋而劉氏則謂注支離蓋案莊子
當作益支離以服箱裹襄不誤晏而劉氏則謂案
蓋又韉要裹以服箱裹又軟神化而韉下有蛇
要晏古良馬當作襄從馬蛇韉蛇韉今
朋精粹而為徒注蚖蛇蚖蛇蚖蟬所解皮也
字考說文虫部蚖蛇蚖蟬下有蛇今知此本不誤
特文字顛倒耳而劉氏則謂當云蚖蟬所解皮

不言缺一蛇字卷五十四趙岐傳著孟子章句
孟不誤要而劉氏則謂正文著要子章句案要
當作孟卷五十六陳蕃傳霞受考掠誓死不言
受不誤授而劉氏則謂案文授當作受卷六十
三公孫瓚傳每聞有警輒厲色憤怒誓不誤
驚而劉氏則謂案文讚當作警卷七十八西域莎車
國傳不復置王但遣將鎮守其國王正而劉
良猛財賦充實賦不誤富而劉氏則謂富字當
氏則謂案文正當作王卷八十鮮卑傳將帥
作賦是劉氏所見與此不同綜計刊誤猶有三
六百數十條而此之未誤或未全誤者凡
十餘條與劉氏所刊之本合則是所從出之本
較劉氏所見之本不可謂非彼善於此矣尤有

異者卷五十下蔡邕傳邕乃自書冊于碑使工
鐫刻立於太學門外注劉氏謂論語二碑毀案
文當是一碑毀若二碑毀者當云皆毀而已是
本乃作論語三碑毀按原注上文碑存十二
十六枚西行尚書周易公羊傳十六碑存十二
碑毀南行禮記十五碑悉崩壞合之論語三碑
正得四十六枚知此作三碑為不誤劉氏所見
不同故以為是反覆辨正之詞是此非特無誤且
可刊劉氏刊誤之誤矣洪邁容齋四筆淳化五
年監中所刊後漢書凡九十卷惟帝后紀十卷
列傳八十卷又云劉昭注補志三十卷至本朝
乾興元年判國子監孫奭始奏以備前史之闕
是當時各自為書讀者亦不與范書等視故劉

氏刊誤僅限紀傳而不及於志按崇文總目郡
齋讀書志所載均作後漢書九十卷志三十卷
直齋書錄解題亦曰後漢書九十卷後漢志三
十卷是本小名在上大名在下列傳第一下題
漢書第十一直接后紀第十續志別爲三十卷
各不相涉猶存舊式然則以志羼入紀傳
之間殊不可解舊齋書錄又謂館閣書目乃直
以百二十卷併稱蔚宗撰進見馬氏經籍考此書
同時刊成陳叔進等所撰進見馬氏經籍考此書
熙元年陳叔進等所撰進見馬氏經籍考此書參
觀互證率爾沿用致成歧異耶何義門謂初讀
是書嫌其爲謬頗多及觀劉氏刊誤乃知在北
宋卽罕善本是本爲南宋覆刻且有元代補版

後漢跋

五

紕繆更所難免然以校後刻諸本文字異同不
可勝數且有足資是正者使何氏見之當必有
慰情聊勝之感矣黃堯圃百宋一塵賦注予所
藏班書前互入乾興元年中書門下牒國子監
文一通卽孫奭以劉昭注司馬彪志補章懷注
范書故事云云前印班書獲見此文今以移置
志前用存掌故原書略有闕佚各就此北平圖書
館東京靜嘉堂文庫所藏殘冊借影補配幸成
完璧然多爲補刊之葉其衡接處每有重文世
間祗此數本亦無可如何者也海鹽張元濟

百衲本二十四史

後漢書 三冊

撰者◆范曄

註者◆李賢

發行人◆王春申

編輯指導◆林明昌

營業部兼任
編輯部經理◆高珊

編印者◆本館古籍重印小組

承製者◆辰皓國際出版製作有限工司

出版發行：臺灣商務印書館股份有限公司

地　　址：23150 新北市新店區復興路 43 號 8 樓

電　　話：(02)8667-3712　傳真：(02)8667-3709

讀者服務專線：0800-056-196

郵撥：0000165-1

E-mail：ecptw@cptw.com.tw

網路書店網址：www.cptw.com.tw

網路書店臉書：facebook.com.tw/ecptwdoing

臉書：facebook.com.tw/ecptw

部落格：blog.yam.com/ecptw

局版北市業字第 993 號

初版一刷：1937 年 01 月

臺一版一刷：1970 年 01 月

臺二版一刷：2010 年 10 月

臺二版二刷：2016 年 5 月

定價：新台幣 3800 元

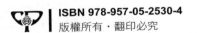

後漢書 ／ 范曄撰：李賢注. --臺二版. -- 臺北
市 ： 臺灣商務， 2010. 10
冊 ； 公分. --（百衲本二十四史）

ISBN 978-957-05-2530-4（全套：精裝）

1. 後漢書 2. 注釋

622.201 99016090